本书受国家社会科学基金
泉州师范学院桐江学术丛书出版基金资助出版

《资本论》
经济行为理论的具体化

Zibenlun
Jingji Xingwei Lilun de Jutihua

陈俊明 ◎著

全国百佳出版社
中央编译出版社
Central Compilation & Translation Press

目录 Contents

序 　　　　　　　　　　　　　　　　　　　　　　　罗郁聪 / 1

导　言 　　　　　　　　　　　　　　　　　　　　　　　　/ 1

第一篇　对象与方法

第一章　《资本论》经济行为理论的研究对象　　　　　　/ 56
　　第一节　主体行为"既在流通中，又不在流通中"　　　/ 57
　　第二节　主体行为　　　　　　　　　　　　　　　　　/ 64
　　第三节　结合客体考察主体行为　　　　　　　　　　　/ 68

第二章　科学方法　　　　　　　　　　　　　　　　　　/ 73
　　第一节　直接性与间接性统一的方法　　　　　　　　　/ 76
　　第二节　历史与逻辑统一的方法　　　　　　　　　　　/ 82
　　第三节　一般与特殊统一的方法　　　　　　　　　　　/ 90

第二篇　资本主义起点简单主体的一般经济行为

第三章　三位一体的经济主体　　　　　　　　　　　　/ 106

第四章　生产行为　　　　　　　　　　　　　　　　　　/ 116
第一节　生产行为的一般社会属性　　　　　　　　　　　　/ 117
第二节　劳动　　　　　　　　　　　　　　　　　　　　　/ 122
第三节　生产劳动　　　　　　　　　　　　　　　　　　　/ 127

第五章　交换行为　　　　　　　　　　　　　　　　　　/ 136
第一节　交换是个人的过程、社会的过程　　　　　　　　　/ 136
第二节　总体交换的影响　　　　　　　　　　　　　　　　/ 143

第六章　生产行为与交换行为统一　　　　　　　　　　　/ 151
第一节　社会经济形式与经济行为　　　　　　　　　　　　/ 151
第二节　整体经济行为中包含着基本矛盾　　　　　　　　　/ 159

第三篇　资本主义初级阶段单个资本家的经济行为

第七章　经济主体的转型　　　　　　　　　　　　　　　/ 170
第一节　身份的转型　　　　　　　　　　　　　　　　　　/ 170
第二节　观念的转型　　　　　　　　　　　　　　　　　　/ 176
第三节　职能的转型　　　　　　　　　　　　　　　　　　/ 185

第八章　单个资本家的生产行为　　　　　　　　　　　　/ 192
第一节　经济发展新阶段、新条件　　　　　　　　　　　　/ 193
第二节　生产行为　　　　　　　　　　　　　　　　　　　/ 200

第九章　单个资本家的流通行为　　　　　　　　　　　　/ 221
第一节　单个资本家的购买行为　　　　　　　　　　　　　/ 222
第二节　单个资本家的售卖行为　　　　　　　　　　　　　/ 226
第三节　总体买卖行为　　　　　　　　　　　　　　　　　/ 232

第十章　单个资本家的再生产行为　　　　　　　　　　　/ 237
第一节　积累行为　　　　　　　　　　　　　　　　　　　/ 238

第二节　周转行为　　　　　　　　　　　　　　　　/ 249
第三节　再生产过程中主体的自主调节机制　　　　　/ 267

第四篇　资本主义较为发展阶段总体资本家的经济行为

第十一章　经济主体的成熟、典型化　　　　　　　/ 280
第一节　大资本家主导的总体化趋势　　　　　　　　/ 280
第二节　主导主体观念与行为方式的变化　　　　　　/ 285

第十二章　总体资本家的生产行为　　　　　　　　/ 290
第一节　简单再生产　　　　　　　　　　　　　　　/ 291
第二节　扩大再生产与各资本家之间行为关系的变化　/ 294
第三节　扩大再生产与两大对立阶级关系的变化　　　/ 303

第十三章　总体资本家的流通行为　　　　　　　　/ 307
第一节　"斯密教条"批判　　　　　　　　　　　　　/ 309
第二节　简单再生产　　　　　　　　　　　　　　　/ 312
第三节　扩大再生产　　　　　　　　　　　　　　　/ 320

第十四章　总体资本家的再生产行为　　　　　　　/ 327
第一节　产业资本家之间的竞争导致利润率的平均化　/ 330
第二节　利润率下降趋向中的主体行为　　　　　　　/ 350
第三节　商业资本家参与利润率的平均化　　　　　　/ 363
第四节　职能资本家与货币资本家之间的分赃　　　　/ 373
第五节　总体资本家与大土地所有者之间的分赃　　　/ 398
第六节　分赃行为与再生产　　　　　　　　　　　　/ 413

结　语　　　　　　　　　　　　　　　　　　　　　/ 426

参考文献　　　　　　　　　　　　　　　　　　　　/ 470

后　记　　　　　　　　　　　　　　　　　　　　　/ 475

序

罗郁聪

陈俊明博士35年来专心致志于《资本论》研究,不仅积淀日深,领悟日新,而且成果日增。他主持的几个高级别的课题,都是围绕《资本论》研究实施的。从2000年底到今年年底这十年间,出版了四部《资本论》研究的专著,一部比一部厚,一部比一部深。其中的《政治经济学批判——从〈资本论〉到〈帝国主义论〉》,是他主持的国家社会科学规划课题的阶段性成果,这部《〈资本论〉经济行为理论的具体化》,则是这个课题的最终成果。这个课题的研究视阈很独特,集中研究《资本论》中包含但鲜为人知的经济行为理论,开辟了《资本论》研究的新领域,是一种开创性的研究,而且论述深度、广度都到位,具有较高的理论创新意义。作为前书的续编和专论,后者的研究更进一步,因此,他的这个课题研究成果经国家社科规划办组织专家鉴定,评定等级为优秀。

马克思在1844—1847年《关于费尔巴哈的提纲》中提出:"从前的一切唯物主义(包括费尔巴哈的唯物主义)的主要缺点是:对对象、现实、感性,只是从客体的或者直观的形式去理解,而不是把它们当作感性的人的活动,当作实践去理解,不是从主体方面去理解",确立了唯物主义历史观的一项重要原则。这个原则后来进一步发展,并应用于他的《政治经济学批判》中。在马克思的《政治经济学批判》(第一分册)正式发表之后,恩格斯曾写评论,指出马克思的"经济学所研究的不是物,而是人和人之间的关系,归根到底是阶级和阶级之间的关系；可是这些关系总是同物结合着，并且作为物出现"。恩格斯的评论十分精确和深刻。在他看来，马克思不仅创立了唯物史观，将它融入自己的研究，突出主体即感性的人及其活动，而且将它融入经济学研究中，使之进一步具体化了，使关注的角度从人与物的关系上升为人与人的关系，从透过物揭示人对物的作用上升为在考察物的运动中突出主导主体对从属主体的支配。虽然在《政治经济学批判》（第一分册）中，阶级关系还没有真正展开，考察的还只是一般的商品生产者之间的关系。但是，恩格斯却准确地将这种转化或上升揭示出来，并预示了这种关系在马克思著作中的必然发展。这也表明，马克思研究的经济主体、经济行为，包含有一般的和特殊的两种，两者既互相区别，又紧密联系。马克思和恩格斯的这些论述，研究马克思主义的学者也许并不陌生。但是，却大都没有将它与马克思主义的经济理论紧密地联系起来，以至于在理解《资本论》的时候，都更重视关于价值、资本作为客体的运动，即使也意识到其中包含着主体的关系，但都从"归根结底"的意义上将它简单地归结为两大对立阶级之间的关系。由于没有注意到主体及其行为的研究，很自然地就会把马克思实际提供的东西忽略了，或者将它不合理地归入关于客体的研究当中，或者将一般的主体关系和特殊的主体关系混为一谈。由此可见，长期以来，人们对《资本论》中关于主体行为的关系都缺乏全面深入的研究。而陈俊明博士却十分重视马克思和恩格斯的这些论述，深刻领会这种精神在《资本论》中的体现和作用。他的这部著作，正是在人们熟视无睹但又至关重要的问题上，进行了深入的开拓性的研究。这既是还原马克思理论的真实内容和方法，也是在打开马克思主义经济理论的一个长期为人忽视的理论宝库，发掘其中的宝贵思想财富。

正是在此基础上，作者根据马克思和恩格斯提示的精神，大胆地提出并论证：在《资本论》中，除了有劳动价值论和资本理论（狭义的）以外，还有一种与它们并存、相互影响和关联而又有别于它们的经济行为理论，并且同样是贯穿全三卷的基本理论。作者的研究论证表明，《资本论》经济行为理论虽然是在劳动价值论、资本理论的基础上展开的，但却有不同的考察方位和角度。前两种基本理论考察的主要是价值、资本作为客体的总体运动，主体的实力、观念、行为方式变化，都是被存而不论的，其运行的边界和幅度相对平直，而经济行为理论则将它们结合进来，所以能展现更为复杂多变的画面和丰富多彩的细节。纵观作者在书中的翔实、细致的分析论证，可以说这是符合

《资本论》实际论述的，有道理的，可以认同的，并且是有必要的、有意义的。

经济行为当然是经济主体实施的，在经济思想史上，资产阶级学者已经提出"经济人"的假设，似乎也涉及经济主体。但是，这只是一个混沌模糊的概念，全部"经济人"彼此都没有阶级、经济实力、智力的区别，全都不是历史发展的。马克思指出，他们的"经济人"是一种"毫无想象力的虚构"①。因此，马克思从不提什么"经济人"，在他看来，在阶级社会中，特别在资本主义社会中，所有的人都是历史发展的"阶级人"——它比后来人们提出的用以代替"经济人"的"社会人"、"复杂人"更透彻、更符合实际。——本书的作者十分了解马克思的这种思想，在考察主体行为的时候，首先明确地将参加经济活动的人按其阶级、实力区分为主导主体和从属主体，即资本家和雇佣工人。作者发现，《资本论》中所研究的经济行为，并非任何一个简单个体都能单独实施的行为，而是一种基于一定实力并处于相互关系中的行为，马克思正是在考察不同经济主体凭借其各自经济实力而实施的经济行为中，揭示作为客体的资本运动的客观规律。这样一来，他对《资本论》的理解必然有新的角度和层面，不是以研究物的运动为主要视角，而是以此为切入点，以研究主体行为的关系及其赖以维持的社会制度为重点和归宿。由此，他发现、强调了马克思研究中实际包含而被人们忽视的主体经济行为及其关系这一极其重要的方位。这样，《资本论》固有的主体之间的关系、这些关系与客体运动之间的关系就凸现了。作者借用哲学语言，说这是从主体性向主体间性的发展，并且说明，马克思并不是使用抽象的哲学语言而是使用具体的经济学语言来表现这种变化。这样领悟和阐发，就使马克思的主体性、实践性原则及其应用变得鲜活生动了。

在引进实践主体之后，对象的结构当然要发生变化，不再是分离了主体的单纯客体，主体也成了研究的客观对象，从而客观对象就包含了客体化了的主体和通常意义的客体，从而又必然产生两种主体之间的关系：作为研究者的主体和作为被研究的主体。作者发现，马克思作为主观的研究主体，代表被客体化的无产阶级对资本主义社会进行无情的并使之致命的批判，所以他代表的不是无产阶级的眼前利益，而是根本的长远的利益。因此，在这部著作中，作者

---

① 《马克思恩格斯全集》第46卷上册，人民出版社1979年版，第21页。

很注意论证，马克思不仅刻意论证雇佣工人被剥削、被压迫的悲惨境况，还着意唤起他们的阶级觉悟，对他们同工厂主的坚决斗争给予充分的评价。这样从"场外主体"和"场内主体"统一的角度来解读《资本论》，的确体现了一种更深的感悟以及它对工人阶级的价值。

作者发现：在马克思的《资本论》中，关于主体的研究，本意不是在考察主体在与客体的物质变换中的作用，而是考察不同类主体行为之间的关系、同类的不同个体经济行为之间的关系。他还特地说明，在《资本论》中，马克思十分强调经济行为的实施，都以一定的经济实力为前提，都以一定的社会政治文化为背景或舞台，从而与基本制度、具体体制紧密联系，因此，马克思更重视总体资本家的行为。不过，由于它是由许许多多单个资本家的行为构成的，且相当复杂，所以马克思又是从比较简单的单个资本家的行为开始，逐步扩大。作者发现，马克思经济行为理论的研究比狭义的资本理论更为细致和具体：资本家作为行为主体既自发地遵循、体现客观的资本运动的规律，又以其自由的活动时不时超出了资本运动的界限，时时处处在一定程度上乖离这些界限，并时时处处受这些界限的牵引。由于有这些主体的相互作用，资本关系并非简单的几条规定，而是有一定指向和幅度变化的空间。而主体的趋利行为在赋予它以一定的灵魂、价值、魅力的同时，也显示了它的灵活性和破坏性，增加了它的诡秘、荒诞。显然，这种阐释是很有理论价值的。

作者说明，马克思研究的不是某一个主体的单独动作，而是强调各个主体在与其他主体的相互关系中实施经济行为，以及这种相互关系形成的总体行为。这就使一般的生产关系具体化了，即不仅仅是所有制关系、相互关系、分配关系这些客观存在的关系，而是说明各种主体如何建构这些关系，利用这些关系来谋取各自的利益，实现各自的行为价值，以及这些关系如何影响主体的观念和行为。

不言而喻，马克思的《资本论》是一部学术性很强的著作，因此，他不会像一般的教科书那样，将纲目条理标示得一目了然，将方法及其实施也逐一交代。而且马克思总是在严密的论述过程中，将自己的深刻思想、价值融入字里行间，所有这些，当然会增加读者理解的困难，因此，就需要经过长时间的反复的细心阅读和品味、思考才能领悟。在这部著作中，作者既忠实于《资本论》原著的论述，又极力将自己透过这些论述的深度领悟表达出来。所以，读者在书中到处都会看到一些相当有意思、有深度的分析和发挥。经过这些阐发，马克思的许多非常深刻的思想就都跃然纸上，变得清晰了然了。除了上面已经谈到的以外，在书中的每章每节，都有一些很有新意和深度的深入细致的分析，让人受益匪浅。我觉得其中一些独到的见地值得读者重视：

关于经济行为理论研究对象，除了上述两种主体的关系外，作者强调行为的内容包括生产、流通和分配中的行为，从而消解了长期以来以为政治经济学不研究流通的误解。

关于理论的研究方法，作者涉及的有多种，但不是简单地一笔带过，而是有必要的较深入的研究，都在与研究相关的程度内做必要的阐释，有新的理解，并且最终都与结构分析联系起来。

关于内容的研究，作者的创见就更多了。

他发现和强调，马克思关于"人格的物化"与"物的人格化"的论述并非同义反复，而是既有联系又有区别，是"对立"的。[①] 因此，所谓的资本家是资本的人格化，既包含资本家的行为融入资本中的意思，还包括资本要以资本家人格化的意思。突出和强调这一思想还与进一步的研究紧密联系：由于资本家行为的最初的和最终的目的都是个别利益，因而代表总体运动的单个资本家并非时时处处代表总体资本运动，而必然会经常偏离总体趋势和方向。这种个别行为与总体运动的矛盾还会因为各个资本家的实力、观念、竞争等因素而放大，以至总体趋势被掩盖及颠倒表现了。这样，通过联系主体行为，马克思就说明，资本运动的总体趋势只是作为一种总的要求而存在，是一种相同利益构成的有吸引力和向心力的大体方向，并不是所有资本家都有意识而且必须时时处处寸步不离的硬性规定。这样解释的生产关系，当然比抽象的哲学意义的生产关系生动得多、具体得多，更符合资本运动的现实情况。通过作者的分析研究，马克思这些相对隐含的思想就凸显了，从而这部著作的价值也就显现了。

值得注意的是，作者还根据《资本论》的实际论述，将资本家这种主导主体区分为"类"、"集群"、"个体"等。诚如作者所分析，任何事物都是"类"与个体的统一体，资本家作为典型的主体，其行为中包含着一般性和特殊性。其特殊性是不言而喻的，其一般性则是人们谈得较少的。但恰恰是这种一般性，将他们紧密地联结成统一的整体。在此基础上，作者又进一步将其区

[①] 《资本论》第1卷，人民出版社1975年版，第133页。

分为：总体资本家与单个资本家、大资本家和中小资本家、有决定意义的产业部门的主持人和其余产业部门的当事人、职能资本家和货币资本家等。他还结合经济发展阶段的上升，论证资本家行为方式的转变、转型发展。

在狭义的资本理论中，因为考察的是客观的总体的资本运动，所以主体的观念是被抽象的。但作者指出，在经济行为理论中，它却是至关重要的因素和分析方位、理论发展的枢纽。作者发现，马克思很重视观念对主体行为的重大影响、约束作用，观念及其变化的分析在《资本论》中发挥着极其重要的作用，特别是利润的形成、利润率的平均化。仅此一项，经济行为理论不仅是资产阶级古典经济学不可比拟的，而且它在当代的孑遗也难以望其项背。

作者发现，马克思关于资本家行为中体现的观念的分析，主要集中在财富观、发展观等方面，并且指出其二重性：作为资本家，其观念必然带有其阶级特有的阶级局限性、狭隘性、野蛮性；作为工业家、企业家，其观念中还有一些是符合经济发展规律的内容，具有文明性的一面。由是，作者从分析发现，马克思通过研究资本家的行为及各种观念，既批判其野蛮和悖理的成分，从反面发现应该如何想、如何做，同时，又汲取其合理的成分，经过批判和改造，形成自己特有的科学发展观。

在研究过程中，作者也发现，马克思还涉及资本家的心理。表面看，似乎马克思著作也与现代的行为经济学一样。但是，诚如作者所言，马克思抓住的只是所有资本家共有、必然发生的心理，而现代行为经济学所涉及的心理分析虽然细致入微，但没有普适性、重复性。这些行为经济学家们也许还不知道，李嘉图早已提出，经济学研究的是可以用大工业大量再生产的东西，只有大量再生产，才有常规性、重复性，也才有规律性可言。

唯物史观最尊重的是历史，而历史是发展，既有同阶段的发展，还有不同阶段的上升、转型发展。恩格斯还指出，任何规律、过程都不是纯粹的，都受其他过程、规律的影响，结果就形成许多"力的平行四边形"①。作者十分重视马克思恩格斯的这些论述，力求在理论的阶段上升过程中，阐明各种规定的转型发展，以及它受其他因素的影响而发生的变形。为了更集中地研究，他还将《资本论》的相关论述、思想按照行为发展的逻辑进行必要的整合，因而在许多场合都能将马克思论述的深刻内含在新的联系中表现出来。既显示了马

---

① 《马克思恩格斯〈资本论〉书信集》，人民出版社1976年版，第578、501页。

克思研究结构的严谨、内容的深刻，也显示了作者对这些思想材料的准确把握和深刻理解。

由于强调了不同主体的经济行为及其关系，作者的研究又从更广的角度展示了劳动价值论、资本理论与经济行为理论这三种基本理论之间的关系。在这部著作中，人们很容易看到，就像对劳动价值论的理解离不开资本理论一样，对劳动价值论、资本理论的理解也离不开经济行为理论，反之亦然。毕竟劳动及价值转化为资本，都是一定主体的行为及其结果，从而劳动和资本运动也都是在主体的关系中进行的。

劳动价值论着重价值与劳动的关系，资本理论着重资本与雇佣劳动的关系，这部著作则着重主体与价值、资本的关系。虽然从其研究的主要方面看，是资本家的经济行为，但经济行为不能独立实施，只能在双方的相互关系中实施。从这个角度看，资本家与雇佣工人的关系行为显然是剥削、压迫与反剥削、反压迫的关系行为。由此观之，一个十分重大的主题凸现了，马克思并不满足于劳动创造价值的阐释，不满足于资本家对工人剥削的揭示，更在意于对劳动者劳动所有权与劳动者的关系变化的说明。只是因为劳动所有权与劳动者的分离，才导致劳动者只能以提供必要劳动的方式再生产自己的劳动力价值。只有根本改变基本的社会经济制度即资本主义制度，劳动者才能最终获得自己全部劳动所有权。由此，作者说明，马克思希望的是重新建立劳动者与劳动所有权的统一。这样，作者就将马克思研究的目的——消灭资本主义制度——与他的研究价值统一起来了。

从总体上看，经济行为理论是马克思唯物史观与经济学研究的彼此完善及融合。因此，作者在深入研究《资本论》的经济行为理论的同时，也成功地还原了马克思主义的整体性。

马克思经济理论的理论价值是难以估量的，与劳动价值论、资本理论相对而言，经济行为理论更为具体，所以，它更有较直接的实践价值。对此，作者也有专门的论述，尤其值得重视的是，作者并非一般地简单地照搬马克思的相关论述，然后就直接地"联系实际"，而是先从具体论述中析出那些一般性的规定，再结合现有的新条件，说明其可能的应用性。这是很有意义的。它实际上说明，理论联系实际不是简单地照搬照套，而要经过筛选，只有那些比较具体的，或者说是完成形态的一般性的原理、规定，经过转型，才能联系实际。

不言而喻，这部著作还只是有关《资本论》经济行为理论的开拓性的研究，但是，这个视窗一打开，《资本论》一个重要宝库也随即被打开。殷切期望陈俊明博士再进一步从更广的辩证联系上进行研究，在这一领域取得更多的成果，也希望学术界有志于《资本论》研究的专家，一起来研究这个新的课题。

罗郁聪

2010 年 12 月撰于厦门大学西村

导　言

长期以来，学术界对《资本论》的研究涉及许多方面，有许多不同的研究方位、视角。可以说，人们对《资本论》的研究都与他们在各个特定时期的任务或目的相联系。在搞阶级斗争的时代，人们注意的往往是其中与阶级斗争相关的理论。这样研究，必然会将注意力集中在两大对立阶级的经济关系上，相应地忽视《资本论》其他方面的研究。由于这样的研究经历的时间较长，再加上人们普遍不了解马克思的科学方法，甚至都没有好好地全面研读《资本论》，所以绝大多数人都以为《资本论》是关于阶级剥削和阶级斗争的著作。虽然这种理解并没有错，但却有片面之虞，与《资本论》的实际内容有较大的差距。马克思告诉我们，《资本论》中不仅有"倾向性的结论"，还有"正面的叙述"①。我们决不能只注意其中的某一方面的研究，而长期忽视其他方面的研究。谁也不能否认，在《资本论》中，有篇幅巨大的关于工业化、商品生产等方面的科学研究，它们无论如何也不能归结为阶级剥削的理论，尽管这些理论与阶级剥削紧密联系。随着现阶段体制改革的深入，人们已经逐渐注意研究《资本论》中有关商品经济的研究和论述。可见，早先的《资本论》研究存在着盲区，换句话说，《资本论》巨大的理论宝库还有很大的一部分没有被挖掘，或者还只是被粗略地扫视过。在许多原先人们普遍没有充分注意的东西中，就有关于经济行为的系统研究。尽管马克思本人没有很明

---

① 《马克思恩格斯〈资本论〉书信集》，人民出版社1976年版，第244页。

确地表示经济行为理论是他"自以为提供的东西",但它却是实实在在地存在的,是他"实际上提供的东西"①。因此,我们不能忽视它的存在和意义。

《资本论》的经济行为理论突出经济主体在经济过程中的地位和作用,将客观的经济发展规律与同样是客观的不同主体行为的关系紧密联系在一起,是唯物史观突出主体实践的观念和方法在经济研究中的重要体现,也是马克思科学方法运用的重要结果,它使马克思的研究更加贴近实际,使他的经济理论更加丰富、生动、有魅力。

一、研究资本运动必须重视其中的主体行为

马克思在《资本论》的序言中说:"本书的最终目的就是揭示现代社会的经济运动规律"②,是研究不以人的意志为转移的客观过程的发展规律,以及这些规律的实现、表现。这样看来,其研究的重点在客观过程。的确,在《资本论》中,对资本的本质结构、形式结构、流通构成、利润率的平均化、不同资本部门之间的关系等等的研究,都是关于客观过程的研究,并且还把在这个过程中实际发挥作用的工人和资本家也都归入资本运动中。如果说,工人"一进入劳动过程,便并入资本。作为协作的人,作为一个工作机体的肢体,他们本身只不过是资本的一种特殊存在方式"③,那么,资本家也一样融入生产过程,所以他说:"……这里涉及到的人,只是经济范畴的人格化,是一定的阶级关系和利益的承担者。我的观点是:社会经济形态的发展是一种自然历史过程。不管个人在主观上怎样超脱各种关系,他在社会意义上总是这些关系的产物",④ "资本家只是作为资本的人格化",⑤ 是"作为人格化的、有意志和意识的资本执行职能"⑥。并且,他还说:"我们只把人理解为人格化的范畴,而不是理解为个人。"⑦ 显然,这些地方所说的资本家,并不是特指的,而是泛指的,涉及全部资本家。所以这种人格化不是个别人的,而是总体资本

---

① 《马克思恩格斯〈资本论〉书信集》,人民出版社1976年版,第358页。
② 《资本论》第1卷,人民出版社1975年版,第11页。
③ 同上书,第370页。
④ 同上书,第12页。
⑤ 同上书,第649页。
⑥ 同上书,第174页。
⑦ 同上书,第185页。

家的人格化,这是将整体资本家的行为都纳入客观的资本运动中了。

但是,资本无论是表现为一定的物质资料,还是表现为一定量的货币,都是有所有权的,而所有权是有归属的,即归属于一定的主体即资本家,总不能说资本的所有权归属于资本吧。正如"商品不能自己到市场去,不能自己去交换"①一样,资本也不能自己跳出资本家的口袋到市场上自由运动,它是由所有权人即资本家支配、运作、操纵的。和资本客体相对,资本家是主体,"是一定的阶级关系和利益的承担者"——虽然对研究者来说,这种主体也是被研究的对象,因而是客观存在的,是客观的主体,但是,从过程本身的发展来看,过程的承担者就是主体。——他们为追逐一定的经济利益而实施的经济行为,马克思当然会关注和研究。所以,他在论证资本主义社会"人格的物化"之后,接着又论证了"物的人格化"。"人格的物化"和"物的人格化"两者既有区别,又都是同时存在的,是过程运动的客观属性,所以又是统一的。所谓"人格的物化",指的是生产者之间的社会关系颠倒地表现为物之间的社会关系,反之,"物的人格化"不仅仅包含物权要有一定主体来代表的思想,更重要的是主体对物的运用,突出的是主体的行为。如果说,对"人格的物化"的研究是对客观过程的研究,那么,"物的人格化"研究则体现了经济行为理论的重要内容。它表明,主体的活动或行为一方面以"物"为根据,并且占有一定的物权,主体行为不是打"空手道";另一方面主体不是单纯的守财奴,在占有物的同时也给"物"、"物权"注入人的主体性、灵性和活力,要用它来获得更多的财富,同时给客观对象的发展以许多新的意义。马克思说:"最简单的商品形式……就包含着货币形式的全部秘密。因此也就包含着萌芽状态中的劳动产品的一切资产阶级形式的全部秘密。"②既然他的理论的简单范畴已经包含着发展的逻辑,那么,我们也应该意识到"物的人格化"包含着物为主体所支配、包含着主体行为的思想,以及后者对前者的巨大作用。

进一步说,资本运动与自然过程不同,是有社会的人参与、推动的。人作为过程的主体,既要服从过程运行的客观规律,又有主观能动性,自身的个性和价值、方法,并且会极力将自己的观念和能量灌输到客观过程中去,使之带

---

① 《资本论》第1卷,人民出版社1975年版,第102页。
② 《马克思恩格斯〈资本论〉书信集》,人民出版社1976年版,第216页。

有鲜明的价值性、目的性。但是，参与到过程中的主体非常多，并且在许多方面都有很大的区别，并因这些区别而形成不同的利益集团。在各个个别的场合，各种主体行为方式及价值取向不仅彼此不同，对客观过程内在要求的理解有很大差别，而且各个主体实力彼此相去甚远，对总体过程的影响也相去甚远。他们之间不仅都共同作用于客体、过程，而且彼此相互作用，既有同一方向的协同行为，也有不同方向的摩擦、抵消，最终形成一定的占主导性的行为作用于同一的客体、过程。人作为主体的行为既属于整个客体运动的一部分，又有自身的独立性，也是一种相对独立的过程，它自然会影响整体过程的发展。所以，研究客观过程不能不结合主体行为，特别是其中占主导地位的主体的行为。他们为了自己的经济利益，必定要利用其掌握的实力，影响、控制或绑架其他的主体，甚至为了自己局部的、暂时的利益与他们并不了解的总过程的规律对着干。由于主体行为的影响，总体过程在一定时间内还会在一定程度上偏离其固有的发展方向。① 所以，主体行为是客观过程的重要内容，是研究客观对象的题中应有之义，但又不能简单地归结为客观过程本身。

诚然，作为客观过程中的主体，他们的行为不能超越客观过程发展的内在要求，但作为独立的主体、个体，他们的行为也有自身特有的规律和逻辑，这本身也是不可忽视的客观规定。这种主体的行为，因为与对象客体"不可分离的偶性"②，也是一种客观过程，正因为这样，它才能够与它所作用的客体对象一起构成完整的客观过程，并影响客体的运动。恩格斯说，一个过程的运行轨迹会因为受到其他过程的影响而发生偏差，"它们所起的作用被其他规律同时起的作用打乱了"③，结果就形成"力的平行四边形"④。同样的，主体主观能动性、个性的发挥，也会在不同程度上影响客观过程的发展轨迹，使之忽高忽低、忽左忽右、或快或慢。只有联系主体的作用，才能将总体过程规律的形成、典型化、作用和生动表现阐述清楚。

在《资本论》中，关于经济行为的研究无处不在，并且是在资本运动中不断演变的。最初，马克思考察的是简单、一般商品生产中的经济行为："商

---

① 资本运动与资本家是有所不同的，虽然前者要通过后者的行为而运动，但后者的行为却并非完全不离开资本运动的总趋势。
② 《资本论》第3卷，人民出版社1975年版，第699页。
③ 《马克思恩格斯〈资本论〉书信集》，人民出版社1976年版，第578页。
④ 同上书，第501页。

品所有者的两种行为,一种是卖,把商品换成货币,一种是买,把货币换成商品,这两种行为的统一就是:为买而卖"①,即 W—G—W;后来,自然是考察特殊的资本运动中的资本家的经济行为:为卖而买,并且赚钱,即 G—W—G′。从主体行为的角度看,这就是经济行为理论。②

诚然,这样的行为也可以理解为一般的商品交换或商品经济的运动、特殊的资本运动。但是,无论是对哪一种过程的研究,都有不同的方位、侧面,有不同的抽象度,从而形成不同的理论。有的注重研究过程的总体运动规律、发展趋势,有的侧重反映影响总趋势的局部、暂时变动的各种因素。在传统理解的马克思主义经济学的基本理论中,人作为主体是融入客观过程中的,所以这种基本理论重视的大都是总体趋势。但是这种理论因为逼近本质、规律,规定比较抽象,线条较直较细,较少弹性,与现实距离较远,所以必须进一步具体化。但这里说的具体化不是原有基本理论本身的具体化,而是以原有基本理论为基础,侧重考察非物化的经济主体的行为,形成新的更加具体生动的基本理论。这样研究之所以必要,不仅因为客观过程的发展与过程参与者及其行为有所不同,正如所有制与所有者不同一样,而且也只有这样才可以说明主体行为因主体的个性因素如实力、观念的变化而发生变化,并反过来作用于客观过程,导致客观过程在一定程度上经常偏离发展的总体趋势,又经常受总体趋势的牵引而回归,使基本理论变得有弹性和生动。

一般关于商品生产的研究,注重的大都是过程的发展规律、发展趋势,是资源的配置方式,而不是主体及其行为方式。的确,商品生产和商品交换所包

---

① 《资本论》第 1 卷,人民出版社 1975 年版,第 124 页。
② 学术界有一种观点认为,经济与管理是有区别的,管理是组织内的行为,经济是组织外的行为。这样看来,经济行为是市场行为,是经营行为。这种看法的确反映了现阶段的一些情况,但也只是理论的一种分野,在实际上并不尽然。对一个企业家来说,管理和经营并非完全分开的。无论从历史还是从理论的发展看,在较早的时候,两者的区别并不是那么清楚。在马克思主义理论经济学中,"经营"是与"所有"相对而言的。他在有的场合将生产与经营区别开来,在有的场合又将它们统一起来。例如在论述地租的场合,有经营农业、经营方式的说法,它们并不等同于市场行为。在第 1 卷,由于研究和处理思想材料的需要,资本家的各种职能还没有区分开,组织内的行为与组织外的行为是统一的。

含的价值规律，作为一种客观的经济规律，是不以市场主体的意志为转移的。① 正因为这样，资产阶级学者很自然地将它归结为"看不见的手"。至于资本运动的研究，在资产阶级学者那里，注意力全都集中在资本客体的运动上。撇开资产阶级学者的理论不说，在通常理解的资本理论中，主体也是并入资本之中的。即使在马克思主义经典作家的著作中，也充分确定经济规律的客观性：虽然资本运动是由许许多多资本家的独立行为构成和促成的，但他们的个别行为不会背离资本运动的总方向、总过程太远、太久，反而要不断离开、又不断地回归总过程，所以最终都会受到社会总资本发展趋势的吸引而不断地依附总体趋势。而且，马克思还说过："我们只把人理解为人格化的范畴，而不是理解为个人。"② 对此，恩格斯也有明断：许许多多的不同方向的行为互相交错最终"产生出一个总的结果，……这个结果又可以看作一个作为整体的、不自觉和不自主地起着作用的力量的产物。……所以实质上也是服从于同一运动规律的。……各个人的意志……融为一个总的平均数，一个总的合力"③。也就是说，虽然各个主体、各种群体行为的个性基础不同，但它们的个别行为，会互相抵消，会形成合力。不过恩格斯还接着说："然而从这一事实中决不应作出结论说，这些意志等于零。相反地，每个意志都对合力有所贡献，因而包含在这个合力里面。"④ 正因为这样，他们的资本理论将各个资本家的个别行为当成"总的平均数、总的合力"来看待和处理。

但是，客观过程与在这个过程中从事活动的主体毕竟不是完全没有区别的。在一种客观过程没有发生根本变化的长时期内，各种主体的行为及其关系是经常变化的。

不言而喻，参与同一客观过程的各个主体及其行为并非完全同质，在经济过程中的作用也不相同。各个部门都有无数的资本家在经营，他们的实力、观念、经营方向与力度各不相同，他们各自独立行动，时而进入这个领域，时而离开这个领域，并且在某一领域的投资也是时大时小。因此，各个资本家对其

---

① "生产这些产品的社会必要劳动时间作为起调节作用的自然规律强制地为自己开辟道路，就像房屋倒在人的头上时重力定律强制地为自己开辟道路一样。"（《资本论》第1卷，人民出版社1975年版，第92页）

② 《资本论》第1卷，人民出版社1975年版，第185页。

③ 《马克思恩格斯〈资本论〉书信集》人民出版社1976年版，第501页。

④ 同上。

他主体的影响力也不同,也就是说,他们总是以不同的力度和幅度加入资本运动,因而必然与资本运动的总体趋势若即若离,时而有较多的资本或高或低地偏离社会总资本总的发展方向,虽然各个资本家的个别行为归根到底都受资本运动规律的约束和牵引,以致从较长的时间来看,各种经营的差别会逐渐形成有共同方向的运动过程。但是,在现实过程中,各部分资本家不同的行为方向、力度总是同时存在,它们形成不同的势力,相互作用,并时时影响着社会总资本的总体趋势,使这种方向的延伸表现为跌宕起伏,并且因为有不同势力的影响而不至于背离总体趋势太远。马克思说:"必须把资本的一般的、必然的趋势同这种趋势的表现形式区别开来。"① 这意味着他既要注重考察"一般的、必然的趋势",而且还要阐明这种趋势在各个时期、时点的"表现形式"。而这种一般趋势与其在社会表面上的表现形式都是通过资本家的个别行为而展现的。之所以这样,因为社会经济发展过程与自然过程不同,是有人参与的,因为经济规律是通过人的活动而形成发展、发挥作用的,并且归根到底是不同主体之间关系的规律。离开了人的参与,就没有经济规律的发生和作用。而人又是分阶级的,人的发展是分阶段的,是在一定的社会条件下进行经济活动的。因此,通过特定阶级同时实施的不同经济行为而表现出来的经济总的趋势,必然不能理解为笔直平坦的线条。

众所周知,在实际过程中,主体及其行为会物化,在理论过程中,主体作为被研究的对象可以暂时存而不论、被抽象化。但是,在实际过程中,已经物化的东西、客观运行的过程都是人格化的,——其中的人格或者是个人人格,或者是整体人格,都包含着主体的行为。——即使在相对静态的情景中,至少也有一定的"产权行为"②,即有一定的主体主张着对该事物或过程的所有权,维护、利用或改变该事物或过程并表现了一定主体的价值。这种情况具有外在客观性,甚至强制性,不容忽视。所以,在理论过程中,暂时被抽象的主体始终存在,在暂时存而不论、抽象的研究状态结束之后,它们都必须作为必要的因素回归研究过程。这就是说,科学研究决不可将主体虚无化,反之,应该时

---

① 《资本论》第1卷,人民出版社1975年版,352页。
② 这里的"产权行为"只是在借用的意义上使用的,严格地说,应该是行使所有权获得经济利益的行为。所谓的产权,是现代西方经济理论的概念。从其要义看,产权并非单纯表现为对一定财产的权利,而是在交换中体现的权利,并且总是与收益紧密联系,显然不能等同于所有权。

时处处有主体观念，并在适当的场合将最初暂时撇开的主体纳入研究过程。具体说，理论经济学的研究可以在某些场合（某些基本理论）将人的行为物化，再抽象地考察这种人与物统一的对象，但这并不意味着它本身可以将"主体虚无化"。因此，马克思十分重视主体及其行为的研究，并将它贯穿于整个理论过程之中。不过，由于研究的侧面不同，在一些基本理论中，这种研究只是潜在的。劳动价值论就是这样，也包含着主体关系的内容，无论是价值理论，——价值是生产者个别劳动的间接的社会性质的物表现形式，其本质是生产者主体之间的关系，——还是劳动理论，都包含着劳动者主体，是主体行为与客体发展的统一。资本理论也一样，包含着主体行为，同样是主体行为和客体发展的统一。但是，在马克思的这些基本理论中，主体及其行为虽然是内生化的，但却是被物化的，或者说，是潜在的、被抽象的。换句话说，在这些理论中，主体及其行为与行为的结果是统一的，同类主体之间的区别并没有特别说明。正因为这样，我们就没有意识到要从中看到实力和地位不同的类或集团、同类或同集团主体对过程发展的不同作用。在现实过程中，主体不仅有实力不同的区别，还有观念，特别是发展观即他们各自对过程发展的理解都有不同，因此，他们的行为必然是异质的，方向、方式和力度也不完全一致。而在《资本论》中我们的确发现，有许多这样的研究贯穿全书，但它们却不能简单地归入劳动价值论与资本理论之中，并且又是建立在劳动价值论、资本理论的基础上与之一起发展的。这就需要我们将它们发掘出来，系统地整理。

在实际过程中，社会总资本的运动十分复杂，并且还要受与它同时存在并发挥作用的其他过程的影响，过程发展表现为一种有上下限波动区间的发展趋势。随着经济过程的发展，必然有社会需要、生产力结构、社会关系的调整，必然要求资本在不同部门之间的进出。但是，这些发展的趋势、调整的时机不容易被实力和观念、习惯不同的单个资本家理解和把握。而且，他们之中有的投机性强，有的惰性大，凡此种种，单个资本家的各种相互差异的行为会直接、间接地影响社会总资本的发展，并且使过程的发展表现得混混沌沌、跌宕起伏。所以，马克思并没有满足于这种共同的发展趋势的解释、共同发展过程的描述，而是分别考察了有代表性的个别资本家的具体经济行为、整个资产阶级即整体资本家的经济行为。这样的研究与资本理论有所不同，它必然要突出主体的不同行为。

必须看到，客观经济规律并非独立存在并独立发挥作用的，更非以纯粹的形态发挥作用,"在每一个瞬间都只是近似地存在着"。① 之所以这样,不仅因为它只是长期运动的规律,还因为有不同主体的不同方向与力度的行为使运动不断偏离其固有轨道。如果要找一个比喻,我们可以跑到证券市场去。那里比较直观的是指数变化,指数的支撑和压力、它的结构变化。这种变化的背后,是投资者主体、主要是主力的行为,包括主力的发展观、价值观、行为方式等。指数的变化与主力的行为是统一的,但又有所不同。形象地说,指数变化实际上就是资本运动的轨迹,这是资本理论的主要内容,人们比较重视;而投资主体、特别是实力雄厚的超级主力的行为,正是经济行为理论着重研究的,但人们却不怎么重视。

从资本运动的研究看,人们一般都重视马克思发掘的两大阶级之间的关系,不太重视他实际研究的不同资本家集团之间的关系。② 而不同资本家集团的关系,主要是经济行为理论考察的。换言之,经济行为理论不仅考察资产阶级和工人阶级之间的买卖行为、前者对后者的剥削行为,还以巨大的篇幅来考察不同的资本家之间的竞争和联合行为。恩格斯说:《资本论》第二卷"几乎只是对资本家的阶级内部发生的过程作了极其科学、非常精确的研究,没有任何东西可供编造空泛的字眼和响亮的词句"③。可以说,关于两大对立阶级行为关系的研究构成了《资本论》研究的主线,而对资本家阶级中不同集团、个体关系的研究则构成形形色色的辅助线,就像一个复杂的场面中并非只有一条主线,还要有许多辅助线一样。研究《资本论》的经济行为理论,可使我们对《资本论》有新的了解,不至于将资本家内部的关系完全忽略掉。这种关系的研究一方面可以使客观过程的论述更加丰满和具体,另一方面还能更深入地阐明两大对阶级之间的关系。

相对于资本理论,这种理论考察经济行为是比较具体的。它以资本理论所反映的资本运动发展趋势为主轴或主流趋势,又阐明资本家的个别行为、总体

---

① 《马克思恩格斯全集》第39卷,人民出版社1974年版,第408页。
② "在流通过程中,剩余价值的生产和一般价值的生产一样,会获得新的规定;资本会经历它的各种转化的循环;最后,它还会从它的可以说内部的有机生命,进入外部的生活关系,在这些关系中,互相对立的不是资本和劳动,而一方面是资本和资本,另一方面又是单纯作为买者和卖者的个人"。(《资本论》第3卷,人民出版社1975年版,第52页)在这里,马克思突出了买者与卖者即不同主体之间的关系。
③ 《马克思恩格斯〈资本论〉书信集》,人民出版社1976年版,第421页。

资本家的协同行为如何从上下两个方向不断背离、又不断回归这一主轴或主流趋势。这样的研究，结合各个资本家、资本家集团的实力、观念、偏好、习惯等个性因素，将视野延伸到更广的领域，将洞察力穿透到更深的层面，使过程的研究和再现更加生动、画面更加丰富多彩，从而展示了新的研究方位、研究领域，充实和丰富了资本理论。也就是说，对经济行为的研究实际上是广义资本理论的进一步具体化。

马克思的经济行为理论研究，是对他以前的资产阶级古典学派的超越，——古典学派的学者们虽然也涉及经济行为的研究，但却只是将全部行为主体都归结为同样的"经济人"[①]，并且在突出"经济人"的趋利之心后，又将这种人格物化，只注意物的分析，陷入旧唯物主义的窠臼中。——这既是基本理论的超越，又是历史观的超越，或者更确切地说，是唯物史观对旧唯物主义历史观的超越，又是这种唯物史观运用于经济学研究而导致新的基本理论对古典学派理论的超越。

二、研究主体经济行为是唯物史观在经济研究领域的贯彻

在经济思想史上，资产阶级学者对经济行为早有所涉及，但是，囿于唯心主义历史观及资产阶级狭隘眼界，他们全都将不同历史阶段、不同社会性质的经济行为混为一谈。他们的研究中所涉及的行为主体是孤立的人，没有历史性，[②] 没有阶级性，在他们看来，一般消费者的购买行为和资本家的购买行为并没有什么区别。在他们的研究中，所涉及的大都是显性的行为，充其量只达到内在规定的浅层。从根本上说，他们的研究是见物不见人。在他们看来，雇佣工人一进入资本家的生产过程，就转化为资本的存在形式，是"活的机器"。至于他们自己，如果没有相当数量的资本，就什么也不是。而且，无论在他们的意识中，还是在实际过程中，资本会自动生钱，"只要它被贷放出去，……那就无论它是睡着，还是醒着，是在家里，还是在旅途中，利息都会

[①] 关于资产阶级学者的"经济人"概念，后文还有批判。

[②] 所以他们特别喜欢鲁滨逊的故事。李嘉图"让原始的渔夫和原始的猎人一下子就以商品所有者的身分，按照物化在鱼和野味的交换价值中的劳动时间的比例交换鱼和野味。在这里他犯了时代错误，他竟让原始的渔夫和猎人在计算他们的劳动工具时去查看1817年伦敦交易所通用的年息表。"（《资本论》第1卷，人民出版社1975年版，第94页脚注29）

日夜长到它身上来"。① 因此，他们都是"资本拜物教"的忠实信徒。连西斯蒙第都责难忠实代表资产阶级的李嘉图，说他在考察资本主义生产时不注意"人"，只看到生产力的发展，而不管这种发展牺牲了多少人和资本价值。② 由于不了解客观过程与主观主体的关系，他们对经济规律的理解，大体就是"看不见的手"，根本没有意识到"看不见的手"之所以强有力，因为是有无数有形主体在操纵和推动。换言之，他们不知道是无数资本家有形的手相互作用才形成这种无形的规律，所以其理论难免肤浅。

而马克思的研究与此有根本的不同，他很注意主体的行为，而且是大量主体的长期行为即实践。实际上，这正是历史唯物主义主要特点，也是区别于旧唯物主义的重要特点。马克思曾经批评过："从前的一切唯物主义……的主要缺点是：对事物、现实、感性，只是从客体的或者直观的形式去理解，而不是把它们当作人的感性活动，当作实践去理解，不是从主体方面去理解。"③——资产阶级学者虽然在整体上坚持历史唯心主义，但在对待物与人的关系问题上也不自觉地因袭这种旧唯物主义的缺点，重视的是直观的物的运动，庸俗经济学甚至"在表面的联系内兜圈子"④。——因此，马克思研究资本运动，必定会超越资产阶级学者的狭隘眼界，注重考察各种主体的活动，并以各种主体间的关系为考察的主要方面。恩格斯在评论马克思的《政治经济学批判》时说："经济学所研究的不是物，而是人和人之间的关系，归根到底是阶级和阶级之间的关系；可是这些关系总是同物结合着，并且作为物出现。……马克思第一次揭示出它对于整个经济学的意义，从而使最难的问题变得如此简单明了。"⑤ 可以说，通过研究物的关系，来研究人的关系，更准确地说，透过"物之间的社会关系"和"人们之间的物的关系"⑥，来研究人之间的社会关系，是马克思经济研究的一大特点和优点。这一方法在运用到经济

---

① 《资本论》第3卷，人民出版社1975年版，第443页。
② 转引自《资本论》第3卷，人民出版社1975年版，第288页。不过，马克思也认为，虽然李嘉图见物不见人，但他重视发展社会劳动生产力，意识到这是资本的历史任务和存在理由，这正是他的学说中出色的地方。但这并不意味着马克思赞成李嘉图忽视主体的作用。
③ 《马克思恩格斯选集》第1卷，人民出版社1995年版，第58页。
④ 《资本论》第1卷，人民出版社1975年版，第98页脚注32。
⑤ 《马克思恩格斯选集》第2卷，人民出版社1995年版，第44页。
⑥ 《资本论》第1卷，人民出版社1975年版，第90页。

研究的时候，一方面突出主体的经济活动，另一方面突出不同主体的关系。尽管在社会表面上，经济大都表现为客体的运动，或者说表现为资本、财富的运动，但它们既不会自己运动，要有一定主体的操纵，而且在资本或财富量从使用价值来看不变的时候，一定的主体行为还会使它们的价值在很短的时间内迅速膨胀或收缩。就像一种股票在其基本面不变的时候，其价格却会在一个很短的时间内被投机者迅速拉高或压低到远离其价值的地步。不联系主体的行为，根本不可能正确地阐明客体的运动。马克思说得很明白："社会生产过程既是人类生活的物质生存条件的生产过程，又是一个在历史上经济上独特的生产关系中进行的过程，是生产和再生产着这些生产关系本身，因而生产和再生产着这个过程的承担者、他们的物质生存条件和他们的互相关系即他们的一定的社会经济形式的过程。因为，这种生产的承担者对自然的关系以及他们互相之间的关系，他们借以进行生产的各种关系的总和，就是从社会经济结构方面来看的社会。资本主义生产过程像它以前的所有生产过程一样，也是在一定的物质条件下进行的，但是，这些物质条件同时也是个人在他们的生命的再生产过程中所处的一定的社会关系的承担者。"[①] 在这一段话中，他在讲到生产力和生产关系再生产的同时，一再突出过程的承担者与自然、与生产关系的关系，强调承担者的再生产。这比一般地论述生产力和生产关系的发展——这是哲学意义的——具体得多、生动得多。展开考察主体经济行为的视阈，可以避免单纯从物的运动方面来考察资本运动。从主体行为的角度，与单纯从客观过程的角度来观察过程的发展是有不同的。

马克思在经济研究中体现唯物史观的主体原则，并不仅仅重视了在客观过程的发展中发挥重大作用的主体，而且还突出了他的强烈的研究者主体意识，即代表无产阶级批判资产阶级和资本主义。作为研究主体，他是独立于对象运动之外的，是主观主体；作为被研究的对象，资产阶级和无产阶级都是融入运动之中的，是客观主体。在资本运动中，资产阶级、资本家是决定过程发展的主导力量，所以是主导主体，雇佣工人则隶属于资本，是从属主体。马克思作为"在理论上认识全部历史运动进程的"[②] 的无产阶级思想家、理论家、革命家，是与从属主体站在一起的，不过，他作为其中最先进的部分，是代表无产

---

① 《资本论》第3卷，人民出版社1975年版，第925页。
② 《马克思恩格斯选集》第1卷，人民出版社1995年版，第282页。

阶级的根本利益和未来，所以，主观主体和客观的从属主体是统一的。正因为这样，他看到的不仅是最普遍的行为现象，而且透过显性的过程和表象，看到被掩盖很深的东西。所以，他必然要以无产阶级理论家的锐利眼光和宽广眼界，以唯物史观的特有视角，分析研究引导资本家行为的发展观、价值观、财富观等观念，发现资本家的行为中表现出来的许多矛盾：一方面要发展生产力，另一方面又周期地毁坏生产力，等等。显然，这已大大超出客观的资本运动的研究范围。

在社会表面上，主体融入客体之中，表现为客体，资本家只是资本的人格化，工人的活动转变为资本的存在。但就客观对象而言，主体与客体是有区别的，这种区别不同于"主客二分"，而是统一中的区别。即使在资本家的观念中，也能区分活的机器和死的机器。① 所以，在理论上，自然也要反映这种区别，毕竟客体的运行包含有主体性原则。不过，这种主体性与黑格尔的主体性原则截然不同，它是现实的，并且是具体的，本身包含着对立（主导主体和从属主体的对立）。资本家作为主导主体既强调客体的重要性，又突出客体的代表性，即由他来代表客体和支配从属主体。

在《资本论》中，马克思研究经济主体的行为，并不限于简单地描述资本家与雇佣工人之间的关系。在《资本论》中，除了这条主线外，还展开资本家之间的关系这条重要的辅助线。他一方面说明，资本家是资本的人格化，代表资本与雇佣工人发生经济关系，另一方面又说明各个资本家与其他资本家、整个资产阶级发生的经济关系，而且这种关系的研究在《资本论》中所占的篇幅巨大。结合不同经济主体的行为进行研究，还可超越直接的阶级分析，更深刻地揭示两大阶级的关系。即从两大阶级关系的外部，研究同一资产阶级的不同集团、主体的利益竞争关系，来深化、扩大两大阶级关系的深刻内容。这种研究显示，经济规律的作用归根到底是不同主体之间利益关系的调整，归根到底是两大阶级关系的深化。正因为有这样的研究，才使整个理论的结构层次化、复杂化，理论过程生动化、现实化（切近现实），更重要的是使主线的内容更加丰富，展示的不再是单个资本家与其所雇用的工人的关系，而

---

① "波特尔这位棉纺织厂主选中的喉舌，把'机器'分为两类，这两类都属于资本家。一类在资本家的工厂里，另一类在夜间和星期日住在厂外的小屋中。一类是死机器，另一类是活机器。"（《资本论》第 1 卷，人民出版社 1975 年版，第 632 页）

是两大阶级之间的对立关系，它的走向虽然不离开主线的发展方向，但不与之重合，而是围绕着主线上下波动，时时离开主线，有时波幅还比较大，由是而带动主线偏离原有方向，但它又始终受主线的吸引。这样看来，具体的资本运动并非刚性的直线，而是有弹性的，主线并非平滑的细线，而是有无数凹凸的干线，其形态就像证券投资的技术分析中的"布林线"一样，是一个包含有上下轨、上下两轨时而分开时而靠拢、整体呈波浪式运行的区间。这样具体分析必然深化了主线的内涵。

资本家的经济行为，无论是个别的还是总体的，都不是单纯的、主观的剥削行为，从客观的意义看，这些行为是客观的，并且在社会发展的特定历史阶段是必然的。但是，对它们的研究却带有研究者的主观价值，贯穿着研究者的浓烈情感。如果说，资产阶级学者的"使命只是表明在资产阶级生产关系下如何获得财富"①，那么，马克思则是要说明，资本家采取的手段是多么残酷和高超，借助的机制是多么灵活和高明，给工人阶级带来的灾难是多么的巨大和深远。因为这种行为本身是客观的、长期的、有规律性的，所以，站在过程之外，在历史考察的制高点上来研究，不仅可以揭露资本家如何发财致富，而且还可一方面从资本家执行一般过程职能时的合理行为中发掘一般的经济行为规律，另一方面通过批判资本家行为的非理性、非人性，通过分析和表现他们的无意识的自私自利行为，说明他们往往歪打正着，从反面展示某种必要性，从而揭示了资本运动的基本规律。

经济行为理论包含主体发展观、价值观、心理、习惯等分析，这些都超过资本理论的特定范围，是资本理论没有包容的。

三、经济行为理论研究的主要是资本运动当事人的经济行为

与马克思的研究目的紧密联系，《资本论》的经济行为理论研究的是资本主义比较发展阶段资本运动过程中整体资产阶级的经济行为。由于总体资本家是由许许多多单个资本家组成的，所以要通过研究单个资本家来研究总体资本家。

经济行为的内容广泛，但首先表现为以商品生产为中介的卖和买。卖和买是连在一起的，没有只卖不买的主体，也没有只买不卖的主体。买卖连在一起

---

① 《马克思恩格斯选集》第1卷，人民出版社1995年版，第135页。

形成一个"偏正"结构,或者是"为买而卖",或者是"为卖而买"。一般的小生产者是"为买而卖",追求的是使用价值,这种行为是非持续的,一旦交换成功,交换者就退出市场,一直等到产品积累到一定数量的时候再重返交易市场。而资本家则是"为卖而买",追求的是价值的无休止的增殖。① 《资本论》既考察一般的"为买而卖",更重要的是考察特殊的"为卖而买",并把一般的"为买而卖"看成是隶属于特殊的"为卖而买"的必要的但又是次要的行为。雇佣工人在市场上出卖劳动力,是为了购买生活资料,这种行为不能导致行为主体的增殖,只是一般的流通行为。所以,并非所有的市场行为都是马克思研究的经济行为。真正的经济主体不是一般的"为买而卖"的消费者,而是特殊的"为卖而买"的资本家。

资本家一心想为自己发财致富,但并非人们常说的理性"经济人"。所谓的"经济人",在坚持这种观点的资产阶级学者看来,是利己的人,是完全理性的人,虽然后来有的资产阶级学者提出"有限理性",甚至包含有一些"利他"因素,多少修正了原先的看法,但还是坚持认为,无论是完全理性的、还是有限理性的经济人,本质都是利己的人。如果深入考察,人们不难发现,在他们笔下的这种"经济人",是没有时代、阶级、经济实力、理性意识差别的人,也是没有行为条件差别的人。他们一方面将进行经济活动的必要条件,即拥有一定数量的生产资料完全撇开,好像所有的人都能一样地自由地投资、投机、竞争,有同样的意识水平、行为能力和同样的行为。显然,其要害不是突出利己,而是掩盖各个主体之间的实力差别。而且,从其所谓的"理性"而言,本身也是荒谬的。马克思嘲笑说:"在资产阶级社会中,流行着一种法律上的假定,认为每个人作为商品的买者都具有百科全书般的商品知识。"② 另一方面是将经济关系完全撇开,只是单纯从个人的角度考察。这种"经济人",正是马克思批判过的、"被斯密和李嘉图当作出发点的单个的孤立的猎人和渔夫","应归入 18 世纪鲁滨逊故事的毫无想象力的虚构"。③ 换个角度

---

① "在 W—G—W 循环中,始极是一种商品,终极是另一种商品,后者退出流通,转入消费。因此,这一循环的最终目的是消费,是满足需要,总之,是使用价值。相反,G—W—G 循环是从货币一极出发,最后又返回同一极。因此,这一循环的动机和决定目的是交换价值本身。"(《资本论》第 1 卷,人民出版社 1976 年版,第 171 页)

② 《资本论》第 1 卷,人民出版社 1975 年版,第 48 页脚注 3。

③ 《马克思恩格斯全集》第 46 卷上册,人民出版社 1979 年版,第 21 页。

看，如果真有这种"经济人"存在，他一定要与其他的"经济人"进行交易，并且好像"人人只顾自己，谁也不管别人，所以大家都是在事物的预定的和谐下，或者说，在全能的神的保佑下，完成着互惠互利、共同有益、全体有利的事业"①。但是，这种情况并不存在，或者至多只是表象。表面看，在资本家与雇佣工人进行交易的时候，双方都只顾自己，其实不然。对此，马克思说得很清楚，这是流通领域产生的表象。实际上，在这种交易中，对工人来说，是无可奈何的事情，"劳动能力不卖出去，对工人就毫无用处，不仅如此，工人就会感到一种残酷的自然必然性"，②因此，他们很难在交易中保住自己的利益。为了活命，他们甚至不得不将自己的妻子儿女"抛到资本的札格纳特车轮下"③。至于资本家和资本家之间的交易，虽然彼此都精打细算，甚至不惜损人而利己，但是，资本家作为一个阶级绝不能靠算计自己的同类、通过各自"利己"而实现整体的发财致富。这样看，用"经济人"来取代资本主义生产当事人④、流通当事人⑤、分配当事人的真实用意乃在于掩盖资本主义关系所产生的阶级差别、掩盖本阶级中不同个体的实力差别，以及彼此尔虞我诈、以邻为壑的真相。在马克思看来，资本主义的经济主体既是现实的资本家，又是历史地发展起来的资本家，必然有巨大的经济实力，"资本家所以是资本家，并不是因为他是工业的领导人，相反，他所以成为工业的司令官，因为他是资本家。"⑥可见他首先是资本家，拥有相当多的资本，指挥、剥削许多工人。其次是经营资本的生产当事人：一方面是工业司令官，要了解产业化发展的基本要求；另一方面又是流通当事人，离开流通，离开商品生产的经济形式，他们就和自然经济条件下的生产者一样。同时，他们还是分配当事人，主持剩余价值在各个资本家集团之间、在资本家与土地所有者之间进行分割。可见，决不能将这种特殊的资本主义生产、流通和分配当事人，归结为一般的商品生产者和商品交换者。当然，在社会表面上，与他们发生关系的，的确涉及全体社会成员。但实际上，他们面对不同的人群时，扮演的却是不同的角色。

---

① 《资本论》第1卷，人民出版社1975年版，第199页。
② 同上书，第196—197页。
③ 同上书，第708页。
④ 《资本论》第3卷，人民出版社1975年版，第30页。
⑤ 《资本论》第2卷，人民出版社1975年版，第144页。
⑥ 《资本论》第1卷，人民出版社1975年版，第369页。

当他作为商品提供者面对社会消费者的时候，是一副嘴脸，是为利己而利他；当他作为独立主体面对其他竞争者的时候，又是另一种身份，斤斤计较地分配利润和损失。当他作为整个资产阶级一分子面对工人阶级的时候，更是另一副嘴脸。

从资本家的职能看，他既是剥削者，又是经济发展的主动轮，像《镜花缘》描述的两面国中的双面人一样。作为主动轮，是工业的司令官，是商品生产的经济主体（产业资本家），是商品生产的组织者（商业资本家），是社会生产过程的调节者（生息资本家、土地所有者）。作为一般的生产经营主体，其行为受价值规律的约束；作为工业的司令官，他有一定的理智，要遵循产业发展的规律，要按产品生产的客观要求安排组织人财物、供产销，他再怎么财大气粗、牛气冲天，也要按时投入、播种、产出、收获。

资本家不仅是一般的生产经营者，而且主要是特殊的生产经营者、个别的生产经营者（有个性，即使从整个阶级来看，其民族、文化也是个别性的）。正因为他有这种一般的职能，所以其行为包含着工业化、商品生产、社会化的一般规定。作为资本家，他是不理智的，有追逐利益的贪婪，有害怕损失的恐惧，有置工人死活不顾的铁石心肠。作为剥削者，"作为别人辛勤劳动的制造者，作为剩余劳动的榨取者和劳动力的剥削者，资本在精力、贪婪和效率方面，远远超过了以往一切以直接强制劳动为基础的生产制度"。①

大体看来，在《资本论》中，典型而成熟的经济主体至少有这样一些基本的规定：

一是有一定的经济实力，并且是随着经济的发展而逐渐壮大的。

资本家并非仅仅与流通相联系，——在资本主义以前，也曾经有过实力非常强大的商人，② 但他们并非资本家。——作为资本家，他还必然是"工业的司令官"③，是"社会机构中的一个主动轮"④。因此，他必须有一定的实力。有实力才能购买许多劳动力和生产资料，才能实施长时期的经济行为，才有影响力、有魅力。在资本主义社会中，经济实力是经济行为发生的根据，它决定其行为的发生、连续、转换、扩大及其力度、规模、结构、效益、速度。就单

---

① 《资本论》第1卷，人民出版社1975年版，第344页。
② 在司马迁的《史记》中设有"货殖列传"。
③ 同上书，第369页。
④ 同上书，第649页。

个资本家看，这种实力即是他拥有一定的资本量，这个资本不仅是一堆货币，而是有质的规定，总是与特定的技术、生产力发展水平相联系。这个资本量还有必要的限度，这个限度要随着经济发展水平的提高而提高。马克思的分析说明，除了有这种绝对量规定外，还有相对量规定，即指它在其所处部门总资本量中所占的份额和地位，如果它在该部门中所占的份额较大，其产品的个别价值就能够成为该种商品的市场价值。这一相对量至少应该达到该部门的平均值，"在真正的工业中，每个生产部门都会迅速形成该部门所特有的最低限度的经营范围和与此相应的最低限度的资本，如果没有这个最低限度的资本，任何一种经营也不能顺利进行。同样地，在每个生产部门，又都会形成大多数生产者所必须拥有并且实际也拥有的、高于这个最低限度的标准平均资本量。大于平均资本量的资本会提供额外利润，而小于平均资本量的资本就得不到平均利润"。① 在资本主义较为发展的阶段，如果资本家不能得到"健康的、正常的"利润率，就宁愿让他的资本暂时闲置。

二是主体已经相对成熟，有一定的理念、能力和目的、需要，并且与时俱进。

一切行为都是一定主体基于一定的理念而发生的。行为是由一系列动作构成的，② 要协调这些动作，必须先有一定的理念，而后才有决策，才能使这些动作先后有序地实施，形成一定的行为。③ 所谓的理念，既包含一定的理论，还包含一系列的观念。这些观念，特别是其中最主要、最重要的发财致富的观念，当然不是从天上来的，而是来自资本家的经济行为、剥削实践。这种观念一旦形成，又会成为左右资本家行为的最重要的动力，并且也使怀有同样观念的人形成同类集团而放大，成为整个阶级的共同观念。最初的资本家可能没有什么特定的理论，但随着资产阶级的发展，为它服务的理论必然应运而生、应时发展。但是，所有的资本家都更重视实践，实施经济行为。对他们来说，即使没有掌握系统的经济学理论，相关的理念也会无师自通地产生，更会在竞争

---

① 《资本论》第3卷，人民出版社1975年版，第762页。

② 动作是简单的行动或活动要素，一系列有一定意义的动作组合构成行动或活动。见黄淳、何伟合：《信息经济学》，经济科学出版社1988年版，第36页。

③ 人的行为是和环境交互作用的产物和表现，是人的生理、心理因素和社会文化因素经参照系数指引、酿成足够强度的动机而引发的，并产生某种影响和结果的社会实践活动。（刘因瑞：《行为科学基础》，复旦大学出版社1989年版，第19页）

及交往中吸取、传承一些观念。

这些理念中,有一般性的,有特殊性的,并且都会随着过程或主体实力的变化而变化。所谓一般的理念,指的是在一般经济过程中产生的观念,例如等价交换、竞争、满足社会需要、流动等观念。对此,西方学者早已有所论证,例如斯密在撰写《国富论》之前就先出版《道德情感论》[①],强调资本家的行为要遵守道德,这就是要有道德观。而他的《国富论》实际上则是表述另一种观念,即财富观和发展观。观念作为一种意识形态的东西,存在于一定的社会形态中,而后者既有特殊的社会性质,又以一般过程为载体,因而各种观念都包含有一般性和特殊性。但是,所有的资产阶级学者都会有意无意地将专属于资本家的、只适合于资本主义社会的特殊观念,和体现一般过程要求的观念混为一谈。与此相反,马克思则到处都将两者区分开来。他一方面突出地阐明资本家的特殊观念,例如,资本家认为,"他预付自己的货币意图是要由此生出更多的货币",他给工人提供材料和生活资料是特殊的服务,应该得到报酬,[②] 不仅采用机器是有界限的,采用新机器更要精打细算,"采用新机器会使他原有的还没有用坏的机器变得一钱不值,变成一堆废铁,从而使他受到直接的损失,所以他十分小心谨慎,不做这种对他来说纯属空想的蠢事"。[③] 另一方面又析出其中包含的适应商品经济、工业化发展的一般观念,如市场竞争的观念、价格调节的观念、经济增长方式转变的观念、资源转换的观念等。其中,马克思特别注意发掘他们的发展观、价值观、财富观等。所谓的发展观,就是对经济发展的看法。他阐明,对资本家来说,发展首先是自己的发展。资本家已经意识到:没有剥削,就没有发展;没有先进的技术和工具,没有一定的规模,也谈不上发展;没有积累,就没有技术的进步和规模的扩大,而规模扩大又有内涵的和外延的。因此,他们高呼:"生产啊,生产","积累啊,积累"等口号,并且也意识到,在资本主义初级阶段,按当时的生产力水平和单个资本规模,劳动密集型是最合适的产业发展模型。……显然,这种发展观包含有一般性和特殊性、历史性。从其一般性看,这种发展观代表着人类对当

---

① 朱绍文将"道德情操"改译为"道德情感"。他说明,The Theory of Moral Sentiments 中的 "Sentiments" 不是情操,而是情感。(见《经济学动态》2010 年第 7 期朱绍文:《亚当·斯密的〈道德情感论〉与所谓的"斯密问题"》)

② 《资本论》第 1 卷,人民出版社 1975 年版,第 217、218 页。

③ 《资本论》第 3 卷,人民出版社 1975 年版,第 292 页。

时经济发展状况的认识,包含有某些合理的乃至科学的成分,是人类思想发展的重要元素和步骤。正是通过对这种发展观的批判性分解,马克思从中吸取了许多有益的营养,构成自己特有的科学发展观的组成部分。当然,马克思还根据对客观过程的全方位研究,揭示资本家发展观的历史的、阶级的局限性。

资本家作为主导整个过程发展的"主动轮"[1],当然也有鲜明的价值观,他把"心放在钱袋里",公然宣称自己的赚钱意图,是对剩余劳动的贪欲。[2]马克思还这样生动地描述资本家的价值观:每个人都希望暴风雨在自己发了财并把钱藏好之后,落到邻人的头上。"我死之后哪怕洪水滔天。"这就是每个资本家和每个资本家国家的口号。人们为体力和智力的衰退、夭折、过度劳动的折磨而愤愤不平,资本家却回答说:既然这种痛苦会增加我们的快乐(利润),我们又何必为此苦恼呢?不过总的说来,这也并不取决于个别资本家的善意或恶意。自由竞争使资本主义生产的内在规律作为外在的强制规律对每个资本家起作用。[3]

资本家还有一个很重要的"观念",即认为剩余价值是全部预付资本的产物,正是根据这种观念,实际的剩余价值转变成了与工人剩余劳动无关的"利润"。对各个资本来说,他的全部预付资本,不管是所用的,还是所费的,都一样能够按同样的比例在同样的时间内带来一定的增殖额,是"同股同权"的。这是他们关于财富来源的重要观念,所以是资本家特有的"财富观"。这种观念对成本价格、利润范畴的形成,对其资本的流动起着极其重要的作用。在他们看来,"平等地剥削劳动力,是资本的首要人权"。[4]

三是在商品经济的社会关系中。

经济行为本身就是一种社会关系,因为它必然要与别的经济主体发生关系。换句话说,它是在一定社会经济关系中发生的。无论是一般的还是特殊的经济行为,都没有例外。由于存在着广泛、深刻的社会分工,也由于存在着生产资料和个人劳动私有制,[5]任何经济活动都离不开相互关系。但是,并非任何相互关系都可能产生经济行为。在自给自足的自然经济环境中,经济活动主

---

[1] 《资本论》第1卷,人民出版社1975年版,第649页。
[2] 同上书,第217、255页。
[3] 同上书,第299—300页。
[4] 同上书,第324页。
[5] 关于劳动私有制,后文有较详细的论证。

体相互之间缺乏经常的联系，——他们虽然彼此都离不开，但其关系是隐性的、不自觉的，即仅在需要的时候才建立，并非一开始生产就是为了别人的需要，——只有在商品生产中，经济活动才转化为经济行为。没有商品生产者之间经常的大量交换，就没有经济行为。商品生产的一个最大特征，就是提供了巨大的交换市场，通过各种市场信息和机制，唤起了全体生产者和交换者的互补、盈利意识。所以，马克思在分析简单商品生产——它是作为一般过程被研究的——的时候说："流通是商品所有者的全部相互关系的总和。"①

这种一般的商品经济关系决不是单独存在的，而是存在于一定的特殊生产关系中。换句话说，真正的经济行为还需要有特殊生产关系的哺育和普照，这些关系决定行为人的社会性质。经济主体总是处于一定的社会形态中，是特殊关系中的主体，受该社会的"普照之光"笼罩照耀。马克思说："在一切社会形式中都有一种一定的生产支配着其它一切生产的地位和影响。这是一种普照的光，一切其它色彩都隐没其中，它使它们的特点变了样。这是一种特殊的以太，它决定着它里面显露出来的一切存在的比重。"② 在资本主义社会，资本家既受其资本关系的约束，也主动地成为这种关系的基础或主要元素。就像人是"类"存在物一样，资本家也是"类存在物"——阶级的人，离开这个阶级，它就不再是本来意义的资本家了。而且，它还是"族群"存在物，各个资本家不仅表现了"类的本质"，而且具有十分明显的"族群的特征"。它包含两个方面，一是一定的内部关系，即内部不同活动主体之间的关系；二是一定的外部关系，即与其他经济主体之间的关系。

四是与特定的产业发展阶段相联系，能转型的。

经济行为的存在和发展还有一个很重要的社会条件，就是产业化发展。产业发展提高相对劳动生产力，提高剩余产品率，提高商品率。在漫长的封建社会里，也有商品生产的存在，但那时的生产力低下，剩余产品率低，商品化率自然也低。没有产业化发展，分工就不可能发达，商品生产也不会迅速发展。这种产业发展不是自然产生的，而是在生产力发展达到一定阶段时才产生的。在这个历史发展过程中，一系列的产业联系发生了，复杂化了。

产业发展是生产力发展的一种表现形式，因而会随着生产力发展而又有阶

---

① 《资本论》第1卷，人民出版社1975年版，第188页。
② 《马克思恩格斯全集》第46卷上册，人民出版社1979年版，第45页。

段性。纵观《资本论》的研究可以发现，资本运动和产业发展都是有阶段的。①与此相适应，马克思的研究也是分阶段的。除了开篇主要考察资本主义起点外，还考察资本主义初级阶段、较高发展阶段的资本运动。我们看到，他对单个资本的研究，主要是与资本主义初级阶段相联系的，对整体资本家的考察，则是与自由资本主义较高发展阶段相联系。在不同的发展阶段，资本家的社会知觉是不一样的，观念和行为也不一样。马克思说："随着大工业的发展，出现在市场上的货币资本，会越来越不由个别的资本家来代表，即越来越不由市场上现有资本的这个部分或那个部分的所有者来代表"，②各个资本家都"意识到自己是一种社会权力；每个资本家都按照他在社会总资本中占有的份额而分享这种权力"③。在不同的发展阶段，资本家不仅观念不同，而且行为也不同。从生产行为看，在不同的发展阶段，经济主体所能结合的生产资料的效能与规模、组织状况、利用的自然条件等都不一样。甚至对国家政权的依赖关系也不同，"在资本主义生产在历史上刚刚产生的时期，情况则不同。新兴的资产阶级为了'规定'工资，即把工资强制地限制在有利于赚钱的界限内，为了延长工作日并使工人本身处于正常程度的从属状态，就需要并运用了国家权力"。④但是，在后来，他们的素质、能力、需要也会随着经济发展阶段的上升而改变。显然，这些变化的积累在达到一定程度的时候，会发生较大的转型，这也决定主体的经济行为包括指导行为发展的观念也随之转型发展。

五是有单个资本家和资本家集团（如部门资本家）、整个资产阶级的区分。

在《资本论》中，马克思不但考察单个资本家的经济行为，而且更重视研究整个资产阶级的经济行为。在资本主义社会，"每一单个资本家只是资本

---

① 马克思说："单个的货币所有者或商品所有者要蛹化为资本家而必须握有的最低限度价值额，在资本主义生产的不同发展阶段上是不同的"，明确地表明资本主义生产有不同的发展阶段。（《资本论》第1卷，人民出版社1975年版，第343页）
② 《马克思恩格斯全集》第26卷第3册，人民出版社1975年版，第515页。这里论述的也是关于社会总资本运动的外在表现形式。
③ 《资本论》第3卷，人民出版社1975年版，第218页。
④ 《资本论》第1卷，人民出版社1975年版，第806页。

家阶级的一个分子",① 他们彼此独立而分散的行为构成整个资产阶级的总体行为,社会总资本的运动总是通过无数单个资本家的个别行为的交错、协同、整合而实现。单个资本家的个别行为虽然彼此独立进行,但他们又存在着或明或暗、或紧或松的联系:"每一个商品生产者都必须生产一种使用价值,即满足一种特殊的社会需要,而这种需要的范围在量上是不同的,一种内在联系把各种不同的需要量连结成一个自然的体系",② 使之分别属于不同的生产部门。

在全面深入研究单个资本家的行为后,马克思又以巨大的篇幅考察资本主义比较发展阶段不同生产领域的资本家集团的行为。经济发展阶段的上升,决定于生产力和生产关系的发展。在这样的场合,单个资本家作为主体的特性已经被扬弃了,主体不再是具有个性和独立性的单个资本家了,而是在竞争中产生的利益共同体。它的生产经营行为不仅凭其实力,还要符合社会分工的比例。一个部门的投资量太多,其产品总量就可能超过社会需要。"社会购买这些物品的方法,就是把它所能利用的劳动时间的一部分用来生产这些物品,也就是说,用该社会所能支配的劳动时间的一定量来购买这些物品。……如果某种商品的产量超过了当时社会的需要,社会劳动时间的一部分就浪费掉了,这时,这个商品量在市场上代表的社会劳动量就比它实际包含的社会劳动量小得多。"③社会需要实际上就是一种比例关系,可见,一个部门资本家的实力与行为不单单是自己的事情,还要与其他部门资本家的实力和行为相匹配。

对一个部门的资本家来说,单个资本家的观念不仅是基础,而且放大了和转型了。在资本能够自由流动的条件下,不管哪一部门的资本家,都同样坚持"同股同权"的观念,"资本是天生的平等派,就是说,它要求在一切生产领域内剥削劳动的条件都是平等的,把这当成自己的天赋人权"。④ 正是基于资本家"心目中"、"观念上"的这种意识,⑤ 在资本主义发展的较高阶段,尽管不同部门的有机构成的高低已经拉大差距,从而流通时间构成的长短也拉大差距,但各个不同部门的资本家集团都要获得与别部门资本家一样的利润率。正是因为各个部门资本家都自发地形成、坚持这样的观念,才导致资本在不同的

---

① 《资本论》第2卷,人民出版社1975年版,第390页。
② 《资本论》第1卷,人民出版社1975年版,第394页。
③ 《资本论》第3卷,人民出版社1975年版,第209页。
④ 《资本论》第1卷,人民出版社1975年版,第436页。
⑤ 《资本论》第3卷,人民出版社1975年版,第44、50页。

部门之间"乾坤大挪移"①。马克思说明，最重要的是资本到处有追求剥削的平等权利的观念。所以，他们不再像初级阶段那样，偏重于独立运作，而是更看重资本的质和结构的优化以及各个资本之间的关系，并且逐渐形成整个阶级的发展观、价值观、财富观。他们在连续的生产经营中很快就形成了这样的发展观：发展要有积累，发展要靠提高剥削程度，要靠提高劳动生产率水平，要改变资本的技术构成，要改变产业结构，要将工人的必要消费基金转化为资本的积累基金，发展是占有权的扩大，发展要发掘生产和流通的潜能，竞争是促进发展的强有力手段，发展有间歇性，是在一定技术基础上的单纯扩大和技术基础的更新换代，升级换代有时间规定，等等。他们也形成新的价值观，例如，为了能在竞争中站稳脚跟，因提高劳动生产率有必要承担资本的贬值；在一定条件下，提高工人的工资、让工人暂时地享受一下资本主义的繁荣是可以的、必要的，只要不严重地危及资本关系的扩大再生产。他们的财富观则认为，相对过剩人口、产业后备军的存在和扩大对资本主义是有利的，是资本运动的条件。工人的贫困、劳动折磨、受奴役、无知、粗野和道德堕落的积累是财富积累的必要条件。他们通过资本的集中在相当程度上消灭各个资本个性，形成资本的社会性，这显然是资产阶级阶级意识的强化。在他们看来，财富并非单纯的财产，并非只是能够带来剩余价值的东西；他们意识到财富有两种，一种是死机器，一种是活机器，工人是活的财富，延续的时间越久，历代积累的技能越多就越好，不能让他们随便流失，他们的生活消费就是资本积累的充分条件。财富观的这种变化是资产阶级成熟的重要表现。

资本家作为主体当然是为满足一定的需要才实施经济行为的。这种需要首先是财富的增长，满足自己的贪欲，"作为别人辛勤劳动的制造者，作为剩余劳动的榨取者和劳动力的剥削者，资本在精力、贪婪和效率方面，远远超过了以往一切以直接强制劳动为基础的生产制度"②。这里说的资本，就是资本家。其榨取、剥削劳动力的精力和效率，就是他的能力。当然，他的能力还表现在积累和竞争、联合上。

《资本论》不仅研究资本家这个主体，更主要考察资产阶级社会中资本家的经济行为。就行为而言，它也有诸多特性：

---

① 金庸武侠小说《倚天屠龙记》中的一种武功。
② 《资本论》第1卷，人民出版社1975年版，第344页。

其一，有一般过程的行为，也有特殊过程的行为。从生产过程看，一方面，所有的资本家都怀有同样的发展观，都知道通过生产商品来发财致富，并且致力于提高劳动生产率，都按照市场提示的各种标准来控制劳动力及生产资料的耗费，都致力于改变经济增长模式。从这种意义看，资本家是一般的商品生产者。在生产过程中，资本家的管理包含着"从共同的劳动过程性质产生的管理职能"。另一方面，资本家有强烈的统治欲、扩张意识，他们追求无休止的增殖，迫使工人阶级超出自身生活需要的狭隘范围而从事更多的劳动。显然，这是"从这一过程的资本主义性质因而从对抗性质产生的管理职能"[①]。

从流通过程看，资本家的交易行为也是二重的：一重是一般的，都根据各种商品市场价格的晴雨表来克服自己"无规则的任意行动"[②]，他们与工人劳动力的交换也都体现一般的市场交易的规则："自由、平等、所有权和边沁"。[③] 另一重是特殊的，资本家的交易形式 G—W—G′作为连续的过程，虽然包含着 W—G—W，但从内容上看，却与"商品、价值、货币和流通本身的性质的规律相矛盾"[④]，它改变了行为的等价交换性质，"资本家和工人之间的交换关系，仅仅成为属于流通过程的一种表面现象，成为一种与内容本身无关的并只能使它神秘化的形式。劳动力的不断买卖是形式。其内容则是，资本家用他总是不付等价物而占有的别人的已经物化的劳动的一部分，来不断再换取更大量的别人的活劳动"。[⑤]

从分配过程看，其实质是剩余价值在各个资本家集团（包括土地所有者）之间的分割，这是特殊过程，但它仍然采取货币支付的形式，并且被归结为一般收入的获得，这又带有一般过程的形式。

其二，无论是一般过程中的行为，还是特殊过程中的行为，都是既在流通中，又不在流通中。如果仅从商品流通的直接形式 W—G—W 看，其内容是为

---

① 《资本论》第1卷，人民出版社1975年版，第369页。
② 同上书，第394页。
③ 同上书，第199页。
④ 同上书，第177页。
⑤ 同上书，第640页。虽然这里主要指资本家与劳动力交换，商品生产使资本家耗费的是 c+v，但 v 这一部分价值实质上不是资本家实际支付的，而是要由工人来补偿的，而且补偿的时候还要加上剩余价值，从这种意义看，资本家购买雇佣工人的劳动力并非等价交换。只不过在社会表面上，这种秘密总是颠倒地表现的。

买而卖，似乎只是流通领域的事情，但要卖出的商品一定是劳动生产出来的，可见，这个直接形式内在地包含着生产过程。这样我们就可以理解，资本家从事的生产经营活动包含有一般过程的规定。至于 G—W—G′，其内容是剩余价值的生产和实现，这当然是特殊过程的行为，也是既在流通中，又不在流通中。

不在流通中，并非没有运动。单个资本家生产剩余价值是其"自动"，或曰"自转"，它总要经过生产过程的各个环节。在流通中，是单个资本家与其他资本家的互动，是围绕社会总资本"公转"。从这种意义看，"既在流通中，又不在流通中"表明它既有自转又有公转，是"自转"和"公转"的"耦合"或统一。

其三，它既是客观过程，又是主观过程，既有共性，也有个性。在资本主义社会，资本家的行为作为资本运动的重要方面，当然是客观的过程。他们不断转变经营方式，追逐剩余价值，充分体现了资本运动的内在要求。在这方面，单个资本家与总体资本家并没有什么区别。但单个资本家和总体资本家又有所不同。他们的主观因素如观念、能力、冒险精神、需要等个体因素的差别及其演变对其行为、对社会总资本的总体运动有深刻的影响。而资本运动又是单个资本家的行为的总和，所以，这种运动在各个具体场合都表现为主观过程。这些个别的主观过程还直接影响了总体的客观过程。例如，在资本主义刚刚发轫以及进入初级阶段这一段相当长的时期内，单个资本家急功近利，盲目性、野蛮性都表现得相当充分，对经济发展规律的认识还相当简单粗浅，结果是一方面时而加速时而迟滞资本运动，并且使其表现为振幅很大的波动，另一方面也深度影响商品生产的发展，结果往往将资本运动的内在矛盾推向极端，不得不进行成本极高的大调整。

在《资本论》中，马克思考察单个资本家的行为，是将他们当作相同的个体来看待的，所以具有一般性。但是，总体资本家是由无数单个资本家组成的庞大家族，他们分散在不同的经济领域，形成不同的比例关系，各个资本家都必须共同遵守。不过，各个领域各有不同的行为，彼此相差很大，具有个别性。即使在同一领域中，各个资本家的客观实力和主观因素彼此相去甚远，形成不同的实力和行为结构。这些不同的行为必定互相影响，都企图以各自的个别性来取代或者覆盖其他的个别性行为。马克思在论述市场价值的时候说："市场价值，一方面，应看作是一个部门所生产的商品的平均价值，另一方面，又应看作是在这个部门的平均条件下生产的、构成该部门的产品很大数量的那种商品的个别价值。只有在特殊的组合下，那些在最坏条件下或在最好条件下生产的商品才会调节市场价值，而这种市场价值又成为市场价格波动的中心，不过市场价格对同类商品来说是相同的。"① 这就意味着同一个生产部门的资本家，因各自资本的数量、技术水平的不同形成了一定的实力结构和行为方式。这样，实力很强并且占该部门很大数量的单个资本家，他的个别行为将影响处于该结构中其他部分的资本家。换句话说，这些资本家的个别行为既包含该部门资本家行为的共性，也有很明显的个性。马克思还注意到各个资本家"单个地发生作用"的差别："假定一个资本家有机会比他的竞争对手卖得更快，或者比另一个资本家采用更多的方法来缩短劳动期间……会使处在同一个生产部门的不同的单个资本的周转产生差别。"②

资本家行为的个性，很自然地使他们的行为具有主观性，在资本家这种特定的群体中，总是产生种种匪夷所思的主观的狂想。③ 但在影响经常性的、重复性行为的观念中，也不是完全主观性的东西，正如马克思所说，"观念的东西不外是移入人的头脑并在人的头脑中改造过的物质的东西而已"。④ 当然，马克思指的是在实践中产生的观念。这样看来，在他们那里，有两种不同性质的观念类型。⑤ 就资本家来看，虽然他们受本阶级狭隘眼界的限制，经过缺乏理论思维能力的头脑中改造过，其观察和思维带有很强的主观性，但也能在实施经济行为的过程中多少探索到一些带有规律性的东西，并且对那些客观过程的表象有特别的兴趣和印象，这些双重性的观念必然对资本家的行为经常发挥着巨大的影响。如果从个体行为看，资本家各自实力的差异，又会形成他们的个性和独立性，使他们彼此相互排斥。但在总体资本运动中，又会因为资本的集中，资本家剥夺资本家，而使这种个体独立性不断消灭，形成共性。

---

① 《资本论》第3卷，人民出版社1975年版，第199页。
② 《资本论》第2卷，人民出版社1975年版，第277页。
③ "因此，一切资本主义生产方式的国家，都周期地患一种狂想病，企图不用生产过程作媒介而赚到钱。"（《资本论》第2卷，人民出版社1975年版，第68页）
④ 《马克思恩格斯全集》第26卷第1册，人民出版社1972年版，第278页。
⑤ "观念类型本身是对动机、观点、行为主体的目标、他们所运用的手段进行理解的结果"。（[英]路德维希·米塞斯著，赵磊、李淑敏、黄丽丽译：《人类行为的经济学分析》上册，广东经济出版社2010年1月版，第46页）

其四，资本家的经济行为是典型行为，也有非典型行为，既是投资，也是投机、冒险行为。

作为资本运动的实际代表，资本家只有投入一定的资本，才能开始其经济行为。这是不言而喻的。但是，投入资本并非都是投资性的行为，正常的投资行为大都有一系列的"规定动作"，例如要将资本分为三个部分，发挥三种职能，经过"供（采购供应）、产（生产）、销（销售）"三个阶段，是较长期的行为。这种行为所产生的价值增殖来自于生产资料吮吸活劳动，是典型的经济行为。但是，这样的典型行为主要发生在资本主义较早阶段。实际上，在资本主义比较发展的阶段，资本家的职能已经分化，产业资本家专门从事剩余价值的生产，商业资本家专门经营商品，生息资本家专门从事货币资本的借贷。和以前的典型行为相比，这些职能显然是非典型的。不过，在比较发展的阶段中，它们又都典型化了。虽然它们表面上各自的独立性很强，但内在的联系却更深更牢。

除了上述的"规定动作"外，许多资本家还有一系列"自选动作"，就是实际过程中广泛存在的投机行为。马克思举例说：假定1磅棉花今天值6便士，明天由于棉花歉收而涨到1先令。那么，无论是仍在加工中的原有的棉花，还是已经纺完、也许已经变成棉纱在市场上流通的棉花，甚至还根本没有进入劳动过程的棉花，都是按6便士的价值买进的，但它现在也能按1先令而不是按6便士再卖出去。马克思认为，这样与劳动过程没有关系而赚取6便士的行为，就是投机。"因此，投机的规律是：在价值发生这种变动的情况下，要在加工最少的原料上进行投机，就是说，棉布不如棉纱，棉纱不如棉花。"①马克思还指出："价值革命越是尖锐，越是频繁，独立价值的那种自动的、以天然的自然过程的威力来发生作用的运动，就越是和资本家个人的先见和打算背道而驰，正常的生产过程就越是屈服于不正常的投机，单个资本的存在就越是要冒巨大的危险。"②

显然，在他看来，这样购买棉花而赚钱虽然也表现为 G—W—G′，但却缺乏任何中介，中间的 W 是同一种 W，因此不是投资，而是投机。虽然商业资

---

① 《资本论》第1卷，人民出版社1975年版，第236页。
② 同上书，第122页。

本的运动也与此相似,但商业资本与产业资本同属资本的"核心构造"①,商业资本家实质上只是产业资本家的业务代理。不过,虽然这种投机行为是非典型的经济行为,但它的确也是一种经济行为,是产业资本家和商业资本家经常采用的行为。它与典型行为的差别就在于是否具有常规性。

如果再进一步考察某个资本家的某些个别行为,这种情况就更加突出了。更何况各个资本家的实力有差距,他们的主观因素有差距,个人的行为习惯、偏好也有不同。马克思分析说:"例如纺纱厂主必须准备好够用三个月的,还是只够用一个月的棉花或煤炭,就有很大的差别。"② 至于商品经营,为了出售商品,必须有一定量的商品储备。对有的资本家来说,这种储备是非自愿的,但有的资本家却自愿加大这种储备。"在发生现实的或设想的价值革命的时候,资本家会有意把他的商品从市场上抽回来",③ 这就是典型的投机行为。如果投机成功,很可能会变成这个资本家的行为习惯或偏好。特别在商业周期中的亢奋阶段,购销两旺,有的资本家进行大量的自愿储备。"由于流通中的各种冒险行为,一个资本家夺取了其他资本家的一部分剩余价值,甚至夺取了他们的一部分资本"。④

但是,马克思也说,无论是在原料上投机,还是自愿储备商品暂时不卖,都与经常的购买原料、储备商品紧密联系,在形式上没有明显的区别,这很容易让人将投资和投机混为一谈。这也说明,在有的场合,资本家的投机或多或少具有投资的成分,反过来说也是一样。

在资本主义较为发展的阶段,有大量的非典型经济行为。如虚拟投资行为,虽然它兼有生息资本和职能资本的某些功能,兼有投资与投机的属性,但它的投机性却是极强的。又如资本家的奢侈消费,起初是非典型的,后来又演变为典型的行为:"在资本主义生产方式的……一定的发展阶段上,已经习以为常的挥霍,作为炫耀富有从而取得信贷的手段,甚至成了'不幸的'资本家营业上的一种必要。奢侈被列入资本的交际费用。……资本家的挥霍仍然和积累一同增加,一方决不会妨害另一方"。⑤

---

① 《资本论》第3卷,人民出版社1975年版,第297页。
② 同上书,第159页。
③ 同上书,第163页。
④ 同上书,第388页。
⑤ 《资本论》第1卷,人民出版社1975年版,第651页。

其五，包含实体行为和虚拟行为。

资本家的经济行为离不开流通，离不开社会过程，因此，包含虚拟性。因为他要通过生产商品来生产剩余价值，而商品必须出卖，如果说生产是他自己可以控制的，是实实在在的，那么售卖大量的商品就不是他自己可以控制的。如果在"平均的"的预定时间内——由于"在商品交换中，等价物的交换只是平均来说才存在，不是存在于每个个别场合"①，因此，交换的时间也会有这种"平均"性的规定。——交换主体没有使他的商品完成"惊险的跳跃"，不仅商品会受到损坏，交换者本人行为的经济性也会受到损坏。② 在商品交换过程中，超过一定时间有一部分产品不能卖掉，或者不能全部按照它实际耗费的劳动时间进行交换，从客观看，不仅这些商品被虚拟化了，而且其行为也被部分虚拟化了。如果行为主体是一个资本家，他必然会感到自己的行为没有赚到钱，不是实际的经济行为。换句话说，其行为是实施了，但没有实在的经济性，反而是不经济的。但是，在他的主观意识中，却又感觉到这部分行为与已经实现经济性的行为相比没有什么区别。之所以这样，因为存在着"反作用"③，即因为同类产品、行为之间并没有什么区别，所以一部分卖出，成了商品，其他的部分似乎也具有商品的品质。可见，所谓的"虚拟"，就在于既不是又像是，并且可能是。虽然在客观上它已经不是商品，但在主体的观念中，这部分产品仍然是"商品"。因为这些没有卖出的"商品"与已经卖出的商品没有什么区别，是同类的。显然，这种虚拟性，一方面产生于商品的客观属性与主体的主观观念的差别、可能性与现实性的差异、象征性与实体性的差异，另一方面还产生于商品的"类"与"个体"之间的差异、行为的个别性与总体性的差异。与这种"被虚拟"相对的，还有主动的虚拟化。在考察生息资本运动的场合，马克思进一步结合虚拟资本研究了资本家的虚拟投资。他指出："即使假定借贷资本存在的形式只是现实货币即金或银的形式，只是以

---

① 《马克思恩格斯选集》第3卷，人民出版社1995年版，第304页。
② "这个跳跃如果不成功，摔坏的不是商品，但一定是商品所有者。"（《资本论》第1卷，人民出版社1975年版，第124页）
③ "商品交换是在共同体的尽头，在它们与别的共同体或其成员接触的地方开始的。但是物一旦对外成为商品，由于反作用，它们在共同体内部也成为商品。"（《资本论》第1卷，人民出版社1975年版，第106页）同样的道理，同一批产品中有一部分卖掉了，转化为商品，其他没有卖掉的产品也会由于"反作用"也在生产者意识中被看成商品。

自己的物质充当价值尺度的商品的形式,那末,这个货币资本的相当大的一部分也必然只是虚拟的,也就是说,完全像价值符号一样,只是对价值的权利证书。……是以资本索取权的形式存在的"①。资本家的这种贷出行为与直接转化为生产能力的真正投资相比,无疑具有虚拟的性质。与贷出资本的间接投资相仿,购买股票(指原始股)这种直接投资也是虚拟行为。对所有的资本家来说,货币形式的资本和已经处于生产过程的资本都是资本,都能带来利润,在这一点上并没有什么区别,都是实际的财富。但是,在实际上,股票所代表的资本价值却是虚拟的。这样看来,投资证券的行为就带有虚拟性。这种虚拟行为的萌芽在简单商品生产中已经包含了。生产者一开始生产,就把产品当作商品来生产,已经注意到产品的价值性质,但是,在生产过程中,这种性质还只是虚拟的。在他行为中包含的实体性与虚拟性的矛盾,后来就发展成为资本运动中的实体性与虚拟性的矛盾。

其六,无论是投资行为,还是投机行为,都具有计划性与盲目性,包含着必然性与偶然性、确定性与不确定性。

追逐资本的增殖,是所有资本家的必然行为。为此,他们必然要有计划地分配他掌握的资源,使各个部分相互配套,不至于有的过多、有的过少,以免发生局部的闲置。但他们的投资方向、力度、转移却受资本家本人的客观实力与主观因素影响极大。例如,就内部资源的配置看,资本运动要求人与物在量上要互相适应,而资本家则更进一步,在他们看来,"这种量的关系一开始就是由一定数量的工人所要耗费的超额劳动即剩余劳动的量决定的",②而剩余劳动的量能否从外延或内涵上增加是由资本家的贪婪和压榨效率决定的。

从表面看,个别企业的生产是有组织的,但从资本家个人的行为看,他们不可能预先准确地了解社会生产的比例、社会需要的变化,所以其行为的本质是无政府的,而不是"有组织"的。马克思认为:各种商品都要满足特殊的社会需要,这些"需要的范围在量上是不同的,一种内在联系把各种不同的需要量连结成一个自然的体系"③,形成有一定比例的结构。在生产力发展水平一定的时期内,这种结构是相对稳定的,它要求有确定质量的经济行为与之

---

① 《资本论》第3卷,人民出版社1975年版,第576页。
② 《资本论》第2卷,人民出版社1975年版,第33页。
③ 《资本论》第1卷,人民出版社1975年版,第394页。

相适应。可是任何主体都是独立的,谁也不知道别人需要什么,需要多少。在这期间,资本家只能不断地调整其投资行为的方向和力度,与客观的比例关系逐步接近。可见,他们的行为不确定的,但又是逐步确定的。

随着生产力的迅速发展,一定时期的某些社会需要也会有相应的变化,在涉及投资方向转变较大或者遇到供给量过大于或过小于社会需要量的时候,各个资本家更是茫然失措。随着生产力的发展,整个社会需要的结构和比例也会随之变化。无论是比例或比例的变化,都是刚性的,可是这些变化不是社会能直接了解和控制的,而是通过各种机制、体制调整主体的行为而表现、实现的,但各种主体对这些调整的认识或执行是有差别的。换句话说,所有的资本家在实施行为计划的时候,都存在着很大的盲目性,他们的理智总是在事后起作用,有的甚至不起作用。

社会需要是长期的,不可捉摸的。作为一种内在的规定,它一定要表现出来,但往往是颠倒表现的,即通过各个时点的市场需求表现,后者又表现为一定的价格和数量。和相对稳定的社会需要不同,市场需求是经常变化的,它必然导致资本家日常行为无不充满任意性。马克思说:"在商品生产者及其生产资料在社会不同劳动部门中的分配上,偶然性和任意性发挥着自己的杂乱无章的作用。"[①] 这里说的商品生产者指的显然是资本家。

资本家的行为受追逐无限量剩余价值的内在要求和竞争的外在压力双重驱动,其经济行为往往趋于过激,由于同时实施偏激行为的资本家有很多,以至于在一定的时点的供给量或购买量过大地超过一般情况,导致市场价格的大幅度激烈波动。一般说,在资本主义这种生产方式下,"规则只能作为没有规则性的盲目起作用的平均数规律来为自己开辟道路"[②],但是,振幅不大的波动并不能实际发挥"晴雨表"的调节作用,只有过激行为才能导致资本家的大量损失,才能鞭策、迫使资本家调整行为方向和力度。这样,资本家的行为总是带有偶然性,而这种偶然性又因为是经常发生的,所以还反映了一定的必然。

其七,经济行为具有连续性与间断性,是短期行为,也是长期行为。

资本家的经济行为是周而复始的,无论从其循环还是从其周转看,都是连

---

① 《资本论》第1卷,人民出版社1975年版,第233页。
② 同上书,第120页。

续进行的。经济过程和经济行为的重复性和连续性是很重要的，由此，它必然显出常规性、规律性。① 这既是生产的技术条件所决定，也是资本家的本性所决定。"资本的运动所以会表现为产业资本家个人的行动，是因为他作为商品和劳动的买者，作为商品的卖者和作为生产的资本家执行职能，因而通过他的活动来促成这种循环。"② 在循环中，他的资本必须分为三个部分相继进行，不断地中断、继起，时而采取货币资本形式，时而采取生产资本形式，时而采取商品资本形式。③ 不中断，就不能生产剩余价值，不继起，就不能连续进行。这是资本运动的客观要求所使然，也是资本家的逐利动机所使然。这些规定本来是资本运动固有的，但资本家不同的个人行为却会使它的内容发生变化。如果说，资本家对在生产过程中如何吮吸工人的剩余劳动十分在行，那么对如何通过流通过程却充满彷徨。一旦在哪个环节出现问题，整个过程的连续性也就难以为继。但是，这个从"单个的孤立的生产过程"④ 很好理解的问题，在资本周转中联系经济效益并与别的资本家相比较的时候，就不那么简单了。马克思认为："生产过程的这样一种有规则的中断，是和现代大工业的经营根本不相容的。这种连续性本身就是一种劳动生产力。"⑤ 它不仅取决于有机构成，而且取决于流通的时间构成。马克思的研究表明，不同领域资本周转的时间结构是很不同的，它使资本的内部结构发生变化。例如，可变资本细分

---

① 列宁说："一分析物质的社会关系（即不通过人们的意识而形成的社会关系：人们在交换产品时彼此发生生产关系，甚至都没有意识到这里存在着社会生产关系），立刻就有可能看出重复性和常规性，把各国制度概括为社会形态这个基本概念。只有这种概括才使人有可能从记载（和从理想的观点来评价）社会现象进而以严格的科学态度去分析社会现象。"（《列宁选集》第1卷，人民出版社1995年版，第8页）强调经济过程的"重复性"相当重要，一方面是客观的，有重复性才有常规性，才能由此发掘其中的规律和本质，也才能阐明本质如何作用、如何重复地颠倒表现。另一方面，在当代，有不少西方学者片面地根据现代社会的某些不连续的片断性的社会表象而否认连续性，由此否认历史唯物主义的本质论。受其影响，也有许多中国学者也开始对马克思主义的科学历史观做庸俗化的解释。（见唐正东：《从斯密到马克思》，江苏人民出版社2009年版，第2—3页）

② 《资本论》第2卷，人民出版社1975年版，第122页。

③ 在《资本论》第1卷第四章，马克思只讲到资本要不断采取货币和商品两种形式，这是因为当时还没有涉及生产过程。在后面分析了资本的生产过程之后，到第二卷，自然要将两种形式变为三种形式。

④ 《资本论》第2卷，人民出版社1975年版，第231页。

⑤ 同上书，第312页。

为实际使用的和预付的两种,并且对各个资本的周转、年剩余价值率的影响极大。但是,在资本家的观念中,只有固定资本和流动资本的区分,根本不能清晰地了解只有通过科学研究才能揭示的比例及其变动规律,因此,他们力求保持过程连续性、提高经济效益的努力往往不能在短期内奏效,只有通过长期的"试错"①才逐渐理解和实现。

资本家的经济行为既是短期的,又是长期的。②从资产阶级的长期发展需要和根本利益看,它必须使生产工具经常革命化,必须使工人阶级的需要和能力得到较充分的发展,必须维持人与自然之间的物质变换,③……但是,从较短的时期看,各个资本家总是迫使工人从事过度劳动,严重地摧残工人的身心健康,"使国家的生命力遭到根本的摧残",甚至社会要对工作日实行强制的限制,"来节制资本无限度地榨取劳动力的渴望"。④他们这种竭泽而渔的行为极其严重地破坏了整个社会生态,不仅偏离了一般的商品生产和特殊的资本运动的内在规律,甚至与这些规律背道而驰。但这又是不可避免的,因为资本家的各种行为总是受资产阶级固有的狭隘眼界、观念限制,只看到眼前的、局部的利益。

从长期发展的需要看,"提高劳动生产力来使商品便宜,并通过商品便宜来使工人本身便宜,是资本的内在的冲动和经常的趋势"。⑤但是,资本家作为个人并不知道社会总资本的这种趋势。马克思在论证相对剩余价值的时候说明:资本家总是为追逐超额利润而提高劳动生产率,由于存在着剧烈的竞争,这种超额剩余价值很快就消失,所以这是一种短期行为,它与整个阶级的长期发展好像没有关系。"当一个资本家提高劳动生产力来使例如衬衫便宜的时

---

① "试错"是证伪主义的重要内容,它的提出,大概是以现实资本主义经常出错为依据的。

② 在西方经济学中,短期和长期的意思是特指的,以全部固定要素是否都更新为标准。在《资本论》中,长短期是广义的。

③ "资本主义生产使它汇集在各大中心的城市人口越来越占优势,这样一来,它一方面聚集着社会的历史动力,另一方面又破坏着人和土地之间的物质变换,也就是使人以衣食形式消费掉的土地的组成部分不能回到土地,从而破坏土地持久肥力的永恒的自然条件。这样,它同时就破坏城市工人的身体健康和农村工人的精神生活。"(《资本论》第1卷,人民出版社1975年版,第552页)

④ 《资本论》第1卷,人民出版社1975年版,第267页。

⑤ 同上书,第355页。

候，他决不是必然抱有相应地降低劳动力的价值，从而减少必要劳动时间的目的；但是只要他最终促成这个结果，他也就促成一般剩余价值率的提高。"① 可见，资本家的这种短期行为与长期趋势有背离，又内在地包含着长期行为的要求。

其八，是随着经济发展阶段上升而转型发展的行为。

以上涉及的主要是马克思关于资本主义初级阶段单个资本家经济行为特征的论述，但是，马克思研究的重点是整个资产阶级的行为。这种总体的、结合的行为更能体现资本运动的特性和发展趋势，并且与自由资本主义较为发展的阶段紧密联系。

从初级阶段进入新的发展阶段，不是简单的与时俱进，而是客观过程包括主体行为都发生的重大转型，包含社会需要、生产力及其结构的升级，观念的升级、资本集中的升级、竞争的升级等。这种变化必然影响各个行为主体，包括单个主体和总体主体行为的升级或转型。

马克思很注意阐明这种变化。他说明，在资本主义初级阶段，在生产上，这时的大工业还不很发达，充其量还只处于工业化的初期。在这个时候，资本家大多采用延长工作日的方式吮吸工人的剩余劳动。在第八章"工作日"中，他引用了大量官方提供的材料，说明资本家是如何残酷地延长工作日，压榨工人的剩余劳动，甚至动用法律手段，强制规定工人的工作日不得少于多少小时的。在这样的时代，资本家还只能使工人形式上隶属于他。在流通中，商品还是"按照它们的价值或接近于它们的价值进行的交换"②。

在自由资本主义进入较高的发展阶段之后，情况发生了重大的变化。生产力的迅速发展要求生产的规模越来越大，各个部门的资本有机构成越来越高，周转周期越来越长，从而资本家雇用的工人也相对地越来越少。由是，在生产上，机器大工业的发展改变了资本家的增长方式，主要通过提高劳动生产率来强化对工人剩余劳动的吮吸，并使工人在实际上隶属于资本家。就此，马克思还曾列举了八种主要的方式。③ 在流通中，发生的变化更大。如果按照原有的体制和市场机制，各个部门的利润率必然差距越来越大。但资本家坚持"天

---

① 《资本论》第1卷，人民出版社1975年版，第351页。
② 《资本论》第3卷，人民出版社1975年版，第197页。
③ 《资本论》第2卷，人民出版社1975年版，第393—395页。

生的平等派"的观念,要求有相同的剥削率,因此,资本家会把资本"从利润率较低的部门抽走,投入利润率较高的其他部门。通过这种不断的流出和流入,总之,通过资本在不同部门之间根据利润率的升降进行的分配,供求之间就会形成这样一种比例,以致不同的生产部门都有相同的平均利润"①。可见,只有通过资本家作为行为主体"奇特观念"②的揭示,通过各个部门资本家的内部联合和外部竞争的研究,马克思才得以阐明各部门利润率的平均化。随着发展阶段的转型,单个资本家的行为也发生了变化。在流通中,商品已经变为"按照它们的生产价格进行的交换"③。与此同时,"信用制度的发展已经把大量分散的可供支配的社会资本集中起来,而不再留在各个资本家手里"④;由此必然形成这样的结果:"随着大工业的发展,出现在市场上的货币资本,会越来越不由个别的资本家来代表,即越来越不由市场上现有资本的这个部分或那个部分的所有者来代表"⑤。

从上述的分析可以看出,私人资本在不同部门之间的流出流入是单个资本家的独立行为,但这种流动并非个别资本家的偶然行为,而是全体资本家不约而同的行为。"无数单个的流通行为,从一开始就被综合成为它们的具有社会特征的大量运动,——几个巨大的、职能上确定的、经济的社会阶级之间的流通。"⑥他们汇成潮流,形成整个部门资本家集团的共同行为:一方面是一个部门资本家的整体行为,另一方面是各种部门资本家之间的竞争行为。

这些行为实际上在资本主义初级阶段已经发生和存在,例如各个资本家追逐超额剩余价值(在资本家看来是超额利润)的结果形成社会总资本剥削相对剩余价值的"一般的、必然的趋势"。但是,那毕竟还是一种不知不觉地实现的趋势,而在更为发展的阶段,在不同部门的利润率已经产生差别的时候,各个资本家是有意识地为追求平等的剥削率而联合行动。经过这样的平均化过程,资本家也都会产生认同感,"这不只是出于一般的阶级同情,而且也是出

---

① 《资本论》第 3 卷,人民出版社 1975 年版,第 218 页。
② 同上书,第 257 页。
③ 同上书,第 197 页。
④ 同上书,第 219 页。
⑤ 《马克思恩格斯全集》第 26 卷第 3 册,人民出版社 1975 年版,第 515 页。
⑥ 《资本论》第 3 卷,人民出版社 1975 年版,第 398 页。

于直接的经济利害关系"①,从而发现他们都是归附于某个集团的一个单元,并且归根到底是社会总资本的一个分子,是按其在社会总资本中所占的比例来分享整个社会的总剩余价值。每个资本家"意识到自己是一种社会权力;……都按照他在社会总资本中占有的份额而分享这种权力"②,并且"资本的每一个特殊部门和每一个资本家,都同样关心总资本所使用的社会劳动的生产率"③。

实际上,除了法律,谁也没有规定哪个资本家该做什么,不该做什么,有什么样的"规定动作",他们的行为绝大多数是"自选动作"。但正是这些"自选动作"的组合,构成了整个部门资本家的集体行动、"规定动作",构成了不同部门资本家之间的分工,从而构成社会总体资本家的运动。

从根本上看,并不是先有个客观的资本运动,再有资本家的经济行为。实际上,在典型的资本主义社会,两者的关系是很紧密的,或者如马克思说的,它们的"区别表现为单纯形式上的区别,或者说,表现为单纯主观上的、只对考察者才存在的区别"④。从这种意义看,两者的关系是抽象与具体的关系。换言之,资本家经济行为的研究,是在资本理论基础上的进一步具体化。由此可见,资本家的经济行为,本身就构成了资本运动,所以本身又是客观的。

再看看一个部门的资本家集体行为吧,他们的行为步调并非全都一致。由于它是由许许多多实力大小不等的资本家构成的,有的生产条件是最好的,有的是中等的,有的是较差的,因此就形成了一定的实力结构。他们之中,有的产量占总体产量的份额较大,有的较小。如果他们的产品总量恰好与社会对该种商品的需要量一致,那么,数量占优势的那部分商品的个别价值就决定该种商品的市场价值,这意味着这部分实力雄厚的资本家的行为能够左右其他资本家的行为。由于有后者的追随,前者在拥有较好生产条件的时候甚至可能获得超额利润。⑤

无数单个资本家行为的转型演绎了资产阶级的总体行为,改变了后者原有的行为结构,即从原先劳动密集型产业占主导地位转型为资本密集型占主导地

---

① 《资本论》第3卷,人民出版社1975年版,第220页。
② 同上书,第218页。
③ 同上书,第220—221页。
④ 同上书,第117页。
⑤ 同上书,第222页。

位，使整个资产阶级的产业结构发生重大的变化。这一过程既使资本家的发展观普遍发生质的变化，又反过来在增强资产阶级的总体实力的同时，改变了资本家整体行为的结构。其进一步的发展又导致各个资本家在新的更高级产业结构基础上追逐其所在部门的"控股"地位，即占据生产条件和生产数量的优势地位。

资本主义生产过程实质上同时就是积累过程，同时也是社会总资本有机构成不断提高的过程，其结果必然产生利润率倾向下降的趋势。为了弥补利润率的下降，有实力的大资本家可以用增加产品量的办法来增加利润的绝对量，来弥补利润率下降的损失。正是由于有资本家的积极行为，利润率倾向下降的趋势才表现为二重性的规律："一方面表现为利润率不断下降的趋势，另一方面表现为所占有的剩余价值或利润的绝对量的不断增加"。① 这个规律也表现为："资本所生产的商品的价格下降，同时商品所包含的并通过商品出售所实现的利润量却会相对增加"。②但是，在急剧产生分化的时代，这个规律对不同的资本家并非都一视同仁。"如果利润率下降，那末一方面，资本就紧张起来，个别资本家就用更好的方法等等，把他的单个商品的个别价值压低到它的社会平均价值以下，因而在市场价格已定时赚得额外利润；另一方面，就出现了欺诈，而普遍促进这种欺诈的是狂热地追求新的生产方法、新的投资、新的冒险，以便取得某种不以一般平均水平为转移并且高于一般平均水平的额外利润。"③ 在充满竞争的环境中，规律或趋势不会在社会表面上直接表现出来的，马克思说明，这种情况在社会表面上、在资本家的意识中有会颠倒地表现和解释为资本家的"明智和人道"④，"似乎资本家心甘情愿地从单个商品取得较少的利润"，是薄利多销。⑤

实力大的资本的行为是实力不济的小资本家不能效法的，后者甚至无法维持"正常的利润率"，不得不退出竞争，其资本加入庞大的"过剩资本"行列，有的甚至还被大资本家"剥夺"。可见，就资本家总体看，其行为还包含着对中小资本的排挤或剥夺，包含着集中。

---

① 《资本论》第3卷，人民出版社1975年版，第248页。
② 同上书，第251页。
③ 同上书，第288页。
④ 同上书，第256页。
⑤ 同上书，第251页。

"由资本形成的一般的社会权力和资本家个人对这些社会生产条件拥有的私人权力之间的矛盾,发展得越来越尖锐,并且包含着这种关系的解体,因为它同时包含着生产条件向一般的、共同的、社会的生产条件的转化。"① 实际上,这种对立是从社会发展的角度看的,在现实过程中,社会权力不仅与私人权力没有矛盾,而且还进一步转化为大资本家的私人权力。

资本家的总体行为不是显性的,所以长期没有引起资产阶级学者的重视和研究。但它是一种客观存在,对整个社会经济政治的影响极大、极强。

其九,既是有限度的,又是无限度的。

资本运动是追求剩余价值的运动,资本家的目的不是取得一次利润,而是"谋取利润的无休止的运动"②,他具有绝对的致富欲,所以其剥削行为是无限的。资本作为物质财富的代表,在质的方面,或按形式来说,是无限的,而每个资本家的资本量却是有限的,这种质的无限性和量的有限性之间的矛盾,更促使资本家不断地从事息息法斯式的积累劳动。为此,就要对工人极尽压榨之能事,尽可能地延长工作日、提高劳动强度。为了能更好地吮吸剩余劳动,资本家充分地利用自然力和科学,发展机器大工业。③

马克思还指出,资本家的行为也不是全部没有限度的。在探索到工业发展的某些规律、例如使用机器可以节省劳动力的规律后,资本家也要斤斤计较,不会轻易使用它,"如果只把机器看作使产品便宜的手段,那末使用机器的界限就在于:生产机器所费的劳动要少于使用机器所代替的劳动。可是对资本说来,这个界限表现得更为狭窄。由于资本支付的不是所使用的劳动,而是所使用的劳动力的价值,因此,对资本说来,只有在机器的价值和它所代替的劳动力的价值之间存在差额的情况下,才会使用机器"。④可以说,资本运动的本质决定了规律的运行方向和界限。如果说这种界限是资本家能够自主把握的,那么,他们还会遇到许多不可控制的因素,这些因素也决定其行为的界限。例如,在与其他资本家的竞争中,即使是最早使用先进技术的资本家,也不能无限度地获得超额利润。在资本主义较为发展阶段,即使是低构成部门的资本

---

① 《资本论》第3卷,人民出版社1975年版,第294页。

② 《资本论》第1卷,人民出版社1975年版,第175页。

③ "机器的资本主义应用,……创造了无限度地延长工作日的新的强大动机。"(《资本论》第1卷,人民出版社1975年版,第447页)

④ 《资本论》第1卷,人民出版社1975年版,第430页。

家,他们的个别利润率也不能长期、无限地高于高构成部门资本家。例如用地的资本家,也会受到土地肥力以及与市场的距离的限制。资本运动中的这些限度,有的是有形的,有的是无形的。所有的资本家都有正确的本能,能够在确定的界限内无限地挖掘剥削剩余价值的潜能。

其十,是周期性行为,是扩大振幅的行为,又是需要通过危机强制调整的行为。

众所周知,从长期看,资本运动是周期性的,从表面看,这是长期积累的供求即生产和实现的矛盾所致,由于"前者只受社会生产力的限制,后者受不同生产部门的比例和社会消费力的限制"①,两者有很大的区别,但其根本原因在于资本主义基本矛盾。马克思在揭示资本主义经济危机原因、条件的同时,还把这一过程与主体行为联系起来。他说明,这种周期性的震荡与资本家的情绪化行为有直接的关系。资本家的贪欲是无限的,这决定了他必然尽可能地扩大生产规模,并且很快演变成狂热,将这种周期的震荡的振幅扩大。资本家总是急功近利、以邻为壑,"每个人都知道暴风雨总有一天会到来,但是每个人都希望暴风雨在自己发了大财并把钱藏好以后,落到邻人的头上。我死后哪怕洪水滔天!这就是每个资本家和每个资本家国家的口号"。② 一有机会,他们就会抓紧时机扩大生产,但是生产的商品是要出售的。"在大量生产中,直接购买者除了别的产业资本家外,只能是大商人。"而大商人的介入又使供求的联系变得十分复杂:"……整个再生产过程可以处在非常繁荣的状态中,但商品的一大部分只是表面上进入消费,实际上是堆积在转卖者的手中没有卖掉,事实上仍然留在市场上。这时,商品的潮流一浪一浪涌来,最后终于发现,以前涌入的潮流只是表面上被消费吞没。商品资本在市场上互相争夺位置。后涌入的商品,为了卖掉只好降低价格出售。以前涌入的商品还没有变成现金,支付期限却已经到来。商品持有者不得不宣告无力支付,或者为了支付不得不给价就卖。这种出售同需求的实际状况绝对无关。同它有关的,只是支付的需求,只是把商品转化为货币的绝对必要。于是危机爆发了。"③ 一旦出现这种情况,资本家原先的亢奋立刻转化为悲观与绝望,即使还有实力,也不

---

① 《资本论》第3卷,人民出版社1975年版,第272页。
② 《资本论》第1卷,人民出版社1975年版,第299页。
③ 《资本论》第2卷,人民出版社1975年版,第89页。

敢轻举妄动，而是大量裁员、压缩规模，这又导致震荡的波谷更低。只有等到生产与消费的矛盾基本上化解之后，才敢于重新投资。可见，资本家的经济行为是要通过经济危机强制调整的。人们通常以为，经济行为是通过市场价格的波动调节的。其实，这是从最一般的意义看的。马克思说过："单是上下波动，如果不超过平均程度，不采取异常的形式，就不足以引起资本的转移，何况固定资本还会给资本的转移带来困难。一时的行情只能在有限的程度上产生影响，而且它对追加资本的流入或流出的影响，要大于对已经投入不同领域的资本的再分配的影响。"① 实际上，市场决定价格的调节并非最强有力的。必须看到，调整与调节有所不同，经济行为既需要调节，更需要调整。周期调整是针对长期行为的，涉及行为的方向、转型，市场调节的短期行为，涉及行为的力度。不管资本家有什么样的偏好，归根到底都要受利益的调整。可见，联系资本家的行为来理解或揭示经济周期、危机，不仅更为生动，而且更加深刻。

资本家的行为虽然被动、滞后于社会需要，但也并非乏善可陈。在经济周期进入复苏阶段后，资本家照例会进行固定资本的大更新，"危机总是大规模新投资的起点。因此，就整个社会考察，危机又或多或少地是下一个周转周期的新的物质基础"②。但是，由于生产力的迅速发展和剧烈的竞争，各个资本家并非修旧利废，而是采用更新更好的技术和设备。从这种意义看，他的实力是增强了，从而生产力的发展更快了。所谓生产力的发展，不能简单理解为总量的增加，而应该是结构的变化、升级换代。它必然要引起社会需要结构的变化、升级换代。这不仅有资本家消费的升级，在特定的时期，还有工人阶级的消费升级。马克思在社会总资本实现论中，将第二部类细分为必要生活资料和奢侈品两个分部类，也曾说明"资本主义生产包含着各种和善意或恶意无关的条件"，这些条件能够"让工人阶级暂时享受一下相对的繁荣，而这种繁荣往往只是危机风暴的预兆"③。这也决定，在危机过后，资本家更新固定资产并非仅仅是属于重化工业的生产资料，也有生产轻纺食品等生活资料的生产资料。

---

① 《马克思恩格斯全集》第26卷第3册，人民出版社1975年版，第514页。
② 《资本论》第2卷，人民出版社1975年版，第207页。
③ 同上书，第457页。

其十一，既是竞争行为，又是联合行为，包括兼并和集中。

无论在资本主义初级阶段还是在较为发展的阶段，资本家之间都存在着竞争和联合。无论是单个资本家还是整体资本家，对竞争的认识和感悟都是相当充分的，他们的竞争行为也是轻车熟路的。但是，他们对联合的认识就逊色得多了。联合有一般的和特殊的两大类。一般的横向联合是无形的，在供应方面，无数的供应商都要满足一定的社会需要，形成一定的供应比例；消费者也一样，特别是资本家作为生产资料的消费者，他们的分散采购在无形中也构成一定的自然体系。特殊的联合则是通过有形的竞争和信用实现。在较为发展的阶段，无论竞争还是联合，都表现得更加波澜壮阔。之所以这样，与发展阶段有比较紧密的关系。在初级阶段，资本家经济行为的重点在内部，主要解决如何从外延和内涵两方面剥削劳动的问题，至于外部行为，与后来的情况相比，市场条件比较自由，接近于"完全竞争"的市场。及至发展阶段升级之后，资本家的行为转型，随着内部行为因雇佣工人实际上隶属于资本而典型化、成熟化，其外部行为所要面对的关系更加复杂。在初级阶段，竞争几乎同样都是劳动密集型行业的势均力敌的对手之间的较量，竞争比较激烈。① 资本家在市场上"达成交易是需要时间的，尤其是因为在这里进行着斗争，每一方都想占对方的便宜，生意人碰在一起，就像'希腊人遇到希腊人就发生激战'一样"②。至于联合，彼此都是无意识的。在较为发展的阶段，情况变化了。这是处于与生产力发展要求、社会需要发展要求不同层次的资本之间、大小资本之间的竞争，激烈的竞争导致实力的消长和资本分配格局的变化。资本"在一个人手中大量增长，是因为它在那里，在许多人手中丧失了"，"社会总资本这样分散为许多单个资本，或它的各部分间的互相排斥，又遇到各部分间的互相吸引的反作用。这已不再是生产资料和对劳动的支配权的简单的、和积累等同的积聚。这是已经形成的各资本的积聚，是它们的个体独立性的消灭，是资本家剥夺资本家，是许多小资本变成少数大资本"。③ 这时的联合，也不再

---

① "因此，较小的资本挤到那些大工业还只是零散地或不完全地占领的生产领域中去。在那里，竞争的激烈程度同互相竞争的资本的多少成正比，同互相竞争的资本的大小成反比。竞争的结果总是许多较小的资本家垮台，他们的资本一部分转入胜利者手中，一部分归于消灭。"（《资本论》第1卷，人民出版社1975年版，第687页）

② 《资本论》第2卷，人民出版社1975年版，第147页。

③ 《资本论》第1卷，人民出版社1975年版，第686页。

主要是无形的、缺乏主导的不稳定联合，而是有实力雄厚的大资本为核心的联合，而且主要是有形的涉及经营权和所有权的联合。正因为这样，马克思主要在研究资本主义较为发展阶段的场合才论述资本家的联合。

马克思认为：在资本主义较为发展的阶段，不同部门的集体资本家并非各自完全按照自己的意愿行事的，他们之间的联合比初级阶段更加紧密。这个时候大工业已经完全地占领各个生产领域（在工场手工业时期，大工业还只是零散地或不完全地占领的生产领域），各个领域都十分庞大并且彼此之间的相互依赖更为紧密。正因为这样，价值规律的内涵也发生了变化，在商品生产初级阶段，它比较突出单个商品社会价值的个量规定，在这个新的发展阶段，原先已经包含但还不突出的该种商品总价值量规定突出了。在《资本论》的开篇，马克思已经揭示了价值规律包含的总量规定，① 正是由于联系了主体及其行为的变化，马克思在考察资本主义较为发展阶段的时候才进一步将这种规定突出了。②

这时的联合主要通过资本集中而进行，主要采取两种方式：一种是"通过强制的道路进行吞并，——在这种场合，某些资本成为对其他资本的占压倒优势的引力中心，打破其他资本的个体内聚力，然后把各个零散的碎片吸引到自己方面来"③，另一种是"通过建立股份公司这一比较平滑的办法把许多已经形成或正在形成的资本溶合起来"④。前一种是所有权的联合，后一种"联合经营（例如股份公司）"⑤，是经营权的联合。可见，这时大资本家的行为方式进一步发生了变化。除了常规性的生产经营外，还有这两种巧取豪夺性的兼并、集中。

其十二，既有分工协同行为，还有代理和信用行为。

---

① "社会对麻布的需要，象对其他各种东西的需要一样，是有限度的，如果他的竞争者已经满足了这种需要，我们这位朋友的产品就成为多余的、过剩的，因而是无用的了。……假定市场上的每一块麻布都只包含社会必要劳动时间。即使这样，这些麻布的总数仍然可能包含耗费过多的劳动时间。……在市场上，全部麻布只是当作一个商品，每一块麻布只是当作这个商品的相应部分。"（《资本论》第1卷，人民出版社1975年版，第125—126页）

② 《资本论》第3卷，人民出版社1975年版，第203页。

③ 同上。

④ 《资本论》第1卷，人民出版社1975年版，第688页。

⑤ 《资本论》第2卷，人民出版社1975年版，第396页。

《资本论》经济行为理论的具体化

在资本主义较为发展的阶段,生产力、生产关系的发展在导致产业资本家内部分工升级、调整行为结构的同时,使不同部门的产业资本家的行为更加紧密联系。他们既向社会、向其他部门提供商品,同时也向其他部门购买各自所需要的生产资料、生活资料。显然,在他们的相互联系中存在着一定的比例关系。从一定的意义看,这也是一种协同关系。这种协同、比例关系虽是客观的,但却是无形存在的,所以各个资本家并不真正了解这种比例关系。尽管所有的资本家都热衷于预期,"在他的全部活动中,这种或那种职能所占比重的大小,取决于他为取得预期效果所要克服的困难的大小"。① 但这些预期形成的协同关系、比例关系无论哪个部门的资本家在其行为前都不真正了解。再加上彼此之间进行剧烈的竞争,这种协同关系就经常被破坏。尽管如此,这种协同关系仍然存在。马克思在研究固定资本补偿的时候发现,即使是规模不变的再生产,各个单个资本家也要与其他有共同需要的资本家构成两个行为整体:一个是实际更新的,一个是货币储存的。按照过程发展的固有要求,他们的供求总量必须一致,才不至发生过剩或不足。但是,因为"要用实物补偿的那部分固定资本(这里是指在消费资料生产中执行职能的固定资本)的数量大小,是逐年不同的。……假定其他条件不变,消费资料年生产所需的原料、半成品和辅助材料的数量不会因此减少;因此,生产资料的生产总额在一个场合必须增加,在另一个场合必须减少。这种情况,只有用不断的相对的生产过剩来补救;一方面要生产出超过直接需要的一定量固定资本;另一方面,特别是原料等等的储备也要超过每年的直接需要(这一点特别适用于生活资料)。这种生产过剩等于社会对它本身的再生产所必需的各种物质资料的控制。但是,在资本主义社会内部,这种生产过剩却是无政府状态的一个要素"。② 显然,资本家之间的协同行为在增强其联系的同时,也因为协同行为的不协调、盲目而加剧了无政府状态。

在研究单个产业资本家的内外行为时,可以假定他们使用的资本、土地都是自己的,自己销售商品。显然,这是理论研究的必要。随着研究的扩展,为了再现资本主义较为发展阶段利润率平均化后整个资产阶级总体行为的实际情

---

① 《资本论》第1卷,人民出版社1975年版,第93页。这里马克思说的是鲁滨逊,但他是"作为一个道地的英国人……记账"和分配自己的活动的。

② 《资本论》第2卷,人民出版社1975年版,第526—527页。

况,马克思分别考察了产业资本家与商业资本家、生息资本家、土地所有者之间的关系。这是一些发生"在流通中"的代理、信用关系。

所谓的商业资本,实质是产业资本循环中商品资本的转化形态。马克思认为,"这是社会分工的一种特殊形式"。① 它对加速产业资本的周转具有巨大的优越性。这样看来,这种职能的分离在它没有超过社会总资本"必要的比例"② 的条件下,商业资本家的中介行为可以大大提高资本家经济行为的效率,可以说,这种"不加入价值增殖过程的次要活动"③ 实际上是对产业资本家的代理行为。这种代理是与一定量的商业资本相联系的,商业资本家理所当然地要求与产业资本家按照一般利润率分割平均利润。由于这种代理行为的出现,而且还由于这种代理是"在流通中",有"贱买贵卖"的社会表象,所以,这种代理行为在成就产业资本家剥削效率的同时,还造成了将真相完全掩盖的假象,强化了商业资本家的日常观念。

资本运动的发展、资本家集团的分工还衍生了生息资本和生息资本家。在生产经营过程中,产业资本家都会有暂时闲置的资本需要寻找增殖的机会,同时,产业资本家虽有积累,但种种原因也都会迫使他经常借入资本。这样就产生了广泛而盘根错节的信用行为和信用关系。马克思说:"信用为单个资本家或被当作资本家的人,提供在一定界限内绝对支配别人的资本,别人的财产,从而别人的劳动的权利"。显然,在存在着实际社会需要的条件下,这对资本家是十分有利的。这很容易使他们的投资转化为投机,"拿社会的财产,而不是拿自己的财产来进行冒险的。"④ 而且这种资本的贷放行为还导致剩余价值的分蘖和具体化——利息。在社会表面上,货币资本的运动是没有中介的,不是 G—W…P…W′—G′,而是 G—G′,这必然进一步强化利息自然产生的假象。对生息资本来说,"只要它被贷放出去,……那就无论它是睡着,还是醒着,是在家里,还是在旅途中,利息都会日夜长到它身上来"。⑤ 这种信用行为将资本拜物教推向了顶端。

这种特殊信用的发展,还产生了一系列的相关行为。有实体经济的行为,

---

① 《资本论》第3卷,人民出版社1975年版,第303页。
② 同上书,第307页。
③ 同上书,第325页。
④ 同上书,第496页。
⑤ 同上书,第443页。

也有虚拟经济的行为。例如，所有权的占有行为和经营行为的分离；在借贷关系中，在证券投资中，收入资本化，等等。特别在证券投机中，"信用使这少数人越来越具有纯粹冒险家的性质。因为财产在这里是以股票的形式存在的，所以它的运动和转移就纯粹变成了交易所赌博的结果；在这种赌博中，小鱼为鲨鱼所吞掉，羊为交易所的狼所吞掉"。①

所有的经济活动都要有立足之地，由于资本主义社会的土地全部是私有的，租用土地当然要按时支付地租，即使是使用自己的土地，也会照例为自己计提地租。向别人租地使用，在租约期限内向土地所有者交纳地租，这种行为与向生息资本家借钱在一定期限还本付息一样。仅仅从这种意义看，也可归入信用行为。但它与借入货币资本有所不同，后者指的仅限于借入部分，时间较短，利息率有下降的趋势，而前者却可带动自有资本的投入，且租地的租约期都较长，地租有上涨趋势，所以是一种特殊的信用，否则，承租者不愿意为改变土地的品质而进行投资。在这较长的租约期内，地租率是一定的，所以租地资本家或租地农场主会想方设法提高生产率，将由此而产生的超额利润留在自己的钱柜里。因此，这种特殊的信用行为可催化租地资本家的加大投资，特别是在同一地块上追加投资。在一定技术条件下，边际收益先是递增，在达到一定程度后转而递减。因此，资本家一方面会在拐点到来之前加大投入，另一方面又会加紧研发新技术，以提高收益下降的拐点。

其十三，既是显性的，又是隐性的，在理论上表现为多层面的复杂结构。

在马克思看来，资本家的经济行为不仅包含有一般性和特殊性，而且都既是显性的又是隐性的。所谓的显性，是指可以看得见的，隐性则是看不见的。借用黑格尔的术语，显性就是直接性，隐性则是间接性，因为它要通过科学研究才能揭示。

根据马克思的方法，直接性又有过程与表象两个层面，就像河水与水面的泡沫不同层面一样。同样的，间接性也至少有规律和本质两个层面。从过程发展中抽象出来的规律当然比直接性的过程本身深刻，但它还不是最根本的，决定过程或事物、经济活动最终走向的，是本质关系。后者虽然是隐性的，但却一定要表现出来，由于各种因素的相互作用，其表现往往是颠倒的表象。这样，内在的、间接性的规定就与外在的直接性的规定统一了。

---

① 《资本论》第3卷，人民出版社1975年版，第497页。

导　言

　　就经济行为而言，主体的经济活动是显性的，有人与物之间的关系，人与人之间的关系。但是，这两类关系都有一般的和特殊的两种，并且有虚有实，有短的时点和长的时期，有主有次。例如有的时候股市中投机气氛浓厚，投资者前赴后继，以至股价飙升，产生大量泡沫，但这并不真正表示这时的经济发展正常。只有挤去泡沫，研究这些股票才有意义。所以，马克思的研究总是对研究对象经过"去伪存真、去粗取精"的改造制作，才"由表及里、由此及彼"地揭示隐性的、间接性的规定。反之，资产阶级学者往往将虚假的泡沫和真实的过程混为一谈，其理论当然很难经得起长期实践的检验。当然，为了本阶级的利益，他们也能从直接的过程发展中探索到一些有价值的间接性的规律，但对经济发展的本质关系即两大对立阶级的关系却从来讳莫如深，更不敢深入探索。马克思则不同，他发现，在资产阶级学者的研究戛然而止的地方，正是问题的关键之所在，① 必须进一步深入探讨，所以他并不满足于规律的揭示，还由此揭示更深层的本质关系。

　　注意研究直接性的经济行为还有极其重要的理论意义。它表明资本家的内部行为并不仅仅是对雇佣工人发生剥削关系，还包含一般的管理关系；其外部行为也不仅仅是与雇佣工人发生劳动力、消费资料买卖的关系，还有大量的与其他资本家之间的买卖关系。后者是一种资本家之间的内部关系，它虽与前者有性质的不同，但却是客观的、普遍的存在。在《资本论》中，马克思用了巨大的篇幅来研究资本家的这种相互关系中产生的行为。他的研究表明，这种关系的扩大和深化，在调整各种资本家关系的同时，还使之进一步强化，从而强化了对雇佣工人的剥削和统治。这意味着两大阶级关系对立的深化和升级。这样的研究十分全面，更十分深刻，能够拓宽本质关系研究的领域和内涵。反观资产阶级经济学家，他们往往停留在运动或行为的表面现象上，所以他们即使已经进入间接性的层面，也只是浅尝辄止，只能发现一些较简单的规律，并且往往是到了门口却戛然而止。例如李嘉图，已经看到利润率倾向下降的规律，但因为没有更深入的研究，对这个规律的原因的解释却是错误的。

　　客观过程和经济行为既有显性的表象，在理论上也是要再现的。马克思既然论证了过程和行为的四个层面，还进而将最内层的隐性规定与最外层的显性

---

　　① 恩格斯说："在前人认为已有答案的地方，他却认为只是问题所在。"（《资本论》第2卷序言，人民出版社1975年版，第21页）

规定联系起来，说明后者是前者的颠倒表现："经济关系的完成形态，那种在表面上、在这种关系的现实存在中，从而在这种关系的承担者和代理人试图说明这种关系时所持有的观念中出现的完成形态，是和这种关系的内在的、本质的、但是隐蔽着的基本内容以及与之相适应的概念大不相同的，并且事实上是颠倒的和相反的。"① 即以经济行为而言，他既深刻全面地揭示其最隐秘的本质关系，还进一步说明，它在社会表面上颠倒地表现为人与人之间的最一般的交易关系。这样做之所以必要，因为本质虽然是决定过程的性质和规律运行方向的更为深刻的东西，但它一定要发挥作用，要表现出来。从理论上说，它是经过科学研究而抽象出来的，与过程本身有较大的差距，因而理论必须回过头来阐明它与过程的关系。所以，理论还必须阐明它如何表现，才是完整的、合理的。为此，就有必要结合早先暂时撇开的表、粗、伪的东西，说明它的变化。这样的研究，呈现出来的就是多层面的理论结构。反观庸俗经济学，他们"只是在表面的联系内兜圈子，它……对可以说是最粗浅的现象作出似是而非的解释"②，这就把内外联系完全割断了。至于资产阶级古典学派，斯密的"内在观察法"与"外在观察法"③ 之间是没有联系的，而李嘉图虽然想用价值规律解释、"再现过程的表现形式"④，但他却跳过必要的中介，反而导致理论的破产。

其十四，既有文明面，更有野蛮面。

马克思站在无产阶级的立场上来研究资本运动和资本家的经济行为，这决定了他能站在历史发展的制高点上，以无产阶级的博大胸怀来看待资本主义制度、运动和资本家的行为，充分肯定资本的文明面："资本的文明面之一是，它榨取剩余劳动的方式和条件，同以前的奴隶制、农奴制等形式相比，都更有利于生产力的发展，有利于社会关系的发展，有利于更高级的新形态的各种要素的创造"。⑤ 显然，这是从历史发展的角度作出的总的评价。正因为这样，他能够在批判资本主义制度、资本运动及资本家的行为时，发现被批判对象活动的历史价值。他说明：资本家"狂热地追求价值的增殖，肆无忌惮地迫使

---

① 《资本论》第3卷，人民出版社1975年版，第232—233页。
② 《资本论》第1卷，人民出版社1975年版，第98页脚注32。
③ 《马克思恩格斯全集》第26卷第2册，人民出版社1973年版，第186页。
④ 同上书，第183页。
⑤ 《资本论》第3卷，人民出版社1975年版，第925—926页。

人类去为生产而生产，从而去发展社会生产力，去创造生产的物质条件；而只有这样的条件，才能为一个更高级的、以每个人的全面而自由的发展为基本原则的社会形式创造现实基础。资本家只是作为资本的人格化才受到尊敬。作为这样一种人，他同货币贮藏者一样，具有绝对的致富欲。但是，……在资本家那里，这却表现为社会机构的作用，而资本家不过是这个社会机构中的一个主动轮罢了"[1]。在具体研究的场合，他对资本家的行为的研究都很客观。他公正地阐明，资本家能够为了自己的赚钱而利用科学和发展生产力，能够充分地利用各种条件、环境，能够经常创新。此外，他还从资本家的各种有很大任意性和偶然性的经济行为中发现、揭示了其中包含着的一般的、特殊的经济行为规律；他还发现，资本家的行为既会经常表现为超过这些规律的极限，又会因为乖离很大、风险增加而不得不自动回归。由此论证在资本家的不合理行为中包含着一定的合理性。

当然，马克思对资本家经济行为野蛮面的揭露更是不遗余力、入木三分的。他指出：只要有利可图，他们就敢于践踏法律，敢于鼓励混乱和纷争，走私、贩卖黑奴就是证明。[2] 为了追求高额利润，他们不仅敢于冒险，甚至敢于违法。[3] 他无情地揭露资本家的极度贪婪和野蛮，甚至违背人性，极度地摧残工人的性命。"人们为体力和智力的衰退、夭折、过度劳动的折磨而愤愤不平，资本却回答说：既然这种痛苦会增加我们的快乐（利润），我们又何必为此苦恼呢？不过总的说来，这也并不取决于个别资本家的善意或恶意。自由竞争使资本主义生产的内在规律作为外在的强制规律对每个资本家起作用。"[4]

其十五，既是经济行为，又是社会行为，有道德、社会、文化等背景。

资本家经济行为的主要目的是赚钱。但是，如果满世界的经济主体都是彼

---

[1] 《资本论》第1卷，人民出版社1975年版，第649页。
[2] 参见《资本论》第1卷，人民出版社1975年版，第829页脚注250。
[3] 《评论家季刊》说："资本逃避动乱和纷争，它的本性是胆怯的。这是真的，但还不是全部真理。资本害怕没有利润或利润太少，就象自然界害怕真空一样。一旦有适当的利润，资本就胆大起来。如果有10%的利润，它就保证到处被使用；有20%的利润，它就活跃起来；有50%的利润，它就铤而走险；为了100%的利润，它就敢践踏一切人间法律；有300%的利润，它就敢犯任何罪行，甚至冒绞首的危险。如果动乱和纷争能带来利润，它就会鼓励动乱和纷争。走私和贩卖奴隶就是证明。（转引自《资本论》第1卷，人民出版社1975年版，第829页脚注250）
[4] 《资本论》第1卷，人民出版社1975年版，第299—300页。

此赚钱，一人之所赚，是另一人之所失，资本家作为一个阶级如何能发财致富?① 所以，资本家实施经济行为必定要求他们的社会有一系列的政治制度和社会关系，使他们能够赚大部分人的钱而大部分人却不能回头再赚他们的钱，而且永远如此，形成确定的文化。可见，这种经济行为并非纯粹经济的行为，本身就是政治的、社会的、文化的行为。

经济行为要持久，必定要有政治的支撑，所以马克思并不单纯研究资本家的经济行为，而是结合资本主义社会的上层建筑。② 他指出，不管是资产阶级还不够强大，或者资本家已经完全自为的时候，都有国家政权的支撑。政治虽然扣之无形、扣之无声，但威力、影响强大，就如地球磁场对人类的影响一样。从这种意义看，这是一种特殊社会的"政治场"。

经济行为同样是一种特殊的社会行为。虽然资产阶级学者一直将人看成所谓的"经济人"，但无论什么人都是在社会中生活，都是社会人。斯密也强调行为主体应该有"道德情感"，是"道德人"。当然，他所理解的道德有严格的阶级属性。在马克思看来，资产阶级的道德具有非常突出的双重性。我们已经看到，资本家之间不仅在竞争中尔虞我诈，而且"一旦问题不再是分配利润，而是分配损失，每一个人就力图尽量缩小自己的损失量，而把它推给别人"③。至于对待工人，他们更是另一副面孔。马克思用实例说明："在矿井禁止使用女工和童工（10岁以下的）以前，资本认为，在煤矿和其他矿井使用裸体的妇女和少女，而且往往让她们同男子混在一起的做法，是完全符合它的道德规范的。"④ 当然，资本家要使其行为无限地延续、扩大，也不能竭泽而渔。当一个社会绝大多数的劳动者都是疲惫不堪、素质低下、需要极度受压抑时，他们也不能从中吮吸到多少有质量的剩余劳动。社会也不能容许资本家对雇佣工人永远随意敲骨吸髓，在一定的时候，社会也会对他们的剥削行为有所

---

① "一个国家的整个资产阶级不能靠欺骗自己来发财致富"。（《资本论》第1卷，人民出版社1975年版，第186页）

② "《资本论》的成就之所以如此之大，是由于'德国经济学家'的这部书使读者看到整个资本主义社会形态是个活生生的形态：有它的日常生活的各个方面，有它的生产关系所固有的阶级对抗的实际社会表现，有维护资本家阶级统治的资产阶级政治上层建筑，有资产阶级的自由平等之类的思想，有资产阶级的家庭关系。"（《列宁选集》第1卷，人民出版社1995年版，第9页）

③ 《资本论》第3卷，人民出版社1975年版，第282页。

④ 《资本论》第1卷，人民出版社1975年版，第432页

限制。也就是说，经济行为是有一定规范的，至少应该在理论上这样假定。实际上，所谓的道德规范，是社会长期发展中形成的一种潜规则。资本家很快就意识到遵守这种潜规则对实现他们的长远利益是有利的。

资本家的经济行为是在各种各样的社会场中实施的，这些场无不赋予它以各种各样的社会性。但是，无论什么样的场都受一定的"普照之光"的辐射、笼罩，这就是资本关系。这是资本主义社会占统治地位的关系，也是决定整个社会一切发展变化的本质关系。

以上根据《资本论》的论述整理的这些行为特性，有的是关于行为过程本身的特性，有的则加上主体因素，是主体行为的特性。它们随着研究阶段上升、研究对象范围的扩大而被适时提出，融入其他基本理论的研究中，贯穿《资本论》全书，所以不那么突出和集中，但一经析出，却必然令人感到那么真实和生动，联系这个理论或透过这个视阈，看到的其他基本理论也更会显得深刻和生动。

第一篇

对象与方法

马克思说,"我要在本书研究的,是资本主义生产方式以及和它相适应的生产关系和交换关系"①,并说"本书的最终目的就是揭示现代社会的经济运动规律"②。简单说,就是研究资本运动及其规律。显然,这是整部《资本论》的总体研究对象,也是资本理论的研究对象。恩格斯在评论《资本论》第一卷的时候说,这是一部"论资本的书"③。从这种意义看,整部《资本论》就是科学的资本理论。但是,资本的运动并非仅仅一定数量的资本的运动,它在一定的社会条件包括政治、经济、文化等条件下进行,作为一种社会过程,有主体的参与,有许多侧面和层面、方位。列宁在《什么是"人民之友"以及他们如何攻击社会民主主义者》中说的,马克思"把社会关系归结于生产关系,把生产关系归结于生产力的水平,……又随时随地探究与这种生产关系相适应的上层建筑,使骨骼有血有肉。……使读者看到整个资本主义社会形态是个活生生的形态:有它的日常生活的各个方面,有它的生产关系所固有的阶级对抗的实际社会表现,有维护资本家阶级统治的资产阶级政治上层建筑,有资产阶级的自由平等之类的思想,有资产阶级的家庭关系"④。马克思的研究表明,资本运动与资本主义社会的运动紧密相关,不是单纯的,抽象的,而是复杂的、具体的,甚至要在一定的限度内涉及生产力和上层建筑。所以,我们在《资本论》中看到有一系列与资本理论相关的理论,如研究商品生产、产业发展的劳动价值论、工业化理论等,也是《资本论》的重要组

---

① 《资本论》第1卷,人民出版社1975年版,第8页。
② 同上书,第11页。
③ 《马克思恩格斯全集》第16卷,人民出版社1964年版,第233页。
④ 《列宁选集》第1卷,人民出版社1995年版,第8—9页。

成部分,并且构成资本理论的基础。① 既然有一定的主体参与,那么也就有关于主体行为的研究。

马克思要研究和再现资本运动,当然主要研究资本家的行为。资本家的行为很简单,一言以蔽之,就是榨取剩余价值。但绝不是彼此相互欺诈、剥削而赚钱,所以一定要有一个被剥削的对象,因此必然要涉及雇佣工人。这样就有两类主体,资本家是主导整个过程并获得巨大利益的,是主导主体,反之,雇佣工人始终是隶属于资本家的,是从属主体。

作为主导主体,资本家都与一定的实力相联系,这与他们的历史发展紧密联系,所以资产阶级、总体资本家本身是个历史概念,从"资本家幼虫"羽化为"蝴蝶",② 又分为许多集团,处于不同的领域。

资本家的行为很复杂,在历史发展的过程中不断地演变。他们的行为既是特殊的:一方面迥异于历史上的剥削阶级,另一方面又与特定的社会制度紧密联系;又有一般性:他们要以一般过程为载体,利用并发展一般过程。

对这样复杂的对象,不能一下子和盘托出,要有科学的方法。马克思对研究对象的确定和处理,是科学方法的合理运用。在恩格斯看来,"这个方法的制定,在我们看来是一个其意义不亚于唯物主义基本观点的成果"。③ 而将这个方法应用于经济研究,也是意义非凡的。显然,他指的是那些与对象有同一性的方法。人们通常认为,马克思在批判黑格尔辩证法并继承其合理内核的基础上创立唯物辩证法,并直接用以研究经济。但是,唯物辩证法是基础性的东西,要实际应用在经济研究上,不能直接套用,还必须具体化。

在《资本论》中,马克思运用的具体逻辑方法有很多种,除了人们常说的"分析与综合"、"演绎与推理"等以外,我们更要重视他在《政治经济学批判》的导言中提出的几种具体的逻辑方法。

---

① 从实践和理论发展的角度看,说是"根本"更为准确。"基础"起支撑和负载的作用,但它是一成不变的。而"根本"则是有机的,与躯干、枝叶相得益彰:一方面,它的根系是会发展的,它的发展促进了躯干、枝叶的茁壮和繁茂;另一方面,躯干枝叶的繁盛又促进根系向广度、深度发展。
② 《资本论》第1卷,人民出版社1975年版,第189页。
③ 《马克思恩格斯选集》第2卷,人民出版社1995年版,第43页。

第一章 《资本论》经济行为理论的研究对象

恩格斯在关于马克思《政治经济学批判》的书评中说:"经济学所研究的不是物,而是人和人之间的关系,归根到底是阶级和阶级之间的关系;可是这些关系总是同物结合着,并且作为物出现。"① 虽然有个别资产阶级经济学家在个别场合也曾觉察到经济过程中有人的作用,因而也提出"经济人"的概念,但却将这种"经济人"抽象化,不敢涉及阶级关系,并且最终将他们归结为资本的存在和人格化即物化了。这不奇怪,他们的目的是研究如何在资本主义制度下发财致富,所以,重视和感兴趣的是物的运动。与此相反,马克思的目的是揭示资本运动的规律和趋势,所以要透过物的关系,揭示其中包含的不同阶级之间的关系。

政治经济学所研究的物,不是自然存在的物,而是经过一定主体加工或创造、支配和交换的社会的物,所以,透过这种物的运动可以发现不同人或主体之间的关系、阶级之间关系。进一步看,它所研究的人、人与人之间的关系,并不是一般的社交关系,而是以物为媒介的交换关系,归根到底是各种主体之间的物质利益关系。因此,这种研究必然要注意主体基于物质利益的活动或行为以及行为的关系。前面已经说过,马克思在批判旧唯物主义、历史唯心主义的同时,很重视"从主体方面去理解"客体的运动,注意考察各种主体的感性活动、实践。所谓的感性活动、实践,就是主体的行为。对马克思主义经济

---

① 《马克思恩格斯选集》第 2 卷,人民出版社 1995 年版,第 44 页。

学来说，并不是要单纯地研究主体，而是要研究主体的行为及其结果，而任何主体的行为都离不开社会关系、社会过程。因此，不仅主体是社会关系中的人，连结果也是社会关系中的物。根据这种方法，马克思创造了自己特有的研究范式，确定被研究的物是社会的物，并透过物的运动揭示不同主体的关系的变化。显然，这是唯物史观的基本原理在经济学研究中的具体运用。

马克思也不是一般地研究主体的行为，而是主要考察他们的经济行为。他们的行为总是为了一定的经济利益，在一定的经济关系中实施，并凝结在一定的物当中。也就是说，主体的人格是会物化的，所以，不能离开物来研究主体。同样的道理，物不会自动地生成，不会自行运动，它也要人格化。所以马克思通过对这种物的运动、物之间的关系的研究，来揭示主体的行为和关系。

在实际过程中，主体会物化，所以在理论过程的一定场合，主体作为被研究的对象可以暂时存而不论、被抽象化。但是，必须看到，在实际过程中，已经物化的东西必须人格化即主体化，① 主体实施一定的行为，才能实现主体的性质、行为的关系以及行为目的。所以，在理论过程中，暂时被抽象的东西始终存在，在暂时存而不论、抽象的研究状态结束之后，又必须回归研究过程。所以，科学研究决不可将主体虚无化，反之，应该时时处处有主体存在和行为的观念。要看到和阐明，一般过程和特殊过程都是有主体行为参与、推动和转变的过程。

经济行为的实施既有实际内容，也有一定的社会经济表现形式。在自然经济条件下实施的经济行为，直接而简单，个别劳动直接就是小范围的社会劳动，其生产条件简单，生产者与产品的关系也简单。而在商品经济这种特殊社会经济形式中，情况就有很大的不同。

第一节　主体行为"既在流通中，又不在流通中"

经济主体的行为当然是在经济过程中实施的，这个过程也就是生产关系发

---

① "在商品中，特别是在作为资本产品的商品中，已经包含着作为整个资本主义生产方式的特征的生产的社会规定的物化和生产的物质基础的主体化。"（《资本论》第3卷，人民出版社1975年版，第995—996页）

展的过程。马克思说,《资本论》要研究的资本主义生产关系,"是生产和再生产着这些生产关系本身,因而生产和再生产着这个过程的承担者、他们的物质生存条件和他们的互相关系即他们的一定的社会经济形式的过程"。① 在这里,马克思是从社会经济内容和社会经济形式两个方面来研究生产力和生产关系的发展过程的。显然,这里是从一般的意义上论述的。但是,在大部分场合,无论是对经济内容还是经济形式,马克思都是从特殊、具体的方面阐释的。不言而喻,在自然经济和商品经济这两种社会经济形式下,不仅生产过程本身,而且这些承担者的互相关系的连结方式也都是不同的。

关于经济的社会形式规定,马克思是这样说的:"只要考察的是形式规定——而且这种形式规定是经济规定,是个人借以互相发生交往关系的规定,是他们的社会职能或彼此之间的社会关系的指示器……只要考察的是纯粹形式,即关系的经济方面,……那么,在我们面前出现的就只是形式上不同的三种要素:关系的主体即交换者,他们处在同一规定中;他们交换的对象,交换价值,等价物,它们不仅相等,而且必须确实相等,还要被认为相等;最后,交换行为本身即媒介作用,通过这种媒介作用,主体才表现为交换者,相等的人,而他们的客体则表现为等价物,相等的东西。"② 显然,这指的是通过商品交换这种经济形式发生的交往关系。在《资本论》中,在考察商品神秘性质的时候,马克思也指出,这种神秘性质来自劳动产品的商品形式。它把人们劳动的间接的社会性质反映成劳动产品本身的物的性质,再通过这种物的形式,把他们的私人劳动当作等同的人类劳动来互相发生关系。③ 所以,马克思主要是从商品流通来解说社会经济形式的。④ 与社会经济形式相对的,当然是社会经济的内容,即经济的实际内容,它指的是生产过程,是产品的生产。这样看来,经济主体既是生产者,又是交换者,他们的经济行为包括社会经济内容规定和社会经济形式规定,是生产劳动和交换活动的统一,是"既在流通中,又不在流通中"。如果他不能独立地完成全部生产和交换行为,如果他还

---

① 《资本论》第 3 卷,人民出版社 1975 年版,第 925 页。
② 《马克思恩格斯全集》第 46 卷上册,人民出版社 1979 年版,第 192—193 页。
③ 《资本论》第 1 卷,人民出版社 1975 年版,第 88、89、96 页。
④ "如果撇开商品流通的物质内容,撇开各种使用价值的交换,只考察这一过程所造成的经济形式,我们就会发现,货币是这一过程的最后产物。"(《资本论》第 1 卷,人民出版社 1975 年版,第 167 页)这里明确讲经济形式是流通过程所造成的。

第一章 《资本论》经济行为理论的研究对象

使用别人的生产资料,那么,他还要进入与别人一些分配产品的过程。

但是,在传统的政治经济学教科书中,都是只从生产过程来阐释生产关系,这显然不符合《资本论》的原意。从理论范畴来看,生产关系并不专属于政治经济学,同时也属于哲学。作为哲学范畴,它适用于一切社会形态,具有抽象性,不包含流通;作为政治经济学的范畴,则没有前资本主义部分,因而是比较具体的生产关系,它不能离开流通。从实际的资本运动过程看,生产与流通每一瞬间都互相制约、影响而又相得益彰,所以资本主义生产关系的存在和发展,是既在流通中,又不在流通中。因此,在政治经济学理论研究中,虽然它们是分别考察的,在不同的研究阶段有所侧重,但流通始终没有被忽视,并且最终是统一的,所以能完整地再现具体。

但是,人们通常都将哲学和政治经济学两种意义的生产关系混为一谈。究其原因,这既有认识上的原因,即经常将特殊和一般混为一谈,就像人们明明是吃具体的"苹果",却笼统地说吃抽象的"水果"一样,但主要还是受斯大林的影响。他在《苏联社会主义经济问题》中说:"政治经济学的对象是人们的生产关系,即经济关系。这里包括:(一)生产资料的所有制形式;(二)由此产生的各种不同社会集团在生产中的地位以及他们的相互关系,……(三)完全以它们为转移的产品分配形式。"① 斯大林还特别说明,这些关系中没有包含"交换",因为它通常被许多人了解为商品交换,这种交换不是一切社会形态,而只是某些社会形态所特有的现象。斯大林所说的生产关系是人们的经济关系,可见他已经看到并强调了人的关系。——正是在这部著作中,他强调了人在经济过程中的作用。这是他的创见、对马克思主义经济理论的发展。——但是,斯大林所说的生产关系却是适用于一切社会形态的,因而是个哲学范畴,但他却将它当作"政治经济学的对象"。

显然,这样界定政治经济学的对象并不科学。首先,它指的是人类社会的一切社会形态中都发生的生产关系,而《资本论》研究的是特殊而具体的资本运动,而不是一般而抽象的生产关系,它离不开交换关系,离不开流通。经济行为理论研究的是资本家的行为,当然也是生产行为和流通行为的统一。

其次,它把"交换"、流通从生产关系中抽掉,也与《资本论》的实际情况不符。资本运动一开始就是通过生产商品来生产剩余价值的,绝对离不开流

---

① 斯大林:《苏联社会主义经济问题》,人民出版社1961年版,第58页。

通。恩格斯在《反杜林论》中说:"政治经济学,从最广义的意义上说,是研究人类社会中支配物质生活资料的生产和交换的规律的科学。生产和交换是两种不同的职能。……这两种职能在每一瞬间都互相制约,并且互相影响。"① 生产和流通两种过程尽管各有特殊的规律,但又是"每一瞬间"都不能分离的。《资本论》研究的不仅有一般的交换,而且有特殊的资本流通。因此,研究主体的经济行为,无论如何也不能只重视其生产行为,忽视其交换行为。

再次,斯大林定义中的"相互关系"也很抽象,它好像全部发生在生产过程之中,而且都是资本家和雇佣工人之间的对抗性关系。但是这样理解存在着问题,一是比较笼统,可能引起误解。从生产过程看,"从共同的劳动过程的性质产生的管理"② 也是生产过程发生的一种关系,但它并非两大阶级的对抗性的相互关系。二是比较单纯,似乎除此以外再也没有其他"相互关系"了。在实际的资本运动中,不仅有雇佣工人阶级和资产阶级之间的关系,还存在着雇佣工人之间的分工协作关系,就业工人与失业工人的关系,更有不同的资本家集团之间的关系,这是不能忽视的,并且资本家之间的关系还通过流通而发展、转型。《资本论》第二、三卷的大部分篇幅都在研究各个资本在流通中相互关系的发展变化。离开流通,根本不能说明各个资本家集团如何在流通中既互相竞争又互相勾结、共同瓜分工人创造的剩余价值。

续次,所谓的"产品分配关系"也很暧昧,似乎工人也参加了这种分配。对此,马克思指出,"在考察分配关系时,人们首先是从年产品分为工资、利润和地租这种所谓的事实出发。但是,把事实说成这样是错误的",③ 因为这只是资产阶级社会的一种表象,是内在的资本主义分配关系的颠倒反映。《资本论》研究的分配关系本质上是剩余价值的分配,而工人是没有权利参加这种分配的,他们只能出卖劳动力,出卖商品与参加分配分属不同的经济过程,而且性质也不同。所以,它不是在第三卷研究,而是在第一卷研究。劳动力的买卖发生在生产过程之前的流通过程,说工人有参加生产过程之后的产品分配,正好是资产阶级学者的辩护遁词。何况工人出卖劳动力后获得的那些个人消费品,实质上是资本家用无偿占有的工人自己上星期或上半年劳动创造的东

---

① 恩格斯:《反杜林论》,《马克思恩格斯选集》第3卷,人民出版社1995年版,第489页。
② 《资本论》第1卷,人民出版社1975年版,第369页。
③ 同上书,第995页。

西来与工人的劳动力相交换的,工人拿回自己的东西决不能说是参加分配。可见,忽视流通,将会产生多大的误解。无论从理论上看还是从实际过程看,剩余价值在各种资本家集团、土地所有者之间的分割,离开流通过程也是说不清的。

最后,斯大林的定义把三个不同层面的规定不分层次地并列在一起,这也是不合理的。由于管理有二重性,在结合劳动过程中也是一种生产关系,但它可以直接观察,借用黑格尔的术语,这是"直接性"的东西,而生产中也有对抗性的管理关系,是资本家讳莫如深的,是"间接性"的东西。[①] 所以,生产过程中的相互关系既有间接性的层面,还有直接性的层面。而分配关系是从所有制关系中派生出来的,与所有制关系并非同一层面,并且同样具有间接性和直接性两面。至于生产资料所有制,则是社会表面看不见的,具有间接性,它是决定社会经济发展的根本,贯穿于一切过程和方面,决不是只在生产过程中起作用的。要全面揭示生产关系的复杂结构,不能将眼光、思路限定在生产过程中。同样的道理,主体的行为也包含着不同层面的规定。在其直接的表面的行为背后,都既遵循着某种看不见的规律,又体现了一定经济制度的根本要求。

在存在着商品生产的社会中,都包含有一般过程和特殊过程,并且都既有生产过程,又有流通过程。在《资本论》中,马克思先考察了简单的、一般的商品生产,在这样的生产过程中生产者单独地进行生产,并不发生与别的生产者的关系。他要证明自己的个别劳动是社会劳动的一部分,绝不可能在生产过程中,只能间接地通过交换才有可能。所以,马克思说,在简单商品生产中,"流通是商品所有者的全部相互关系的总和。在流通以外,商品所有者只同他自己的商品发生关系"。[②] 显然,在简单商品生产中,生产关系并不发生在生产过程中,而是发生在流通中。——当然,他的生产归根到底也具有社会性,也离不开社会,只不过被掩盖了。——马克思论证了,在商品经济中,没有交换,私人生产者凝结在产品中的劳动就不能转化为等同的人类劳动,就没有价值和商品生产关系。因此,"在商品生产者的社会里,一般的社会生产关系是这样的:生产者把他们的产品当作商品,从而当作价值来对待,而且通过

[①] [德]黑格尔著,贺麟译:《小逻辑》,商务印书馆1982年版,第52页。
[②] 《资本论》第1卷,人民出版社1975年版,第188页。

这种物的形式，把他们的私人劳动当作等同的人类劳动来互相发生关系"。①可见，这种"社会生产关系"是经济主体通过流通而建构的。不加分析地硬说这种"社会生产关系"只发生在生产过程中，并不符合马克思的原意。

只有联系流通来理解生产关系，才能导致对生产关系的研究进入更深的层面，使生产关系理论规定丰富、结构复杂化。对简单商品生产的研究表明，因为它是独立进行的，只有人与物的关系，只有可以直接观察的层面。而简单的商品流通则有所不同，交换过程虽然也属于可以直接观察的，但因为涉及不同生产者的关系，借助科学分析却可以由此探究掩藏更深的关系，即个别劳动与社会劳动的关系。这是不能直接考察的，所以属间接性的层面。实际上，正是因为超出单个生产者独立进行的生产过程，在不同生产者之间的交换中，马克思才能析出抽象劳动，揭示它所体现的生产者即一定经济主体之间的关系。通过分析不同经济主体之间的交换关系，他说明了价值"是什么"。同样的，他还通过分析交换说明流通或交换使经济主体的个别劳动具有间接的社会性，并且使这种"私人劳动的特殊社会性质"在交换中通过"劳动产品的等同的价值对象性这种物的形式"②表现出来，这就解决了"价值为什么是什么"的问题，揭示了价值的本质规定。可见，只有紧密结合主体的行为，从生产过程转向流通过程，研究才能从直接性层面进入间接性层面，理论规定才能进一步丰富，使理论规定显出深浅层次之分。如果把流通排除在生产关系之外，不仅不能研究经济主体之间的生产关系，而且还不能揭示它包含的深层次内容。

价值的本质规定是看不见的，但作为本质，它一定要表现出来。这种表现，仍然离不开流通。马克思说明，价值的本质是经济主体之间互相交换劳动的社会关系，但在流通中，它却颠倒地"表现为人们之间的物的关系和物之间的社会关系"③。不研究流通，如何能揭示本质关系的颠倒表现呢？

在交换十分广泛和十分重要的时候，这种通过简单的流通建立的生产关系又会对生产过程形成"反作用"④，使仍处于生产过程中的主体的私人劳动具

---

① 《资本论》第1卷，人民出版社，1975年版，第96页。
② 同上书，第88页。
③ 同上书，第90页。
④ "商品交换是在共同体的尽头，在它们与别的共同体或其成员接触的地方开始的。但是物一旦对外成为商品，由于反作用，它们在共同体内部也成为商品。"（《资本论》第1卷，人民出版社1975年版，第106页）

有间接的社会性,从而使最初的独立的只同他自己的生产资料和产品发生关系的单纯生产行为,也转变为商品生产,潜在地包含着与其他生产者的社会关系。

这种通过流通建立的简单商品生产关系是几个不同的社会形态都有的,具有一般性,但它不能单独存在,在资本主义社会中,它必然寓于具体的资本主义生产关系中。从马克思论证的资本总公式 G—W—G′ 可以看出,它是连续进行的,实际上是 (G—W—G′) n,(n→∞)。这个过程将一般的 W—G—W 包含在内,但并不能完全取代它。在资本运动中,它受资本关系"普照的光"①的笼罩和改造,已经不再是"简单"的了,而转化为"一般"的商品生产。在资本运动过程中,一般商品生产作为一个客观过程的各种规定并非始终没有变化,而是在资本关系的哺育下发展和转型,并一直发挥作用。这种已转型的商品生产既是资本运动的一般条件,其双层规定还奠定了资本运动基本结构的雏形。从经济行为理论的角度看,一般的经济主体之间的生产关系只是特殊的资本主义生产关系的雏形,包含着特殊的生产关系的萌芽,并必然发展和转型。

在资本运动中,生产关系不仅同样是"既在流通中,又不在流通中",而且与以前"简单"商品生产关系有很大的不同,都发生了转型:一方面,它主要发生在生产过程中,原来的独立生产者不复存在,绝大多数都转化为雇佣工人,早先的部分地主富农则通过原始积累而转化为资本主义生产当事人或资本家。所谓的"生产者"作为资本主义生产当事人,他们已经与劳动分离。这时的资本主义生产关系,在生产过程中直接呈现的是"生产当事人"(非劳动者)与"非生产当事人"(劳动者)之间的关系。主体的变化必然导致主体之间关系的变化,资本主义生产过程转变成单个资本家雇用、指挥许许多多雇佣工人一起劳动的过程,因此生产过程中关系复杂化了。资本家根据共同劳动过程的性质对雇佣工人进行管理,同时,又根据特殊的经济关系对雇佣工人实施监督和剥削。前者是可以直接观察的,属于直接性的生产关系;后者是资本家讳莫如深、极力掩盖甚至颠倒的,属于间接性的生产关系。

另一方面,这些关系还超出生产过程,在流通领域继续发展、完善、转型、被颠倒表现。随着生产力和资本运动的发展,生产当事人(资本家)又

---

① 《马克思恩格斯全集》第46卷上册,人民出版社1979年版,第44页。

分为不同的集团，因此，资本主义生产关系不仅有资产阶级与雇佣工人阶级之间的关系，而且有资本家集团之间的关系。与一般流通相比，这些主体关系也都发生了全面的转型。先看两大对立阶级的关系，"劳动力的买和卖是在流通领域或商品交换领域的界限以内进行的，这个领域确实是天赋人权的真正乐园。那里占统治地位的只是自由、平等、所有权和边沁"。[①] 显然，这只是表面现象。对过程连续性的分析却表明，这完全是形式，其隐藏的内容是资本家用他总是不付等价物而占有的别人的已经物化的劳动的一部分，来不断换取更大量的别人的活劳动。显然，市面上的等价交换掩盖着交换背后的秘密。至于资本家集团之间的关系，同样是二重的，在流通的表面上，它表现为你死我活的竞争，但其深层本质却是资本家集团共同瓜分利润，联合起来共同剥削、对付雇佣工人。如果说两大对立阶级的生产关系主要发生在生产过程中——在流通过程中的劳动力买卖只是次要的关系，——那么，同一阶级内部的关系则主要发生在流通过程中。

这样看来，无论"在流通中"，还是"不在流通中"，都有主体的行为，都隐藏着内在规定，它们都一定要发挥作用，一定要表现出来的。这些内在规定无非是不同主体——资产阶级与无产阶级、各个资本家集团——之间隐秘的关系，它们绝不会在生产过程中直接表现，只能在流通过程中表现。由于有不同资本家集团彼此为争夺利润的激烈竞争，它们都必然以颠倒的假象出现。所以这些假象不会像泡沫一样很快就自动或被动地破灭。这样看来，经济主体之间的生产关系是内外双重规定的统一。

第二节　主体行为

《资本论》研究的经济主体，主要是资本家。显然，无论在简单商品生产中的一般主体，还是在资本运动中特殊主体，都应该要具有一定的经济实力和能力。这种实力指的是拥有一定质、量、结构的生产资料的所有权，它构成经济行为特定的自然制约性和社会制约性，没有这样的实力，他就不可能实施对自己有利的经济行为。正如马克思在《哥达纲领批判》中所说："只有一个人

[①]《资本论》第1卷，人民出版社1975年版，第199页。

事先就以所有者的身份对待自然界这一切劳动资料和劳动对象的第一泉源,把自然界当作隶属于他的东西来处置,他的劳动才成为使用价值的泉源,因而也成为财富的泉源。……一个除自己的劳动力外没有任何其它财产的人,在任何的社会和文化的状态中,都不得不为占有劳动的物质条件的他人做奴隶。他只有得到他人的允许才能劳动,因而只有得到他人的允许才能生存"①。

诚然,相对于生产资料这种客体,工人也是主体。但他们一进入资本主义生产过程,就并入资本之中,成为资本的一种存在形式。他们的劳动必须听命于资本家的安排和管理,所以他们并不是独立的主体。如果从工人隶属于资本家来说,他们充其量也只是从属主体,而资本家则是主导主体。所谓的主导主体,指的是在一定的社会经济条件下主导经济过程的发展方向,使之按照自己的观念和目的运行,能以获得最大利益而实现自己的价值的人。在资本主义社会、资本运动中的主体行为,归根到底是资本家这种主导主体剥削压迫从属主体的行为。马克思所要反映或再现的经济行为,当然也主要是这种关系中的主导主体的行为。

马克思要考察的主导主体行为,是典型主体的成熟行为,即恩格斯说的:"每一个要素可以在它完全成熟而具有典型性的发展点上加以考察"②。所谓的典型,当然涉及整个类和族,是类和族中的典型。马克思认为,在19世纪中叶,相对而言,只有英国才是考察资本主义的典型对象,英国的资本家及其行为比较典型。这个时候,不仅主体是典型的,其行为也是成熟而典型的,就是说,已经实现了观念和行为方式、行为体制的转变。

就资本家这一主导主体而言,是一个总体,但它并非组织统一的整体。资本虽然是一种社会力量,但它并不表现为一个极大的严密组织或整体,而是有许许多多的资本家存在。马克思要研究的,当然主要是整个资产阶级的总体行为,只有这样,才能揭示资本运动的发展规律和历史趋势。虽然各个资本家都是独立行动的,但正是他们的个别行为,才形成社会总资本的总体行为。虽然《资本论》研究的主要是总体资本家,但也为了总体目的而考察资本家个体的经济行为。因为"资本的一般的、必然的趋势"只能通过各个资本的独立行

---

① 《马克思恩格斯选集》第3卷,人民出版社1995年版,第298页。
② 《马克思恩格斯选集》第2卷,人民出版社1995年版,第43页。

为而实现,① 总的趋势是要透过对无数单个资本家的长期运动的总体深入考察才能揭示。所以,马克思虽然比较重视整个阶级的行为,但也没有忽视个体的局部性的行为。不过,各个资本家的个别行为都重视自身的近期利益,其行为往往偏离总体的要求,将总体的合力和趋向掩盖。但总体的发展趋向实际上就是各个个体的长远、根本利益,所以它总能在"冥冥之中"左右着个体的行为,会使他们在不自觉的协同行动中产生的共同利益转化为"单个资本家意识中的动机"②,使他们不断偏离总体方向的行为最终受总体趋势的牵引而不断回归总体方向。正因为这样,总体运动的内在规律并不是直线推进的,而是呈现为许多乖离,呈现出丰富多彩的景象。尽管科学研究并不需要巨细无遗地描绘对象的一切,尽可以将其中无关宏旨的现象撇开,但本质规定的外在表现即个别资本家的表现却无论如何也没有理由不去反映。既然客观过程内在规律的外在表现会因为许许多多个人的不同行为而产生有别于规律的表现形式、现象,那么,科学研究也没有理由不去再现这些表现。否则,即使研究所揭示的规律是科学的,也不能说是完整的、彻底的。③ 为了全面地再现生动的对象,还其本来面目,不考察客观对象中的主体及其行为是不行的。仅此而言,马克思主义经济学就是古往今来的资产阶级经济学无法比拟的。特别是现代的西方经济学,无论如何也不能阐明总体的内在规定与个体的外在表现之间的关系。

一定的总体总是以一定的结构存在的:就整个社会看,有单个资本家与资本家总体的区别,而个体又组成许许多多的部门或行业。就行业看,有不同产业部门的资本家的区别,产业资本家与不同领域的资本家——包括商业资本家、生息资本家、农业资本家(其背后是资本主义土地所有者)——的区别;就发挥的职能看,有职能资本家和货币资本家的区别;就各产业部门的内部关系看,有主导部门与非主导部门的资本家的区别;就实力看,有大资本家与中

---

① 《资本论》第1卷,人民出版社1975年版,第352页。
② 同上。
③ 事物或过程的内部生理与其外部现象都不过是同一事物或过程的不同规定,它们本来是统一的(但不是等同的,不可混为一谈),所以科学研究应该阐明、表现两者之间的联系。就像天文学史上的"日心说"与"地心说"一样,它们本来是日地关系的本质和现象的反映:"日心说"反映的是本质,是看不见的,而本质一定要表现为现象,但由于地球人是在地球上观察日地关系,而地球在围绕太阳公转的同时还进行自转,所以本质关系就颠倒地表现为太阳绕地球转这种颠倒现象了。可见,天文学只有既揭示"日心说",又阐明它会颠倒地表现为"地心说",才是完整的科学。

小资本家的区别,等等。他们既形成共济会的团体共同对付工人阶级,又彼此为了自己的利益而进行拼死的竞争。

在《资本论》中,马克思总是从考察个别资本家的行为开始,再考察某个部门的资本家的共同行为,最后再研究整个资产阶级总体的行为。他阐明,在资本主义社会,资本家作为个别经济主体的行为和整个资产阶级的行为之间虽然有较大的差距,但这些个别行为并非完全任意的,都受统一的阶级利益的支配,并有意无意中形成比较一致的行动,实现资本运动的总体目的。可见,不能离开个体来理解总体,也不能离开总体来阐明个体。

《资本论》不仅以很大的篇幅研究单个资本家的行为,而且研究其行为由以发生的各种观念:发展观、价值观、平等剥削观等等。研究资本家的观念是《资本论》的一大特色,并且对理论体系的发展发挥着重大的作用。没有阐释资本家的观念,特别是"同股同权"、"平等剥削"的观念,① 就很难说清楚剩余价值为何转化为利润、利润为何转化为平均利润。

在《资本论》中,马克思还区分主导主体的内部行为和外部行为。前者表现为对从属主体的支配关系,与一般生产力发展之间的关系;后者则包含有同一部门的不同资本家个体之间的竞争和联合,与其他部门的关系。通过这些内外行为,研究其行为的方法、组织、机制、体制、制度等。

主体有总体和个体的区分,个体属于总体,总体属性寓于个体之中,所以个体行为既有实体性,又带有虚拟性。任何个体都是类存在物,都属于一定族类、部类,但在私有制的社会中,各个主体都独立行为。在个体行为中,既表现了个体的独立性、个性,又受其族类总体属性的约束,并在一定程度上体现总体的属性。在个体行为中,总体属性是无意表现的,因而是潜在的,虚拟的。所以,"资本的一般的、必然的趋势"总是通过各个资本家的个别行为在无意中表现的。"当一个资本家提高劳动生产力来使例如衬衫便宜的时候,他决不是必然抱有相应地降低劳动力的价值,从而减少必要劳动时间的目的;但是只要他最终促成这个结果,他也就促成一般剩余价值率的提高。"② 在单个资本家的意识中,并不了解这种社会总资本的内在要求。从客观的意义看,总

---

① 参看陈俊明:《政治经济学批判——从〈资本论〉到〈帝国主义论〉》,中央编译出版社2006年版,第8章第1节、第11章第1节。
② 《资本论》第1卷,人民出版社1975年版,第351页。

体行为的规定在单个资本家的行为中充其量只是一种可能性，因而是虚拟的总体行为。只是在他实际促成、实现了总体资本家行为的总体要求时，虚拟的总体行为才转化为实际的总体行为。

个体行为的这种实体性与虚拟性的兼具或统一，在资本家行为的各个领域都是广泛存在的。例如，在生产领域，从各个资本家的工厂表面看，一开始就是有组织的，都是要满足社会需要的，但这种有组织性、社会性却是虚拟的，只具有可能性。如果他的产品不能在市场上实现，其组织性就立即转化为无政府性，其社会性也虚拟化。在流通领域，当厂商的产品全部卖给经销商后，他的行为的社会性就实现了，不是虚拟的了，但经销商却未必能够全部卖出，所以，这种社会性还是虚拟的。在分配领域，情况也都一样。有因两权分离而产生的虚拟行为，有价证券的买卖更产生了虚拟经济。

对总体资本家而言，《资本论》还分别考察了它的短期行为和长期行为。从短期看，竞争造成巨大的破坏和浪费，社会生产完全是无政府状态的。但是，全体资本家也从中了解社会需要的变化、生产条件的变化，从而调整投资的方向或力度，以至在一个比较长的时期内，达到供给与需求的相对平衡。马克思认为："按一定比例分配社会劳动的必要性决不可能被社会生产的一定形式所取消，而可能改变的只是它的表现形式。"① 所以，从长期看，总体资本运动的实质是按比例发展的，而不是"无政府"的。

第三节　结合客体考察主体行为

对主体行为的考察当然不能离开客体的运动。没有生产资料，无论如何也不能生产出产品来，没有产品的生产，主体的行为就无从着手，也无法凝结，更无法进行交换，自然也不能发生广泛深刻的关系。所以要结合客体与主体的关系来考察主体之间的关系。

考察客体首先要分析其构成因素，例如对简单商品，不仅要看到它的使用价值，而且在揭示其中包含的价值时不要只注意其量的规定，——古典学派只能达到这一程度，而不能从中析出价值，——还应该说明它是商品生产关系的

---

① 《马克思恩格斯〈资本论〉书信集》，人民出版社1976年版，第282页。

间接表现。此外,更重要的是阐明它的所有权因素,① 所有权因素直接关系的是所有权人,即经济主体,还有经济制度,后者仍然与经济主体有紧密联系。

研究资本作为客体的运动,必然要涉及主导主体与从属主体之间的关系。不言而喻,要研究两大对立阶级的关系,不能离开资本运动。资本运动的历史,既是人类自身素质和需要、利益发展的历史,同时又是两大阶级存在和阶级斗争的历史。人作为社会主体本身具有的社会性、历史性、阶级性、需要的多样性多变性等,都必然影响、介入经济过程并成为它的重要内容。具体地说,资本运动不是单纯资本家在运作资本,反之,是雇佣工人在实际推动资本所转化的生产资料。两种主体的发展观、价值观、经济利益的对立或对抗,对资本运动有重大的影响。"权利同权利相对抗,而这两种权利都同样是商品交换规律所承认的",② 这种对立或对抗肯定会对资本运动产生巨大的影响。在资本发展的不同时代,这种影响是不同的;在特定的时代,它甚至会成为一种足以导致资本运动变态、变质的条件。

资本作为客体是由不同的要素构成的,这些要素又根据一定的生产力水平、生产关系发展状况形成一定的结构。马克思将资本结构与主体行为紧密联系起来,他区分了两类完全对立的主体在资本运动中的作用,由此揭示了资本的内部结构:可变资本和不变资本。在此基础上,在考察资本的流通过程时,他又分析了资本形式的结构,说明它通过流动资本将可变资本与不变资本的区别掩盖起来,将工人创造价值、剩余价值的作用等同于原材料价值周转,说明资本的表面运动会将内在结构掩盖起来,颠倒地表现出来,从而阐明了资本的内部结构和形式结构之间的关系。马克思由表及里,又由里返表,相比起来,古典学派却只注意资本各部分的周转的状况,并据此将资本分为固定资本和流动资本,根本没有表示工人的作用。可见,用贯彻客体与主体统一的方法来分析客体的结构是十分必要的,这使资产阶级古典学派相形见绌。

客体研究离不开职能分析。如果仅就客体本身而言,它只有实际的和象征的职能,但马克思还结合主体的想象,指出它还有想象的功能。不仅一般的货币有此职能,特殊的资本更有这种职能。他的分析表明,这种观念的职能在资

---

① 详见陈俊明:《〈资本论〉劳动价值论的具体化》,中国青年出版社2000年版,第119—125页。

② 《资本论》第1卷,人民出版社1975年版,第262页。

本的运动中发挥着极其巨大的作用。成本价格和利润范畴的形成,利润率的形成和平均化,都与各部门资本家、各资本家的这种"想象"或观念的职能有密切的关系。马克思说:"剩余价值,作为全部预付资本的这样一种观念上的产物,取得了利润这个转化形式。"[①] 所谓观念上的产物,指的当然是资本家观念产生的概念。这种观念的发生意味着在单个资本家的企业中,在资本家的意识中,他所投资本的各个部分都已经实现了利润率的平均化。这种观念的进一步扩大,就导致在资本家总体的意识中利润率的平均化。离开了资本家的观念、意识,无论如何也难以理解剩余价值向利润的转化、利润率向平均利润率的转化。在各种收入资本化以后,这种观念的职能还会无限地扩大。例如,由于资本所有权离开生产过程而独立化,并且在经济上取得利息这种表现形式,一切收入也都资本化了,连非实体的东西、虚拟的东西也可以在主体观念中转化成为独立存在的东西,与各种主体发生关系。

客体是在各种主体的占有、带动或制约下彼此发生关系的,有同种客体(商品)之间的、不同种客体之间的关系,这些关系又有广度、深度、时间长度、有形无形等等区别。所有这些,都是通过各种主体的进入与退出、竞争和联合等方式,借助各种杠杆、机制而实现的。直接地看,这些运动都是由各种主体的相互关系而促成,但归根到底与各个主体行为的目的相关。"天下熙熙皆为利来,天下攘攘皆为利往",资本运动也不例外,但能感受到利大利小的只能是特定的主体。所谓"资本是天生的平等派",离开了资本家的比较,"平等"就没有办法衡量和实现。在不同的经济时代,各种主体的利益观念不能是一成不变的,即使在同一时代,各种主体经营理念、掌握信息和运作资本的方式必定有所不同,离开这些发展、变动中的关系,就不可能生动地反映客体的运动。

就资本作为物的运动来看,它当然要遵循一定的规律。规律作为一种自然必然性,不以人的意志为转移,但这只是表明其有确定的发展方向和范围边界。但是,经济科学不能仅仅以此为限。经济科学不仅要阐明这种方向和边界,更要阐明其可能的发展速度、力度,以及可能的发展空间、在一定空间中可能的变形,阐明经济规律的实现依赖于主体的关系行为,归根到底是不同主体经济利益关系的实现和调整。有学者说:"历史规律给人们的活动所提供的

[①] 《资本论》第3卷,人民出版社1975年版,第44页。

往往是多种可能性组成的可能性空间。在这一可能性空间中,究竟哪一种可能性得以实现,则取决于主体的自觉活动、取决于主体的选择,取决于不同主体之间的相互关系"①。他说明了主体的自觉活动以及主体间的相互关系对历史发展的作用,这是很有道理的,但还不够。如果将历史发展的多种空间最终将归结为只有一个由内在规定决定的方向,——因为行为方式、方向的不确定性不能改变历史发展方向确定性,——并且阐明这个方向的确定和实现是由各种同时活动的主体相互关系促成的,就更符合历史发展的辩证法了。在科学的经济理论中,一方面,只有结合主体的选择和活动,特别是主体之间的竞争,才能具体阐明客体运动的同一发展方向所表现出来的多样性。发展的可能性空间,也只有结合各种主体之间的竞争,才能阐明总体发展趋势的具体实现,以及发展模式的多样性、发展过程的波动性。在自由竞争条件下,竞争必然是过度的、无限的,除非受到市场、原料和实力等的限制,结果必然会导致资本运动经常偏离其正常轨道,产生调整的必要。固然,科学研究在其一定的逻辑阶段可以假定不存在具体的过度的竞争,而在理想的状态下来考察,但考察资本的现实运动却不能不结合一般的竞争。资本运动追逐剩余价值,是在一定的技术基础上进行的。由于生产力发展的不平衡,各个资本家的实力及其生产技术水平不同,同时又存在着各个资本家之间的竞争。在同一个部门,必定存在着不同的生产条件,在其他条件不变的情况下,有的厂商可能获得超额剩余价值,有的则可能亏本,竞争的结果是总体技术水平提高,相对剩余价值的形成。同时,还有市场价值决定的一系列复杂变动,在高位值与低位值之间变动,并引起价格围绕它波动,这些都与竞争主体的供给、需求有直接的关系。在资本运动的一定历史时期,有的资本家希望按商品的价值出卖商品,有的则持相反的态度,要按生产价格出卖。在生产力发展的较高阶段,后者的力量越来越大,其结果就是资本运动发生了总体的转型。另一方面,研究特殊过程的运行不能始终在抽象的条件下进行,应该适时地结合具体条件,结合其他过程,阐明客体因条件的变化使抽象的直线运动表现为"力的平行四边形",而且是无数的"平行四边形",表现出不同的发展途径和模式,表现出主体对这些途径和模式的选择、主体本身的巨大主动性和创造性。必须看到,这些条件

---

① 赵家祥为刘曙光《人的活动与社会历史发展规律的关系》所写的序,见该书第7页,民族出版社2002年版。

和过程都有特定的主体创造或推进。只有联系主体的作用，才能将规律的实际作用阐述清楚，即表明一定的规律"只是一种近似值，一种平均数，……之所以如此，部分地是由于它们所起的作用被其他规律同时起的作用打乱了，而部分地是由于它们作为概念的特征"①。如果再加进主体竞争的因素，这种"平行四边形"又会变形，形成特定的发展模式和路径依赖。

规律是同实现紧密联系的，实现又与主体的社会性质有直接的关系。斯大林说："在自然科学中，发现和应用新的规律或多或少是顺利的；与此不同，在经济学领域中，发现和应用那些触犯社会衰朽力量的利益的新规律，却要遇到这些力量的极强烈的反抗。因此，就需要有能力克服这种反抗的力量，社会力量。"② 在存在着阶级对立的社会中，各个阶级的利益矛盾在本质上、总体上是不能协调的，所以这一论断是十分科学的。马克思也说过，规律是不能改变和跨越的，但先进阶级揭示和认识规律却可以"缩短分娩的痛苦"，所以，马克思诉诸无产阶级，诉诸武器的批判。

---

① 《马克思恩格斯〈资本论〉书信集》，人民出版社1976年版，第578页。
② 斯大林：《苏联社会主义经济问题》，人民出版社1961年版，第6页。

第二章　科学方法

对于方法，不仅人们有十分不同的理解，而且同一个人在不同的场合也有不同的认识。这是由于方法有两个向度：一个是反映对象内容和本质及其表现的方法。对象有什么样的性质，就需要用什么样的方法把握、再现，这是客观性的方法，它是研究者对客观对象的本质和规律的自觉和能动运用。但它也不完全是客观过程的直接的或完全的模仿，而是研究者对移入他头脑中的对象的改造和再现，[1] 有一定的主观性和逻辑性。由此可见，经济行为理论研究的对象包含客体与主体，这就意味着应该有客体与主体统一的方法来再现它。关于客体与主体的区别与联系，上一章我们已经探讨过，这里就不再赘言；另一个是研究者发挥主体功能和作用的方法，与他自身的发展程度相适应，也与人类认识的发展水平有关，例如对某些工具的运用，所以它具有主观性，可以自主选择。[2]

对科学研究来说，科学方法既是指实践和观察对象的方式方法，又是指形成思想材料和处理思想材料的方式方法，还是指再实践的运作方式方法。它既具有主观的形式，又有客观的根据，是客观辩证法与主观辩证法的统一。在理论研究当中，科学的方法与研究对象有确定的内在联系。在近代西方，黑格尔

---

[1] "观念的东西不外是移入人的头脑并在人的头脑中改造过的物质的东西而已。"（《资本论》第1卷，人民出版社1975年版，第25页）

[2] 于丁春主编：《哲学方法论》，北京出版社1990年版，第4页。

提出并论证这种统一,他说:"这个方法与其对象和内容并无不同……,因为这正是内容本身在自身所具有的,推动内容前进的辩证法。"① 这种表述虽然出发点是唯心主义的,并且很晦涩,但如果撇开它的唯心主义性质,确定被考察和研究的对象是客观存在的,那么它的运用实质上是要求研究主体按照对象客体的联系和运动的特性来反映对象,不能根据自己的主观需要和方便而任意裁剪对象,这应该说是很合理的。所以,马克思一方面批判了它的晦涩思辨的形式和唯心主义性质,另一方面则公开承认他是这位哲学家的学生,承认他的方法对自己的研究大有好处,在处理思想材料时候,在有的地方甚至卖弄起黑格尔特有的表达方式。显然,这里所说的方法,与那种处理某种具体问题的手段、方法——它经常是不确定的、可以主观选择的运作方式——不同,不是那种可以随意使用的工具,它指的是"思维用来掌握具体并把它当作一个精神上的具体再现出来的方式"②。这种方法的正确与否,在很大程度上决定对象的选择和处理乃至理论的科学性。

关于《资本论》的方法,马克思明确地说他的方法是辩证法,但是人们一般都将"辩证方法"归结为对立统一规律。这固然没有错,但有笼统之虞,而且与马克思在《资本论》中的说明存在着较大的差距。诚然,他也十分重视对立统一的分析,不过,对立统一规律作为哲学方法具有一般性,在运用到理论经济学的研究中必须具体化,所以马克思更明确地突出辩证法的否定性质。在阐明他的方法是辩证方法之后,紧接着他就写道:"辩证法在对现存事物的肯定的理解中同时包含对现存事物的必然灭亡的理解,即对现存事物的否定的理解;辩证法对每一种既成的形式都是从不断的运动中,因而从它的暂时性方面去理解;辩证法不崇拜任何东西,按其本质来说,它是批判的和革命的。"③ 否定之否定当然也是对立统一的,肯定与否定本身就是对立统一的。诚然,在《资本论》中,对立统一的分析贯穿始终,但不能因此就以为它只贯彻了对立统一的方法,而将一切其他方法都归结为对立统一方法。实际上,在资产阶级古典学派那里,在有些场合也运用过对立统一方法。对立统一规律是普遍存在的,恐怕资产阶级也不能否认,也会间或不自觉地在一定程度上运

---

① [德]黑格尔著,杨一之译:《逻辑学》上卷,商务印书馆1977年版,第37页。
② 《马克思恩格斯全集》第46卷上册,人民出版社1979年版,第38页。
③ 《资本论》第1卷,人民出版社1975年版,第24页。

用。但是，否定之否定就不同了，资产阶级是始终不敢轻言的，而这正好是马克思所要强调的。在《资本论》中，否定分析是屡见不鲜的，并且是贯穿全书的。

但是，也不能简单地理解否定性研究，应该看到，马克思强调的否定性一方面与他的批判有紧密联系，表现为批判；——不言而喻，否定本身就是批判，不批判资本运动、资本家的经济行为，如何能建立起科学的资本理论、经济行为理论。①——另一方面，它还表现为自我超越。也就是说，不断地通过理论阶段的上升来进行自我否定，以理论的上升来反映资本运动、资本家经济行为的演变，并阐明这种演变的内在联系。这样看来，这种否定方法还有进一步的具体表现。在《政治经济学批判》导言中，马克思先后提出了四种比较具体的方法：抽象与具体统一的方法、直接性和间接性统一的方法、一般和特殊统一的方法、历史与逻辑统一的方法。在《资本论》中，这些方法都是过程性的，即贯穿全过程的，都是对立统一的，同时又是否定之否定的。其中，从抽象上升到具体的方法是众所周知的，我们不再重述，这里只涉及后三种逻辑方法。而后三种方法实际上又表现了客观对象有不同的存在和发展结构，存在结构又包括主体与客体的区分和关系。关于主体与客体的关系，我们在第一章"研究对象"中已有说明，这里不再涉及。

马克思在导言中之所以提及、论述这几种方法，因为它们与客观对象具有"同一性"。列宁说，"自然界既是抽象的又是具体的，既是现象又是本质"，②客观的经济过程也是这样，所以应该用抽象与具体统一的方法来研究它。同样的道理，事物或过程有直接性的表现，也有内在的间接性的规定，并且具体的对象包含有一般和特殊，不断地从一个阶段上升到更为高级的阶段，所以要用直接性与间接性统一的方法、一般与特殊统一的方法、逻辑与历史统一的方法来反映。从这些具体的存在和发展来看，都表现为一定的结构，所以都是结构

---

① 恩格斯在评论马克思的《政治经济学批判》时说："我们面前的这部著作，决不是对经济学的个别章节作零碎的批判，决不是对经济学的某些争论问题作孤立的研究。相反，它一开始就以系统地概括经济科学的全部复杂内容，并且在联系中阐述资产阶级生产和资产阶级交换的规律为目的。既然经济学家无非是这些规律的代言人和辩护人，那么，这种阐述同时也就是对全部经济学文献的批判。"（《马克思恩格斯选集》第 2 卷，人民出版社 1995 年版，第 40 页）

② 列宁：《哲学笔记》，人民出版社 1974 年版，第 223 页。

分析的方法。我们这里所涉及的对象，虽然是不同的主体及其不同的行为，但都同样有这些特性，所以也要运用这些特殊的方法。

第一节　直接性与间接性统一的方法

在《政治经济学批判》导言的第三节"政治经济学的方法"中，马克思提出了直接性与间接性区别与统一的方法。该方法在他的研究中一直发挥着巨大的作用，在研究主体的经济行为时，他也十分重视这种方法。

一、直接性与间接性

直接性，是黑格尔用来表示事物存在性质的一个专门术语，指的是客观存在的对象可以直接考察的性质，是对象的发展过程及其表现形式所具有的一种特性。黑格尔认为，科学过程起点的"存在"除了具有抽象性以外，还具有直接性。① 马克思对黑格尔的这种看法是很重视的，在他的《小逻辑》（第83节—111节）摘要中，一开头就录下了："直接性。自在概念"，最后又录下："在存在中一切都是直接的；在本质中一切都是相对的"。② ——因为是间接的，所以是相对的。——马克思公开承认自己是这位大思想家的学生，对黑格尔这种合理的表达方式，他是不会在记录之后又遗忘的。对《资本论》起点的单个商品的这种直接性，列宁也充分地注意到了。他在抄录了《小逻辑》的目录之后写道："概念（认识）在存在中（在直接的现象中）揭示本质（因果律、同一、差别等等）——整个人类认识（全部科学）的真正的一般进程就是如此。自然科学和政治经济学〔以及历史〕的进程也是如此。"③ 其中不仅有"直接的现象"，提到的"本质"就是间接性的，而且还把从直接性揭示间接性看成是人类认识的一般进程，具有普遍性。接着，他在把《资本论》与之类比时又写道："开始是最简单的、普通的、常见的、直接的'存在'：个别的商品（政治经济学中的'存在'）。"④ 显然，列宁也认为，《资本论》

---

① ［德］黑格尔著，贺麟译：《小逻辑》，商务印书馆1982年版，第188页。
② 《马列著作编译资料》第7集，人民出版社1981年版，第8—12页。
③ 同上书，357页。
④ 列宁：《哲学笔记》，人民出版社1974年版，第355页。

起点的商品具有这种直接性。作为资产阶级财富细胞的商品尚且如此,资本本身就更是如此了。对此,马克思也明确地指出:"资本本身是一种直接的东西",①"按它的实体来说自在地存在着"。②

如果说这种直接性的存在是外在的,那么内在的本质就是间接性的。所谓的间接性,是有关事物内在规定性质的表述,指的是对象运动的规律以及对象的本质规定的特有性质。它意味着这种内在规定不是直接显露的,是要通过不同主体之间的相互关系(因果、同一、差别)才能表现,要通过科学研究才能揭示。黑格尔这样说明:存在是"直接的东西",他"好象是一个表皮或帷幕,在这里面或后面,还隐藏着本质";本质是"一个间接的设定起来的东西"③,是"内在的存在",④只有"透过直接的东西深入里面"⑤才能认识。黑格尔这样用直接性和间接性来反映事物的二重化存在,如果撇开其唯心主义的前提,应该说是相当合理而准确的。

事物的二重化存在并不意味着两者是彼此分离独立存在的,反之,它们是紧密融合的。因此,科学研究既要考察直接对象,又要揭示事物的本质,最后还要把这两种研究统一起来。但是,在研究过程中,两者又不可能同时研究,而应有先有后。黑格尔认为,思想进程"最初的开端不能是任何间接性的东西",必须"以直接性开始",然后扬弃这种直接性而认识隐藏其中的间接性的东西;但"知识的进展,既不偏于直接性,也不偏于间接性"⑥,于是,又得使间接性的认识外化,达到直接性与间接性的统一。⑦从逻辑的发展来看,这种直接性与间接性区别和统一过程,就是"直接性——间接性——直接性与间接性统一"的过程。很明显,这种的过程,既体现了认识的否定之否定的发展,又在逻辑过程的发展中反映了客观对象的内外规定的统一,以逻辑的形式合理地反映了客观对象的存在结构,所以,只要撇开其唯心主义的外壳,

---

① 《马克思恩格斯全集》第46卷上册,人民出版社1979版,第296页。
② 同上书,下册,人民出版社1980年版,第22页。
③ [德]黑格尔著,贺麟译:《小逻辑》,商务印书馆1982年版,第242页页。
④ 同上书,第241页。
⑤ [德]黑格尔著,杨一之译:《逻辑学》下卷,商务印书馆1981年版,第3页。
⑥ [德]黑格尔著,贺麟译:《小逻辑》第189页、168页。
⑦ 《逻辑学》上卷,第56页。不过,在黑格尔那里,并没有关于"直接性——间接性——直接性与间接性统一"的提法,他称这种过程为:"自在——自为——自在自为"。

它就是合理的。

　　了解了对象的这种性质区分之后,我们很容易理解主体的经济行为也有这样的区分,即行为的直接性与间接性。行为的直接性,当然是指可以直接考察的行为,过程表面上表现出来的行为,包括相互关系的行为。行为的间接性,指的是行为背后隐藏着的内在规律、关系,实际上是主体观念、需要、能力的形成、转型,以及不同主体之间观念和利益的碰撞。

二、过程：深化与外化的统一

　　直接性的对象有简单的、抽象的,也有复杂的、具体的,研究进程当然只能从简单的直接对象开始。[1]《资本论》从最简单的直接对象开始研究,逐步扩展到更为复杂的直接对象,[2] 并且在各个阶段的研究中,也经历这些阶段。可见,"直接性——间接性——直接性与间接性统一"作为一个过程不是一蹴而就的,它要经过几个发展阶段,才能达到再现复杂的总体。整个过程是一种"从个别性提高到特殊性,然后再从特殊性提高到普遍性；……普遍性的形式……是把许多有限的东西综合为一个无限的东西"[3]。它意味着理论规定是分阶段逐步接近所要再现的具体的。

　　根据这种方法,在每个研究阶段,都是从直接性的对象开始研究,然后才能揭开它所掩盖的内在规定。对此,马克思在导言中这样描述：对混沌的关于整体的表象（直接性的）进行更切进的规定,在分析中达到越来越简单的概念；从表象中的具体达到越来越稀薄的抽象,直到达到一些最简单的规定（间接性的）。在马克思看来,这是"完整的表象蒸发为抽象的规定"[4],思维行程的"第一条道路"[5]。这个过程,从外在到内在,可以说是"深化研究"。

　　从《资本论》的研究看,这种深化研究不是一步到位的,它包含两个程

---

　　[1] 黑格尔也说：作为开端的,"不是具体物本身,而仅仅是简单的直接物"。(《逻辑学》上卷,商务印书馆1977年版,第64页)

　　[2] 恩格斯说："研究运动的本性,自然曾不得不从这种运动的最低级、最简单的形式开始,先学会理解这样的形式,然后才能在说明更高级的和复杂的形式方面作出某些成绩。"(《马克思恩格斯选集》第4卷,人民出版社1995年版,第346页)

　　[3] 恩格斯：《自然辩证法》,《马克思恩格斯选集》第3卷,人民出版社1995年版,第341页。

　　[4] 《马克思恩格斯全集》第46卷上册,人民出版社1979年版,第37页。

　　[5] 同上书,第38页。

序：从表象中的具体达到越来越稀薄的抽象，再达到一些最简单的规定。显然，稀薄的抽象和最简单的规定并非同义反复，而是有抽象程度的区别。可见，间接性层面有不同的层次。从行为的研究看，较浅层的抽象揭示的应是主体行为的规律，它只表明各种主体要怎样运动。而最深层的简单的规定应是对象本质的规定，它决定该行为的社会性质，说明行为主体为什么会这样运动。从"要怎样"到"为什么要怎样"，这是认识的深化。如果研究没有达到最深层面，那还不能说是完全科学的。资产阶级古典学派就是这样，只达到抽象的浅层，所以马克思说他们的"抽象还不够深刻，不够完全"[①]，是"抽象力不足"。反之，马克思则更进一步，看到并揭示了规律背后还有的更深刻的本质关系，即不同的行为主体之间的关系。

马克思还说明，在达到最深层的间接性规定之后，理论行程还要从那里回过头来，直到最后又回到直接性的对象，但这回表述的对象"已不是一个混沌的关于整体的表象，而是一个具有许多规定和关系的丰富的总体了"。简单说，这是"抽象的规定在思维行程中导致具体的再现"，马克思称之为思维行程的"第二条道路"[②]。这样的行程是要说明间接性的内在规定是怎样表现的，即要与直接性的外在表现统一起来。所以，这是外化表现。

这种方法贯彻到经济行为理论中，必然要说明，主体的直接行为的内在规定，包括行为的规律和本质关系都一定要表现出来，表现为直接性的过程或现象。从另外的角度看，就是要用这些内在规定来解释行为的表现。

可见，这种"直接性——间接性——直接性与间接性统一"的过程就是深化与外化的统一，它充分体现了客观对象的结构复杂性。

这种方法当然贯穿于整个理论过程的各个阶段。

诚然，在《资本论》中，并没有这样的提法。然而，这并不是杜撰，更不是没有必要的。在《资本论》中，人们不也同样找不到"从抽象上升到具体"的提法，难道能说没有这种方法存在吗？实际上，从《政治经济学批判》导言"方法"一节关于如何阐明"人口"的说明中，人们并不难领悟出这种方法的存在和运用。而《资本论》的实际进程也表明，马克思始终运用这样的方法来展开过程和组织思想材料，反映对象。

[①] 《马克思恩格斯选集》第26卷第2册，人民出版社1995年版，第112页。
[②] 《马克思恩格斯全集》第46卷上册，人民出版社1979年版，第38页。

三、直接性与间接性统一方法具体地实现了"综合"

按照马克思的说明,理论再现对象具体"表现为综合的过程"①。许多人据此以为综合是对象将多样性的规定综合起来,规定可以是同一抽象层次的,也可以是不同层次的;可以是同一研究阶段、同一研究条件下的,也可以是不同研究阶段、不同研究条件下的,等等。显然,马克思所讲的综合并非各种规定的总和,而是内在规定与各种条件的综合。之所以这样理解,因为第一条道路要实现"完整的表象蒸发为抽象的规定",就必须经过去粗取精、去伪存真、由此及彼、由表及里的改造制作,即将混沌的整体表象中包含的"粗、伪、表、彼"暂时撇开,才能形成或蒸发出最简单的规定。但是,这样的规定却因其具有高度的抽象性而与原先的整体表象相去甚远。就像黑格尔举的例子:"一个化学家取一块肉放在他的蒸馏器上,加以多方的割裂分解,于是告诉人说,这块肉是氮气、氧气、碳气等元素所构成。但这些抽象元素已经不复是肉了。"因此他指出,这种分解的结果"未免把事物弄颠倒了,会使得那些理解事物的本来面目的认识陷于自身矛盾"。从表象的肉到内在的元素,认识是深化了,但却与现实有较大距离。据此,黑格尔认为,要达到"事物的本来面目的认识",不能仅用深入分析的方法,还必须运用综合的方法,以普遍性为出发点,经过特殊化而达到个体。② 马克思也看到这种情况,所以他认为,理论还要回过头来,将那些暂时撇开的"粗、伪、表、彼"等因素、条件,重新纳入研究过程,或者说,将蒸馏获得的内在规定与它们结合,说明其转型表现。只有经过这样的转型,理论才是可被检验的。

对象的内在规定是客观存在的,虽然它是看不见的,但它一定要表现出来,或者说一定要发挥作用,所以在理论上表现这种外化转型,很有必要。马克思不仅揭示了科学的价值规律,而且很重视它的表现。他说过:"科学的任务正是在于阐明价值规律是如何实现的"③。——这里说的是"价值规律"如何"表现",不是"价值"如何"实现"。——不仅规律要表现,而且本质关系也要表现。就像科学的天文学既要揭示"日心说",又要阐明它会颠倒地表

---

① 《马克思恩格斯全集》第46卷上册,人民出版社1979年版,第38页。
② [德]黑格尔著,贺麟译:《小逻辑》,商务印书馆1982年版,第413页。
③ 《马克思恩格斯〈资本论〉书信集》,人民出版社1976年版,第282页。

现为"地心说"才算是完整的科学一样。

但是,无论是完善也好,检验也好,都要遵循一定的程序。黑格尔虽然意识到要综合,但却没有进一步阐明如何综合。在经济思想史上,斯密已经觉察到事物有内外规定之分,但不能意识到它们的内在联系,而李嘉图虽然已经意识到它们联系的重要性,却不能真正实现内在规定的外化,以至于将抽象的规定直接套用于具体现象,犯了"强制抽象"的错误,最终导致其理论的破产。[①]可见,实现"抽象的规定在思维行程中导致具体的再现"非常重要,也非常不容易。在批判地吸取了古典学派经验教训的基础上,马克思发现,必须在理论上阐明内在规定外化的程序和归宿,才能合理地完成这种转型。他认为,既然深化是一步一步地达到的,外化也应该一步一步地实施。既然彻底的抽象是不断地撇开一系列的条件,那么内在规定的外化也应该是逐步地将那些暂时撇开的条件或因素结合进来,以它们为中介逐步地上升。

那么外化而上升要达到怎样的地步呢?既然研究是从直接性的表象开始,那么具体的再现就是达到原有的起点,但"已不是一个混沌的关于整体的表象,而是一个具有许多规定和关系的丰富的总体了",即不是回归简单的直接性,而是"直接性与间接性统一"。一方面,它与原先的直接性规定不同,因为它是内在关系已经被揭示了的直接性,不是起点混沌的表象的那种直接性;另一方面也与后来析出的间接性规定都有很大的不同,毕竟它已经不再是完全看不见的内在规定。

值得注意的是,对象内在规定的外化表明,对象或事物的内在规定的外在表现不是直接的,不是简单地回归或重合。马克思指出,在资本主义竞争的条件下,内在规定总是颠倒表现的。"经济关系的完成形态,那种在表面上,在这种关系的现实存在中,从而在这种关系的承担者和代理人试图说明这种关系所持有的观念中出现的完成形态,是和这种关系的内在的、本质的、但是隐藏着的基本内容以及与之相适应的概念大不相同的,并且事实上是颠倒的和相反的。"[②]这种特点,甚至黑格尔都不曾说明。

马克思的这种方法,是根据客观对象存在和运动的二重性而提出的,也是

[①] 参看陈俊明:《马克思对斯密双重观察法的批判及研究范式的创新》,载《当代经济研究》2009年第10期。

[②] 《资本论》第3卷,人民出版社1975年版,第232—233页。

对黑格尔相关方法的继承和超越。他关于最终再现的具体是直接性与间接性的统一，内在规定在竞争中必然颠倒表现特征的揭示，更是其科学方法在经济研究中的具体表现。

了解这种方法对理解经济行为理论的研究和逻辑叙述具有重大的指导意义。由此我们发现，在资本主义社会的竞争中，资本家的行为规律总是颠倒表现的，其最深层的本质关系更是被物的运动的表象所掩盖。因为资产阶级学者不能理解这种方法，所以他们对资本家经济行为的研究总是不彻底的。

从上面的分析可以看出，"直接性——间接性——直接性与间接性统一"方法既体现了直接性与间接性的对立统一，也体现了过程的否定之否定的特征。从中也可看到，它与从抽象上升到具体的方法也有不同。首先，"抽象与具体统一"的方法侧重用于阶段上升，而这一方法则主要用于同一逻辑阶段的深化和外化。其次，在同一阶段的"深化研究"中，并不是一步到位的。再次，在同一阶段的"外化"研究中，要实现间接性规定的外化，但还不是整个理论过程的"具体的再现"，只是同一阶段的"具体再现"。①

第二节　历史与逻辑统一的方法

关于历史与逻辑统一的方法，学术界很早就有讨论，主要集中在《资本论》是否始终贯彻历史与逻辑统一的方法上。从有代表性的文献来看，大都将其中的"历史"理解为资本主义实际的发展史，将其中的"逻辑"理解为《资本论》的理论进程。在人们看来，"历史"是客观的，"逻辑"是主观的，两者的统一实质是客观与主观的统一。② 应该说，这样理解是有一定道理的，《资本论》的理论进程的确反映了直至19世纪中叶的英国资本主义发展过程。

---

① 在学术界，也曾有人说在《资本论》中有"现象—本质—现象"和"形式—内容—形式"等方法的运用。作为一种探讨，这是非常必要的。本书发掘的这种方法，应该也是必要的。在这里，因为篇幅以及与研究目的的关系，我们省略了进一步联系《资本论》的实际进程来论证这一方法在其中的存在和运用。关于这种方法与学术界提出的方法的区别，参见陈俊明：《〈资本论〉终篇研究》附录二，暨南大学出版社1996年版。

② 囿于本课题的内容，这里只是就这些方法进行一些必要说明，主要是自己的理解，并不涉及学术界的相关讨论。

但是，对"历史"与"逻辑"并非只有这样的理解角度。如果说"历史"不单纯是客观过程才有的，理论发展也有历史，而"逻辑"也不单纯指理论过程，客观过程的发展也有逻辑，那么，对这一方法就会有新的理解了。

一、实质：两种过程的"理论和逻辑的统一"的统一

"逻辑"并非仅仅存在于理论进程之中，逻辑是无所不在的，事物的发展变化也有其内在逻辑的存在。逻辑如果作广义的理解，指的是一定过程的发展趋势、规则、程序等。它广泛地存在于客体的发展过程中，存在于主体的实践、意识中。同样的，一切发展都是历史的，不仅各种客体都有其发展史，如经济发展史、社会发展史等，而且人们对各种客体的研究和理论反映，即一定的理论过程，也是有历史的，如各种思想史、理论史等。就人类本身各方面的发展看，也有各类实践、思想的历史。由此可见，无论是客观的还是主观的过程，它们的发展都既是历史的，又是逻辑的。换言之，逻辑和历史既有狭义的、特定的，又有广义的、一般的。

这样看来，如果从最一般的、总体的意义上来理解，客观过程的历史与逻辑既有区别又是统一的："历史常常是跳跃式地和曲折地前进的"，这种过程史是可以直接观察和记录的，而过程的发展逻辑则要透过重复性内在地起作用，并且不可捉摸，作为一种"形而上"的东西，它实际上是客观过程发展所要遵循的程序、规律。同样的，理论过程也有这种区别和统一：一方面，特定的理论过程是按一定逻辑发展的，如从抽象上升到具体，从简单上升到复杂；另一方面，理论发展史是由许许多多不同历史时代的理论家"根据作者生活的那个时代的需要，一部分一部分地——零零碎碎地——发展起来的"[①]。虽然个别地看各个资产阶级经济学家的理论，很难发现其中潜藏着反映历史发展的逻辑，但如果站在历史发展的制高点上，依据马克思主义的历史唯物主义进行比较分析，就可以发现其中的历史逻辑以及进一步发展的趋势。在资产阶级学者那里，两者并非直接统一，与此不同的是，在《资本论》理论发展中，以逻辑范畴演进的方式，却表现了马克思所代表的主体对客观的资本运动历史过程认识的发展，即理论进程本身的逻辑与理论发展的历史两者的区别和统一。所以，在马克思这里，所谓的"历史与逻辑统一"，是以理论进程的"历

[①] 《马克思恩格斯全集》第 34 卷，人民出版社 1972 年版，第 343 页。

史与逻辑统一"来反映客观过程的"历史与逻辑统一"。

马克思在论述"历史与逻辑统一"的方法时指出:理论的逻辑过程"只是思维用来掌握具体并把它当作一个精神上的具体再现出来"的过程。显然,其中前一个"具体"指的是客观对象具体,后一个具体则是思想具体。由此可见,这种理论过程包含着理论本身与具体对象的关系,在揭示其发展的内在逻辑的同时以特殊的方式即范畴及其规定内容的发展反映对象的历史发展。所以,这一过程本身就具有历史性,这是由对象的历史性决定的。由于理论的逻辑性较强,没有较好的逻辑修养和长期的学习体会是不能理解的;反之,客观对象发展过程的历史性比较明显,而其发展的逻辑总是被过程的现象掩盖着,所以人们大都把历史与逻辑统一的方法归结为"理论的逻辑和对象的历史的统一"。这样的理解,虽然在一定的意义上看并无错误,但从方法论的意义看,它忽略了理论进程本身的历史性、客观对象发展的逻辑性和规律性,更看不到理论过程的"历史与逻辑统一"还包含着两种过程的两种"历史与逻辑统一"之间的关系。

关于政治经济学应该运用什么样的方法,恩格斯在评论马克思的《政治经济学批判》时说得很清楚:"对经济学的批判,……可以采用两种方式,按照历史或者按照逻辑。既然在历史上也象在它的文献的反映上一样,整个说来,发展也是从最简单的关系进到比较复杂的关系,那么,政治经济学文献的历史发展就提供了批判所能遵循的自然线索,……但是实际上这种形式至多只是比较通俗而已。历史常常是跳跃式地和曲折地前进的,如果必须处处追随着它,那就势必不仅会注意许多无关紧要的材料,而且也会常常打断思想进程;并且,写经济学史又不能撇开资产阶级社会的历史,这就会使工作漫无止境,而且一切准备工作还没有作。因此,逻辑的研究方式是唯一适用的方式。"①"历史从哪里开始,思想进程也应当从哪里开始,而思想进程的进一步发展不过是历史过程在抽象的、在理论上前后一贯的形式上的反映;这种反映是经过修正的,然而是按照现实的历史过程本身的规律修正的,这时,每一个要素可以在它的完全成熟而具有典范形式的发展点上加以考察。"② 显然,他是强调逻辑方法的,并且这一方法的运用包含着历史方法的内容。

---

① 《马克思恩格斯选集》第 2 卷,人民出版社 1995 年版,第 122 页。
② 同上。

二、程序：范畴及其规定的上升

在逻辑发展过程中，要再现完全成熟而典范的形式，不是容易实现的，只能从简单到复杂逐步地、逐层地接近。这一过程离不开范畴的形成和推进，离不开对理论范畴进行特别处理。在《政治经济学批判》导言的"政治经济学的方法"中，马克思对历史与逻辑统一方法的运用，有比较详细的说明，它至少包含三种情况：

其一，用简单范畴和复杂范畴来表现对象客体的历史发生和现行经济发展以及两者之间的关系。他说，"历史发展总是建立在这样的基础上：最后的形式总是把过去的形式看成向着自己发展的各个阶段"，所以，要再现对象，并且不割断其历史，就要合理地处理各个阶段的关系。但是，这并不意味着要在理论进程的开头就把客观对象的前身表述一番，——苏联的《政治经济学》教科书就是这样，我国也沿袭这种做法。这样做虽然将两种客体之间的历史关系说清楚了，但却将理论过程的关系搞错了。马克思严格区分了"资本的形成史"和"资本的现代史"①，绝不会为了不割断历史而混淆历史。他认为："低等动物身上表露的高等动物的征兆，只有在高等动物本身已经被认识之后才能理解。"② 一开始就摆上暂时还不能理解的东西，这在逻辑上是不合理的、行不通的。——从理论的逻辑要求看，起点的抽象范畴及其规定所反映的既不能是对象的前身，又不能不包含着以前客体的遗迹，因此就要求最先提出的范畴扬弃以前客体的遗迹或因素。马克思认为：比较简单的范畴可以表现比较不发展的整体的……关系，而此后出现的比较发展的整体的主导关系则只能由复杂的和比较具体的范畴来表现。在这个限度内，即在这种先后发生的历史关系由不同的范畴表现以及简单范畴和复杂范畴所反映的关系有限的限度内，"从最简单上升到复杂这个思维的进程符合现实的历史进程"。③ 对此，恩格斯也说过："马克思的从商品到资本的发展……是具体的发展，正如现实中所发生的那样。"④ 在《资本论》中，由于商品和资本这两个范畴形成的条件不同，逻辑过程就显出阶段性，即比较抽象的阶段与比较具体的阶段，从而也显出结

---

① 《马克思恩格斯全集》第46卷上册，人民出版社1979年版，第456页。
② 同上书，第43页。
③ 同上书，第40页。
④ 《马克思恩格斯〈资本论〉书信集》，人民出版社1976年版，第519页。

构性，历史发展的结构。与对象从不发展客体到较发展客体的历史发展相适应，范畴不仅有简单和复杂的区分和递嬗，而且分别处于理论过程的不同逻辑阶段。这就告诉我们，《资本论》的研究是分阶段的，从而经济行为的研究也是分阶段的。

简单范畴和复杂范畴的区分和联系除了表现上述的关系外，还可以表现同一个整体本身的历史发展。在比较发展的整体中，存在着不同的关系，它们是先后发生的，并且同时依存，但其中有的处于从属地位；有的处于支配地位，并且后者还是从前者发展起来的。在逻辑过程中，对象这种发生发展的情况也是由简单范畴向复杂范畴的上升来表现的。马克思指出：简单范畴既"可以表现一个比较不发展的整体的处于支配地位的关系"，又可以表现"一个比较发展的整体的从属关系"。至于比较复杂的范畴，则表现了比较发展的整体的主导关系，并把简单范畴当成一种从属。① 这样，理论范畴从简单到复杂的上升，不仅合理地表现了不同客体之间的历史发展，而且科学地表现了同一客体自身的形成和发展。在这种情况下，简单范畴和复杂范畴处于不同的逻辑阶段，也意味着客观对象处于不同的发展阶段。在《资本论》中，马克思就是这样处理思想材料的。他认为，资本主义是当时最发达的最复杂的生产组织，要表现它自身的发展，必须以简单或抽象的范畴作为逻辑进程的起点，所以，在1858—1859年手稿中，他就确定："表现资产阶级财富的第一个范畴"不能是资本，只能是商品。② 换句话说，这个简单商品在理论过程的起点作为资本的细胞，具有双重意义：其一表现资本主义商品生产是在简单商品生产的基础上发展起来的；其二表明资本是从本身内的简单关系发展起来的。作为商品的商品，它反映资本生产的历史来源，作为资本的细胞，它反映资本本身的最一般的最抽象的关系，由此而到作为资本产品的商品、到作为商品的资本，更表现了资本自身的发展。由此观之，《资本论》起点研究的简单商品生产者，也有双重身份，既是一般的经济主体，又是特殊的经济主体，即资本家幼虫。

其二，要说明比较发展的对象，还必须处理好各个复杂范畴之间的关系。马克思认为，逻辑范畴表现"一定主体的存在形式、存在规定、常常只是个

---

① 《马克思恩格斯全集》第46卷上册，人民出版社1979年版，第40页。
② 《马克思恩格斯全集》第46卷下册，人民出版社1980年版，第411页。

别的侧面"①,——这里的"主体"指的显然是客观对象,——要全面地再现这个对象,就要有一系列的范畴,而且主要还是复杂范畴。这些复杂范畴在逻辑过程中的次序是怎样决定的呢?怎样安排才能合理地再现对象历史发展的逻辑呢?"按照它们在历史上起决定作用的先后次序是不行的,错误的,它们的次序倒是由它们在资产阶级社会中的相互关系决定的。"② 在一定的发展阶段上,决定事物的,并不是它的各个侧面或存在形式各自在该事物发展史上起决定作用的先后次序,而是对象在"完全成熟而具有典范形式的发展点上"③ 起决定作用的要素。马克思认为:"在一切社会形式中都有一种一定的生产决定其他一切生产的地位和影响,因而它的关系也决定其他一切关系的地位和影响。这是一种普照的光,它掩盖了一切其他色彩,改变着它们的特点。这是一种特殊的以太,它决定着它里面暴露出来的一切存在的比重。"④ 尤其在这个社会的发达阶段即成熟的发展点上更是这样。可以说,这就是客观对象历史过程中的本质关系,它的运动决定该事物发展的轨迹、逻辑。因此,只有抓住这一决定性的关系,形成主导范畴,才能既排除各种偶然性的干扰,又合理地安排各个复杂范畴之间的次序,以科学地反映、再现对象的内在发展逻辑、内部结构和自身的发展。由此我们应该意识到,《资本论》所研究的主体行为,主要是大资本家的行为。在资本主义起点作为资本家幼虫的简单的商品生产交换行为,以及在初级阶段单个资本家的行为,都只是后来大资本家行为的简单形态。

其三,就一定的理论过程而言,一旦它科学地再现了对象总体及其运动过程,其逻辑过程也就告一段落了。但是,从理论范畴的递进来表现客观对象的历史发展,还只局限于客观对象本身的发展史,所以,还有必要在适当的场合作"超越性的"再现,即超越当时的研究,追溯资本主义的前身,阐明其发生及形成条件。在《资本论》中,对资本主义原始积累、商人资本的历史考察、资本主义以前的生息资本、资本主义地租的产生等的考察,就是这种方法包含的"超越之点"。另外,科学研究不同于考古,总是在对象运动典型化的时候进行的,在再现对象具体的时候,它所研究和再现的对象还没有退出历史

---

① 《马克思恩格斯全集》第46卷上册,人民出版社1979年版,第45页。
② 同上书,第40页。
③ 《马克思恩格斯选集》第2卷,人民出版社1995年版,第43页。
④ 《马克思恩格斯全集》第46卷上册,人民出版社1979年版,第44页。

舞台，仍在运动。只有这样，科学研究才有现实意义。所以，还必须在展现客观对象发展逻辑的基础上，根据过程发展的要求"预示"它的发展趋势，以及取代它的新过程的基本规定。这就是方法本身包含的"预示之点"。但是，这并不意味着这一整个理论过程已经不再具体化了。既然客观对象还在运动，运动的条件、背景还会发生变化，那么这种理论就还要进一步发展。尽管其中已经"预示"了资本主义必然灭亡的历史趋势，但在马克思的时代，这仅仅是一种科学的预言，还没有实践的检验，因此这种理论还具有一定的抽象性。何况当代资本主义还在发展，其内在规定虽然基本不变，但内容更为丰富，并且，由于有新的生产力、科学技术条件的作用，有竞争向垄断的转型，有帝国主义国家之间的战争，有新的社会条件如社会主义的产生和发展，简而言之，出现了一系列的新条件、新过程，形成了一系列"力的平行四边形"，原有的运动方向多少发生了调整，所以理论还要进一步发展。诚然，在《资本论》中，马克思已经在科学分析资本关系与生产力发展的矛盾的基础上，根据现代生产力发展的要求揭示了未来社会的一系列新的发展内容，但他也不可能将此后运动过程的转型演变都阐述清楚。无论从哪一种意义看，马克思的资本理论都必须进一步发展或具体化，但是，这并不是抛弃这种理论原有的范畴规定，而是表现它的转型，是与它一脉相承，丰富和发展原有的规定。这正是这种方法的优越性和魅力之所在。这也意味着关于资本家经济行为理论的研究还会不断地继续丰富发展。

三、理论范畴表现复杂实际关系的变化

逻辑的发展既要反映客观对象历史的发展，同时又是以历史发展为依据、为中介的。逻辑方法不能脱离历史方法而实施或运用。

首先，就比较简单的范畴来看，它虽然可以表现简单客体的主导关系和复杂客体的从属关系，但它的充分而深入的发展"恰恰只能属于一个复杂的社会形式"[1]，所以它的提出是有历史背景的，有历史内容的。由此可见，它进入反映复杂客体的理论过程，处于从抽象上升到具体过程的起点，并不是要表现简单客体的主导关系，而是要表现复杂客体的历史起点。所以，在起点，它

---

[1] 《马克思恩格斯全集》第46卷上册，人民出版社1979年版，第41页。

的抽象性一方面表明它"适用于一切时代"①，可以使人们由此透视已经覆灭的简单客体，另一方面更主要的是要表现复杂客体即研究对象发展的最初阶段，并从它包含的整体复杂规定的萌芽向人们展示它进一步发展的内在逻辑。所以，这种抽象性除了意味着它是从复杂客体中抽出，作为细胞，是复杂整体的抽象代表外，还意味着它暂时撇开复杂整体所处的特定时代因素、历史规定。例如《政治经济学批判》和《资本论》开头研究的商品，马克思虽然从中揭示了一般的商品生产的最基本的规定，因其简单，好像是资本主义以前的简单商品，其实它是作为资产阶级财富的元素而存在的，只不过暂时还不考虑其资本主义性质而已。由此可见，《资本论》起点处研究的简单商品生产者的生产交换，虽然具有简单性、抽象性，但只是透视以前的简单商品生产，其固有的本质乃是"资本家幼虫"的简单行为，并且包含后来才发展起来的复杂行为的萌芽。当然，这也意味着在进一步的研究中，或者说在进入研究的第二阶段，必须使这里暂时撇开的资本关系回归研究进程。从《资本论》的实际情况可以看出，结合资本关系之后，最初揭示的抽象规定立即发生转型。显然，这种比较具体的资本关系就是理论上升的必要条件。理论进程中这种暂时存而不论而后回归的因素在辩证逻辑中就是中介。这种情况说明，起点范畴并非是"超历史"的，在理论过程中有着确定的历史背景，只不过暂时不讲而已。这种特殊的历史性决定了它在整个理论过程中的地位和进一步发展的必要性。

其次，就比较复杂的范畴来看，它们固然可以表现比较发展的整体的主导关系，但也不是一蹴而就的。在关于理论对象的阐述中，我们已经看到，理论对象的发展是分范围的、分阶段的，是结合条件、分层次逐步深入和展开的，这个逐步进展的逻辑过程是以历史发展为根据的。换言之，这种变化实际上只是对象历史发展的一种逻辑反映。所谓的历史发展，并不仅仅是单纯的时光流逝，而有丰富的历史规定，包括生产力和生产关系、社会制度内容的变化。可以说，《资本论》理论的逻辑发展，是与这些历史内容紧密联系的。这也意味着，在资本主义初级阶段单个资本家的经济行为必然要随着资本主义发展阶段的上升而转型为总体资本家行为，研究资本家的经济行为不是一步到位的。

最后，就完成的理论过程而言，它也是"按照现实的历史过程本身的规

---

① 《马克思恩格斯全集》第46卷上册，人民出版社1979年版，第43页。

律修正的",与现实对象的实际过程有或多或少的差距。它所再现的客观对象是典型的,又是继续变化、转型的。在将这一理论与现实联系的时候,一方面要注意对象的进一步发展,另一方面要注意它所代表的"种类物"与典型对象的历史发展水平不同,绝不能从其"真理的单纯逻辑发展中去寻找具体问题的答案"①,而应该从其运动的新的活动条件的历史变化、从现实中寻找必要的中介,实现理论的具体化。因此,随着资本主义的进一步发展并转变为帝国主义,总体资本家变为垄断资本家,其行为还会继续转型。当然,马克思在当时还不能研究。

本小节主要是根据马克思和恩格斯的提示以及马克思的《政治经济学批判》导言第3节政治经济学的方法的内容,阐明的历史与逻辑统一的方法。这种方法对劳动价值论、资本理论各种规定在《资本论》中的发展、推进具有重大的意义,对经济行为理论的阶段上升也有重要的意义。但是,这种方法的运用对劳动价值论、资本理论与对经济行为理论有所不同。在后一场合,主要是将经济主体的行为发展区分为三个历史阶段,以资本主义起点的经济主体的简单行为发展为初级阶段的单个资本家较具体的经济行为,来说明资本主义较为发展阶段总体资本家的行为的历史发展。显然,随着研究阶段的上升,原有的理论规定都要转型、自我否定。

第三节 一般与特殊统一的方法

在《政治经济学批判》(1857—1858年草稿)中,马克思分别在《导言》和《草稿》中论述了两种"一般和特殊"的关系:前者存在于具体对象中,后者存在于典型对象中。所谓的典型对象,指的是特殊对象本身,而具体对象,则联系具体的社会经济文化条件,它是特殊过程与一般过程的统一。这实际是论证了"一般的特殊统一"方法的两种情况。这两种方法的运用都贯穿资本理论和经济行为理论的各个阶段。

---

① 列宁:《俄国资本主义的发展》,《列宁选集》第1卷,人民出版社1972年版,第158页。

一、典型对象：一般性和特殊性的区别和统一

所谓的典型对象，在马克思的《资本论》中指的是英国的资本运动。他说："我要在本书研究的，是资本主义生产方式以及和它相适应的生产关系和交换关系。到现在为止，这种生产方式的典型地点是英国。因此，我在理论阐述上主要用英国作为例证。"① 之所以要研究典型对象，因为只有典型东西的各种内外规定的发育才是成熟的。

在《政治经济学批判》(1857—1858年草稿)提出的第四个计划中有两个层次的"一般性——特殊性——个别性"：

一是"Ⅰ.一般性、Ⅱ.特殊性、Ⅲ.个别性"。之所以说是"总体"，因为"在货币市场上资本是以它的总体出现的"②。二是"(1)资本的一般概念；(2)资本的特殊化；(3)资本的个别性"。

显然，这是模仿黑格尔的《逻辑学》的三段式。在这种三段式中，一般和特殊就是既相互区别又相互统一的，所以三段式就是一般和特殊统一的比较具体的表述。这样递进或上升，也是一种自我否定。马克思曾对恩格斯说过：在撰写这一手稿的时候，"我又把黑格尔的《逻辑学》浏览了一遍。这在材料加工的方法上帮了我很大的忙"。③ 黑格尔不仅在其《逻辑学》、《小逻辑》的概念篇中按普遍、特殊、个别三个环节的程序推进，而且《逻辑学》全部的逻辑范畴都有这三重属性。虽然在有的场合这样阐述有刻板、牵强之嫌，唯心、思辨的味道太浓，但它在一定意义上也体现了认识和研究的合理进程，正因为这样，马克思才会借助它研究实际过程、处理思想材料。

《资本论》的实际进程虽然有所变化，但都包含着一般性和特殊性的研究。

(1)资本的一般概念，是第一卷"资本的生产过程"实际研究的主要内容。它是在暂时撇开流通过程、总过程的条件下进行研究的，研究的是最基本的规定，所以是一般性的。

(2)资本的特殊化，是在"一般性"研究的基础上结合原先暂时撇开的

---

① 《资本论》第1卷，人民出版社1975年版，第8页。
② 《马克思恩格斯全集》第46卷上册，人民出版社1979年版，第232—233页。
③ 《马克思恩格斯〈资本论〉书信集》，人民出版社1976年版，第121页。

流通过程而进行的，"一般性"结合流通过程，当然要"特殊化"，这正好构成第二卷的研究内容。

（3）资本的个别性，是考察英国19世纪中叶的资本运动，具有个别性，无疑是第三卷的内容。

先析出资本的一般概念，再推进到特殊性，这是关系到整部《资本论》逻辑发展的重要举措。先考察一般的资本，理所当然只能研究剩余价值的一般形式。这是马克思说《资本论》第一卷的三个崭新特点之一，也是马克思经济理论与资产阶级经济理论的重大区别之一。可见，这种方法在建构整个理论体系方面有着举足轻重的作用，它当然也贯彻在资本家经济行为的研究中。

这个方法当然还涉及资本运动的更宏大的体系，但我们更感兴趣和注意的是《资本论》有关经济行为的研究。

二、具体对象：一般过程和特殊过程的区分和统一

《资本论》研究的具体的客观对象作为特殊过程的资本运动并不是纯粹的、单独进行的。具体的客观对象总是一种集合物，有多种过程同时存在和发展、互相影响。在《政治经济学批判》导言中，马克思说："现代资产阶级生产——这种生产实际上是我们研究的本题。可是，生产的一切时代有某些共同的标志，共同规定。……一些是几个时代共有的，……没有它们，任何生产都无从设想。"[①] 所谓一切时代、几个时代共有的标志、规定，显然不是"现代资产阶级生产"这种特殊过程固有的。这样的一些共同规定、标志，它们应该属于与特殊过程不同的另一些过程。这些过程的存在不以特殊过程为转移，是跨特殊社会形态的，或者说存在于几个不同的社会形态中，因而是一般过程的一般规定。显然，这种一般过程就是生产的社会化，具体说是工业化、商品生产等过程。历史证明，商品生产、工业化横贯几个社会经济形态，作为一般过程，它们并不与资本主义共始终。商品生产在资本主义以前就已经长期存在，在资本主义被消灭之后，商品生产、工业生产等一般过程仍然存在。理论研究为了方便和可能，只能从中挑选出所要再现的对象或过程，并且是同类对象中比较典型的特定部分，构成特殊的研究对象。从研究和逻辑再现看，这样做的必要性和合理性是不言而喻的。但是，既然典型对象的具体的运动实际是

[①] 《马克思恩格斯全集》第46卷上册，人民出版社1979年版，第22页。

与其他过程相互联系的,理论研究也不能忽视其他过程与典型过程的关系、相互作用而研究它的运动。

不言而喻,一般过程与特殊的资本运动这两种过程各自的存续历史及性质、规律都彼此不同,就此而言,它们是彼此外在的。一般过程和特殊过程虽然在相当长的历史时期中同时存在,但彼此有本质的区别。作为特殊过程,其本质关系是资本与雇佣劳动的关系;作为一般过程,其本质是人与自然、人与人的一般关系。由于这两个过程紧密结合,更因为在运动中一般过程"特殊化"、特殊过程"一般化",因而在社会表面上,两种过程是"你中有我,我中有你",区别并不明显,因此一般人很容易将它们混为一谈。"那些证明现存社会关系永存与和谐的现代经济学家的全部智慧,就在于忘记这种差别。"[①]资产阶级学者出于其论证资本运动"永恒化"的目的,总是有意将特殊过程和一般过程混为一体。即使是古典学派,也看不到这种区别,他们将资本主义社会当成"天然的制度"[②],将资本主义当成永恒的一般的形式。正因为这样,马克思很重视区分两种不同性质的过程。

但是,马克思也看到,两种过程在共同存续的时间内也有紧密联系,相互作用。一方面,一般过程对特殊过程的作用不可忽视。就一国的资本主义社会看,现实的资本运动除了要遵循其自身固有的规律之外,还受一般过程及其规律的影响或制约。没有工业化(社会经济的内容)、商品生产(社会经济的形式)的共同规定,资本运动是"无从设想"、不可想象的。资本是通过生产商品而生产剩余价值的,是通过工业化而提高经济效益的。从一定意义看,特殊过程的发生、发展、转型到灭亡的运动,都建立在一般过程的发展的基础上。一般过程跨越一切、几个时代的共同规定、标志,支持着个别时代的特殊过程,从这种意义看,它可以说是特殊过程的载体。而且,特殊过程的发展和升级,也必须遵循这些一般过程的规律,受其影响,甚至有可能因此多少改变自己原有的运行轨道、速度。工业化、商品经济的全部规律、体制、机制都制约着资本主义经济的发展。商品经济在当代转型为市场经济,对当代资本主义的影响是非常显著的,这是不言而喻的。工业化、现代高科技的发展,也大大地促进了各种特殊过程的发展,以致特殊运动也表现出某种一般过程的特性

---

① 《马克思恩格斯全集》第46卷上册,人民出版社1979年版,第22页。
② 《资本论》第1卷,人民出版社1975年版,第98页脚注33。

来。——不过，这并不意味着它与一般过程共始终，只是带有一般过程的某些性状。正因为有这种情况，很容易让人产生误解，将特殊过程直接等同于一般过程。——因此，在研究特殊的资本运动的同时，还有必要研究那些一般过程及其对特殊过程的影响和作用。另一方面，一般过程、一般规定不能单独存在，商品生产、工业化，都是存在于特殊的社会形态中，被打上后者的烙印，表现为特殊的一般过程，并且其运行还要受特殊过程制约，会因为特殊过程的影响而转型，因特殊过程的改变而更化、转变作用方式。而且，它们还是在资本运动的哺育下，在生产力发展的推动下，才典型化的。同样的，它们还会因为资本运动的结束而转变为社会主义的一般过程。历史证明，工业生产、商品生产等一般过程在不同社会形态中，发展方向及效果是极为不同的。所以，在理论上，离开资本关系，就不能阐明商品价值关系的发展，因而它总是以资本主义商品经济的形式而存在和发展的。

两种过程的紧密联系并不意味着两者在发展过程中互相施加同等的影响力，有同等的地位。在《导言》中，马克思还说："在一切社会形式中都有一种一定的生产决定其他一切生产的地位和影响，因而它的关系也决定其他一切关系的地位和影响。这是一种普照的光，它掩盖了一切其他色彩，改变着它们的特点。……它决定着它里面显示出来的一切存在的比重。"[①] 不言而喻，在资本主义社会，这样决定一切的"普照之光"绝不可能是一般过程的共同规定，只能是特殊的资本主义生产关系。所以，一般过程与特殊过程在相互关系中的地位不是平起平坐的，前者从属于后者，后者主导着前者。这样的相互关系自然决定了各类范畴（特殊过程的和一般过程的）的关联性。

对理论研究来说，了解特殊过程与一般过程的区别和联系是十分重要的。唯有如此，才能既准确地把握作为典型对象的特殊过程，又能在两者的相互关系中来考察和再现典型的特殊过程的运动，阐明特殊过程如何借助于一般过程的运行机制、体制，从中吸取能量和动力，顺应其发展方向而发展，同时也反作用于一般过程，改变其发展方向和速度，或者因阻滞其发展而被改造、淘汰。

在《资本论》中，马克思始终从特殊过程和一般过程区别与统一的角度来分析商品生产、资本运动，对主体经济行为的研究也是这样。

---

① 《马克思恩格斯全集》第46卷上册，人民出版社1979年版，第44页。

首先，是始终结合、贯穿于三个体现历史发展的逻辑阶段中：①

在第一阶段，即逻辑起点，从研究单个生产者（同时也是交换者）的简单经济行为。这种主体及行为具双重性质：一般主体的简单行为和特殊"资本家幼虫"的最初行为。

在第二阶段，即研究资本运动初级阶段的单个资本家的行为，集中在第一卷的第二、三、四、五、六篇和第二卷的第一、二两篇，第三卷的第一篇。第一卷第二篇分析两种流通公式，一种是一般过程的，一种是特殊过程的，从而过程的主体行为也具有二重社会性质。第三篇先阐明简单商品生产价值规律在生产力发展条件下的转型，以及资本家在生产过程中对生产资料和劳动耗费的关注和掌握，这些都属一般过程的研究；再揭示资本家对剩余价值的贪婪和对工人的残酷剥削，这当然是特殊过程的行为。第四篇的研究也是从一般过程开始。在考察协作、工场手工业、机器大工业的场合，涉及了一般经济发展过程中的行为。第五、六两篇，视线也都没有离开一般过程。在这些地方，主导主体既是工业的司令官，是产业家，是大生产过程的管理者，又是身份特殊的资本家，"资本家幼虫"已经长成为"蝴蝶"（成虫）。在第二卷第一、二篇，情况也基本如此。在关于资本的循环和周转的分析中，对主导主体的行为也是时而从一般过程的角度看，时而从特殊过程的角度看。在第三卷第一篇，"资本家成虫"已经"羽化"，其行为老到，十分重视如何节约不变资本的支出，这当然属于一般过程的行为，并且已经转型；同时，其观念成熟，野蛮性十足，为了提高利润率而不惜牺牲工人的生命，这又是特殊过程的行为。

在第三阶段，考察的是资本主义发展较高阶段的社会总资本运动，这是与商品生产、工业生产的升级（各部门资本有机构成的提高和差异的扩大）紧密联系的。它集中在各卷的末篇。在第一卷末篇，马克思详细说明总体资本家作为过程的主动轮对生产力发展的作用（一般过程的行为），以及对资本运动的影响，在此基础上揭示资本积累的规律，以及资本家在常规的积累过程中、

---

① 《资本论》研究阶段的区分可以从不同的角度来理解：从基本运动的先后次序看，三卷分别研究资本的生产过程、流通过程、总过程；从运动的历史和逻辑统一的意义看，又可以区分为资本主义起点的简单商品生产、资本主义初级阶段单个资本的运动、资本主义较为发达阶段社会总资本的运动（参看陈俊明：《资本转型论——〈资本论〉资本理论的具体化》，社会科学文献出版社2004年版）。从对象的具体化程度看，又可分为一般的、特殊的、个别的三个阶段。

原始积累过程中的行为，这当然是特殊经济行为。在第二卷末篇，他始终没有离开一般的商品流通，分析了分属两个部类的资本家，分成三个不同的族群相互交换，阐明各个资本家集团在总体流通中的相互交换关系，以及剩余价值的实现、实际积累，其中不难发现有一般过程和特殊过程的分析。从第三卷第二篇起，马克思着力阐述价值的转型与利润率的平均化之间的关系。在这里，他突出资本家的日常意识和彼此竞争在价值转型中的作用。他阐明，随着工业化的升级换代，随着有些部门资本家的资本有机构成高级化，周转时间长期化，社会需要的结构也随之高级化。如果经济体制以及价值关系没有发生相应的变化，有机构成较高的投资在提高效率的同时经济效益就有可能降低，就会产生不同部门资本家之间"剥削条件不均"的矛盾，产生生产力发展与生产关系僵化之间的矛盾。正是各个部门的资本家为追逐较高的利润率而在不同部门之间流动，导致原先的价值关系转型才解决这个矛盾。由是，马克思结合资本关系和工业化的发展，以特殊的逻辑方法科学地阐明了价值转型的必要性和必然性，以及转型的机制、对资本运动的影响，既将劳动价值论推进到一个新的阶段，也大大地推进了资本理论，同时还导致经济行为理论的具体化。显然，资本家的竞争、其劳动生产率的提高、资本的流动等等，都是一般过程的内容，而利润率的平均化，对工人阶级的共同剥削，则是特殊过程的内容。

其次，阐明这两种过程彼此互相影响、促进、转化。

一般过程总是寓于特殊过程之中，并在后者的"普照之光"的笼罩辐射下运作，受特殊过程的影响极大。无论在哪个历史阶段，经济行为包含的两种过程的性质都会互相影响、促进和转化。经济行为的实施既"不在流通中"，——而是在生产过程中，它离不开产业的发展、科学技术的发展，这些都属一般过程，但它们一合并入资本，就转化为特殊过程的运动。——也"在流通中"，表面看都是一般过程的买卖行为，但它是大批量的，包含着剩余价值的，而且市场广大，主体繁多，因而又是特殊过程的行为。所以在方法上，一方面要阐明特殊过程的关系如何催化一般过程关系的发展，并使之带有特殊的属性，另一方面也要说明，一般过程作为特殊运动的现实载体，也使后者具有某种一般性。同样地，从经济行为理论的角度看，这种方法对阐明各个资本家集团实施一般过程的行为与实施特殊过程的行为相互影响并导致主体关系的转型，具有十分重大的意义。

可以说，从再现具体总体的意义看，马克思研究的重点是在第三卷，从我们关注的经济行为理论看,重点也是在第三卷的研究。但是,这种两种过程的行为相互影响、促进的关系,并不仅仅发生在资本主义较为发展的阶段,而是在资本主义起点就酝酿,在其初级阶段就初露端倪,直到较高阶段才典型化。这样,在理论过程中,这三个逻辑阶段的相关研究自然是一脉相承的。

一般过程是跨社会形态的,它因特殊过程的催化而恢宏,又不因特殊过程的衰朽而式微。从一定的意义看,资本家的行为作为特殊过程由生到灭的运动与一般过程的发展有直接、间接的关系。其中体现着两种过程的否定之否定的关系,因为两个过程彼此区别、矛盾、转化。一般过程的发展产生促进了特殊过程的发展,后者就是对前者的否定,而特殊过程又要与一般过程相互促进而统一,这又是对特殊过程的否定。资本家攫取剩余价值的特殊行为并非与他的商品生产和交换行为的发展——后者无非是生产力发展的特殊形式——始终一致,至少在运行目标方面存在着重大的差别。当资本家的特殊行为与其一般过程的行为方向一致的时候,它的发展就比较顺利。反之,当两种过程的差别发展为对立,而特殊过程的各种制度、体制已经不能再实现根本性的变革,甚至极大地限制后者发展的时候,其中包含的一般过程的某些属性就将逐步瓦解这种特殊过程。在《资本论》中,这方面研究不是零碎的、隐含的,而是系统的、突出的、贯穿全书始终的。

在给恩格斯的信中,马克思自豪地说:《资本论》这部书的"结构,整个的内部联系是德国科学的辉煌成就"[①]。显然,马克思十分看重、突出《资本论》的结构。不言而喻,这种结构并非主观的,而是对客观对象混沌复杂结构的理论揭示、梳理和再现。

在马克思看来,结构就是一种内部联系。的确,事物或对象包含着许多方面、部分,它们总是处于一定的关系和运动中,同时又与别的事物、过程有直接间接的联系,这些不同的过程、同一过程的不同方面的因素、部分等,都按一定的比例或层次、方式形成大大小小的不同结构。在理论上展示对象的这些结构,既涉及特定对象的分析,还关系到该对象与其他事物、过程、条件的关系。

马克思发现,客观对象的结构不是一成不变的。因为各种过程、因素、条

---

① 《马克思恩格斯〈资本论〉书信集》,人民出版社1976年版,第202页。

件都彼此联系、影响,即使是同一过程,也是历史发展的,由是又构成一定的时间结构。即使在相对稳定的阶段,也表现为多种状况,必须有多种不同的考察方位。这就决定《资本论》必须有相应的结构、维度,才能客观地反映它。由于客观对象在社会表面上并非透明的、纯粹的,其结构自然不是自然显现的。这就需要有科学的方法特殊的处理。

这样看来,前面探讨的几种方法,都是马克思建立辩证的理论结构的方法。这些方法实际上是根据客观对象的辩证发展,从不同的方位或维度来展示对象的复杂结构。如果对这些方法深入分析,我们还会发现,它们实际上都是从不同的方位或侧面对总体对象实施解构,从而将本来混沌的总体清晰化、透明化,将其发展的因果关系、条件等展示出来,让人们看到其构成的各种因素。但是,这些解构并非将完整的东西拆散,而是说明它有哪些构件、阶段、条件、侧面等,并且阐明它们彼此的联系和发展逻辑,从而将它们按照固有的逻辑重新建构起来,再现一个理论具体。① 在此基础上,他又进一步阐明这些结构随着发展阶段的变化而转型,又都是对那些解构部分的重新建构。由此观之,各种辩证方法都是解构与重构的统一,它们又都服务于再现同一对象,形成马克思所说的体现"德国科学的辉煌成就"的理论结构。

表面上看,解构与重构似乎与当代西方流行的解构、建构很相似,其实不然。马克思的结构分析是针对特定对象的。而西方学者的解构是发散的,没有特定对象的,而其建构又带有浓重的心理学味道,随意性很强。

表面上看,结构分析与通常理解的分析与综合统一的方法没有什么差别,其实不然。它不仅针对同一对象,还涉及相关的过程、条件等。所谓的解构,不仅是将复杂的对象本身在"显微镜下"实施解剖,② 而且还要涉及复杂对象的运动条件、与其相关的其他过程等。将在一般人看来浑然一体的对象分别从不同的侧面、层面、相互关系等方位进行深入的分析,是一般人所阙如的抽象力的运用,其间不乏舍象、抽象、抽取、比较、分析等等手法。因为解构不是像拆解钟表元件,重构也不是重装这些元件,而是研究主体根据自己对客观对象发展逻辑的理解,突出它的重点、关系,按照其发挥的功能进行整合,以便

---

① 这里说的解构与重构并非西方哲学的解构主义的解构和建构主义的建构,只是用名相同而已。

② 《资本论》第 1 卷,人民出版社 1975 年版,第 8 页。

反映对象发展不同阶段的转型,反映或再现对象与其他过程的关系变化以及受这些变化影响的历史发展,包括对象"过去的遗迹、现在的基础和将来的萌芽"①。这样看来,由这些方法形成的解构与重构统一而建立的理论结构,有一系列范畴的递嬗,多层次规定的转型,正如马克思所说:"材料的生命一旦观念地反映出来,呈现在我们面前的就好象是一个先验的结构了。"② 如果仅仅从形式上看,经过马克思处理、揭示和阐明的各种结构,对缺乏辩证思维能力的人、对资产阶级学者来说,有的根本无法理解。

这些结构都以时间和空间为存在形式,但各种事物或过程的空间和时间又各有特定的结构。或者是共时态的,或者是历时态的,也都构成不同的时态结构。在社会领域,事物或过程不仅有时间和空间的规定,还有广泛的社会联系规定。所以,特定对象的结构就更加复杂。

具体地说,这些方法体现的解构和重构是多样的:

从对象的存在看,有细胞、肌体、整体形成的演变结构;有主体与客体关系形成的主客体结构,有直接性与间接性组成的层面结构(包括本质与表象),有实体经济和虚拟经济的并作结构,有一般过程与特殊过程相济的联动结构,有经济内容和经济形式构成的运行结构,有本质结构与形式结构构成的运动结构,等等。

从对象客观主体的存在形式看,有主导主体与从属主体结成的阶级结构;在主导主体中,有大资本家与中小资本家形成的阶层结构,有资本家与土地所有者形成的剥削阶级结构;在工人阶级中,有在业工人和失业工人构成的结构,等等。

从对象的发展看,有过去、现在、将来构成的历时态结构;有供、产、销等职能形成的共时态结构,等等。

此外,还有对象与条件形成的关系结构等。

正因为对象是以结构的方式存在和发展,与其他过程、结构发生关系的,对象才能充分地发挥其应有的功能。

正是这些各式各样的结构的解构和重构,才使得整个理论过程显得跌宕起伏、层次分明、逻辑清晰。

---

① 《列宁选集》第1卷,人民出版社1995年版,第46页。
② 《资本论》第1卷,人民出版社1975年版,第24—25页。

第二篇

资本主义起点简单主体的一般经济行为

马克思的经济行为理论,主要是通过考察资本家的经济行为,来揭示经济行为的内在规定及其外在表现。

资本家是广泛存在的,而且许多国家都有资本家,有的比较发展,有的还不够发展,所以必须研究其典型代表,即19世纪中叶工业化和商品经济有较充分发展、能力也有相当发展的资本家,主要以英国为典型。资本家作为经济主体本身就是历史发展的,无论其各种观念、能力、需要,都是逐步趋向成熟的,即如马克思所说的:他们有"平均的智力水平"和能进行"合乎目的的活动"①。他们是经历了资本主义起点的原始积累和商品生产、初级阶段的资本运动,行为能力和方式都已经转型了的资本家。从其职能看,他们既是剥削者,又是工业的司令官、商品生产的经济主体。

所谓的经济行为,并非专指商品的买卖。即使在重商主义占统治地位的时代,财富也不能全靠商品的买卖。随着经济的发展,工业部门已经逐渐占据社会经济的主导地位,资产阶级经济学家也早已经批判了重商主义,开始将研究重点转向生产领域。在马克思的时代,更是这样。他在《政治经济学批判》导言一开头就说:"面前的对象,首先是物质生产。"②在《资本论》中也说:"经济,即生产过程本身。"③但是,这并不意味着生产行为就等于经济行为。由于生产是有较大规模的,生产出来的大量产品必须卖出去,没有流通,生产不能重新开始,也不能持续。所以,马克思也有"作为经济行为的流通"的说法。④换言之,生产行为和供销行为都是经济行为,是"既在流通中,又不在流通中",并且至少是在观念上

---

① 《资本论》第3卷,人民出版社1975年版,第378页。
② 《马克思恩格斯全集》第46卷上册,人民出版社1979年版,第18页。
③ 《资本论》第3卷,人民出版社1975年版,第378页。
④ 《马克思恩格斯全集》第46卷下册,人民出版社1980年版,第15页。

一定要盈利的行为。

只有经常、大量发生的过程才具有重复性，才有可能研究，所以经济行为理论不会去研究个别主体的偶然的、少量的经济行为，而要研究必然的、长期的、总体的、重复的行为。但是，要研究这样的复杂对象，还必须从个别的行为开始，但应该是经常发生的个别行为。马克思还说："在社会中进行生产的个人，因而，这些个人的一定社会性质的生产，自然是出发点。"①

研究资本家的经济行为，不同的阶级有不同的目的。资产阶级学者的"使命只是表明在资产阶级生产关系下如何获得财富"②。马克思则是要一方面揭露和批判资本家行为的特殊剥削性、黑暗面，同时也通过研究他们的野蛮、失败行为，总结经验教训，揭示特殊行为的规律；另一方面马克思认为，在资本主义社会，社会化大生产的发展是由资本家主导的，所以可以通过研究资本家的经济活动，发现、揭示其中包含的社会化大生产的规律，即一般的经济行为规律，当然也要说明在其行为中包含的那些具有共同性的规定也会受特殊规定的影响和约束，其实施和发展在广度和深度上都必然受到限制。所以，即使对后者，马克思同时还要对它进行批判。但这种批判不是根据某种先验的或预定的原则，或自己的理论来衡量，而是根据客观的经济发展过程正常发展的趋势或要求来对照。正如俄国学者考夫曼所说，这种"批判将不是把事实和观念比较对照，而是把一种事实同另一种事实比较对照"③。正是在这种研究和批判过程中，马克思才形成自己特有的科学的经济行为理论。

唯物史观认为，任何总体过程或事物的发展都是历史的，社会经济过程则还要有主体参与，在一定社会背景中发展，所以具有历史性、主体性、社会性。按照辨证思维的要求，对这种总体性、过程性的对象，"历史从哪里开始，思想进程也应当从哪里开始"。④但是，其典型对象形成的历史总是曲折的，因而理论研究进程不能一味地追求与客观过程的历史发展丝丝入扣，完全对应，而应该"摆脱了历史的形式以及起扰乱作用

---

① 《马克思恩格斯选集》第46卷上册，人民出版社1979年版。第18页。
② 《马克思恩格斯选集》第1卷，人民出版社1994年版，第135页。
③ 《资本论》第1卷，人民出版社1975年版，第24页。
④ 《马克思恩格斯选集》第2卷，人民出版社1995年版。第43页。

的偶然性",这样"思想进程的进一步发展不过是历史过程在抽象的、理论上前后一贯的形式上的反映;这种反映是经过修正的,然而是按照现实的历史过程本身的规律修正的,这时,每一个要素可以在它完全成熟而具有典型性的发展点上加以考察"。① 正如典型的东西不是一下子就成熟、定型的一样,理论也必然是从简单、个别开始,再逐步臻于成熟和典型。

如前所述,总体的经济行为是基于商品生产和资本运动而产生的,所以,从理论上看,这种理论是追随劳动价值论、资本理论而发展的理论,所以也和这两种基本理论一样,是贯穿全书的全程性的理论,也要按照遵循这些基本理论的发展逻辑。马克思说:"资产阶级经济体系在我们面前逐步展开。"② 从商品生产和资本运动历史发展的逻辑来看,它们都是从小到大、从简单到复杂、从较低级上升到较高发展阶段的。从理论发展的逻辑以及所要体现的历史看,它应该从对象的细胞开始,逐步扩展到对象总体。根据这种方法来研究《资本论》,我们就可以透过三卷文本所考察的共时态的实际过程:"资本的生产过程——资本的流通过程——资本主义生产的总过程"的论述,发现马克思研究的三个历时态的体现历史发展的研究阶段或逻辑阶段:资本主义起点的简单商品生产——资本主义初级阶段的单个资本运动——资本主义较为发展阶段的社会总资本运动。这样理解,就把资本运动的发展与社会经济发展阶段的上升紧密联系起来了。随着研究对象范围的扩大和社会经济发展阶段的上升,资本运动的规定以及资本家经济行为的各种规定当然也要随之丰富,并产生新的观察层面或观察方位。据此,我们也要先从简单商品生产、萌芽状态的资本运动③中来考察简单的和一般的经济行为。

《资本论》第一阶段研究的是资本主义起点的简单商品生产,这种简单性只是与资本主义比较发展阶段的复杂的资本运动相对而言,或者说是后者的抽象。因此,它作为典型对象中的简单,也是典型对象包含的一般。所以,必须紧密联系总体复杂对象的复杂规定来理解和发掘这种一般。关于简单和复杂、抽象与具体的关系,借用黑格尔的说法:起点

---

① 《马克思恩格斯选集》第2卷,人民出版社1995年版,第43页。
② 《马克思恩格斯全集》第46卷下册,人民出版社1980年版,第226页。
③ 参看陈俊明:《资本转型论——〈资本论〉资本理论的具体化》,社会科学文献出版社2004年版,第112-119页。

（简单、抽象）是潜在的终点，终点（复杂、具体）是充分展开的起点。如果撇开他的唯心主义不说，这是合理的。在辩证发展的有机体系中，简单和复杂、抽象和具体都是一脉相承的，有机联系的。对此，马克思也有明言：“对人类生活形式的思索，从而对它的科学分析，总是采取同实际发展相反的道路。这种思索是从事后开始的，就是说，是从发展过程的完成的结果开始的。”① 可见"完成的结果"与理论过程最初的研究存在着内在的联系。据此，我们就可以发现最初的论述中似乎没有明言的复杂规定了。马克思不仅是这样思考的，而且他的论述也包含着潜在的复杂规定。例如，他发现："在产品的价值形式中，已经包含了整个资本主义生产形式、资本家和雇佣工人的对立、产业后备军和危机的萌芽"。② 如果不了解马克思的辩证方法，无论如何也难以在《资本论》开篇中领悟到这样潜在的规定。进而言之，从潜在到充分展开，并不是内容的扩大，而是规定的转型。细胞与总体的差别、潜在的规定和充分展开的规定并不仅仅是程度的差别，至少结构和行为方式是不同的。简单规定结合原先暂时存而不论的比较具体条件，必然发生转型。

在这一篇，我们考察的是马克思关于资本主义起点——它的跨度很长——单个主体的简单商品生产行为的研究。考察所涉及的范围很广，不仅有《资本论》第一卷第一篇，还有第二、三篇中相关场合的论述，如第二篇一般商品流通公式的分析，第三篇关于劳动如何形成价值的分析，第五篇关于生产劳动的说明等。在考察主体的流通行为时，还涉及《资本论》第二卷的相关论述。

---

① 《资本论》第1卷，人民出版社1975年版，第92页。
② 《马克思恩格斯选集》第3卷，人民出版社1995年版，第661页。

第三章　三位一体的经济主体

　　从简单的、一般的商品生产开始，并不意味着只围绕《资本论》开篇做文章。所谓的简单、一般，意味着暂时将具体的资本关系撇开，这样的研究不仅在开篇有，在书中其他地方也有。一般过程寓于特殊过程之中，特殊过程发展了，一般过程也必然随之发展。它最初虽然是比较简单的，但这是成熟对象中的简单，在简单中包含着一般。后者在特殊过程的哺育下不断丰富，并支撑、承载着特殊过程的发展。根据对马克思这种方法的理解，我们应该超出开篇的有限篇幅，在全书的相关范围内整合相关的内容，形成宽广的视阈。但是，一般过程与特殊过程的共生发展导致的变化、转型，这里还暂时不涉及，这里只是关注一般过程起点的简单商品生产者的一般的经济行为。在《资本论》中，相关的论述并不限于第一篇，在第一卷的其他篇章中，我们也发现了马克思有相关的论述。

　　在《资本论》开头，马克思一开始研究的是商品交换。这里的商品，是从"庞大的商品堆积"即资产阶级财富总体中抽取出来的，这意味着它具有鲜明的资产阶级属性。作为这种财富的元素或细胞，它具有双重性质：一方面，因为是从复杂的财富总体中抽取出来的，所以带有简单性；另一方面，因为是从特殊财富总体中抽取出来，所以带有一般性。换句话说，是一般的、简单的商品，同时又是特殊的资产阶级财富中的商品。在这里，简单性与一般性并非同义反复，后者带有普遍性。但无论从哪个方面看，它都与一定的主体相联系。与单个商品的生产、销售、占有相适应，这个主体也应该是独立行为的单个主体，具有抽象性。就像单个商品一样，这个经济主体也具有双重性：既是特殊的"资本家幼虫"①，——拥有资产阶级财富元素的主体当然是资产阶级的代表即资本家，只不过这个暂时抽去资本关系的场合暂时不涉及他的资本家本性而已，——又是简单商品生产者。这个单个商品当然是在一定的生产条件下生产出来的，是一定的生产劳动的产品，并且都要用以交换，是交换品，都有所有者、监护人。所以，这个所有者既是生产者，是交换者。因为他的规模很小，行为相当简单，所以也可以说是小所有者、小生产者、小交换者。无论是联系后来的研究看，还是从第一篇整篇的内容看，换句话说，无论是从简单商品生产者看，还是从"资本家幼虫"看，商品都是与一定的所有者、生产者、交换者这三位一体的经济主体相联系的。

  主体首先要具有所有者身份。不仅是生产资料的所有者，还是劳动产品的所有者，并且是所提供劳动的所有者。

  在这个主体的所有者、生产者、交换者这三种身份中，所有者的身份是根本性的。如果这个主体不是生产资料的所有者，只能是单纯的劳动者，就成不了"生产当事人"或生产者。如果他不是产品的所有者，就不能将产品拿去交换，成不了交换者。在马克思看来，生产者的私人劳动具有"二重的社会性质"：社会等同性和社会有用性。② 单纯的劳动者如果不是生产资料和产品的所有者，他就不能参加产品的交换，因而不能证明他的劳动具有社会等同性和社会有用性，从而他的劳动不能构成社会总劳动的一部分。显然，作为主体的所有者之所以能拥有这个商品，最重要的是因为他拥有生产这个商品的条件，能够自由地用这些生产条件进行生产。也就是说，生产这个商品的生产资料的所有权属于他，③ 他才能自由地支配自己的产品。也只有这样，他才能

---

① 《资本论》第 1 卷，人民出版社 1975 年版，第 189 页。

② 同上书，第 90 页。

③ 生产资料就是资源。和西方学者历来强调"资源稀缺"不同，马克思这里没有涉及资源是否稀缺的问题。在研究规模很小的生产过程时，没有必要涉及这个问题。但是马克思并没有忽视资源稀缺的问题，不过，他是将资源与所有权紧密联系起来，与一定的主体紧密联系起来，并突出地说明，在资本主义社会中，根本的问题是从事生产劳动的生产者最缺乏生产资料的所有权。了解了这一点，我们就不难了解资产阶级学者的别有用心：他们撇开资源所有权和特定主体的关系，站在资本家的立场上来看待自然资源和市场的稀缺，并将这两种资源无限扩大为一般的资源。实际上，资本家从来不缺乏雇佣工人和资本，只缺乏原料和市场。他们坚持这种似是而非的说法，无非是要掩盖工人对生产资料所有权的稀缺这种最基本的事实。

"自己支配自己"①。所谓支配自己,一方面意味着他能够自由地劳动,另一方面,他拥有自己劳动的所有权。简单说,在这一场合,所有者拥有生产资料,同时也拥有产品和劳动。

但是,物品有所有权的规定,劳动是否可以有所有权的规定呢?提出这个规定有什么意义呢?

马克思说:"当他为了自己的生活目的对自然物实行个人占有时,他是自己支配自己的。"②能够对自然物实行个人占有,当然要有属于自己的生产资料。显然,这是小私有制。马克思一方面认为,"劳动者对他的生产资料的私有权是小生产的基础",③另一方面又认为,这种私有制"以自己劳动为基础"④。虽然这两个地方所说的"基础"的意蕴和分量不同,但是,在马克思看来,小私有制与劳动是互为基础的,紧密联系的,两者具有"同一性"⑤。在这种情况下,劳动者的劳动属于自己,有所有权的规定,这是不容置疑的。

说劳动有私有性,是因为它是由私人生产者实施的。这种私人劳动一方面是个别进行的,另一方面,在生产资料小私有制下,它又具有私人的属性。个别进行的私人劳动属生产力范畴,而个人所有的劳动属生产关系范畴。但劳动者拥有劳动所有权的情况,或者说劳动者与劳动所有权统一的情况,并不始终存在。当生产资料的所有权不属于生产者而属于资本家的时候,虽然劳动仍由劳动者提供,但它的所有权却属于资本家,而与劳动者分离了。马克思说:在资本主义生产过程中,"工人在资本家的监督下劳动,他的劳动属于资本家。……产品是资本家的所有物"⑥。也就是说,劳动这种所有权属性已经不归属于劳动者,而转变为属于资本家。

在这里,马克思区分劳动的所有权和产品的所有权,并将它们相提并论,表明提出劳动的所有权是很有意义的。在考察劳动这种经济行为的时候,强调

---

① 《资本论》第 1 卷,人民出版社 1975 年版,第 555 页。
② 同上书,第 555 页。
③ 同上书,第 830 页。
④ 同上书,第 832 页。
⑤ 同上书,第 640 页。
⑥ 同上书,第 210 页。在这里,马克思将劳动产品和劳动区别开来,把它们归属资本家当成资本家消费劳动力过程的两个特殊现象。可见,不能将劳动与劳动产品混为一谈。

劳动所有权是十分必要的。

　　说劳动具有所有权的规定，并非杜撰。马克思在《资本论》中说明资本关系的扩大再生产改变了劳动与其所有权的联系："所有权和劳动的分离，成了似乎是一个以它们的同一性为出发点的规律的必然结果。"① ——这里的"似乎"涉及的是"出发点"与"必然结果"的关系，——可见，所有权与劳动原本是同一的、不分离的，只是资本关系才使之分离。

　　实际上，关于劳动有所有权的规定，在一般过程的研究中，马克思已经有所论述："正象自己的劳动实际上是对自然产品的实际占有过程一样，自己的劳动同样也表现为法律上的所有权依据。"② 关于"对自己劳动的所有权"，《1857—1858年经济学手稿》中还多次提过。③ 显然，这里区分了劳动产品的占有与劳动所有权的归属。强调这一点很有必要，因为许多人都将两者混为一谈，以至于将劳动所有权归结为劳动产品的所有权。但是，"物本身存在于人之外，因而是可以让渡的"。④ 而劳动这种行为却不可以离开劳动者，所以不能直接交换。强调行为的所有权这种权利之所以必要，还因为这种权利表现为个人对行为过程的控制力，并且反映在个人行为目的的最终实现上。丧失了劳动所有权，就等于丧失了劳动产品的权利。我们看到，马克思既区分它们，又深入阐明两者的关系：劳动产品是外在的，劳动却是内在的，两者并非同一的，后者是寓于前者之中，前者掩盖着后者，但不能因为它们融合在一起就以为两者没有区别。同时，他还结合交换来阐明两者的关系，即透过劳动产品的所有权交换来揭示劳动所有权的交换。换句话说，劳动产品所有权的交换只是实现劳动所有权交换的必要手段。马克思指出，表面看，生产者之间交换的是不同的商品，但深入地看交换的是不同种类的劳动。直接地看，他是拥有产品的所有权，深入地看，他是拥有自己劳动的所有权。通过这种交换，劳动所有权发生了重大的变化，劳动者"通过某种社会行动的媒介，使对自己的劳动的所有权变为对社会劳动的所有权"⑤。显然，私人劳动所有权的转换才是交

---

　　① 《资本论》第1卷，人民出版社1975年版，第640页。
　　② 《马克思恩格斯全集》第46卷下册，人民出版社1980年版，第464页。
　　③ 《马克思恩格斯全集》第46卷上册，人民出版社1979年版，第469页；下册，人民出版社1980年版，第464、518页。
　　④ 《资本论》第1卷，人民出版社1975年版，第105页。
　　⑤ 《马克思恩格斯全集》第46卷下册，人民出版社1980年版，第464页。

换的真实目的。换句话说:"对他人劳动的所有权是通过对自己劳动的所有权取得的。"① 通过这样的研究,马克思突出了劳动所有权,揭示了不同劳动之间的社会关系。诚然,生产资料的所有权比劳动所有权更加根本,但在交换中,生产资料的所有权并没有实际进入,而某种形式的私人劳动却会与其他种形式的私人劳动发生关系。劳动者不会将自己的生产资料彼此交换,却会通过劳动产品的交换实现劳动所有权的转换。正因为这样,马克思不会满足于说明价值实体是人类劳动的凝结,而是特地深入考察了不同劳动之间的关系及其表现。也就是说,在论述了商品的因素之后还深入揭示包含其中的劳动,而后再说明劳动的交换即人与人社会关系在社会表面上会颠倒地表现为物与物交换、物与物之间的社会关系。这样,既从生产过程确定劳动所有权的产生和归属,又从流通过程确定对私人劳动的所有权会转化为对社会劳动的所有权,突出研究劳动所有权的重要性。通过这种分析,我们发现,马克思创新劳动价值论与古典学派有根本的区别。后者的注意力只集中在价值量的规定上,而马克思则蕴涵着更深的内容,即在突出劳动的社会关系的同时,强调了私人劳动所有权的转换、变换,以及交换在这种变换中的作用:一方面是实现转换,即私人劳动转换为社会劳动;另一方面是实现变换,即将本质关系颠倒表现,劳动的交换变换为物的交换。

在特殊过程的研究中,马克思又说明,一旦这种劳动转变为雇佣劳动,情况就随之发生根本的变化:劳动所有权不再属于工人,而属于资本家。资本家虽然没有劳动,但他也有行为,即占有全部劳动。在《1857—1858年经济学手稿》中,马克思也说过,"工人丧失所有权,而物化劳动拥有对活劳动的所有权,或者说资本占有他人劳动,……这是资产阶级生生产方式的基本条件"。认识这一点非常重要,它表明,正是因为有资本关系,才将经济主体或劳动者原本与劳动所有权的统一彻底分离,演变为对立。列宁根据对资本主义发展历史的研究也发现,"资本主义发展过程,按其纯粹状态来说,确实是从分散的小商品生产者的制度和他们的个人劳动所有制开始的(例如在英

---

① 《马克思恩格斯全集》第46卷下册,人民出版社1980年版,第518页。

国))"。① 不仅分离，而且还使之对立、异化。②

实际上，在经济思想史上，有的资产阶级学者也承认这种情况。例如洛克，就确定劳动有所有权并归属劳动者。他在《政府论》中这样说："虽然土地和一切低等动物归人类共有，但是，人对自己的身体却有排他性的所有权。人的身体所从事的劳动和他的双手所进行的工作，可以说，是正当地属于他自己的。""劳动是劳动者无可争辩的所有物"。他同时也将劳动和劳动产品区分开来："对于掺进了一个人的劳动的东西，除劳动者本人之外就没有别人能够享用它。"显然，劳动者本人可以享用的并非劳动本身，而是指掺进劳动的东西，即劳动产品，不是劳动本身。③ 虽然洛克认为在大私有制拉开序幕后，以劳动所有权为基础的小私有制就被消灭了，但至少他是确认小私有制下劳动者与劳动所有权是统一的。如果说洛克所指的是大私有制以前的情况，那么，詹姆斯·穆勒则承认："当工人为工资而劳动时，资本家就不仅是资本的所有者，而且是劳动的所有者。"④ 这无异于承认马克思的分析是客观的、正确的。

主体当然具有生产者的身份。

如果没有生产，就没有产品，不仅没有东西让主体自己拥有、自己消费，也没有东西交换以满足多方面的需要。任何经济主体一天都不能停止消费，从而不能停止生产。这个主体虽然还是生产资料的所有者，但他总不能直接消费生产资料。没有吃穿，没有生产，生产资料对他还有什么意义？他的生产虽然是独立进行的，但却离不开社会，他的生产虽然是小规模的，但却是社会性的，与自给自足的自然经济中的小生产根本不同，所以生产者不是单纯的劳动者。

---

① 《列宁选集》第1卷，人民出版社1995年版，第45页脚注。

② "工人把自己的生命投入对象；但现在这个生命已不再属于他而属于对象了。因此，这个活动越多，工人就越丧失对象。凡是成为他的劳动产品的东西，就不再是他本身的东西。因此，这个产品越多，他本身的东西就越少。工人在他的产品中的外化，不仅意味着他的劳动成为对象，成为外部的存在，而且意味着他的劳动作为一种异己的东西不依赖于他而在他之外存在，并成为同他对立的独立力量；意味着他给予对象的生命作为敌对的和异己的东西同他相对抗。"（《马克思恩格斯全集》第42卷，人民出版社1979年版，第91—92页）

③ 洛克：《政府论》，引自中国经济网2008年01月22日，http://book.ce.cn/xsly/200711/19/t20071119_13646281.shtml。以下引证的洛克言论皆出于同处。

④ 见《资本论》第1卷，人民出版社1975年版，第210页脚注10。

主体还具有交换者的身份。

主体的交换者身份也很重要，商品是用于交换的劳动产品，不交换就不是商品。一旦到了市场上，所有者就转变为交换者了。如果不以交换者的身份出现在市场上，即使所有者本人就是生产者，他的产品只是用于自己消费的产品，不能转变为商品。交换者有强烈的所有权意识，还有利益意识。对他的来说，所有权不仅要能够保护他的劳动产品，而且要能够使他得以与别人的劳动产品相交换，带来新的效用或收益。这样看来，这个主体虽然是独立的，但他离不开与其他人的关系，他的行为具有社会性。

经济主体的这三种身份是三位一体的，但决定这三种身份的根据却有很大的不同。所有者的身份当然只能由生产资料私有制决定，生产者的身份则由经济过程的内容决定，而交换者的身份只是与经济的商品形式决定。所以，不能忽视这些身份。在主体行为的视阈中，劳动即行为的私有权，以生产资料的私人占有为前提，以劳动产品的私人占有为结果，因此，经济行为作为过程就是要通过这种利用和占有，实现对他人或社会的劳动、他人劳动产品的利用和占有。在《资本论》及其手稿中，马克思在许多地方都论及劳动所有权的重要性。首先，他从一般过程的研究说明："正象自己的劳动实际上是对自然产品的实际占有过程一样，自己的劳动同样也表现为法律上的所有权依据。流通仅仅表明，这种直接占有怎样通过某种社会行动的媒介，使对自己的劳动的所有权变为对社会劳动的所有权。"[①] 他还说："对他人劳动的所有权是通过对自己劳动的所有权取得的。"[②] 这样，既从生产过程确定劳动所有权的产生和归属，又从流通过程确定劳动有所有权会向社会劳动所有权转变，突出研究劳动所有权的重要性。马克思虽然很重视物即劳动产品的研究，但根本目的却是要由此而研究劳动，是要透过物的关系揭示劳动包含的本质关系即个别劳动包含的社会性质，并说明这种本质关系在社会表面颠倒地表现为物之间的关系。

在理论起点表明这三种身份的区别和统一是十分重要的，它与第二、三逻辑阶段的关系密切。我们看到，简单、一般的生产者转变为资本家之后，生产者、所有者、交换者三种身份彼此分开，甚至在不同的意义上对立。资本家拥有生产资料所有权，他不必扮演生产者的角色，但却有许多缺乏生产资料的生

[①] 《马克思恩格斯全集》第46卷下册，人民出版社1980年版，第464页。
[②] 同上书，第518页。

产者依附于他；他不必亲自劳动，而是控制和占有别人的劳动及其产品；他不必亲自到市场上去，但却有人代理他作为交换者。换句话说，他的行为不再是亲自从事劳动，而是控制和占有全部劳动——包括必要劳动和剩余劳动。表面看，必要劳动的所有权是属于工人的，因为从量上看，它创造的价值正好等于工人的劳动力价值，而且资本家也是用这部分劳动创造的价值来支付工人的劳动力价值的，但这并不意味着工人自然地直接地拥有这部分劳动。从内容上，这部分必要劳动也与剩余劳动一样，自始至终都属于资本家。只不过资本家在过了一定时间之后再用他已经实现的价值来发放工资。可见，工人获得劳动力价值与拥有必要劳动的所有权在性质上根本不同，不能混为一谈。至于剩余劳动的所有权，它只属于资本家，并且它还会被积累起来，"对过去无酬劳动的所有权，成为现今以日益扩大的规模占有活的无酬劳动的唯一条件"。① ——随着资本所有者与生产、流通的当事人的分离，直接过程中的生产者不再是经济主体了，资本家倒成了生产当事人；生产当事人（产业资本家）与流通当事人（商业资本家）分离了。

　　理解起点处经济主体的三重身份很有必要，它关系到对整个理论过程的重要规定的变化的理解。在理论的最初，主体作为所有者、生产者、交换者的三种身份是统一的。作为所有者的职能是将这种所有权贯穿他的经济活动的全过程，保持对生产资料、自己劳动的所有权，主张对自己商品的所有权。作为生产者的职能是按自己能力、生产条件以及所要满足的各种需要（包括自己的和社会的需要）制造产品，他要将自己的观念、计划、意志和享受等等都注入他的劳动中，注入他的产品中，就像将纤维和颜色、美感、情感织入织品一样。作为交换者，他要主张自己对产品的所有权，要体现自己的意志和利益，要实现自己个别劳动的社会性质，实现自己的劳动量所凝结的价值量。

　　马克思说明，按照他的科学方法处理思想材料，"凡在对象开始时不是作为过程的前提和条件出现的东西，在过程结束时也不可能出现。但是另一方面，一切作为前提和条件的东西，在过程结束时则必然出现"。② 如果在开始时没有提出这三种身份，在后面就无由阐明它们的分离、独立化和对立。——在《资本论》第三卷，马克思研究的生息资本家和土地所有者、产业资本家、

---

① 《资本论》第 1 卷，人民出版社 1975 年版，第 639 页。
② 《马克思恩格斯全集》第 46 卷下册，人民出版社 1980 年版，第 262 页。

商业资本家，就是这里所说的所有者、生产者、交换者的独立化。

诚然，在第一章第1、2两节，这个主体似乎还没有出场。但是，马克思的著作是艺术的整体，在这里暂时不涉及，并不意味着后面也不出现。我们不能望文生义，而要在全面的内在联系中来把握其中的某种规定。只要了解马克思的行文特点，就可以在第3、4节，特别是第二章中发现所有者和交换者的身份规定。他在第1、2两节先论述生产者，表明他特别突出这种角色。他提到的"一定的生产劳动"，就是经济行为，从事这种生产劳动的人自然就是经济主体。

既然经济主体是所有者，与其他的所有者相对立，彼此承认对方是私有者，① 他当然有起码的生产资料，——只不过在开篇，这是暂时被抽象的，② ——同时又是自己劳动和商品的所有者，换句话说，是各种所有权的人格化。由此观之，他具有一定的经济实力，这是他实施经济活动的最重要条件。如果他没有生产条件的所有权，"他只有得到他人的允许才能劳动，因而只有得到他人的允许才能生存"，③ 不是独立的生产者，当然也谈不上成为独立的交换者了。

这里的经济主体作为生产者是要从事生产活动的，是生产过程的人格化。生产过程是发展的，所以生产者也是有一定发展的，"在我们资本主义社会里，随着劳动需求方向的改变，总有一定部分的人类劳动时而采取缝的形式，时而采取织的形式"。这表明"人类劳动力本身必须已有一定的发展，才能以这种或那种形式耗费"。④ 除了能够变换行为内容外，生产者还必须具有社会平均劳动力的性质。⑤ 他无论是作为一般商品生产者，还是作为特殊商品生产者（"资本家幼虫"⑥），都是独立实施行为的，但总是以与其他生产者的广泛

---

① 《资本论》第1卷，人民出版社1975年版，第102页。
② "如果我们把劳动产品的使用价值抽去，那末也就是把那些使劳动产品成为使用价值的物质组成部分和形式抽去。"（《资本论》第1卷，人民出版社1975年版，第50—51页）所谓"物质组成部分"实际上就是生产资料的另一种表现形式。只是到第五章，马克思才将生产资料结合进研究过程。
③ 《哥达纲领批判》，《马克思恩格斯选集》第3卷，人民出版社1995年版，第298页。
④ 《资本论》第1卷，人民出版社1975年版，第57页。
⑤ 同上书，第52页。
⑥ 同上书，第189页。

联系为前提,是社会分工中的一个分子。

　　经济主体作为交换者,扮演的经济角色是物的人格化,是有自己的意志体现在生产品中的人。这种意志就是要占有别人的商品(包含其中的生产资料和劳动)。因此,交换必定有其他的交换者存在,并彼此发生关系,这是一种反映着经济关系的意志关系。在交换中,每一方都必须符合另一方的意志,所以交换是实现双方共同一致的意志行为。① 显然,这种行为不是单方面的,只能共同实施,并且不能完全是利己的,必须互利,才有可能成立。所以,他并不是西方资产阶级学者经常挂在嘴边的那种完全利己的"经济人"②。在简单、一般的商品生产中,一般说,交换者在能够交换之前,除了是所有者外,还是生产者,一般都比较了解生产自己的产品耗费了多少劳动,并且都大体了解要交换的产品所耗费的劳动时间。③ 但这并不意味着这些交换者都有百科全书般的商品知识,也不意味着他们都具有完全的理性。

　　这里考察的是简单的商品生产,所以经济主体是个别行为的,其人格化也只是个别的人格化。随着研究范围的扩大,经济主体社会性质及行为的变化,所考察的就是整体的人格化。

---

① 《资本论》第1卷,人民出版社1975年版,第102页。
② 斯密的思想长期受到西方学者的任意曲解。详见朱绍文:《国富论》中"经济人"的属性及其品德问题。(王振中主编:《中国经济学百年经典》下卷,广东经济出版社2005年版)
③ 参看恩格斯"《资本论》第三卷增补"的解释。(《资本论》第3卷,人民出版社1975年版,第1016—1018页)

第四章　生产行为

现在我们先来梳理马克思关于经济主体的主要行为即生产者的生产行为的主要论述。

在马克思看来，生产活动是经济主体最重要的实践活动。作为主观见之于客观的东西，它是人的本质力量的发挥，是有意识的，包含有发展观、价值观、财富观等各种观念，① 是理性的；同时，在长期的实施过程中，它也因为习惯和惰性、盲目和贪婪而产生非理性的成分。

在资本主义起点，"就劳动过程是纯粹个人的劳动过程来说，同一劳动者是把后来彼此分离开来的一切职能结合在一起的。当他为了自己的生活目的对自然物实行个人占有时，他是自己支配自己的。……单个人如果不在自己的头脑的支配下使自己的肌肉活动起来，就不能对自然发生作用。正如在自然机体中头和手组成一体一样，劳动过程把脑力劳动和体力劳动结合在一起了"。② 即使是这样，他也离不开社会过程。所以，他是自己支配自己，又受他人的支配。当然，从纯粹个人的过程来说，社会的支配是潜在的。但是，一旦他意识

---

① 这些个人所产生的观念，是关于他们同自然界的关系，或者是关于他们之间的关系，或者是关于他们自己的肉体组织的观念。显然，在这几种情况下，这些观念都是他们的现实关系和活动、他们的生产、他们的交往、他们的社会政治组织的有意识的表现（不管这种表现是真实的还是虚幻的）。（《马克思恩格斯全集》第3卷，人民出版社1979年版，第29页脚注）

② 《资本论》第1卷，人民出版社1975年版，第555—556页。

到生产活动是连续的,他就会深刻地感受到他人的支配。例如,在市场上的交换受挫,没有实现"惊险的跳跃",他就被摔坏了。

按照马克思的科学方法:"劳动过程首先要撇开各种特定的社会形式来加以考察"。① 就是说,先考察一般的劳动过程。换句话说,暂时撇开特殊社会形态,先考察一般的社会形态。

他还说明:"如果整个过程从其结果的角度,从产品的角度加以考察,那末劳动资料和劳动对象表现为生产资料,劳动本身则表现为生产劳动。"② 显然,生产劳动是要紧密联系生产资料的。纵观马克思对生产活动即劳动的考察,开篇头章先暂时撇开劳动条件,③ 专门分析劳动的一般社会性质,在第五章再先后将劳动条件结合进来统一分析劳动和生产劳动。这样分析正好体现了从简单到复杂的上升。

第一节 生产行为的一般社会属性

劳动是一种生产活动,是人类特有的行为,它绝不可能是单独进行的,要在一定的社会关系中才能进行。"我们愈往前追溯历史,个人,也就是进行生产的个人,就显得愈不独立,愈从属于一个更大的整体……人是最名符其实的社会动物,不仅是一种合群的动物,而且是只有在社会中才能独立的动物。"④ 所以,马克思又称人的劳动是"人的类本质"。在还没有区分劳动的社会等同性与社会有用性之前,马克思已经阐明,"通过实践创造对象世界,即改造无机界,证明了人是有意识的类存在物,也就是这样一种存在物,它把类看作自己的本质,或者说把自身看作类存在物"。⑤ "正是在改造对象世界中,人才真正地证明自己是类存在物。这种生产是人的能动的类生活"。⑥ 显然,《资本论》中的"一般的人类劳动"与《1844年经济学哲学手稿》中的"类生活"

---

① 《资本论》第1卷,人民出版社1975年版,第201页。
② 同上书,第205页。
③ 同上书,第50—51页。
④ 《马克思恩格斯全集》第46卷上册,人民出版社1979年版,第21页。
⑤ 《马克思恩格斯全集》第42卷,人民出版社1980年版,第96页。
⑥ 同上书,第97页。

是一脉相承的。这也表明，这种劳动具有社会性。在任何社会状态下，劳动都离不开社会，劳动是人的类本质。但这种劳动又不是"人猿相揖别"①之初人的劳动，而是资本主义社会已有一定的发展和变换的劳动。②

《资本论》起点是从单个商品开始研究的，所以这里的有用劳动是"独立的互不依赖的私人劳动"，既是独立进行的，又是私人性的。这是由他劳动的自然制约性和社会制约性决定的。有用劳动的进行要依赖一定的物质条件。"劳动首先是人和自然之间的过程，是人以自身的活动来引起、调整和控制人和自然之间的物质变换的过程。"③ "在劳动过程中，人的活动借助劳动资料使劳动对象发生预定的变化。"④ 劳动不仅要依赖于一定的劳动资料和劳动对象，还要依赖于一定的天然存在的物质基质，要经常要依靠自然力帮助。"撇开社会生产的不同发展程度不说，劳动生产率是同自然条件相联系的。这些自然条件都可以归结为人本身的自然（如人种等等）和人的周围的自然。外界自然条件在经济上可以分为两大类：生活资料的自然富源，例如土壤的肥力，渔产丰富的水等等；劳动资料的自然富源，如奔腾的瀑布、可以航行的河流、森林、金属、煤炭等等。在文化初期，第一类自然富源具有决定性的意义；在较高的发展阶段，第二类自然富源具有决定性的意义。"⑤ 在包含资本主义社会在内相当长的历史阶段中，劳动资料和劳动对象甚至一定的天然的物质基质都是私人所有的。这是不言而喻的。不同的主体所拥有的生产条件的数量和品质各不相同，但在资本主义社会的起点，它们的差别并不会太大，所以马克思可以将经济主体所拥有的生产资料和自然条件的差别"平均"化，假定所考察的简单商品是同一时代大体相同的生产条件下生产出来的"平均样品"⑥。换言之，在这个场合，马克思按照他的辩证方法，是暂时将这种差别暂时撇开的。

---

① 毛泽东：《贺新郎·读史》（1964年春）。
② "一看就知道，在我们资本主义社会里，随着劳动需求方向的改变，总有一定部分的人类劳动时而采取缝的形式，时而采取织的形式。劳动形式发生这种变换时不可能没有摩擦，但这种变换是必定要发生的。"（《资本论》第1卷，人民出版社1975年版，第57页）
③ 《资本论》第1卷，人民出版社1975年版，第202页
④ 同上书，第205页。
⑤ 同上书，第560页。
⑥ 同上书，第52页。

第四章 生产行为

　　这种生产劳动还以各个生产者之间的社会分工为前提。它不是"由于天赋（例如体力）、需要、偶然性等等而'自发地'或'自然地产生的'分工，只是从物质劳动和精神劳动分离的时候起才开始成为真实的分工"①。——显然，这种"真实的分工"，与原始社会存在的"自然产生的"分工不同，也与未来共产主义社会仍然存在的、由天赋（例如体力）、需要、偶然性等等而"自发地产生的分工"分工不同，——它"以生产资料分散在许多互不依赖的商品生产者中间为前提"②。众多生产劳动是同时发生的，但它们有质的区别，"各种有用劳动的这种质的区别，发展成一个多支的体系，发展成社会分工"③，按其同质性和不同质性分类为不同的属、种、科、亚种、变种等，形成社会分工的体系。换句话说，各种同质的有用劳动社会分工形成一定的有用劳动或经济行为体系。可见，马克思是将社会分工看成一定的结构，并且这个结构还显出层次：有大的结构（"属"的结构）和中的、小的结构（"种"、"科"的结构），各个结构中的各个分支或组成部分同时并存，它们之间必定存在着一定的比例关系。这样，不仅各种生产之间要有比例，而且要符合社会需要。但它们彼此既非同质，也非等分，"每一个商品生产者都必须生产一种使用价值，即满足一种特殊的社会需要，而这种需要的范围在量上是不同的，一种内在联系把各种不同的需要量连结成一个自然的体系"。④ 当然，由于这里是从单个商品开始而研究单个生产者的行为，所以还没有必要提出这些比较复杂的规定，不过，这种社会分工的分析，潜在地包含着后来才发展起来的复杂规定的萌芽，这是必须意识到的。至少要领悟到这里包含着结构和比例的思想，而且与社会有用性的规定相联系，还包含着社会需要及其结构比例关系的思想。这种思想是其科学发展观的重要内容之一。

　　如果说，私有制使各个生产者彼此分开，独立进行活动，那么，社会分工则把他们的活动、行为联系起来，它"把自己的'分散的肢体'表现为分工体系的社会生产机体，它的量的构成，也像它的质的构成一样，是自发地偶然地形成的。所以我们的商品所有者发现：分工使他们成为独立的私人生产者，同时又使社会生产过程以及他们在这个过程中的关系不受他们自己支配；人与

---

① 《马克思恩格斯全集》第3卷，人民出版社1962年版，第35页。
② 《资本论》第1卷，人民出版社1975年版，第393页。
③ 同上书，第56页。
④ 同上书，第394页。

人的互相独立为物与物的全面依赖的体系所补充"①。

在私有制的社会中，生产资料私有制和社会分工成了商品生产存在的基本条件。

劳动总是联系到它的有用效果来考察的，所以这种劳动是一种有用劳动。但是，这种有用性是对别的主体而言的，所以是社会有用性，但要证明这种特性，必须通过交换。所以，这种有用性是间接的。

直接地看，有用劳动是不以社会形式为转移的人类生存条件，这样看，它具有一般性。但是，正如使用价值②一样，它在进入政治经济学的研究范围，是与交换紧密联系的。因此，作为简单的和一般的经济行为，它应该具有特殊性，即特指资本主义社会的社会有用劳动。

生产劳动当然有一定的操作方式，即要与一定的劳动生产力紧密联系，从而与一定的生产条件相联系，"一般说来，劳动过程只要稍有一点发展，就已经需要经过加工的劳动资料"。③ 一旦与特定的劳动资料和劳动对象相联系，生产劳动就有了一定发展水平的劳动生产率。一定的劳动生产率并非个人决定的，它的形成和发展是个社会历史过程。

劳动生产力④是由多种情况决定的，"其中包括：工人的平均熟练程度，科学的发展水平和它在工艺上应用的程度，生产过程的社会结合，生产资料的规模和效能，以及自然条件"。⑤ 显然，这里的论述涉及劳动的主体条件和客观条件，包括生产的物质、社会、自然条件，甚至还有科学。在私有制的社会中，这些条件都是有所有者的，这就意味着生产者是在一定的所有制关系中进行生产的。

这些条件的变化，都意味着劳动者除了必须与拥有这些条件的所有者发生关系，还要同其他劳动者发生直接、间接的社会联系。因为这些条件各有不同的发展程度，所以要平均。

---

① 《资本论》第1卷，人民出版社1975年版，第126页。

② 马克思说："商品的使用价值为商品学这门学科提供材料。"（《资本论》第1卷，人民出版社1975年版，第48页）

③ 《资本论》第1卷，人民出版社1975年版，第204页。

④ 由于在这个场合还没有提出劳动生产率的概念，所以马克思用"劳动生产力"的概念。

⑤ 《资本论》第1卷，人民出版社1975年版，第53页。

马克思还说明，生产劳动要以一定的劳动生产率为前提。他区分了绝对的和相对的劳动生产率："如果一个工作日只够维持一个劳动者的生活，也就是说，只够把他的劳动能力再生产出来，那末，绝对地说，这一劳动是生产的，因为它能够再生产即不断补偿它所消费的价值（这个价值额等于它自己的劳动能力的价值）"。① 马克思把这种极其低下的劳动生产率称为绝对劳动生产率。如果"工人不仅补偿原有价值，而且创造新价值；他在自己的产品中物化的劳动时间，比维持他作为一个工人生存所需的产品中物化的劳动时间要多"②，那就是相对劳动生产率。其中说的虽然是工人，如果不涉及资本关系，也就是一般的生产者。要达到这种相对的劳动生产率，非依赖有一定发展程度的生产资料不可。

在《资本论》中，马克思并没有在一开始论述有用劳动时就提出相对劳动生产率，为了纯粹地研究劳动，他先将产品的使用价值抽去，从而"把那些使劳动产品成为使用价值的物质组成部分和形式抽去"③，当然也就把生产资料也暂时撇开了。但是，在论述生产劳动的场合，即使是简单生产劳动，生产资料就作为生产劳动的一项重要内容回归研究过程了。不过，他也不是在这个场合就提出相对劳动生产率，而是在论述完绝对剩余价值和相对剩余价值的生产之后才提出，并且还说明，这种相对劳动生产率是早就存在的，"是几十万年历史的恩惠"，④ 可见，它是一个一般的范畴。同时，他还说明，这种社会劳动生产力是"历史地发展起来的"⑤。这也表明，在一般的经济发展过程中，已经包含着从绝对劳动生产率向相对劳动生产率转变的条件，从而产生了形成剩余劳动的条件。换句话说，在产生剥削制度以前，已经形成了相对劳动生产率，生产者已经有了超过必要劳动时间并可供自己支配的剩余劳动时间，只不过"相对的"水平不高，剩余劳动时间也不多。⑥ 如果没有这种剩余劳

---

① 《马克思恩格斯全集》第 26 卷第 1 册，人民出版社 1972 年版，第 143 页
② 同上书。
③ 《资本论》第 1 卷，人民出版社 1975 年版，第 51 页。
④ 同上书，560 页。
⑤ 同上书，563 页。
⑥ "以前，亚麻分散在许多小生产者之间，他们自己种植亚麻，并和家人一道小量地进行纺织；现在，它积聚在一个资本家手中，他叫别人为自己纺织。消耗在纺亚麻上的额外劳动以前体现为无数农民家庭的额外收入"。（《资本论》第 1 卷，人民出版社 1975 年版，第 814 页）可见，在资本主义以前，小生产也有额外收入。这显然是有相对劳动生产率的结果。

动，就不可能有剩余产品出现，也不可能有较大规模的交换。可以说，剩余劳动"是几十万年历史的恩惠"，是"历史地发展起来的"，和必要劳动一样，也是个一般范畴。马克思在揭示这种一般规定之后还说，资产阶级学者已经发现了这种一般规定，但他们有意将它与特殊规定混为一谈。

由于人们不善于系统地理解马克思的理论，不很重视马克思关于主体行为的论述，当然会忽视主体行为的效率或生产力，以至于没有将它与生产劳动联系起来。但是必须看到，这样联系的理论意义十分重大，它涉及理论的发展和转型。①

总的看来，小生产者的生产行为具有社会有用性、特殊性、私有性、物质依赖性，是社会分工的组成部分或其体系中的一支，受价值规律的控制等等。

第二节 劳动

不言而喻，关于劳动的研究是劳动价值论的重要内容。但是，人们在涉及劳动规定的时候，往往或大都偏重劳动与价值的关系，而忽视《资本论》关于劳动的论述。有学者指出，这主要是因为研究的基点是在经济形式上而不是在经济内容上，忽视了劳动这一社会经济生活的实质内容。② 他的论断提醒我们，经济内容与经济形式都不能忽视，它们实际上是形影不离的。所谓的经济形式，指的是商品生产这种形式；所谓的内容，指的则是像工业生产这样的实际过程。看来，指出这种偏颇是很有必要的，克服这种偏颇也是很有必要的。综观《资本论》关于劳动的研究，无论是在与价值的关系方面，还是就它与所有权的关系方面，都是贯穿全三卷的，内容非常丰富。它包含着经济形式方面的研究，也包含着经济内容方面的研究。

---

① 这样联系相对劳动生产率具有十分重大的理论意义，它是阐明价值规律转型为剩余价值规律的关键，只是因为它的存在和提高，工人的劳动才可能分为必要劳动和剩余劳动两个部分，资本主义生产关系才有可能将后者生产的剩余价值据为己有。这也意味着由于联系相对劳动生产率，价值规律才发生转型，只有转型了的价值规律，才能够说明剩余价值的产生。人们通常没有意识到，价值规律是会变化的，更没有意识到，李嘉图就是企图用简单商品生产的价值规律来直接解释剩余价值产生，才导致其理论破产的。

② 钱津：《劳动论》，社会科学出版社2005年版，第22、23页。

第四章 生产行为

关于劳动，从经济内容方面看，很早就是马克思十分重视并有深入研究的。

在《1844年经济学哲学手稿》中，马克思已经对劳动有比较深入的研究。他通过与动物活动的比较，说明："人的生产是全面的；……人甚至不受肉体需要的支配也进行生产，并且只有不受这种需要的支配时才进行真正的生产；……人再生产整个自然界；……人则自由地对待自己的产品。……人却懂得按照任何一个种的尺度来进行生产，并且懂得怎样处处都把内在的尺度运用到对象上去；因此，人也按照美的规律来建造。"① 这样将人类劳动与动物活动相比较，而且没有与交换相联系，因为抽去了人与人之间的劳动能力、实力的差异，最能体现人类劳动的最重要规定。其中最值得注意的是生产的全面性，这意味需要的全面性，即人的生产可能超出自己肉体的需要，包含自己精神的需要，除了现时的需要外，还有长期的需要，还包含他人的或社会的多方面需要。同时也意味着这种生产不仅有种类的全面性，而且有尺度的全面性，并且有美的规律的全面性。此外，人的生产还有自由性，不仅能自由地对待自己的产品，自由地按照任何一个种的尺度来进行生产，这是掌握了必然的自由。不仅如此，它还是全面地掌握了美的规律，《1844年经济学哲学手稿》揭示的这些劳动特征，主要是相对于动物的活动或某种"劳动"而提出的。在《资本论》中还进一步指出，这样的生产活动，可以使生产者主体"把劳动当作他自己体力和智力的活动来享受"②。对一切生产者来说，这些都是普遍适用的，因而具有一般性。它们不仅高于动物，而且还相对成熟，所以才是"全面的"、"自由的"。——当然，在那个时候马克思是研究劳动一般，还没有涉及"私人劳动的二重社会性质"的分析。——这些一般性特征在资本主义社会必然会在资本运动典型化、成熟化的过程中特殊化，有的是进一步发展了，有的则因为主体的分化而变型了。对生产者主体来说，全面性与自由性的统一被破坏了，两者背离了。既然它是按照事物发展的辩证法被否定的，那么，它也会在发展到一定的时候再次被否定。所以，了解这些特征是很有意义的。

在《资本论》中，马克思对劳动的实际内容也有详细的论述。这是一定

---

① 《马克思恩格斯全集》第42卷，人民出版社1979年版，第96—97页。
② 《资本论》第1卷，人民出版社1975年版，第202页。

主体实施的行为，但主体的经济活动必须借助一定的资料和对象进行，所以其中包含有主体和客体的关系。

关于有用劳动，马克思的论述很全面。

马克思说："人本身单纯作为劳动力的存在来看，也是自然对象，是物，不过是活的有意识的物，而劳动本身则是这种力的物质表现。"① 按照他的说明，劳动力是"活的人体中存在的、每当人生产某种使用价值时就运用的体力和智力的总和"②。有用劳动当然是由劳动者实施或提供的，"就劳动过程是纯粹个人的劳动过程来说，同一劳动者是把后来彼此分离开来的一切职能结合在一起的。……单个人如果不在自己的头脑的支配下使自己的肌肉活动起来，就不能对自然发生作用。正如在自然机体中头和手组成一体一样，劳动过程把脑力劳动和体力劳动结合在一起了"。③ 正因为有使用脑力，劳动者的劳动才会产生一定的观念。可见，这种力包含体力和智力。显然，智力的支出比体力支出复杂得多。

有用劳动是人与自然之间的物质变换，"当他通过这种运动作用于他身外的自然并改变自然时，也就同时改变他自身的自然。他使自身的自然中沉睡着的潜力发挥出来，并且使这种力的活动受他自己控制"。④ 可见，这种"自然"并非完全外在于生产者的，还包含着他自身的自然。这是他的劳动力的发挥，因此是可控的、自控的。对不同的生产者来说，这种"自身的自然"当然有差别，有的素质复杂些，有的简单些。它的控制与劳动的所有权有直接关系，当劳动属于劳动者本人，是自己控制，当劳动属于资本家，则是由资本家控制。

有用劳动之所以有用，因为它以满足一定的需要为目的。这种目的构成了行为主体的观念，"劳动过程结束时得到的结果，在这个过程开始时就已经在劳动者的表象中存在着，即已经观念地存在着。"只有主体才有观念，才能建立这种"实践的观念模型"⑤，表现为货币和生产资料的资本绝不可能有这种

---

① 《资本论》第1卷，人民出版社1975年版，第228—229页。
② 同上书，第190页。
③ 同上书，第555页。
④ 同上书，第202页。
⑤ 参看商英伟、徐梦秋主编：《主体论——从马克思到毛泽东》，厦门大学出版社1995年版，第59页。

事前存在的观念。主体"不仅使自然物发生形式变化,同时他还在自然物中实现自己的目的,这个目的是他所知道的,是作为规律决定着他的活动的方式和方法的,他必须使他的意志服从这个目的"①。这种观念还包括行为过程及结果的一种特殊评价:美。马克思在《1844年经济学—哲学手稿》中说过,人"懂得按照任何一个种的尺度来进行生产,并且懂得怎样处处都把内在的尺度运用到对象上去;……按照美的规律来建造"②。

可见,这个目的作为"观念"对行为的影响巨大,决定着他的行为方式方法、锻炼着他的意志。马克思突出主体及其观念,这是对资产阶级学者的批判和超越。正因为在这里提出了主体观念,后来才能进一步论述剩余价值转化为利润。

马克思的分析说明,主体行为不仅依赖于一定的观念,包括一定的行为目的、计划,还有服从目的的意志,即作为注意力表现出来的有目的的意志。与此相联系,他还认为,在一定的条件下,劳动者会"把劳动当作他自己体力和智力的活动来享受"③。可见,行为的目的中还包含着"享受"。享受不仅是一种目的,同时也是一种价值、一种心理。这种意志、需要、价值、心理,就构成行为主体的行为动机。④

生产者的观念、目的、价值、心理,构成了他的个性因素。这是不能忽视的,虽然他们后来分化了,但这些个性因素并没有因为分化而消失。

劳动绝不是简单的生产动作,动作⑤是简单的行动或活动要素,只有一系列有一定意义的动作组合构成行动或活动,才构成生产行为,或者说是一系列的工序。不言而喻,生产者要进行生产,必须合理地安排这些动作或工序。对此,马克思是在分析商品拜物教原因的时候通过分析鲁滨逊劳动时说明

---

① 《资本论》第1卷,人民出版社1975年版,第202页。
② 《马克思恩格斯全集》第42卷,人民出版社1979年版,第97页。
③ 《资本论》第1卷,人民出版社1975年版,第202页。
④ 行为是人的生理、心理因素和社会文化因素经参照系数指引、酿成足够强度的动机而引发的,并产生某种影响和结果的社会实践活动。见刘因瑞:《行为科学基础》,复旦大学出版社1989年版,第19页。
⑤ 弗兰克·吉尔布雷斯夫妇将人的动作分解为17种基本的动作,称为基本动作元素,如寻找、选择、抓取、持握等。工人的行动就是这些动作的组合,这些组合构成有一定意义的活动或行动。(黄淳、何伟:《信息经济学》,经济科学出版社1988年版,第36页)

的，——撇开这是一种虚构不说，就《鲁滨逊漂流记》所描写的情况，他在漂流到孤岛上之后一个相当长的时间内，都是个人进行生产的。——"他终究要满足各种需要，因而要从事各种有用劳动，……需要本身迫使他精确地分配自己执行各种职能的时间。在他的全部活动中，这种或那种职能所占比重的大小，取决于他为取得预期效果所要克服的困难的大小。经验告诉他这些，而我们这位从破船上抢救出表、账簿、墨水和笔的鲁滨逊，马上就作为一个道地的英国人开始记起账来。"① 马克思说明，在存在着多种劳动职能的情况下，不仅要有一定的预期，还必须合理地、有计划地分配各种职能。

在第二节阐述的有用劳动，还与一定的"目的、操作方式、对象、手段和结果"② 相联系。虽然在开头处马克思没有具体阐述，但到后面就都一一说明了。这实际上是在说明经济行为的重要规定。

关于劳动的经济形式的考察，主要围绕抽象劳动及其表现而展开。

所谓的经济形式规定，马克思主要是指单个生产过程以外发生的交换关系，是"由价值流通引起的经济的形式规定性"③，抽象劳动的确是交换关系的产物。马克思主要是从其同质性及与价值的关系来阐述的。

为了比较单纯地考察价值实体，马克思先考察主体的行为本身，把劳动资料和劳动对象暂时撇开："把劳动产品的使用价值抽去，那末也就是把那些使劳动产品成为使用价值的物质组成部分和形式抽去。……随着劳动产品的有用性质的消失，体现在劳动产品中的各种劳动的有用性质也消失了，因而这些劳动的各种具体形式也消失了。"④ 这意味着同时也将进行具体形式劳动的必要条件也暂时抽去了，所以这种劳动是极其抽象的。这是比较单纯地考察劳动。

马克思发现，在资本主义社会里，随着劳动的需求方向的改变，生产者的劳动经常变换形式。只有经常变换，才能形成同一的东西。它有不同的复杂程度，但经验表明，它会经常在生产者背后由社会过程进行简化，简化为一般的社会平均劳动。

劳动之所以要抽象，因为在交换要比较。如果没有发生交换，就没有必要、也不可能抽象，所以交换过程就是劳动的抽象、抽象劳动形成的过程。显

---

① 《资本论》第1卷，人民出版社1975年版，第93页。
② 同上书，第55页。
③ 同上书，第180页。
④ 同上书，第50—51页。

然，这是与劳动的自然形式不同的，是不可直接考察的，是要在交换中、在间接的关系中才能析出的，所以是劳动的间接性规定。在比较中抽象或形成的抽象劳动实际上是一种凝结了的东西，它不能直接地表现和计量，因此必定要找到一种表现它的东西，并最后确定下来，这就是价值性质的物的形式。

劳动即劳动力的"使用价值本身具有成为价值源泉的特殊属性，因此，它的实际使用本身就是劳动的物化，从而是价值的创造"①。这种物化，就是劳动的凝结。它当然要有凝结的载体，即劳动对象："在劳动过程中，劳动不断由动的形式转为存在形式，由运动形式转为物质形式。一小时终了时，纺纱运动就表现为一定量的棉纱，于是一定量的劳动，即一个劳动小时，物化在棉花中。我们说劳动小时，就是纺纱工人的生命力在一小时内的耗费"②。劳动者的"劳动是一般的抽象的社会劳动；他加进一定的价值量，……因为他的劳动持续了一定的时间"③。马克思还特别说明，因为这种劳动是抽象的一般的人类劳动，所以指的是简单的、社会平均劳动。比社会平均劳动较高级较复杂的劳动，是这样一种劳动力的表现，这种劳动力比普通劳动力需要较高的教育费用和经验的积累，它的生产要花费较多的劳动时间，因此它具有较高的价值。既然这种劳动力的价值较高，它也就表现为较高级的劳动，也就在同样长的时间内物化为较多的价值。④

关于劳动的私有性，前面已经论证过，这里无需赘言。

第三节 生产劳动

马克思说："如果整个过程从其结果的角度，从产品的角度加以考察，那末劳动资料和劳动对象表现为生产资料，劳动本身则表现为生产劳动。"⑤ 可见，结合生产资料及其结果来考察的劳动，就是生产劳动。

---

① 《资本论》第 1 卷，人民出版社 1975 年版，第 190 页。
② 同上书，第 214 页。
③ 同上书，第 226 页。
④ 同上书，第 222 页。
⑤ 马克思在这里特别说，这是"从简单劳动过程的观点得出的生产劳动的定义"。（《资本论》第 1 卷，人民出版社 1975 年版，第 205 页）

生产劳动是在生产过程中实施的，它和生产一样，都包含有多样性规定。马克思说："生产的一切时代有某些共同标志，共同规定。生产一般是一个抽象，但是只要它真正把共同点提出来，定下来，免得我们重覆，它就是一个合理的抽象。不过，这个一般，或者说，经过比较而抽出来的共同点，本身就是有许多组成部分的、分别有不同规定的东西。其中有些属于一切时代，另一些是几个时代共有的，[有些]规定是最新时代和最古时代共有的。没有它们，任何生产都无从设想。"① 在这里，我们更感兴趣的，是几个时代共有的、资本主义时代特有的规定。

即使在资本主义起点，尽管生产劳动过程是独立进行的，是"个人的过程"，但其实质则是在相互联系中进行的"社会的过程"②，只不过个人的过程是显性的，社会的过程是隐性的。离开社会，任何生产劳动都不可能进行。马克思虽然没有一开始就联系社会过程来论述生产劳动，但却是以它的存在为前提。所以，不要因为他在研究交换时才明确提出"社会的过程"就简单地以为生产没有涉及"社会的过程"，也不要以为他在前面没有明确谈到就以为这种背景不存在。实际上，在第1、2节，他都以特有的方式联系社会的过程。不言而喻，社会必要劳动时间的形成和变化、单个商品价值量的变化都与劳动生产力变化有关系，劳动生产力的变化当然离不开社会过程。离开了生产的社会过程，个人的过程就是不可能实施的。

所谓生产的社会过程，在理论过程的起点，就像交换的"社会的过程"一样，指的是过程的社会性，即任何个别进行的生产都离不开社会，并且受社会生产及其借以进行的各种关系的发展水平的约束。马克思举例说，即使是漂泊到孤岛上的鲁滨逊，一旦从破船上抢救出表、账簿、墨水和笔，就马上作为一个道地的英国人开始记起账来。可见，他在本质上是"已经内在地具有社会力量的文明人"③他的生产包含有社会因素，其生产能力甚至要超过中世纪的人。他虽然没有与别的生产者发生关系，但他的账本"记载着他所有的各种使用物品，生产这些物品所必需的各种活动，最后还记载着他制造这种一定量的产品平均耗费的劳动时间。鲁滨逊和构成他自己创造的财富的物之间的

---

① 《马克思恩格斯全集》第46卷上册，人民出版社1979年版，第22页。
② 马克思将交换区分为个人过程和社会过程（见《资本论》第1卷，人民出版社1975年版，第104页），同样的道理，生产也是两种过程的统一。
③ 《马克思恩格斯全集》第46卷上册，人民出版社1979年版，第221页。

全部关系在这里是如此简单明了,……但是,价值的一切本质上的规定都包含在这里了"①。显然,从破船上抢救出来东西,实际上是别的生产者早先生产的。而生产各种使用物品所需要的各种劳动之间的关系,也就相当于商品经济条件下由价值体现的社会关系。

虽然这种"社会的过程"是隐性的,但在考察"个人的过程"时却不能忽视它的存在和影响,所以这里也应该以它为背景来考察"个人的过程",正是这种社会的过程使个人的过程具有社会性质。

因为有这样的背景,单个主体的生产劳动就具"二重表现形式"②:有用劳动和抽象劳动,前者是异质的,后者是同质的。因为异质,所以要相互依存,否则就不能存在;因为同质,所以能够依存,形成社会关系、社会过程。

在开篇,马克思在分析商品的第一形态变化即"惊险的跳跃"时说明了多种情况可能引起跳跃不成功,其中谈到几种情况:其一,"商品可能是一种新的劳动方式的产品,它声称要去满足一种新的产生的需要,或者想靠它去唤起一种需要"。③ 可见,即使在那个经济时代,也有一些经济主体不甘于故步自封,行为也有创新性和差异性,敢于采用新的劳动方式,表明主体行为方式已经转换,不再偏好、固守旧的劳动方式。其二,他还说明,"一种特殊的劳动操作,昨天还是同一个商品生产者许多职能中的一种职能,今天就可能脱离这种联系,独立起来,从而把它的局部产品当作独立商品送到市场上去。……某种产品今天满足一种社会需要,明天就可能全部地或部分地被一种类似的产品排挤掉"。④ 所谓的"劳动操作"实际上是一种职能或工序,可见,这里的论述已经涉及了行为职能的分化和独立化。其三,在原有职能分蘖的同时,还有的劳动生产了类似的产品,替代了原有的产品。这意味着劳动具有转换性,一种劳动或行为替代、转换成另一种劳动或行为,一种产品替代或转换为另一种产品。这种转换还有更深刻的意义,它表明主体已经初步具备了行为转换能

---

① 《资本论》第1卷,人民出版社1975年版,第94页。

② "必须把商品归结为具有二重形式的劳动:它一方面作为具体劳动表现在商品的使用价值中,另一方面作为社会必要劳动以交换价值的形式被计算。"这说明,"劳动二重性"指的是"二重形式"。(《马克思恩格斯全集》第49卷,人民出版社1982年,第51页)

③ 《资本论》第1卷,人民出版社1975年版,第125页。

④ 同上。

力。当然，这种能力是在频繁的商品交换中形成的。

马克思考察价值的生产、价值规律以假定这个产品是"平均样品"为前提，这不仅将生产条件的差别暂时撇开，而且将社会需要量也暂时撇开了。但是，他并没有忽视这个量的规定，他在第三卷中说："说商品有使用价值，无非就是说它能满足某种社会需要。当我们只是说到单个商品时，我们可以假定，存在着对这种特定商品的需要，——它的量已经包含在它的价格中，——而用不着进一步考察这个有待满足的需要的量。"① 这是对开篇阐述价值规律的一个很好的注释。商品量是由劳动量决定的，说的虽然是商品量，实际上也表明，生产劳动有量的规定。在假定这个产品是"平均样品"的条件下，可以说这种产品与其他同种产品没有什么区别，并且符合社会需要总量的规定。

进一步看，这种总量规定不仅是指生产一种商品的劳动，而且也是指不同种劳动的关系。既然有用劳动只是社会分工的一个分支，那么各个分支之间就存在着一种内在的关系："每一个商品生产者都必须生产一种使用价值，即满足一种特殊的社会需要，而这种需要的范围在量上是不同的，一种内在联系把各种不同的需要量连结成一个自然的体系"。② 换句话说，各种劳动在相互依存的基础上形成一定的结构、一定的内在比例性。

如果动态地看，生产劳动的社会过程就更明显了。生产劳动依赖于一定的劳动生产力，而劳动生产力是经常变化的，由是，它必然显出不同的形态结构：熟练劳动与不熟练劳动的区别、复杂劳动与简单劳动的区别。由于存在着差别，各种劳动就不能孤立地考察，并且有必要比较或通约化简。熟练程度的高低当然只能在同种劳动中进行比较，并且未必与劳动生产力的其他种情况相关。与此不同，复杂劳动与简单劳动的区别却不限于同种劳动：一方面，它表现在不同的行业中，体现在不同种劳动中。另一方面，生产同一种商品的劳动可以使用不同的生产资料，有不同的科学发展水平及其在工艺上的应用程度、生产过程的社会结合、生产资料的规模和效能、自然条件，它们在提高劳动生产力的同时，必然影响到同一劳动的复杂程度。例如，手工劳动和使用机器生产同一种物品的复杂程度肯定是不同的。

关于社会必要劳动时间的规定，马克思一方面说明不同的劳动熟练程度必

---

① 《资本论》第3卷，人民出版社1975年版，第206页。
② 《资本论》第1卷，人民出版社1975年版，第394页。

须"社会平均";另一方面又说明社会必要劳动时间实际上是关于抽象劳动的规定,这种抽象劳动指的又是简单劳动,是"每个没有任何专长的普通人的机体平均具有的简单劳动力的耗费"①。可见,复杂劳动是简化为简单劳动,是以简单劳动为基准,而不是两者平均。

关于生产劳动的个人过程,主要是从有用性方面看的。

有用劳动必然要涉及生产资料及其变化,导致生产力的变化,其中包含生产者自身的变化和对象的变化。当劳动者"身上的自然力——臂和腿、头和手运动……作用于他身外的自然并改变自然时,也就同时改变他自身的自然。他使自身的自然中沉睡着的潜力发挥出来,并且使这种力的活动受他自己控制"②。这种主体的变化是不可忽视的,这意味着生产者作为经济主体是会随着生产过程的发展而发展的。在后面我们将会看到,马克思说明,后来经济主体分裂为直接劳动者和资本家,他们都直接或间接地全面发展了。

生产劳动要借助于工具作用于劳动对象,因此,除了生产者自身的各种职能要互相协调外,还要配置好供他使用的各种生产资料。活劳动抓住这些东西,使它们由死复生,这是把物质资料当成"个人发挥作用的劳动力的生活资料来消费"③。

马克思说明,"在劳动过程中,人的活动借助劳动资料使劳动对象发生预定的变化。过程消失在产品中。它的产品是使用价值,是经过形式变化而适合人的需要的自然物质。劳动与劳动对象结合在一起。劳动物化了,而对象被加工了。在劳动者方面曾以动的形式表现出来的东西,现在在产品方面作为静的属性,以存在的形式表现出来"④。对此,人们注意的只是劳动的物化,却忽视这是主体即"人的活动"的物化。那么劳动的量如何测定呢?如果说:"原料在这里只是当作一定量劳动的吸收器",那么"产品棉纱现在只是棉花所吸收的劳动的测量器"⑤。在其他条件不变的条件下,纺的棉纱越多,凝结的劳动量也越多。

生产者要满足自己的经常存在的多种需要,只有不断地生产,才能不断地

---

① 《资本论》第 1 卷,人民出版社 1975 年版,第 58 页。
② 同上书,第 202 页。
③ 同上书,第 208 页。
④ 同上书,第 205 页。
⑤ 同上书,第 215 页。

交换。因为是经常重复的,所以有"重复性",就有"常规性"①。但是,他的劳动是经常变换的,也可以是非重复的。这种重复性与非重复性的统一,是一切经济活动、经济行为的特征之一。

有用劳动生产力的变化导致生产资料量的增加。"劳动生产率的增长,表现为劳动的量比它所推动的生产资料的量相对减少,或者说,表现为劳动过程的主观因素的量比它的客观因素的量相对减少。"② 对此,马克思的阐述与众不同,他重视的是劳动条件,而不是产品的数量。这是很有意义的。生产同种同量产品可以有不同的生产条件,只有用比较先进的手段来生产,才能说明劳动生产率水平的提高。不过,在资本主义起点,这种情况还不太明显。劳动生产力的变化直接影响生产商品的劳动时间,它提高单位时间内的产量,从而减少生产单位商品的必要劳动时间,并且增加一定时间生产的价值总量,这个规定十分重要,这是不言而喻的。劳动生产率的变化不仅影响产品量、产品的价值量,还会影响生产劳动本身。在考察单个生产者的场合,它影响的是同一产品的劳动时间,而不影响这个生产者的劳动,"生产力的变化本身丝毫也不会影响表现为价值的劳动"。③ 但是,马克思还考察了这种变化对不同生产者的影响。一方面,由于生产不同产品的各个生产者的劳动生产力不同,或者劳动生产率变化的幅度、方向、时间不同,必然导致他们产品之间的交换比例发生变化,或者同一方向但不同幅度,或者不同方向的变化。如果从主体关系来看,会影响生产不同产品的生产者之间的关系。另一方面,劳动生产率的变化还影响生产同种产品的生产者,使他们表现为不同的复杂程度,"由于劳动在这里获得了与同一部门的平均劳动不同的特殊生产力,它已成为比平均劳动高的劳动;例如,这种劳动的一个劳动小时等于平均劳动的5/4劳动小时,是自乘的简单劳动"。④ 在资本主义起点,生产力的发展普遍还不很快,影响还不很明显。撇开原始积累时期的情况不说,在一般情况下,有的生产者实力较强,有的则较弱,因而劳动生产力变化对他们劳动复杂程度的影响是不同的。

生产劳动的职能是生产商品,即使是个人的过程,其实际过程也是劳动过程与价值形成过程的统一,是有用劳动与抽象劳动的统一。在有用劳动进行的

---

① 《列宁选集》第1卷,人民出版社1995年版,第8页。
② 《资本论》第1卷,人民出版社1975年版,第683页。
③ 同上书,第59页。
④ 《马克思恩格斯全集》第47卷,人民出版社1979年版,第361页。

同时，也有一般的人类劳动在耗费、在凝结。但是，处于流动状态的人类劳动力或人类劳动形成价值，但本身不是价值，它形成价值依附在劳动对象上。马克思详细地分析了劳动形成价值的过程：生产者的有用劳动借助劳动资料使劳动对象发生预定的变化，对象被加工了，而抽象劳动消失在产品中，劳动者的劳动与劳动对象结合在一起，劳动物化了。从一方面看，劳动将劳动资料和劳动对象的旧价值转移到新产品中，从另一方面看，"在劳动过程中，劳动不断由动的形式转为存在形式，由运动形式转为物质形式。一小时终了时，纺纱运动就表现为一定量的棉纱，于是一定量的劳动，即一个劳动小时，物化在棉花中。我们说劳动小时，就是纺纱工人的生命力在一小时内的耗费"。①

这里的论述表明，劳动作为一种经济行为，其实施过程内容是双重的，既创造新的使用价值，转移旧使用价值的价值，又创造、再生产新价值。——这虽然是劳动价值论的重要内容，这一理论要说明什么劳动形成价值、为什么形成价值和怎样形成价值，但我们这里突出的，是主体的劳动。——其实施的过程形式也是双重的，既是有形的、具体的，又是无形的、抽象的。显然，后一特征已经超出价值创造的范围，是一切经济行为都具有的。

但是，劳动是流动状态的东西，不能储存，不好直接交换，所以一定要对象化、物化、外化、硬化。所谓的"对象化"，即要表现为一定的对象。"劳动与劳动对象结合在一起。劳动物化了，而对象被加工了。在劳动者方面曾以动的形式表现出来的东西，现在在产品方面作为静的属性，以存在的形式表现出来。"② 劳动的对象化具有十分重大的意义，只有这样，生产者本身的生命力才能维持。如果生产者的劳动始终是流动的，那么生产者靠什么东西来维持生命就成问题了。显然，这是从使用价值的创造来看的。

从价值的形成看，劳动价值论阐明，在不同生产者之间的交换中蒸馏出的一般人类劳动的等同性不能直接地表现出来，而是要间接地表现为"价值对象性这种物的形式"，从而"物化"了。价值的形成当然与劳动生产力有关系，既然有相对的劳动生产率，那么生产者形成或创造的价值与再生产他自身所需要的物质资料的价值相比，会形成一个"差额"。当然，这是归属拥有生产资料所有权的独立生产者的，所以不叫"剩余价值"，换句话说，剩余价值

---

① 《资本论》第1卷，人民出版社1975年版，第214页。
② 同上书，第205页

是专门对不生产的人而言的。如果看不到这种情况，就可能会以为只有在资本主义社会才可能产生"剩余"。

但是这种物化是内在的，它与使用价值的内在对立必须外化，将物化的东西（价值实体）外在地表现出来，即表现在生产者的产品之外的另一个商品上，最后在货币上硬化了。

生产者的生产活动的"对象化、物化、外化、硬化"很有意义，只有通过这些变化，生产劳动才能人格化；才能交换，生产者之间的社会关系才能建立，以便检验其劳动效率的高低，检验私人劳动转换为社会劳动的程度；也才能储存和积累，用于扩大再生产、提高劳动生产率。马克思说：作为无差别的人类劳动的单纯凝结，这种价值"物现在只是表示，在它们的生产上耗费了人类劳动力，积累了人类劳动"①。这里的"积累"，实际上是凝结。除了这种积累外，还有另一种积累，即扩大。

但是，这种变化对生产者本身的积极作用的同时还包含着否定性，由于劳动的对象化、物化、外化、硬化，它就可以脱离生产者而独立化。随着交换的扩大和深化，劳动的产物"表现为赋有生命的、彼此发生关系并同人发生关系的独立存在的东西"②。借用哲学术语，这就是异化。在《资本论》开篇所论述的这种异化，还只是一般的，在后面，他还要揭示劳动在资本关系下的具体、极端的异化。③ 马克思说："私人劳动应该直接表现为它的对立面，即社会劳动；……个人劳动只有通过异化，才实际表现为它的对立面。"④

一般劳动的这种"对象化、物化、外化、硬化、异化"规定对整个理论的发展是十分重要的。特别是其中的"外化、硬化、异化"规定，是贯穿全书并逐步变形的。在《资本论》终篇，马克思还回过头谈到这些规定："在论述资本主义生产方式甚至商品生产的最简单的范畴时，在论述商品和货币时，我们已经指出了一种神秘性质，它把在生产中以财富的各种物质要素作为承担者的社会关系，变成这些物本身的属性（商品），并且更直截了当地把生产关系本身变成物（货币）。一切已经有商品生产和货币流通的社会形态，都有这

---

① 《资本论》第1卷，人民出版社1975年版，第51页。
② 同上书，第89页。
③ 《马克思恩格斯全集》第46卷上册，人民出版社1979年版，第520页。
④ 《马克思恩格斯全集》第26卷第3册，人民出版社1975年版，第146页。

种颠倒。"① 此外，他还肯定资产阶级古典经济学的伟大功绩：把资本主义社会表面上广泛存在的"虚伪的假象和错觉，把财富的不同社会要素互相间的这种独立化和硬化，把这种物的人格化和生产关系的物化，把日常生活中的这个宗教揭穿了。"在那里，很明确地提出"假象化、外化、硬化、异化"。显然，前后是一脉相承的。②

因为有这样的揭示，批判古典学派和庸俗经济学派也就顺理成章了。马克思指出，他们把简单的东西当成一般的、永恒的，不愿意看到它是寓于特殊之中，并且会发展和转型。"生产一般是一个抽象，但是只要它真正把共同点提出来，定下来，免得我们重覆，它就是一个合理的抽象。……对生产一般适用的种种规定所以要抽出来，也正是为了不致因见到统一（主体是人，客体是自然，这总是一样的，这里已经出现了统一）就忘记了本质的差别。而忘记这种差别，正是那些证明现存社会关系永存与和谐的现代经济学家的全部智慧所在。"③ 正因为古典经济学不彻底和阶级眼界的狭窄，其理论必然不彻底。④ 至于庸俗经济学，它看到和坚持的并不是一般，而是表象。

---

① 《资本论》第3卷，人民出版社1975年版，第934页。
② 同上书，第937—938页。
③ 《马克思恩格斯全集》第46卷上册，人民出版社1979年版，第22页。
④ "甚至古典经济学的最优秀的代表，——从资产阶级的观点出发，必然是这样，——也还或多或少地被束缚在他们曾批判地予以揭穿的假象世界里，因而，都或多或少地陷入不彻底性、半途而废和没有解决的矛盾中。"（《资本论》第3卷，人民出版社1975年版，第939页）

第五章　交换行为

由于存在着私有制和社会分工，劳动总是由个人实施的，个人的劳动有相当的狭隘性、片面性。它决定产品的使用价值也具有片面性，只能满足一种片面的需要。反之，分工产生劳动产品的多样性，从而产生需要的多样性，产生交换的必要性。但是，产品不能自己跑到市场上去，并且也不知道能与什么样的商品相交换，交换多少，所以交换只能由他的生产者（同时也是所有者）来执行。何况这种私人个别进行的有用劳动，必然以其他的有用劳动同时进行为前提和条件，以表现为社会劳动为归宿，可见一定要通过产品的交换才能实现这种转换。因为产品中包含有等同性的人类劳动，所以能够交换。但是交换不能是活动的交换，所以活劳动必须物化、对象化。在阐述了活劳动及其物化、对象化之后，马克思就来研究交换。

不同所有者之间的产品交换，是商品生产区别于自然经济的很重要方面。正是由于交换，经济才具有商品经济这种形式规定。

第一节　交换是个人的过程、社会的过程

在商品生产的社会中，交换不是直接的物物交换，而是通过一定媒介进行的。马克思首先通过商品的交换说明货币的产生，再阐明货币在交换中的作用和职能，以货币为媒介的交换就是流通。透过这个研究，我们不难发现，他透

第五章 交换行为

过物的交换研究了生产者之间的交换行为。在这里，我们无意复述市场主体的长期交换行为如何导致货币的产生以及马克思如何揭开"货币之谜"的论述，而以货币已经产生为前提，将注意力集中在他对经济主体行为的研究上。

当生产者将劳动产品拿到市场上出卖时，他就变成了交换者。主体的角色变化了，职能变化了，但所有者身份没有变。实际上，只有在这种交换的场合或关系中，他对商品的所有权才充分显示出来。在交换中，主体不仅是所有权人，还是交换的一方当事人，是商品的实际支配者，是商品的人格化。马克思说，交换是所有者"作为有自己的意志体现在这些物中的人彼此发生关系，因此，一方只有符合另一方的意志，就是说每一方只有通过双方共同一致的意志行为，才能让渡自己的商品，占有别人的商品。可见，他们必须彼此承认对方是私有者。这种具有契约形式的（不管这种契约是不是用法律固定下来的）法权关系，是一种反映着经济关系的意志关系。这种法权关系或意志关系的内容是由这种经济关系本身决定的"。① 可见，交换是双方共同实施的行为，不仅要相互承认对方是商品的所有者，彼此发生的是一定的经济关系，还是有一定契约形式的法律关系，而且还要符合双方的意志和意愿，是一种意志关系。对一定的交换者来说，是想换取别人的商品，所以是个人的过程，但这不是一厢情愿的，需要别人愿意买他的商品，因而又是社会的过程。② 表面看是个人的过程，实际上是社会的过程。——实际上，在考察单个商品运动的场合，马克思也是从交换价值即价值形式开始研究的，没有离开交换关系，只是在从交换价值中析出价值实体之后暂时撇开价值形式，但在分析价值的质、量、度等规定后，又再回到价值形式上。③

先看"个人的过程"。

交换过程包括卖和买两个环节。其中不仅有主体的作用，买卖还与主体的发展有直接的关系。就出卖即 W—G 而言，交换者要面对的有诸多不确定性：如果他的商品是一种新的劳动方式的产品，别的交换者对它还不了解，未必有对它的需要；或者这是一种从许多职能中独立出来的新的劳动操作的局部产

---

① 《资本论》第1卷，人民出版社1975年版，第102页。
② 在《资本论》第1卷第2章，马克思也说到交换是一种"社会的过程"，指的是商品所有者想把他的商品作为价值来实现，而不问他的商品对另一种商品所有者是否有使用价值。显然，这就需要有别的所有者愿意、能够提供他所需要的商品。
③ 《资本论》第1卷，人民出版社1975年版，第51、61页。

品，被当作独立的商品送到市场去，别的交换者也未必适应、了解，因而未必需要；如果他生产的产品有了替代品，① 今天满足一种社会需要，明天就可能全部地或部分地被一种类似的产品排挤掉；既然商品是要满足一种社会需要，但社会需要肯定不是一个人的需要，不是简单的个量。在第一篇，马克思还说明，生产劳动除了有个量规定，还有总量规定："社会对麻布的需要，象对其他各种东西的需要一样，是有限度的，如果他的竞争者已经满足了这种需要，我们这位朋友的产品就成为多余的、过剩的，因而是无用的了"。② 不能用于交换，他的生产不再是经济行为了。对商品的需要总量，在第三卷，马克思还有更为详细的阐述，可以说，前后的论述是一脉相承的。

以上涉及的是商品的使用价值，但交换者更看重的是价值，假定这些商品能够卖出去，"惊险的跳跃"成功了，但能够卖多少钱或实现多少价值也是很难准确预料的。交换者对其产品能够交换的价值可能产生纯粹主观的计算错误，即使撇开这种错误不说，还有相互折算的难题，因为价值有个别价值和社会价值之分，他的劳动耗费凝结的个别价值能够折算为多少社会价值是不能自己说了算的。毕竟社会上有许多生产者都和他生产同样的商品，即使他的生产条件不变，但社会上同种商品的大部分生产者的生产条件却可能都变得更好，如果大部分人的个别价值都比较低，那么他的产品就要降价出售了。例如，"织麻布业的以往可靠的生产条件，没有经过我们这位织麻布者的许可而在他的背后发生了变化。同样多的劳动时间，昨天还确实是生产一码麻布的社会必要劳动时间，今天就不是了。……真是不幸，世上竟有很多织麻布者"。③ 众多织麻布者之间的竞争既可使生产条件发生变化，导致麻布价值的降低，也可能使供给总量发生变化："假定市场上的每一块麻布都只包含社会必要劳动时间。即使这样，这些麻布的总数仍然可能包含耗费过多的劳动时间。如果市场的胃口不能以每码2先令的正常价格吞下麻布的总量，这就证明，在全部社会劳动时间中，以织麻布的形式耗费的时间太多了。"④ 用通俗的话说，这是"个量达标，总量超标"。——上面，马克思提出使用价值总量，这里，他又提出了价值总量的规定。可见，他并不是到第三卷才提出这种规定的。——这

---

① 可见马克思早已提出替代品、替代性的概念。
② 《资本论》第1卷，人民出版社1975年版，第125页。
③ 同上书，第126页。
④ 同上。

说明，交换者所能实现的价值有个量规定和总量规定，这些都不是他所能控制的。当然，通过这种社会的过程，各个交换者也在不断地纠正自己的计算错误、调整交换的意志，同时也会纠正他作为生产者的观念和生产的方向，即不断地形成社会价值的观念、社会需要的观念、竞争的观念、及时调整行为方向和力度等观念。

卖出商品导致了商品各个要素的全面转换或易手："所售物品的所有权总是要被放弃。但人们不会放弃它的价值。在卖的场合，商品被放弃了，但它的价值没有被放弃，它以货币的形式……被收回来"。① 不过，所售商品的所有权被放弃的同时，交换者又换回另一种商品的所有权。所以，对交换者双方来说，所有权并非白白放弃，而是在彼此手中转换。价值没有被放弃，但它以货币形式收回，实际上也是价值的转换。至于使用价值，那更是在双方手中转换了。

就买即 G—W 来看，交换者握有货币，它代表可以买到的商品。"随着商品生产的进一步发展，每一个商品生产者都必须握有这个物的神经，这个'社会的抵押品'。他的需要不断更新，因而促使他不断购买别人的商品。"② 对交换者来说，必然从经常的持币购买中感受到货币的魔力，强化货币崇拜，形成拜物教意识。

由于存在着社会分工，在大部分情况下生产者大都只生产一种商品，所以量都比较多，而他作为交换者并不是只要交换一种数量较多的别种商品，为满足自己的多方面需要，各种需要的量都不能过多。同样的道理，与他对立的交换者也不会将他的商品全部买光。因此，他的交易总是有很多交易对手，分开交换。"因为商品生产者只提供单方面的产品，所以他常常是大批地卖；而他的多方面的需要，又迫使他不断地把已经实现的价格，或得到的全部货币额，分散在许多次买上。卖一次就要买许多次各种各样的商品。"③

对某个交换者来说，一次卖虽然配合有多次买，但次数总是有限的。在花完货币之后，交换者不得不停止交换。但他的生产是不能停顿，而是不断进行的。在间隔一定时间之后又重新交换，所以次数又是无限的，是由许多次间断

---

① 《资本论》第 3 卷，人民出版社 1975 年版，第 386 页。
② 《资本论》第 1 卷，人民出版社 1975 年版，第 151 页。
③ 同上书，第 130 页。

连接成的连续,是短期的有限性与长期的无限性的统一。

就一个交换者的交换行为看,他是先卖后买,即 W—G—W。他的角色不是固定的,而是充当两种对立的经济角色,交替地扮演着两种不同的角色,执行着两种不同的职能。经过买卖,他就将两者统一起来了。

但是,角色的扮演和转换都是要受到制约的。他出卖商品,往往遭遇不确定性因素,价格、数量、时机、时间都很难自己控制,"价值量不以交换者的意志、设想和活动为转移而不断地变动着。在交换者看来,他们本身的社会运动具有物的运动形式。不是他们控制这一运动,而是他们受这一运动控制"。① 特别是大批量出卖,时间可能要比较长。可见,和生产不同,在交换中交换者作为主体并非完全自主。至于买,也是由各种因素约束的。"谁也不会因为自己已经卖,就得马上买。"② 需要、价格、数量都会影响他的购买意志。这样,他的商品的交换在时间上必定产生或长或短的休止点,在空间上则要或近或远地变换地点。实际上,即使是简单的商品交换,也不是两个主体之间在同一时间同一地点一对一地进行交换。他的交换行为即买卖,是与别人的买卖相配合的,同样是不能自主的。

再看"社会的过程"。

发生在单个交换者身上的事情,也发生在所有的交换者身上,发生在不同的场合和时间,构成"从总体上看的交换",即流通③。在流通中,经济主体既作为生产者又作为交换者彼此交换产品,实质上是交换劳动,是劳动者将"对自己的劳动的所有权变为对社会劳动的所有权"。④ 这是在社会上进行的,实质是社会过程。

与个别过程不同,这个过程的是不间断的,是许多个别过程的同时展开,因此,必然有许多主体产生激烈的竞争。总体的交换是复杂的,谁也不知道每日每时出现在市场上的交换者有多少,他们要交换的商品数量有多少,价值有多高。而且,即使在简单商品生产条件下,一旦有哪个环节出错,也很容易出现连锁反应。所以,马克思说:"在这里,一方面,我们看到,商品交换怎样打破了直接的产品交换的个人的和地方的限制,发展了人类劳动的物质变换。

---

① 《资本论》第 1 卷,人民出版社 1975 年版,第 91 页。
② 同上书,第 133 页。
③ 《马克思恩格斯全集》第 46 卷上册,人民出版社 1979 年版,第 36 页。
④ 《马克思恩格斯全集》第 46 卷下册,人民出版社 1980 年版,第 464 页。

另一方面，又有整整一系列不受当事人控制的天然的社会联系发展起来。"①这里说的当事人显然就是交换者，他们不仅很难控制交易的时间，而且面对的既有本地的交换者，还有外地的交换者。可见，产品交换有"时间、空间和个人的限制"②。

无论从单个人的交换行为看，还是从总体的交换看，交换都是生产的中断，而且都只是实现价值的形态变换，没有创造新价值。马克思说："形态变化 W—G 和 G—W，是买者和卖者之间进行的交易；达成交易是需要时间的，尤其是因为在这里进行着斗争，每一方都想占对方的便宜，生意人碰在一起，就象'希腊人遇到希腊人就发生激战'一样。状态的变化花费时间和劳动力，但不是为了创造价值，而是为了使价值由一种形式转化为另一种形式。在这里事情并不因双方都想借此机会占有超额的价值量而发生变化。这种劳动由于双方的恶意而增大，但并不创造价值。"③ 对经济主体的总体行为时间来说，"买卖所费的时间，就是他们的劳动时间的一种扣除，因而，他们总是（在古代和中世纪）力图把这种事情留到节日去做"。④ 在资本主义的起点，情况也没有什么不同。

交换总是通过一定的媒介进行的，一般都是一手交钱，一手交货，银货两讫，是即时的交易。但随着商品流通的发展，使商品的让渡同商品价格的实现在时间上分离开来的关系也发展起来，产生了延时的交易。但是，买者与卖者之间的对立并不是绝对的，因为流通能够"打破产品交换的时间、空间和个人的限制"，形成"换出自己的劳动产品和换进别人的劳动产品这二者之间的直接的同一性"⑤，并产生和发展了信用关系。信用交易的发生和发展实际上是为了实现一定的利益联系，但不是同时实现的利益。受信方的利益即时实现，授信方的利益则要隔一段时间即"远期"才实现，这就产生了不确定性。授信方提供赊销，是以受信方有信用为前提的，所以信用交易不仅取决于交易双方的意志，还取决于受信方的信用，从而取决于制度。在简单商品交换时代，这种信用交易主要是为了双方的方便，因为市场狭小，一方以货物提供赊

---

① 《资本论》第 1 卷，人民出版社 1975 年版，第 131—132 页。
② 同上书，第 133 页。
③ 同上书，第 147 页。
④ 同上。
⑤ 同上书，第 133 页。

销，主要还不是为了谋取利息，所以在这个场合马克思还暂时不涉及利息。即使有，那种利息也与后来所说的利息有性质的不同。

在交换有一定发展的时候，各个交换者交换的物品并非只有一件，因此未必能够一下子全部同时卖出。对简单的商品交换者来说，他是为买而卖，卖是手段，买才是目的，所以其交换行为包含着两个环节。单纯的卖还不算过程结束，在买到他所需要的商品之前，他的卖出只是半截子的交换行为。如果交换出现"休止点"，必然导致交换不能按照全体交换者的愿望在最短的时间内进行完毕，或者说，在同一时间地点必然有许多物品没有交换成功。但是，问题和解决问题的手段同时产生。马克思说："劳动产品只是在它们的交换中，才取得一种社会等同的价值对象性，这种对象性是与它们的感觉上各不相同的使用对象性相分离的。"① 显然，对交换者来说，那些还没有交换成功的物品不仅在生产场所、在观念上，而且在市场上、在实际上，都是"价值对象性"与"使用对象性"相分离的，并且这种分离还有一定的时间规定，只不过有长有短。它们可能在或长或短的时间内卖出去，不能因为其中的一部分还没有卖出就说它们永远卖不出去。只要能够交换，不管它经过多长的时间。在交换者和一般人的意识中，物品一旦运到市场上，就是商品了。诚然，的确有一部分产品始终卖不出去，"惊险的跳跃"不成功，但不能因此就将那些经过较长时间才交换的物品也当成一般的产品。交换的"使用对象性"和"价值对象性"相分离的规定，对那些不能一出现在市场上就立即交换成功的商品来说，很自然地就形成了信用交易的基础。"随着商品流通的发展，使商品的让渡同商品价格的实现在时间上分离开来的关系也发展起来。……一个商品所有者可以在另一个商品所有者作为买者出现之前，作为卖者出现。……一个商品所有者出售他现有的商品，而另一个商品所有者却只是作为货币的代表或作为未来货币的代表来购买这种商品。"② 当然，这是有条件的，就是"同样一些交易总是在同一些人中间反复进行"③，从而交换关系比较狭窄，维持时间比较长，比较和谐，只有这样，才可以克服信息不对称、信用不对称而形成比较稳定可靠的信用关系。对不熟悉的人、不熟悉的商品，是不可能形成信用关系的。

---

① 《资本论》第1卷，人民出版社1975年版，第90页。
② 同上书，第155页。
③ 同上。

信用关系的发生和发展是商品所有者即经济主体创造的，它又反过来影响交换者的交换行为。它一方面导致商品的所有权和使用权的分离，有利于主体扩大商品的生产和交换，并为以后才发展起来的"两权分离"奠定基础，甚至演化为各种各样的分离。这种信用行为，是由商品的买卖而引起的。作为一般的、简单的信用行为，它还没有与利息相联系，至少在理论上是这样，因为在这个场合，剩余价值范畴还没有提出。后来的信用行为则进一步发展，先是商品演变为商业信贷和银行信用，并进一步发展为资本作为商品的借贷（短期的），在股票投资的形式上，更使直接投资和长期的信用行为混为一体。

另一方面通过赊购赊销的方式，这种简单的信用行为还在平等交换的同时发展了一种主体间的债权债务关系："卖者成为债权人，买者成为债务人"。对交换者来说，信用是美好的，债务却是难受的，由是，交换者的心理变得复杂了。马克思说："债权人或债务人的身分在这里是从简单商品流通中产生的。简单商品流通形式的改变，在卖者和买者身上打上了这两个新烙印。最初，同卖者和买者的角色一样，这也是暂时的和由同一些流通当事人交替扮演的角色。但是，现在这种对立一开始就不是那样愉快，并且能够更牢固地结晶起来"，它反映了"更深刻的经济生活条件的对抗"。[①] 在考察简单商品的生产和交换时，马克思还没有谈到还债必须连带付息，如果再加上付息，那个要还债的交换者必定更加不愉快。

第二节 总体交换的影响

无数交换者的不断重复、双向进行的交换行为，对交换者、对其交换行为都产生重大的影响。撇开使商品包含的价值性质的物的形式外化和硬化而形成货币不说，持久广泛的交换行为对整个社会的经济发展产生巨大的影响。

其一，是将各种不同劳动及其产品放在一起比较，在确认或检验各种产品具有社会的使用价值，从而其私人劳动可转化为社会劳动之后，又将不同产品的使用价值形式及其物质组成部分和形式抽去，再将劳动的各种不同有用形式抽象掉，从而将其中包含的一般人类劳动蒸馏或抽象出来，形成等同的价值对

[①] 《资本论》第1卷，人民出版社1975年版，第156页。

《资本论》经济行为理论的具体化

象性。主体的交换使商品"蜕掉了创造它的那种特殊有用劳动的一切痕迹，蛹化为无差别的人类劳动的同样的社会化身"①。同时还将各种劳动的复杂程度化简，将各种劳动的熟练程度平均化，形成正常的、社会平均的劳动耗费。马克思说："各种劳动化为当作它们的计量单位的简单劳动的不同比例，是在生产者背后由社会过程决定的"，② 这个社会过程就是各种主体之间的交换。没有交换者之间相互交换商品的行为，他们作为生产者所耗费并凝结在产品中的劳动就不能转化为价值实体，就像自然经济中的劳动一样。马克思说："劳动产品只是在它们的交换中，才取得一种社会等同的价值对象性"，③ 商品所有者"只有使他们的商品同任何一种作为一般等价物的商品相对立，才能使他们的商品作为价值，从而作为商品彼此发生关系"④，"价值确实包含交换"。⑤ 可以说主体之间的交换具有比较、检验和确认的功能。

其二，"交换的扩大和加深的历史过程，使商品本性中潜伏着的使用价值和价值的对立发展起来。……随着劳动产品转化为商品，商品就在同一程度上转化为货币"。⑥ 这是在经济主体广泛、长期、大量的交换行为中蒸馏出来的结晶。可见，无数交换者之间的交换行为在客观上变成了巨大的社会蒸馏器，不仅使各种劳动抽象化，还使这种抽象、蒸馏出来的东西成了促进、扩大交换的催化剂。无数的交换行为不仅逐步将使金银在充当等价形式的各种各样的商品中脱颖而出、独占鳌头，确立了它的唯一的货币地位，而且又充分利用货币各种特有的性质来促进交换的发展，使各个交换者的交换行为更加直接和方便，并且经常化，以致对别人的使用物品的需要渐渐固定下来。交换还导致货币的职能形态多样化，有观念的或想象的、象征的和实在的三种，⑦ 并且使之各自发挥特有的职能。

其三，各个主体之间的交换不断重复、扩大，必然使交换成为常规化的社会过程，导致各个主体生产分工的细化和相对确定，反过来对生产者产生了深

---

① 《资本论》第1卷，人民出版社1975年版，第128页。
② 同上书，第58页。
③ 同上书，第90页。
④ 同上书，第104页。
⑤ 《马克思恩格斯全集》第26卷第3册，人民出版社1974年版，第139页。
⑥ 《资本论》第1卷，人民出版社1975年版，第105页。
⑦ 同上书，第149页。

刻的影响。因为交换的广泛发展，造成了新的经济形式，① 必然使越来越多的生产者的劳动性质发生变化。他们不再主要是为了自己和家人的需要而生产，而是主要为了换取别人的产品而生产，直接的社会劳动性质转换成间接的社会性质。从那时起，物满足直接需要的效用和用于交换的效用的分离固定下来，前者成了产品，后者成了商品。随着交换的发展，一切产品都转化为商品，使生产者在生产过程一开始的时候，就注意到物的价值性质，从而使经济主体的生产和交换两种行为紧密联系起来。

其四，广泛而经常的交换行为使交换者对自己的生产行为有新的理解。通过交换，他们相互之间经常进行比较和筛选，让他们较深入地了解市场行情或社会需要及其变动的方向。换句话说，交换向他们显示了社会对各种商品的需要程度，包括它们之间的比例关系的变化，显示社会需要结构的变化；也显示某种商品的生产条件、数量，从而显示了他们与这些要求、标准的差距。

其五，交换者之间的交换行为还能使已经存在的不同的劳动时间形成一个相同的社会尺度——社会必要劳动时间。社会必要劳动时间的形成包含经济行为"社会正常的生产条件"、"社会平均的劳动熟练程度和劳动强度"的规定。所谓"社会正常"、"社会平均"都是在交换者的交换行为中确定的。当然，这只是将已有的生产条件、已经实施的劳动平均而已，绝不意味着交换者能凭空确定这种正常和平均的社会尺度。

其六，交换还会产生"反作用"，使得生产者对那些还没有进入流通过程的产品也在观念上进入比较程序。既然"物的价值性质还在生产时就被注意到了"，那么生产者必然要注意价值的社会尺度，以此来衡量自己的耗费是否符合市场行情。当然，这也会导致虚拟商品的生产。生产者是将产品当成商品来生产的，但却未必能够卖得出去，如果长时间不能卖出去，那么观念中的商品就成了虚拟的商品。如前所述，这种情况有多种原因引起，但归根到底是私人劳动与社会劳动的区别与矛盾所致。个别劳动、个别商品必须转化为社会劳动、社会需要的商品本身，既产生广泛的反作用，也产生深刻的副作用。

其七，在无数的为着特定利益的交换者之间，必定存在着复杂的竞争。一

---

① "如果撇开商品流通的物质内容，撇开各种使用价值的交换，只考察这一过程所造成的经济形式，我们就会发现，货币是这一过程的最后产物。"（《资本论》第1卷，人民出版社1975年版，第167页）可见，马克思认为商品流通这一过程会造成新的"经济形式"。

方面,是同种商品交换者之间的竞争,大家都想尽快通过"惊险的跳跃"。形象地说,这是要"跳越"横亘在不同交换者之间深沟,竞争力较强的一方比较容易越过,反之则可能因"跳跃不成功"而摔坏。假定他们的产品的价格都相同,各人也都会力争在较短的时间内将商品悉数卖出,因此,必然在出售时间的长短、数量的多少等方面(即在比较窄的地方)展开激烈的竞争。这实际上表明,交换在使同种劳动之间能比较、平均或化简的同时,又使有竞争力的交换者能够掌握时机和数量的优势,导致一部分交换者遭受损失。再假定个人的价格不同,出价越低竞争力必定越强,反之则要败下阵来。另一方面,是不同种商品交换者之间的竞争。暂且撇开价格不说,各种竞争的结果都会将各种产品满足社会需要的属性之差别充分地显现出来。不言而喻,不符合社会需要的产品再便宜也没有人要。所以,这方面的竞争表现了交换者(也是生产者)对社会需要各方面信息的掌握能力和资源转换能力。只有具备了这些能力,才能尽快、尽量将自己商品的价值"从只是想象的金变为实在的金"①,从别人口袋里吸引出来。②

交换中的竞争主要是围绕价格进行的,它对交换者的行为产生深刻的影响。就一种商品而言,它既会导致价格背离价值,又会使之回归价值,体现该种商品的社会必要劳动时间。一个商品的价值量不能自己直接确定,要通过别的商品来表现,这就是说,"商品的价值量表现着一种必然的、商品形成过程内在的同社会劳动时间的关系。随着价值量转化为价格,这种必然的关系就表现为商品同在它之外存在的货币商品的交换比例"。③ 既然涉及至少不同的交换主体,彼此展开竞争,那么"这种交换比例既可以表现商品的价值量,也可以表现比它大或小的量,在一定条件下,商品就是按这种较大或较小的量来让渡的。可见,价格和价值量之间的量的不一致的可能性,或者价格偏离价值量的可能性,已经包含在价格形式本身中"。④

这种价值与价值之间量的背离既是通过交换者的行为而展现的,又反过来对这些主体产生深刻的影响,包括其观念、行为能力和实力。由于"惊险的跳跃"总是发生在短期,与交换者或经济主体生死攸关,各个独立的经济主

---

① 《资本论》第 1 卷,人民出版社 1975 年版,第 121 页。
② 同上书,第 125 页。
③ 同上书,第 120 页。
④ 同上。

体都不会用"长期看"来安慰自己,而总是要主动或被动地按照竞争所体现的价格来出售商品,从而形成短期行为的观念,并使短期行为成为普遍、长期的现象。不过,也正是这种广泛、长期的价格竞争,最有力地影响着生产者调节他们的劳动耗费,甚至影响到生产过程的生产者的资源转换能力。交换一方面使他们逐渐形成应变能力;另一方面也使他们的个别价值在竞争中形成相对一致的价值。这些竞争不仅将不同种劳动转换为同一的人类劳动,而且通过比对使各种劳动耗费的比例关系趋于合理,使同种劳动耗费的差距趋于统一。即使在简单商品生产条件下,市场不大,交换者和投入交换的商品不很多,但仍然存在着一定的比例关系。否则,就有一部分商品卖不出去,并有一部分交换者买不到商品。所以,表面看交换只是一种简单的买卖行为,实际上其过程向整个市场散发着许多的信息,包括个别价值与社会价值的差距、各个时点的供求状况、交换者的实力大小、各个交换者生产水平的高低、市场属性的强弱等等。从这种竞争中,市场主体也学会了解、处理各种市场信息。不仅如此,发生在交换中的竞争还会导致不同主体之间劳动条件差距的变化及扩大。竞争是全面的,交换中的竞争不仅将不同的价格和数量的差距显现在交换者面前,还会将他们各自的生产条件差距显示出来,因为只有生产条件优越的主体在竞争中有较强的竞争力。这样的竞争,必然导致各个生产者经济行为的变化、行为关系的变化。当各个生产者所拥有的生产力发生变化的时候,一种商品占优势的个别价值量很快就会在竞争中表现出来,并成为一个时期的市场价值。这意味着他们的生产和交易从短期看是没有规则的,从长期看却是有规则的。马克思认为,在商品生产条件下,"规则只能作为没有规则性的盲目起作用的平均数规律来为自己开辟道路"。① 这就是说,价值规律是涉及时间较长的规律,规律是内在的,它在较短时间内总是颠倒地表现,表现为没有规律。② 可见,分散进行的交换既会使短期的交换成为没有规则的社会过程,规模扩大的交换又会使长期的交换成为有规则的社会过程,并且显示出一定的比例关系。虽然

---

① 《资本论》第1卷,人民出版社1975年版,第120页。

② "市场价格的不断波动,即它的涨落,会互相补偿,彼此抵销,并且还原为平均价格,而平均价格是市场价格的内在规则。这个规则是从事一切需要较长时间经营的企业的商人或工业家的指南。所以他们知道,就整个一段较长的时期来看,商品实际上既不是低于也不是高于平均价格,而是按照平均价格出售的。"(《资本论》第1卷,人民出版社1975年版,第189页脚注37)

这种比例关系是长期的、内在的,是个人不能理解和掌握的,但是,它作为规律是一定要表现出来、发挥作用的,个人主观的意志行为正是它得以发挥作用的机制。换句话说,各个交换者努力实施的主观的意志行为,无论它怎样乖张和任意,都要受这种内在规律的制约和调节。换句话说,客观规律在相互关系中会颠倒表现为主体的主观行为。

其八,交换一般是指商品的交换,但是,随着交换的发展,进入市场交换的东西也超出商品领域。"有些东西本身并不是商品,例如良心、名誉等等,但是也可以被它们的所有者出卖以换取金钱,并通过它们的价格,取得商品形式。"① 这意味着交换领域的扩大,交换者主体意识的张扬。他将一切属于他的有形的和无形的东西都看成个人的劳动或努力成果。而且,这也意味着商品生产虚拟化的扩大和深化。诚然,在简单商品交换时代,它们还不很多,还不能成为交换的主流品种,但这包含着一种趋向,有些无形的东西可以和有形的东西一样具有价格。这也意味着在交换中会形成商品自身的异化,即非商品(不是劳动的产物)变成"商品"。

其九,随着交换的发展而发展起来的信用关系对经济主体的交换有巨大的促进作用,使他们的交换行为循着价值对象性与使用对象性适度分离的逻辑,向广度和深度发展,至少可以使生产者、交换者超越一时支付能力的局限,超前安排未来的生产和生活需要,提前释放或创造其生产能力和消费能力。当然,要实现这种提前的消费或出售,是要有一定的附加条件和至少是等价物的保证的。在这里,马克思虽然还没有提及,但实际上是以这种附加条件和等价物的存在为前提的。这样看来,赊购者实际上是将这种等价物在一定的条件下提前贴现了。

不过,信用关系的发展也包含着消极的因素。撇开商品及其生产中包含的矛盾不说,交换者之间的交换关系中存在的经济主体的私人劳动与社会劳动存在着矛盾、人格的物化和物的人格化之间的矛盾,已经包含着使交换关系发生断裂的可能性,因此包含危机的可能性。与此相仿,信用关系的畸形发展也会出现薄弱环节,导致信用关系的破裂,特别是赊购赊销广泛发生之后,形成了一条长长的支付链条,一旦某个环节中断,整个链条也会随之断裂,产生信用危机。马克思说:"一旦劳动的社会性质表现为商品的货币存在,从而表现为

---

① 《资本论》第1卷,人民出版社1975年版,第120—121页。

一个处于现实生产之外的东西，独立的货币危机或作为现实危机尖锐化的货币危机，就是不可避免的。"① 当然，在资本主义起点上，这也只是一种可能性。

其十，交换将各个主体之间的社会关系显露出来，流通是生产者全部相互关系的总和。马克思说："在商品生产者的社会里，一般的社会生产关系是这样的：生产者把他们的产品当作商品，从而当作价值来对待，而且通过这种物的形式，把他们的私人劳动当作等同的人类劳动来互相发生关系。"② 表面看，生产者拥有产品的所有权，他们之间交换的是不同的商品，但深入地看，他们拥有的是自己劳动的所有权，交换的是不同种类的劳动。通过这种交换，劳动所有权发生了重大的变化，劳动者"通过某种社会行动的媒介，使对自己的劳动的所有权变为对社会劳动的所有权"③。显然，私人劳动所有权的转换才是交换的真实目的。换句话说，"对他人劳动的所有权是通过对自己劳动的所有权取得的"④。通过这样的研究，马克思突出了劳动所有权，揭示了不同劳动之间的社会关系。可见，正是通过商品交换，经济主体才建立起普遍的生产关系。交换者彼此好像是互相独立行为的，但本质上是互相依赖的，人与人的互相独立通过物与物的全面依赖而互相补充。如果说，在生产过程中，生产者与别的生产者之间的关系是潜在的，那么，在流通过程中，这种经济关系就暴露了。所以马克思说："流通是商品所有者的全部相互关系的总和。在流通以外，商品所有者只同他自己的商品发生关系。"⑤ 这句话虽然是在论证资本总公式的场合说的，但这个商品所有者暂时还不是资本家，所以实际上是指一般的商品生产者。

进一步看，交换中体现的关系已经包含着行为的分化。只有从长期看，交换才是按照商品的价值进行的，而在短期中，在每个时点、地点，交换都是背离价值的。这样看来，局部的交换已经包含着非等价的因素，它使一些主体能够掌握更多的社会劳动。

其十一，交换导致人与物的关系的颠倒。交换主体之间的关系并非直接表现的，在社会表面上，它颠倒地表现为"人们之间的物的关系和物之间的社

---

① 《资本论》第 3 卷，人民出版社 1975 年版，第 585 页。
② 《资本论》第 1 卷，人民出版社 1975 年版，第 96 页。
③ 《马克思恩格斯全集》第 46 卷下册，人民出版社 1980 年版，第 464 页。
④ 同上书，第 518 页。
⑤ 《资本论》第 1 卷，人民出版社 1975 年版，第 188 页。

会关系"①。马克思称之为"人格的物化"。可见，流通不仅能建构经济主体的社会关系，也能将这种实实在在的社会关系用"虚幻的"物的关系掩盖起来。

除了这种"人格的物化"外，马克思还进一步阐明"物的人格化"。他说："商品不能自己到市场去，不能自己去交换。因此，我们必须找寻它的监护人，商品所有者。"②显然，商品所有者就是商品作为物的人格化。这是非常重要的，任何经济活动都是一定主体实施的，都要人格化。表面看，"人格的物化"和"物的人格化"似乎是同义反复，其实不然，前后两个"人格"所表达的意思完全不同。前者指的是普遍的生产关系，不是特指的某个人，后者指的则是特殊的个人。所以，马克思还把它当成对立的双方列入四种对立中："商品内在的使用价值和价值的对立，私人劳动同时必须表现为直接社会劳动的对立，特殊的具体的劳动同时只是当作抽象的一般的劳动的对立，物的人格化和人格的物化的对立。"③ 在这里，不仅前后是对立的，而且都是先讲具体的方面，再讲一般的方面。

其十二，交换是一定主体的特殊行为，它本身也是一定的文化行为。马克思对此有很精辟的概括：流通"领域确实是天赋人权的真正乐园。那里占统治地位的只是自由、平等、所有权和边沁。自由！因为商品……的买者和卖者，只取决于自己的自由意志。他们是作为自由的、在法律上平等的人缔结契约的。契约是他们的意志借以得到共同的法律表现的最后结果。平等！因为他们彼此只是作为商品所有者发生关系，用等价物交换等价物。所有权！因为他们都只支配自己的东西。边沁！因为双方都只顾自己。使他们连在一起并发生关系的唯一力量，是他们的利己心，是他们的特殊利益，是他们的私人利益"④。在简单商品经济发展过程的起点上，经济主体自由、平等、所有权和边沁等意识已经逐步形成，和后来的资本主义初级阶段、较高发展阶段的情况相比，其现实性显然是较高的。

最后，在交换中，交换者借助一定的媒介，形成一般的商品流通公式：W—G—W。因为过程是无限的，所以应该是：(W—G—W)n，(n→∞)。从这个式子可以看出，它内在地包含着"G—W—G"的运动模型。

---

① 《资本论》第 1 卷，人民出版社 1975 年版，第 90 页。
② 同上书，第 102 页。
③ 同上书，第 133 页。
④ 同上书，第 199 页。

第六章 生产行为与交换行为统一

假定经济主体完全拥有对所使用资源的所有权,那么经济行为主体(包括"资本家幼虫")就无需与别人分享行为带来的利益,其行为只包含生产行为与交换行为两个部分。如果说,生产行为是经济行为的内容,那么交换行为涉及的就可以说是经济行为的经济形式。前面我们已经涉及这种形式,这里,有必要进一步结合这种形式来看马克思如何考察经济行为整体。

第一节 社会经济形式与经济行为

在《资本论》最后一篇,马克思这样说:"社会生产过程既是人类生活的物质生存条件的生产过程,又是一个在历史上经济上独特的生产关系中进行的过程,是生产和再生产着这些生产关系本身,因而生产和再生产着这个过程的承担者、他们的物质生存条件和他们的互相关系即他们的一定的社会经济形式的过程。因为,这种生产的承担者对自然的关系以及他们互相之间的关系,他们借以进行生产的各种关系的总和,就是从社会经济结构方面来看的社会。资本主义生产过程象它以前的所有生产过程一样,也是在一定的物质条件下进行的,但是,这些物质条件同时也是个人在他们的生命的再生产过程中所处的一定的社会关系的承担者。"① 在这里,他突出了过程的承担者即经济主体,并

---

① 《资本论》第3卷,人民出版社1975年版,第925页。

且从"物质生产过程"和"一定的社会经济形式的过程"两个方面来看待过程承担者之间的关系。当然,马克思并没有满足于这种一般的议论,他还将过程的经济内容与经济形式具体化。

关于这种社会过程,特别是生产资料的所有制、生产力的发展水平等,我们在前面已经有涉及,无需赘言。这里主要联系商品经济形式来全面理解经济行为。联系《资本论》的相关研究,① 可以认为,"一定的社会经济形式过程"就是资本主义商品经济中的生产关系。

如果仅仅从社会经济形式来看,商品经济和自然经济的重大区别之一,就是后者的生产是直接满足生产者自己的简单需要,前者的生产是先满足别人的需要,再间接地满足自己的多方面需要。换句话说,区分两种经济形式要看经济主体的行为是否具有直接的社会性,注重的是使用价值还是价值。在自然经济条件下,也有生产劳动,生产者生产物品主要不是为了出卖。在他们的观念中,使用价值就是财富。在商品经济条件下,情况却有很大的不同。马克思说:"劳动产品分裂为有用物和价值物,实际上只是发生在交换十分广泛和重要的时候,那时有用物是为了交换而生产的,因而物的价值性质还在生产时就被注意到了。"② 显然,在商品经济条件下,生产劳动者不仅要生产物质产品,同时还要生产价值,注意这种"物的价值性质"并在心目中形成强烈的意识或观念。对处于自然经济中单纯的生产劳动者来说,一大堆粮食当然是财富,但对商品经济社会中的经济主体来说,如果不是用于交换,或者卖不出去,它还不是财富。而在资本主义商品经济的基础上,光把这堆粮食卖掉,刨去各种花费或成本,没有剩余,它还不是经济主体的财富。马克思曾经风趣地说:"实际上,我只有在有可以出卖的东西的时候才有私有财产,……我的大礼服,只有当我还能处理、抵押或出卖它时,只有当它还是买卖的物品时,才是我的私有财产。……不过,任何经济学家也不会想到把这件大礼服列为我的私有财产,因为它不能使我支配任何甚至是最少量的他人劳动。"③ 马克思发现,

---

① 例如,马克思在论述商业利润的时候说过,商业费用是"从产品作为商品的经济形式中产生"。(《资本论》第3卷,人民出版社1975年版,第322页)
② 《资本论》第1卷,人民出版社1975年版,第90页。
③ 《马克思恩格斯全集》第3卷,人民出版社1962年版,第253—254页。虽然这是马克思和恩格斯早期的著作,但他们已经发现这种一般和特殊的本质区别。不过,对资产阶级学者来说,他们却有意无意地将这种区别掩盖。

第六章 生产行为与交换行为统一

对财富的认识或观念,既与经济形式紧密联系,也与主体的阶级、社会性质有很大的关系。经济形式的性质不同,财富观也根本不同,资产阶级的财富观和简单商品生产者、自然经济的生产者的财富观有本质的区别。

强调商品生产的社会经济形式对理解真正的经济行为很有意义。我们至少可以看到有这么几点:

从行为的实施看:

首先,它使经济行为的范围延伸、扩大,它包含生产和交换两种行为,是全面的行为。即使是简单的经济行为,也与一般的劳动不同,后者"不以人类生活的任何形式为转移"①,是一切社会都存在的,而经济行为则只有在商品生产占统治地位的社会经济形式中才存在。如果再加上特殊资本关系,这种经济行为就特殊化了,还必须是与剩余价值紧密联系的。马克思在《资本论》第三卷中将资本家的经济行为区分为"第一行为"和"第二行为",② 前者是生产剩余价值,后者是通过交换实现剩余价值。实际上,在第一卷开篇,马克思已经分别研究了生产和交换这两种行为,只不过暂时把剩余价值这种特殊性质存而不论罢了。上面我们先分别探索了马克思在开篇的两方面研究,现在,有必要再将两者统一起来。无论从逻辑上看,还是从现实过程看,在资本主义起点,这两者都是统一的,构成了经济主体的经济行为总体。恩格斯说:"生产和交换是两种不同的职能。……这两种社会职能的每一种都处于多半是特殊的外界作用的影响之下,所以都有多半是各自的特殊的规律。但是另一方面,这两种职能在每一瞬间都互相制约,并且互相影响,以致它们可以叫作经济曲线的横坐标和纵坐标。"③ 在商品生产的发展过程中,如果没有交换,生产甚至不能持续进行,其经济行为也就是不完整的了。

其次,它使行为的直接目的发生变化,是物与"物神"④ 的统一。直接地看,生产是为了创造用以交换的物品,交换是为了满足主体的需要。但是,在

---

① 《资本论》第 1 卷,人民出版社 1975 年版,第 208 页。
② 《资本论》第 3 卷,人民出版社 1975 年版,第 272 页。
③ 《马克思恩格斯选集》第 3 卷,人民出版社 1995 年版,第 489 页。
④ 《马克思恩格斯全集》第 26 卷第 3 册,人民出版社 1974 年版,第 511 页。在这里,马克思有"资本的物神的形态"和"资本物神的观念"的说法,它的最后形式是利息。在第一卷第三章,马克思也有说货币是"物的神经",这里借用"物神"来简称"物的神经"。在《资本论》中,"物的神经"后来演变为"物神"。

价值取得货币的固定形态之后,生产和交换不仅保留了对物的需要,而且已经超出这种狭隘目的了。最初,其实质是私人劳动的社会性质的实现,到后来,已经转变为要掌握货币这种社会财富的象征。"随着商品流通的最初发展,把第一形态变化的产物,商品的转化形式或它的金蛹保留在自己手中的必要性和欲望也发展起来了。出售商品不是为了购买商品,而是为了用货币形式来代替商品形式。"① 因为货币已经成了"物的神经"、"社会的抵押品"②。这种变化,暗示作为"资本家幼虫"的经济主体已经饱含转化为"资本家蝴蝶"的基因。

再次,商品经济这种社会经济形式决定主体行为是实体性与虚拟性的统一。主体的生产一开始就是为了交换,是为买而卖,为卖而生产,即使还在生产,甚至还不知道能不能卖得出去,都是将产品当成商品来生产。但是,有许多产品最终并没有交换成功,当它们从市场上被退回,也就不成其为商品了。所以,在成交之前,它还不是完全意义的商品,从而这时的生产,严格地说,还不是实际的商品生产,这时的生产者还不是真正意义的商品经济的生产劳动者。其产品和劳动的私有权固然已经产生,但是,只要没有被出卖或用于同别人交换,这种所有权就还不是商品所体现的所有权。那些留着满足自己需要的产品也有所有权,不能随意被别人占有。同样的道理,不交换,也就没有社会有用性和社会等同性可言。这也意味着,这个主体的个别行为还没有真正转变为社会性的行为、转变为真正的经济行为。但是,商品交换并非一时的,今天卖不出去,明天也许可以卖出。只要生产者将它降价交换,它就还有机会成为商品。所以,这部分暂时还未出售的产品还可以说是"准商品"。之所以这样定性,因为它毕竟是为了交换而生产的,与一开始就是决定自产自用的产品有根本的不同。可见,社会经济形式规定既使这些产品必须成为商品来出售,又会因为个别行为与社会行为的差别而使它成为虚拟的商品。不过,正如原始社会末期某些共同体之间的交换一样,虽然只涉及消费剩余的物品,"但是物一旦对外成为商品,由于反作用,它们在共同体内部也成为商品"。③ 同样的

---

① 《资本论》第1卷,人民出版社1975年版,第150页。

② 同上书,第151页。斯密也说过:"自分工完全确立以来,各人所需要的物品,仅有极小部分仰给于自己的劳动,最大部分却须仰给于他人的劳动。所以,他是贫是富,要看他能够支配多少劳动,换言之,要看他能够购买多少劳动。"(《国民财富的性质和原因研究》上卷,商务印书馆2003年版,第26页)

③ 同上书,第106页。

道理，由于这个生产者的产品都是相同的，它的一部分对外成了商品，也会"反作用"于剩下的还没有成交的产品，使之也成为商品。可见，对这部分尚未交换甚至永远不能交换成功的产品，其社会形式的规定性既是虚拟的，又是现实的，是现实性与虚拟性统一。从而，生产者的行为也是实体性与虚拟性的统一。

当马克思假定商品是"平均样品"的时候，并不存在卖不出去的问题，其商品的社会形式规定是完全的。但是，当马克思说到存在着有些商品"惊险的跳跃"不成功的时候，这种"虚拟的商品"也就出现在读者面前了。我们之所以要注意在这种社会经济形式中商品有"虚拟性"与实体性的区别与统一，因为它与《资本论》后面论述的由资产阶级总体（经济主体总体）造成的虚拟资本、商品过剩有内在的联系，与它转型为总体资本家的虚拟行为有内在联系，——不仅过剩的商品具有这种虚拟性，而且资本家的各种行为也都具有虚拟性。——后者是前者的转型发展。如果前面没有阐明这种虚拟性，那么后面关于虚拟性的论述就没有根据了。①

续次，商品经济形式还使生产劳动的社会属性发生变化。主体的生产行为当然要满足一定的需要，但首先不是自己的需要，而是社会的需要。只有先满足社会需要，才能满足自己的需要。为此，他就要通过交换证明自己的劳动具有"社会有用性"。一旦他通过了交换，同时也就将他的劳动和别人劳动的实际差别抽去，化成它们作为人类劳动力的耗费、作为抽象的人类劳动所具有的共同性质，证明它具有"社会等同性"。这样，"生产者的私人劳动真正取得了二重的社会性质"，②即社会有用性和社会等同性。如果再加上他的劳动的私有性质（前面已经说明），实际上是"三重社会性质"③。就自然经济的劳

---

① "凡在对象开始时不是作为过程的前提和条件出现的东西，在过程结束时也不可能出现。但是另一方面，一切作为前提和条件的东西，在过程结束时则必然出现。"（《马克思恩格斯全集》第46卷下册，人民出版社1980年版，第262页）

② 《资本论》第1卷，人民出版社1975年版，第90页。

③ 人们通常误解马克思的劳动二重性理论，以为劳动二重性是指有用劳动和抽象劳动。其实，二重性可以有"二重性表现"和"二重社会性质"双重意义。他是先讲"具有二重表现的劳动的二重性质"：有用劳动和抽象劳动是其二重性表现（《资本论》第1卷，人民出版社1975年版，第97页脚注31），再讲它的二重社会性质：社会有用性和社会等同性（《资本论》第1卷，人民出版社1975年版，第90页）。在《直接生产过程的结果》中，马克思也明确地表明这种意思："二重形式的劳动：它一方面作为具体劳动表现在商品的使用价值中，另一方面作为社会必要劳动以交换价值的形式被计算。"（《马克思恩格斯全集》第49卷，人民出版社1982年，第51页）而"私人劳动的二重社会性质"则包含有"社会有用性和社会等同性"，再加上"私人性"（私人性也是一种社会属性），就是三重社会属性。

动看，虽然也一样有私有性，但因为没有交换而没有多大的意义，谁也不需要向别人表示他所从事的生产活动是自己的，除非发生产品的非经济的所有权纠纷。自然经济条件下的个别劳动当然也是有用劳动，但这种有用性纯粹是个别的；这种劳动虽然也包含人类劳动的凝结，但由于没有经过交换，也就无所谓社会等同性的规定。

最后，它使个别的经济行为具有对别人行为的依赖性，是独立性与非独立性的统一。在讲到"纯粹个人的劳动过程"时，马克思说，当行为主体"为了自己的生活目的对自然物实行个人占有时，他是自己支配自己的。……劳动过程把脑力劳动和体力劳动结合在一起了"①。如果联系商品生产这种社会经济形式，这种纯粹个人的过程必然发生变化，表面看，在生产过程中他仍然是自己支配自己，②仍然是智力与体力结合，在交换的时候，他有自己的意志。但从实质上看，在交换中他并不能自主地决定交换的价值量。"价值量不以交换者的意志、设想和活动为转移而不断地变动着。在交换者看来，他们本身的社会运动具有物的运动形式。不是他们控制这一运动，而是他们受这一运动控制。"③不仅仅他的交换行为受"看不见的手"控制，而且生产行为也受它控制。他必须根据价格的变动调整生产量、劳动投入量，调整产品的种类，甚至调整"预期效果"④等。所以，表面看是独立的，实际上是不独立的，是独立性与非独立性的统一。

以上是从行为的实施看，再从行为的连续性看，它又有一系列特征：

其一，如果就个别经济主体的行为看，他要不断地满足自己的经常需要，就得不断地生产和交换。分工越是发展，他的需要就越是多方面的，而且不断地增加，所以越要不停地生产、不停地交换。在相对较短时间内，他的需要是有限的，但是从较长的时间看，从他的生命力的延续看，他的需要是无限的。这决定他的经济行为是有限与无限的统一。

---

① 《资本论》第1卷，人民出版社1975年版，第555页。
② "他作为独立的私人而生产，自己主动进行生产，只是取决于他本身的需要和他本身的能力，从本身出发并且为了本身。"（《马克思恩格斯全集》第46卷下册，人民出版社1980年版，第466页）
③ 《资本论》第1卷，人民出版社1975年版，第91页。
④ 同上书，第93页。

其二，生产和交换"这两种职能在每一瞬间都互相制约，并且互相影响"，① 构成经济曲线的横坐标和纵坐标。但是它们作为经济主体的行为对单个主体来说却不可同时进行，在生产的时候就不能同时进行交换。两种行为在时间上彼此独立、此长彼短。这样看来，单个主体要时而进行生产活动，时而进行交换活动，各种行为都是不断进行的，又都是间断进行的，是连续性与间断性的统一。当然，对整个社会来说，情况有所不同，一个主体停下生产，还有无数主体进入生产过程；一个主体退出交换的同时，也有无数主体进入交换。

其三，交换并不像生产劳动那样能够创造价值，因为它没有作用于商品使用价值的形成。而且交换在耗费时间的同时，还要耗费一定的劳动或费用，所以交换是非生产性的。但是没有交换，经济主体的需要就不能满足，生产也不能继续进行。对再生产过程来说，交换是必不可少的。"在商品生产中，流通和生产本身一样必要，从而流通当事人也和生产当事人一样必要。"② 如果"商品没有按照它们的用途，在一定时期内，进入生产消费或个人消费，换句话说，如果它们没有在一定时间内卖掉，它们就会变坏，并且在丧失它们的使用价值的同时，也就丧失作为交换价值承担者的属性。"③ 对连续的过程来说，"使用价值以完成的商品形式出售，从而由此进入生产消费或个人消费，是它们的再生产不断更新的条件"。④ 在使用价值的生产和消费之间经过的时间，可以长短不等。在一定时间长度内，若能缩短这个出售时间，便能增加生产时间，反之，则会减少生产时间。所以交换行为对生产行为的影响巨大。

其四，与一定的劳动生产率相联系，生产是有剩余的行为，而相对劳动生产率的高低又是与一定的经济实力、与积累紧密联系的。前面我们已经看到，主体的生产行为虽然是流动性的，但它会物化并凝固在产品上，因而这种剩余就表现在产品剩余上。如果我们进一步联系生产者的劳动生产力，就必然看到，由于世世代代生产力的发展，生产劳动是与一定时代的相对劳动生产率相

---

① 《马克思恩格斯选集》第3卷，人民出版社1995年版，第489页。
② 《资本论》第2卷，人民出版社1975年版，第144页。这虽然是在研究资本循环的场合说的，但它具有一般性。其中的生产当事人与流通当事人可以理解为同一经济主体在不同场合所扮演的角色。
③ 同上书，第145页。
④ 同上。

联系的。马克思的分析也说明,生产力不断发展,生产者的生产条件不断变化,生产者劳动的平均熟练程度也不断提高,由是,生产者的劳动产品对他的一般需要来说必然是有剩余的。"一般剩余劳动,作为超过一定的需要量的劳动,必须始终存在"。① 也就是说,即使在资本主义社会的起点,生产者的劳动就已经产生剩余劳动,已经有了自己消费不完的剩余产品。而且,即使在简单商品生产条件下,相对劳动生产率也是与日俱增的,因此,这种剩余劳动的产品及其转化成的价值无论是相对量还是绝对量都是不断增加的,从而其实力是不断增强的。经济主体也像商品生产一样,是历史发展的。在其从一般生产者向经济主体转换的最初时期,主体的经济行为并不特别依赖于实力。那时的生产力水平比较低下,生产者的劳动虽然是为别人生产的使用价值,但主要是为了满足自己的需要。但是,如果这种转换已经到了资本主义的起点上,这种实力就是相当重要的了。没有一定的实力,以及由此相适应的劳动生产率,就很难在适应社会需要(这里主要表现为市场需求,但在这个场合,在逻辑上社会需要和市场需求的区别还没有涉及)的过程中发展主体自己。表面看,这好像与交换没有关系,其实不然,正是因为有交换,剩余劳动的产品才能转化为价值,才可能积累,——而积累是"社会的最重要的进步职能"②,——经济也才能流动、升级,在新的技术基础上扩大。没有交换引致的价值的积累,单有产品的积累,像老地主那样不断储藏粮食,很难导致相对劳动生产率的进一步提高,导致经济主体实力的增强,经济行为规模和功能的扩大的。

其五,它还赋予劳动的物化、对象化,除了有交换的意义外,还具有更为深刻的意义。交换使交换主体"对自己的劳动的所有权变为对社会劳动的所有权"③。换句话说,"社会权力就成为私人的私有权力"。④ 交换既是商品的易手,更是劳动所有权的转变。在简单商品交换的初期,交换只是为了满足主体自己的需要。但是,如果联系相对劳动生产率,行为、劳动是有剩余的,就应该意识到,交换不再仅仅是满足主体的需要了,而是转换为对社会劳动所有权的占有了。谁通过交换掌握的货币越多,谁对社会劳动的所有权、控制权就越多,他的实力就越强。尽管在资本主义起点这种情况还不是很普遍,但已经

---

① 《资本论》第3卷,人民出版社1975年版,第925页。
② 《马克思恩格斯选集》第3卷,人民出版社1995年版,第663页。
③ 《马克思恩格斯全集》第46卷下册,人民出版社1980年版,第463页。
④ 《资本论》第1卷,人民出版社1975年版,第152页。

发生,并且越来越重要。

其六,它还导致行为主体素质的提高。其中首要的是行为转换能力的提高,经常流动。经济主体作为交换者在市场上经常遭遇"惊险的跳跃",一不小心就会被"摔坏"。这种情况每日每时都在发生,它对主体当然具有相当大的震撼力和杀伤力。各个生产者在生产的时候不仅要注意到"物的价值性质",为了能经常跳跃成功,实现这种"价值性质",更要注意这种性质的载体即使用价值的社会有用性是否发生变化,尽量使自己有能力和实力实现生产的转换,以顺应可能发生的和已经发生的变化。马克思发现,有些生产者不仅仅被动地适应市场的需要,还具有超前意识,他的"商品可能是一种新的劳动方式的产品,"力求"去满足一种新产生的需要,或者想靠它自己去唤起一种需要"[①]。显然,这是产品的创新。还有的生产者为了提高效率,实施某种职能的专业化,"一种特殊的劳动操作,昨天还是同一个商品生产者许多职能中的一种职能,今天就可能脱离这种联系,独立起来,从而把它的局部产品当作独立商品送到市场上去"。有的生产者则生产替代品,"某种产品今天满足一种社会需要,明天就可能全部地或部分地被一种类似的产品排挤掉"。有的生产者意识到"社会对麻布的需要,象对其他各种东西的需要一样,是有限度的"[②],他适量生产,见好就收。这些经济主体的生产行为不是一成不变的,而是经常流动的。他们从交换中看到社会需要的经常变化,适应这种潮流,创造了新的社会需要,用新的社会需要替代原有的社会需要,或者实现了专业化。显然,这些变化的必要性表明,为了经常地适应"惊险的跳跃",主体应该能够克服传统或习惯、惯性,在行为方式方向、数量、条件等转换的同时提高自己的能力。当然,这些发展都要求主体有相当的经济实力,才能有效地、及时地实现资源和能力的转换。

第二节 整体经济行为中包含着基本矛盾

我们已经看到,经济行为是在一定的生产资料的所有制、商品经济的社会

[①] 《资本论》第1卷,人民出版社1975年,第125页。
[②] 同上。

经济形式和一定的生产力发展水平基础上发展起来的。生产资料所有制属生产关系领域,生产力发展水平属生产力领域,而商品经济属经济体制。——它既是生产关系的表现形式,又包含着一定的生产力运行内容。——显然,众多单个经济主体的经济行为是在社会基本矛盾的运行过程中、运行场①中实施的。同时,它们的运动或实施,也在某种程度上包含或表现了这种基本矛盾。

在《资本论》开篇,马克思研究的私人劳动及私人劳动者之间的交换关系,实际上是单个经济主体经济行为的主要内容。尽管它十分简单,但作为总体对象的细胞,主体及其行为既是私人性的,又是社会性的。正是这种私人性与社会性之间的矛盾,才构成商品生产的基本矛盾,在客观的和主观的逻辑上构成资本主义基本矛盾的"基因"。

人们通常把私人劳动与社会劳动的矛盾当作一般商品经济的基本矛盾,但是这种说法并不是十分精确。私人劳动不仅有"私人的独立进行的劳动"的意思。而且还应该有"属私人所有的劳动"的意思,简单说,包含有"个别性"和"私有性",而与之相对的"社会劳动"在《资本论》中只有"社会性"而没有"公有性"的含义。如果将私人劳动归结为"私人独立进行的劳动",那么它就属生产力的范畴。这样,它与只具有"社会性"的社会劳动都属生产力的范畴,不能构成社会的基本矛盾。何况这样"个别性"与"社会性"的矛盾在资本主义以前也存在。显然,这样的矛盾并非资本主义基本矛盾即生产社会化和私人占有制之间矛盾的细胞形式。因为在资本主义基本矛盾中,生产社会化属生产力范畴,生产资料私人占有制属生产关系范畴。所以,只有表示"私有性含义的私人劳动"与表示"社会性含义的社会劳动"的矛盾,才是商品经济的基本矛盾,才是资本主义基本矛盾的实际的和理论的胚芽。显然,只有理解私人劳动的私有性,才能理解私人劳动的社会性质实质上已经包含着简单商品经济的基本矛盾。不过,即使是这样阐释,这种基本矛盾的论述还带有浓厚的哲学味道。只有结合过程的承担者即经济主体,以及主体行为过程的内容,基本矛盾理论才比较具体。换句话说,经济主体的行为表现了一定社会的基本矛盾。

即使在简单商品经济条件下,简单经济主体行为中包含的这种私人性与社

---

① 孟氧先生认为,社会关系场是一种相互关系场。见孟氧:《经济学的社会场论》,中国人民大学出版社1999年版,第157页。

会性的矛盾也不是直接表现出来的。如前所述，私人主体的经济行为有私有性，但它又是社会分工的一部分，有社会性。由于这种基本矛盾有直接性（短期的直接表现）和间接性（长期的内在规定），这就决定私人的生产行为与交换行为都是有理性与非理性的。直接地看，单个主体的生产行为当然是有计划的，似乎带有更多的理性，"劳动过程结束时得到的结果，在这个过程开始时就已经在劳动者的表象中存在着"。① 为实现这种结果，他必然要合理地安排他的各种活动，正如鲁滨逊的劳动一样，"需要本身迫使他精确地分配自己执行各种职能的时间。在他的全部活动中，这种或那种职能所占比重的大小，取决于他为取得预期效果所要克服的困难的大小"。② 但是，从间接的本质看，他的生产资料和生产行为都是私人性的，他生产的某种使用价值能否完成"惊险的跳跃"满足一定的社会需要却是未知的，所以，其行为一开始就是盲目的，像猜谜一样，这就决定他的生产行为带有非理性的因素。至于他的交换行为，既要找准交换的对象即买家，又要与对方讨价还价。从较短的时间看，这是主观的、盲目的。③ 但是，资本主义起点，生产规模较小，产品少，社会需要的规模、地方市场也较小，交换关系比较简单，只要他经常出现在市场上，对当时还比较狭小的市场和较少的交换者有所了解，就可形成经验和理性。也就是说，从较长的时期看，他的行为并非完全盲目。即使是极其分散、规模很小的简单商品生产，也不例外。我们不能因为它的私人性与社会性的矛盾就看不到两者的统一，不能因其短期的盲目性而看不到它长期的合比例性。实际上，按一定比例发展只是一种内在规定，是看不见的，它决不会直接表现，在市场上只能颠倒地表现。"在这种生产方式下，规则只能作为没有规则性的盲目起作用的平均数规律来为自己开辟道路。"④ 各个经济主体虽然并不了解他们是处在社会分工的一个极小的分支，彼此之间有着内在的联系，因而不了解这种自然必然性，但"这种自然必然性可以在市场价格的晴雨表的变

---

① 《资本论》第1卷，人民出版社1975年版，第220页。
② 同上书，第93页。
③ 恩格斯说："这是一个以当事人的盲目活动为基础的自然规律。"（《资本论》第1卷，人民出版社1975年版，第92页脚注28）
④ 《资本论》第1卷，人民出版社1975年版，第120页。从研究的逻辑阶段及上下文的联系看，这里说的"这种生产方式"指的是商品经济。

动中觉察出来,并克服着商品生产者的无规则的任意行动"①。

进而言之,因为单个主体的短期行为是盲目的,是受价格的波动调节的,那么,其行为理所当然具有波动性。这种波动,并不意味着永远地远离平衡态,而是经常地上下波动,一方面表现在他的同一行为的持续和中断、扩张和收缩上。既然主体是有意识的,一般情况下都会趋利避害,对价格的下降一定会有所反应,反之亦然,因为他"决不是到市场去送礼的"②。另一方面,主体也会随着价格的波动调整行为的方向,正如马克思的分析表明的,会生产新的产品、替代品等。这样看来,他的行为波动可表现在量或时间上,也可表现为行为领域或空间上。在《资本论》开篇,马克思基本上是在比较抽象的条件下研究各个经济主体的行为,关于主体的行为时间、空间是暂时抽象的,这也意味着主体行为空间、时间是可以变换的。同样的道理,在较长的时段中,主体的行为基本上应该也有平稳的一面。只要他不是永远与社会需要对着干,不想破产,并且能够吸取教训,那么他"可能发生的纯粹主观的计算错误……在市场上马上可以得到客观的纠正"③。因此,从长期看,他的行为还是能够平稳发展的。无论是单个经济主体的行为,还是众多主体的经济行为,都具有这种波动性和平稳性的特征。正是通过这种短期的波动和长期的平稳,商品生产才能维持和扩大,社会生产才不至于崩溃。

单个主体的独立经济行为是显性的,但又体现和包含着一定的社会关系。马克思说:"流通是商品所有者的全部相互关系的总和。在流通以外,商品所有者只同他自己的商品发生关系。"④ 的确,只有通过总体的交换即流通,各个主体才能建立起相互关系。这种关系,也可以说是私人性与社会性的关系。但是,这还是外在的、可以观察的、直接性的。实际上,即使在独立进行的生产过程中,也有社会关系。"我们愈往前追溯历史,个人,也就是进行生产的个人,就显得愈不独立,愈从属于一个更大的整体……人是最名符其实的社会动物,不仅是一种合群的动物,而且是只有在社会中才能独立的动物。"⑤ 即使是单个主体,也是"已经内在地具有社会力量的文明人"。因此,他的生产

---

① 《资本论》第1卷,人民出版社1975年版,第394页。
② 同上书,第125页。
③ 同上。
④ 同上书,第188页。
⑤ 《马克思恩格斯全集》第46卷上册,人民出版社1979年版,第21页。

行为本身就具有社会性，当然这是隐含的、间接性的。这种社会性就隐藏在个人过程、私人性中，但交换的扩大却将它表现出来了，只不过颠倒地表现为生产者与生产资料、产品的关系。换句话说，作为社会表象，它表现的不是人与人之间的关系，而是物与物之间的社会关系，与内在规定是有距离的。尽管在资本主义起点，这种关系的本质还不很复杂，实际的联系会强使过程的承担者多少有所意识。但是，由于货币的特殊自然性质和社会性质，人们便很容易将它归结为金钱关系。

诚然，在资产阶级经济学家的著作中，都不乏经济行为的研究。但是，在这些理论中，主要是研究单个主体的经济行为。与此不同，马克思即使在做这种研究的时候，也只是将它看成是研究资产阶级总体经济行为的基本元素，因而能从中发掘出更为复杂的总体行为的萌芽。借用黑格尔的说法，起点是潜在的终点，终点是充分展开的起点。在《资本论》中，马克思也将起点与终点联系起来，以这种理论的逻辑发展来反映客观过程的发展逻辑。由此观之，这种简单性只是相对于复杂总体而言的。如果说"最简单的商品形式——在这种形式中，商品还没有表现为对其他一切商品的关系，而只是表现为和它自己的天然形式不相同的东西——就包含着货币形式的全部秘密，因此也就包含着萌芽状态的劳动产品的一切资本主义形式的全部秘密"[①]，如果再从它与其他商品的关系看，"在产品的价值形式中，已经包含着整个资本主义生产形式、资本家和雇佣工人的对立、产业后备军和危机的萌芽"[②]，那么，同样也可以说，在最简单的经济行为中，也包含着这些萌芽或"基因"。

就是在《资本论》开篇，尽管在处理思想材料的时候暂时撇开资本关系，但仍时时提示资本家的存在："昨天，资产者还被繁荣所陶醉，怀着启蒙的骄傲，宣称货币是空虚的幻想。只有商品才是货币。今天，他们在世界市场上到处叫嚷，只有货币才是商品！"[③] 当然，他也特别说，这里的主体还是"资本家幼虫的货币所有者"[④]。由此，简单性规定就转化为一般性规定了。也就是说，这种简单性是贯穿资本主义经济起点那个时代的。了解这一点十分重要，这样，我们就应该意识到，这个"起点"，实质上是"资本家幼虫"的培育时

---

① 《马克思和恩格斯〈资本论〉书信集》，人民出版社1976年版，第215—216页。
② 《马克思恩格斯选集》第3卷，人民出版社1995年版，第661页。
③ 《资本论》第1卷，人民出版社1975年版，第158页。
④ 同上书，第189页。

期，是"一个新的社会灵魂"① 形成的关键时期。这个社会灵魂并不是天外来客，实际上是在长期的原始积累中形成的。或者也可以说，是在资本主义起点上形成的。这样看来，这个起点实际上还是资本主义原始积累的过程。正是在这个过程中，劳动者被强制地与生产资料的所有权和劳动所有权分离。这个灵魂来到世间，不仅制造了这种分离，同时也积蓄了经济实力。

进而言之，《资本论》开篇关于各个主体之间交换关系、信用关系包含着危机可能性的论述，还预示了它将在一定的经济关系中变为现实性。而第三卷在论证资本主义现实危机的场合，马克思还特地联系这里的论述，来说明前后研究的内在联系。例如他说："一旦劳动的社会性质表现为商品的货币存在，从而表现为一个处于现实生产之外的东西，独立的货币危机或作为现实危机尖锐化的货币危机，就是不可避免的。"② 这样联系，我们就不难理解到他的科学方法及理论发展逻辑，以及这个阶段研究与后面阶段研究的内在联系。

上面分析的主体，既是简单的小生产者，同时又是一般的"资本家幼虫"。马克思分析它们，并非将这两种性质不同的身份混为一谈，也不是将前者当成后者的前身。——如果是那样理解，势必会以为《资本论》开篇研究的是前资本主义的小商品生产。这与马克思的对象、方法是不相符的。马克思说："人体解剖对于猴类解剖是一把钥匙。低等动物身上表露的高等动物的徵兆，反而只有在高等动物本身已被认识之后才能理解。因此，资产阶级经济为古代经济等等提供了钥匙。"③ 可见，这里研究的是资本主义本身。由此我们也可发现，马克思要表明的双重意图：一方面，即使是"资本家幼虫"，其行为也必须遵循一般经济主体的行为规则。另一方面，他已经涉及不同的"资本家幼虫"之间的关系，例如在短期的交换中，一方可以不等价地占有另一方的劳动。

---

① 《资本论》第 1 卷，人民出版社 1975 年版，第 614 页。
② 《资本论》第 3 卷，人民出版社 1975 年版，第 585 页。
③ 《马克思恩格斯全集》第 46 卷上册，人民出版社 1979 年版，第 44 页。

第三篇

资本主义初级阶段单个资本家的经济行为

在研究的第一阶段,虽然马克思暂时抽去资本关系,研究简单、一般的经济行为,但其中已经透露了这种行为过程包含的进一步发展的逻辑和复杂对象的萌芽。进入第二阶段后,资本关系回归研究过程,必然导致主体及其行为发生重大的变化。①

但是,资本关系也不是一下子就达到完善的地步,所以这种变化也不是一下子就典型化的。资本关系的发展既受生产力发展水平的制约,又受社会经济形式发展程度的约束。资本主义虽然继承了历史发展的生产力,但在其"幼年时期"或"资本主义生产方式的历史初期",② 生产力的发展水平还不高,资本关系也不够完善,市场的发展也不完善,两大对立主体的发展以及两者关系的发展也都不够成熟。资本家的经济行为也局限在一个较小的范围内、较低的层次上。马克思根据各方面的发展状况,将资本主义区分为"比较不发展的阶段"和"比较发展的阶段",我们不妨把前者称为"资本主义初级阶段"。作为社会经济发展的一个特定阶段,它既是不可逾越的,又有自身的特殊性。这种特殊性一方面体现在客体方面,包括过程发展的各种载体,另一方面还体现在主体方面,包括主体的行为及各个主体之间的关系。

资本主义初级阶段不是一个很短的时期,从劳动资料以及直接生产方式的变化看,从简单协作开始,经过工场手工业,到轻纺工业实现机器大生产,蒸汽机车开始运行,至少经过两三百年的时间。和后来的比较发展的阶段相比,初级阶段资本运动的规定就显得简单和不成熟,但基本规定

---

① 参看陈俊明:《资本转型论——〈资本论〉资本理论的具体化》,社会科学出版社2004年版。这部书根据马克思的提示,将商品经济、资本运动分为三个发展阶段,论证劳动价值论与资本理论都是三个阶段上升的。

② 《资本论》第1卷,人民出版社1975年版,第694、651页。

已经定型，并且包含着进一步发展的趋势。

从客体方面看，发展阶段的不同归根到底是社会经济内容和形式的发展水平不同，它导致经济时代的区别。马克思说："各种经济时代的区别，不在于生产什么，而在于怎样生产，用什么样的劳动资料生产。劳动资料不仅是人类劳动力发展的测量器，而且是劳动借以进行的社会关系的指示器。"① 就后者而言，它是以经济制度和经济体制来表现的，可见劳动资料的发展水平除了表现了生产力水平外，同时又指示了两个很重要的标准：

其一是社会经济形式即商品经济的发展水平。在资本主义初级阶段，由于生产力不够发展，各个主体拥有和使用的劳动资料规模不大、性能不高、彼此的差别还不大，因而资本有机构成和周转构成的差别还不大，商品的交换只能以价值为基础。马克思说："商品按照它们的价值或接近它们的价值进行的交换，比那种按照它们的生产价格进行的交换，所要求的发展阶段低得多。而按照它们的生产价格进行的交换，则要求资本主义的发展达到一定的高度。"②

其二是资本关系的发展水平，在价值普遍转型、利润率平均化前后，两大阶级的关系发生了质的变化，不再是个别工厂的资本和雇佣劳动的关系，而是整个社会的两大对立阶级的关系。马克思说："随着大工业的发展，出现在市场上的货币资本，会越来越不由个别的资本家来代表，即越来越不由市场上现有资本的这个部分或那个部分的所有者来代表。"③ 诚然，即使在资本主义的较高发展阶段，社会总资本也是由无数的单个资本的相互联系构成的，所以在社会表面上，人们看到的总是单个资本的运动，看不到总体资本家的行为。马克思说：资本"是一种运动，是一个经过各个不同阶段的循环过程，……资本的运动所以会表现为产业资本家个人的行动，是因为他作为商品和劳动的买者，作为商品的卖者和作为生产的资本家执行职能，因而通过他的活动来促成这种循环"④。

---

① 《资本论》第1卷，人民出版社1975年版，第204页。
② 《资本论》第3卷，人民出版社1975年版，第197—198页。
③ 《马克思恩格斯全集》第26卷第3册，人民出版社1975年版，第515页。这里论述的也是关于社会总资本运动的外在表现形式。
④ 《资本论》第2卷，人民出版社1975年版，第122页。

总之，只有进入机器大工业的较高阶段，即重化工业已经有较充分发展、利润率平均化已经定型并且开始倾向下降、资本关系已经深化之后，自由资本主义才进入比较发展的阶段。在此之前，都还只是初级阶段。在这个阶段，资本运动只能由个别资本家来代表，并且工人与资本家的关系还只是"形式的隶属"①。马克思将两大阶级的关系发展区分为两个阶段，即"形式上的隶属"和"实际上的隶属"，与劳动资料的变化有很大的关系。"我把以绝对剩余价值为基础的形式叫作劳动对资本的形式上的从属。它只是在形式上不同于其他的生产方式，在那些生产方式下，实际的生产者提供剩余产品，提供剩余价值，……不过不是为自己而是为其他的人进行劳动。"②而在劳动过程本身发生了变化，"能在直接生产中大规模应用自然力、科学和机器"，并且"物质形态的这种变化构成资本主义关系发展的基础"③，劳动对资本才变为实际上的从属。

从单个资本家这一主体来看，劳动资料的发展水平也直接或间接地影响他的发展程度。劳动资料越是复杂、规模越大，资本家作为主导主体在内部对它的掌控、管理、组织生产等能力越强，在外部所要处理和适应的社会关系越复杂，从而分化也越激烈，资本家正是在各种关系的复杂化过程中成熟的。这些关系中，首先是主导主体即资本家与从属主体即雇佣工人的对抗，其次是大资本家与中小资本家的对立。人们以前大都更重视客体方面，而忽视主体的发展。因此，研究经济主体及其行为随生产力、生产关系、社会经济形式的变化而变化，就是极其必要的、新颖的。

在资本主义初级阶段，资本家的各种职能还没分离，至少应该在理论上这样设定，其行为是全面的，包揽生产和流通的全部业务，并且是连续性的。大体看来，在《资本论》中，马克思对初级阶段单个资本运动的研究，都集中在《资本论》第一、二卷末篇以前，以剩余价值的生产和流通为主要内容，实际上就是企业经济行为或微观经济行为。在第三卷第一篇，他也研究单个资本的运动，主要是阐明剩余价值在社会表面上，在

---

① 《资本论》第2卷，人民出版社1975年版，第557页。
② 《马克思恩格斯全集》第48卷，人民出版社1985年版，第5页。
③ 同上书，第18页。

生产当事人通常的意识中的表现,① 以及资本家如何利用由此产生的各种机制来调控自己的行为。之所以如此,是因为在这个阶段,各个资本家生产经营的规模还不很大,彼此相差也不大,资本家的个性比较强而集团意识还不强。

　　这里的研究也有一定的条件:假定实行金本位制,商品按价值出售,工人及时足额领到工资,商业已经有一定的发展,但没有赊购赊销,资本家使用自有资本,地租等于0,不联系外贸等。

---

① 按照马克思的计划,第三卷研究的社会总资本作为整体考察时所产生的各种具体形式的运动,但其第一篇主要还是研究单个资本,以它为社会总资本的细胞。因此,在这里我们可以看到马克思对单个资本家的观念、行为的研究。在第三卷第八章,马克思提示:"我们以前当作同一个资本在时间上相继发生的变化来考察的东西,现在要当作不同生产部门各个并存的投资之间同时存在的差别来考察。"(《资本论》第3卷,人民出版社1975年版,第161页) 可见,在第八章前的第一篇,还是以单个资本为主要考察对象。

第七章 经济主体的转型

从资本主义起点上升到资本主义初级阶段，资本家作为经济主体的行为必然受新发展阶段基本规定的影响而发生重大的变化或转型。在《资本论》中，我们看到，这种转型是全方位的，包括地位、观念、社会关系、行为方式的转型。

第一节 身份的转型

在资本主义起点上，经济主体具有双重的社会性质，既是简单商品生产者，又是"资本家幼虫"。从起点向初级阶段上升，这两种身份同样都转型。

如前所述，在《资本论》的第一研究阶段，既析出了劳动价值论的一般规定，也开始了资本理论的研究。它反映了资本主义起点经济发展的二重性，即在简单商品生产发展的同时，资本运动也开始发展。在这个阶段，这两个过程是相辅相成、相互促进的。"商品生产的地基只有在资本主义的形式上才能担负起大规模的生产"。① 根据这种历史发展的逻辑，在资本主义初级阶段，资本运动发展的同时，商品经济也在发展，因为资本家要通过生产商品来生产剩余价值。所以，在理论上必须阐明，主体的经济行为除了有特殊的剩余价值的生产和流通外，仍然有一般的商品生产和商品交换。

---

① 《资本论》第 1 卷，人民出版社 1975 年版，第 684 页

但是,《资本论》研究界大多数人都认为,开篇主要论述劳动价值论的基本规定,从第二篇起开始推出的才是资本理论。这样看似乎也合乎逻辑:资本理论奠定在劳动价值论的基础上。但是,人们没有意识到,这样理解将这些基本理论理解得太过简单和表面了。既不了解劳动价值论是以历史发展的商品经济为对象的,又将资本运动与商品生产无端割裂开来。这种看法更大的不合理还在于以为资本理论以简单的价值规定为基础。不言而喻,简单商品生产的地基无论如何也不能承载起不断转型发展的资本运动。前者充其量只能形成一些不成熟的基本规定,只是包含了进一步发展的逻辑。诚然,资本运动是需要以商品生产为基础的,但这个基础绝非一成不变的。随着资本运动阶段的上升,这种基础也应该扩大和深化。因此,在资本主义初级阶段,资本家生产、交换商品,并不是简单地重复资本主义起点的简单商品生产,而是升级了、转型了的商品生产。

在资本主义初级阶段,商品生产在资本关系的哺育和催化下实现了初步的转型,同样的,资本运动也已经随着生产力的迅速发展而步入正轨,主体的转型发展也同时进行。他们适应经济内容或实体以及经济形式的变化,一方面转型为比较成熟的企业家,——只有在资本主义的较高发展阶段上才能成为典型,——包揽了所有的生产、流通业务;另一方面是从"资本家幼虫"真正成长为"蝴蝶"或"成虫"。当然,这两个过程并不是先后进行的,而是齐头并进、相得益彰的。

先看前一种转型。所谓的简单商品生产,生产者是独立进行生产的,所用的生产资料简单,数量不多、工艺不复杂,产品也不多。各个生产者大都只生产一种产品,至少在理论上可以这样假定。他所面对的市场狭小,社会需要相对固定,市场关系比较简单,等等。当它在资本关系的培育下有了较长足的发展后,商品经济必然发生明显的变化。有一小部分商品生产者转化为企业家,[①] 他使用的生产资料的规模不断扩大,性能不断优化,工艺不断复杂,从而一定的分工和协作的规模也在扩大。从这种意义看,他是工业家;相应地,

---

[①] 这并不意味着小生产者可以自然而然地通过自己的勤劳和聪明才智而成为资本家。从资本家的内在规定看,指的只是那些能够靠特殊的手段例如资本主义原始积累而经济实力迅速膨胀的人。前一种说法是西方资产阶级学者杜撰的寓言,后者是马克思研究资本主义原始积累得出的科学结论。见《资本论》第1卷,人民出版社1975年版,第781—782页。

这时的市场必然扩大，市场关系开始复杂化，竞争激烈、价格波动频仍，他要时时关心和应对市场的行情变化，所以这个企业家同时还是商人。在这样的发展阶段，交换广泛、深入发展，随之价值规律也已经发生变化。一方面，过程本身的发展必然要求规律变化，从非典型演变为典型，其内容从简单演变为复杂；另一方面，与这个过程同时存在的其他过程也有其内在规律，它必然与这些同时存在并发挥作用的规律相互影响。这种情况就是恩格斯所说的那种"力的平行四边形"①。这样，经济主体绝不能再像以前那样，以为只要投入劳动就可形成价值，而且不难实现，而必须意识到，一种产品的不同的生产条件以及产品数量等因素所决定的社会价值对自己商品的个别价值影响极大。② 这样的企业家即经济主体不仅有一定的预期，同时还要有一定的预测。就像孤岛上的鲁滨逊，"需要本身迫使他精确地分配自己执行各种职能的时间。在他的全部活动中，这种或那种职能所占比重的大小，取决于他为取得预期效果所要克服的困难的大小。经验告诉他这些"，③ 使他懂得如何安排自己的活动。同样的道理，有一定经营规模的资本家更要善于全面地安排自己的人力物力。在资本主义初级阶段，企业家不仅要有实现价值量的预期，还要有各种各样的预测，包括原料价格、供给量、需求量、成本控制等的预测。在竞争中，经济主体一方面要与同种商品的生产者展开竞争，另一方面还要与不同行业的生产者竞争。这些都要求他迅速地成长起来。

再看后一种转型，商品生产者变成为真正的资本家。这当然要有一个必不可少的条件，即实力的形成、积累和增长，而这必须发生在成为真正资本家之前，即要有一个区别于资本主义积累的"原始积累"。马克思证明，那些最终成为资本家的主导主体的财富，并不是依靠他们的勤劳而得的，主要是在原始积累的过程中实现的，与商品生产和交换的联系并不大，或者说没有必然的联系。④

---

① 《马克思恩格斯〈资本论〉书信集》，人民出版社1976年版，第501页。

② "市场价值，一方面，应看作是一个部门所生产的商品的平均价值，另一方面，又应看作是在这个部门的平均生产条件下生产的、构成该部门的产品很大数量的那种商品的个别价值。只有在特殊的组合下，那些在最坏条件下或在最好条件下生产的商品才会调节市场价值。"（《资本论》第3卷，人民出版社1975年版，第199页）

③ 《资本论》第1卷，人民出版社1975年版，第93页。

④ "大家知道，在真正的历史上，征服、奴役、劫掠、杀戮，总之，暴力起着巨大的作用。……事实上，原始积累的方法决不是田园诗式的东西。"（《资本论》第1卷，人民出版社1975年版，第782页）

第七章 经济主体的转型

换句话说，资本家在能作为真正的资本家实施其经济行为之前，必定要有一个形成实力的过程，即实施原始积累的行为。这样看来，马克思研究资本主义原始积累并非仅仅从理论的完备性方面考虑的，而是要证明，原始积累是资本家行为的必要准备，资本家行为是其原始积累的必然趋势。它表明，要了解资本家的经济行为，不能仅仅考察其现实过程，还要追溯其原始积累的行为。① 而且，从马克思根据资产阶级官方所披露的材料看，不仅这个原始积累过程经历的时间相当长，而且在已经开始进入资本主义初级阶段之后的很长时间内，资本家还经常大量地以非经济的手段来剥夺工人的生命力。这表明，资本家并不因为已经当上资本家就老老实实地遵照资本运动的规则行事，而是在进行资本积累的同时，仍然进行着原始积累。当然，从理论上看，马克思主要是考察资本家的标准的行为。

从这种意义看，两个阶段的主体之间的联系，不仅要从财富的积聚，更重要的是从其行为的转型来看的。不过，单有实力的壮大，他还成不了资本家，还要有人供其使用、剥削。所以，除了原始积累这种必要条件，还要有大量自由工人这种充分条件。在历史上，后一过程是原始积累的题中应有之义，是与前一过程同时展开的，相辅相成的。在长期的原始积累过程中，大量的劳动者完全丧失了生产资料，沦为"自由的工人"。"一方面，工人是自由人，能够把自己的劳动力当作自己的商品来支配，另一方面，他没有别的商品可以出卖，自由得一无所有，没有任何实现自己的劳动力所必需的东西。"② 他们只有经过别人的允许才能劳动，才能生存，尽管他们也要在市场上购买必要消费品，似乎也从事一定的经济行为，但只靠不断地出卖劳动力，才能维持自己生存，甚至自己的劳动都属别人所有，——必须注意，马克思考察的雇佣工人，在起初是指得到资本家允许而劳动的劳动者，至于那些失业者，暂时不在这里

---

① 对有一定规模要求的经济来说，对任何经济主体来说，原始积累都是十分必要的，它是形成一定经济实力的最重要环节。这是个非常重要的原理，具有一般性。不仅在资本主义国家如此，在社会主义国家也一样。在苏联和我国的建国之初，为了工业化的发展，都进行了一定程度的原始积累。现在的许多亿万、千万富翁，绝大多数都是在改革开放之初利用各种合法的、非法的手段进行原始积累才较顺利地发展起来的。反观绝大多数小规模经营的农民，正因为他们没有相应的原始积累，所以始终不能真正地、永久地摆脱不发达的状态。

② 《资本论》第1卷，人民出版社1975年版，第192页。

考察。之所以这样，可能因为在资本主义初级阶段，各个资本家资本的有机构成还不很高，还没有出现大规模的相对过剩人口，——所以他们并非真正的主体，只是相对于生产资料这种被使用的客体才是主体。而那些财富急剧膨胀的人，他们才是真正"自由的主体"：既能自由地可以决定怎样生产，还能自由地决定怎样支配这些"自由的工人"，自由地决定产品的分割。马克思曾提到工人对资本的实际隶属和形式隶属，从这种意义看，资本家是主导主体，而雇佣工人充其量只是从属主体。即使在流通过程中，资本家与雇佣工人在买卖劳动力的时候表面上遵循"自由、平等、所有权、边沁"等原则，但在签订合同之后，情况立即发生变化："原来的货币所有者成了资本家，昂首前行；劳动力所有者成了他的工人，尾随于后。一个笑容满面，雄心勃勃；一个战战兢兢，畏缩不前，象在市场上出卖了自己的皮一样，只有一个前途——让人家来鞣。"① 如果进入门口挂着"非公莫入"牌子的生产场所，这种地位差别就无法掩盖了。资本家不用动手，颐指气使，工人低声下气，不敢怒也不敢言。显然，资本家和工人的经济社会地位、身份发生了巨大的转变。

在真正的资本家方面，不仅要有相当的实力，而且他们还会随着过程的发展实力产生分化。马克思说明，即使在资本主义初级阶段，社会劳动生产力的发展也要以大规模的协作为前提，只有在这个前提下，才能组织劳动的分工和结合，才能使生产资料由于大规模积聚而得到节约，才能产生那些按其物质属性来说只适于共同使用的劳动资料，如机器体系等等，才能使巨大的自然力为生产服务，才能使生产过程变为科学在工艺上的应用。但是，"在商品生产中，生产资料归私人所有，因而劳动者或者分散地、独立地生产商品，……在这种生产的基础上，上述的前提只有通过单个资本的增长来实现，或者说，随着社会生产资料和生活资料转化为资本家的私有财产来实现"，并且还要拓展和加深商品生产的地基，才能担负得起资本主义大规模的生产。② 因此，要经营较大规模的商品生产，就必须有较大量的财富积聚在单个资本家手中。马克思还证明，不是任何一个货币额或价值额都可以转化为资本，相反地，这种转化的前提是单个货币所有者或商品所有者手中有一定的最低限额的货币或交换价值。"只有当他在生产上预付的最低限额大大超过了中世纪的最高限额时，

---

① 《资本论》第 1 卷，人民出版社 1975 年版，第 200 页。
② 同上书，第 684 页。

才真正变为资本家。"① 这个限额不仅使资本家完全脱离实际的生产活动,只执行资本家的职能,而且生活水平也要比雇佣工人高得多。后来,马克思又指出,"达不到这个限额,一个企业就没有竞争能力"。② 而且,这个限额还不是固定的,而是因时因地变动的。"单个的货币所有者或商品所有者要蛹化为资本家而必须握有的最低限度价值额,在资本主义生产的不同发展阶段上是不同的,而在一定的发展阶段上,在不同的生产部门内,也由于它们的特殊的技术条件而各不相同。"③ 他还发现,各个资本家都不会仅仅满足于这个最低限额,"在每一次的标准最低限额和不断扩大的标准最高限额之间,有许多中间阶段,形成一个允许有极不相同的投资程度的中位",④ 所以都在竞争的压力下至少向中位水平靠拢。实力的发展不仅促成这种转变,而且还会导致主体的一系列变化。经济发展总是不平衡的,在一定的时期内,社会财富总量总是一定的,有的主体的财富能够迅速膨胀,反之,必有大量主体的财富急剧流失。许多中小资本家被大资本家吞并,大资本家的实力越来越强大。

显然,主导主体就是资本家,他们不是个别人,他们各自都有兴衰起落,但无论是长期看还是短期看,都是一个集团,构成一个阶级,是"类存在物",各个资本家无论有怎样的个性、独立性,都在骨子里深深地打上资产阶级的烙印。这样的主体当然是很复杂的,所以只能从其细胞即从单个资本家开始研究。

作为资本家,虽然也都有生产经营实践,但不是一般的商品生产者。首先,他有较大的实力,有较大的规模,形成一个企业;其次,他自己并不从事生产和交换,而是站在过程之外,指挥、管理工人;再次,他们都与当时最先进的生产力水平相联系。"这种18世纪的个人,一方面是封建社会形式解体的产物,另一方面是16世纪以来新兴生产力的产物。"⑤ ——工人虽然实际进行生产和交换,实际推动生产力发展,却是"为他人作嫁衣裳",并且并入资本中,以资本形式而存在。——因此,在这个阶段,主导主体的经济行为并非实际的生产交换行为。当然,"资本直接从工人身上吸取体现为剩余价值和剩余

---

① 《资本论》第1卷,人民出版社1975年版,第342页。
② 同上书,第256页。
③ 同上书,第343页。
④ 同上书,第256页。
⑤ 《马克思恩格斯全集》第46卷上册,人民出版社1979年版,第18页。

产品的剩余劳动。因此，在这个意义上，资本可以被看作剩余价值的生产者"。① 也是在这个意义上，马克思称资本家是"生产当事人"。

拥有巨额财富或资源的主体有雄厚的实力支配较大规模的有一定生产力水平的生产资料，可以通过发展工业来生产剩余价值。资本家在其行为过程中很快就意识到，要利用自然力和科学、利用工人群体的集成力量来生产剩余价值，从这种意义看，他还是工业的司令官、工业家。

资本家作为经济主体最大的变化还主要表现在他不再是"自己支配自己"，而是支配别人，而且要同时支配许多人，包括体力劳动者和脑力劳动者。他会根据自己的实力决定生产经营规模，决定生产资料与劳动力的比例。"资本主义生产实际上是在同一个资本同时雇用较多的工人，因而劳动过程扩大了自己的规模并提供了较大量的产品的时候才开始的。较多的工人在同一时间、同一空间（或者说同一劳动场所），为了生产同种商品，在同一资本家的指挥下工作，这在历史上和逻辑上都是资本主义生产的起点。"② 这样，他必然超越单个生产者的狭隘眼界，使原有的观念和行为方式发生根本的变化。

第二节 观念的转型

主体的观念具有主观性，不仅受其阶级立场、眼界、方法等的影响，而且还会受许多因素的影响，最重要的是受实力的影响。因此，由于实力增强，从"幼虫"羽化的资本家的眼界随之宽广，其价值认识和事实认识都发生变化，

---

① 《资本论》第3卷，人民出版社1975年版，第927—928页。
② 《资本论》第1卷，人民出版社1975年版，第358页。资本家十分清楚自己的实力所能支配的生产资料和劳动力的数量，一开始就雇用较多的劳动力一起生产。绝不会像现代西方经济学在论述边际生产力下降理论所描述的那样，在面积相当大的一大块土地上（在短期内面积已经确定不会扩大的地块）自己一个人耕作，因为技术不变，顾不过来，再不断地逐年一个一个地追加劳动力，直到边际生产力下降到与边际效益相等。这一边际收益下降的理论是要说明如何实现"利润的最大化"，其理论目的似乎是不错的，但是它以不变要素的规模很大为前提，以最初的流动要素投入严重不足、与固定要素不成比例的错误决策为前提，这本身就是一种非常低级的错误。虽然通过不断地"试错"而纠错，但是却要花费巨大的时间成本，这与西方学者强调效率优先显然是直接矛盾的。从治学的角度看，这至少是非常不严谨的。

必然与简单、一般商品生产者的观念有明显的区别。

首先是价值观的转型。

在资产阶级学者的理论中，资本主义制度是天然的制度，是永远存在的，这种唯心史观决定他们对资本家考察是非历史的，不会转型的。在斯密看来，只要是"经济人"，其经济行为都要通过一定的理性行为而实施，"走向道德之路"与"走向致富之路"是统一的。① 自亚当·斯密在《国富论》中首次提出经济人的概念以后，约翰·穆勒依据斯密对经济人的描述和西尼尔提出的个人经济利益最大化公理，提炼出了新经济人理论："经济人"是自利的，追求自身利益是其经济行动的根本动机；通过理性行为追求最大利益才符合他们的价值观；② 虽然说"自利"的表述是露骨的，"利他"的表述是虚伪的，关于"理性"的表述是夸张的，③ 但是它却体现了"经济人"的发展观和价值观。当然，他们所理解的"道德"是片面的、虚伪的，就像"只要与生产方式相适应，相一致，就是正义的"④ 一样，只要与资本主义生产方式相适应，就是有道德的。因此，它只是要求对其他资本家有"道德"，而且相互欺诈倾轧还是符合他们阶级的道德。对工人则只要按时支付工资就行，至于延长劳动日，不超过劳动力价值的自然、社会界限，也是符合他们价值观的。

原先一般的商品生产者，其生产交换是为了满足自己的多方面物质需要，后来虽然产生货币贮藏的愿望，但归根到底是为了满足或保证自己现在和将来的物质需要。而资本家则不然，他不再追求物质财富，⑤ 而追求价值的增殖，即剩余价值，而且是无限次数的增殖。"他的目的也不是取得一次利润，而只是谋取利润的无休止的运动。这种绝对的致富欲，这种价值追逐狂，是资本家和货币贮藏者所共有的，不过货币贮藏者是发狂的资本家，资本家是理智的货

---

① 详见朱绍文：《〈国富论〉中"经济人"的属性及其品德问题》，载王振中主编《中国经济学百年经典》下卷，广东经济出版社2005年版。
② 参见陈东琪：《新政府干预论》，首都经济贸易大学出版社，2000年版。
③ 对此，马克思不无嘲笑地说："在资产阶级社会中，流行着一种法律上的假定，认为每个人作为商品的买者都具有百科全书般的商品知识。"（《资本论》第1卷，人民出版社1975年版，第48页脚注3）
④ 《资本论》第3卷，人民出版社1975年版，第379页。
⑤ 只有庸俗经济学家才会"把资本家变成了善良的市民，好象他关心的只是使用价值，好象他真正象狼一般贪求的，只是皮靴、帽子、鸡蛋、印花布以及其他各种极为平常的使用价值"。（《资本论》第1卷，人民出版社1975年版，第175页脚注9）

币贮藏者。货币贮藏者竭力把货币从流通中拯救出来，以谋求价值的无休止的增殖，而精明的资本家不断地把货币重新投入流通，却达到了这一目的。"① 这种"谋取利润的无休止的运动"就是资本家经济行为的最一般、最典型的特征。② 甚至连庸俗经济学家麦克库洛赫都说："这种不可遏止的追逐利润的狂热，这种可诅咒的求金欲，始终左右着资本家。"③ 在分析资本总公式的时候，马克思阐明，资本的运动是追求价值的无限增殖，它是无限次数的。这种价值观还有历史性："在资本主义生产方式的历史初期，——而每个资本主义的暴发户都个别地经过这个历史阶段，——致富欲和贪欲作为绝对的欲望占统治地位。"④ 这意味着随着资本主义的发展进入较高阶段，资本家的目的还可能发生变化，更加贪婪。

资本家的这种贪欲还只是表示一种主体需要，但它决定了为实现这种目的所必须采取的手段，从而决定了他的价值观。马克思曾对"价值"（不是经济学的价值）这样解说："'价值'这个普遍的概念是从人们对待满足他们需要的外界物的关系中产生的"；⑤ "是人们所利用的并表现了对人的需要的关系的物的属性"，⑥ "实际上是表示物为人的存在"。⑦ 也就是说，这是一种价值判断，或者说是价值观，它包含了客体属性与主体需要的关系，包含了价值客体与价值主体。价值客体既可以通过主体本身、也可以通过存在于主体控制支配的人作用于物而形成。对资本家来说，为生产和实现剩余价值满足自己发财致富的需要，他根本不会自己从事劳动，而是购买雇佣工人的劳动力使之作用于生产资料。但是工人与生产资料的使用有一定的替代性，在工人的劳动力价值

---

① 《资本论》第1卷，人民出版社1975年版，第174—175页。

② 有人认为，经济行为的一般特征是"目标最大化"。（见樊纲：《现代三大经济理论体系的比较与综合》，上海三联书店2006年版，第133页）但是，最大化是不清晰的概念。它是指一个时点呢，还是指一个非常长的时期？是指一次行为，还是指无限次行为？最大最小之谓只能是量，而不是质或结构，而且也不好确定多少才是最大，更不清楚指的是价值、还是使用价值量的最大化。反之，马克思用"追逐价值的无限增殖"来表述则很科学。

③ 见《资本论》第1卷，人民出版社1975年版，第175页脚注9引文。

④ 《资本论》第1卷，人民出版社1975年版，第651页。

⑤ 《马克思恩格斯全集》第34卷，人民出版社1972年版，第163页。

⑥ 《马克思恩格斯全集》第26卷第3册，人民出版社1975年版，第139页。

⑦ 同上书，第326页。

确定的条件下，劳动仍然能够增加。为了节约生产资料的耗费，资本家会尽量从内涵和外延两方面增加工人劳动的支出，但这样做却会增加雇佣工人的额外负担。"资本主义生产对已经实现的、物化在商品中的劳动，是异常节约的。相反地，它对人，对活劳动的浪费，却大大超过任何别的生产方式，它不仅浪费血和肉，而且也浪费神经和大脑。"① 在资本家的观念中，工人的劳动和生产资料的使用都属于资本家，但劳动折磨却只属于工人，与资本家没有关系，为了节约生产资料，他是不管工人死活的。"资本是根本不关心工人的健康和寿命的，除非社会迫使它去关心。人们为体力和智力的衰退、夭折、过度劳动的折磨而愤愤不平，资本却回答说：既然这种痛苦会增加我们的快乐（利润），我们又何必为此苦恼呢？不过总的说来，这也并不取决于个别资本家的善意或恶意。自由竞争使资本主义生产的内在规律作为外在的强制规律对每个资本家起作用。"② 这就是资本家的价值观。

由于存在着不同的价值主体，即有许多资本家的竞争，资本家不仅对工人，对别的资本家，他也丝毫不手软。"每个人都希望暴风雨在自己发了财并把钱藏好之后，落到邻人的头上。'我死之后哪怕洪水滔天。'这就是每个资本家和每个资本家国家的口号。"③ 在损人利己的竞争中，他们不惜牺牲同类，正所谓大鱼吃小鱼、小鱼吃虾米。在资本家之间，"一旦问题不再是分配利润，而是分配损失，每一个人就力图尽量缩小自己的损失量，而把它推给别人。对整个阶级来说，损失是不可避免的。但是每个资本家要分担多少，要分担到什么程度，这就取决于力量的大小和狡猾的程度了，在这种情况下，竞争也就变为敌对的兄弟之间的斗争了。这时，每个资本家的利益和资本家阶级的利益之间的对立就显示出来了"。④

其次，是发展观的转变。

发展观是对经济发展的看法，资本家当然有自己特有的发展观。虽然他们从来都认为资本运动是永动机，但他们却都不认为自己的财富永远只能那么多，永远只能用同样的方法增加财富。在长期的剥削实践中，他们也发现，财富增长呈现出不同的阶段，因此也形成了比较具体的发展观。在资本主义初级

---

① 《资本论》第3卷，人民出版社1975年版，第105页。
② 《资本论》第1卷，人民出版社1975年版，第299—300页。
③ 同上书，第300页。
④ 《资本论》第3卷，人民出版社1975年版，第282页。

阶段，资本家的发展观主要是关于资本运动的观念，对与之同时依存并相互影响的商品生产、工业化等一般过程的认识，都融入特殊的资本运动过程的认识中。对他们来说，一般过程与特殊过程没有什么区别。

这时，他们已经认识到，经济的运行是由"看不见的手"调节的，不是可以任由经济主体为所欲为的。他们的学者甚至已经揭示了价值规律、分工、竞争等规律，① 这些认识虽然还比较简单，但比起最初的"资本家幼虫"的盲目行为，已经上升到理论的层面了。但是，无论是资本家还是资产阶级学者，受唯心史观的限制，都不能从根本上认识资本运动的规律，更不了解发展的历史趋势。对资本家来说，发展就是赚钱，有钱赚就是有发展。"生产剩余价值或赚钱，是这个生产方式的绝对规律。"② 赚钱即是剩余价值量的增长，增长就是"财富和实力的令人陶醉的增长"③。

诚然，资本家也已经大体感悟到，经济发展并非总是一帆风顺的，而是有波动的、周期性的。但是，这种感悟却受表面现象的深度影响，还相当"肤浅……它把信用的膨胀和收缩，把工业周期各个时期更替这种单纯的征兆，看作是造成这种更替的原因"④。所以，他们都争先恐后地想在危机到来之前的高潮期大赚一把。

发展当然要有主体，对此，资本家的认识实现了突变。如果单纯从资本家的意识看，他们全都以为，他们最初都是靠自己的辛勤劳动和积累而发财的，但是，在进入资本主义初级阶段以后，"资本家幼虫"羽化为资本家，他们已经深知，现在的发展必须靠剥削他人，"必须幸运地在流通领域内即在市场上发现这样一种商品，它的使用价值本身具有成为价值源泉的特殊属性，因此，它的实际使用本身就是劳动的物化，从而是价值的创造。货币所有者在市场上找到了这种特殊商品，这就是劳动能力或劳动力"。⑤ 既然剥削就是发展，那么，资本家必然更多、更长久地剥削雇佣工人。真正的进步还表现在，他们意

---

① "十七世纪的经济学家总是从生动的整体，从人口，民族，国家，若干国家等等开始；但是他们最后总是从分析中找出一些具有决定意义的抽象的一般的关系，如分工，货币，价值等等。"《马克思恩格斯全集》第46卷上册，人民出版社1979年版，第38页。
② 《资本论》第1卷，人民出版社1975年版，第679页。
③ 同上书，第717页。
④ 同上书，第694页。
⑤ 同上书，第190页。

识到，工人必须在流动中实现全面发展："用适应于不断变动的劳动需求而可以随意支配的人员，来代替那些适应于资本的不断变动的剥削需要而处于后备状态的、可供支配的、大量的贫穷工人人口；用那种把不同社会职能当作互相交替的活动方式的全面发展的个人，来代替只是承担一种社会局部职能的局部个人"。① 与此相适应，他们也意识到，自己是发展的主导主体，是发展的"主动轮"。② 另外，从要适应竞争和资本在不同领域内的流动，自己也应该"全面发展"。

既然对资本家来说，攫取的剩余价值总量增长就是发展，那么发展的方式就可以归结为增长方式。因此，在非常长的时间内，资产阶级学者都只研究增长，形成经济增长理论。学者尚且跳不出认识的误区，资本家当然只能在这个误区内形成增长方式的观念。尽管就一个资本家而言，他们并不充分地了解经济增长方式应该如何转变，但是，几代资本家的适应性、探索性的生产经营，也让他们的后代了解从协作、分工到机器生产的演变，是经济增长的几个有重要意义的阶段，是经济增长方式的转变。可见，在他们看来，发展还不仅是规模的扩大，还伴有一定的要素素质的提高。

资本家的素质当然包含角色知觉的确立。无论在简单协作、手工业工场还是在真正的工厂里，资本家都十分清楚，工人隶属于他，这就是一种角色知觉。随着工人对资本家的形式隶属转变为实际的隶属，资本家的这种知觉必然更加强烈：他是工业的司令官，工人是产业军的士兵，他对工人具有最高的权力，工人要服从"资本家对人的绝对权威"③。在工厂里，这种权威更上升为法律，"资产阶级平时十分喜欢分权制，特别是喜欢代议制，但资本在工厂法典中却通过私人立法独断地确立了对工人的专制"。④ "资本家所以是资本家，并不是因为他是工业的领导人，相反，他所以成为工业的司令官，因为他是资本家。"⑤

资本家发展观的变化还体现在其市场意识的培养和确立。在生产经营过程

---

① 《资本论》第 1 卷，人民出版社 1975 年版，第 535 页。
② 同上书，第 649 页。
③ 同上书，第 394 页。
④ 同上书，第 465 页。
⑤ 同上书，第 360 页。

中，资本家不再只是埋头赚钱，①他意识到在市场上同种商品之间有个别价值与社会价值的差别。因此，每个资本家都抱有通过提高劳动生产力来使商品便宜的动机。

在资本主义初级阶段，资产阶级还处于上升阶段，还是生气勃勃的。资本家曾经有几个很响亮的口号："生产啊，生产啊！""积累啊，积累啊！""节俭啊，节俭啊！""为积累而积累，为生产而生产——古典经济学用这个公式表达了资产阶级时期的历史使命。"② 在长期的生产经营中，资本家也懂得要更有效地提高剩余价值的生产效率，必须发展工业，发展工业一方面规模要扩大，另一方面工业的发展水平还要提高，规模要扩大，这又必须充分地挖掘生产过程中的各种潜能，如提高劳动生产率，改变生产过程中的人与劳动资料的比例结构即技术构成，利用科学和自然力，加强对劳动力的剥削。他们更意识到，要有一定的积累，在一定的时期内，还要节俭。要实现越来越多的剩余价值，必须发展商品经济。既要生产，又要流通，要处理好供产销的关系，要利用流通来推动资本的潜能。③ 如果说，商品生产是一种社会经济形式，那么工业化就是一种社会经济实体。这两种过程发展的快慢和相互关系，决定剩余价值在一定时间内的多少，决定发展的速度。

再次，是财富观的转变。

资本家的财富观也和一般的商品生产者不同，一般商品生产者认为只要能换回另一种使用价值以满足自己的需要的商品就是财富。与此不同，资本家心目中的财富，是能够增殖的价值。斯密认为，重商主义的真正错误，其根本原因是不能认识一国的真正财富是一国的"资力"，只要有了资力，什么都可以买到。尽管他的资力概念是肤浅的，但是他们已经承认资本"是对劳动的支配权。按其本质来说，它是对无酬劳动的支配权"④。因此，在资本家看来，"财富的增长，不象货币贮藏者那样同自己的个人劳动和个人消费的节约成比例，而是同他榨取别人的劳动力的多少和强使工人放弃一切生活享受的程度成

---

① "当生意兴隆的时候，资本家埋头赚钱，觉察不到劳动的这种无偿的恩惠。但当劳动过程被迫中断的时候，当危机到来的时候，资本家对此就有切肤之感了。"(《资本论》第 1 卷，人民出版社 1975 年版，第 233 页)
② 《资本论》第 1 卷，人民出版社 1975 年版，第 652—653 页。
③ 《资本论》第 2 卷，人民出版社 1975 年版，第 48 页。
④ 转引自《资本论》第 1 卷，人民出版社 1975 年版，第 584 页。

比例的"。① "当他把活的劳动力同这些商品的死的物质合并在一起时,他就把价值,把过去的、物化的、死的劳动变为资本,变为自行增殖的价值,变为一个有灵性的怪物。"② 他不仅"把劳动力当作主观的、同它本身物化的和实现的资料相分离的、抽象的、只存在于工人身体中的财富源泉"③,而且把他的生产资料也当成财富的源泉。他们坚决地克服小生产者的过时偏见,后者"以为积累财富就是使财富现有的实物形式免遭破坏,也就是不被消费掉",而认为物不能过多地积存, "大量商品的积累是流通停滞或生产过剩的结果",④ 因此他强调要将已有的物质财富投入生产过程,让工人生产地消费。当然,生产储备是必要的。在他们看来,这些储备也和已经发生职能的资本一样,都是财富,都是资本。显然,与前者相对,这是一种"虚拟的源泉"。他不仅随时准备着要把这些储备的物质投入生产过程,以攫取剩余价值,而且还要攫取超额剩余价值。别的资本家能够获得的,他也要获得。为此,他必须增加投入,以提高劳动生产率。增加投入自然会减少他的剩余物品、剩余价值的储存,但他却与简单商品生产者不同,不是守财奴,懂得"钱能生钱"的道理。因此,虽然他的个人消费至少要比工人多一倍以上,但是在发展之初,他也不敢过于奢侈,⑤ 而是将赚取的剩余价值大部分投入到过程中去。

  主体的转型不仅表现在他拥有的财富量的增长上,还表现在财富结构的变化上。他拥有大量的生产资料,它们与一定的科学技术相联系,由是,主体形成了财富结构及其优化的观念,"随着资本主义生产方式(它比一切以前的生产方式更加发展了劳动的社会生产力)的发展,那种以劳动资料形式一下子全部并入生产过程,并在一个或长或短的时期内在生产过程中不断反复执行职能的生产资料(建筑物、机器等等)的量,不断增大,并且这种生产资料的

---

 ① 《资本论》第1卷,人民出版社1975年版,第651页。
 ② 同上书,第221页。
 ③ 同上书,第626页。
 ④ 同上书,第646页。
 ⑤ 在《资本论》第1卷第9章中,马克思谈到一个资本家与小业主的最小差别时说,他的生活至少要比工人好一倍(342页)。但是,他还说:"在资本主义生产方式的历史初期,——而每个资本主义的暴发户都个别地经过这个历史阶段,——致富欲和贪欲作为绝对的欲望占统治地位。""在机器生产出现以前,工厂主们晚上在酒店聚会时花的费用从来不会超过6便士一杯果汁酒和1便士一包烟。"(《资本论》第1卷,人民出版社1975年版,第652页)

增大,既是劳动的社会生产力发展的前提,又是它的结果。这种形式的财富不仅绝对增加而且相对增加的事实……最能说明资本主义生产方式的特征。"① 资本家不仅注意资本这种自变量增长的速度,还很注意结构优化的速度。"积累表现为生产在一定技术基础上的单纯扩大的那种间歇时间缩短了"。② 他们还根据资本实际周转,区分了固定资本和流动资本,将资本区分为实际执行职能的和预付的准备金,并且还认识到金银货币"对社会来说,是仅仅由生产的社会形式产生的流通费用。这是商品生产的非生产费用……它是社会财富中必须为流通过程牺牲的部分"③。

随着资本主义经济的发展,资本家还一改最初坚持节俭以减少财富损失的观念,认为奢侈并不影响积累:"在资本主义生产方式的历史初期,——而每个资本主义的暴发户都个别地经过这个历史阶段,——致富欲和贪欲作为绝对的欲望占统治地位。但资本主义生产的进步不仅创立了一个享乐世界;随着投机和信用事业的发展,它还开辟了千百个突然致富的源泉。在一定的发展阶段上,已经习以为常的挥霍,作为炫耀富有从而取得信贷的手段,甚至成了'不幸的'资本家营业上的一种必要。奢侈被列入资本的交际费用。……资本家的挥霍仍然和积累一同增加,一方决不会妨害另一方"。④

在资本家的意识中,一方面将资本归结为物质财富,并且不管是实际投入运营当中的资本,还是作为储备的物质资料,都是财富。另一方面也发现,"物质财富……离开生产过程,已经表现为资本所有权本身",⑤ 而且是"无所作为的所有权"⑥,即单纯的资本所有权,而这种所有权是属于资本家的。这样,财富就未必是有实体的东西,还可以是"表现为社会财富的现实要素之旁和之外的东西"⑦,可见,资本家观念中的财富,既有实体性的,也有虚拟的。

财富作为能够带来剩余价值的价值,本来应该是指转化为劳动力的那部分资本,即可变资本,但是,马克思指出,在资本家的意识中,财富是能够带来

---

① 《资本论》第 2 卷,人民出版社 1975 年版,第 159 页。
② 《资本论》第 1 卷,人民出版社 1975 年版,第 690 页。
③ 《资本论》第 2 卷,人民出版社 1975 年版,第 153—154 页。
④ 《资本论》第 1 卷,人民出版社 1975 年版,第 651 页。
⑤ 《资本论》第 3 卷,人民出版社 1975 年版,第 398 页。
⑥ 同上书,第 420 页。
⑦ 同上书,第 649 页。

增殖的东西，不仅耗费在成本价格上的那部分资本，而且全部预付资本，包括纯粹的固定资本（固定不变资本）中那些预付而没有实际耗费的部分，都具有增殖的功能。在他们的观念中，剩余价值是全部预付资本带来的。① 在他们看来，他的资本的任何一个分子，都能带来增殖额，并且是"同股同权"的。他们无论如何也不能设想，他所投入的资本有一部分是不能发挥功能的。在他们看来，即使是镶在厂房窗户上的玻璃，它们也和工人一样能够带来增殖额。这种财富观念对资本运动的影响是极其深刻的。由此，必然产生资本是天生的平等派的观念，主张任何一个资本等分部分都有同等的剥削权利，并进一步产生利润在单个资本中、在社会总资本中的平均化的观念。

与这种财富观相联系，成本意识、节约意识在资本家观念中也占据重要地位。资本家千方百计地节约成本，甚至牺牲工人的生命也在所不惜。

以上涉及的各种观念的转变，并非在一进入初级阶段之初就显然发生的，而是与资本家的实践紧密联系的，它们既因资本家实力的增强、职能行为发挥而转变，又反过来强化资本家的行为。我们这里不过是为了论述方便，才将它们的变化突出和预示出来。

第三节　职能的转型

在简单商品生产中，各个主体独立进行生产活动，撇开用产品换取生产资料（在《资本论》开头处，生产资料是暂时被抽去的②）的情况不说，在直接的生产过程中，他们都是独立行为的。所以，马克思说："在流通以外，商品所有者只同他自己的商品发生关系。"③ 但是，一旦从作为"资本家幼虫"的

---

① "剩余价值，作为全部预付资本的这样一种观念上的产物，取得了利润这个转化形式。"（《资本论》第3卷，人民出版社1975年版，第44页）在第3卷，马克思说明这种转化是"观念的产物"，强调了观念的作用。如果不结合观念，不仅不能阐明剩余价值与利润的关系，也不能阐明利润率的平均化。

② 见《资本论》第1卷，人民出版社1975年版，第51页。

③ 《资本论》第1卷，人民出版社1975年版，第188页。生产者的社会联系有显性的，也有隐性的。生产者在生产过程之前购买生产资料当然也是一种社会关系，但仅就生产过程而言，小生产者并没有与其他生产者发生关系。马克思指的显然是显性的直接生产过程。

生产者转化为真正的资本家，情况就发生变化了，资本家本人不再从事生产性劳动，而实施另外一种行为：组织和控制劳动者利用生产资料进行劳动。从简单商品生产的角度看，这并不能算是经济行为，但从资本主义的观点看，这才是真正的经济行为。与前者相比，只有后者才能实现大量的增殖，才能不是仅仅控制自己的劳动，而是大量地控制、占有别人的劳动。

前面我们已经看到，在简单商品生产条件下，因为分工造成的各个生产者劳动的片面性和需要的多样性，决定小生产者必须进行水平交换以实现劳动的交换。在这种意义上，从小生产者的经济行为直接地看一方面是从事真正的劳动，另一方面是与他人进行交换，这种现象的背后则是生产者通过掌握自己的劳动所有权，来"使对自己的劳动的所有权变为对社会劳动的所有权"①。可以说，这是小生产者的经济行为的内在本质。在变化了的条件下，资本家直接地看并不劳动，他的行为是掌握生产资料和劳动者的劳动，一般而言，他这种掌控他人劳动的行为并不真正创造商品价值。这样看来，他的经济行为的本质也随之发生变化，就是通过掌握雇佣工人的全部劳动的所有权，使之转化为资本自行增殖的权利，来控制社会劳动的所有权。资本家的行为就是实施这种转化的推手。

众所周知，工人的劳动包括必要劳动和剩余劳动两部分，在资本关系下，工人的劳动属于资本家，这两个部分的所有权全都属于资本家。虽然从量上看，必要劳动创造的价值正好等于工人的劳动力价值，而且资本家也是用这部分劳动创造的价值来支付工人的劳动力价值的，但这并不意味着工人自然地直接地拥有这部分劳动。从本质上看，这部分必要劳动也与剩余劳动一样，自始至终都属于资本家。只不过资本家在过了一定时间之后再用它的已经实现的价值来发放工资。可见，工人获得劳动力价值并非直接拥有必要劳动的所有权。当然，资本家更看重的是剩余劳动的所有权，它只属于资本家，并且它还会被积累起来。对资本家来说，"对过去无酬劳动的所有权，成为现今以日益扩大的规模占有活的无酬劳动唯一条件"。②

资本家实施经济行为首先要采购生产资料——这里不涉及他如何获得这些用以采购的资本，——这与小商品生产者虽然没有什么两样，但因为他还要采

---

① 《马克思恩格斯全集》第46卷下册，人民出版社1980年版，第464页。
② 《资本论》第1卷，人民出版社1975年版，第639页。

购劳动力，性质就有根本的不同。一方面，购买劳动力不仅使货币转化为货币资本，还使"货币资本转化为生产资本的一个具有特征性质的因素，因为它是以货币形式预付的价值得以实际转化为资本，转化为生产剩余价值的价值的重要条件"①。另一方面，无论是生产资料还是劳动力，都是大规模采购的，并且生产资料中的劳动资料不但数量大，而且技术效能也不是小生产者所能比的。因为规模大，人与物的比例、不同物的比例这些结构都是必须充分注意的。这又决定了资本家必须对当时生产力发展状况及生产组织发展状况有较充分的了解和适应能力。与小商品生产者相比，这当然是重大的转型。小商品生产者的行为是间断性的，可以一次性地买完自己所需要的物品，就回到生产过程，过一段时间再到市场上来，资本家的行为却必须是连续性的，为此，他必须将自己的资本分为三个部分，使之分别执行供、产、销的职能。

资本家的流通行为还包括卖，这当然也是大规模的。他面对的不是像小商品生产者那样的小市场、熟悉的交易方，而要不断地开辟市场，不断地改善运输工具，同时还要与其他的资本家进行激烈的竞争。在大多数场合，他都是与经销商打交道。只要成交，就算是完成了流通行为。实际上商品还没有最终达到消费者手中。这样的销售行为很容易被危机打断。

马克思对资本家流通行为的考察，后面还将涉及，这里权且存而不论，集中考察他们在生产过程中的行为。在这里，资本家作为主体主要与数量众多的雇佣工人发生关系。在资本家的工厂里，生产活动不再是个人的事情，而是有"较多的工人在同一时间、同一空间（或者说同一劳动场所），为了生产同种商品，在同一资本家的指挥下工作，这在历史上和逻辑上都是资本主义生产的起点"②。这样看来，主体的生产行为③本身已经是一种社会生产关系。主体支配众多生产者劳动，成了主导主体，他支配着直接生产者的劳动，支配着许多劳动者和生产资料组成的生产组织。这必然导致其行为发生重大的转型。

早先的小商品生产者面对的都是水平的社会分工，生产者在独立进行的简单的生产过程中并没有什么分工，而是自己完成所有的工序。而资本家不仅要

---

① 《资本论》第1卷，人民出版社1975年版，第36页。
② 同上书，第358页。
③ "资本直接从工人身上吸取体现为剩余价值和剩余产品的剩余劳动。因此，在这个意义上，资本可以被看作剩余价值的生产者。"（《资本论》第3卷，人民出版社1975年版，第927—928页）

同样面对这种水平的分工，还要在自己的工厂中实施进一步的分工，这是垂直的分工，——在《资本论》中，马克思称前者为"社会内部的分工"，后者为"工场内部的分工"①。——其中最重要的是智力与体力之间的分工。

在早先，小生产者"把脑力劳动和体力劳动结合在一起"，而这时，新的经济主体则把"它们分离开来，直到处于敌对的对立状态"②。在使用脑力劳动上，资本家从两个方面深化对工人的剥削：一方面，是因为有相当一部分以脑力支出为主的劳动者也间接参加产品的生产，他们也构成总体工人，也受资本家剥削。也就是说，随着资本家的剥削范围的扩大，其剥削职能也发生变化，即利用一部分工人的智力来生产剩余价值。这样，资本家的剥削大大超出物质生产领域，连工程师、设计师也成了创造剩余价值的工具。显然，支配体力劳动和支配脑力劳动的职能是不同的。换句话说，这是创造了生产资料和劳动力结合的新模型；另一方面，是导致智力与体力的异化。在资本增殖过程中，并非工人使用生产资料，而是生产资料使用工人，而这种颠倒"随着机器的采用才取得了在技术上明显的现实性"③。而机器体系庞大复杂，一般的操作工人没有经过长期的学习和训练不可能了解，还由于机器的使用使工人的劳动变成片面和简单，因此，工人的体力就与发明、掌握机器体系的智力相分离。所以，马克思说："生产过程的智力同体力劳动相分离，智力变成资本支配劳动的权力，是在以机器为基础的大工业中完成的。变得空虚了的单个机器工人的局部技巧，在科学面前，在巨大的自然力面前，在社会的群众性劳动面前，作为微不足道的附属品而消失了；科学、巨大的自然力、社会的群众性劳动都体现在机器体系中，并同机器体系一道构成'主人'的权力"，④ 使这种分离变成了对立。在这一过程的发展中，工人原有的智力被极度地压缩了，他的劳动力主要表现为体力，反之，资本家则几乎不再在生产过程中支出体力，并且很快就学会了利用其掌握的科学和"智力"来控制和剥削工人的体力，强化体力与智力的差别，来管理工人。

这一系列转变的结果，必然导致资本家形成新的职能。他没有实际参加生产，不再是生产者，充其量只是站在生产过程旁边的管理者、监督者。马克思

---

① 关于两种不同的分工，《资本论》第1卷第12章第4节有详细的分析。
② 《资本论》第1卷，人民出版社1975年版，第556页。
③ 同上书，第464页。
④ 同上。

说明:"一个单独的提琴手是自己指挥自己,一个乐队就需要一个乐队指挥。一旦从属于资本的劳动成为协作劳动,这种管理、监督和调节的职能成为资本的职能。这种管理的职能作为资本的特殊职能取得了特殊的性质。"① 显然,所谓资本的职能,实际上就是资本家的职能。

我们知道,资本运动是一种特殊过程,但一般寓于特殊之中,所以它包含一般过程的规定,换句话说,它以一般过程为载体。因此,由于有上述的变化,资本家的管理也是一般性与特殊性的统一,也就是说具有二重性:一重是"从共同的劳动过程的性质产生的管理职能"②,管理好内部人、财、物之间的关系,这是属于一般过程的管理。在这种管理职能中,资本家不仅要管理工人使之进行共同劳动,还要管好自己的资本。但是,他并没有真正管理,只是将这种管理的职能从总体劳动中独立出来,"正如起初当资本家的资本一达到开始真正的资本主义生产所需要的最低限额时,他便象摆脱体力劳动一样,现在他把直接和经常监督单个工人和工人小组的职能交给了特种的雇佣工人"。③ 从这种意义看,这种管理职能就转化为一种特殊的业务,交给管理者,这部分管理者从本质上仍属于雇佣工人。显然,这与我们所说的资本家并非同一的主体。另一重是"同从这一过程的资本主义性质因而从对抗性质产生的管理职能"④,对此,资本家是当仁不让的,更是不容别人染指的。

资本家在工厂内主持的分工,马克思称之为"第二类分工",与第一类分工——每一个商品所有者或生产者在另一个人面前都代表一个特殊的劳动部门,——的表现不同,在这里,工人"表现为不独立的工人,因为他们只有通过协作才能生产出一个完整的商品"⑤。可见,这是资本家创造的一种分工。与斯密不同,马克思"把分工理解为特殊的、别具一格的、标志着资本主义生产方式的特征的形式"⑥,所以他能够发现资本家的这种特殊职能。斯密是从考察分工开始其《国富论》的,但是,他并"没有区别两种意义的分工"⑦。

---

① 《资本论》第 1 卷,人民出版社 1975 年版,第 367—368 页。
② 同上书,第 369 页。
③ 同上。
④ 同上。
⑤ 《马克思恩格斯全集》第 47 卷,人民出版社 1979 年版,第 304 页。
⑥ 同上书,第 306 页。
⑦ 同上书,第 305 页。

站在资本家立场上的斯密没有看到的,站在无产阶级立场的马克思却看到了,这不能不说是一个巨大的讽刺。由此也可以看到马克思研究的公正和创新。

资本家的职能,不仅有对生产过程的管理,更有对流通过程的管理即外部经营。这也具有二重性,一重是根据发展了的商品经济的要求统筹安排供、产、销的各项费用和时间,处理好与一般消费者的关系,包括与其他资本家的交换关系,这是属于一般过程的职能;一重是根据资本增殖的要求产生的经营:一方面是购买工人的劳动力,另一方面是通过缩短剩余价值的流通时间、相应地增加剩余价值的生产时间,尽快实现已经形成的剩余价值,努力提高年剩余价值率,这是属于特殊过程的职能。

此外,资本家在外部还有两种十分重要的职能:

其一是与其他资本家打交道,或者向别的资本家购买生产资料,或者向别的资本家推销自己的产品。资本家要生产大量的产品,推销大量的商品,绝不能只在一个小规模的市场上活动,由此必然派生出许许多多的其他业务,如纯粹的流通业务,还有储备、联系、运输等等,还要学会尔虞我诈、钩心斗角。这当然是小生产者无法比拟的。

其二,是为自己的剥削行为辩护,既可欺世盗名,也可自我安慰。对资本家来说,这是十分重要的。为此,他提出许多似是而非的说法:他购买的是工人的劳动,是等价交换,工人获得了自己劳动的全部价值;他预付自己货币的意图是要由此生出更多的货币;要人们想到他的节欲;他生产商品是为了出售,不是为了赚钱;他给工人材料,使工人能用这些材料并在这些材料之中来体现自己的劳动,这是为工人提供了服务;还说他从事监视和监督纺纱工人的劳动。① ——对此,马克思有十分深刻的批判,指出它将管理的二重性混为一谈,指出这种情况必然产生。② ——还有,他们提出的在流通中贱买贵买、资

---

① 《资本论》第1卷,人民出版社1975年版,第217—218页。

② 马克思还说:"凡是直接生产过程具有社会结合过程的形态,而不是表现为独立生产者的孤立劳动的地方,都必然会产生监督劳动和指挥劳动。"不过它具有二重性。"资本主义生产本身已经使那种完全同资本所有权分离的指挥劳动比比皆是。因此,这种指挥劳动就无须资本家亲自担任了。一个乐队指挥完全不必就是乐队的乐器的所有者;如何处理其他演奏者的'工资'问题,也不是他这个乐队指挥职能范围以内的事情。""混淆企业主收入和监督工资或管理工资,最初是由于利润超过利息的余额所采取的同利息相对立的形式造成的。"(《资本论》第3卷,人民出版社1975年版,第431、435、437页)

本所有权和天然的土地能够自然生出钱的说法，就更有欺骗性了。

为了将自己的观念变成整个社会流行的和占统治地位的观念，资本家还豢养了一大批理论家，将这些辩护遁词加以系统化、理论化，上升为社会的主导思想。"任何一个时代的统治思想始终都不过是统治阶级的思想。"① 资本家作为社会的统治阶级，必然要使自己的思想观念占据统治地位。

---

① 《马克思恩格斯选集》第 1 卷，人民出版社 1995 年版，第 292 页。

第八章 单个资本家的生产行为

在《资本论》中，马克思以巨大的篇幅考察资本主义初级阶段单个资本作为客体的运动，同时也研究了同一阶段单个资本家作为主体的生产行为。生产行为是单个资本家经济行为中的最重要部分，也是最能体现资产阶级与无产阶级两大对立阶级关系发展的行为。它涉及的内容比较多，有不同历史时期、生产条件、生产的社会组织，还涉及工人的消费等。

第一卷第二、三、四、五、六篇的研究大体上都是围绕单个资本展开的。在第七篇，虽然主要是研究社会总资本的积累，但也是先考察单个资本家的积累。在第二卷的第一、二篇研究资本的循环和周转，也是以单个资本为对象的。在第三卷第一篇，也主要是研究单个资本运动的。在这些地方，马克思都同时考察了单个资本家的经济行为，并且都涉及其生产行为。

单个资本家的经济行为，相对于整个资产阶级的宏观的总体行为，可以说是微观的经济行为。在实际过程中，单个资本家可能不止经营一家企业，但在理论上却完全可以假定只经营一家企业。当然，单个资本家是"类存在物"，他的行为必然要以其他同类的存在、以遵循社会总资本的基本要求为前提，同时又必然以雇佣工人的实际生产为条件。

第八章　单个资本家的生产行为

第一节　经济发展新阶段、新条件

马克思研究资本主义起点,是以英国为典型对象的。① 他说明,英国一进入资本主义,就与其他的西欧国家像德国、法国等不同,在资本主义原始积累期间,已经将传统的农民和农业消灭,是比较典型的"一元经济"。在这个国家,阶级大分化和整合已经基本完成,所以马克思可以假定只有资产阶级与无产阶级两大对立的阶级(后来才加进土地所有者阶级,它也是与无产阶级对立的剥削阶级)。据此,完全可以说,马克思研究中所涉及的市场也是"一元的市场",即城乡同质的市场。在初级阶段的初期,资本家的数量很多,至少在理论上可以假定他们的实力差别不大。用现代经济学的术语说,这是一个完全竞争的市场。为了科学地研究,在《资本论》中马克思还将对外贸易暂时撇开,只涉及国内市场。

正如资本主义起点一样,资本主义初级阶段也是个相当长的历史阶段,它既是特殊过程、也是一般过程发展的历史阶段,是社会经济实体与社会经济形式一起发展的过程。资本主义初级阶段与较为发展阶段的区别,既以社会经济实体即生产力和生产关系发展水平的高低为标准,又以社会经济形式②是否转型为标准。简单说,前者主要看整个社会资本有机构成的变化是否迅速,③ 以及较高有机构成的部门如重化工业在整个社会经济结构中是否占据主导地位。一个部门的资本有机构成变化缓慢,表明该部门的劳动生产率水平、技术水平

---

① "我要在本书研究的,是资本主义生产方式以及和它相适应的生产关系和交换关系。到现在为止,这种生产方式的典型地点是英国。因此,我在理论阐述上主要用英国作为例证。"(《资本论》第 1 卷,人民出版社 1975 年版,第 8 页)

② "只要考察的是形式规定——而且这种形式规定是经济规定,是个人借以互相发生交往关系的规定,是他们的社会职能或彼此之间的社会关系的指示器……只要考察的是纯粹形式,即关系的经济方面,……那么,在我们面前出现的就只是形式上不同的三种要素:关系的主体即交换者,……他们交换的对象,……最后,交换行为本身……"(《马克思恩格斯全集》第 46 卷上册,人民出版社 1979 年版,第 192—193 页)

③ "现代工业这种独特的生活过程,我们在人类过去的任何时代都是看不到的,即使在资本主义生产的幼年时期也不可能出现。那时资本构成的变化还极其缓慢。"(《资本论》第 1 卷,人民出版社 1975 年版,第 694 页)

提高缓慢；一个社会的轻纺食品工业的有机构成即使已经较高，也不能改变整个社会经济的轻型结构，只有重化工业有了长足的发展，社会的扩大再生产才能奠定在较高的技术基础上。马克思说："为了从简单再生产过渡到扩大再生产，第Ⅰ部类的生产要能够少为第Ⅱ部类制造不变资本的要素，而相应地多为第Ⅰ部类制造不变资本的要素。"① 为第Ⅰ部类制造不变资本要素的部门，就是重化工业部门；与此相适应，社会经济实体中包含的生产关系，也完成了"雇佣劳动对资本在形式上的隶属"向"实际上的隶属"转变。不过，只有随着生产力的进一步发展，无产阶级和资产阶级都完成了从自在的阶级向自为的阶级的转变，也就是说，各个资本家都自觉地意识到自己与整个阶级紧密联系在一起，"结成真正的共济会团体"② 共同剥削工人阶级，而各个工厂的雇佣工人也意识到他们面对的不再是雇用自己的个别资本家，"必须把他们的头聚在一起，作为一个阶级"③ 来对抗资产阶级，只有在这个时候，资本主义才进入较为发展的阶段。

就社会经济的内容而言，《资本论》主要分析了三个主要的经济发展方式：协作、工场手工业、机器大工业。之所以不说"增长方式的转变"而说"发展方式的转变"，是因为它们都不仅涉及量的增长，全要素生产率的提高，更多的是质和结构的优化。从理论的发展看，它们是从抽象上升到具体的。在"协作"一章中先研究简单协作，"它在人和物方面的材料都是现成的"。④ 就是说，主要研究多数工人的结合劳动即协作，还没有考察分工，没有结合生产条件的变化，研究的是简单协作。只关注劳动过程量的扩张，暂不涉及生产资料质和结构的优化。协作有简单协作和分工协作，简单协作是假定"劳动方式不变，同时使用较多的工人"。即使如此，也会影响到生产者（包括直接生产者和管理者）的素质、能力，同时"也会在劳动过程的物质条件上引起革命"⑤，主要是一些容器、工具、器具等已经变为共同使用的了，虽然性能不变，但规模增大。

其后在"工场手工业"章中考察生产者的手工劳动与生产工具的变化，

---

① 《资本论》第1卷，人民出版社1975年版，第560页。
② 《资本论》第3卷，人民出版社1975年版，第221页。
③ 同上书，第335页。
④ 《资本论》第1卷，人民出版社1975年版，第373页。
⑤ 同上书，第360页。

第八章 单个资本家的生产行为

马克思又将它分为两类:"混成的"和"有机的",前者是"初期的工场手工业"①,后者是"第二类工场手工业,是工场手工业的完成形式"②,实际上是分为两个小阶段。在这个时候,劳动方式和工具都已经发生变化,它包含着劳动工具复杂化和转变为机器的逻辑。

只有在这个基础上,才可以顺理成章地在第十三章研究"机器和大工业"。在这里,他指出,机器大工业是以工具机的革命为起点的。③ 在工场手工业工具专门化的基础上,机器大工业发展起来了。它同样经历一个比较长的发展时期,马克思称之为"大工业的童年时期"④。大体看来,它以工具机被创造而使蒸汽机革命为主要内容。⑤ 马克思还进一步分析,在发动机取得独立的、完全摆脱人力限制的形式之后,单个的工具机就降为机器生产的一个简单要素了。从此,一台发动机可以同时推动许多同种工作机,它的进一步发展是机器体系的建立。⑥ 但是,只有当机器的制造完全是用机器来制造,并且不单是一个部门,而且其他部门也是用机器来生产机器,工业化建立起与自己相适应的技术基础,大工业才得到充分的发展。⑦ 大体看来,在自由资本主义时代,机器大工业分为两个阶段:一个阶段以劳动密集型的轻纺工业为主,后一个阶段以资本密集型的重化工业为主,只是在进入重化工业时代,价值转型才定型。在资本主义初级阶段,马克思考察单个资本的运动与雇佣劳动的关系主要以轻纺工业为主。⑧

从考察简单协作,到工场手工业的分工协作,再到机器大工业的初期(以轻纺工业为主),理论的发展实际上反映了历史的发展,它们构成这个初级阶段的三个小阶段。在不同的发展阶段,资本家作为主导主体的行为方式当然会有不同。

在《资本论》中,协作放在第四篇研究和论述,由此人们普遍以为,这

---

① 《资本论》第 1 卷,人民出版社 1975 年版,第 358 页。
② 同上书,第 381 页。
③ 同上书,第 410、412、432。
④ 同上书,第 413 页。
⑤ 同上书,第 412 页。
⑥ 同上书,第 415、418 页。
⑦ 同上书,第 420、422 页。
⑧ 纵观《资本论》第 13 章研究,还未涉及重化工业的发展。其中提到 1735 年约翰·淮亚特的纺纱机开始了 18 世纪的工业革命。显然,那时还没有完全完成价值的转型。

是属于生产相对剩余价值的一种方式。但是，马克思说："较多的工人在同一时间、同一空间（或者说同一劳动场所），为了生产同种商品，在同一资本家的指挥下工作，这在历史上和逻辑上都是资本主义生产的起点。"① 作为历史的和逻辑的起点，一开始就是与相对剩余价值的生产相联系的，但它同时又与绝对剩余价值的生产相联系。马克思之所以这样安排，因为在考察绝对剩余价值生产的场合，他还暂时没有考察生产的物质条件变化，而专注于工作日的延长。但是，不能因此就忽视这种研究仍然潜在地包含着这样的意思："相对剩余价值是绝对的，因为它以工作日的绝对延长超过工人本身生存所必需的劳动时间以上为前提。绝对剩余价值是相对的，因为它以劳动生产率发展到能够把必要劳动时间限制为工作日的一个部分为前提。"②

显然，社会经济内容的发展既与一定时代科学技术、生产力的发展紧密联系，又与资本关系的发展紧密联系。作为一般过程，它实际上是以一定的特殊过程为表现形式，并受后者的约束和推动。一旦一般过程的发展影响到特殊过程的发展或者产生矛盾，特殊过程就会要求社会经济的形式发生变换，以调整两种过程的关系。

就经济的社会形式而言，大工业的机器体系不仅表现为一定的物质体系，同时还表现为一定的价值，机器体系的运行必然将其价值转移到产品中去。但机器体系的价值昂贵，不能一下子转移到商品中去，要经过较长的年份才能更新，从而会产生资本价值周转的差别，并且最终产生不同部门个别利润率的较大差别，但"资本是天生的平等派，就是说，它要求在一切生产领域内剥削劳动的条件都是平等的，把这当作自己的天赋人权"③，因此必然要求社会经济形式与之相适应。这样，用原有的生产交换体制来表现的社会经济形式必然迟早发生转变，使商品交换以价值为基础逐步、全面转型为以生产价格为基础。换句话说，价值全面转型的前后，大体是与社会经济实体发展的两个阶段相适应的。简而言之，资本主义初级阶段的社会经济内容包含着协作、工场手工业和机器大工业的第一阶段的资本运动，在这个阶段，社会经济的形式主要表现为商品交换以价值为基础。

---

① 《资本论》第 1 卷，人民出版社 1975 年版，第 358 页。
② 同上书，第 558 页。
③ 同上书，第 436 页。

第八章 单个资本家的生产行为

在资本主义初级阶段，价值规律的内容也发生变化。和资本主义起点的商品生产不同，——由于那时的商品大都比较简单，耗费的大多数是活劳动，——在资本主义初级阶段，随着生产的发展，生产商品所使用的生产资料越来越多，它的价值在商品中的份额越来越大，而且它所提供的相对劳动生产率也不断提高，从而剩余劳动在整个工作日中的比率、剩余劳动的生产率①越来越高。这一不断重复的过程必然产生许多变化：一是资本家雇用的工人一天的维持费和工人一天劳动耗费之间有一个越来越大的差距，或者说工人在一个工作日中为补偿自己劳动力而耗费的时间即必要劳动时间越来越少，反之，他提供的剩余劳动时间越来越多。二是他的剩余劳动的生产率越来越高，这样越来越多、越复杂的剩余劳动所生产的价值就越来越多。三是商品价值的结构发生了重大的变化，不单只有活劳动部分，还有越来越多的物化劳动部分，而且还有剩余价值部分。而这部分剩余价值在起点考察的价值中是暂时没有涉及的。四是单个商品的价值越来越低。五是各种商品的总量越来越多，从而竞争越来越激烈。因此，在这个阶段发挥作用的价值规律已经不复是最初看到的价值规律了，②而是已经发生初步转型的价值规律。根据逻辑与历史统一的方法，简单的价值规律虽"可以表现一个比较不发展的整体的处于支配地位的关系"，但随着整体的发展，它又可以并只能表现"一个比较发展的整体的从属关系"③。这就意味着在理论上价值规律必须发生转型，才能表现同一对象自身的形成和发展，才能用以解释已经变化了的实际情况。

在资本主义初级阶段，随着经济内容的发展，政治、社会、文化也有相应的变化，从而资本家的行为也随之变化。

在这个初级阶段，资产阶级虽然还不强大，但它会充分地利用一切可以利用的因素、势力，来为其经济行为保驾护航。马克思说："资本在它的萌芽时

---

① "社会的现实财富和社会再生产过程不断扩大的可能性，并不是取决于剩余劳动时间的长短，而是取决于剩余劳动的生产率和这种剩余劳动借以完成的优劣程度不等的生产条件。"（《资本论》第3卷，人民出版社1975年版，第926页）

② 实际上资产阶级古典学派所揭示的价值规律还是非常简单的。它只能反映资本主义起点的商品经济状况，不能直接用来反映或解释资本主义初级阶段、较为发展阶段的商品经济状况。但古典学派的经济学家们却将它当成一成不变的东西到处应用，就像用一个人的小学阶段的情况来说明他成年阶段的情况一样。

③ 《马克思恩格斯全集》第46卷上册，人民出版社1979年版，第40页。

期，由于刚刚出世，不能单纯依靠经济关系的力量，还要依靠国家政权的帮助才能确保自己榨取足够的剩余劳动的权利，它在那时提出的要求，同它在成年时期不得不忍痛做出的让步比较起来，诚然是很有限的。"① 资本家的做法不仅在其"萌芽时期"和"成年时期"很不同，而且前一时期延续很长："从十四世纪中叶至十七世纪末，资本借国家政权的力量力图迫使成年工人接受的工作日的延长程度，同十九世纪下半叶国家在某些地方……对劳动时间规定的界限大体相一致"。② 可见在资产阶级已经足够强大之前，资本家对政治权力的利用，可以说是无所不用其极的。除了无限度地延长工作日外，资本家还大量地使用童工，对此，资本家的国家也是纵容的。"在资本主义生产在历史上刚刚产生的时期，情况则不同。新兴的资产阶级为了'规定'工资，即把工资强制地限制在有利于赚钱的界限内，为了延长工作日并使工人本身处于正常程度的从属状态，就需要并运用了国家权力。"③ 这些做法极大地伤害了工人阶级的身体健康，影响了整个民族的素质，以至国家后来不得不稍稍收敛，通过法律"来节制资本无限度地榨取劳动力的渴望。即使撇开一天比一天更带威胁性地高涨着的工人运动不说，也有必要把工厂劳动限制一下"，因为盲目的掠夺欲会"使国家的生命力遭到根本的摧残"④。

在这个阶段，资本家的行为还有一个很重要的社会背景，就是有大量失去生产资料所有权并且失业的工人存在。即使撇开产业后备军的大量形成不说，"过剩人口，即同当前资本增殖的需要相比较的过剩人口，是经常存在的"。⑤ 马克思以面包工为例，"过度劳动使伦敦的面包工人不断丧生，可是伦敦的劳动市场总是挤满来自德国和其他地方的人，等着去面包房送死"。⑥ 这是一种与资本的积累必然产生的相对过剩人口不同的"过剩人口"。它与后者一样，都是劳动供求规律借以运动的背景，把这个规律的作用范围限制在绝对符合资本的剥削欲和统治欲的界限之内。⑦ 另外，资本家使用的不仅有成年男工，还

---

① 《资本论》第1卷，人民出版社1975年版，第300页。
② 同上书，第301页。
③ 同上书，第806页。
④ 同上书，第267页。
⑤ 同上书，第298—299页。
⑥ 同上书，第296页。
⑦ 同上书，第701页。

有大量的女工和童工。这不仅会极度地压抑了工人对资本家的反抗,而且更厉害的是直接导致工人劳动力价值的贬值。

影响资本家行为的还有一国的文化,它表现在这样几个方面:

其一,是简单平均劳动的确定。"虽然在不同的国家和不同的文化时代具有不同的性质,但在一定的社会里是一定的。"[1] 在资本家的国度里,这是不断变化的,劳动生产率和科学技术水平不断提高是重要原因。

其二,劳动者劳动力的价值确定也包含着一定的文化因素。马克思说明,劳动力的价值可以归结为一定量生活资料的价值。因此,它也随着这些生活资料的价值即生产这些生活资料所需要的劳动时间量的改变而改变。其中包含着弹性系数较大的需要,它的形成和变化本身就与社会文化有紧密联系。至于那些弹性系数很小的需要,即"所谓必不可少的需要的范围,和满足这些需要的方式一样,本身是历史的产物,因此多半取决于一个国家的文化水平,其中主要取决于自由工人阶级是在什么条件下形成的,从而它有哪些习惯和生活要求。因此,和其他商品不同,劳动力的价值规定包含着一个历史的和道德的因素"[2]。另外,工人还"必须有时间满足精神的和社会的需要,这种需要的范围和数量由一般的文化状况决定。因此,工作日是在身体界限和社会界限之内变动的。但是这两个界限都有极大的伸缩性,有极大的变动余地"[3]。

其三,较高级劳动的认定,也是一种文化。"较高级劳动和简单劳动,熟练劳动和非熟练劳动之间的区别,一部分是根据单纯的幻想,或者至少是根据早就不现实的、只是作为传统惯例而存在的区别;一部分则是根据下面这样的事实:工人阶级的某些阶层处于更加贫困无靠的地位,比别人更难于取得自己劳动力的价值。在这方面,偶然的情况起着很大的作用,以致这两种劳动会互换位置。例如,在一切资本主义生产发达的国家中,工人阶级的体质已日趋孱弱和相当衰竭,因此,同很轻巧的细活相比,需要很多力气的粗活常常成为较高级劳动,而细活倒降为简单劳动。如瓦匠的劳动在英国要比锦缎工人的劳动高得多。另一方面,剪毛工人的劳动虽然体力消耗大,而且很不卫生,但仍被看作'简单'劳动。而且,不要以为所谓'熟练劳动'在国民劳动中占着相

---

[1] 《资本论》第1卷,人民出版社1975年版,第58页。
[2] 同上书,第194页。
[3] 同上书,第260页。

当大的数量。据兰格计算，英格兰（和威尔士）有1100多万人靠简单劳动为生。……甚至瓦匠也被列为'复杂劳动者'。"① 还有，资本家对工人工资的克扣，这是非常普遍的，也是资本主义特有的文化现象。在理论研究上，可以假定资本家是足额按时支付工人工资的，但实际情况却不是这样。

其四，是由社会表象造成的普遍的日常意识：不仅资本家自认为与工人的买卖是公平的，他获得的是自己的"劳动"报酬、"节欲"的报酬，而且雇佣工人自己也认为出卖的是劳动。此外，还有倾向性很强的舆论导向。一些庸俗经济学者如西尼尔提出的"最后一小时"理论，它非常荒唐地强调工作日不能短于十二小时，如果减少一小时，资本家的利润就消失了。马克思嘲笑说，不仅在理论上有意曲解这一过程的头脑中会产生这种想法，而且资本家掠夺的贪欲也相信这种奇迹，并且总是找得到发空论的献媚者来证明这种奇迹。②

资本有个性和独立性，资本家亦然。他的经济行为当然受其个性因素的约束，除了前面涉及的各种观念外，还有心理。资本家的心理和雇佣工人的心理完全不同，"人的心是很奇怪的东西，特别是当人们把心放在钱袋里的时候"。③ 显然，资本家是将心放在钱袋里的。在马克思看来，这种心理只是资本家才有的，对他们来说具有普遍性，而且它也不是经常变化的，具有"重复性和常规性"，实际上就是资本家对剩余价值的贪欲。它更不是完全独立产生的，不是没有任何社会关系支撑的。他这样分析，非常生动、精确地描绘了资本家的贪婪，使他的理论更有一种独特的魅力。④ 不言而喻，这与后来的行为经济学分析"经济人"的经常变化的心理是完全不同的。

第二节 生产行为

马克思认为，没有剩余价值的生产，就没有剩余价值的交换发生，所以，

---

① 《资本论》第1卷，人民出版社1975年版，第224页脚注18。
② 同上书，第250页。
③ 同上书，第255页。
④ 有的资产阶级学者也承认：《资本论》"除了少数太专门的部分以外，叙述的特点是通俗易懂，明确，尽管研究对象的科学水平很高却非常生动"。（《资本论》第1卷，人民出版社1975年版，第19页脚注）

第八章 单个资本家的生产行为

他先抓住生产这个核心环节研究。这里主要是根据《资本论》的相关研究，来分析资本家作为经济主体生产行为的一些特点的。

为了更好更多地生产剩余价值，资本家在购买大量的生产资料和劳动力之后的最重要行为，就是建立资本主义的企业。只有在这样的组织内，才能实现生产资料与生产者的结合。创立经营生产和销售的企业，在社会经济发展过程中，是个自然而然的过程，但也是个划时代的创举，对这一创举的研究，形成了马克思独特的企业组织理论。

当代西方经济学认为，企业的成立是为了降低交易成本，它能够用各种要素所有者之间的长期契约来代替市场上大量的短期契约。这种经济学极力用生产领域以外因素来解释利润及其增加，企图将资本家的发财归结为交易成本这类流通领域的节约。国内经济学界的许多人在谈到企业形成的时候，也是简单地照搬西方经济学、特别是科斯的说法。可以说，这是一种倒退。实际上，斯密的分工理论已经涉及了建立企业的必要性问题。斯密至少已经发现，资本家雇佣了大量的工人进行生产，在这些工人中间实行分工可大幅度地提高劳动生产率。马克思发现了古典学派从生产领域研究问题的必要性和合理性，但又不是一般地重复它的观点，而是进一步联系剩余价值的生产的效率，来阐明资本主义工厂、企业的发生和发展。他注意的首先是资本家为其资本的增殖而大量招收工人、使用大量的生产资料进行生产，而不是资本家之间的交易。因此，他是从劳动生产率即行为的效率提高、剩余价值率提高这两个维度来研究资本主义企业组织的。由此可见，他不是从物的运动、而是从主体行为这一重要视窗来研究的。所谓的行为，不是空手打太极拳，必然要使用一定的生产资料，这样必然提高行为的效率，并导致行为性质的变化——从一般的行为转化为特殊的行为。他发现，资本家建立较大规模的企业或经济组织，虽然在主观上是要使大量的生产资料和劳动力结合，但客观上却发生其意料不到的效果：一方面个别企业可以在生产过程中因使用大量劳动者而实现劳动的社会平均化，另一方面通过管理，使之与不断变化的生产资料、生产组织相结合而提高劳动生产率，增加剩余价值的生产。当然，资本家生产的是大量的产品，因而也有流通的问题，因而涉及资本的运行效率。从这种意义看，企业又是流通的组织，它可以实现由于大量的购买和销售而节约采购和销售的时间和费用（主要不是谈判费用）。可见，只有结合主体行为，特别是主导主体对从属主体的支配，才能创立真正科学的企业理论。

由于资本家占有大量生产资料的所有权,他就可以通过占有丧失了生产资料所有权的大量直接生产者的剩余劳动所有权而发财致富。① 所以,资本家行为的实质是剩余价值的生产,是个特殊过程。正是马克思的资本理论,深刻地揭示资本对剩余价值的无限贪婪:"在生产过程中,资本发展成为对劳动,即对发挥作用的劳动力或工人本身的指挥权。……资本发展成为一种强制关系,迫使工人阶级超出自身生活需要的狭隘范围而从事更多的劳动。"② 在这过程中,资本家发挥着十分具体、重要的作用,并且赋予它个性的色彩。

作为特殊过程,并非某个资本家的任意行为,在理论过程中,单个资本家是所有资本家的代表,虽然马克思也揭发个别资本家的种种出格的特殊行为,但他更多地向世人揭示单个资本家行为中包含的一般规定。必须看到,在特殊过程包含着两种一般:特殊过程本身的一般规定和特殊过程包含的一般过程,前者指的是特殊的资本运动本身中的一般概念,后者指的是与其并存但不专属于它的一般过程,如商品生产、工业化,但它仍然被打上特殊过程的烙印。

本来,经济主体在开始其经济行为之前,在发展观、价值观确定之后,都有个决策过程,即根据市场需要决定为谁生产(指为哪个买家生产)、生产什么、生产多少,还有用什么条件生产,怎样组织生产。——这种决策,无非是主体目的观念的具体化、模型化。——但是,马克思是将单个资本家当成各个部门全体资本家的代表,又假定他们的商品全都能按其价值卖出去,因此,就没有必要再说明"为谁生产、生产什么、生产多少"的问题了。对资本家来说,生产什么并不重要,全部行为的关键就在于生产剩余价值,其决策主要是"用什么条件生产,怎样组织生产"的问题了。

资本家要赚钱或生产剩余价值,就必须生产商品,同时还要提高生产率,生产商品就要遵循商品生产的一般规定,提高生产率就要遵循工业化的一般规定。特殊包含着一般,在资本家的行为中,包含许多一般过程的规定,即不是

---

① 马克思在论证剩余劳动的所有权归资本家私有的时候,在脚注40中引用黑格尔《法哲学》的一句话:"我可以把我的体力上和智力上的特殊技能和活动能力……在限定的时期内让渡给别人使用,因为根据这种限制,它们同我的整体和全体取得一种外在的关系。如果我把我的由于劳动而具体化的全部时间和我的全部生产活动都让渡给别人,那末,我就把这种活动的实体、我的普遍的活动和现实性、我的人身,变成别人的财产了。"(《资本论》第1卷,人民出版社1975年版,第191页)

② 《资本论》第1卷,人民出版社1975年版,第343页。

专属于资本运动过程的一般,即一般社会经济内容和社会经济形式的发展。虽然他有明确的研究目的,无意涉及资本家行为的一切方面,但从与研究目的有关的意义出发,也必然要站在与资产阶级学者不同的立场、视位上考察资本家的一些行为。这实际上构成了他"实际提供的东西"①。

资本家一般过程与特殊过程的行为并不是截然分开的,不如说,这是只有马克思这样具有辩证分析能力和洞察力的科学家才能区分的。在资产阶级学者那里,这两种过程总是被有意无意地混为一谈。大体看来,在马克思的论述中,他总是先从一般过程开始的。

一、一般过程的经济行为

无论是一般过程还是特殊过程,都包含社会经济实体内容与社会经济形式两个方面。在前面,我们已经说明,实体经济中内在地包含着虚拟的成分,但是,在资本主义初级阶段,虚拟经济还不够发达,所以马克思暂时没有涉及。

生产行为涉及主体与客体之间、不同主体之间的关系,并非单纯的主体的动作。和以前独立生产者的单独行为不同,资本家是通过对有相当数量和素质的人(劳动者)和物的支配而实施的,他的生产行为不是独立进行的,而是一种组织行为。在资本主义初级阶段这个相当长的历史时期的不同经济时代,资本家支配组织的情况有所不同。

作为一般的组织行为,它表现为对大量劳动者和生产资料的使用,其组织形式逐渐演变,经历了不同的发展阶段:简单协作——混成式分工——有机分工——最初的工厂化。

关于行为的组织化。马克思说:"资本主义生产实际上是在同一个资本同时雇用较多的工人,因而劳动过程扩大了自己的规模并提供了较大量的产品的时候才开始的。较多的工人在同一时间、同一空间(或者说同一劳动场所),为了生产同种商品,在同一资本家的指挥下工作。"② 显然,这时的生产劳动不像单个人独立进行的那样,自己支配自己,大规模的生产一定要形成一定的组织形式。不过,这时的组织还比较简单,没有涉及技术变化。尽管如此,这

---

① 《马克思恩格斯〈资本论〉书信集》,人民出版社1976年版,第358页。
② 《资本论》第1卷,人民出版社1975年版,第358页。

也是一种创新行为。① 马克思指出，在最初，资本家集合大量工人的劳动，并不与生产工具有关系。换句话说，在没有实现生产工具优化的时候，也必要形成一定的组织形式，这就是简单协作。可见，资本家主要是通过实行规模经营获得大量剩余价值的。

所谓的简单协作，指的是劳动过程没有发生任何质的变化，只有劳动人数的增加。但是，正因为这样，劳动过程在"在一定限度内还是会发生变化"②，劳动过程本身已经部分地取得了社会的性质。即使是简单协作，很多人的集体的或者说结合的劳动，会导致的劳动的平均化。众所周知："物化为价值的劳动，是社会平均性质的劳动，也就是平均劳动力的表现。"③ 在个别劳动的场合，每个劳动力之间都是不同的，都同平均工人多少相偏离，但是经验证明，只要有五个人在一起，"劳动的所有个人差别就会消失"，④ 因为"同时雇用的许多工人的总工作日除以工人人数，本身就是一天的社会平均劳动"⑤。这种情况对资本家来说是极其重要的：只有"同时使用许多工人，从而一开始就推动社会平均劳动的时候，价值增殖规律才会完全实现"⑥。可见，资本家作为经济主体现在支配和提供的是具有社会平均水平的劳动。

而且，协作劳动还会提高个人生产力，单是社会接触就会引起竞争心和特有的精力振奋，从而提高每个人的个人工作效率。"这种生产力是由协作本身产生的。劳动者在有计划地同别人共同工作中，摆脱了他的个人局限，并发挥出他的种属能力。"⑦ 协作劳动在影响各个人的劳动的同时，还创造了一种新的生产力，集体力，等等。"结合工作日的特殊生产力都是劳动的社会生产力

---

① 熊比特把一种从来没有过的关于生产要素和生产条件的新组合引入生产体系，称之为创新。它一般包括五种情况：1. 采用了一种新的产品，即消费者不熟悉的或具新特征的产品；2. 采用一种新的生产方法，这种方法可能在科学上不一定成熟或仅仅是商业上经销商品的一种方法；3. 开辟了一个从未进入过的新市场；4. 控制了新的生产原料和半成品的供给来源；5. 实现了一种新的工业组织形式。其实，在《资本论》中，马克思早已发现，资本家有多种创新。
② 《资本论》第1卷，人民出版社1975年版，第359页。
③ 同上书，第359页。
④ 同上。
⑤ 同上。
⑥ 同上书，第360页。
⑦ 同上书，第366页。

第八章 单个资本家的生产行为

或社会劳动的生产力。这种生产力是由协作本身产生的。"可见,资本家使用的是结合的总体劳动力。

进一步看,结合的劳动创造了一种集体力,必然产生劳动者之间的竞争。在大多数人的生产劳动中,单是社会接触就会引起竞争心和特有的精力振奋,从而提高每个人的个人工作效率。这样,协作还会缩短制造总产品所必要的劳动时间,必然导致这种生产劳动高于社会平均水平。①

资本家为了更好地支配高于社会平均水平的结合劳动力,必定要强化对它的管理。资本家对集体劳动的管理具有二重性,其中包含有一般的管理。无论是对绝对剩余价值的榨取,还是对相对剩余价值的榨取,都是通过共同劳动进行的,而共同劳动过程必然要有管理。"一切规模较大的直接社会劳动或共同劳动,都或多或少地需要指挥,以协调个人的活动,并执行生产总体的运动——不同于这一总体的独立器官的运动——所产生的各种一般职能。"② 这是一种"从共同的劳动过程的性质产生的管理职能"③,是一种与生产使用价值有直接关系的有用劳动,它所耗费的劳动时间,当然也和实际生产使用价值的劳动一样,形成必要劳动时间的一部分,构成商品的价值。诚然,作为资本家,他已经不再实际参加劳动,所以,从范畴上看,这种管理劳动并不是资本家的职能。这又表明,资本家还直接支配管理劳动。

资本家还使简单协作发展为分工:"如果劳动过程是复杂的,只要有大量的人共同劳动,就可以把不同的操作分给不同的人,因而可以同时进行这些操作,这样,就可以缩短制造总产品所必要的劳动时间"。④ 这时简单协作已经发展为分工。实行这种分工的劳动,比其余的没有实行这种分工的劳动,不仅劳动生产率提高了,而且在同样的时间里,其实际耗费的劳动时间转化为同种商品的必要劳动时间的比例是不同的。显然,分工并非工人自己约定的,只能由过程的控制者即资本家按照工人的性别、年龄、能力来安排。在简单形态的协作中,劳动生产商品的使用价值和价值的情况尚且如此,在更发展的形式及工场手工业中,就有更大的变化了。资本家这种组织行为的变化还经历两个阶段:混成式工场和有机分工的工场。前者指各个工人生产局部产品,所有这些

---

① 《资本论》第 1 卷,人民出版社 1975 年版,第 362—363、364 页。
② 同上书,第 367 页。
③ 同上书,第 369 页。
④ 同上书,第 364 页。

《资本论》经济行为理论的具体化

分散的肢体只是在最终把它们结合成一个机械整体的人的手中才集合在一起。有机分工的工场手工业,是工场手工业的完成形式,它生产的制品要经过相互联系的发展阶段,要顺序地经过一系列的阶段过程。"很明显,各种劳动因而各个工人之间的这种直接的互相依赖,迫使每个工人在自己的职能上只使用必要的时间,因此在这里就形成了和独立手工业中,甚至和简单协作中完全不同的连续性、划一性、规则性、秩序性,特别是劳动强度。"① "在发展社会劳动过程的质的划分的同时,也发展了它的量的规则和比例性。"② 可见,资本家的行为已经不乏精明、精确了。

作为一般的内部组织行为,协作对生产资料的支配也有发生一些变化。雇佣工人的劳动要借助于生产资料而进行,所以资本家必然要支配和管理生产资料的使用,这必然导致其行为的创新。

从对于协作和工场手工业的考察可以看出,在不改变生产条件的前提下,前两方面转变的增长潜力是有限的。在前一场合,它充其量只是在劳动的社会性质、结合的总体劳动、生产资料的节约、生产空间和时间的节约等方面发挥作用。③ 在后一场合,"手工业仍旧是基础。这种狭隘的技术基础使生产过程得不到真正科学的分解,……手工业的熟练仍旧是生产过程的基础,所以每一个工人都只适合于从事一种局部职能,他的劳动力变成了终身从事这种局部职能的器官",④ 充其量也只是形成了工人职能上的"连续性、划一性、规则性、秩序性,特别是劳动强度",实际上,在这种场合,资本家的"创新"总是与生产条件的变化相联系的,或者是生产资料和场所的总量增加,或者是生产工具的变化。因此,在那个经济时代,归根到底物质生产条件的变化才是最重

---

① 《资本论》第1卷,人民出版社1975年版,第383页。
② 同上书,第384页。
③ "生产力的这种提高:是由于提高劳动的机械力,是由于扩大这种力量在空间上的作用范围,是由于与生产规模相比相对地在空间上缩小生产场所,是由于在紧急时期短时间内动用大量劳动,是由于激发个人的竞争心和集中他们的精力,是由于使许多人的同种作业具有连续性和多面性,是由于同时进行不同的操作,是由于共同使用生产资料而达到节约,是由于使个人劳动具有社会平均劳动的性质,在所有这些情形下,结合工作日的特殊生产力都是劳动的社会生产力或社会劳动的生产力。这种生产力是由协作本身产生的。劳动者在有计划地同别人共同工作中,摆脱了他的个人局限,并发挥出他的种属能力。"(《资本论》第1卷,人民出版社1975年版,第366页)
④ 《资本论》第1卷,人民出版社1975年版,第376页。

要的。

随着生产方式的变化,资本家所支配的是比社会平均水平更高的生产劳动,不仅是活劳动,而且包括物化劳动。马克思说明,即使劳动方式不变,同时使用较多的工人,也会在劳动过程的物质条件上引起革命。一是共同使用的生产资料得到更有效的利用,二是在生产资料规模绝对增大的同时,它们作用的范围相对地说却较小。这使该企业的劳动条件取得了社会劳动的条件或劳动的社会条件这种性质,同时又导致生产资料使用的节约。随着这部分价值的量的减少,商品的总价值也降低了。① 何况资本家并不满足于这种相对来说微小的变化,他要调动一切手段,不仅改变生产资料的规模,更要改变它的效能来发财致富。在条件具备的时候,资本家就开始应用机器生产剩余价值。

机器大工业的发展与资本家的作用是分不开的。资本家以其独特的发展观发现:机器是生产剩余价值的手段。在这一点上,他们比他们雇用的学者坦诚,后者总是虚伪地将机器当成是复杂的工具。

资本家作为社会的统治者,他发财致富的需要就是社会的需要,并且是急不可待的。他要尽快地发财致富,当然需要一定的手段,并且所需要的手段必须不断更新换代的。"需要是同满足需要的手段一同发展的,并且是依靠这些手段发展的。"② 资本家和以往的剥削者不同的地方,就是他能将自己的需要与先进的手段结合起来,并且促进这种手段的发展,同时实现自己经济行为的创新。而且,正好社会发展到了一定的时代,历代积累起来的知识在那个时候也迅速整合,并转化为真正的科学技术,转化为生产力。工场手工艺积累的工艺和工具的专门化,也促进自然科学应用于技术,以致促进了机器大工业的发展。"劳动资料取得机器这种物质存在方式,要求以自然力来代替人力,以自觉应用自然科学来代替从经验中得出的成规。"③ "大工业把巨大的自然力和自然科学并入生产过程"。④ 资本家的行为正是借助科学技术的发展而发展起来的。

资本家凭借其庞大的实力发动的产业革命一方面将巨大的自然力和科学技术融入机器体系中来为其服务,并且在利用的同时还迅速地推广它,另一方面

---

① 《资本论》第 1 卷,人民出版社 1975 年版,第 361 页
② 同上书,第 559 页。
③ 同上书,第 423 页
④ 同上书,424 页

还充分地调动了直接生产者的潜能。机器的使用要靠人,除了那些要有特别培训才能掌握的技术外,在那个时代,机器的使用在很多场合都是深度吮吸工人的智利和体力,这样,资本家就可以更充分地利用它来发掘工人的潜藏在体内的自然力,将他们"沉睡着的潜力发挥出来"①。

对资本家来说,大工业的发展还有一个意外的好处,即能够使用"全面发展"的工人。大工业的发展导致工人的全面发展,它"使下面这一点成为生死攸关的问题:用适应于不断变动的劳动需求而可以随意支配的人员,来代替那些适应于资本的不断变动的剥削需要而处于后备状态的、可供支配的、大量的贫穷工人人口;用那种把不同社会职能当作互相交替的活动方式的全面发展的个人,来代替只是承担一种社会局部职能的局部个人"②。可见,随着机器大工业的发展,资本家支配的工人已经有了较充分的发展。

由于有比较复杂的生产组织,由于使用机器生产,资本家所支配的劳动者队伍就扩大了。这时的产品已经"从个体生产者的直接产品转化为社会产品,转化为总体工人即结合劳动人员的共同产品。总体工人的各个成员较直接地或者较间接地作用于劳动对象。因此,随着劳动过程本身的协作性质的发展,生产劳动和它的承担者即生产工人的概念也就必然扩大。为了从事生产劳动,现在不一定要亲自动手;只要成为总体工人的一个器官,完成他所属的某一种职能就够了"③。显然,总体工人包含以体力支出为主的劳动者,也包含以智力支出为主的劳动者。资本家不仅支配了体力劳动者,而且支配了脑力劳动者。换句话说,既支配简单劳动,也支配复杂劳动。

不仅如此,他甚至还支配了非物质生产者。在资本家看来,只有为他生产剩余价值或者为资本的自行增殖服务的工人,才是生产工人。当一个教员不仅训练孩子的头脑,而且还为校董的发财致富劳碌时,他就成了资本家校董的生产工人。这样,资本家支配的生产工人就必然超出物质生产领域了。

与这些变化相联系,资本家作为主导主体的能力及发展也被充分地发挥和调动了。

随着科学技术的发展及全面应用于生产过程,随着资本的规模不断扩大,

---

① 《资本论》第1卷,人民出版社1975年版,第202页。
② 同上书,第535页。
③ 同上书,第556页。

作为一般管理者的能力与资本家日益分离。不过，也要看到，过程的发展也要求资本家的能力随之发展。正如机器大工业的发展必然导致工人的全面流动和全面发展一样，资本家在客观上也受这一过程的影响。"现代工业……不断地使社会内部的分工发生革命，不断地把大量资本和大批工人从一个生产部门投到另一个生产部门"，① 有些资本家也不断从一个部门转向另一个部门。就像工人在经常的职能变换中全面发展一样，这种流动必然也迫使他逐步适应各种职能，熟悉变化了的生产流程，在客观上也导致他的全面发展，他的能力、效率和精力也不断地提升。②

从一般经济过程的角度看，权威在大工业中是绝对必需的，资本家不仅凭借其主导主体的身份在生产过程中建立了权威，——虽然资本家往往将这种权威等同于威权，——而且通过这种权威，建立起必要的纪律。资本家"创造了一种兵营式的纪律。这种纪律发展成为完整的工厂制度，并且使前面已经提到的监督劳动得到充分发展，同时使那种把工人划分为劳工和监工，划分为普通工业士兵和工业军士的现象得到充分发展"③。

以上是从社会经济实体内容的发展来看的，从社会经济形式④即商品生产来看，资本家生产中的经济行为也有巨大的变化。

虽然资本家并不清楚价值规律是怎么一回事，但赚钱的本能和经验很快就让他懂得，要通过生产商品来生产剩余价值，他的耗费不能超过社会的平均耗费。无论是生产绝对剩余价值还是生产相对剩余价值，生产资料和劳动力都要有正常标准，都要"以社会上通常的强度来耗费。资本家小心翼翼地注视着这一点，正如他小心翼翼地注视着不让有一分钟不劳动而白白浪费掉一样。……他不允许不合理地消费原料和劳动资料，……因为浪费了的原料或劳动资料是多耗费的物化劳动量，不能算数，不加入形成价值的产品中"⑤。

---

① 《资本论》第1卷，人民出版社1975年版，第534页。
② "精力是在活动本身的变换中得到恢复和刺激的。"（《资本论》第1卷，人民出版社1975年版，第378页）
③ 《资本论》第1卷，人民出版社1975年版，第464页。
④ "单纯买卖时间的费用只是由生产过程的一定的社会形式而产生，是由这个生产过程是商品的生产过程而产生。"（《资本论》第2卷，人民出版社1975年版，第152页）在这里，马克思将商品经济当成生产过程的"社会形式"，因此，我们不妨在这种意义上来应用"社会经济形式"这一概念。
⑤ 《资本论》第1卷，人民出版社1975年版，第222页。

在资本家看来，商品的生产所耗费的，就是他所投入的资本，构成他的成本。"对资本家来说，商品的成本价格必然表现为商品本身的实际费用。"① 因此，他有很强烈的节约成本意识。在第三卷，马克思详细地分析了资本家如何为增加其利润而节约成本。

与简单商品生产一样，资本家的经济行为也具有虚拟性。从其个别行为看，其生产的商品是要满足社会需要的，他们都只是根据以往的销售经验而臆测某种社会需要，再以此组织生产，但这种经验是"过去时"的，这就难免与变化了的现实不符。即使社会需要不变，真的能够卖得出去，也会因为有许多竞争者，其卖出的时间、数量、价格都不是自己能够把握的，结果是有相当多的产品很可能要退出市场，变成虚拟的商品。所以，他们实施的满足社会需要的具体行为，在很大程度上带有虚拟性。在第三卷，马克思还说明，一个资本家只有在他的产量构成为该部门占优势的数量时，他的生产条件才能算是正常的。但是，这却是很难控制的。在实际过程中，必然有许多资本家的生产条件劣于这种占优势的生产条件，结果必然是其个别价值有一部分不能实现，从而虚拟化。而且一旦整个部门的产品总量规定发生变化，原先的正常条件也会变成非正常，从而虚拟化了。无论在哪种场合，其实际耗费的劳动量都与所能代表的劳动量有差距，都会发生这种虚拟化。

二、特殊过程中的经济行为

竭尽全力追逐剩余价值，这是所有资本家的一般、绝对、典型的行为。在《资本论》中，马克思说："把工作日延长，使之超出工人只生产自己劳动力价值的等价物的那个点，并由资本占有这部分剩余劳动，这就是绝对剩余价值的生产。绝对剩余价值的生产构成资本主义体系的一般基础，并且是相对剩余价值生产的起点。"② 大体看来，在第一卷第二篇考察单个资本家经济行为的前提条件即购买劳动力之后，马克思从第三篇起就研究剩余价值的生产，即资本家主要的经济行为——生产行为。在第三篇，他先假定生产条件不变，工作日长度可变，这样考察资本家对绝对剩余价值的攫取，不仅能科学地反映理论的客观性、历史性，而且体现了理论发展的逻辑，即从一般性开始。在第四

---

① 《资本论》第3卷，人民出版社1975年版，第30页。
② 《资本论》第1卷，人民出版社1975年版，第557页。

篇，他又反过来，假定工作日长度不变，生产条件可变，来考察资本家对相对剩余价值的攫取。在第五篇，他又将两方面结合起来，考察资本家的行为。从经济行为理论的视阈来看，马克思从简单到复杂、从抽象到具体地揭示了资本家攫取绝对剩余价值、相对剩余价值行为的一系列特点。

先看攫取绝对剩余价值的特殊行为的特点：

其一，占有工人的全部劳动。工人的劳动分为两个部分：必要劳动和剩余劳动。所谓的必要劳动，只是生产、再生产工人自己劳动力的劳动，它的所有权似乎是属于工人的，其实不然。马克思说，劳动过程的结果有两大特点：一个是全部劳动属于资本家，另一个是全部产品归资本家所有。① 全部劳动当然包含必要劳动。虽然从量上看，它创造的价值正好等于工人的劳动力价值，但这并不意味着工人自然地拥有这部分价值，因为在过程中这种劳动不断物化在别人产品中。虽然资本家最终是用这部分劳动创造的价值来支付工人的劳动力价值，但从内容上，这部分必要劳动与剩余劳动一样，自始至终都属于资本家。只不过资本家在过了一定时间之后，再用它已经物化的和实现的价值来发放工资。

其二，资本家的生产一开始就是规模较大的，有许多工人在同一企业中劳动，有许多生产资料投入生产过程。这就产生了一定的生产组织。因此，必然产生"从这一过程的资本主义性质因而从对抗性质产生的管理职能"②，它要从剩余价值生产的目的出发处理好人与物的关系和人与人的关系。在人与物的关系中，资本家关心的不是一般的人尽其才、物尽其用，而是关心生产资料能否吮吸足够的剩余劳动量，"这种量的关系一开始就是由一定数量的工人所要耗费的超额劳动即剩余劳动的量决定的。……如果没有充分的生产资料，买者所支配的超额劳动就不能得到利用；他对于这种超额劳动的支配权就没有用处。如果现有生产资料多于可供支配的劳动，生产资料就不能被劳动充分利用，不能转化为产品"。③ 而生产过程中具有特殊性质的人与人的关系，即是资本家与雇佣工人的关系。资本家不仅随意地克扣工人的工资，——"奴隶监督者的鞭子被监工的罚金簿代替了。……一切处罚都简化成罚款和扣工

---

① 《资本论》第1卷，人民出版社1975年版，第210页。
② 同上书，第626页。
③ 《资本论》第2卷，人民出版社1975年版，第33—34页。

资",①——而且肆无忌惮地体罚工人。

其三,是对雇佣工人极尽敲骨吸髓之能事,而且越来越贪婪、有效率。以往的剥削者追逐的是剩余产品,而资本家追逐的却是价值的增殖,相比之下,后者不受产品自然形式的影响,因而其欲望是无限的,何况后者的生产条件是前者无法比拟的,所以,"作为别人辛勤劳动的制造者,作为剩余劳动的榨取者和劳动力的剥削者,资本在精力、贪婪和效率方面,远远超过了以往一切以直接强制劳动为基础的生产制度"。②他想方设法将工作日尽量延长,"零敲碎打地偷窃"工人吃饭时间和休息时间的这种行为,被工厂视察员叫做"偷占几分钟时间","夺走几分钟时间",被工人叫做"啃吃饭时间"。用资本家的话说:"如果你允许我每天只让工人多干10分钟的话,那你一年就把1000镑放进了我的口袋。""时间的原子就是利润的要素。"③除了在工资不变的条件下增加劳动的外延量,资本家还极力增加他们的劳动内含量。马克思以工人的声音向资本家抗议:"你无限制地延长工作日,就能在一天内使用掉我三天还恢复不过来的劳动力。你在劳动上这样赚得的,正是我在劳动实体上损失的。……你使用三天的劳动力,只付给我一天的代价。"④而且,他在使劳动力变相贬值的同时,还将剥削的范围尽量扩大,大量使用廉价的童工、女工,并且要他们与成年男工一样,每天都劳动很长时间。这样,他又将工人的妻女也"抛到资本的札格纳特车轮下"⑤。工人的劳动力价值中本来包含的养家糊口的部分,现在变成要由他的家口自己挣钱糊口了,所以,这是劳动力价值的双重贬值,这意味着"工人和资本家之间的契约发生了革命"⑥。

其四,为了尽一切可能节约生产资料,资本家工厂里的劳动条件极其恶劣。在"工作日"一章中,马克思以英国一些不受法律限制的工业部门为例,说明资本家如何在劳动条件极差的情况下毫无拘束地压榨劳动力,甚至不惜牺牲工人的生命。他的生产场所空间狭小,一间屋挤30个人,空气少到还不及

---

① 《资本论》第1卷,人民出版社1975年版,第465页。
② 同上书,第344页。
③ 同上书,第271页。
④ 同上书,第261—262页。
⑤ 同上书,第708页。
⑥ 同上书,第434页。

需要量的1/3，夜里睡在用木板隔成的一间间不透气的小屋里，每两人一张床。① 在炼钢厂，气温极高，资本家还说工人不感到酷热难熬。马克思气愤地说："如果但丁还在，他一定会发现，他所想象的最残酷的地狱也赶不上这种铸造业中的情景。"② "资本是根本不关心工人的健康和寿命的，除非社会迫使它去关心。人们为体力和智力的衰退、夭折、过度劳动的折磨而愤愤不平，资本却回答说：既然这种痛苦会增加我们的快乐（利润），我们又何必为此苦恼呢？不过总的说来，这也并不取决于个别资本家的善意或恶意。自由竞争使资本主义生产的内在规律作为外在的强制规律对每个资本家起作用。"③ 从《资本论》的详细论述可以看出，资本理论所揭示的资本运动的剥削性具有常规性，而经济行为理论却表明，资本家作为经济主体追逐剩余价值的内在冲动却往往将资本运动推向极端，超出其正常运行的边界，具有非常规性。资本家和雇佣工人的关系在生产过程中的进行中的变化，对资本家财富的膨胀作用巨大，更强化了资本家对工人的指挥权和强制权，也却极大地伤害了雇佣工人。由于这个时候工人阶级还只是自在的阶级，还没有力量与资本家相对抗，因此不得不长期地忍受过度的劳动，导致整体身体素质的孱弱化，"虽然从历史的观点看，资本主义生产几乎是昨天才诞生的，但是它已经多么迅速多么深刻地摧残了人民的生命根源"④，以至于不得不要由资产阶级的国家调节资本家与雇佣工人的紧张关系。

其五，在资本主义初级阶段，资本家为了更彻底地榨取工人的血汗，一方面要依靠他们的政府在法律、政策上的支持，另一方面又不断地突破道德与法律的底线。在研究资本运动的时候，可以假定资本家都是守法经营，但在实际上，他们不仅经常克扣工人的工资，而且踩踏一般人的道德界限，"在矿井禁止使用女工和童工（10岁以下的）以前，资本认为，在煤矿和其他矿井使用裸体的妇女和少女，而且往往让她们同男子混在一起的做法，是完全符合它的道德规范的"。⑤ 这种情况并非个别、偶然出现的，而是普遍存在的。

再看攫取相对剩余价值的特殊行为的一系列特点：

---

① 《资本论》第1卷，人民出版社1975年版，第284页。
② 同上书，第275—276页。
③ 同上书，第299—300页。
④ 同上书，第299页。
⑤ 同上书，第432页。

《资本论》经济行为理论的具体化

为了较纯粹地考察作为一般和典型的绝对剩余价值,马克思除了以生产条件、劳动方式不变为条件外,还没有涉及资本家之间的竞争。在进一步的研究中,这些暂时条件就必然要回归研究过程了。生产条件和劳动方式的变化,是提高相对劳动生产率产生剩余劳动的条件,资本家攫取剩余价值的内在冲动决定他一定要使之更加优化,而竞争作为外在的压力也促使他加速这种变化,采用新的生产方式,——这里的生产方式不是哲学意义的范畴,而是特指的,即生产劳动的方式,在《资本论》中,它有多种用法,——不仅如此,还有价值规律的鞭策作用。"价值由劳动时间决定的规律,既会使采用新方法的资本家感觉到,他必须低于商品的社会价值来出售自己的商品,又会作为竞争的强制规律,迫使他的竞争者也采用新的生产方式。"① 于是,马克思进一步考察相对剩余价值的生产并由此揭示生产过程的特殊性。

我们已经知道,这个阶段的时间跨度比较长,经历了从简单协作到工场手工业中比较复杂的分工协作阶段,其中生产条件的变化还主要涉及工具和劳动分工的精细化、专门化,没有涉及复杂、大规模工具和动力的根本变化,只有在机器大工业阶段才有工具机的改变、动力的改变。这些变化之所以是特殊过程,因为它从一开始就只是剩余价值生产的手段,而且,它们的变化是大规模的、日新月异的。特殊过程的这些变化都是资本家行为的结果,没有他们增强的实力和努力,这种变化不会迅速而大规模地发生。如果我们超越客观过程的变化,注意到主体的作用,那么就必然会意识到,它表现了资本家观念和行为方式的重要转变,从较早时期偏重注意劳动者人力的协作到重视物质生产条件的变化。这种变化,又因各个主导主体之间的协同关系而扩大和加速。资本家不是独立行为的,他是在与别的资本家的交互关系、协同行为中实现行为的升级,使他完成了从资本家"幼虫"到资本家"蝴蝶"②的转变:

其一,剥削行为的创新、剥削方式的转变:一是提高劳动强度,二是改变生产过程的社会结合。"在这里,劳动生产率的提高,或者是由于增加了一定时间内劳动力的支出,也就是提高了劳动强度,或者是由于减少了劳动力的非

---

① 《资本论》第1卷,人民出版社1975年版,第353—354页。
② "我们那位还只是资本家幼虫的货币所有者,……在过程终了时必须取出比他投入的价值更大的价值。他变为蝴蝶,必须在流通领域中,又必须不在流通领域中。"(《资本论》第1卷,人民出版社1975年版,第189页)

生产耗费。"① 三是劳动过程技术条件的改变。相对于以前的做法，这些行为显然都是创新之举。这意味着资本家已经克服原有行为的惯性。这种创新还因为内在冲动和外在竞争而加速，并且与资本家的实力成正比。资本家的经营规模越大，他的实力越强，他的这种行为转型越快、幅度越大。② 虽然从客观上看，这些举措都包含有一般意义，但是，这些创新的目的十分清楚，都是与剩余价值、超额剩余价值的生产直接联系的。无论是在手工业基础上还是在机器大工业基础上，劳动过程的这些社会形式都"表现为资本通过提高劳动过程的生产力来更有利地剥削劳动过程的一种方法"③。换言之，都是把发展劳动生产率当成是"榨取劳动的特殊领域"④。因此，即使是利用自然力和科学，也有十分明显的资本主义的界限，并且是以局部工人的"愚钝"、某种智力上和身体上的畸形化⑤为手段的。使用机器并没有减轻工人的劳动，"资本手中的机器所造成的工作日的无限度的延长，使社会的生命根源受到威胁"⑥。在这种特殊过程的发展中，与这种狭隘界限成反比的，则是榨取劳动的外延和内涵扩大、剥削范围的扩大。

必须注意的是，创新有阶段性的和同一阶段内的。这里涉及的从协作、工场手工业到机器大工业的转变，是阶段性的创新，它带有根本性，协作解决的是劳动者的组织创新，工场手工业解决的是手工工具的创新，机器大工业解决的是机器体系和动力系统的创新，这些创新和利用归根到底都变成了剥削方式的创新。

其二，资本家的行为也发生变化，从简单分工到复杂分工，从工具的专门化到机器的使用，实质是资本结构的转型，即资本技术构成和价值构成的转型。这是资本家实力增强的最重要标志之一。在资本主义的起点，实力主要表现为资本量的大小，但随着资本主义的发展，生产力的发展，结构的变化已经

---

① 《资本论》第1卷，人民出版社1975年版，第378页。
② 有一篇论文这样写道："牛顿第二定律告诉我们：任何组织或个人的创新的加速度与其所受外力成正比，与其质量成反比。"（巨建国：《所有知识成果都可以建立生产力度量标准》，见《新华文摘》2008年第22期，第119页）资本家的创新不仅受外力牵引，而且与其实力有很大关系，实力越大，创新的力度也越大。
③ 《资本论》第1卷，人民出版社1975年版，第372页。
④ 同上书，第330页。
⑤ 同上书，第401、402页。
⑥ 同上书，第448页。

超越了量的单纯增长,实力的增强更突出地表现在结构的优化上。即使资本家还不能在理论上、意识中真正了解其中的奥妙和深远意义,但他却在不知不觉中实现了行为的转型,同时将这种转型与剩余价值的榨取紧密联系起来。他一方面瞄准当时最先进的技术,优化其投资结构,另一方面,又学会了配置、组织和指挥、管理,并且一开始就利用这种转型来促进"专制"性管理的转型。①"资产阶级平时十分喜欢分权制,特别是喜欢代议制,但资本在工厂法典中却通过私人立法独断地确立了对工人的专制。"② 由于使用机器,资本家就可以大量地使用女工、童工来替代成年男工。这也表明,他发现并充分利用了劳动的替代性。

由于机器的使用,资本家很快就将工人重新分工,形成了主要工人和单纯下手的区别。除了主要工人外,还有一类高级工人,其中有一部分人有科学知识。虽然这是纯技术性的,但通过这种划分,资本家"创造了一种兵营式的纪律。这种纪律发展成为完整的工厂制度,并且使前面已经提到的监督劳动得到充分发展,同时使那种把工人划分为劳工和监工,划分为普通工业士兵和工业军士的现象得到充分发展"③。这对资本家的专制式统治是极为有利的。④ 另外,由于机器的价值高昂,有无形损耗,为了将这种损失降低到极点,于是,资本家又采用轮班制和加大劳动强度⑤等办法来进一步吮吸工人的劳动。

其三,通过种种方式强化和扩大对工人的剥削,例如,用家庭劳动作为工厂劳动的补充。"这种剥削在所谓的家庭劳动中,又比在工场手工业中更加无耻,这是因为:工人的反抗力由于分散而减弱,在真正的雇主和工人之间挤进了一大批贪婪的寄生虫,家庭劳动到处和同一生产部门的机器生产或者至少是同工场手工业生产进行竞争,贫困剥夺了工人必不可少的劳动条件——空间、光线、通风设备等等,职业越来越不稳定,最后,在这些由大工业和大农业所

---

① 《资本论》第 1 卷,人民出版社 1975 年版,第 369、395、441 页。
② 同上书,第 465 页。
③ 同上书,第 464 页。
④ 马克思在这里引用了恩格斯在《英国工人阶级状况》的一大段论述来论证这种专制式统治对工人的伤害。见《资本论》第 1 卷,人民出版社 1975 年版,第 465 页注 190。
⑤ "在分析绝对剩余价值时,首先涉及的是劳动的外延量,而劳动的强度则是假定不变的。现在我们要考察外延量怎样转化为内含量或强度。"(《资本论》第 1 卷,人民出版社 1975 年版,第 448 页)

造成的'过剩'人口的最后避难所里，工人之间的竞争必然达到顶点。"① 此外，资本家很快还无师自通地实行苛刻的计件工资。"既然劳动的质量和强度在这里是由工资形式本身来控制的，那末对劳动的监督大部分就成为多余的了。因此，计件工资的形式既形成前面所说的现代家庭劳动的基础，也形成层层剥削和压迫的制度的基础。后一种制度有两种基本形式。一方面，计件工资使资本家和雇佣工人之间的寄生者的中间盘剥即包工制更容易实行。中间人的利润完全来自资本家支付的劳动价格和中间人实际付给工人的那部分劳动价格之间的差额。"② 此外，资本家对工人的剥削经常超出正常的、一般的范围，虐待、打骂是不言而喻的，在劳动力的买卖和利用方面，几乎所有的资本家的行为都是特殊的。——马克思一般都假定资本家按照经济规律行事，资本理论也建立在这个基础上。——其行为经常往往不顾任何限制。马克思一再揭露个别资本家并非给足正常工资，在家庭劳动中实行的不是必要的平均工资，而是最低工资。"工资被降到仅够糊口的最低限度，而劳动时间却延长到人能忍受的最高限度。"③ 马克思原先证明，工人的劳动力价值包含他的维持、延续、学习费用，"劳动力的价值不只是决定于维持成年工人个人所必需的劳动时间，而且决定于维持工人家庭所必需的劳动时间"。④ 但后来的分析表明，"机器把工人家庭的全体成员都抛到劳动市场上，就把男劳动力的价值分到他全家人身上了。因此，机器使男劳动力贬值了"。⑤ 另外，他还阐明，机器的使用"成了把工作日延长到超过一切自然界限的最有力的手段。一方面，它创造了新条件，使资本能够任意发展自己这种一贯的倾向，另一方面，它创造了新动机，使资本增强了对别人劳动的贪欲"。⑥ 在支配工人方面，资本家在扮演工业司令官的同时，还人为地使工人的体力与智力相分离，不仅科学、巨大的自然力、社会的群众性劳动都同工人相异化了，而且"智力变成资本支配劳动的权力"。⑦

---

① 《资本论》第1卷，人民出版社1975年版，第506页。
② 同上书，第606页。
③ 同上书，第517页。
④ 同上书，第433页。
⑤ 同上书，第433—434页。
⑥ 同上书，第442页。
⑦ 同上书，第464页。

其四，与其他资本家的竞赛关系。在实际过程中，资本家不仅与雇佣工人打交道，还要与别的资本家打交道。任何资本家都必然要受到其他资本家的影响，因此，他的行为成熟、转变还表现在处理与其他资本家的关系上：既相互竞争、相互竞赛，又相互联合。

虽然马克思并不准备在《资本论》中详细地研究竞争，"竞争的实际运动不在我们的研究计划之内，我们只需要把资本主义生产方式的内部组织，在它的可说是理想的平均形式中表现出来。"① 但竞争却是和资本运动与生俱来的，所以在揭示一般规律的同时，也要涉及竞争。

资本家之间的竞争有两类，一类是发生在企业或组织外部即市场上各个资本家之间的竞争。例如，资本家为了竞争会自动降低其商品的价格，"商品价格的一部分是由劳动价格构成的。劳动价格的无酬部分不需要计算在商品价格内。它可以赠送给商品购买者。这是竞争促成的第一步。竞争迫使完成的第二步是，至少把延长工作日而产生的异常的剩余价值的一部分也不包括在商品的出售价格中。异常低廉的商品出售价格就是以这样的方式形成的，最初是偶然的，以后就逐渐固定下来，并且从此成为劳动时间过长而工资极低的不变基础，而原先它却是这些情况所造成的结果"。② 资本家之间的竞争必然是过度的，因为彼此都是独立的，都想在外部竞争中占优势，"除了繁荣时期以外，资本家之间总是进行十分激烈的斗争，以争夺各自在市场上的地位"。③ 但谁也不知道竞争者的底牌，为了创造和保持自己的优势，在自己可控的生产条件、生产数量、成本等等方面都竭尽全力，因此，其行为必然是过度的，非理性的。随之而来的则是相互欺诈和封锁，当然也是过度的。

另一类是各个资本家感受到外部的竞争而在内部暗中使劲，它与外部的竞争有所不同，可以说是一种竞赛。在考察资本家的生产行为时马克思发现：外部的竞争必然对内部行为产生影响。"价值由劳动时间决定的规律，既会使采用新方法的资本家感觉到，他必须低于商品的社会价值来出售自己的商品，又

---

① 《资本论》第3卷，人民出版社1975年版，第939页。之所以这样，因为竞争属于比较具体的研究，而马克思是要创建最基本的基础理论，即政治经济学的精髓部分，而将比较具体的问题留给后人去研究。
② 《资本论》第1卷，人民出版社1975年版，第600—601页。
③ 同上书，第497页。

会作为竞争的强制规律,迫使他的竞争者也采用新的生产方式。"① 显然,这是采用先进生产技术时间先后的竞争。"如果一方处于劣势,每个人就企图通过自己的努力来取得优势(例如用更少的生产费用来进行生产),或者至少也要尽量摆脱这种劣势;这时,他就根本不顾他周围的人了,尽管他的做法,不仅影响他自己,而且也影响到他所有的同伙。"②

此外,资本家之间还发生范围更广、程度更深的竞赛。例如,在生产资料的节约上进行竞赛:一方面是各个资本家尽量扩大本企业劳动的外延量和内涵量,利用它更充分地吮吸劳动,发挥生产资料的潜能;另一方面是充分地利用下脚料。为了在市场上占有更大的份额,他们还在生产数量上进行竞赛。还有,生产的组织程度也是竞赛的重要内容。最重要的竞赛还表现在对无酬劳动的剥削上。他们相互攀比,肆无忌惮地压低劳动力价格,各个资本家都铆足劲,绝不在剥削劳动力的竞赛中落在他人后面。

除了竞争和竞赛外,资本家之间还有意无意地实行间接的联合,虽然在生产过程中,这只是潜在的。资本家都清楚,他们的生产行为,包括工艺、产品、工序等等,即使是自己的创新,也离不开其他资本家。他需要别人提供原料、信息、能源、设备。由此,又必然产生一定的联合。

在分别考察一般过程和特殊过程的基础上,马克思又从总体上研究具体剩余价值(绝对剩余价值和相对剩余价值生产的统一)的生产,揭示资本家特殊行为的一些重要特点:

其一,从表面看,个别企业的生产要提高劳动生产率就必须有较合理的组织和管理,"保持比例数或比例的铁的规律使一定数量的工人从事一定的职能";③ 但从资本家个人的行为看,他们不可能预先了解社会生产的比例、社会需要的变化,可见其行为的实质是无政府的,而不是"有组织"的。"偶然性和任意性发挥着自己的杂乱无章的作用"。④ 不过,单个资本家也不是永远任意无限量地生产某种商品,也会通过市场价格的晴雨表的变动发现社会需要、市场需求的变化,并克服自己的无规则的任意行动。也就是说,他的行为从短期看,是不断地"试错",从长期看又是不断地修正,以致在无意中形成

---

① 《资本论》第1卷,人民出版社1975年版,第354—355页。
② 《资本论》第3卷,人民出版社1975年版,第217页。
③ 《资本论》第1卷,人民出版社1975年版,第394页。
④ 同上。

一个"被"① 均衡态。但是,由于生产力的迅速发展,刚刚形成的均衡又会很快被打破,于是又再开始新一轮的"试错"和修正。

其二,实体性与虚拟性兼具。每个资本家的生产都是实际的行为,但从他们作为个别主体与总体资本家的关系看,他们只是社会总资本的一个细胞,必定要遵循社会总资本的总体要求,而单个资本家的行为作为"资本的一般的、必然的趋势……的表现形式"②,并没有时时处处有意识地、直接地体现总体资本家行为的内在要求。作为体现总体要求的个别行为,总是带有很大的虚拟成分。

其三,资本家的生产行为是典型的经济行为,他要生产剩余价值,只能在生产过程中。但是,马克思不仅考察了典型的、正常使用劳动力的各种规律,而且还披露了一系列非典型的生产行为,例如迫使工人从事过度劳动,包括从内涵和外延两方面剥削工人的劳动,剥削外围劳动力如女工、童工等。

其四,激烈的竞争必然使资本家倾其所有、各尽所能,因而必然要经常突破资本运动总体趋势的限制。实际上,在资本家的意识中,并不存在遵循总体趋势的观念,但资本的总体趋势是客观存在的、必然要发挥作用的,并且总是要通过各个资本家的分散行为而实现的。这样看来,单个资本家的行为必定与总体资本运动的总体趋势时时若即若离。

这些研究以暂时撇开流通和再生产为前提,随着研究对象范围——不是研究范围——的扩大,特别在再生产的研究中,资本家的生产行为还会增加新的规定,或者有些规定还会发生一些转型。

---

① 在现代的网络语言中,"被"表示一种不情愿的、不自觉发生的但又实际发挥作用的关系。这里只是借用来说明资本主义社会的那种均衡态实际上是不自觉形成的。

② 《资本论》第1卷,人民出版社1975年版,第352页。

第九章 单个资本家的流通行为

马克思说:"一个货币额转化为生产资料和劳动力,这是要执行资本职能的价值量所完成的第一个运动。这个运动是在市场上,在流通领域内进行的。运动的第二阶段,生产过程,在生产资料转化为商品时就告结束,这些商品的价值大于其组成部分的价值,也就是包含原预付资本加上剩余价值。接着,这些商品必须再投入流通领域。必须出售这些商品,把它们的价值实现在货币上,把这些货币又重新转化为资本,这样周而复始地不断进行。这种不断地通过同一些连续阶段的循环,就形成资本流通。"[1] 显然,这种循环并非一次性的,它必须连续不断。资本运动是"既在流通中,又不在流通中",但在理论过程的某个阶段,它们不便于同时研究和叙述,只能像说书人常说的:"花开两枝、话分两头,先讲一头之后,再讲另一头"。换句话说,这是研究和叙述的需要和逻辑所使然。当然,先讲哪一头是有讲究的。马克思认为,"把经济范畴按它们在历史上起作用的先后次序来安排是不行的,错误的。它们的次序倒是由它们在现代资产阶级社会中的相互关系决定的,这种关系同看来是它们的合乎自然次序或者符合历史发展次序的东西恰好相反"。[2] 在资本运动的各个环节中,生产是最重要的,所以必须先研究它,再研究流通。

诚然,马克思在第二篇考察资本主义初级阶段单个资本运动的场合,也分

---

[1] 《资本论》第1卷,人民出版社1975年版,第619页。
[2] 《马克思恩格斯全集》第46卷上册,人民出版社1979年版,第45页。

析了商品流通公式（W——G——W）和资本总公式（G——W——G′），主要是考察资本家与雇佣工人劳动力的买卖的一般性和特殊性。这里的研究虽然篇幅不大，但已经阐明了资本家从一般的流通行为向特殊的资本流通行为转化。在说明了劳动力在流通领域的买卖之后，就将流通暂时存而不论了，即使考察资本再生产也是这样。但是到了第二卷，流通行为就成了重要的研究对象。第二卷第一、二篇，考察的流通包括单个资本的循环和周转中的流通，前者主要是考察单个资本家的采购供应、售卖行为，以及这些行为所花费的时间和费用，后者则是比较不同的单个资本家在一定的时间（一年）内不同的流通时间构成，阐明流通对一定期间剩余价值生产的影响。第三篇考察的则是社会总资本再生产过程中的流通，这是对总体资本家阶级主要部分之间流通关系的研究。在第三卷，虽然研究的范围和内容已经变化，但在有些场合他还结合流通进行研究。在这里，我们主要整理马克思关于单个资本流通中的资本家的行为的论述。

马克思的研究都是与一定条件相联系的。大体看来，这里主要是假定都实行硬通货，假定现金交易，"总的说来，在这整个第二卷中，我们所说的货币，是指金属货币，不包括象征性的货币，单纯的价值符号（只是某些国家所特有的东西）和尚未阐明的信用货币。"[①] 生产的虽然都是大宗商品，市场广阔，但暂不考虑运输，也暂不联系商人代理。考察的都是较长时期的交换，在没有涉及社会需要和经济危机以前，都以各种生产都恰好满足特定的社会需要为前提。在大部分场合，都不考虑价值革命的影响。

第一节　单个资本家的购买行为

与小商品生产者的交换行为一样，资本家的流通行为也有买有卖。马克思称购买是流通的第一行为，售卖是流通的第二行为。但是，小商品生产者是个别行为，资本家却表现为一个组织（企业）的行为，准确地说，是组织外的行为。尽管这两种交换形式性质不同，但还有一些共同点：都有经济角色相对立，都以货币为媒介，等等。这些分析并非一般地提取公因式，而是表明，资

---

① 《资本论》第1卷，人民出版社1975年版，第129页。

第九章　单个资本家的流通行为

本运动要借助一般的商品交换而进行，要遵循一般的商品交换规律。

但是，两种交换一种是一般的交换，一种是特殊交换，两者在形式上有许多不同：流通的程序相反，前者是先卖后买，后者是先买后卖。媒介不同：前者是货币，后者是商品。在后一场合，货币只是预付，他拿出货币时，就蓄意要重新得到它。没有这种流回，活动就失败了。

从内容看，资本家的流通行为还有许多与一般交换不同的特点：

行为主体的动机和目的不是为使用价值，而是为价值增殖。因此，主体行为不是一次性的，而是无限次的。这就使运动的承担者从一般的货币所有者变成了资本家。对小商品生产者来说，货币作为交换的媒介只是转瞬即逝的东西，买卖的都是商品；对资本家来说，他的行为所推动的，是一定的价值，它时而采取商品形式，时而采取货币形式。在他这里，他找到一个独立的形式，有确定的同一性，以便使起点和终点能够比较，显示行为的效益和目的。

马克思在第一卷论述了资本家的买卖行为的一般规定之后，就转入考察资本的生产过程，只是从第二卷起，才开始着重考察流通过程。先考察单个资本家的资本循环，包括资本家以生产为媒介的买和卖，再考察资本周转，即资本家连续进行的买卖，实际上是研究他的周转时间结构——他的买卖行为与他的生产行为构成的周转时间结构——的变化及其对资本周转的影响。

资本家的购买行为与简单商品生产者的购买行为有许多明显的不同：

其一，购买行为所处的社会生产关系性质发生巨大变化。资本家之成为资本家，因为他们数量庞大，处于已经形成的资本关系之中，有这种关系和没有这种关系是大不一样的。马克思说："在简单的买和卖上，只要有商品生产者自身互相对立就行了。如果作进一步的分析，供求还以不同的阶级和阶层的存在为前提"，① 而且还涉及同一阶级不同主体之间的关系。生产者②之间的关系不再单一，资本家不仅与雇佣工人相对立，而且与其他的资本家相对立。资本家的购买主要是为了向生产过程供应生产资料和劳动力，是为了价值的增殖，当然也有资本家的个人消费品。

其二，资本家实力巨大，购买的商品数量巨大，不是单一品种，而是多种

---

① 《资本论》第 3 卷，人民出版社 1975 年版，第 217 页。
② "我们暂且可以把商品所有者只理解为商品生产者。"（《马克思恩格斯全集》第 47 卷，人民出版社 1979 年版，第 8 页）

多样，有质的分割和量的比例。质的分割即指要有人有物，主要是劳动力和生产资料，它形成了特殊的结构，这种人与物的关系结构，即是技术构成。不言而喻，资本家是精于算计的，他在采购的时候一定很注意价格。马克思没有忽略这一点，但是，他是假定所有的商品都按其价值出售，当然资本家也只能按其价值采购。在这种情况下，资本家最关心的主要是商品的结构和数量。既要买物，还要买人力来推动这些物。

资本家购买特殊的商品——劳动力，不仅数量很大，而且要有正常的素质。这是为生产剩余价值创造条件，表现了特殊的生产关系和社会发展状况，这是简单商品生产者所没有的。

资本家还要采购大量的生产资料。数量的多少与资本家的实力和经验有很大的关系，"纺纱厂主必须准备好够用三个月的，还是只够用一个月的棉花或煤炭，就有很大的差别"。① 各种生产资料之间不仅要有一定的比例，形成一定的结构，而且这些生产资料还要与劳动力保持一定的量的比例。"这种量的关系一开始就是由一定数量的工人所要耗费的超额劳动即剩余劳动的量决定的。"②

资本家的购买主要与生产有联系，他当然也要购买生活资料，并且还包含许多奢侈消费，但其数量与生产性的购买根本不成比例。因此，马克思主要分析资本家生产性的购买行为。

其三，资本家的采购行为具有双重性质，一方面，他向其他的资本家购买生产资料，这和小生产者向其他生产者购买生产资料没有什么性质的区别。"当一个资本家向另一个资本家购买东西，购买商品或出售商品的时候，他们是处在简单的交换关系中；他们不是作为资本互相发生关系。"所以这属于一般过程。③ 另一方面，他购买工人的劳动力，是为生产剩余价值做准备，这当然属于特殊过程。

其四，资本家的购买行为，并非一手交钱、一手交货，而是充分使用货币的支付手段职能。他支配的货币一方面发挥一般购买手段的职能，同时也包含有一般支付手段的职能。"说它是支付手段，是因为劳动力固然要先购买，但

---

① 《资本论》第2卷，人民出版社1975年版，第159页。
② 同上书，第33页。
③ 《马克思恩格斯全集》第46卷上册，人民出版社1979年版，第408页。

第九章 单个资本家的流通行为

要在发生作用之后才对它支付报酬。如果在市场上没有现成的生产资料,需要先订购,那末货币在 G—Pm 中同样是支付手段。这种能力所以产生,不是由于货币资本是资本,而是由于货币资本是货币。"①

其五,资本家的购买行为是持续的,他完成一次购买,这并不意味着他的货币已经用完。他的购买行为不因为这部分货币资本用完而告结束,他的生产要一直进行,就需要一直采购下去,何况他要不断地补充用掉的原材料、燃料(虽然他有一定的储备)。实际上,这是不成问题的,因为他卖出商品所回流的货币源源不断地流回资本家的钱袋。不过,这种回流并非始终准时实现的。反之,延期实现是经常发生的。马克思在研究资本周转的场合,还详细地说明了购买时间受市场距离、原料主要产地、大批季节性原料投入的周期等因素的影响。②

其六,对理论研究来说,可以假定没有价值革命发生,但以各个时点的价格与价值有量的偏离为前提。在实际过程中,生产资料的价格是不断变化的,因此,资本家凭经验必定保有一定量的准备金。在价格上升的时候,为了保证生产维持原有规模,或者当价格有较大下降的时候,可以扩大储备的数量,资本家就要动用准备金。"不言而喻,资本家在急需的时候会不顾他手中的货币的规定职能,而动用他拥有的一切,来保证他的资本的循环过程照常进行。"③诚然,资本家也可以利用借贷关系,但从根本上看,建立准备金才是最可靠的。

其七,由于资本家的采购供应是大批量的,这就必然形成一定规模的储备。所以,与大量采购相配套的,还有储备。"生产的连续性需要有生产资料的储备,这种储备在不同生产部门是不相同的,在同一生产部门,就流动资本的这个要素的不同组成部分(例如煤炭和棉花)来说,也是不相同的。因此,虽然这些材料必须不断用实物来补偿,但是不需要不断重新购买。重新购买的次数多少,要看现有储备量的大小,要看储备可用多久。"④ 在论述资本循环时间时,马克思就分析了备料时间。虽然他是将备料时间归入生产领域的,但备料并没有实际进入生产过程,因此备料时间属非劳动时间,从职能来看,它

---

① 《资本论》第 2 卷,人民出版社 1975 年版,第 35 页。
② 同上书,第 282 页。
③ 同上书,第 100 页。
④ 同上书,第 209 页。

与采购行为的联系更为紧密。马克思说明，为此而必须耗费的物化劳动和活劳动，就使原料等等变贵，"但它是生产劳动，并且形成剩余价值，因为这种劳动同一切其他的雇佣劳动一样，有一部分是没有报酬的"。① 也许是因为有投入新的劳动，所以马克思才将这种备料行为归入生产领域。

资本家的购买行为即 G—W（A+Pm）一经完成，就实现了两方面转化：

一方面是一般的商品流通行为转化为资本流通，货币转化为货币资本；资本家支配着生产资料和劳动力，也支配着更大的劳动力的使用权。使 A 和 Pm 相结合，资本就处于生产资本的形式中。

另一方面是这部分资本价值由货币形式转化为生产资本的形式。随之，资本家的职能也发生分化和转化，即从单纯的购买转化为控制生产行为，从而使他的行为发生分化，即有购买，也有生产行为②。

第二节　单个资本家的售卖行为

对资本家来说，流通和生产一样，都一样重要。"资本家进行买卖，在市场上奔走的时间，也是他作为资本家、作为人格化的资本执行职能的时间的一个必要部分。这是他的经营时间的一部分。"③

资本家流通行为中最为重要的是售卖。他要售卖的是大批量的产品，不能像小商品生产者那样把交换安排在节假日去做。④ 马克思在考察简单商品生产的时候已经说明，有许多情况可能造成售卖的困难。在单个资本运动的场合，这些困难依然存在。而且由于量大，所以就更困难。如果说，采购是资本家可以控制的，那么，售卖就不同了。"W′—G′同时是 W′所包含的剩余价值的实现。G—W 则不是这样。因此，卖比买更为重要。"⑤ 但是，这些困难大都是短期内出现的，从比较长的时期来看，它们将会由于供求双向的调整、均衡而被

---

① 《资本论》第 2 卷，人民出版社 1975 年版，第 140 页。
② 如前所述，资本家的生产行为并非实际地从事生产操作，而是他作为资本家在生产过程中的调节、监督行为。
③ 《资本论》第 2 卷，人民出版社 1975 年版，第 146 页。
④ 同上书，第 147 页。
⑤ 同上书，第 144 页。

克服。

资本家出售商品，一方面收回预付资本 G，这是一般的流通过程，另一方面还有剩余价值的实现，这是特殊的流通过程。但是这两种不同性质的流通过程都以货币为媒介，并且同时进行，因此，彼此好像没有区别。因此，我们这里特别注意马克思分析资本家售卖其商品的一些特点：

其一，他售卖的商品包含有工人生产的但不归工人所有的剩余价值，在简单商品生产者的商品中，虽然由于相对劳动生产率的存在，其生产是有剩余的，但剩余部分归直接生产者所有，并且也不表现为剩余价值。资本家售卖的商品价值并非仅仅包含着剩余价值，还有他为生产这些商品所耗费的资本价值。因此，这个售卖行为对他至关重要，关系到他是否成为资本家以及能否继续成为资本家。

其二，资本家出售其商品，价格是至关重要的，但他并不能完全自主定价。他的出售底价是其生产商品的成本价格，只要在成本价格之上，他都可以接受。他当然想卖得贵些，但市场供求双方的竞争却会使价格波动。不过，他们也知道，"市场价格的不断波动，即它的涨落，会互相补偿，彼此抵销，并且还原为平均价格，而平均价格是市场价格的内在规则。这个规则是从事一切需要较长时间经营的企业的商人或工业家的指南。所以他们知道，就整个一段较长的时期来看，商品实际上既不是低于也不是高于平均价格，而是按照平均价格出售的"。[①] 对资本家来说，从一个较长的时期来看，商品价格是在一定幅度内浮动的。马克思还说明，在劳动生产率提高一倍的情况下，"要卖掉一个工作日的产品，他就需要有加倍的销路或大一倍的市场。在其他条件相同的情况下，他的商品只有降低价格，才能获得较大的市场。因此资本家要高于商品的个别价值但又低于它的社会价值来出售商品"。[②]

其三，资本家出售其商品，数量也是至关重要的，因为他售卖的商品数量巨大，所以全部卖出是决定性的，[③] 它决定是否能尽快实现全部剩余价值。"这就使产品必然具有一种社会的性质和同社会关系紧密联系在一起的性质，但又使产品作为使用价值同满足生产者需要之间的直接关系，表现为某种完全

---

① 《资本论》第1卷，人民出版社1975年版，第189页脚注37。
② 同上书，第353页。
③ 《资本论》第2卷，人民出版社1975年版，第49页。

偶然的、无关紧要的和无足轻重的东西。这种大量产品必须实现为交换价值，必须通过商品的形态变化，这不仅是为维持以资本家身分进行生产的生产者的生活所必需，而且是为生产过程本身的更新和连续所必需。"① 因为数量巨大，其实现就有诸多风险存在。如果不能全部卖出，在生产过程中创造的剩余价值就不能完全实现，他的行为的经济性就要大打折扣，如果不能收回成本，再生产就可能要停止；要解决这些困难，必然要耗费较大的人力物力。这与小生产者的买卖形成巨大的反差。

其四，对资本家来说，全部商品售罄的速度也至关重要，"只要现在已经增殖的资本保留商品资本的形式，停滞在市场上，生产过程就会停止。这个资本既不会作为产品形成要素起作用，也不会作为价值形成要素起作用"。② 它不仅关系到生产过程正常进行，而且影响它在一定时间内的运行效率。"由于资本抛弃它的商品形式和采取它的货币形式的速度不同，或者说，由于卖的速度不同，同一个资本价值就会以极不相同的程度作为产品形成要素和价值形成要素起作用，再生产的规模也会以极不相同的程度扩大或者缩小。……流通过程推动了新的潜能，它们影响资本的作用程度，影响资本的扩张和收缩，而和资本的价值量无关。"③ 如果出卖的时间比较长，其资本回流的数量较少、速度降低，就会影响再生产的规模和资本的作用程度。

其五，无论是自产自销还是通过经销商（情况总是一样），资本家要卖掉这一大批商品，市场必须扩大，否则，不仅影响实现的速度，而且会影响商品的质量；如果没有相应提高运力，追加投资，市场也不能扩大。所以，在一般情况下，必定要有比较发达的运输条件，以便将其运到各地的市场上。它不仅会使商品满足更多地方的需要，还会使商品的使用价值从可能变成现实，"物品的使用价值只是在物品的消费中实现，而物品的消费可以使物品的位置变化成为必要，从而使运输业的追加生产过程成为必要"。虽然运输并没有增加或改变商品的使用价值本身，似乎也不能增加商品的价值，但是，商品是要满足一定需要的，这种需要并不是在工厂门口形成和满足，实际的使用价值必定与运输紧密联系，没有一定的运输，商品的使用价值就不是现实的，因此，运输

---

① 《马克思恩格斯全集》第49卷，人民出版社1982年版，第8页。
② 《资本论》第2卷，人民出版社1975年版，第48页。
③ 同上。

实际上是生产过程在流通领域中的继续进行，于是，"投在运输业上的生产资本，会部分地由于运输工具的价值转移，部分地由于运输劳动的价值追加，把价值追加到所运输的产品中去"。①

其六，大批量的商品在售卖以前，一定要有必要的保管，否则其使用价值将会受到损害，从而使其价值也受到损害。商品的这种保管和运输一样，它们的生产性质也被流通的形式掩盖。保管当然要追加必要的劳动，包括物化劳动和活劳动，从而形成一定的费用支出。保管劳动和售卖不同，它作用于商品的使用价值，后者则只与商品的价值形式变化有关。这种保管劳动可以保存产品的使用价值，从而能保存产品的价值。②

没有商品储备，就没有商品流通。"商品必须有一定的储备量，才能在一定时间内满足需求量"，③并且"储备量要大于平均出售量或平均需求量。不然，超过这个平均量的需求就不能得到满足。另一方面，储备因为不断消耗，所以要不断更新"④。资本家从经营实践中当然知道储备的重要性，但是，他们往往不能区分自愿储备还是非自愿储备。所谓的非自愿储备是由流通停滞造成的，这是资本家非自愿的，但又是售卖必需的。所以，这种储备费用资本家是加入商品价值中的。不过，自愿储备也不能超过正常的量，否则，非自愿储备将变成自愿储备。而自愿储备的费用则不能加入商品的价值。

从社会的观点看，这种保管劳动并没有增加商品的使用价值，是活劳动或物化劳动的非生产耗费。但是，资本家根本没有什么社会的观点，对他们来说，凡是他支配的劳动，都"可以起创造价值的作用，成为他的商品出售价格的一种加价"⑤。而且，在资本主义基础上，一切追加价值的劳动也会追加剩余价值，并且总要追加剩余价值。之所以这样，因为在社会表面上，存在着这样的"事实：这些费用在不同的生产领域是不同的，在同一生产领域，对不同的单个资本来说，有时也是不同的。这些费用追加到商品价格中时，会按照各个资本家分担这些费用的比例进行分配"⑥。这必然使资本家产生错觉，

---

① 《资本论》第 2 卷，人民出版社 1975 年版，第 168 页。
② 同上书，第 157 页。
③ 同上书，第 164 页。
④ 同上书，第 165 页。
⑤ 同上书，第 154 页。
⑥ 同上。

以至于形成固定的意识。而且，资本家作为社会的统治阶级，其意识就是占统治地位的意识。"因此，使商品变贵而不追加商品使用价值的费用，对社会来说，是生产上的非生产费用，对单个资本家来说，则可以成为发财致富的源泉。"① 也就是说，资本家可以不管这部分价值实体是否形成或来自哪里，硬是将自己的意志强加给社会。

不过，虽然资本家有理由形成这样的观念，并不意味着同样有理由将社会的非生产费用、工人劳动的非生产费用硬说成生产性的费用。对此，资产阶级学者当然不会认真计较，去试图说明资本家所得的这部分加价来自何方，或者会干脆将它归结为流通的恩惠。但是，马克思却在阐明它的量的规定的同时，说明它的真正源泉。（见本书第三篇）

其七，交易本身既耗费时间和费用，又不能增加商品的使用价值，只是为了使商品的价值从潜在的形式转化为货币形式。其中有一部分是纯粹的流通费用，它不仅不能增加商品的价值，反而是对商品中包含的剩余价值的扣除。而且交易所花费的时间和劳动力还有可能因为交易双方的恶意而增大，这同样不能创造价值。马克思还指出：即使交易的规模很大，也不会使那种并不创造价值的而只是促成价值的形式变换的劳动，转化为创造价值的劳动。不过，资本家会将这种交易业务转交给雇佣工人，让他们专门从事这种业务，由于他们的交易专业化，会使交易更快进行，并且相应地减少交易费用，相应地减少剩余价值的扣除。但是，买卖业务并不因为被代理而能创造价值，这种代理本身属于非生产费用。不过，他们作为雇佣工人总有一部分时间是无偿劳动的，这样，资本家就会因为未对这部分劳动支付报酬而减少他的资本的流通费用，"而这种费用是对他的收入的扣除。对资本家来说，这是一种积极的收入，因为他的资本在价值增殖上所受的消极限制缩小了。"②

其八，资本家大批量出售商品的行为也具有虚拟性。在小商品生产时代，商品总是就近卖掉，产销关系简单而清楚，而且卖出后就不再停留在市场上，直接进入消费。与此不同，资本家卖出的商品是大批量的，有一大部分要卖到外地市场去，因而与消费还有一定的距离。这决定了厂商不但要有相应的运输条件，还要寻找可靠的经销商。马克思在研究单个资本家的流通行为时，商品

---

① 《资本论》第2卷，人民出版社1975年版，第154页。
② 同上书，第149—150页。

资本在理论上还不独立，但这并不意味着这些商品都零星地卖出，而是大批量卖出。他指出，"在大量生产中，直接购买者除了别的产业资本家外，只能是大商人"①。对产业资本家来说，尽管再生产过程排出的商品还没有实际进入个人消费或生产消费，但他的资本已经回笼，再生产过程即可以按相同或扩大的规模进行。"产品只要卖出，在资本主义生产者看来，一切就都正常。他所代表的资本价值的循环就不会中断。……整个再生产过程可以处在非常繁荣的状态中"，②但是，大商人批发来的商品并没有被马上全部卖出，实际上是堆积在转卖者的手中没有卖掉，事实上仍然留在市场上，一大部分只是表面上进入消费。由于有大商人制造和维持的虚假繁荣，厂商毫不顾忌地大量采购（生产资料）、生产、销售（给批发的经销商）。"这时，商品的潮流一浪一浪涌来，最后终于发现，以前涌入的潮流只是表面上被消费吞没。商品资本在市场上互相争夺位置。后涌入的商品，为了卖掉只好降低价格出售。以前涌入的商品还没有变成现金，支付期限却已经到来。商品持有者不得不宣告无力支付，或者为了支付不得不给价就卖。这种出售同需求的实际状况绝对无关。同它有关的，只是支付的需求，只是把商品转化为货币的绝对必要。于是危机爆发了。它不是表现在消费需求，即个人消费需求的直接缩减上，而是表现在资本对资本的交换，即资本再生产过程的缩减上。"③ 由是，大批商品就变成虚拟的商品了。

以上是从出售商品的使用价值来看的，从商品的价值来看，也具有虚拟性。撇开上述情况发生时原有商品价值必然大打折扣从而虚拟化的情况不说，因为是大批量的生产和销售，经历的时间比较长。在这期间，价值可能发生变动，特别是在发生价值革命的时候。例如，机器无形损耗，价值发生贬值，其转移的价值随之减少；还有，利用农产品做原料也可能因气候的变化歉收或丰收而涨价或跌价，而资本家在进料的时候还没有发生这样的变化等。这些情况本来是经常发生的，并且价值规律也始终是按现有的情况来调整各种商品的市场价值的。但在资本家观念中，却并不总是能够及时认同。例如，他按较高的市价出售一部分商品，必然会按照这样的价格来计算其余部分的商品价格。这

---

① 《资本论》第2卷，人民出版社1975年版，第89页。
② 同上书，第89页。
③ 同上。

样，在他的意识中，其商品的总价值必然包含虚拟的成分。

其九，小商品生产者虽然也要经常地卖出，但却在两次卖出之间，存在有或长或短的休止点。而资本家对剩余价值的攫取是无限次的、不间断的，所以，他出售商品和采购生产资料、劳动力一样，也都是无限次的、不间断的。之所以能够这样，因为他将资本同时分为三个部分，使之同时执行三种不同的职能，同时经历三个阶段。

其十，资本家的售卖行为，与消费紧密联系，其中包含生产消费和个人消费。"W'…W'既然在它的始极上已经表明是资本主义商品生产的形式，所以一开始就把生产消费和个人消费包括在内；……因为 W'可以在不能再进入任何一个生产过程的使用形式上存在"，① 只不过在特定的研究条件下，这种差别还没有充分地显示出来。每一种按资本主义方式生产的物品，不论它的使用形式决定它要用于生产的消费，还是要用于个人的消费，还是要用于二者，都是商品资本。

单个资本家的买卖行为，必然与商品市场价值的确定紧密联系。但是，商品的市场价值涉及的，一方面是某种（涉及改种商品的总量）商品的统一定价，另一方面还涉及该种商品与其他种商品的价值关系。因此，它必然要与社会需要以及各种社会需要之间的比例关系紧密联系。有鉴于此，在考察单个资本家行为的场合，还暂时不能讨论这个问题，于是马克思将它安排在研究全部资本家共同行为，即社会总资本运动的场合再进行阐述。

第三节　总体买卖行为

马克思在分别考察了资本家三种资本职能中的买卖行为之后，还进一步将买卖行为统一起来考察。"如果用 Ck 代表总流通过程，……总过程表现为生产过程和流通过程的统一；生产过程成为流通过程的媒介，反之亦然。"② 从中我们也可以发现一些关于经济行为的论述。

如果单纯从一个循环看，资本家在执行货币资本职能时而进行采购，不能

---

① 《资本论》第 2 卷，人民出版社 1975 年版，第 114 页。
② 同上书，第 116 页。

马上就销售。但是从连续过程来看，在执行商品资本职能即卖之后，资本家要进行再生产，则必须马上就买，他的卖与买是连在一起的：

G—W…P…W′——G′·G—W…P…W′——G′

或：

G——W…P…Ck…P…W′——G′

在这个循环中，连续的流通行为 Ck 即"卖接着买"是：（W′——G′·G——W），这种情况与生产资本循环：P…Ck…P、商品资本循环：Ck…P（W′）是一样的。虽然在货币资本的循环中，这个 Ck 是被生产过程中断的，但资本运动的无限性决定了它的下一个循环的 G——W 紧挨着 W′——G′，由是 W′——G′ 又与 G——W 连接。这样看，三个循环都以这个 Ck 为中介。显然，它既是三个循环、也是总循环得以连续进行的重要条件。在实际过程中，"在一个不断回转的循环中，……不仅每一个特殊的循环都把其他的循环作为前提（包含在内），而且一种形式的循环的反复，已经包含着其他形式的循环的进行。因此，全部区别表现为单纯形式上的区别，或者说，表现为单纯主观上的、只对考察者才存在的区别"。①

表面看，这个总流通 Ck 即（W′——G′·G——W）好像与简单商品流通（W——G——W）一样，过程的两端都是 W，但这个总流通的起点 W′包含着剩余价值，一开始出卖就要带回剩余价值，简单商品流通无论如何也不可能是以 W′开始的。

这个总流通从 W′开始，转换为 G′，充分表现了资本家行为的流动性：时而从事商品经营，时而从事货币经营，时而从事生产经营；同时也表现了他的行为的固定性，必须经常固定在这三个领域。而且，每个领域所处的时间不会太短。尽管在实践中可能有老客户按订单供货、买货，但这些时间绝不可能减缩得很短。这与小商品生产者的买卖完全不同，后者绝不会在交易上花费太多时间。"如果商品所有者不是资本家，而是独立的直接生产者，那末，买卖所费的时间，就是他们的劳动时间的一种扣除，因而，他们总是……力图把这种事情留到节日去做。"②

从总流过通过程 Ck 即（W′——G′·G——W）来看，似乎资本家是先卖

---

① 《资本论》第 2 卷，人民出版社 1975 年版，第 117 页。
② 同上书，第 147 页。

后买,实际上是整体同时进行的,其职能是并列存在的;是"整体同时处在各个不同的阶段和职能中,从而同时经过所有这三个循环"①。显然,他们的生产与交换在空间上彼此分开、在时间上是同时进行的,这也是简单商品生产者所没有的。资本家之所以能够这样安排资本,这是因为他的资本量较大,能够将其分为三个部分同时在不同领域发挥职能,可以在进行生产的同时还进行买卖。

既然有三个部分资本的分割和同时发挥作用,它们之间必然表现为一定的结构,有一定的比例关系。显然,总流通所占用的资本与生产资本相比不能过大或过小,马克思说:"因为单个产业资本代表着一定的量,而这个量又取决于资本家的资金,并且对每个产业部门来说都有一定的最低限量,所以单个产业资本的分割必须按一定的比例数字进行。现有资本的量决定生产过程的规模,而生产过程的规模又决定同生产过程并列执行职能的商品资本和货币资本的量。"②随着生产力的发展,产业结构的升级,这种比例关系必然发生变化。

总流通既要从价值流通的角度看,还应该从使用价值流通的角度看。各个资本家向市场提供的不仅有生产资料,还有生活资料,从而包含着个人消费。而消费生活资料的既有资本家,还有工人。可见,单个资本家的总体买卖行为是一种与别的资本家的协同行为,他的采购和售卖,都要有别的资本家的协同行为,还有与工人阶级的配合行为。W'——G——·G——W 这个总流通过程的进行包含"一个单个资本的形态变化同其他单个资本的形态变化的错综关系,以及它同总产品中决定用于个人消费的部分的错综关系"。③一方面有不同资本家之间的关系,其中有竞争关系,也有联合的关系,有的发生在同一部门,也有的发生在不同部门,只不过在考察单个资本家行为的场合,马克思将单个资本家当成全部资本家的代表,所以暂时没有考察这些关系;另一方面也有资本家与雇佣工人之间的关系。从性质看,有一般过程的关系,也有特殊过程的关系。可见,总流通既是每个单个资本共有的运动形式,又可以看作社会总资本的运动形式。在就一个循环考察资本家的买卖行为时,马克思总是假定,他作为卖家总能找到买家,他作为买家总能找到卖家,所要的生产资料也

---

① 《资本论》第2卷,人民出版社1975年版,第119页。
② 同上书,第120页。
③ 同上书,第114页。

能顺利地买到。这样将这些比较具体的关系暂时存而不论，只表明他暂时以此为研究条件，不结合这些条件并不意味着它不存在。他在这里提到个人消费，说明他已经看到，资本家都是在实际经营，都意识到自己生产的商品的消费属性。

总流通是商品流通，所以必然受价值革命的影响。马克思说："资本的运动所以会表现为产业资本家个人的行动，是因为他作为商品和劳动的买者，作为商品的卖者和作为生产的资本家执行职能，因而通过他的活动来促成这种循环。如果社会资本的价值发生价值革命，他个人的资本就可能受到这一革命的损害而归于灭亡，因为它已经不能适应这个价值运动的条件。价值革命越是尖锐，越是频繁，独立价值的那种自动的、以天然的自然过程的威力来发生作用的运动，就越是和资本家个人的先见和打算背道而驰，正常的生产过程就越是屈服于不正常的投机，单个资本的存在就越是要冒巨大的危险。"① 所谓的价值革命，表面看是一系列商品的价值在短期内发生急剧的幅度较大的变化，但归根到底是许许多多的拥有不同生产条件、生产条件不断发生变化的生产者或资本家的关系发生变化。

导致价值革命的因素或情况有很多，科学技术发生重大革命并且影响迅速、社会需要急剧变动等等，例如，和上一年相比，今年棉花歉收，其影响必然迅速而巨大。"假定1磅棉花今天值6便士，明天由于棉花歉收而涨到1先令。仍在加工中的原有的棉花，是按6便士的价值买进的，但现在加到产品上的价值部分却是1先令。已经纺完，也许已经变成棉纱在市场上流通的棉花，加到产品上的价值同样也比它原来的价值大一倍。"② 这种情况必然会影响资本家的售卖行为。

总流通实际上也是对资本家生产经营的一个检验。资本家是很讲究效率的，总流通也要有效率。总流通的顺利进行，意味着资本家的剩余价值的生产是有效的。为了提高效率，资本家一方面可以用发展运输来加速流通，不言而喻，运输的发展会缩短从工厂到各地消费者之间的距离；另一方面也可以利用信用制度，它既可以表现在购买上，也可以应用到销售上，以调动未来的购买或销售。在简单商品生产时代，已经有了信用关系，有了赊购赊销，在资本主

---

① 《资本论》第2卷，人民出版社1975年版，第112页。
② 《资本论》第1卷，人民出版社1975年版，第236页。

义初级阶段，信用制更有一定的发展。虽然马克思在考察单个资本循环的场合还暂时将信用撇开，但他也时不时提及信用对资本家经济行为的影响。例如，在第二卷也说道：随着信用制度的发展，"纺纱厂主在棉花、煤炭等等的储备的更新上越不依赖于纱的直接出售，——信用制度越发展，这种直接依赖性就越小，——为保证既定规模的连续的棉纱生产不受棉纱出售上偶然情况的影响而需要的这种储备的相对量，就可以越小"。① 这意味着销售棉花、煤炭的资本家可以通过预定合同（信用关系）向纺纱厂主提供原料，而不必"直接出售"。这当然可以节省销售时间，更可以节省销售费用。当然，信用的发展也会带来副作用，"商品储备的规模由于流通停滞而扩大的现象，会被误认为是再生产过程扩大的征兆，"这种情况会"由于信用制度的发展而变得神秘莫测"。②

必须看到，流通并不仅仅实现生产出来的价值和剩余价值，资本家的流通行为还具有导向作用。尽管资本家不能掌控瞬息万变的流通领域，但他们是大量地、经常地向市场提供商品，向市场采购商品，因此能够通过重复性的、周期性的、大量的行为，一方面提高自己的信誉，扩大自己的影响，另一方面大体了解流通市场需求、信息的变化，并及时反馈生产过程，减少盲目性。

所以，总流通对资本家并非尽是陷阱、泥潭，反之，它是个巨大的社会蒸馏器，一切生产出来的东西都要经过它的蒸馏，析出相同的东西，并且能够对一切进入流通领域的各种主体实施优胜劣汰。同时，它还是个巨大的学校，使资本家从中学习经营、提升行为品质和效率。

流通领域也是产生假象的特殊领域，所以，总流通也必然导致资本家产生形形色色的误解："市场上的商品是生产过程和再生产过程的经常性的前提。因此，如果专门注意这个公式，生产过程的一切要素就好像都是来自商品流通，只是由商品构成。这种片面的看法忽视了生产过程的那些与商品要素无关的要素"。③ 而且，流通还会产生错觉。例如，让资本家以为是货币主导一切，是货币经济，这会造成虚假的繁荣，更会造成贱买贵卖产生增殖的误解。还有，资本家的总流通行为还会因其流通形式与简单商品流通没有区别，因而与之交错在一起而在资本家意识中等同化，以至于产生许多简单而肤浅的观念。

---

① 《资本论》第2卷，人民出版社1975年版，第160页。
② 同上书，第167页。
③ 同上书，第115页。

第十章　单个资本家的再生产行为

消费和生产都不能停顿，所以经济行为决不能是一次性的，而是连续性的行为。从其实质看，是再生产行为。"不管生产过程的社会形式怎样，它必须是连续不断的，或者说，必须周而复始地经过同样一些阶段。一个社会不能停止消费，同样，它也不能停止生产。因此，每一个社会生产过程，从经常的联系和它不断更新来看，同时也就是再生产过程。"[①] 不言而喻，要不断生产，当然要不断采购生产资料和劳动力，同时要不断地卖掉生产的产品，所以，再生产是包含流通时间构成的。再生产是生产过程和流通过程的不断重复，也是资本家经济行为的不断重复。因此，再生产行为就是包含生产行为和流通行为的统一行为的连续或重复。

实际上，马克思在研究单个资本家的生产行为时，也有涉及再生产。但是，为了研究的方便和逻辑的合理，他一方面假定资本家按照正常的方式完成流通过程，另一方面则是从一个较长的时期来研究生产过程的，在这个过程中，当然也会涉及再生产，只不过暂时没有专门研究而已。在将生产过程研究透彻之后，他才来专门研究再生产。可以说，再生产是从一个较短的时间看的，涉及不同的再生产周期。

资本家为了攫取越来越多的剩余价值，其再生产当然要不断地扩大，除非遭遇经济危机，所以扩大再生产是资本运动主要的、经常的形态。在其他条件

---

① 《资本论》第1卷，人民出版社1975年版，第621页。

不变或不涉及增长方式变化的情况下，为了扩大生产，当然要有一定的积累。有积累发生，就意味着生产是连续的。与不断的积累相联系，当然要有不断的资本循环即周转，而扩大再生产当然要有扩大的流通过程相配合。再生产行为是剩余价值的连续生产和实现，其关键和本质是生产，所以生产行为的连续在再生产过程中是首要的、决定性的环节，理应先研究。按逻辑发展的需要和内在要求，马克思是在暂时撇开流通过程的条件下进行这一研究的。

研究资本家的再生产行为当然也是有条件的。除了全书统一的以实行金银货币为流通手段外，也暂不考虑社会需要的变动，假定剩余价值还是纯粹的形态，还没有分化和独立化，资本的各种职能形式都还没有独立化。在不同的研究场合，又有一些不同的条件。

如果从逻辑与历史统一的角度看，马克思研究生产过程与研究再生产过程所体现的历史阶段是有所不同的。前者涉及的是资本主义初级阶段较早时期的资本运动，后者则是初级阶段的后期的情况，这时社会上已经有了较多的大型生产资料，不仅有些部门的资本有机构成已经提高，而且资本周转时间构成即生产时间与流通时间的比例也相对提高。也就是说，已经开始向较高发展阶段上升，但还没有完全进入资本主义较为发展的阶段，价值转型还没有最终完成。这些变化对资本家行为当然会产生重大的影响。

第一节 积累行为

在《资本论》第一卷第七篇，马克思研究社会总资本积累，是先考察资本家的简单再生产，再考察扩大再生产。之所以这样，因为扩大再生产比较复杂，在理论上应该从简单上升到复杂，而且要扩大再生产就得有积累，而简单再生产"是积累的一个现实因素"[①]。这些研究中，都分别涉及一般过程和特殊过程。但是，社会总资本毕竟还是太复杂，所以他是先从单个资本开始，将它当作社会总资本的细胞来看待。

---

① 《资本论》第2卷，人民出版社1975年版，第438页。

第十章 单个资本家的再生产行为

一、单个资本家的简单再生产

所谓的简单再生产，就是剩余价值周期地生产出来，又周期地全部消费掉。为了研究方便，马克思假定资本家将剩余价值全部消费掉。

从资本家连续行为的角度与从一般资本运动的角度来理解简单再生产，当然会有不同。后者主要是从客观过程的角度阐明资本主义再生产是资本和资本关系的再生产，以及这些关系的承担者的再生产，而前者则更注意从主体的角度看资本家作为经济主体的行为。这些连续行为与作为孤立过程的行为相比，又有很多不同。

如果说资本运动的特征是扩大再生产，那么在它以前，却有很长的简单再生产的历史。所以，它是个一般过程。资本家的简单再生产当然也要遵循这些一般过程的规定。马克思指出："生产的条件同时也就是再生产的条件。任何一个社会，如果不是不断地把它的一部分产品再转化为生产资料或新生产的要素，就不能不断地生产，即再生产。在其他条件不变的情况下，社会在例如一年里所消费的生产资料，即劳动资料、原料和辅助材料，只有在实物形式上为数量相等的新物品所替换，社会才能在原有的规模上再生产或保持自己的财富，这些新物品要从年产品总量中分离出来，重新并入生产过程。因此，一定量的年产品是属于生产的。这部分本来供生产消费之用的产品，就采取的实物形式来说，大多数不适于个人消费。"① 同样的道理，社会也必须不断地生产出新的生活资料，才能维持原有社会成员的生活。显然，整个过程的特征是生产技术水平和投入的资本量不变，消费水平和消费量也不变。

与一般的简单再生产不同，资本主义简单再生产作为个特殊过程，主体行为有一系列的特点：

在考察孤立过程时，马克思说明，资本家按照工人劳动力的价值购买劳动力，并且完全按照"自由、平等、所有权、边沁"等规则行事。在这里，马克思发现，资本家并不是在购买劳动力的同时就付给工人工资，而是在工人"在自己的劳动力发挥了作用，把他的价值和剩余价值实现在商品上以后，才得到报酬。因此，工人既生产了……剩余价值，也生产了付给他自己报酬的基

---

① 《资本论》第 1 卷，人民出版社 1975 年版，第 621 页。

金即可变资本，而后者是在它以工资形式流回到工人手里之前生产的"①。这样看，资本家实际上并没有对工人付出过什么，他只是用工人上个星期或上半年的已经物化并实现了的劳动来支付这个星期或下半年的工资。是工人把自己的物化劳动预付给资本家，再由资本家用货币支付给工人。②可见，简单再生产首先是资本家支配的工人再生产出可变资本。

对资本家来说，在这种场合，他支出的货币并不是流通手段，而是支付手段。本来，他一开始就是一个债务人，而工人则是资本家的债权人。但是，在资本关系下，这种债权、债务关系的对立所引起的不愉快却颠倒了。

资本关系还使过程的连续进行深刻影响资本家本人的资本。资本家始终认为，他的预付资本是其先辈留下的，或者是他自己节欲的成果。但是，他每天都要生活消费，并且比工人消费水平高出几倍，"经过若干年或者说经过若干个再生产期间，原预付资本就会被资本家消费掉，因而消失了。资本家认为，他所消费的是别人无酬劳动的产品即剩余价值，而保存了原资本价值，但这种看法绝对不能改变事实。经过若干年以后，资本家占有的资本价值就等于他在这若干年不付等价物而占有的剩余价值额，而他所消费的价值额就等于原有资本价值"。③这就是说，即使是简单再生产，也是雇佣工人再生产出全部预付资本的过程，是资本家消费掉他的全部预付资本价值并仍然拥有原预付资本价值的过程。

马克思还论证，即使是简单再生产，它的单纯连续，也使资本家能够不断地把劳动力当作主观的、同它本身物化的和实现的资料相分离的、抽象的、只存在于工人身体中的财富源泉来生产，④就连工人的个人消费在实质上也成了资本家剥削材料的再生产。

可见，即使是简单再生产，也是资本关系的再生产。

---

① 《资本论》第1卷，人民出版社1975年版，第622页。

② 这种情况，马克思在论述劳动力买卖时已经指出："在资本主义生产方式占统治地位的一切国家里，给劳动力支付报酬，是在它按购买契约所规定的时间发挥作用以后，例如在每周的周末。因此，到处都是工人把劳动力的使用价值预付给资本家；工人在得到买者支付他的劳动力价格以前，就让买者消费他的劳动力，因此，到处都是工人给资本家以信贷。"（《资本论》第1卷，人民出版社1975年版，第197页）

③ 《资本论》第1卷，人民出版社1975年版，第625页。

④ 同上书，第626页。

二、单个资本家的扩大再生产

所谓的扩大再生产,就是生产过程外延的或内涵的扩大的再生产。由于不同的社会中都有扩大再生产,所以它也是一般过程和特殊过程的统一。

从一般过程来看,要实现扩大再生产,首要的是主体必须有一定的积累。其次,要有一定数量的随时可用的劳动力。这部分增加的劳动力既要有与一定技术条件相适应的生产资料,也要有与一定社会文化条件相适应的生活条件。由此可见,在一定的生产条件下,经济主体必须安排好剩余产品的两种比例:一是用于消费的部分和用于积累的部分的比例,二是积累的部分中用于追加的生产资料和生活资料的比例。①

从特殊过程及其本质看,扩大再生产就是为了追逐更多的剩余价值生产而使生产规模扩大。在资本主义初级阶段,扩大再生产不是自然而然产生的,其动力有生产力的发展和社会需要的发展要求,但主要来自资本家:"随着资本主义生产的发展,生产的规模在越来越小的程度上取决于对产品的直接需求,而在越来越大的程度上取决于单个资本家支配的资本量,取决于他的资本的价值增殖欲以及他的生产过程连续进行和不断扩大的必要性"。② 这当然要有剩余价值的追加和必要生产资料和劳动力的增加供给。

所谓规模的扩大,从《资本论》的研究看,并非单纯量的增加,还包括结构的优化。而且从社会的角度看,不仅指资本的扩大,还包含两种主体的增加,两种主体各自结构的变化。这是一个复杂的过程,为了研究方便,马克思暂时撇开过程扩大的结果引发的主体及其关系的变化,先从过程本身(包括两种主体)来考察,大体看来,研究分三个步骤进行:

第一步,假定资本家将全部剩余价值都再投入到生产过程中去,从而使生产过程扩大,考察扩大再生产的一般规定(是特殊过程的一般规定,不是一般过程的规定)。

---

① 马克思说:"要积累,就必须把一部分剩余产品转化为资本。但是,如果不是出现了奇迹,能够转化为资本的,只是在劳动过程中可使用的物品,即生产资料,以及工人用以维持自身的物品,即生活资料。所以,一部分年剩余劳动必须用来制造追加的生产资料和生活资料,它们要超过补偿预付资本所需的数量。"(《资本论》第1卷,人民出版社1975年版,第637页)

② 《资本论》第2卷,人民出版社1975年版,第162页。

这里，我们无意复述资本理论关于扩大再生产的研究，而关注在这一过程中主导主体即资本家的行为。

一般扩大再生产过程离不开主导主体的经济行为，过程的实质、展开都与主导主体有直接的关系。

由于有大量的雇佣工人创造剩余价值，人数很少的资本家根本消费不完，而且资本家也不会将它全部用在生活消费上。资本家狂热地追求剩余价值，具有绝对的致富欲，必定十分重视积累，将一部分剩余价值资本化。而且，"竞争使资本主义生产方式的内在规律作为外在的强制规律支配着每一个资本家。竞争迫使资本家不断扩大自己的资本来维持自己的资本，而他扩大资本只能靠累进的积累"。① 但是，资本家很清楚，要实现规模扩大的再生产，既要有追加的生产资料，在有机构成不变或变化不大的条件下，还要有追加的工人，后者又需要一定的生活资料。

马克思指出，工人生产的剩余价值为资本家创造了积累的条件：一方面是追加的资本，另一方面是追加的生产资料和生活资料。从再生产的扩大来看，追加的工人和原先在业的工人一样，都要提供剩余价值。这样，资本家用"从前雇用的工人的无酬劳动来雇用追加的工人"，而这些追加的工人同样要提供无酬劳动。所以，"对过去无酬劳动的所有权，成为现今以日益扩大的规模占有活的无酬劳动的唯一条件。资本家已经积累的越多，就越能更多地积累。"② 可见，即使从单个资本家来看，他所剥削的工人及剩余价值都是越来越多了。

对此，马克思还进一步分析，资本家无论与原有的工人，还是与新追加的工人的关系，都变得复杂了："第一，用来交换劳动力的那部分资本本身只是不付等价物而占有的别人劳动产品的一部分；第二，这部分资本不仅必须由它的生产者即工人来补偿，而且在补偿时还要加上新的剩余额。这样一来，资本家和工人之间的交换关系，仅仅成为属于流通过程的一种表面现象，成为一种与内容本身无关的并只能使它神秘化的形式。劳动力的不断买卖是形式。其内容则是，资本家用他总是不付等价物而占有的别人的已经物化的劳动的一部

---

① 《资本论》第 1 卷，人民出版社 1975 年版，第 649—650 页。
② 同上书，第 639 页。

分，来不断再换取更大量的别人的活劳动"。① 资本家之所以能够这样，全因为它掌握着生产资料的所有权，还因为占有劳动者的全部劳动包括必要劳动及剩余劳动的所有权。马克思在这里提出的第一点再一次说明，工人的必要劳动所有权并不属于工人，否则它怎么能被资本家"用来交换劳动力"？这里提出的第二点更进一步说明，这部分相当于必要劳动的价值还要能够增殖。至于劳动者剩余劳动的所有权，那就更属于资本家了。

由此可见，马克思关于生产过程的研究，主要揭示资本家利用生产资料和生产组织的改善强化对劳动力使用权的充分和过度使用；而关于再生产过程的研究，则主要揭示资本家利用资本所有权的扩大深化对雇佣工人劳动力所有权的占有和控制。其中简单再生产的研究表明，资本家对劳动力所有权的控制永久化，扩大再生产的研究则表明他对劳动力所有权的控制扩大化和深化。正因为这样，资本家十分重视积累，高呼："积累啊，积累！"甚至他们的学者也深受感染："为积累而积累，为生产而生产——古典经济学用这个公式表达了资产阶级时期的历史使命。……在古典经济学看来，无产者不过是生产剩余价值的机器，而资本家也不过是把这剩余价值转化为追加资本的机器。它非常严肃地对待资本家的历史职能"。② 在他们看来，"积累是对社会财富世界的征服。它在扩大被剥削的人身材料的数量的同时，也扩大了资本家直接和间接的统治"。③

当然，在社会表面上，这种道理是不会直接显现的，反之，它却颠倒地表现为积累对工人有好处。资本家及其理论家说："积累过程的特点是，剩余产品由生产工人消费，而不由非生产工人消费，"马克思认为，"这一点是对的。但它的错误也正是从这里开始。亚·斯密使人们形成一种流行的看法，……把剩余价值的资本化仅仅看成剩余价值转变为劳动力。"他们从全部用于积累的剩余产品都是生产工人在使用的表象出发，将用来扩大再生产的生产资料说成是全部转化为工资，说积累的资本全部转化为劳动力，因而对工人有利。④ 全

---

① 《资本论》第 1 卷，人民出版社 1975 年版，第 640 页。
② 同上书，第 652—653 页。
③ 同上书，第 650 页。
④ "亚·斯密根据自己根本错误的分析得出了以下的荒谬结论：虽然每一单个资本分成不变组成部分和可变组成部分，但社会资本只分解为可变资本，或者说，只用来支付工资。"（《资本论》第 1 卷，人民出版社 1975 年版，第 647 页）

《资本论》经济行为理论的具体化

体资本家当然很乐意接受这样的观念。马克思指出，这是大错特错了。实际上，工人在扩大的生产过程中消费的是生产资料，而不是生活资料，他们把两者混为一谈了。

第二步，在一般地阐述了主导主体在积累率不变、所使用资本的有机构成不变的条件下的行为实质、本质、本质的社会表象之后，马克思又结合资本家的消费来考察。

马克思还说明，资本家的积累未必会减少资本家自己的生活享受。资本家的积累和个人的消费形成一定的结构，积累的相对量即是积累率。在资本主义发展的不同历史时期，这个积累率是不同的，起初比较高些，但到后来，特别是随着实力的壮大，剩余价值总量增加，情况就有不同。"资本主义生产的进步不仅创立了一个享乐世界；随着投机和信用事业的发展，它还开辟了千百个突然致富的源泉。在一定的发展阶段上，已经习以为常的挥霍，作为炫耀富有从而取得信贷的手段，甚至成了'不幸的'资本家营业上的一种必要。奢侈被列入资本的交际费用。此外，资本家财富的增长，不象货币贮藏者那样同自己的个人劳动和个人消费的节约成比例，而是同他榨取别人的劳动力的多少和强使工人放弃一切生活享受的程度成比例的。因此，……资本家的挥霍仍然和积累一同增加，一方决不会妨害另一方。"① 可见，对资本家来说，挥霍也变成一种经济行为。

在现实过程中，资本家的积累和奢侈享受并行不悖。在积累率不变的条件下，资本家也能挖掘生产的潜能，实现一定的扩大再生产，扩大再生产并非只能单纯依赖剩余价值的资本化。所谓的扩大再生产，有外延扩大和内涵扩大两种形式。② 即使没有追加资本，资本家还是有办法在这两种形式上实现生产的扩大。

首先是经常压低工人的工资。马克思说："在论述剩余价值的生产的那几篇里，我们总是假定工资至少和劳动力的价值相等。但是，把工资强行压低到这一价值以下，在实际运动中起着极为重要的作用"，这种办法虽然没有增加

---

① 《资本论》第1卷，人民出版社1975年版，第651页

② "我们已经在第1卷第22章看到，积累，剩余价值转化为资本，按其实际内容来说，就是规模扩大的再生产过程，而不论这种扩大是从外延方面表现为在旧工厂之外添设新工厂，还是从内含方面表现为扩充原有的生产规模。"（《资本论》第2卷，人民出版社1975年版，第356页）

第十章 单个资本家的再生产行为

资本家的实际支付的资本量，但"在一定限度内，这实际上是把工人的必要消费基金转化为资本的积累基金"①。在当时，法国工人的工资比英国工人的低，因此，英国的资本家代言人就声称：英国的重大历史任务是把英国的工资降低到法国和荷兰的水平。对此，马克思认为："他不过是泄露了英国资本灵魂深处的秘密。"② 后来，针对一位议员提到当时中国劳动人口的生活水平，马克思又一针见血地提出，这实际上已经表明："现在英国资本渴望达到的目标已经不再是大陆的工资，而是中国的工资了"③。在论述再生产的过程中揭露这种手法表明，资本家这样做是连续的、不断再生产的。除此以外，资本家还经常变相压低工资，即延长劳动时间、提高劳动力的紧张程度，这样"获得的追加劳动，没有不变资本部分的相应增加，也可以增加剩余产品和剩余价值，即积累的实体"④。这些办法，对像采掘工业、农业等与利用自然资源紧密联系的资本家特别有利，只要工人付出更多的劳动量，增加人对自然的直接作用，这种作用无需新资本的介入，也会成为扩大积累的直接源泉。

其次是提高劳动生产率水平，它会使工人更加便宜。"这样，同一可变资本价值可以推动更多的劳动力，从而可以推动更多的劳动。同一不变资本价值可以体现在更多的生产资料上，即体现在更多的劳动资料、劳动材料和辅助材料上，从而会提供更多的形成产品和价值的要素，或者说，提供更多的吸收劳动的要素。因此，在追加资本的价值不变甚至降低的情况下，积累仍然可以加快。不仅再生产的规模在物质上扩大了，而且剩余价值的生产也比追加资本的价值增长得更快。"⑤ 劳动生产力的提高还会影响到劳动资料的生产，使之更便宜，更有效率，当它们替代原有的劳动资料时，资本家用同量的资本可以买得更多。它还可以把生产过程和消费过程中的废料投回到再生产过程的循环中去，从而使资本家无需预先支出资本，就能创造新的资本材料。"科学和技术使执行职能的资本具有一种不以它的一定量为转移的扩张能力。同时，这种扩张能力对原资本中已进入更新阶段的那一部分也发生反作用。资本以新的形式无代价地合并了在它的旧形式背后所实现的社会进步。"当然，资本家也意识

---

① 《资本论》第1卷，人民出版社1975年版，第657—658页。
② 同上书，第658页。
③ 同上书，第659页脚注53。
④ 同上书，第662页。
⑤ 同上书，第663页。

到,"生产力的这种发展同时会使正在执行职能的资本部分地贬值。只要这种贬值通过竞争被人们痛切地感觉到,主要负担就会落到工人身上,资本家力图用加强对工人剥削的办法来弥补自己的损失"。① 劳动生产力的提高必然会影响到工人的劳动,提高其效率:"随着劳动的生产资料的效能、规模和价值的增长,从而随着劳动生产力的发展而造成的积累的增长,劳动在不断更新的形式中把不断膨胀的资本的价值保存下来并使其永久化。"② 再次,马克思还发现,资本家所使用的资本和所消费的资本的差额在增大,一些资本所投的劳动资料一经使用,就在一个时期里,在不断反复进行的再生产过程中,用自己的整体执行职能,但它们的价值却一部分一部分地转移到产品中去。越是靠近其使用年限,它们所剩的价值就越少,因为其原有价值的大部分都已折旧摊提了,"也就是说,它们越是整个地被使用而只是部分地被消费,那末,它们就越是象我们在上面说过的自然力如水、蒸汽、空气、电力等等那样,提供无偿的服务"。③ 这是就劳动资料的使用价值而言的,在研究资本流通的场合,他还特别说明,从这些劳动资料的使用中所提取的折旧基金,还经常被资本家利用来扩大再生产。

最后,资本家还可以充分利用资本的规模,规模越大,所使用的工人越多,生产的发条也就越是开动得有力。

马克思总结说:如果把流通过程中一切会使同量资本发生程度极不相同的作用的条件完全撇开不说,"即使执行职能的资本的量已定,资本所合并的劳动力、科学和土地,也会成为资本的有伸缩性的能力,这种能力在一定的限度内使资本具有一个不依赖于它本身的量的作用范围"。④

第三步,在考察了外延扩大再生产之后,马克思又结合积累率提高和资本有机构成的变化来考察资本家的积累行为。这一方面涉及资本总量的增加,另一方面又与资本构成的提高有关。

马克思不仅根据资本各个组成部分在剩余价值生产中的作用提出不变资本和可变资本的内在结构范畴,而且在深入研究资本的使用价值和价值结构后,又提出资本有机构成这一重要范畴。根据这一理论,马克思发现,在积累和伴

---

① 《资本论》第1卷,人民出版社1975年版,第664页。
② 同上书,第665—666页。
③ 同上书,第667页。
④ 同上书,第668—669页。

第十章 单个资本家的再生产行为

随积累的积聚的进程中,各个资本家都致力于劳动生产率的提高,因而资本技术构成的变化越来越快,从而有机构成不断提高,可变资本部分相对地减少。这种情况还愈演愈烈,其结果是,"积累表现为生产在一定技术基础上的单纯扩大的那种间歇时间缩短了"。① 这句短短的话包含着许多意思:一是表明资本家的积累是在一定的技术基础上进行的,不可脱离生产力的发展水平简单地理解积累;二是积累还表现为生产规模扩大,并且是在一定的技术基础上扩大的,这是充分地、经济地利用现有技术;三是表明资本家采用一定的技术是经常变化的,而且变化的间歇期越来越短;四是表明资本家敢于承担更新所带来的损失,生产经营行为是不断地上台阶,不断地延伸台阶。可见,资本家的积累推动着技术的进步,技术的发展反过来又推动着资本家的积累。这两种经济因素互相推动的复合关系,不断引起技术构成的变化。这充分表现"资本家的一切行动……具有意志和意识"②。

但是,马克思也说明,资本家的积聚性的资本积累具有双重意义:一方面增强了各个资本家的实力,加强他们攫取剩余价值的能力。单个资本家的积累行为不是独立实施的,而是与所有的资本家一起进行的。这种总体行为造成庞大的相对过剩人口、产业后备军,是单个资本家行为的影响力强大的社会背景,单个资本家必然会充分利用已经形成的规模巨大的产业后备军加压于在业工人,使他们从事过度劳动,在事实上压低工人的实际工资。③

另一方面则加强了彼此之间的竞争,形成实力更加强大的资本家的统治,增强了他们个性和独立性。对单个资本家来说,重要的不仅仅是攫取雇佣工人创造的剩余价值,他们面对的还有许许多多同部门和不同部门的资本家。就前一种关系而言,在阶级斗争还没有采取激化方式的时候,资本家对雇佣工人越来越具有绝对的权威和统治力;但在资本家的范围内,情况就不同了。由于彼此之间是尔虞我诈、以邻为壑,每个资本家都有危机感。他要保持独立性和个性,首先要消灭别人的独立性和个性。他要树立自己的权威,就必须有巨大的实力。在这个阶级的内部,实力是相对的,并且是靠竞争而增强的。"资本所

---

① 《资本论》第1卷,人民出版社1975年版,第690页。
② 同上书,第393—395页。
③ "决定工资的一般变动的,不是工人人口绝对数量的变动,而是工人阶级分为现役军和后备军的比例的变动,是过剩人口相对量的增减,是过剩人口时而被吸收、时而又被游离的程度。"(《资本论》第1卷,人民出版社1975年版,第699页)

以能在这里,在一个人手中大量增长,是因为它在那里,在许多单个人的手中被夺走了。"① 因此,资本家们都希望、也害怕资本的重新分配。结果必然导致实力较大的资本家战胜实力较小的资本家,甚至把后者"挤到那些大工业还只是零散地或不完全地占领的生产领域中去。在那里,竞争的激烈程度同互相竞争的资本的多少成正比,同互相竞争的资本的大小成反比。竞争的结果总是许多较小的资本家垮台,他们的资本一部分转入胜利者手中,一部分归于消灭"②。马克思在这里区分了两种领域,一个是大工业完全占据的领域,一种是尚未完全占据的领域。实际上,无论在哪个领域,大资本家都是有实力又有实势——不只是优势,而且是一种强势,强力顺势发作,必然造成弱肉强食,就是最原始的"资本并购"。这种势头一旦形成,就是不可逆的,就会愈演愈烈。从这种意义看,单个经济主体积累行为的重要成果是大资本的形成,实力增强。

此外,在总结单个资本家的货币资本在资本周转中的作用时,马克思还进一步说明:"并入资本中的各种生产要素的扩大,在一定的界限之内,不是取决于预付货币资本的量。"他还举出资本家经常使用的几种主要的方法:从外延方面或内含方面加强对劳动力的剥削,这样可压低工资,可加强对生产上所需自然物质的利用,可更有效地加以利用同一些劳动资料;依靠科学进步提高劳动生产力,这样可充分利用自然力,可充分利用劳动力在生产过程中的社会结合和各个单个工人积累起来的熟练程度,可形成更便宜、更多的新的资本材料以形成资本积累扩大的基础;可集中资本来扩大规模;还有就是加速资本周转(后面再详述)。③

在资本积累过程中,伴随资本的积聚和集中,无论积累率是否有变,资本家都能实现劳动生产率的提高和对工人剥削程度的加深,实现经营方式的转变。从马克思的论述中我们发现,资本家特别是大资本家不仅重视积累,而且在积累过程中逐步探索到经济增长、经济发展的某些规律,例如创造了股份公司这样的资本经营权集中的模式;开始重视结构(技术构成、生活资料结构、生产资料结构)的变化,并且形成了比较合理的发展模式;在追求经济总量

---

① 《资本论》第1卷,人民出版社1975年版,第687—688页。
② 同上书,第687页。
③ 同上书,第394—396页。

增加、剩余价值总量增加的同时，也追求结构变化的速度。

第二节　周转行为

研究过以积累为主的再生产以后，马克思又将流通纳入研究过程，研究流通过程与生产过程统一的再生产，资本家的资本周转。随着研究领域的扩大，研究的维度也增加了，逐步考察行为的新结构、时间（速度）、效益、职能（实际使用与预付、效益评价）等。

资本的流通过程有广义的和狭义的两种，广义的是生产过程与流通过程的统一，狭义的流通只是就买卖而言，包括购买和出售两个环节。就后者而言，供应（采购）与售卖从职能上看彼此不同，但实际上有紧密联系。在马克思考察的三种资本循环中，除货币资本循环买卖中间插进生产过程外，其他两种循环的买和卖都是连在一起的。在上一节我们已经看到，如果从连续运动即再生产的角度看，买和卖都是连接在一起的。即使是货币资本的连续循环，也一般是售卖紧紧连着购买。马克思说："资本家进行买卖，在市场上奔走的时间，也是他作为资本家、作为人格化的资本执行职能的时间的一个必要部分。这是他的经营时间的一部分。"[①] 他执行职能、经营的经济行为当然还包含着生产时间。在考察资本循环的场合，马克思已经阐明了流通行为对生产行为的影响。如果说，在那里他考察的重点是买卖行为，那么，在进一步的研究中他研究的侧重点就发生了转变，即将流通行为与生产行为统一起来考察，并且结合周转的资本量、时间和效率即一定时间内（通常为一年）的周转速度。

资本家的流通行为与生产行为的关系，既"具有内在的统一性"，又表现为"彼此是外在的过程，在时间和空间上是分开的过程"。[②] 前者指的是两种过程之间的互动、内在统一，后者指的是两者作为社会表面上相互独立的运动之间关系，它又与资本家的观念有紧密联系。

一、作为流通行为与生产行为内在统一的连续过程

流通构成资本家总体经济行为的必不可少的组成部分。资本家在生产过程

[①] 《资本论》第2卷，人民出版社1975年版，第146页。
[②] 《马克思恩格斯全集》第46卷上册，人民出版社1979年版，第385页。

中剥削到的剩余价值当然要实现,"再生产过程包含资本的两种职能,因而也包含这两种职能有人代表的必要性",① 因此,这两种职能对资本家一样重要。而且,从资本的三种职能形态看,它们都包含着生产和流通两种职能,就此而言,它们的区别是形式的,联系则是内在的。从资本主义历史发展来看,两者紧密联系,构成了经济的横坐标和纵坐标。但在理论发展的过程中,虽然只有先暂时撇开流通过程分析生产过程,才能深入揭示创造价值、剩余价值的规律及其本质规定,但这并不意味着流通过程可有可无,暂时撇开的条件或因素终究是要回归研究过程的。于是,马克思通过研究资本周转将它们统一起来:"这个直接的生产过程并没有结束资本的生活过程。在现实世界里,它还要由流通过程来补充,而流通过程则是第二卷研究的对象。在第二卷中,特别是把流通过程作为社会再生产过程的媒介来考察的第三篇指出:资本主义生产过程,就整体来看,是生产过程和流通过程的统一。"② 实际上,在《资本论》第二卷考察资本循环的时候,他已经将两种行为统一起来了。我们在前面根据马克思单个资本循环理论整理了他关于资本家采购供应和销售行为的相关论述,尔后的进一步研究,当然要整理和研究马克思关于单个资本家执行职能的总体行为即生产行为和流通行为统一的论述。

从流通的角度研究资本家的再生产,主要是从其预付和追加的资本量以及这些资本的运行效率来看的。这样,当然会发现,资本运动在社会表面上呈现出来的与本质结构(不变资本与可变资本的区分)不同的另外的两种结构:一种是资本的形式结构:固定资本和流动资本的区分,一种是周转的时间构成:生产时间和流通时间的区分。马克思后面总结说:"在第二篇,循环是作为周期的循环,也就是作为周转来考察的。这里一方面指出了,资本的不同组成部分(固定资本和流动资本)怎样在不同的时间以不同的方式完成各种形式的循环;另一方面又研究了决定劳动期间和流通期间长短不同的各种情况。"③ 这两个方面既有区别,因为形式结构属于生产资本,周转时间构成则是生产资本和流通资本之间的关系;也有联系,因为从再生产的角度看,固定资本的折旧摊提、流动资本的变现,都要经过转化和流通。

---

① 《资本论》第 2 卷,人民出版社 1975 年版,第 144 页。
② 《资本论》第 3 卷,人民出版社 1975 年版,第 29 页。
③ 《资本论》第 1 卷,人民出版社 1975 年版,第 391 页。

第十章 单个资本家的再生产行为

我们已经知道，经济行为理论是与劳动价值论、资本理论一起发展的，它要反映主体行为的内在规定，也要再现其外在表象。为了将内在规定与外在表现联系起来，马克思在相关的场合都是通过分析批判资产阶级学者的理论而实施的。① 在研究资本流通的场合，他再次涉及这种颠倒，所以特别涉及古典学派的资本结构理论，——无非是资本运动在社会表面上呈现出来的表现形式的直接反映，——后者所反映的资本形式结构理论正是资本的本质结构的颠倒表现。

马克思科学地论证，全部生产资本都按照各自在生产剩余价值中的职能分为不变资本和可变资本，在考察资本流通的时候，他又说明，从其价值看，它们全是流动的，但又全要在运动的各个阶段作必要的停留。② 他的资本循环理论表明，资本是要流回的。只有流回，才能周转。他说明，在资本主义初级阶段，随着经济的发展，即使在工场手工业的后期，已经有了比较复杂的工具，甚至用人工造出了机器，进一步的发展是用机器制造机器，进入最初的机器大工业时代，固定的耐用的机器进入生产过程。他根据这个阶段不同时期资本家的实际活动发现，资本家已经普遍使用耐用的机器，规模有大有小，效能有优有劣。无论就单个资本家还是就全体资本家来看，其资本有相当大的部分投在耐用而昂贵的劳动资料上面，它在一个相对长的时间内始终存在并发挥作用，因而其实体没有进入商品中，但是，它们的价值形态却是不断地通过所生产的商品的出售而以折旧金而流回，要经过几个周转周期才能完全流回；另一部分是投在原材料和劳动力上，它们是一次投入一次回流并很快投入周转。于是，前一种资本取得了固定资本的形式，后一种则取得了流动资本的形式。这样，他们的全部投资并非同时回流，更非同步周转的。这种情况，很快就形成了资本家的观念及其学者理论概括，形成特殊的经济范畴。由于固定资本和流动资本是根据社会表面上资本价值的回流和周转状况区分的，所以马克思称之为形式区别。我们不妨称之为资本的形式构成。虽然这种形式区别不同于因不变资本和可变资本区分的内在结构，而且将剩余价值与可变资本转化成的劳动力的关系掩盖了，将劳动力与原材料混为一体，但却是内在结构在社会表面上的表

---

① 参看陈俊明：《马克思对斯密双重观察法的批判及研究范式的创新》，《当代经济研究》2009年第9期。

② 《资本论》第2卷，人民出版社1975年版，第177页。

现形式。由于它掩盖了本质关系，所以这是一种颠倒表现。① 不过，说它是颠倒表现，并不意味着它是虚假的，它的确表现了真实的经济现象，"错误在这里又是建立在更为深刻而真实的基础上的"。② 只不过是肤浅的现象。

由此可见，正是通过接近直接的过程、社会表面，马克思将流通的研究与资本内在规定在社会表面上、在资本家的行为和意识中的表现联系起来了。

由于接触了流通过程，必然使流通与生产的关系、经济行为的研究更加具体。这种研究涉及以下几个方面：

第一，资本家在固定资本上的投入和维持更新。

资本家投入的资本有一部分是用于购买劳动资料的，另一部分购买原材料、燃料辅助材料和劳动力。这两部分资本的价值当然要流回，但流回的方式很不相同，由此资本家形成固定资本和流动资本的概念。流动资本是一次投入一次全部周转流回，固定资本则不同，是一部分一部分地加进商品的价值，一部分一部分地、逐渐地再从流通中取出的。"投在固定资本上的资本价值，在它借以存在的生产资料执行职能的期间，不是在物质上，而只是在价值上经过它的各种形式的循环，并且这也只是一部分一部分地、逐渐地进行的。这就是说，它的价值的一部分不断地作为商品的价值部分而流通，并转化为货币，但不由货币再转化为它原来的实物形式。这种由货币到生产资料的实物形式的再转化，要到生产资料执行职能的期间结束，即生产资料完全不能用的时候，才会发生。"③ 如果这种劳动资料是大型的、复杂的、耐用的，那么它的价值回流就要经过比较长的时间。这就要求资本家有较大的实力，也要会使用和管理，还要想办法加速其周转。

固定资本的使用当然需要维持，所以需要有各种特别的维持费用。"投在这种劳动上的资本，虽然不进入作为产品来源的真正的劳动过程，但是属于流

---

① 人们往往喜欢将本质和形式这两类不同的结构放在一起比较，说明两种结构的区别与联系。但是，这样比较是肤浅的。内在结构是看不见的，而形式结构则是社会表面上呈现的，可以观察的。因此，两种结构以及相关的两组范畴是不能比较的。在理论结构中，它们处于不同的层面。它们的联系，只能是现象与本质的关系，是本质关系的外化，但又不是直接表现而等同，而是要通过转型。在理论过程中，就是使间接性规定在外化过程中转型为直接性的东西，实现间接性与直接性的统一。

② 《资本论》第2卷，人民出版社1975年版，第427页。

③ 同上书，第188页。

动资本。这种劳动在生产中必须不断地耗费,因而它的价值也必须不断地由产品价值来补偿。投在这种劳动上的资本,属于流动资本中要弥补一般非生产费用的部分,这个部分要按年平均计算,分摊到价值产品中去。"① 这种维持劳动的费用,本来应该由资本家自己承担,但是,资本家却总是要工人"利用休息时间无偿地完成的,正因为这样,也往往是在生产过程中进行的,这就成了大多数事故的根源。这种劳动不计算在产品的价格中。从这个意义上说,消费者是无代价地得到了它。另一方面,资本家也由此节省了机器的维持费用。这种费用是由工人用自己的身体来支付的,这是资本自我维持的秘密之一。"②

固定资本使用的年限较长,所以必定要不断地修理,包括大修和小修。"机器等等的个别部分所受的损伤,自然是偶然的,因而由此造成的修理也是偶然的。但是从这中间可以分出两类修理劳动,它们都多少具有固定的性质,并且是在固定资本寿命中不同的时期进行的。"③ 这些修理当然要追加资本和劳动。"这种支出不包括在原来预付的资本内,因此,它不能或者至少不总是能通过固定资本的逐渐的价值补偿而得到补偿和弥补。……修理劳动虽然有偶然的性质,但仍然会不均衡地分配在固定资本寿命的不同时期。"④ 正因为这样,"通过资本和劳动的这种追加支出而追加的价值,不能在实际支出的同时,加入到商品价格中去",⑤ 只能将这些耗费根据经验平均分配在整个固定资本的寿命期间,并以相应的部分加入产品的价格。资本家在生产经营过程中,必须学会积累这种经验。马克思认为:"这种投在真正修理上的资本,从某些方面看,形成一种独特的资本,既不能列入流动资本,也不能列入固定资本,但作为一种经常支出,算作流动资本较为合适。"⑥ 它们必须在出卖商品回流的资本中预先提取。

马克思还特别分析了资本主义国家许多部门经常在"簿记的方法改变"⑦上做文章,将修理费用和固定资本的实际损耗混为一谈,例如,为修理劳动等

---

① 《资本论》第 2 卷,人民出版社 1975 年版,第 194 页。
② 同上。
③ 同上书,第 195 页。
④ 同上。
⑤ 同上书,第 196 页。
⑥ 同上书,第 197 页。
⑦ 同上。

项提取了一定的费用，而实际上是将折旧年限缩短了。显然，这是将他的个人费用转变为社会的费用，让消费者为其转移无形损耗的风险买单。

另外，无论是生产行为还是流通行为，都有可能遭遇"由异常的自然现象，火灾、水灾等等引起的破坏"，这些不可预见、不可抗力的灾害所造成的损失当然要有补偿，这就需要有一定的保险。①

固定资本一次投入，一般要使用很久，但各个要素的寿命、周转时间各有不同。随着产业的进步，资本家要经常对这些劳动资料进行整体的或局部的更新。如果遭遇危机，还要被迫进行更大规规模的更新。除了有形损耗外，还有因竞争和技术发展引起的无形损耗。这些都是资本家要充分注意的。为了实施这些更新，资本家必须通过从卖出回流的资本中提取一定的折旧基金。"它的价值的一部分，根据平均损耗，已经和产品一起进入流通，转化为货币，成为货币准备金的要素，以便在资本需要以实物形式进行再生产时来补偿资本。"②这部分资金本来是用于更新固定资本的时候才使用的，在理论上或经营潜规则上是不允许提前动用的。但是，在没有实际更新以前，资本家却经常将它用于扩大再生产。"固定资本价值中这个转化为货币的部分，可以用来扩大企业，或改良机器，以提高机器效率。这样，经过一段或长或短的时间，就要进行再生产，并且从社会的观点看，是规模扩大的再生产。如果生产场所扩大了，就是在外延上扩大；如果生产资料效率提高了，就是在内含上扩大。这种规律扩大的再生产，不是由积累——剩余价值转化为资本——引起的，而是由从固定资本的本体分出来、以货币形式和它分离的价值再转化为追加的或效率更大的同一种固定资本而引起的。"③这样使用折旧基金，表明资本家精于算计，实际上是一钱两用。当然，要完全不妨碍固定资本的实物更新，也不是没有困难的。一个企业能够在什么程度上，以多大规模进行这种逐渐的追加，必须积累多大数量的准备金，取决于该企业的特殊性质，取决于改良的性质和机器本身的构造。在大多数情况下，还取决于可以利用的空间。

值得注意的是，马克思还将固定资本的更新与经济危机联系起来。"这种由若干互相联系的周转组成的包括若干年的周期（资本被它的固定组成部分

---

① 《资本论》第 2 卷，人民出版社 1975 年版，第 198 页。
② 同上书，第 192 页。
③ 同上书，第 192 页。

束缚在这种周期之内），为周期性的危机造成了物质基础。在周期性的危机中，营业要依次通过松弛、中等活跃、急剧上升和危机这几个时期。虽然资本投下的时期是极不相同和极不一致的，但危机总是大规模新投资的起点。因此，就整个社会考察，危机又或多或少地是下一个周转周期的新的物质基础。"① ——本来，危机的发生和影响主要是与资本家的总体行为相联系的，应该放在考察资本家总体行为的时候再研究，但是，它与单个资本家的再生产有紧密联系，所以马克思在考察单个资本周转的场合也联系了它。——马克思的论述表明，在资本主义社会，每次危机过后的大规模投资都决不是在原有技术水平基础上的扩大，必定是在新的技术基础上的更新固定资本。也就是说，固定资本的更新对资本家来说并非一种损失，而是一种机会，因为固定资本的原值已经全部收回。这也表明，社会必须准备好足够的、用以更新的、技术性能更好的机器设备，这也意味着那些供应大型劳动资料的资本家在技术发展方面要先行一步。由此可见，只要资本主义没有因经济危机而崩溃，能够渡过危机和萧条的资本家都是在恢复生产的时候采购更新、更先进的劳动资料。正因为这样，这些资本家的竞争力更强了，总体上看，资本主义的发展更快了。

以上分析表明，在固定资本的运动中，资本家生产行为与流通行为是统一的、连续的。

第二，资本家在流动资本上的投入。

除固定资本外，资本家还要投入流动资本。单就流动资本来看，它是用来购买原材料、燃料、辅助材料和劳动力的，在马克思的经济理论中它属生产资本的范畴。但是，它们的周转方式与固定资本不同，一次性投入后，立即被加工成产品，并随着产品的出售又一次性回流，一再从流通中取出自身更新的因素，这就要求资本家一再预付。不过，资本家的预付并非重新投入资本，而是从流通过程中收回已经实现了的流动资本。所以，它虽在生产领域重复执行职能，却以转变为流通资本即执行 $W'-G$ 和 $G-W$ 为条件。它进入生产过程，再进入流通过程，整个过程的生产行为与流通行为及其统一也是十分明显的。在这方面，资本家的生产行为和流通行为的统一和连续表现得更为清楚。

与固定资本的表现形式机器这种耐用的劳动资料不同，机器在一个或长或短的时间内，继续参加投入流通的商品的形成，但并不从流通中取出自身更新

---

① 《资本论》第 2 卷，人民出版社 1975 年版，第 207 页。

的要素。因此，在这个时间内，它们并不要求资本家重新预付。①——这流动资本的周转时间比较短，固定资本周转一次，它要周转多次，情况比固定资本复杂得多。所以，马克思用了相当多的篇幅来研究。但与考察连续生产的场合不同，——注意的是它们的成本，——而在这里，主要是注意它们的预付资本量和周转时间。

无论是预付量还是预付时间，流动资本都与固定资本不同。它的预付量不像固定资本那么大，时间也短得多。所以，只要流动资本加速周转，即使固定资本的价值每年只摊提一小部分，"一年内周转的资本价值还是能够大于预付总资本的价值"。② 所以，对资本家来说，流动资本的周转加速，预付资本量就少，回流时间也短，从而预付时间也少。可见，流动资本的周转速度是关系资本家使用资本效率和效益的大问题。

为了更好地研究，马克思这里已经不是仅仅考察某个资本家的行为，而是将某个资本与同一时期别的部门的资本家作比较。当然也可以看成是这个资本家不同时期不同的生产行为之间的比较。为了考察的方便，马克思假定都是按订货生产，交货即可得到货款。

由于流动资本属于生产资本的范畴，所以它不同于流通资本。但从的价值周转来看，却包含生产领域和流通领域，只不过在后一领域它的价值转化为商品资本而已。正因为这样，马克思这里考察的周转，实际上是将真正的流通存而不论的。

不言而喻，流动资本的周转加速，一方面依赖生产时间的缩短，另一方面依赖流通时间的缩短。但是，生产时间的缩短可以依赖生产力、科学技术的发展，是资本家自己相对可控的，可有计划进行的。而流通时间特别是售卖时间，在很多场合是不可控的。不言而喻，这是"惊险的跳跃"。

第三，资本家投资固定资本和流动资本的行为受周转时间的影响。

从行为的时间看，整个周转过程包括生产时间和流通时间。时间的长短，不仅影响预付资本量，还影响资本的运行效率、涉及风险的大小。

1. 先看生产时间长短的影响

影响一个企业生产时间长短的因素较多，有劳动期间、自然作用的时间、

---

① 《资本论》第2卷，人民出版社1975年版，第188页。
② 同上书，第205页。

储备时间等。

鉴于有的产品生产有连续的（即不可分离）和非连续（即可分离）的差别，马克思提出了劳动期间的概念："这种由许多依次进行、互相联系的工作日构成的工作日，我称为劳动期间。我们讲工作日，指的是工人每天必须耗费劳动力，每天必须劳动的劳动时间的长短。而我们讲劳动期间，指的是一定生产部门为提供一件成品所必需的互相联系的工作日的数目。"① 或者说，是"为提供一件成品，把它作为商品送到市场，从而使它由生产资本转化为商品资本所必须反复进行的劳动过程的持续时间，"即"生产行为的持续时间"。②可见，劳动期间的规定，实际上是主体生产行为持续时间的更为具体的表现。这种时间的差别，在不同的部门之间存在，在同一部门内部也发生。例如建造的房屋有大有小，其劳动期间就有长有短。"生产行为持续时间的差别，在资本支出一样多的时候，必定引起周转速度的差别，从而引起既定资本的预付时间的差别。"③

如果从资本家资本的预付和回流看，这里涉及固定资本和流动资本的回流。由于固定资本是资本家一次性预付的，所以在整个劳动期间无需再投入。反之，流动资本的周转时间受劳动期间长短的影响很大。无论是购买劳动力的部分（流动资本中的可变部分），还是购买原材料和辅助材料的部分，都要根据这个期间的长短不断地追加，必须不断地每周都有一些新的流动资本加到以前投入的部分中去，这样，资本家就要有一个较大的资本量束缚在生产资本的形式上。在不同行业中，劳动期间的长短不同，这些资本家受束缚的资本量也就不同，再加上固定资本的投入量，这样，不仅预付资本量加大，预付总资本的周转周期也延长了。

对长期投资来说，劳动期间长，生产时间也长，和流通时间的延长一样，这些都会减慢周转的速度。所以，"在资本主义生产不太发达的阶段，那些需要很长劳动期间，因而需要在较长时间内大量投资的企业，特别是只能大规模经营的企业，……或者那种需要较长劳动期间才能生产出来的产品，只有很小一部分是靠资本家自己的财产来生产的"。④

---

① 《资本论》第2卷，人民出版社1975年版，第257页。
② 同上书，第255页。
③ 同上书，第256页。
④ 同上书，第260页。

当然，资本家也会想方设法缩短劳动期间。"有些事情，例如协作、分工、机器的使用，可以增加一个工作日的产品，同时可以在互相联系的生产行为中缩短劳动期间。"① 但是，这些改良通常与资本家的固定资本支出增加联系在一起，或者要增加资本、增加工人。劳动期间的缩短通常和在较短时间内预付更大的资本联系在一起，这样，预付资本的量就随着预付时间的缩短而增加。这就看资本家的实力大小了，或者看信用的发展水平。

由于各个部门的劳动期间很不相同，所以，资本家们只能按极不相同的方法来缩短劳动期间。但无论如何，最多只能缩小，而不会完全抵消它们的差别。特别是像农业部门，它受自然条件的影响极大。就此，马克思专门分析了自然作用时间与周转的关系。

在生产时间中，包含有一部分非劳动时间，其中有自然作用时间、备料时间和停工时间。可见，劳动时间与生产时间并不一致。所谓的自然作用时间，指的是"与劳动过程长短无关，但受产品的性质和制造产品的方式本身制约的那种中断，在这个中断期间，劳动对象受时间长短不一的自然过程的支配，要经历物理的、化学的、生理的变化；在这个期间，劳动过程全部停止或者局部停止"②。在有些部门，自然作用时间比较长，有的则比较短。显然，前者的周转时间肯定比较长。"因此，如果生产规模相同，也就是说，预付流动资本的量相同，和那些有连续劳动期间的生产部门相比，这些生产部门就必须为更长的时间一次预付更大量的资本。"③ 当然，资本家也会想方设法地缩短自然作用的时间，为此，固定资本也要相应地增加。

马克思还说明，在这些生产部门，例如农业生产，固定资本的闲置，不管是否同日常费用结合在一起，都是它的正常使用的一个条件，劳动期间与生产时间的差别会影响到资本家固定资本的投入。在劳动时间只是生产时间的一部分的那些投资部门，固定资本的寿命和它在生产中实际执行职能的时间显然不同。由于劳动时间和生产时间有差别，所使用的固定资本的使用时间，当然也会在或长或短的时间内不断发生中断。在这些生产部门，固定资本必然发生的闲置造成某种贬值。"因此，产品一般说来就会变贵，因为转移到产品中去的

---

① 《资本论》第2卷，人民出版社1975年版，第262页。
② 同上书，第266页。
③ 同上书，第269页。

价值,不是按固定资本执行职能的时间,而是按固定资本丧失价值的时间计算的。"①

在有些生产过程中,例如农业生产中的肥料,必须有一定量的、要用在生产上的生产资料处于或大或小的储备状态,以便逐渐进入生产过程。对一定的企业或有一定规模的资本家来说,这种生产储备的大小,取决于它在更新时困难的大小,取决于供应市场的相对距离,取决于交通运输工具的发展等等。所有这些情况,对于必须以生产储备的形式存在的资本的最低限额以及对于资本预付时间的长短,对于一次预付的资本量的大小,都会产生影响。这个资本量因此也会影响周转,但它取决于流动资本只作为可能的生产资本停留在生产储备形式上的时间的长短。②

2. 再看流通时间长短的影响

在考察完生产时间包含的各个部分以及对资本家预付资本的影响后,马克思接着考察流通时间对资本周转的影响。由于固定资本是资本家一开始就必须全额投入的,所以,这里主要影响的是资本家预付流动资本的量和时间。不言而喻,流通时间长短不一会造成周转时间、从而周转周期的长短不一。如果"流通时间等于或接近于零,资本的职能就越大,资本的生产效率就越高,它的自行增殖就越大"③。

流通时间包括出售和购买两部分,但相对说出售时间最有决定意义。"流通时间,从而整个周转期间,是按照这个时间的相对的长短而延长或缩短的。"④ 时间越长,越需要追加保管费用。出售时间的差别,无论是对不同的资本家还是同一资本家,都可能发生。"在其他条件相同的情况下,同一个单个资本的出售期间,随着市场情况的一般变动或者随着特殊生产部门的市场情况的变动而变动。……所有那些会使投在不同生产部门的资本的周转期间产生差别的情况,即使它们单个地发生作用(例如,假定一个资本家有机会比他的竞争对手卖得更快,或者比另一个资本家采用更多的方法来缩短劳动期

---

① 《资本论》第2卷,人民出版社1975年版,第270页。
② 同上书,第273—274页。
③ 同上书,第142页。
④ 同上书,第276。

间)，同样会使处在同一个生产部门的不同的单个资本的周转产生差别。"①

有许多因素影响出售时间的长短：除了前面已经分析过的种种因素（需要、产量、价格等）外，还有与市场的距离、运输工具发展程度、运输密集度等。

出售时间越长，价格变动的风险越大。马克思说："商品流通时间的延长使销售市场上价格变动的风险增加了，因为能够发生价格变动的时期延长了。"②

商品的销售市场和生产地点的距离，是使出售时间，从而使整个周转时间产生差别的一个经常性的原因。即使是按订货生产，与市场的距离远近也会有影响。当然，资本家可以通过改良运输条件来缩短距离和时间。如果运行次数增加，一批又一批的商品可以每隔一个较短的时间起运，这样，它们可以连绵不断地到达市场，不需要在实际运出以前，作为可能的商品资本大量堆积、储存起来。这不仅可缩短储备时间和减少保管费用，而且可以使资本的回流加速，以致有一部分不断转化为货币资本，而另一部分则作为商品资本流通。由于回流在若干连续的期间之内发生，总流通时间就缩短了，因而周转时间也缩短了。因此，运输工具的变化会在商品的流通时间，买和卖的机会等方面造成地点差别，或者使已有的地点差别再发生变化。实力强大的资本家更有条件改善和发展运输条件，更能开辟广大的市场，其经营效率越高，实力越强，越能使大量资本集中在自己手里。

购买时间的长短既与市场的距离有关，也与原料的生产性质有关。距离越远，原料具有季节性，资本家越要一次性多买。③ 在生产规模不变的条件下，资本家预付的货币资本量越大，预付的时间越长。这决定资本家手头必须保有一笔货币资本。马克思说，"这种情况对理解资产阶级的经济十分必要，因而这种情况本身在实践中也是很重要的"，但是，这一原理资产阶级学者却总爱

---

① 《资本论》第2卷，人民出版社1975年版，第277页。

② 同上书，第281页。

③ "大批原料按或长或短的周期投入市场，会在不同的生产部门发生类似的影响。例如，在伦敦，控制着羊毛市场的羊毛大拍卖，每三个月进行一次；而棉花市场由一个收获期到下一个收获期，虽然不总是均衡地，但大体上是连续不断地进行更新的。这类周期决定这些原料的主要购买日期，并且特别会对于使资本按或长或短的期间预付在生产要素上的投机性购买发生影响"（《资本论》第2卷，人民出版社1975年版，第282页）

忘记。①

以上考察的是正常的运动,但经济总会周期性地波动,所以马克思特别考察了资本家在经济周期不同阶段的资本周转以及对工人劳动的支配特点:"在生产遇到障碍,市场商品充斥,原料涨价等情况下,可以在固定资本已有一定基础的时候,通过限制劳动时间的办法,比如说只劳动半天,来限制流动资本的正常支出;同样,在繁荣时期,又可以在固定资本已有一定基础的时候,一方面通过延长劳动时间,一方面通过提高劳动强度,使流动资本异常扩大。对事先已经预计到这些变动的企业来说,可以一方面采用上面的方法,一方面同时使用大批工人,并且和动用后备固定资本例如铁路的后备机车等等结合起来。"②

第四,周转时间及其构成对资本家预付资本量及经营效率的影响。

不言而喻,资本的周转时间越长,资本家预付的资本量就越大。但是,如果周转时间不变,并非预付资本量也不变。周转时间构成变化,就有可能导致预付资本量的变化。

资本周转时间包含生产时间和流通时间,由于周转的时间构成即生产时间和流通时间的比例不同,资本家预付资本除了要有固定资本和流动资本的形式区分,还要有生产资本和流通资本(包括商品资本和货币资本)的区分。马克思在前面已经阐明,为保持资本循环的连续性,资本家必须将其预付资本分成三个部分。但是,在那个场合,还没有具体说明三个部分之间的比例。而流通资本与生产资本的比例是很重要的,比例关系安排不当、调整不及时,必定会影响总体投资的运行效率。所以,在考察资本周转即再生产的场合,他就结合资本周转时间构成的不同及其变化来考察资本家预付的生产资本和流通资本的比例及其变化。

资本家的资本周转涉及两种时间长短,一种是总的周转时间的长短,一种是一个周转时间中生产时间和流通时间的长短及其比例。不言而喻,资本家为了使再生产能够连续进行,必须根据这两种时间的长短来安排其预付资本。为了不至于将问题复杂化,在考察这个问题的时候,马克思暂时不谈由固定资本的平均损耗追加到产品中去的那部分价值,因为固定资本是长期预付的;在考

---

① 《资本论》第2卷,人民出版社1975年版,第284页。
② 同上书,第286页。

察预付资本量的时候,也暂时不涉及生产过程中追加到产品中去的剩余价值部分。①

马克思主要考察流动资本部分。假定生产和流通一周所预付的资本量都一样多的情况下,如果撇开非劳动时间,假定生产时间等于劳动期间,资本的周转量就由劳动期间所需要的资本量和流通时间所需要的资本量共同决定。如果周转特别是流动资本的周转时间较短,在一定的时间内的周转次数比较多,资本家预付的流动资本就比较少。

流动资本属于生产资本,但是,光有生产资本还不够,"生产要不间断地进行,产业资本就始终只能有一部分实际上加入生产过程。当一部分处在生产期间的时候,另一部分必须总是处在流通期间。换句话说,资本的一部分,只有在另一部分脱离真正的生产而处于商品资本或货币资本形式的条件下,才能作为生产资本执行职能。忽视这一点,也就完全忽视了货币资本的意义和作用"。② 这也是对周转这个机构根本一窍不通的经济学家总是忽视的要点。

在后面,马克思还总结说:"由于周转期间的长短不同和周转期间两个组成部分——劳动期间和流通期间——的比例不同,必须不断以货币形式预付和更新的那部分预付资本价值与它所推动的生产资本即连续进行的生产的规模之间的比例,也就不同。但不管这个比例如何,能够不断执行生产资本职能的那部分处在过程中的资本价值,总是受必须不断以货币形式与生产资本同时存在的那部分预付资本价值的限制。"③

他特别详细地考察了三种周转时间构成:生产时间大于、等于、小于流通时间,他发现,流通时间的变动会引起资本周转时间的变动,并对货币市场的供求产生影响。一般说,当劳动期间等于流通时间,或流通时间大于劳动期间并为劳动期间的简单倍数时,不会使依次预付的货币资本游离出来;而当劳动期间大于流通时间,或流通时间大于劳动期间但不是劳动期间的简单倍数时,就会使依次预付的货币资本游离出来。流通时间的变动与资本周转时间呈正向

---

① 《资本论》第2卷,人民出版社1975年版,第285页。
② 同上书,第295页。
③ 同上书,第393页。

第十章 单个资本家的再生产行为

变化，与货币市场的供求变化呈反向变化。① 显然，资本周转的时间构成不同，对资本周转和资本家预付资本的需要量有不同的影响。这是资本家投资时不能不了解和考虑的。

此外，马克思还说明，产品本身价格的变化、生产要素价格的变化也会影响资本家预付资本量的大小。

在考察单个资本的循环时，马克思已经指出，流通推动了新的潜能。在这里，马克思更向人们说明，资本周转还将这种潜能放大。当流通时间缩短或相对较短，就意味着同量的资本更快地实现周转。为了说明问题，马克思不再单纯地考察单个资本家的行为，而是将他放在与其他资本家的比较中来考察。——当然，这也可以看成同一个资本家在不同时期的不同行为。——如果一个资本家A在一定的时期比如一年内增加周转的次数，一定比不能增加周转次数的资本家B更能提高其资本的运行效率和效益。在马克思的例子中，如果其他条件相同，一个流通期间为5周的资本家B所要预付的流动资本，一定比另一个流通期间为1周的资本家A所要预付的资本多4倍。假定一年为50周，则后者的同量流动资本可以周转50次，前者只能周转10次。如果不考虑其他问题，那么资本家A的资本运行效率就相当于资本家B的10倍。用同量的可变资本（这里将流动资本的其他部分撇开②），A生产出的剩余价值相当于B的10倍。这种情况必然强化资本家的效率和效益意识，使他们不是仅仅重视一个周期的收益率，而是更加重视年收益率（即马克思理论中的年剩余价值率）的高低。在此基础上，很自然地形成了利润和利润率的观念。

马克思说明，资本家已经意识到，流动资本（主要是可变资本）的年周转次数是至关重要的，"周转改变了为一年的生产过程而预付的资本和能够不

---

① "第二篇研究的，是在各种形式的这种运动和相继更替中，一定量的资本怎样同时（尽管按不同的比例）分成生产资本、货币资本和商品资本这些不同形式，以致不仅这些形式互相交替，而且总资本价值的不同部分也不断地并存于这些不同的状态中，并执行职能。特别是货币资本表现出一种在第一卷没有讲过的特性。在这里揭示的一些规律，按照这些规律，一定量资本的大小不等的组成部分，必须按照周转的条件，不断地以货币资本的形式预付和更新，以便使一个定量的资本能够不断地执行职能。"（《资本论》第2卷，人民出版社1975年版，第391—392页）

② 《资本论》第2卷，人民出版社1975年版，第328页。在后面，马克思还说："对于我们现在要研究的问题来说，我们必须更进一步，把流动资本的可变部分当作似乎是唯一的流动资本。这就是说，我们把和它一起周转的不变流动资本也撇开不说。"（《资本论》第2卷，人民出版社1975年版，第391—392页）

断在一定生产期间例如一周内使用的资本之间的比例"。① 资本家十分清楚，5 周周转一次，意味着实际使用的流动资本（在这里即是指可变资本）5 周即可以回流，投入他的第二个为期 5 周的周转；而为 50 周（包含十个 5 周）预付的流动资本，它在第一个 5 周实际使用的也只同前者一样多，但他却要为其余的九个 5 周预付。"因此，每年周转一次的资本 5000 镑的剩余价值，不会大于每年周转 10 次的资本 500 镑的剩余价值。它之所以如此，只是因为每年周转一次的资本本来就是每年周转 10 次的资本的 10 倍。"② 周转周期越短，资本家预付的资本越少，实际使用的资本效率越高。

第五，加速周转同时还是剩余价值的实现和充分利用。

在论述资本总公式的时候，马克思已经指出，只有在货币上资本的投入产出才能保持其同一性，才可以比较。所有的资本家不仅都知道这个道理，而且还关心回流的速度。周转速度的快慢不仅关系到资本家预付资本量及其运行效率、效益，还关系到剩余价值的充分利用。从马克思的例子可以看出，假定资本家的产品一出厂就全部售罄，那么 A 最迟在第六周起就可以使用已经实现了的剩余价值，将它用于生活或生产，用于积累。而资本家 B 则还没有产品出厂，所以还要继续追加资本。

加速周转当然加速剩余价值的生产和实现，总的看来，这部分实现了的剩余价值可以用作个人的生活消费，还可以充作维修固定资本的追加资本，还可以用于扩大再生产前奏的货币储存，或者直接用于部分的扩大再生产；随着信用制度的发展，它还可以变成借贷资本以获得利息。马克思说："不管这种追加货币资本以什么样的形式存在，在所有这些场合，只要它是未来的资本，它就是资本家对社会未来的追加的年生产所持有的追加的和备用的法律证书。"③

不过，在一般情况下，由于资本可以自由、充分流动，资本家 B 必然很快调整投资方向，进入资本家 A 的活动领域，与 A 一起享受周转速度快的乐趣。但是，这样一来，B 部门的供给必然减少，不能满足社会对改种商品的需要。如果说，这种情况在资本主义初级阶段还不很突出，那么，随着生产力的转型发展，社会需要的转型发展，社会向较高阶段上升，有些部门的周转时间也相

---

① 《资本论》第 2 卷，人民出版社 1975 年版，第 336 页。
② 同上书，第 337 页。
③ 同上书，第 358 页。

应延长,主要是因为生产时间延长了,例如轻工机械工业部门,这意味着资本家的流动资本部分的周转也相应延长了。因此,这种资本流动过程包含着一种潜在的矛盾:资本家追逐高效率与社会需要不能满足之间的矛盾,而追逐高效益是必须以满足社会需要为前提的。无独有偶,在说到机器大工业发展时,马克思也说明:"利用机器生产剩余价值包含着一个内在的矛盾:在一定量资本所提供的剩余价值的两个因素中,机器要提高一个因素,要提高剩余价值率,就只有减少另一个因素,减少工人人数。一旦机器生产的商品的价值随着机器在一个工业部门普遍应用而成为所有同类商品的起调节作用的社会价值,这种内在的矛盾就会表现出来"。[1] 这些矛盾是现实过程产生的,它们也必然要在现实过程的进一步发展中才能解决。而理论研究,要阐明这种变化,也要进一步发展。从理论的逻辑发展看,马克思关于周转时间构成的研究实际上构成理论上升的中介,即论述利润率平均化的一个必不可少的中介。

二、作为生产过程与流通过程外在统一的连续过程

生产过程与流通过程除了有上述的内在统一外,还有相对外在的关系,毕竟两者不仅在时间和空间上都是分开的,而且职能也是分开的。正因为这样,它们的各种职能才会彼此独立化,而两种职能的内在联系也容易被人为地割断。

不过,第二卷研究的流通过程还没有涉及实际的市场流通。马克思研究的是资本周转,是连续的循环,并非一次性买卖,所以市场竞争、供求关系、价格波动都在长期运行中平均化了。

但是,即使是这种非市场的流通也会产生假象。马克思早已说过,流通领域"是天赋人权的真正乐园。那里占统治地位的只是自由、平等、所有权和边沁"[2]。在这里似乎没有什么阶级关系,在这里经常看到的是贱买贵买,等等。在涉及资本周转的时候,这种假象必然被放大。例如,周转是资本价值的周转,它将不变资本和可变资本这种本质区别颠倒地表现为固定资本和流动资本这种形式区别;将年剩余价值率的提高说成是周转自动带来的。"这个现象当然会产生这样的印象:似乎剩余价值率不仅取决于可变资本所推动的劳动力

---

[1] 《资本论》第 1 卷,人民出版社 1975 年版,第 446—447 页。
[2] 同上书,第 199 页。

的量和剥削程度,而且还取决于某些从流通过程中产生的不可理解的影响;这个现象实际上也是被人这样解释的,并且自从十九世纪二十年代初期以来,——尽管不是在它的这个纯粹的形式上,而是在它的更复杂更隐蔽的形式(年利润率形式)上,——还使李嘉图学派陷入完全的混乱。"① 由于资本家总是通过经销商销售商品的,这就很容易形成虚假的繁荣。

但是,流通过程并非只是生产过程的外在假象,而是后者的进一步规定。在第三卷,马克思曾经这样概括这里的研究:"在流通过程中起作用的,除了劳动时间,还有流通时间,它也限制着可以在一定时间内实现的剩余价值的量。此外,还有一些来自流通的因素,也会对直接生产过程产生决定性的影响。直接生产过程和流通过程二者不断互相贯通、互相渗透,从而不断使它们区别的特征分辨不清。以前已经说过,在流通中,剩余价值的生产和一般价值的生产一样,会获得新的规定;资本会经历它的各种转化的循环;最后它还会从它的可以说内部的有机生命,进入外部的生活关系,在这些关系中,互相对立的不是资本和劳动,而一方面是资本和资本,另一方面又是单纯作为买者和卖者的个人;流通时间和劳动时间在它们的进程中会互相交错,好象二者同样地决定着剩余价值;资本和雇佣劳动互相对立的最初形式,由于一些看来与此无关的关系的干扰而被掩盖起来;剩余价值本身也好象不是占有劳动时间的产物,而是商品的出售价格超过商品的内在价值的余额。"② 这表明,资本的流通过程、资本家的周转行为既与生产过程、生产行为各有自身特有的规定,而且后者的表象还会将前者的内在规定掩盖起来,因而看起来好像是彼此对立或矛盾的。不仅如此,它还表明,这是资本运动的内部的有机生命进入外部的生活关系。这种"外部的生活关系"不能简单地从资本家个人的角度看,还要从不同资本家之间的关系看。单个资本家不仅有与雇佣工人的关系,还有与其他资本家包括同行的和不同行的资本家的关系,——马克思说这些"外部的生活关系",即资本和资本的关系,并不是虚假的、偶然的关系,而是真实的、长期存在的,——只有这样,他的经济行为才能完整实施,资本运动才是相对完整的。对单个资本家来说,后面这种通过流通过程结成的资本家之间的关系,以及他与雇佣工人的关系,都构成他的实力。在商品经济体制下,市场

---

① 《资本论》第 2 卷,人民出版社 1975 年版,第 331 页。
② 《资本论》第 1 卷,人民出版社 1975 年版,第 52 页。

关系的建立,不仅可以使个别劳动变换为社会劳动,还可以使个人的权力能够转变为社会的权力。在商品经济中,资本家的经济行为光有钱还不够,还要有广泛的经济联系。

在前面,我们已经看到,资本家之间的关系有横向的和纵向的。横向的指不同行业、产品之间的关系,纵向的指同一行业、产品之间的关系。——当然,在现实过程中,许多资本家都不是专营一项业务的,但是为了研究方便,马克思总假定他们都是只经营一项业务的。——我们还看到,从一般过程的角度看,资本家掌控工人的劳动,工人创造的价值实体必须经过交换才能真正转化为价值。而且他们的劳动在有些场合(例如保管劳动)还可以从社会劳动中吸引一部分,转变为资本家的个别价值。这些都离不开各个资本家、资本家集团之间的关系。

所以,不能把流通归单纯结为生产过程的表象,马克思的分析说明,流通包含着的各种规定中不仅有外显的,还有内在的。实际上,生产过程也一样,有过程的内在规定,也有外在表现。就流通过程而言,价值规律就不必说了,此外还有像运输工具发展水平使市场发展,周转周期与预付资本量的关系、货币资本与生产资本要保持一定比例的规定、货币在周转中的特殊作用、特别是流通与剩余价值实现的作用等等的发展,都是内在规定。更重要的是,只有在流通中资本家才能建立起他们之间的关系,也才能建立与劳动者之间的雇佣关系。离开经济主体,就看不到各种各样的流通规律所体现的不同流通当事人之间的或明或暗的关系。资产阶级学者往往根据自己的需要,任意地处理流通的各种规定,特别在涉及商品价值形成及其量的确定时,总是突出那些可能将真相、本质掩盖的表象,总是回避现象、规律背后的不同主体的关系,总是将现象与规律、本质关系割裂开来。既然本质规定与外在表象两者都是对象或过程本身固有的规定,那么它们的根本区别并不意味着它们之间没有关系。这种关系就是本质与现象的关系,不过,由于还没有涉及竞争、真正的市场流通和资本家的日常意识,所以两者在这里还只表现为差别。

第三节 再生产过程中主体的自主调节机制

马克思的资本家再生产行为研究阐明:资本家的积累行为在规模扩大的同

时改善了资本的结构，其周转行为又提高了他预付资本的运行效率，并且还建立了广泛的市场联系，壮大了自己的实力。在常人的意识中，经济行为是通过市场价格进行调节的，马克思也说过市场价格的晴雨表"克服着商品生产者的无规则的任意行动"①。对经济主体来说，价格不是自己制定的，因而是外在的。但是，一方面，那里的论述还是将更为具体的调节机制存而不论，另一方面，从经济行为主体的发展看，除了流通中的各种关系或机制、杠杆会鞭策和调节资本家的行为外，资本家追逐剩余价值的内在要求也会产生一些自主调节的机制，而这些自主的调节机制又是与主体的特殊观念紧密联系的。因此，有必要进一步结合主体的观念来观察其行为的方向、界限及其调整的幅度。这就是他们对成本价格、利润、利润率等机制的运用。要阐述它们，必须有一定的理论准备。在研究了一个较长时间即一年的资本周转之后，他顺理成章地提出年剩余价值率的概念。这就为他在理论上进一步阐明剩余价值的转型表现奠定了理论基础，从而得以进一步阐述成本和利润率这些调节机制。

一、资本家成本价格、利润观念的形成

马克思说明，在现实的生产经营中，资本家已经通过经验形成固定资本和流动资本的概念，在此基础上，必然进一步形成成本的概念、资本在一定时间内的效率和效益的观念。

本来，商品生产所耗费的应该包含物化劳动和活劳动（后者包括必要劳动和剩余劳动），但是，对资本家来说，却只耗费他的流动资本和所费的固定资本，因此，他认为这些耗费就是他生产商品的成本价格。因为这是资本家从自己的立场和眼界所看到的，所以马克思称之为"资本主义的成本价格"。

马克思指出，成本价格不仅是资本家的意识或观念，而且在资本家的现实生产经营中，也会经常发生实际的影响：首先，"商品的成本价格也决不是一个仅仅存在于资本家账簿上的项目。……因为这个价值部分会通过流通过程，由它的商品形式不断地再转化为生产资本的形式，因而商品的成本价格必须不断买回在商品生产上耗费的各种生产要素"②。其次，它是衡量其资本是否赢利或增殖的标准，商品出售价格超出成本价格的部分就构成资本家的赢利。再

---

① 《资本论》第1卷，人民出版社1975年版，第394页。
② 《资本论》第3卷，人民出版社1975年版，第33页。

次，它是资本家参与竞争的底线，"商品出售价格的最低界限，是由商品的成本价格规定的。……从这个观点来说，资本家就乐于把成本价格看作商品的真正的内在价值"。① 最后，资本家据此产生一种错觉，赢利部分是他的资本自行增殖的结果。"在资本家看来，在商品出售时实现的价值余额或剩余价值，似乎是商品的出售价格超过它的价值的余额"②，由是它完全否认了工人的剩余劳动与资本家的赢利之间的关系。

马克思进一步指出，对资本家来说，他生产商品不仅耗费成本价格，而且动用了全部预付资本。那些所用而非所费的固定资本的价值，只是在将来才进入产品价值。但即使是这样，因为它们的使用价值在生产过程中实际发挥作用，所以对资本家来说，全部资本的任何一个分子都是可以同时自行增殖的，不管是车间地板上的水泥（它们的实物没有进入商品），还是棉花（它们进入面纱之中）都一样能够同时③自行增殖。用马尔萨斯的粗浅说法就是："资本家对于他所预付的资本的一切部分，都期望得到同样的利益。"④ 也就是说，在资本家的观念上，必然把一定时间内（通常为一年）的增加额当作其全部预付资本的产物，从而形成利润这种观念。资本家认为：他的"利润是这样来的：他可以出售他没有支付分文的某种东西"⑤。显然，它表现的并非运动过程的内在的本质规定，而是其在资本家意识中颠倒地表现的社会表象。本来，这只是资本家从其自身的狭隘利益出发、囿于其狭隘眼界而形成的错觉，似乎可以置之不理，但是，由于"资本家是实际的商品生产者"⑥，又是社会的统治阶级，其思想就是社会的占统治地位的思想，因此，资本家这种观念也就附着在资本运动上，成了客观的资本运动的题中应有之义，从而成了马克思的理论所要再现的重要内容。

在成本价格和利润的基础上，资本家必然形成考核资本增殖程度的概

---

① 《资本论》第3卷，人民出版社1975年版，第45—46页。
② 同上书，第46页。
③ 虽然马克思没有使用"同时"的字眼，但他的意思是包含有"同时"的规定。资本家不会认为他的全部资本只能分期分批发挥作用，而是同时发挥作用。所以，他才会在其观念中认为增殖额要与全部预付资本相联系。
④ 转引自《资本论》第3卷，人民出版社1975年版，第44页。
⑤ 《资本论》第3卷，人民出版社1975年版，第50页。
⑥ 同上书，第32页。

念——利润率。和剩余价值率不同，利润率表现为"资本在每年或在一定流通期间内所创造的、超过资本本身价值的一个余额"①。

在资本家的观念中，要与资本本身进行比较而形成比率的，涉及的是一年的利润总量，实质上是一年的剩余价值总量。——所以，在理论上只有先阐明年剩余价值率，才能阐明利润率。——实际上，在资本家意识中，是先有利润率的概念，再据此计算全部预付资本的利润量。对单个资本家来说，"他唯一关心的，是剩余价值即他出售自己的商品时所得到的价值余额和生产商品时所预付的总资本的比率"②。之所以这样，因为一方面"利润率是资本主义生产的推动力"③，另一方面，它是资本家比较不同时期投资效率，或者是与别的资本家投资效率相比较的重要标准。所以，利润率不仅掩盖了资本家与工人的关系，而且突出地显示了资本家自己与自己的关系④、自己与其他资本家之间的关系。

乍一看来，利润及利润率属于分配领域。从一定的意义上看，这是正确的。但是，如果从过程的连续性来看，它又是生产领域的事情。它是决定生产和再生产的最重要因素。马克思在《资本论》的第三卷第51章⑤中说：利润

---

① 《资本论》第3卷，人民出版社1975年版，第56页。
② 同上书，第51页。
③ 同上书，第288页。
④ "当这个余额从利润率中，用黑格尔的语言来说，再反映自身时，或者换句话说，当这个余额通过利润率进一步表示出自己的特征时，它就表现为资本在每年或在一定流通期间内所创造的、超过资本本身价值的一个余额。"（《资本论》第3卷，人民出版社1975年版，第56页）所谓"反映自身"，指的是投入与产出的比较，也就是马克思在论述资本总公式的时候说的，资本原价值与剩余价值的关系是"同它自身发生私自关系"。（《资本论》第1卷，人民出版社1975年版，第176页）
⑤ 从字面看，《资本论》第3卷以第52章"阶级"结束，但阶级这个问题虽然与资产阶级财富的运动有关，却不属于这一主题，其逻辑上升的轨道自然不属于全三卷所构成的"科学圆圈"，而是顺着这一圆圈或螺旋的轨道继续上升的另一个（层）圆圈的起点。所以，马克思写作"阶级"这一章，从其方法来看，正好向人们显示了：全三卷的起点和终点构成的并不是平面的半径曲率处处相等的圆，而是一串螺旋中的一个螺旋，它从起点出发，最终又回到起点；这个终点既高于起点又蕴含起点，同时又是另一层圆圈的起点。所以，人们大可不必为手稿第52章的中断而感到惋惜和疑惑，相反的，从此倒应该体会到：马克思所以没有再写下去，无非是感到原先的计划已经完成，新的逻辑起点已经开始，而他无意再继续新的逻辑圆圈；应该进一步意识到：它不是封闭的体系，而是其终点预示着新起点的开放性系统。

第十章 单个资本家的再生产行为

"是在资本主义生产形式中新形成生产资料的前提；因而是一种支配再生产的关系，……利润不是表现为产品分配的主要因素，而是表现为产品生产本身的主要因素，即资本和劳动本身在不同生产部门之间分配的因素"①。

我们已经知道，主体的观念对其行为具有重要的指导作用。因此，马克思很重视分析、揭示资本家的观念。在各个资本家的观念中，无论如何也不会以为，整座厂房只有一部分发挥能动的职能，反之，所有的资本分子在自行增殖的职能上并没有什么区分。所以，他的利润观念包含着一个很重要的规定，其资本的所有分子都是"同股同权"的。

必须看到，这种观念的产生并非偶然。在社会表面上，工资表现为劳动的价值，好像工人的全部劳动都得到了报酬这种情况，② 据此，很自然地产生了剩余价值是由资本产生的观念。在这里，这种"观念的产物"不过是前一观念的自然衍生，所以"这个神秘化的形式必然会从资本主义生产方式中产生出来"③。

还必须看到，单个资本家的这种观念和计算利润率的模式实际上表明，在他那里，所有的预付资本都有统一的利润率，换句话说，在单个资本范围内已经实现了利润率的平均化。我们知道，单个资本、单个资本家是社会总资本、总体资本家的细胞或代表，所以，马克思这里的论述，还潜在地包含着在社会资本范围内的各个部门资本利润率平均化的内在逻辑，同时也意味着单个资本家这种观念的扩大化，就成了整个资产阶级的共同意识，成了整个利润率平均化的观念基础。"资本是天生的平等派"，既然对单个资本家来说，其资本不管投在固定资本上，还是投在流动资本上，不管固定资本的周转时间多么长、流动资本的周转时间多么短，它们都能以相同的利润率增值，那么，所有的资本家全都自然乐意认为，他们的资本不管投在哪个部门，也都应该取得相同的增殖率。这就说明，在实际过程中，即使在资本主义初级阶段，就已经出现了

---

① 《资本论》第3卷，人民出版社1975年版，第998页。
② 这种情况表明，在工资中也包含虚拟的成分。明明只是必要劳动的报酬，却说是整个工作日的报酬。换句话说，剩余劳动应该得到的报酬被虚拟化了。由于工人不明就里，所以在他们的意识中，也以为工资中也包含着这部分剩余劳动的等价物。明明只有5小时劳动是有酬的，却虚拟地表现为10小时劳动都是有酬的。
③ 《资本论》第3卷，人民出版社1975年版，第44页。

利润率平均化的萌芽。① 可见，揭示剩余价值向利润的转化，对整个理论的进展是举足轻重的。它突出主体的地位和观念，在个别主体的研究中隐含着社会总体主体观念和行为的逻辑，以及由前者转化为后者的逻辑。了解了这一原理，对利润率的平均化就不会感到困惑了。这种观念的职能既导致内在规定外化转型，将真实关系掩盖了，还导致收入的资本化。

和工资这种表现形式一样，利润这种内在规定的转型表现对资本主义生产方式也具有决定性的作用。如果说成本价格的形成将不变资本和可变资本之间的区别掩盖了，那么，利润这种观念更把旧价值的转移和新价值的创造转化为全部预付资本的消耗和自行增殖，把对雇佣工人剩余劳动的占有转化为资本的自行增殖。这样一来，剩余价值的源泉就被进一步掩盖了。

可见，揭示"为竞争所束缚的资本家的奇特观念"② 在理论上意义十分重大。

二、资本家行为的自主调节

在第三卷最后，马克思指出："整个资本主义生产过程，都是由产品的价格来调节的，而起调节作用的生产价格，又是由利润率的平均化和与之相适应的资本在不同社会生产部门之间的分配来调节的。"③ 可见，利润率、利润率的平均化才是资本家更为深刻的自我调节机制。与市场价格这种不可控的机制相比，成本价格和内部利润率是可以自主控制的，所以，它们构成资本家的自主调节机制。

成本和利润、利润率范畴是始终发挥作用的，所以，它应该是再生产的范畴。资本家的经济行为是连续发生的，过程的连续性决定了降低成本和提高利润率的重大意义。不言而喻，在商品市场价格已定的情况下，成本价格越低，利润、利润率就越高。所以，资本家必然千方百计地降低成本和提高利润率。在这方面，资本家的能力是不断提高的。

先看资本家如何降低成本。

成本价格涉及所用生产资料和劳动力的耗费，所以要降低成本，无非是节

---

① 马克思指出，斯密将"费用价格"即生产价格与价值混为一谈。（《马克思恩格斯全集》第26卷第2册第261页）可见，在斯密的时代，生产价格已经初见端倪。

② 《资本论》第3卷，人民出版社1975年版，第257页。

③ 同上书，第998页。

第十章 单个资本家的再生产行为

约它们的耗费。不过，两者的节约并非完全彼此不搭界，在许多方面，它们是息息相关，甚至是此消彼长的。

对资本家来说，生产资料的节约有很多途径。

由生产资料的集中及其大规模应用而产生的全部节约，是以工人的聚集和共同工作即劳动的社会结合这一重要条件为前提的。①

关于不变资本的节约，马克思专门用了一章作了详细的分析：有以延长工作日为条件的节约，有大规模协作、分工产生的节约；有以生产生产资料部门改良产品为条件的节约；有靠牺牲劳动者而实现的节约等等。

至于降低劳动力成本，资本家的花样就更多，马克思的披露也是相当详尽的。对此无需赘言。

毋庸置疑，降低成本对利润率的提高具有十分重大的意义。

但是，提高利润率还有其他的途径。简单说，就是提高剥削程度和加快周转速度。提高剥削程度，可以多生产剩余价值，而剩余价值与利润率成正比。在这方面，资本家的办法多的是。至于加速周转，实际上是提高资本的运行效率，它涉及生产时间和流通时间的缩短。前者主要是提高劳动生产率，后者主要是改进交通和销售条件。

这样看来，成本价格和利润率已经成了资本家自主调节的重要机制。这表明，资本家不仅不得不被动地接受市场竞争、价值规律的调节，而且还在内部找到进行自主调节的手段。这充分体现了资本家自身能力的提高和强化，也必然导致资本家实力的增强。

联系再生产来理解和考察资本家的实力是很有必要的。实力并不仅仅是资本家资本量的增加，还是其内外调节机制的配套作用，是结构的优化、各种关系的深化。结构包含资本的内在结构和形式结构、流通的时间结构，受各种机制杠杆调节的行为也结构化：被动接受调节的行为和主动实施调节的行为。不仅要从单个资本家的角度看，还要从不同资本关系的角度看。现在，我们还看到，资本家自身能力的提高、行为结构也是其实力的很重要的组成部分。

---

① 《资本论》第3卷，人民出版社1975年版，第94页。

第四篇

资本主义较为发展阶段总体资本家的经济行为

特定主体总是在一定的时代和发展阶段实施其行为，因而也一定要随着发展阶段的上升而转型。当然，发展阶段的上升不是自然而然出现的，除了有生产力和社会需要的发展外，还有经济主体，包括主导主体和从属主体的共同推动。从前面的分析我们看到，从资本主义起点上升到初级阶段，资本家的经济行为已经发生了初步的转型。随着过程的发展，他们的行为发展又创造出新的发展条件，从而又酝酿着新的转型。

恩格斯在《反杜林论》中说明，生产力的社会本性要求它的资本属性能够适应它，"迫使资本家阶级本身在资本关系内部可能的限度内，越来越把生产力当做社会生产力看待"。在初级阶段的后期，单个资本已经很难适应生产力的社会本性，于是，股份公司这种社会化形式出现了。"在一定的发展阶段上，这种形式也嫌不够了"，① 这意味着资本家行为方式的重大变化，意味着资本主义已经进入比较发展的时期。大体看来，它是自由资本主义的较高发展阶段。虽然资本主义的初级阶段和较为发展的阶段之间并没有十分明确的时间界限，正如马克思说的："生产方式的变革，……正如地球史上的各个时代一样，是不能划出抽象的严格的界限的。"② 但是，到19世纪30年代，新阶段的特征已经充分显现，不仅生产力的发展已经有长足的发展，1825年开始的世界性的经济危机就说明大工业已经"脱离幼年时期；……开始它的现代生活的周期循环"③。阶段的上升、转型必然要求资本运动、资本家的行为也发生转型。和资本主义初级阶段相比，这个阶段的资本运动至少具有以下特征：

首先，工业革命已经进入较高的发展阶段。随着各个资本家的实力差

---

① 《马克思恩格斯选集》第3卷，人民出版社1995年版，第628页。
② 《资本论》第1卷，人民出版社1975年版，第400页。
③ 同上书，第17—18页。

别拉大,重化工业即有资本有机构成高、周转时间较长的部门纷纷出现,不仅各个部门有机构成的差别、资本周转的差别已经拉大,而且同一生产部门内部也出现了这种差别。各个部门、各种资本之间的竞争已经十分激烈,需要社会经济体制的改革和调整。结果必然导致价值的转型、利润率平均化,而且平均利润率下降趋势也已经形成,经济具有周期性特征,危机周期地频繁发生。

其次,商品经济进入较高的发展阶段,商品扩大化,各种必要的机制、杠杆都已经典型化、充分发挥作用,资本家的观念在资本运动中的作用越来越重要,流通的发展产生形形色色的假象,内在关系在外化过程中被颠倒表现,并且达到相当高的程度。①

再次,运动的主体呈现出总体性特征,生产关系、阶级斗争的格局也发生重大变化,资本关系已经典型而成熟。就主导主体方面看,资本家的个性已经基本被总体性取代,各个资本家只是在形式上、法律上是独立的,实际上已经融入整个资产阶级整体中,"随着大工业的发展,出现在市场上的货币资本,会越来越不由个别的资本家来代表,即越来越不由市场上现有资本的这个部分或那个部分的所有者来代表"。② 与此同时,各个资本家集团之间(产业资本家、商业资本家、生息资本家、土地所有者)的关系已经形成、稳定,银行有大量虚拟资本,与实体资本并存,资本家的行为也有虚有实。就从属主体方面看,雇佣工人已经不再单纯在生产过程中发生一定的技术作用,他们一方面陷于日益加剧的贫困,另一方面又受资本主义机构的"训练、联合和组织",已经形成自己的阶级意识。从根本上看,劳资两大对立阶级的矛盾和对立随着产业后备军日益庞大而尖锐化、长期化、深刻化。周期性发生的危机对整个社会的破坏,特别是对工人阶级的摧残极其严重和不可忍受,资本积累的一般规律已经显现,同时,无产阶级已经作为一个独立的社会力量登上历史舞台,公开提

---

① "资本主义生产方式的神秘化,社会关系的物化,物质生产关系和它的历史社会规定性直接融合在一起的现象已经完成:这是一个着了魔的、颠倒的、倒立着的世界。在这个世界里,资本先生和土地太太,作为社会的人物,同时又作为单纯的物,在兴妖作怪。"(《资本论》第3卷,人民出版社1975年版,第938页)

② 《马克思恩格斯全集》第26卷第3册,人民出版社1975年版,第515页。这里论述的也是关于社会总资本运动的外在表现形式。

出自己的政治经济主张。

　　了解这种实际总体的基本特征，对理解资本家阶级总体经济行为很有必要。这是它能够成熟和典型化的背景和原因。在这个发展阶段，考察的重点已经发生变化，资本家还是那些资本家，但作为总体，并不是单个资本家的简单加总。它一方面体现了许多总体的特征，如结构性、比例性、总合性等，另一方面又形成许许多多部门、集团，既有内部的竞争和联合关系，又有外部与工人阶级的对立关系。在这个时候，主体性已经转化为主体间性。

　　在《资本论》中，马克思对总体经济行为的研究，首先安排在第一卷第七篇进行。在那里，他明确地说，他要研究的归根到底是"一个国家的社会资本的构成"①的变化。正是研究这种总体的有机构成的变化，他才能"研究资本的增长对工人阶级的命运产生的影响"②，发掘隐藏其中的资本主义人口规律和积累的一般规律。其次是在第二卷第三篇，他研究社会总资本的流通，实际上是全体资本家的流通行为，这是十分清楚的。再次是在第三卷，他在开头处说明，本卷是"要揭示和说明资本运动过程作为整体考察时所产生的各种具体形式"③，显然是研究资本家总体的运动。虽然第一篇主要以单个资本为对象，但他是以此作为社会总资本的代表，研究剩余价值怎样转化为利润，所以，这里的研究与对社会总资本的运动、总体资本家的行为的研究是紧密联系的。这样看来，前三篇主要考察总体产业资本家的行为，后面则分别考察产业资本家与商业资本家、生息资本家、土地所有者的关系行为。

　　"社会资本的运动，由社会资本的各个独立部分的运动的总和，即各个单个资本的周转的总和构成。"④ 但是，在资本主义比较发展的阶段，至少在形式上，资本家的经济行为都是独立进行的，即使是实现经营权联合的股份公司，各个股东在法律上也是独立的。因此，马克思只能通过考察一个比较长时期的各个资本家行为在互为前提、互为条件、互相交错中

---

① 《资本论》第1卷，人民出版社1975年版，第673页。
② 同上书，第672页。
③ 《资本论》第3卷，人民出版社1975年版，第29页。
④ 《资本论》第2卷，人民出版社1975年版，第390页。

形成的社会总资本的运动。① 但是，由于社会的各种需要都是巨量的，需要许许多多的资本家共同提供，因此，虽然这种运动并不是这些资本家事先有意识的行为，并且在无意中、在错综复杂的竞争和相互联系的长期过程中形成总体的行为在任何时点都是无政府状态的，但他们往往歪打正着，从长期看却是基本符合由各种社会需要组成的比例关系的行为。② 马克思正是通过对其长期的总体行为的研究，才揭示出总体资本家共同行为中包含的各种规定。

马克思对总体资本家不同集团行为的研究，从更广的范围内揭示资本运动的各种规律，同时也更清楚地表明，这些客观规律归根到底是由更深层的本质关系决定和约束的，本质上是关于各个资本家集团之间的相互关系、它们各自的利益的规律，是总体资本家与整个工人阶级之间的关系和利益规律。

马克思充分重视一国资本的对外经济贸易，"资本主义生产离开对外贸易是根本不行的。但是，……在分析年再生产的产品价值时，把对外贸易引进来，只能把问题搅乱"，③ 所以在《资本论》中，他暂不结合对外贸易。

---

① 《资本论》第 2 卷，人民出版社 1975 年版，第 392 页。
② "要想得到和各种不同的需要量相适应的产品量，就要付出各种不同的和一定数量的社会总劳动量。这种按一定比例分配社会劳动的必要性，决不可能被社会生产的一定形式所取消，而可能改变的只是它的表现形式，这是不言而喻的。"（《马克思恩格斯〈资本论〉书信集》，人民出版社 1976 年版，第 282 页）
③ 《资本论》第 2 卷，人民出版社 1975 年版，第 528 页。

第十一章 经济主体的成熟、典型化

资本运动在被生产力的发展拖进、推进到更高发展阶段之后，经济主体也不知不觉地发生着变化，总体化的趋势越来越明显。不仅各个资本家发展得更加成熟，而且也更加具有典型性。马克思发现，随着资本主义进入较高的发展阶段，资本家的阶级意识已经形成，在此基础上，更形成行为方式内在统一的较紧密的整体，他们与工人的关系已经转型。

第一节 大资本家主导的总体化趋势

实际上，即使在资本主义的起点、初级阶段，社会总资本也已经与单个资本同时存在，道理很简单，没有肌体就没有细胞、肢体的存在。而且单个资本家的行为并不是单独地与工人阶级发生关系，而是从来就没有离开与其他资本家，从来就是以整个阶级、政权为势、为靠山与工人打交道的。但是，一方面，那时雇佣工人还是自在的、分散的，还没有形成一个阶级对抗资本家阶级；另一方面，那时利润率、价值还正处于转型之中，各个部门的资本家的利益还没有内在地连结在一起。因此，马克思在前一阶段主要研究单个资本家与雇佣工人的关系，是符合资本主义初级阶段情况的。在这项工作完成之后，理所当然要研究更高发展阶段的总体资本家的行为。只有这样，才能科学地反映历史发展的真实情况。从逻辑发展来看，这是从抽象到具体、从简单到复杂的上升。我们知道，马克思在进行科学研究的时候，所面对的就是资本家作为整体的行为，只不过为了逻辑发展的需要，采取"事后思索"的方法，先研究简单的细胞，再一步一步靠近对象整体。可以说，从再现的意义看，他主要是再现总体对象及其社会表象，此前的研究不过是上升到后面研究的必要的阶梯。所以，马克思研究的重心是在第三逻辑阶段。换句话说，他研究的经济行为，主要是资本家阶级的整体行为。研究总体资本家的行为之所以必要，不仅因为资本家的行为从来就离不开与其他资本家的关系，而且，正是在这种总体行为中，才更充分地显示资本主义的发展趋势。① 只有在这种研究中，资本关系的产生和发展、资本家对工人劳动所有权的占有、产业后备军的形成发展、资本积累的一般规律等等，才能够被揭示，这样才有科学的、批判的意义。并且，这种研究还使资产阶级学者专注个体的研究相形见绌，所以，这是马克思的重大理论贡献。

和资本主义初级阶段不同，在较为发展的阶段，单个资本家与总体资本家的关系已经发生了重大的、深刻的变化，不再是松散的，而是有内在统一机制的较紧密的整体。相应的，各个资本家也不再是独立的个体，而是整个"资本家阶级的一个分子……一个独立的、可以说赋有个体生命的部分"②，"个人在这里不过是作为社会力量的一部分，作为总体的一个原子来发生作用"。③这是生产力、经济结构、经济形式转型发展所使然，也是生产关系的转型发展所使然，更是大资本家的作用所使然。换句话说，正是大资本家为了自己利益而实施的这种行为，歪打正着地体现了这些转型的要求，他们利用其拥有的庞大实力绑架所有的中小资本家，朝着对自己有利的方向发展，并在无意之中主导了总体资本家的总体行为，形成总体化的趋势：一方面是资本家形成为有意识的阶级，另一方面是通过他们行为的彼此弱化和强化作用，最终形成总体行为的趋势。这个总体趋势又反过来影响着各个资本家的观念和行为，使之不再像最初的暴发户那样只关注自己的钱袋，只关注与自己雇用的雇佣工人的关系，而是同时还关心整个阶级对工人阶级的剥削。每个资本家都是作为社会总资本的一个相应组成部分按其资本在社会总资本中的比例均衡地分得一份利

---

① "由于买卖只是在个别人之间进行，所以不可能在这里找到整个社会阶级之间的关系。"（《资本论》第1卷，人民出版社1975年版，第643页）
② 《资本论》第2卷，人民出版社1975年版，第390页。
③ 《资本论》第3卷，人民出版社1975年版，第216页。

润,这样,就在收益上使自己不知不觉地将自己的收益与整体的利益联系起来,或者换句话说,是融入整体利益之中了。

但是,总体化趋势并不意味着所有的资本家都不再独立实施经济行为。这种总体化趋势,首先表现为各个资本家在竞争中的联合而形成很多规模巨大、实力强大的股份公司这样的大块头。各个资本家的个性和独立性在形式上还存在和表现,但在竞争和信用制度下已在相当大的程度上被消灭或受到整合,"许多单个资本,或它的各部分间的互相排斥,又遇到各部分间的互相吸引的反作用。这已不再是生产资料和对劳动的支配权的简单的、和积累等同的积聚。这是已经形成的各资本的积聚,是它们的个体独立性的消灭,是资本家剥夺资本家,是许多小资本变成少数大资本"。① 在马克思看来,股份公司已经具有社会资本的形式:"1. 生产规模惊人地扩大了,个别资本不可能建立的企业出现了。同时,这种以前由政府经营的企业,成了公司的企业。2. 那种本身建立在社会生产方式的基础上并以生产资料和劳动力的社会集中为前提的资本,在这里直接取得了社会资本(即那些直接联合起来的个人的资本)的形式,而与私人资本相对立,并且它的企业也表现为社会企业,而与私人企业相对立"。② 当然,它们在形式上仍然是个别企业,而且社会上仍然还有为数众多的中小资本家的企业。但是,由于有利润率平均化的体制和机制,社会总资本的要求已经形成所有资本家的共识,并且进入单个资本家的意识中,使之意识到其产品包含的无酬劳动以整个社会总资本所掌握的无酬劳动为转移。③ 它表明,社会总资本现在已经不仅仅是外在于单个资本家的。

在这个阶段,总体化的趋势还形成由大资本家主导的趋势。整个资本运动既形成了大资本家,大资本家又必然反过来对整个运动发挥重大的作用。这个阶段的资本家从整体上看实力已经足够强大,已经可以脱离资产阶级国家政权的脐带凭自己的力量发展。正因为这样,它原先有相对独立职能的部分就有必要和可能独立化,形成有一定比例的复杂结构:

一方面,由于产业资本的发展和实力壮大,其中原先内在地包含的商品资本、货币资本职能都独立化了,发展为产业资本与商业资本、生息资本的关系

---

① 《资本论》第1卷,人民出版社1975年版,第686页。
② 《资本论》第3卷,人民出版社1975年版,第493页。
③ 生产价格,是涉及有酬劳动加上不以特殊生产部门本身为转移的一定量无酬劳动之和。(《资本论》第3卷,人民出版社1975年版,第185页)

以及产业资本家与商业资本家、生息资本家的关系。同时，还有产业资本（包括农业资本家）和商业资本所构成的"资本的核心构造"① 与生息资本家、土地所有者之间的关系。正像矛盾有主要方面和次要方面一样，这些关系也具有主导方面，即不是所有成分都平起平坐的。就整个社会而言，资本是"普照之光"，就总体资本家而言，资本的核心构造，或者更严格地说，产业资本更是这种"普照之光"的核心部分，决定着它与资本主义大土地所有制之间的关系。由于大土地私有制、私有者已经资产阶级化，并且与资本家共同瓜分剩余价值，所以，完全可以将资本家与他们的关系归入资产阶级之间的关系。

另一方面，在产业资本家这个集团中，因为实力壮大，资本家之间的分工也发展了。这是一般社会分工的具体化。他们有的属于第一部类，有的属于第二部类，各个部类还区分为不同的部分。有的有机构成比较高，有的比较低，有的周转时间构成比较长，有的则比较短。同时，在各个部门中，各个资本家的实力也发生分化。在资本主义发展过程中，大中小资本始终是并存的，但是，到了资本主义较为发展的阶段，整个社会总资本的阶层结构就发生了变化。如果单纯考察单个资本家的生产过程，实力大小的区别还不是最重要的，但在积累过程中，这种区别必然显现出来。有的资本家实力大增，成为大资本家，在社会经济中占主导地位，在社会上呼风唤雨，控制那些"有决定意义的产业部门"②，实际上代表了社会总资本运动的方向。反之，则是有大量的中小资本家在竞争中受到损失甚至重创。"较小的资本挤到那些大工业还只是零散地或不完全地占领的生产领域中去。在那里，竞争的激烈程度同互相竞争的资本的多少成正比，同互相竞争的资本的大小成反比。竞争的结果总是许多较小的资本家垮台，他们的资本一部分转入胜利者手中，一部分归于消灭。"③ 因此，随着资本的积累，资本家的人数虽然有所增加，但中小资本家的个体独立性被限制了，甚至部分被消灭了。这是资本家剥夺资本家，是许多小资本变成少数大资本。这一过程仅仅以已经存在的并且执行职能的资本在分配上的变化为前提，因而，它的作用范围不受社会财富的绝对增长或积累的绝对界限的限制。如果说，在前面的研究中，单个资本家作为社会总资本的细胞，其大小

---

① 《资本论》第3卷，人民出版社1975年版，第297页。
② 同上书，第138页。
③ 《资本论》第1卷，人民出版社1975年版，第687页。

是被抽象的，那么，在这里，能够代表社会总资本的只是大资本、大资本家。

关于利润率的平均化，马克思还发现：在真正的工业中，每个生产部门"都会形成大多数生产者所必须拥有并且实际也拥有的、高于这个最低限度的标准平均资本量。大于平均资本量的资本会提供额外利润，而小于平均资本量的资本就得不到平均利润"①。正因为这样，许多中小资本得不到"健康的"利润而退出经营，只好通过信用行为或购买股票的方式加入大资本中。这时的信用行为和简单商品生产条件下那种借贷关系的性质有根本的不同，投资者在没有控股的情况下已经没了债权人的高傲，反之，控股的大资本家虽然用的不是自己的钱，却可以放心大胆地任意使用，完全没有债务人的委琐和尴尬。可见，大资本家不仅可以主导总体化趋势，还能趁势控制中小资本家的资本，强化自己的实力、强化总体化趋势。

值得注意的是，在这个阶段，工人阶级在经历了最初的自在发展阶段后，也已经成熟了。他们已经不再停留在初级阶段简单地追求生存，已经形成了一定的阶级意识，已经是"日益壮大的、由资本主义生产过程本身的机构所训练、联合和组织起来的工人阶级"②，并且敢于提出自己的意见。在初级阶段，他们最多也只是提出公平的交易和正常的工作日、工作条件等要求，但到较为发展阶段，则敢于提出进一步的要求。他们已经意识到，"为了'抵御'折磨他们的毒蛇，工人必须把他们的头聚在一起，作为一个阶级来强行争得一项国家法律，一个强有力的社会屏障，使自己不致再通过自愿与资本缔结的契约而把自己和后代卖出去送死和受奴役"③。同时，还"逐渐增强"了对资本家的"反抗"，一方面"试图通过工联等等在就业工人和失业工人之间组织有计划的合作，来消除或削弱资本主义生产的那种自然规律对他们这个阶级所造成的毁灭性的后果"④；另一方面还"迫使国家强制缩短劳动时间，并且首先为真正的工厂强行规定正常工作日"⑤。马克思满怀激情地肯定了工人的抗争："英国的工厂工人不仅是英国工人阶级的先进战士，而且是整个现代工人阶级的先

---

① 《资本论》第3卷，人民出版社1975年版，第762页。
② 《资本论》第1卷，人民出版社1975年版，第831页。
③ 《资本论》第3卷，人民出版社1975年版，第335页。这句话虽然是在第8章说的，但那里论述的是资本主义较为发展阶段的情况。
④ 《资本论》第1卷，人民出版社1975年版，第702页。
⑤ 《资本论》第3卷，人民出版社1975年版，第449页。

进战士,最先向资本的理论挑战的也正是他们的理论家。"① 面对着工人阶级的行动反抗和理论挑战,资本家必然要有所应对,有意识地联合起来。所以,马克思说:"资本家在他们的竞争中表现出彼此都是虚伪的兄弟,但面对着整个工人阶级却结成真正的共济会团体。"② 一方面共同对付工人阶级,另一方面向他们的政府施加足够的压力,尽量减少使他们感到不利的条款:"工厂主……进行疯狂的斗争,反对这些要求他们拿出少量钱来保护他们'人手'的四肢的条款"。③ 表面看,有些法律似乎对工人有利,但是,由于资本家的集体反抗,这些法律全都自动失效。④ 这也表明,大资本家主导的总体化趋势,还涉及舆论、社会意识的总体化趋势。

第二节 主导主体观念与行为方式的变化

在资本主义社会,资本家作为一个阶级并非整体铁板一块,正如个体生命中的各个器官或组织有不同的作用一样,各个资本家在整体资本家阶级中并非都有同样的地位和作用。就整个资本家阶级看,中小资本家也是隶属于大资本家的,所以马克思主要考察大资本家的行为。

大资本家实力的变化既是近代生产力发展的结果,又是生产力发展的重要推手,这种双向作用必然导致大资本家自身观念的变化。

社会总资本的运动虽然跌宕起伏、变幻莫测,但在长期的行为过程中,其内在规律也会被各个资本家或多或少地体验到。特别是由于利润率的平均化,他们都自觉不自觉地有了新的整体性的思维。

---

① 《资本论》第2卷,人民出版社1975年版,第332页。
② 《资本论》第3卷,人民出版社1975年版,第221页。
③ 同上书,第527页。
④ "既然工厂法通过它的各种强制性规定间接地加速了较小的工场向工厂的转化,从而间接地侵害了较小的资本家的所有权,并确保了大资本家的垄断权,那末,法律关于工场中的每个工人应占有必要空间的强制规定,就会一下子直接剥夺成千上万的小资本家!就会动摇资本主义生产方式的根基,也就是说,会破坏大小资本通过劳动力的"自由"购买和消费而实现自行增殖。因此,工厂法在500立方呎的空间面前碰壁了。卫生机关、工业调查委员会、工厂视察员,都一再强调500立方呎的必要性,又一再述说不可能强迫资本接受这一点。"(《资本论》第3卷,人民出版社1975年版,第221页)

在这个阶段,随着总体资本家实力的增强、竞争的激烈以及资本组织形式、集中方式的创新,资本家不再像初级阶段那样,偏重于独立运作,而是更看重资本的质和结构的优化以及各个资本之间的关系,并且逐渐形成整个阶级的所有权观、发展观、价值观、财富观,以及虚假的平等观。在此过程中,大资本家基于其实力的增长及资本结构的优化,更有新的观念的转变。

在连续的生产经营中,资本家不仅强化资本的所有权观念,而且包含着保值增殖的规定。在他们看来,所有权首先表现为对无酬劳动的永久性占有权。在进一步的发展中,又形成平等占有权,即资本是天生的平等派,要求有平等剥削劳动的权利。"资本就意识到自己是一种社会权力;每个资本家都按照他在社会总资本中占有的份额而分享这种权力。"① 在产业资本家和商业资本家的分工中,这种权利观又发展为代理权和瓜分利润的权利。同时,由于在客观上资本的所有权还与经营权进一步分离而独立化、商品化,以至于离开生产过程而独立。"物质财富的对立的社会性质,——物质财富和作为雇佣劳动的劳动之间的对立,——离开生产过程,已经表现为资本所有权本身。"② 由是,各个资本家也形成独立的所有权观念。既然它是独立的,资本家又将它当成商品来买卖,并且赋予它一定的价格,形成一种特殊的价格概念。③ 在土地所有者那里,除了要求有一定的经济利益外,还因为土地始终具有自然形式的属性,因而更容易将所有权与自然条件联系起来而形成土地拜物教。

资本家在发展过程中又很快形成了这样的发展观:发展要连续进行,要有规模的扩大,要有积累。发展还要靠提高剥削程度,要将工人的必要消费基金转化为资本的积累基金,发展是占有权的扩大。发展要靠提高劳动生产率水平,是结构的优化,要改变资本的技术构成,要改变产业结构;发展有间歇性,是在一定技术基础上的单纯扩大和技术基础的更新换代,在他们看来,升级换代有速度规定。发展要发掘生产和流通的潜能,竞争是促进发展的强有力手段,等等。而大资本家则更进一步,他们在竞争中都力求能先人一步。

在新阶段,他们的财富观也发生变化,认为相对过剩人口、产业后备军的

---

① 《资本论》第3卷,人民出版社1975年版,第217页。

② 同上书,第398页。

③ "这里出现的一切关系,从简单商品的观点来看,或者从那种在再生产过程中作为商品资本执行职能的资本的观点来看,都是不合理的。"(《资本论》第3卷,人民出版社1975年版,第396页)

存在和扩大对资本主义是有利的，是资本运动的条件。工人的贫困、劳动折磨、受奴役、无知、粗野和道德堕落的积累是财富积累的必要条件。在他们看来，财富并非单纯的财产，并非只是能够带来剩余价值的东西；资本家意识到财富有两种，一种是死机器，一种是活机器，工人是活的财富，延续的时间越久，历代积累的技能越多，就越好，不能让他们随便流失，他们的生活消费就是资本积累的充分条件。财富观的这种变化是资产阶级成熟的重要表现。

他们通过资本的集中在相当程度上消灭各个资本家的个性，形成资本的社会性，这显然是资产阶级阶级整体意识的强化。

他们也形成新的价值观，意识到要以自己的价值观来统率社会的价值观。经验告诉他们，维持相当数量的过剩人口，是资本主义再生产的必要条件。一旦发现这一点，他们就通过自己的学者，提出一系列的理论来论证和宣传自己的价值："经济学的智者们向工人说教，要工人使自己的人数去适应资本增殖的需要"。① 不过，他们也意识到，在一定条件下，提高工人的工资、让工人暂时地享受一下资本主义的繁荣是可以的、必要的，只要不严重地危及资本关系的扩大再生产。

在这个阶段，资本家作为统治阶级，还发展了虚假的平等观，他们需要用自己的理论安慰自己和欺骗世人。与此相适应，就有许多资产阶级学者出来承担重任。从19世纪二三十年代起，"阶级斗争在实践方面和理论方面采取了日益鲜明的和带有威胁性的形式。它敲响了科学的资产阶级经济学的丧钟。……不偏不倚的研究让位于豢养的文丐的争斗，公正无私的科学探讨让位于辩护士的坏心恶意"。② 最突出的是，斯密理论中的庸俗成分被萨伊极度地放大了。他将资本家的日常观念进行加工改造，将工人的货币收入与资本家的利润和利息、土地所有者获得的地租混为一谈，既欺骗了工人，也欺骗了自己。

与实力和观念变化相适应，他们的行为方式也趋于成熟和典型化。这个阶段的资本运动是与较高的生产力发展水平相联系的，也与市场机制、杠杆的完善相联系。资本家十分注重经济总量的增长，为此，除了迫使工人从事过度劳动外，还想方设法利用科学和生产过程的组织方式，以提高生产资料的规模和效能，其直接结果就是经济结构转型。当结构优化、效率提高与资本家的效益

---

① 《资本论》第1卷，人民出版社1975年版，第707页。
② 同上书，第18页。

提高两者之间产生矛盾发生之后,他们还在长期的投资转移过程中,逐步根据资本家全部资本都可以自行增殖的观念在全社会范围内实现利润率的平均化。这个过程历时很久,并且不是哪个人的有意识的发动和推动。从整个阶级行为的长期性来看,这的确是资产阶级的一种体制改革行为。这表明,资产阶级在经济行为上已经比较成熟和典型了。马克思指出,利润率平均化在下述两个条件下会进行得更快:1. 资本有更大的活动性,也就是说,更容易从一个部门和一个地点转移到另一个部门和另一个地点;2. 劳动力能够更迅速地从一个部门转移到另一个部门,从一个生产地点转移到另一个生产地点。就第1个条件看,实际上不是资本自行流动,而是资本家经济行为的流动。这种流动是全面的和经常的,必然导致资本家自身的素质的变化。正如工人全面流动造成全面发展的人一样,① 资本家的全面流动也会造成资本家的全面发展。当然,这是在资本的两权分离还没有定型的条件下。两权分离之后,职能资本家被职业经理人所代替,全面发展的就是职业经理人了。

总体资本家虽然是统一的,但其经济行为却不是整体的。这不奇怪,即使是单个资本家他的投资也不是单一的,有的投在流通过程,有的投在生产过程中。在总体行为中,只有产业资本家才是真正发挥"能动职能"② 的,其他的资本家、大土地所有者充其量只是发挥辅助的职能。但是,正如货币资本、商品资本与生产资本要有一定的比例一样,产业资本、商业资本、生息资本也要有一定的比例。如果它们在社会总资本中"超过它的必要的比例"③,发挥的作用就是相反了。马克思说,如果商业资本总量太多了,例如"用500镑的货币量来使400镑的商品价值流通。这种方法与其说是致富的方法,不如说是变穷的方法,因为他们必须使总财产的一大部分非生产地保持无效的流通手段的形式"④。不过,正是通过无数的投机行为,也不断地校正资本家的盲目行为,

---

① "大工业还使下面这一点成为生死攸关的问题:用适应于不断变动的劳动需求而可以随意支配的人员,来代替那些适应于资本的不断变动的剥削需要而处于后备状态的、可供支配的、大量的贫穷工人人口;用那种把不同社会职能当作互相交替的活动方式的全面发展的个人,来代替只是承担一种社会局部职能的局部个人。"(《资本论》第1卷,人民出版社1975年版,第535页)

② 《资本论》第1卷,人民出版社1975年版,第504页。

③ 《资本论》第3卷,人民出版社1975年版,第307页。

④ 《资本论》第2卷,人民出版社1975年版,第541页。

第十一章 经济主体的成熟、典型化

使投机行为多少带有投资的性质。并且，通过资本家之间的全面竞争，才不断地调整各个资本家的投资，以至于在较长的时间内形成比较合理的比例关系。

不过，关于生息资本家和大土地所有者，他们对产业资本家、商业资本家的某种限制作用，在客观上并非一无是处。利率的高低可以在一定程度上反映货币供求状况，而"土地所有权的存在，正好是对投资的一个限制，正好是对资本在土地上任意增殖的一个限制"①，即对"利用或滥用一定量土地"的限制。② 从这种意义看，资本家总体的各个部分在相互促进的同时，还在一定程度上起相互约束的作用。

在考察单个资本家的行为时，我们已经看到，其行为具有实体性和虚拟性。在资本主义较为发展阶段，由于借贷资本家数量及生息资本总量的迅速增长，银行的发展，特别是利息率的典型化及充分发挥作用，以至形成全面的"收入资本化"，资本家经济行为的虚拟性便迅速而急剧地膨胀起来了。这必然使总体资本家的行为也都带有虚拟性，而且是极度的虚拟性。不过，在资本运动中，虚拟性并不完全是消极的，它在一定的意义上也有积极意义，至少给经济主体提供了一定的信息和机会。

---

① 《资本论》第3卷，人民出版社1975年版，第846页。
② 同上书，第695页。

第十二章　总体资本家的生产行为

从总体上看资本家总体的生产行为，并不是简单地考察各个资本家的生产行为如何形成总体，再以一个主体的身份与另一个总体资本家即外国资本打交道，主要是考察各个资本家的经济集团、集群在积累行为中必然发生的相互关系行为，以及它们作为总体与雇佣工人之间的关系，即使在一国之内，这也是一种超级组织的行为。"在资本家那里，……表现为社会机构的作用，而资本家不过是这个社会机构中的一个主动轮罢了。"① 在考察单个资本家的积累行为时，这种"社会机构"可以暂时存而不论，在考察社会总资本的积累行为的场合，它就是必须进一步联系考察的。在资本主义社会，各个资本各自为战，但它们都不仅与雇佣工人发生关系，而且彼此都有紧密联系，在长期的竞争和联合中而自然地形成整个阶级的统一行动。虽然它们的个别运动作为社会总资本总体共同的内在规定和总体趋势的个别表现，经常与总体运动有所差别，但都会因为剩余价值规律而趋于一致。换句话说，社会总资本的运动就是通过他们的交错关系及其所造成的波动而表现的。这样一来，马克思考察的必定是资本家长期的、总体的、平均的、结构性变化的行为。②

为了阐明积累这种规模扩大的再生产，有必要先考察简单再生产，因为简

---

① 《资本论》第 1 卷，人民出版社 1975 年版，第 649 页。
② 在这个领域，在重农学派最初的有益探索之后，后来所有的资产阶级学者就因为"斯密教条"而跌入万劫不复的陷阱。

单再生产是扩大再生产的基础。关于简单再生产和扩大再生产，我们在考察单个资本家的积累行为时已经涉及，这里不再赘言。

要进行积累，当然要先有一定的货币贮藏，等累积到一定数量时再用于实际的扩大再生产，也就是说，这里暂时撇开积累的必要条件，假定社会已经有足够的生产资料和劳动力可供资本家随时取用。

为了研究和叙述的方便，马克思先假定资本家将所有的剩余价值都用于消费，即生产规模没有扩大，之后又假定资本家将所有的剩余价值都用于积累。

扩大再生产有外延扩大，也有内涵扩大，其区别在于技术水平是否提高、结构是否优化。马克思是先暂时将技术水平的变化撇开，再联系技术水平的提高来研究扩大再生产。

在第一卷末篇即第七篇，马克思是在特定的条件下研究资本家总体的再生产的，"一方面假定，生产商品的资本家按照商品的价值出售商品，而不去进一步研究资本家如何回到商品市场：既不研究资本在流通领域里所采取的那些新形式，也不研究这些形式所包含的再生产的具体条件。另一方面，我们把资本主义的生产者当作全部剩余价值的所有者，或者，不妨把他当作所有参加分赃的人的代表。总之，我们首先抽象地来考察积累，也就是把积累只看作直接生产过程的一个要素"。①

第一节　简单再生产

不言而喻，单个资本家攫取剩余价值不是一次性的行为，所以他们都很在意进行再生产，并且是扩大再生产。从整个社会来看，情况也完全一样，但规定却有所不同。"社会生产过程既是人类生活的物质生存条件的生产过程，又是一个在历史上经济上独特的生产关系中进行的过程，是生产和再生产着这些生产关系本身，因而生产和再生产着这个过程的承担者、他们的物质生存条件和他们的互相关系即他们的一定的社会经济形式的过程。"② 从理论上说，这个过程有简单的和扩大的两种，但实际上，简单再生产包含着扩大再生产的因

---

① 《资本论》第 1 卷，人民出版社 1975 年版，第 620 页。
② 《资本论》第 3 卷，人民出版社 1975 年版，第 925 页。

素，所以，分析它是为研究扩大再生产奠定基础。

社会总资本、总体资本家的简单再生产，是一般过程与特殊过程的统一。

1. 从一般过程看，首先是生产条件的再生产：生产过程的连续进行会使机器设备逐日损坏和贬值，所以，"任何一个社会，如果不是不断地把它的一部分产品再转化为生产资料或新生产的要素，就不能不断地生产，即再生产。在其他条件不变的情况下，社会在例如一年里所消费的生产资料，即劳动资料、原料和辅助材料，只有在实物形式上为数量相等的新物品所替换，社会才能在原有的规模上再生产或保持自己的财富，这些新物品要从年产品总量中分离出来，重新并入生产过程。因此，一定量的年产品是属于生产的。这部分本来供生产消费之用的产品，就采取的实物形式来说，大多数不适于个人消费"。① 显然，在考察单个资本家的再生产的时候，这些条件是存而不论的。

其次，是一定的过程承担者的再生产，即资产阶级和工人阶级的再生产，它实际上构成一定的生产关系。就工人的再生产看，它并非纯粹劳动者自身的事情，而是在资本关系中的再生产。一方面，是工人的不断再生产或永久化，创造了资本家取之不尽、用之不竭的劳动力；另一方面，它创造了熟练劳动力。马克思说明，即使是简单再生产，没有增加工人的数量，但工人劳动力的再生产却会造成熟练的工人，它包括技能的世代传授和积累。资本家把它们当成活机器，它延续的时间越久，历代的技能积累得越多，就越好。这样看，劳动力的再生产是劳动力的发展。劳动力有所有权、使用价值和价值三因素，就一般过程看，再生产主要体现在使用价值的发展上。前面我们看到，马克思已经阐明劳动力在大工业发展过程中的全面发展。这里，马克思又再论及劳动力的熟练程度提高，技能的积累。按道理说，它的价值应该是越来越高。所以，即使在考察简单再生产的语境中，理论上的阐述也表明，要维持简单再生产，全部预付资本不变，包括其中的可变资本部分也不变，也是以工人劳动力价值的萎缩为基础的。

就资本家的再生产看，资本家同样是其种族的繁衍，是其能力的积累。由于暂时假定资本家将全部剩余价值都用于生活消费，这就说明，资本家家族的消费是极其奢靡的。

2. 从特殊过程来看，首要的特征是工人与其生活条件和生产条件分离的

---

① 《资本论》第1卷，人民出版社1975年版，第621页。

第十二章 总体资本家的生产行为

再生产。换句话说,就是使这种再生产永久化。劳动产品和劳动本身的分离,客观劳动条件和主观劳动力的分离,是资本主义生产过程事实上的基础或起点。而再生产就是将这种分离作为资本主义生产本身的结果而不断重新生产出来,并且永久化。① 由于工人是"挣一文、吃一文"的,所以,过程的连续必定迫使工人要不断地把自己当成劳动力的卖者投回劳动力市场。或许工人可以离开某个资本家的工厂,但他一定还得走进另一个资本家的工厂。表面看工人是自由的,但在有大量失业工人存在的条件下,工人并没有这种自由,反之,倒是资本家在用工上具有更大的自由权,他可以随意游离一些工人,更换另一些工人。这样看来,在资本关系下工人劳动力的发展,包含着工人对自己劳动力所有权的丧失,形式上工人有自己劳动力的所有权,但实际上、本质上却已经在相当的程度上丧失了。换句话说,工人对自己的劳动力只有法律上的所有权,没有经济上的所有权。这是劳动力在资本关系下发展的一个非常重要的特征。

马克思进一步分析:只要我们考察的不是单个资本家和单个工人,而是资本家阶级和工人阶级,不是孤立的商品生产过程,而是在社会范围内不断进行的资本主义生产过程,那么过程的单纯连续不仅使总体资本家能够不断地消费劳动力,而且还表现在他对工人的全方位控制和支配上。在这里,马克思为了研究的方便,是暂不联系产业后备军的条件下单纯考察就业工人的发展。即使在这种情况下,对整个资本家阶级来说,工人的消费也非仅仅工人自己的事情。工人消费生活资料,是为了维持自己劳动力的运转,对自己是非生产的,但对资本家则是生产的,所以,"当资本家把自己一部分资本变成劳动力时,他就由此增殖了自己的总资本。他一举两得。他不仅从他由工人那里取得的东西中,而且从他给工人的东西中获取利益。用来交换劳动力的资本转化为生活资料,这种生活资料的消费是为了再生产现有工人的肌肉、神经、骨骼、脑髓和生出新的工人。因此,工人阶级的个人消费,在绝对必需的限度内,只是把资本用来交换劳动力的生活资料再转化为可供资本重新剥削的劳动力。这种消费是资本家最不可少的生产资料即工人本身的生产和再生产"。② 通过再生产,资本家深深地懂得:"劳动力的再生产实际上是资本本身再生产的一个因素。

---

① 《资本论》第1卷,人民出版社1975年版,第626页。
② 同上书,第628页。

因此，资本的积累就是无产阶级的增加"。① 有个资产阶级学者还直言不讳：这些工人还必须是"既无知又贫困。……人的愿望越少，他的需要也就越容易满足"②。这种无耻的宣言所表达的正是资本家的心声。

可见，从社会角度来看，工人阶级，即使在直接劳动过程以外，也同死的劳动工具一样是资本的附属物。这种过程的连续还使整个资产阶级拥有"对劳动力的所有权"③，是资本关系的再生产。这样，我们看到，资本关系的再生产，对工人的劳动力发展来说，具有双重结果：一方面是劳动力使用价值的优化，另一方面是其价值的贬值，更是其所有权归属形式与本质的分离；形式上属于工人，本质上归属资本家。对资本家来说，是持续地拥有对工人剩余劳动以及劳动产品的所有权，是对工人劳动力所有权的实际占有，因而是雇佣劳动关系的再生产。

第二节　扩大再生产与各资本家之间行为关系的变化

如果从扩大再生产来看，不仅以上这些规定还会进一步发展，而且还有许多新的规定。

一、从一般过程来看：

社会总资本的扩大再生产主要依靠剩余价值的资本化而实现。——单个资本家在积累率一定的情况下利用提高劳动生产率和剥削程度等手段扩大再生产的情况对社会总资本似乎并不太合适，因为社会总资本的总体积累率是很难控制的。——显然，要积累，就必须把一部分剩余产品转化为资本。这样，社会总资本的"一部分年剩余劳动必须用来制造追加的生产资料和生活资料，它们要超过补偿预付资本所需的数量。总之，剩余价值所以能转化为资本，只是因为剩余产品（它的价值就是剩余价值）已经包含了新资本的物质组成部分"④。此外，还要有追加的劳动力。因此，总体资本家必须解决好这些社会

---

① 《资本论》第1卷，人民出版社1975年版，第674页。
② 同上书，第675页。
③ 同上书，第630页。
④ 同上书，第637页。

第十二章 总体资本家的生产行为

资源的储备和配置。虽然在考察社会总资本积累过程的时候，可以将这些因素暂时撇开，但它们是不能不事先准备的。不过，这不是由一个资本家整体的总代表来准备和配置，只是通过无数资本家的较长时期的盲目行为无意中实现的。

马克思在第四篇中已经指出："社会劳动生产力的发展怎样以大规模的协作为前提，怎样只有在这个前提下，才能组织劳动的分工和结合，才能使生产资料由于大规模积聚而得到节约，才能产生那些按其物质属性来说只适于共同使用的劳动资料，如机器体系等等，才能使巨大的自然力为生产服务，才能使生产过程变为科学在工艺上的应用。"① 显然，这是一般的工业化进程所要完成的使命，在资本主义的较为发展阶段，这一过程的广度和深度更为发展了。在这个相当长的历史阶段，总体资本家的总体实力不断壮大，而且资本不断向大资本家集中，"随着这种集中或少数资本家对多数资本家的剥夺，规模不断扩大的劳动过程的协作形式日益发展，科学日益被自觉地应用于技术方面，土地日益被有计划地利用，劳动资料日益转化为只能共同使用的劳动资料，一切生产资料因作为结合的社会劳动的生产资料使用而日益节省，各国人民日益被卷入世界市场网，从而资本主义制度日益具有国际的性质"。② 也就是说，在资本关系的哺育下，一般过程也有长足的发展。除了遭遇经济危机外，扩大再生产不仅有外延的扩大，更多的还是内涵的扩大。

马克思还说明，资本家实施的内涵扩大再生产，先是从追加的资本即增量部分开始，后来就逐步扩展，涉及全部资本。"在正常的积累进程中形成的追加资本，主要是充当利用新发明和新发现的手段，总之，是充当利用工业改良的手段。但是，随着时间的推移，旧资本总有一天也要从头到尾地更新，要脱皮，并且同样会以技术上更加完善的形式再生出来。"③ 显然，资本家的这种更新行为体现了工业化发展的一般规律。

工业化的发展当然离不开广大的产业军士兵，正是在机器大工业的发展过程中，工人由于经常流动而全面发展。因此，即使从一般过程的发展来看，由于有从属主体的发展，它也具有较强的后劲。

---

① 《资本论》第 1 卷，人民出版社 1975 年版，第 684 页。
② 同上书，第 831 页。
③ 同上书，第 689 页。

二、从特殊过程来看：

众所周知，所有的资本家竭力追逐剩余价值，既有内在贪婪的动力，又有外在竞争的压力。因此，他们都竞相扩大再生产、提高劳动生产率，这些行为反过来又会成为积累的最强有力的杠杆。"一定程度的资本积累表现为特殊的资本主义的生产方式的条件，而特殊的资本主义的生产方式又反过来引起资本的加速积累。……这两种经济因素由于这种互相推动的复合关系，引起资本技术构成的变化，从而使资本的可变组成部分同不变组成部分相比越来越小。"[①] 结果必然导致总体资本家在资本总量增加的同时总体技术构成也不断地提高，这实际上就是总体资本家总资本整体资本技术结构的优化。

社会总资本积累的总量增长和结构优化深刻地影响了总体资本家的行为，改变了各种关系。在涉及资本积累的时候，人们都将注意力集中在资产阶级与工人阶级之间的关系上，这固然没错，这不仅有一般化之嫌，而且还忽视了另一种关系，即资本家之间的关系。

所有的资本家都重视积累，但是，各个资本家的积累是不平衡的。在积累进程中，所有的资本家必然展开激烈的竞争。

关于资本家之间关系的变化，马克思不是一般地论述各个资本家之间如何竞争，而是首先抓住大资本、大资本家的迅速崛起，这是资本积累中极其重要的、首要的变化。在资本主义社会，不仅发展是不平衡的，而且各个主体之间相互竞争的残酷性、不确定性也是普遍存在的，结果必然导致各个资本家之间的关系的变化。有的部门、资本家发展得快些，有的慢些，有的迅速转型，有的则在转型过程中慢慢地爬坡。这个过程的直接结果是许多资本家迅速崛起，在社会总资本总量不变的条件下通过单纯改变既有资本的分配，通过单纯改变社会资本各组成部分的量在不同资本家中的组合，许多资本家成为实力大增，并促进整个社会资本家成分结构的转型。大资本家的发展在深化、强化对工人阶级统治的同时，还表现为对中小资本家的统治的扩大，这主要是通过竞争和信用两种方式进行的。

大资本家在竞争中总能居于优势地位。一方面，"竞争斗争是通过使商品便宜来进行的。在其他条件不变时，商品的便宜取决于劳动生产率，而劳动生

[①] 《资本论》第1卷，人民出版社1975年版，第685页。

第十二章 总体资本家的生产行为

产率又取决于生产规模。因此,较大的资本战胜较小的资本"。不仅如此,"随着资本主义生产方式的发展,在正常条件下经营某种行业所需要的单个资本的最低限量提高了。因此,较小的资本挤到那些大工业还只是零散地或不完全地占领的生产领域中去。……因此在竞争必然导致资本在一个人手中大量增长的同时,在许多人手中丧失了,他们的资本一部分转入胜利者手中,一部分归于消灭"。[1] 可见,大资本家不仅排斥中小资本家,而且还吸引中小资本家,将后者的资本也吸纳进来。正如社会总资本对工人阶级是既吸引又排斥一样,大资本家对中小资本家的既排斥又吸引也毫不手软。另一方面,大资本也不是能够完全避免任何损失,不过,大资本会"力图尽量缩小自己的损失量,而把它推给别人。……每个资本家要分担多少,要分担到什么程度,这就取决于力量的大小和狡猾的程度了。……在竞争斗争中,损失将按照特殊的优势或既得的地位,极不平均地、以极不相同的形式进行分配,结果,一个资本闲置下来,另一个资本被毁灭,第三个资本只受到相对的损失,或者只是暂时地贬值,等等"[2]。

马克思还指出:大资本家的资本集中通过竞争这种"强制的道路进行吞并,——在这种场合,某些资本成为对其他资本的占压倒优势的引力中心,打破其他资本的个体内聚力,然后把各个零散的碎片吸引到自己方面来",此外还"通过建立股份公司这一比较平滑的办法把许多已经形成或正在形成的资本溶合起来"[3],它通过一根根无形的吸盘把那些分散在社会表面上的大大小小资本家的货币资金吸引到单个的或联合的资本家手中;但是很快它就成了竞争斗争中的一个新的可怕的武器;最后,它变成一个实现资本集中的庞大的社会机构。

直接地看,大资本与中小资本之间的竞争行为主要是通过价格和设置进入门槛进行的,涉及的是中小资本家资本的流动。深入地看,这还是资本所有权向大资本家的集中。直接地看,中小资本家选择购买大资本家股份公司的股票,在一定的意义上还保持了作为资本家的尊严和地位。深入地看,这对大资本家则是资本经营权的集中行为。无论哪种情况,都成就了大资本家统治。这

---

[1]《资本论》第1卷,人民出版社1975年版,第687页。
[2]《资本论》第3卷,人民出版社1975年版,第282页。
[3]《资本论》第1卷,人民出版社1975年版,第688页。

样看来，大资本家的行为，有一部分是与其资本所有权相联系的，另一部分则没有所有权，但这些资本的支配权却掌握在大资本家手中，这与单个资本家的行为有很大的不同。这种所有权和经营权"两权分离"的情况进一步发展，必然导致全部资本包括大资本都可以两权分离，从而使大资本家、特别是大股份公司的控股股东能够轻而易举地利用别人的资本搞投机。"信用为单个资本家或被当作资本家的人，提供在一定界限内绝对支配别人的资本，别人的财产，从而别人的劳动的权利。对社会资本而不是对自己资本的支配权，使他取得了对社会劳动的支配权。"①

可见，不能像理解单个资本家的行为那样来理解社会总体资本家的整体行为，换句话说，后者的整体行为就是通过各个资本家实力的整合而实施的。从这种视角来观察社会总资本的运动，我们就可以从马克思的论述中领悟到更多的东西。

资本集中必然导致社会总资本技术结构的变化，即技术构成越来越高级化，而且速度加快，涉及面扩大。"资本有机构成和资本技术形式的变化速度不断加快，那些时而同时地时而交替地被卷入这些变化的生产部门的范围不断增大。"② 但是，各个部门、厂家技术结构的变化速度的快慢、规模的大小、力度的强弱并不均衡，这就决定总体资本家无论从总体上看，还是从局部看，其资本总量增长和技术结构优化在时间、空间上的不均衡。"就社会总资本来考察，时而它的积累运动引起周期的变化，时而这个运动的各个因素同时分布在各个不同的生产部门。在某些部门，由于单纯的积聚，资本的构成发生变化而资本的绝对量没有增长；在有些部门，资本的绝对增长同它的可变组成部分或它所吸收的劳动力的绝对减少结合在一起；在另一些部门，资本时而在一定的技术基础上持续增长，并按照它增长的比例吸引追加的劳动力，时而有机构成发生变化，资本的可变组成部分缩小"。③ 可见，各个部门的资本家的积累引起的有机构成的变化在时间上和规模上都是不平衡的。不仅不同的部门技术构成不同，而且同一部门的各个资本家也有这种情况。这也表明，各个资本家

---

① 《资本论》第3卷，人民出版社1975年版，第496页。
② 《资本论》第1卷，人民出版社1975年版，第692页。
③ 同上书，第691页。

的劳动生产率水平有很大的不同，实力强的资本家具有更强的积累能力，① 更高的技术构成。

在资本主义社会，大资本、大资本家是一种不可小觑的势力，是资本运动的真正"主动轮"，不仅它对其他中小资本具有辐射力、牵引力，而且只有在它身上，才体现着资本运动的价值、势力、霸道、历史趋势。

资本集中导致大资本家的变化是多方面的、深刻的。

首先，大资本家凭借其雄厚的实力，实现产业结构的重组。因为有实力，能够轻而易举地获取最先进的技术手段，敢于并且必然开辟或进入要有大量资本的生产领域，建立起强大的工业企业，甚至拥有这类领域的控制力。对大资本家来说，资本技术构成的变化未必限于原有的生产领域，也可以发生在不同部门，甚至可以进军新的领域。马克思指出，资本的高度集中，社会总资本各个部门的有机构成都迅速提高，促进了社会需要结构的变化，"替那些要有资本的预先集中才能建立起来的强大工业企业，一方面创造了社会需要，另一方面创造了技术手段"。② 既然资本集中可以在"转瞬之间"使大资本家能够修建铁路，——从别的领域进入铁路建设领域，实际上是产业结构的转换，——那么，这也意味着它同样可以使其他的大资本家实现产业结构的转换或重组，在一定的意义上，它甚至可能是创新，"利用新发明和新发现"③。因此，社会资本向大资本家集中，导致大企业和高技术构成部门的迅速发展，表现了、代表了社会总资本、社会需要的发展方向，形成了向较高技术构成部门进军的大趋势。同时，也为整个社会建立了水平较高的技术基础。

其次，大资本家的行为方式也相应发生变化，他们不难发现，扩大再生产既靠做强，还可以靠做大而实现。所谓的做强，当然是相对于别人而言的，主要是靠对中小资本家的打压和吸纳。此外，还可以通过信用的吸引。做强，可以蚕食鲸吞中小资本家已经或即将攫取的剩余价值。可以控制市场，甚至在一

---

① 恩格斯注：在马克思的自用本上，此处作了如下的边注："为了以后备考，这里应当指出：如果扩大只是量上的扩大，那末同一生产部门中，较大和较小资本的利润都同预付资本的量成比例。如果量的扩大引起了质的变化，那末，较大资本的利润率就会同时提高。"（《资本论》第 1 卷，人民出版社 1975 年版，第 690 页脚注）

② 《资本论》第 1 卷，人民出版社 1975 年版，第 687 页。

③ 同上书，第 689 页。

定的限度内,还可以控制市场价值的确定,可以控制"有决定意义的产业部门"[①],当然,更重要的是在内部实施内涵扩大再生产。所谓的做大,首先是指靠自己的积累和增长方式的转变来扩大再生产,就像马克思在《资本论》第一卷第二十二章第 4 节所揭示的四种办法、第二卷第十八章论述的八种方法那样,这是绝对地做大;其次是相对于中小资本家,从实际过程看,资本家是既做强又做大。

再次,形成资本家内部实力关系的重构。在大资本家出现之后,所有中小资本家在相互关系中的行为方式都要发生一定的变化,他们既要独立经营,在自己的"一亩三分地"上狠下工夫,并且还要时时考虑如何应对大资本家的蚕食鲸吞,避免大资本家过多地给自己分配损失。有时则要追随大资本家,成为其配角。反之,大资本家不再仅仅关心他同本企业的工人的关系,他还对其他资本产生很强的辐射力、吸引力,导致资本家内部关系的重组,而中小资本家也在万般无奈中选择向大资本家靠拢,或者通过股份制加盟,将自己的资本使用权拱手让给大资本家,或者被"挤到那些大工业还只是零散地或不完全地占领的生产领域中去"[②]。

续次,大资本家投资的高有机构成部门,大都也是周转周期比较长的领域,因此,其个别利润率也必然比较低。因此,他们必然会根据"资本是天生的平等派"这种资本家世界的共识要求改革经济体制,并且会通过资本的流动——不是小额资本量的进进出出,而是有较高技术水平的大额资本量的流动——表示自己对较低利润率的不满。实际上,自从有较高有机构成的大资本出现之后,利润率平均化的要求就一直存在,但只有在大量的大资本家出现之后,这种要求才会最终导致价值转型的成功。

显然,扩大再生产不能简单地理解为某个资本家资本规模的扩大,在资本主义较为发展的阶段,它作为资本集中规律的表现,实质上还是大资本家对中小资本的吸纳整合规模的更加扩大,所以马克思说:"现在单个资本的互相吸引力和集中的趋势比以往任何时候都更加强烈。"[③] 这样,我们看到,资本集中不仅表现了两大对立阶级关系的尖锐化,同时也体现了资本家之间关系的复

---

① 《资本论》第 3 卷,人民出版社 1975 年版,第 138 页。
② 《资本论》第 1 卷,人民出版社 1975 年版,第 687 页。
③ 同上书,第 687 页。

杂化。它是必然发生的、长期存在的现象,所以,马克思既称资本的这种集中是一种"资本吸引资本的规律",又说集中是"少数资本家对多数资本家的剥夺","这种剥夺是通过资本主义生产本身的内在规律的作用,即通过资本的集中进行的。"① 如果说,集中是中小资本家个体独立性的消灭,那么,它同时还是大资本家个体独立性的张扬。马克思甚至将这种吸引和剥夺归结为资本集中的规律:"这种剥夺是通过资本主义生产本身的内在规律的作用,即通过资本的集中进行的。一个资本家打倒许多资本家。"这是大量、经常发生的事实,但人们却往往忽视它。

在初级阶段,社会总资本结构的转换还相当缓慢,但在进入较为发展阶段后,这一切都加速了。马克思发现:"现代工业这种独特的生活过程,我们在人类过去的任何时代都是看不到的,即使在资本主义生产的幼年时期也不可能出现。那时资本构成的变化还极其缓慢"。② 在进入较为发展阶段,资本家不再仅仅重视经济的总量增长及其速度,还看重经济结构的优化,更重视经济结构转换的速度。换句话说,整个社会总资本都在技术水平提高之后迅速推广,积累表现为生产在一定技术水平基础上的单纯扩大的那种间歇时间缩短了。社会总资本作为发展的运动过程,与其他过程一样,都具有时间性,因而具有速度的规定。但只有从关心总量增长速度转变为关注结构变化速度之后,资本家作为经济主体才算是成熟的。

在这个阶段,竞争和资本集中决定了各个资本家的生产不仅是大批量的,而且质量和规格也是不断提升的。这同时也决定了总体资本家的生产行为必然要带有虚拟性、投机性、周期性。

不言而喻,随着资本积累的深化和扩大,资本家的人数越来越多,他们的生活水平越来越高,"在一定的发展阶段上,已经习以为常的挥霍,作为炫耀富有从而取得信贷的手段,甚至成了'不幸的'资本家营业上的一种必要。奢侈被列入资本的交际费用"。③ 资本家不仅善于交际,而且"早就变得享乐成性"④,这就要求有相关奢侈性行业的发展。这些情况必然对社会生产产生巨大影响。且不说各个部门资本家行为之间的比例和平衡的复杂化了(在研

---

① 《资本论》第 1 卷,人民出版社 1975 年版,第 831 页。
② 同上书,第 694 页。
③ 同上书,第 651 页。
④ 同上书,第 653 页。

究社会总资本流通过程的时候马克思有专门的分析），奢侈消费的扩大和升级，还必然造成片面的、过度的繁荣。之所以说是片面的，因为没有惠及劳动大众。之所以说是过度的，不仅因为它已经大大超出常人的想象，而且它已超出当时社会需要的客观比例，甚至要有一支数量不菲的劳务、仆役大军为其服务。这不是真正的全社会意义的繁荣，因为在它旁边和周围，是工人的范围极其广大的、不堪入目的、混乱、污秽的生活环境。

随着积累和信用的扩张，集中补充了积累的作用，使工业资本家能够扩大自己的经营规模，特别是使大资本家的实力迅速膨胀，也使他们的行为越来越具有投机性，证券投资不必说了，许多行业的生产迅速扩张。马克思举建筑商为例："以前，一个建筑业主为了投机，也许同时建筑三四栋房屋；现在，他却必须购买（也就是大陆上所说的，通常以九十九年为期租用）大块地皮，在上面建筑一二百栋房屋，因此他经营的企业，竟超出他本人的财产二十倍到五十倍。"与此相联系，与大资本家的发展同时进行的，又有许多不可控制的因素。资本家的"这笔基金用抵押的办法借来；钱会按照每栋房屋建筑的进度，付给建筑业主。一旦发生危机，分期垫款就会停止支付，整个企业通常就会停顿；最好的情况，是房屋停建，等情况好转再建；最坏的情况，就是半价拍卖了事。现在，任何一个建筑业主不从事投机建筑，而且不大规模地从事这种建筑，就得不到发展"[①]。建筑业如此，各行各业何尝不是如此。在这个阶段，投资和投机掺杂在一起，很难区分。

在资本主义基本矛盾的作用下，总体经济的发展必然表现为周期性的相对过剩，而且不仅是生产过剩，同时存在的还有长期性的资本家的资本过剩、作为工人群众永久性"相对过剩人口的补充现象"[②]。如果说，工人的人口过剩是资本主义积累的强有力杠杆，那么，生产和产品的周期性相对过剩、资本的长期过剩，对中小资本家来说就是一个具有吸引力的、很难抵抗的"黑洞"了。但是，失业资本的长期存在，反过来又成了大资本兼并的条件和沃土，促成了大资本家更大规模的资本集中。

---

① 《资本论》第2卷，人民出版社1975年版，第261页。
② 《资本论》第3卷，人民出版社1975年版，第280页。

第十二章 总体资本家的生产行为

第三节 扩大再生产与两大对立阶级关系的变化

资本的积累和集中在强化大资本、大资本家的地位和作用的同时,也强化、扩大了资本家,特别是大资本家与工人阶级的对立关系。

关于资本家与雇佣工人的关系,马克思指出,在资本主义较为发展的阶段,雇佣工人对资本家的隶属关系不仅已经从"形式隶属"变为"实际隶属",而且这种实际隶属关系还呈现出一系列的新特征。

首先,总体资本家总资本有机构成的提高对工人的影响非常广泛和深刻。由于有机构成提高了,其中的可变资本部分相对地随之减少。对劳动的需求,是由总资本可变组成部分的大小决定的,所以它随着总资本的增长而递减,并且随着总资本量的增长以递增的速度减少。"随着已经执行职能的社会资本量的增长及其增长程度的提高,随着生产规模和所使用的工人人数的扩大,随着他们劳动的生产力的发展,随着财富的一切源流的更加广阔和更加充足,资本对工人的更大的吸引力和更大的排斥力互相结合的规模不断扩大,资本有机构成和资本技术形式的变化速度不断加快,那些时而同时地时而交替地被卷入这些变化的生产部门的范围不断增大。因此,工人人口本身在生产出资本积累的同时,也以日益扩大的规模生产出使他们自身成为相对过剩人口的手段。"[①]这样,即使在社会总资本总量不变的情况下,就业工人的人数也减少了。结果就是大量的工人被游离出资本家的工厂,沦为过剩人口、产业后备军。

其次,总体资本家的积累既创造了不断壮大的产业后备军,还反过来利用它来作为资本家积累的强有力杠杆。过剩的工人人口不受人口实际增长的限制,为不断变化的资本增殖需要创造出随时可供剥削的人身材料。面对着劳动生产力的发展、信用的扩张、旧生产领域的扩大、新生产领域的开辟、新经济周期开始的局面,资本家必然要求有随时随地可供利用的工人。"现代工业特有的生活过程,由中等活跃、生产高度繁忙、危机和停滞这几个时期构成的、穿插着较小波动的十年一次的周期形式,就是建立在产业后备军或过剩人口的不断形成、或多或少地被吸收、然后再形成这样的基础之上的。而工业周期的

---

① 《资本论》第1卷,人民出版社1975年版,第692页。

阶段变换又补充新的过剩人口，并且成为过剩人口再生产的最有力的因素之一。"① 这样看来，产业后备军也和经济周期、劳动生产率的变化一起，时而缩小、时而扩大。在资本家生产规模内涵扩大的时候排斥工人，反之，在一定的技术基础上单纯的扩大即外延扩大的时候又吸引工人。必须看到，资本家对工人的吸引，主要是发生的新的、需要急剧扩大的生产领域，像重化工业，与此同时，则是劳动密集型行业不断地提高自身的有机构成而排斥工人。结果是产生许多"因分工而失去灵活性以致被淘汰的人，还有超过工人正常年龄的人，最后还有随着带有危险性的机器、采矿业、化学工厂等等的发展而人数日益增多的工业牺牲者，如残废者、病人、寡妇等等"②。

再次，总体资本家还利用它造就的产业后备军加强了对总体工人的绝对统治。庞大的产业后备军的存在，使工人阶级的就业结构发生了根本的改变，彻底恶化了工人阶级的地位和命运。一方面，因为产业后备军的存在和发展，造成了劳动或劳动力使用价值的供给与劳动力供给的差距，由此，资本家挑起在业工人与失业工人之间的矛盾。"工人阶级中就业部分的过度劳动，扩大了它的后备军的队伍，而后者通过竞争加在就业工人身上的增大的压力，又反过来迫使就业工人不得不从事过度劳动和听从资本的摆布。工人阶级的一部分从事过度劳动迫使它的另一部分无事可做，反过来，它的一部分无事可做迫使它的另一部分从事过度劳动，这成了各个资本家致富的手段，同时又按照与社会积累的增进相适应的规模加速了产业后备军的生产。"③ 另一方面，它还造成工人劳动力价值的变相降低。在考察劳动力价值的场合，马克思涉及的主要是能够就业的工人，而暂时将那些不能就业的部分撇开。但是，在资本主义社会，庞大的产业后备军实际上是常备军，它时时制约着工人劳动力的正常发展，"成了劳动供求规律借以运动的背景"，④ 成了资本家压低工人工资的强有力杠杆。如果结合产业后备军的存在，就业工人的劳动力价格必然要经常低于其价值。资本家可变资本的相对减少并非与就业工人人数的减少同一幅度，可在支出同样多的可变资本的情况下推动更多的劳动。可见，产业后备军的存在和扩大将工资变动的规律的作用范围绝对限制在符合资本家剥削欲和统治欲的界限

---

① 《资本论》第1卷，人民出版社1975年版，第697页。
② 同上书，第706页。
③ 同上书，第697—698页。
④ 同上书，第701页。

内。另外，机器的普遍使用还使"资本家越来越用不大熟练的工人排挤较熟练的工人，用未成熟的劳动力排挤成熟的劳动力，用女劳动力排挤男劳动力，用少年或儿童劳动力排挤成年劳动力，这样，他就用同样多的资本价值买到更多的劳动力"①。在《资本论》中，马克思说："现在英国资本渴望达到的目标已经不再是大陆的工资，而是中国的工资了。"②

最后，总体资本家还利用内在规律在社会表面上因种种关系而颠倒的表现，通过"豢养的文丐"和"辩护士"来欺骗工人。例如，他们将"总资本的可变组成部分的相对减少随着总资本的增长而加快，而且比总资本本身的增长还要快这一事实，"相反地说成是"工人人口的绝对增长总是比可变资本即工人人口的就业手段增长得快。"③ 由此引发了许多奇谈怪论，如李嘉图的"工资铁律"、马尔萨斯的人口论。企图将工人在资本运动中的贫困化归结为自然规律。他们还将利润率的高低归结为自己的经营技巧：购买原料的人的内行程度；所使用机器的效率、适用程度和便宜程度；生产过程总安排的完善程度；资本家自己或他的经理和职员的经营本领等。④

但是，大大小小资本家的共同行为，也在不可避免地导致工人阶级的觉醒、崛起和组织起来反抗。马克思特别说道：资本积累导致工人的贫困化使工人不仅识破秘密，知道了他们为什么劳动越多，为别人生产的财富越多，他们的劳动生产力越是提高，他们连充当资本增殖手段的职能也就越是没有保障；工人还发现，他们本身之间竞争的激烈程度完全取决于相对过剩人口的压力；工人因此还试图通过工联等等在就业工人和失业工人之间组织有计划的合作，来消除或削弱资本主义生产的那种自然规律对他们这个阶级所造成的毁灭性的后果。⑤ 这不仅是理论的推导，而是已经发生的真实运动："城市无产阶级在里昂敲起了警钟，而农村无产阶级在英国又燃起了熊熊烈火。海峡此岸在传播欧文主义，海峡彼岸在传播圣西门主义和傅立叶主义。"⑥ 重要的是，工人运动已经开始摆脱自在的状态，因有先进的革命理论武装而转向自为发展。所

---

① 《资本论》第 1 卷，人民出版社 1975 年版，第 697 页。
② 同上书，第 659 页脚注 53。
③ 同上书，第 691 页。
④ 《资本论》第 3 卷，人民出版社 1975 年版，第 155—156 页。
⑤ 《资本论》第 1 卷，人民出版社 1975 年版，第 702 页。
⑥ 同上书，第 654 页。

以，马克思在论述资本主义积累的历史趋势的时候还说："随着那些掠夺和垄断这一转化过程的全部利益的资本巨头不断减少，贫困、压迫、奴役、退化和剥削的程度不断加深，而日益壮大的、由资本主义生产过程本身的机构所训练、联合和组织起来的工人阶级的反抗也不断增长。"[①] 但是，他也指出："一旦工人因此试图通过工联等等在就业工人和失业工人之间组织有计划的合作，来消除或削弱资本主义生产的那种自然规律对他们这个阶级所造成的毁灭性的后果，这时，资本和它的献媚者政治经济学家就大吵大叫起来，说这是违反了'永恒的'和所谓'神圣的'供求规律。也就是说，就业工人和失业工人之间的任何联合都会破坏这个规律的'纯粹的'作用。"只要有不利的情况妨碍建立产业后备军，从而妨碍工人阶级绝对地隶属于资本家阶级，资本家就会充分地利用他们所控制的国家暴力加以镇压。

总之，资本积累在造成大资本家对中小资本家剥夺之前，已经在更大的规模上造成对工人的更残酷的剥夺。但是，后一种剥夺达到一定程度就会发生逆转。随着"规模不断扩大的劳动过程的协作形式日益发展，……随着那些掠夺和垄断这一转化过程的全部利益的资本巨头不断减少，……资本的垄断成了与这种垄断一起并在这种垄断之下繁盛起来的生产方式的桎梏。生产资料的集中和劳动的社会化，达到了同它们的资本主义外壳不能相容的地步。这个外壳就要炸毁了。资本主义私有制的丧钟就要响了。剥夺者就要被剥夺了"[②]。由此观之，资本积累是双向剥夺：一方面是大资本家对中小资本家的剥夺，更大的大资本家对大资本家的剥夺，另一方面是资本家对雇佣工人的剥夺，前一方面的剥夺强化了后一方面的剥夺。显然，这是两种性质完全不同的剥夺。只有这样认识，对资本积累的规律的理解才是全面的，对两大对立阶级的关系——从资本"剥夺被剥夺者"到"剥夺者被剥夺"——的理解才会更加深刻。

---

① 《资本论》第 1 卷，人民出版社 1975 年版，第 831 页。
② 同上书，第 831 页。

第十三章　总体资本家的流通行为

　　流通是总体上看的交换。① 无论是单个资本家还是总体资本家的生产行为，都离不开流通。总体资本家的生产行为，特别是他们之间的竞争和信用行为实际上是离不开流通的。总体资本家各个部分的相互交换行为，是通过交换各自的商品进行的。资本家生产商品，只有满足各种社会需要，包括生产需要和生活需要，才能卖得出去，实现其价值和剩余价值，同时也要满足自己更新生产耗费的需要，实现物质更新。正因为这样，马克思考察社会总资本的再生产，以商品资本的循环公式即 W′—G—W′ 为基础，它的循环，包含着资本家预付资本和剩余价值的实现，包含着生产消费和个人消费。

　　在考察单个资本家流通行为时，马克思说："假定，代表资本价值的那部分商品产品，会在流通领域内找到机会再转化为它的生产要素，……同样，我们只要假定，工人和资本家会在市场上找到他们用工资和剩余价值购买的商品。但是，当我们考察社会总资本及其产品价值时，这种仅仅从形式上来说明的方法，就不够用了。产品价值的一部分再转化为资本，另一部分进入资本家阶级和工人阶级的个人消费，这在表现出总资本执行职能的结果的产品价值本身内形成一个运动。这个运动不仅是价值补偿，而且是物质补偿，因而既要受社会产品的价值组成部分相互之间的比例的制约，又要受它们的使用价值，它

---

　　① 《马克思恩格斯全集》第 46 卷上册，人民出版社 1979 年版，第 36 页。

们的物质形式的制约。"① 显然，研究总体资本家的交换行为，至少涉及四个方面：一是涉及不同的内容：各个资本家生产的商品的价值实现和物质补偿；二是涉及不同的范围：生产消费和生活消费；三是涉及不同的主体之间的交换：社会总资本家各个组成部分之间的交换，社会总资本家与工人阶级之间的交换；四是涉及很长的时间，并表现为无数主体无意识的、被动的行为，就是说，由于资本主义社会"对生产自始至终都不存在有意识的社会调节"，所以，总体资本家的行为中"合理的东西和自然必需的东西都只是作为盲目起作用的平均数而实现"②。在马克思的社会总资本流通理论中，主要围绕后两个方面研究，而将不同主体之间的流通行为融入后者之中。因此，从主体行为的角度来考察，突出马克思关于各种主体的交换关系，既能体现运动的主体性、主体间性，更能体现运动的复杂性：它不仅要阐明各种各样的比例关系应如何实现，还要体现各种主体需要会如何发展、应如何满足。所以，它和社会总资本流通理论侧重点不同。

在实际过程中，资本家总体的流通行为是通过商人进行的。但是在资本主义比较发展的阶段，商业资本从属于产业资本。还因为在论述各个资本之间的交换关系的时候，商业资本的作用是转瞬即逝的，所以，无论是研究产业资本的生产还是其流通，马克思都将商业资本暂时存而不论。因此，研究总体资本家的流通行为也可以、应该暂时不联系市场。

总体资本家的总体流通，在暂时撇开市场的条件下，实际上是结合交换关系的再生产。而再生产有规模不变的，也有规模扩大的。虽然在资本主义基础上简单再生产是一种抽象，但它却是积累的基础，是积累的一个现实因素。③而且，由于总体资本家的积累率是不确定的，对外贸易的规模也是不确定的，或者说，是可多可少的，因此，当社会生产出现不平衡的时候，人们尽可以用扩大或缩小实际积累规模，甚至用扩大或缩小外贸规模来消除这种不平衡。所以，在理论上，真正困难的还是在撇开对外贸易条件下的简单再生产研究。因此，马克思先从简单再生产开始，尔后才研究扩大再生产。

---

① 《资本论》第2卷，人民出版社1975年版，第437—438页。
② 《马克思恩格斯〈资本论〉书信集》，人民出版社1976年版，第282页。
③ 《资本论》第2卷，人民出版社1975年版，第438页。

第十三章 总体资本家的流通行为

第一节 "斯密教条"批判

马克思研究社会总资本的流通，和其他地方有所不同，除在第二卷第十八章规定研究对象外，一开始就是批判资产阶级学者的相关理论。这样做一方面是"不破不立，先破后立"；另一方面是"破字当头，立在其中"。

马克思首先看到，魁奈虽然主要分析国民生产的具有一定价值的年产品怎样通过流通进行分配，才能在其他条件不变的情况下，使它的简单再生产即原有规模的再生产进行下去，但他的"经济表"却表明："产业资本的代表——租地农场主阶级——指导着全部经济运动。"① 也就是说，他已经发现经济主体在流通中的作用。不过，他只是涉及简单再生产。

但在亚·斯密再生产过程的分析上，却有明显的退步，其他的不说，至少他忽视了资本家这个主体。他甚至认为，役畜也是生产工人，显然，这是把工人也当成役畜了，可见，在其观念中，工人作为从属主体的地位降低了。

由于斯密著名的"斯密教条"影响深远，因此马克思主要将批判的矛头对准它。通过批判，他不仅分析了斯密的错误及其原因，而且确立了科学的再生产理论的对象。

马克思指出，"斯密教条"的错误涉及很多方面：

首先，在总产品的价值上，斯密先是认为，单个资本家产品中虽然包括不变资本在内，但最终全部价值都会分解为工资、利润和地租。但他也意识到，以此来考察社会总资本的运动必然存在着困难，于是，他只好玩弄文字游戏，修补漏洞：借助"总收入"和"纯收入"的区别这种文字游戏，背弃了自己的"教条"。在他看来，单个资本家卖出他的商品后，形成了一定的"收入"。马克思特别指出，这是资本收入。这个商品产品的价值（它可以表现为这个产品本身的各个比例部分），一方面必须用于补偿生产中消费掉的资本，因此形成"收入"，或按原来的用词，就是形成 Revenue（revenu 是动词 revenir 的分词，意思是"回来"）；另一方面，形成几个价值组成部分，在不同阶级之间进行分配，或是作为他们的劳动工资，或是作为他们的资本利润，或是作为

---

① 《资本论》第 2 卷，人民出版社 1975 年版，第 399 页。

他们占有的土地的地租（就是我们日常生活中所说的收入）。按照这种观点，全部产品的价值，无论是单个资本家的还是全社会的，都会形成某个人的收入；不过一方面是资本收入，另一方面是与此不同的"收入"。因此，斯密就借此把在商品价值分解为它的组成部分时除掉的东西，从后门——即通过"收入"这个名词的双重含义，并将双重含义混为一谈——引了进来。①

显然，两种"收入"在理论上并非同种概念，而是两种性质不同的收入：一般的即"我们日常生活中所说的收入"和资本家的特殊"资本收入"②，它们不可随意等同或置换，但斯密却将它们混为一谈。马克思分析，之所以这样是因为在资本主义社会表面上它们是混为一体的。首先，两种收入都表现为货币的回流，在货币形式上，一切本质区别都不见了；其次，凡是能够获得的货币，都表现为收入。不管是资本家投资的利润、利息，土地所有者获得的地租，还是工人获得的工资，甚至乞丐乞讨到的货币，也都统统表现为收入。再次，就特殊"资本收入"而言，在竞争和流通中，一个资本家的资本，对另一个资本家来说就是收入，因为前者的资本以货币形式流入后者的钱袋中。所以，在社会表面上，它们似乎没有什么区别。显然，要在理论上科学而合理地区分并说明或反映这种经济现象，必须要突破资产阶级的狭隘眼界。换句话说，必须站在无产阶级的立场上，并且要有正确的基本理论和科学的方法指导，才能对浑然一体的货币回流，按其与主体的行为职能和需要将它们区分为特殊的"资本收入"和"一般收入"。斯密深受资产阶级狭隘眼界的限制，因而深受社会表象的影响，既不能区分两种不同性质的收入，也经常把投入的资本和它的收入混为一谈。可以说，他不仅没有真正了解这个范畴，而且还深受其害。马克思指出："亚·斯密在这里遭遇的全部不幸，都是'收入'这个范畴造成的。"③ 由此，马克思告诫人们，即使是考察过程运行较浅层次的规律，也不能与过程最表面的现象混为一谈，并且，从根本上说，还要对流行的理论、概念进行科学的批判，否则，就会"为既有的经济范畴所束缚……而陷入令人不快的矛盾"④ 之中。

其次，斯密在陷入上述矛盾的同时，也发觉了上述理论与现实的生产之间

---

① 《资本论》第2卷，人民出版社1975年版，第403页。
② 同上书，第424页。
③ 同上书，第424页。
④ 《马克思恩格斯全集》第26卷第3册，人民出版社1975年版，第278页。

第十三章　总体资本家的流通行为

存在的矛盾。如果从实物的再生产来考察每年的总产品，那将很难将它全部分解为各个阶级的收入，其中有相当大的一部分根本不能用于个人生活消费。他从"纯收入"要排除"维持固定资本和流动资本的费用"的角度来分析生产基金的再生产，必然会遇到这样的难题：怎样把社会总产品中用作生产资料的部分分解为收入呢？为了摆脱这个困难，他区分了以价值形式表现的收入和以实物形式表现的收入。他认为，生产资料部门的产品从实物形态来看不能算作收入，但它的价值形态最终可以分解为收入。至于消费资料生产部门的产品，则无论价值的形态还是物质的形态都可以算作收入。① 可见，他在这里碰上一个非常重要的区别：生产生产资料的工人和生产生活资料的工人之间的区别。但是，他却有意无意地避开生产资料的价值实现问题，这部分价值不仅由于它借以存在的实物形式，而且也由于它的资本职能，绝对不可能成为任何形成"收入"的价值组成部分。所以，尽管斯密发现了"生产生产资料的工人和直接生产消费资料的工人之间的区别"，但与他的"教条"还是矛盾的。这样，斯密为考察简单再生产，不得不把原先抛弃的东西从后门再引进来，从而修改或背弃自己的"斯密教条"。

　　虽然斯密的这种认识还很模糊，甚至存在着自相矛盾，但马克思却发现已经接近问题的实质，并在批判斯密的基础上发现：研究社会总资本的再生产，必须综合研究包括生产资料和生活资料在内的全部年产品，注意到它们的使用价值形式的结构和价值形式的结构，在此基础上分析各个部分的相互关系，以阐明它们的物质更新和价值补偿。这样，他认为，社会年产品：一方面，从使用价值看，是由两个部类构成的：第Ⅰ部类包括生产资料，第Ⅱ部类包括消费资料。二者必须分别加以论述。另一方面，从价值看，第Ⅰ部类由生产资料构成的那部分年产品的总价值分成三个部分：第一个价值部分，只是生产这种生产资料时所消费的生产资料的价值，因而只是以更新的形式再现的资本价值；第二个部分，等于投在劳动力上的资本的价值，或者说，等于该生产领域内资本家付出的工资的总额。最后，第三个价值部分，形成这个部类产业资本家的利润（包括地租）的源泉。第Ⅱ部类由生活资料构成的那部分年产品的价值，也同样分为三个部分。简单说，两个部类产品的价值都包含可变资本、不变资

---

　　① 参看鲁友章、李宗正主编：《经济学说史》上册，人民出版社1979年版，第227页。

本和剩余价值三部分。

他还用符号来表示各方面的关系：用Ⅰ和Ⅱ表示两个部类，它们各自包含的三部分价值就是这样的结构：

Ⅰ（c+v+m）

Ⅱ（c+v+m）

正是通过批判，马克思确立了科学的再生产理论研究对象，才得以建立科学的再生产理论。列宁也说，只是"纠正了斯密的……两点错误（从产品的价值中抛掉不变资本，把个人消费同生产消费混同起来），才使马克思有可能建立起他关于资本主义社会中社会产品实现的卓越理论"[①]。

在这里，马克思一再从不同的角度批判"斯密教条"，不仅在特定的场合显示"破字当头，立在其中"，而且也意在告诉人们：交换与交换的目的、与交换东西的性质无关，不要因交换相等就以为用于交换的东西可以分解为被交换的东西。列宁在研究"实现论"的时候对马克思的批判有深刻的理解："'马克思体系'所以带有'论战性'，并不是因为它'有偏向'，而是因为它从理论上确切地阐明了生活中的一切矛盾。……这个体系的'论战性'正是资本主义本身的'论战性'的反映。"[②]

直接看，批判"斯密教条"、区分生活资料和生产资料的再生产，与经济行为理论似乎联系不紧。其实不然，各种主体之间交换的是商品，而商品又有不同的用途。因此，透过这些不同用途的各种商品之间的交换，正好可以揭示各种主体之间的关系。

第二节 简单再生产

马克思研究社会总资本的再生产和流通，是在严格的条件下进行的。在研究简单再生产时，假定生产技术不变，有机构成也不变；假定产品按价值交换，没有价值革命；假定剩余价值率不变；假定再生产周期为一年一次；假定没有外贸；假定只有贵金属作流通手段；在第十一节以前，假定固定资本是一

[①]《列宁全集》第1卷，人民出版社1955年版，第173页。
[②]《列宁全集》第4卷，人民出版社1962年版，第68—69页。

年更新一次。

如果说,总体资本家的生产行为离不开与工人阶级的关系,离不开各个资本家之间的关系,因而主体的考察比较明显,那么,其总体流通行为则会将这些不同主体之间的关系掩盖起来,显示的是各种各样商品的交换运动。因此,马克思也是围绕着社会总产品各个部分的价值实现和物质补偿来研究社会总资本的流通,以至列宁称之为实现论。

但是,透过这些研究,我们仍然可以发现,马克思的研究仍然没有忽视主体的行为。正如在《资本论》开篇处所说的,"商品不能自己到市场去,不能自己去交换"。各种经济关系归根到底都要人格化,都要通过一定的主体的"意志行为"关系才能建立和维持。所以,在这个领域,也离不开不同主体之间的关系。从马克思社会总资本简单再生产模式来看,无论是第Ⅰ部类还是第Ⅱ部类,c都占社会总产品的很大部分,可见其产品的实现和生产资料的补偿有相当大的部分只能在资本家之间实施。而生活资料的买卖,既发生在各个资本家集团之间,也发生在总体资本家与总体工人之间。

我们知道,劳动价值论主要研究价值与劳动的关系,但是,并不单纯包括价值与劳动耗费的关系,还有价值与社会需要的关系。在第一卷研究价值规律的时候,马克思已经说过:"不同的生产领域经常力求保持平衡,一方面因为,每一个商品生产者都必须生产一种使用价值,即满足一种特殊的社会需要,而这种需要的范围在量上是不同的,一种内在联系把各种不同的需要量连结成一个自然的体系;另一方面因为,商品的价值规律决定社会在它所支配的全部劳动时间中能够用多少时间去生产每一种特殊商品。"① 显然,价值规律内在地包含着各种社会需要量之间的关系。在第二卷关于社会总资本再生产和流通即实现论的研究中,马克思分析了不同的社会需要,也着重阐明它们之间的量的比例和关系。在简单再生产的条件下,社会对生产资料和消费资料的需要是最重要的社会需要,全社会对生产资料的需要与第Ⅰ部类生产的关系、全社会对生活资料的需要与第Ⅱ部类生产的关系,是最重要的比例关系。由于第Ⅰ部类中生产资料的生产是供应本部类的需要,可在本部类内部自行解决,但剩余的部分都以生产资料的形式存在,不能满足本部类的工人和资本家的生活需要;同时第Ⅱ部类有一部分生活资料的生产是供本部类内部的工人与资本家

---

① 《资本论》第1卷,人民出版社1975年版,第394页。

需要的，可在本部类内部自行解决，但剩余的部分以生活资料的形式存在，不能满足本部类更新生产资料的需要，所以必须与第Ⅰ部类那部分剩余的生产资料交换并且相等。因此，这里的研究实质上是价值规律研究的具体化，从而是劳动价值论的具体化。[①]

如果从资本理论的角度看，关于社会总资本简单再生产的研究，就是要在上述比例关系的基础上，说明两大部类各组成部分的价值包括剩余价值如何实现，物质如何补偿，价值实现与物质补偿两者的区别与联系。在批判"斯密教条"之后，尤其要说明，第Ⅰ部类专门为本部类生产的生产资料，即重工业的生产资料Ⅰc部分不能分解为收入，第Ⅰ部类剩余部分Ⅰ（v+m）是专门生产供第Ⅱ部类使用的轻工业生产资料，也不能直接应用于本部类工人和资本家的生活消费，不能分解为收入。虽然它正好可供第Ⅱ部类更新生产资料需要，但Ⅰ（v+m）价值上可交换Ⅱc，并不等于可分解为被交换的东西。正如不能倒过来说生活资料换回生产资料就是分解为生产资料一样。

马克思的社会总资本再生产和实现理论还根据社会化大生产的客观比例关系，阐明资本运动要遵循一系列的比例关系：

两部类的生产要满足社会对生产资料和对生活资料的需要：

Ⅰ（c+v+m）＝Ⅰc+Ⅱc

Ⅱ（c+v+m）＝Ⅰ（v+m）+Ⅱ（v+m）

此外，由于第Ⅰ部类专门为本部类生产的生产资料，即重工业的生产资料Ⅰc部分可以在本部类内部解决，剩余部分Ⅰ（v+m）是专门生产供第Ⅱ部类使用的轻工业生产资料，正好可供第Ⅱ部类更新生产资料需要；在第Ⅱ部类生产的消费资料中，Ⅱ（v+m）可以为本部类自己消化，但Ⅱc的形态是生活资料，不能用于再生产，所以Ⅰ（v+m）必须与Ⅱc交换，以实现其价值和物质更新：

Ⅰ（v+m）＝Ⅱc

这三个关系是最重要的基本交换关系。

这些关系的揭示，不仅突出了不同部门资本家之间的交换关系，而且凸显了两部类产品的质态和量态，要使它们的交换成功，不仅两者各自的价值总量

[①] 参看陈俊明：《〈资本论〉劳动价值论的具体化》，中国青年出版社2000年版，第215—218页。

第十三章 总体资本家的流通行为

要相等，而且实物要能够满足对方的需要，所以这也突出了社会需要。

考虑到社会的发展，资本家享受需要的发展，马克思还进一步分析了第Ⅱ部类的内部交换。他将第Ⅱ部类分为两个分部类：消费资料（Ⅱa）和奢侈品（Ⅱb），后者主要供资本家消费，并且两个部类的资本家都需要奢侈消费，于是就有了更复杂的交换关系。投入生产奢侈品的分部类Ⅱb中的v，必须等于以必要生活资料形式生产的、m中和它的价值量相适应的部分，因而必然小于生产必要生活资料分部类的m，即（Ⅱb）v＜（Ⅱa）m。① 如果写成等式，就是：

Ⅱb = Ⅰm/b + （Ⅱa）m/b + （Ⅱb）m/b

其中m/b是剩余价值用于奢侈品消费的部分。这个等式表明，第Ⅱ部类奢侈品的生产要正好等于第Ⅰ部类和第Ⅱ部类两个分部类的资本家的奢侈消费。

同样的，也要求：

Ⅱa = Ⅰv + Ⅱv + Ⅰm/a + Ⅱm/a

其中m/a是剩余价值用于必要生活资料的部分。这个等式表明，第Ⅱ部类必需品的生产要正好等于两个部类的工人和资本家的必需品消费。总的来看，就是第Ⅱ部类两个分部类的生产要满足整个社会对必要生活资料和总体资本家对奢侈品的需要。

总体看来，上面分析的几个公式包含着深刻的含义：Ⅱc从产出的实物形态看是生活资料，投入的形态看是生产资料，这就意味着第Ⅰ部类的生产要分为两大部分，一部分是专门生产本部类需要的生产资料的（重工业生产资料），另一部分是专门为第Ⅱ部类（轻工业）提供生产资料的。后者又分为两个部分：一是专门生产生活资料的生产资料，二是专门生产用于奢侈品生产的生产资料。这实际上是在论述产业结构的细分及相互关系。这是标准的宏观经济研究，是结构与总量的分析。

以上的考察是假定固定资本一年更新一次的，在论述完以上的各种交换关系之后，马克思就开始研究固定资本的实际更新了。由于存在时间因素，而且时间跨度比较大，各个资本都要经过几年的货币储存之后才实施实物更新，所以交换关系特别复杂。在这里，马克思研究的是Ⅱc部分。如果这一部分发生

---

① 《资本论》第2卷，人民出版社1975年版，第453页。

货币储存，就会发生Ⅰ（v＋m）＞Ⅱc的情况，破坏社会总资本的简单再生产。所以，只有合理地阐明Ⅱc的更新，再生产理论才是完整和科学的。他发现，各个资本家固定资本折旧的速度和时间是不一致的，处于再生产的完全不同的期限中，有的处于货币储存阶段，有的则已进入实物更新阶段。这样要实现其更新并且保持Ⅰ（v＋m）＝Ⅱc的交换关系，就必须使Ⅱc中的实物更新部分Ⅱc（1）和货币储存部分Ⅱc（2）在价值总量上保持一致，即：

Ⅱc（1）＝Ⅱc（2）

如果出现Ⅱc（1）＞或＜Ⅱc（2）的情况，则会出现生产过剩或不足。那就只好由对外贸易来补救了。① 与此相联系，Ⅰm的生产资料中，也要按以上比例分配，以实现Ⅱc（1）的更新和Ⅱc（2）的流动不变资本的需要。

这些最基本的比例关系体现了由一种内在联系连接成的不同的社会需要量所构成的自然的体系，反映了"不同的生产领域经常力求保持平衡"的趋势，它们隐藏在社会总资本流通过程的背后，无论哪个资本家，都不可能事先意识到。马克思不仅揭示了这些客观的比例关系，还特别说明，它们的平衡是社会经济发展的客观要求，并不是无条件的、经常自动实现的，反之，它们只是作为一种趋势，一种客观要求，在那些处于不同部门的无数资本家长期的、无意识的共同行为中实现的，而且这些行为的运行轨迹总是起伏波动的。

以上我们分别从劳动价值论和资本理论的角度来理解第二卷第二十章，因为涉及的都是数量极大的交换关系，似乎全是关于商品如何实现的说明，但是，仔细研读后，我们不难发现，其中包含着丰富的关于主体行为的论述。并且，正是在此基础上，才得以阐述主导主体的行为。

从最基本的交换关系Ⅰ（v＋m）＝Ⅱc来看，它的交换不是一揽子的，无论是Ⅰv、Ⅰm还是Ⅱc，都不是由一个资本家提供的，而是由一个资本家集团供应的。不言而喻，正是通过这些资本家的运送，这些物质资料才能达到市场上。此外，马克思还进一步说明，在交换中，主体还发挥着特别的作用。

这种交换并非直接的物物交换，而是通过货币进行的。为了使交换能顺利进行，必须有一定量的货币作为交换的媒介，而"这种货币在任何情况下都必须来自这些资本家"②。具体地说，就是第Ⅰ部类的总体资本家在工人劳动

---

① 《资本论》第2卷，人民出版社1975年版，第524页。
② 同上书，第443页。

了一定时间后支付给他们工资,他们再用这些工资向第Ⅱ部类的资本家购买生活资料,而后者又用收回的货币向第Ⅰ部类的资本家购买生产资料,于是,第Ⅰ部类总体资本家预付的那些货币又流回到自己手中。正是他们的这种货币预付,才导致这一系列买卖行为的完成。

同样地,第Ⅱ部类的总体资本家也要先支付一定的货币量向第Ⅰ部类资本家购买自己生产所需的生产资料,后者也用实现的货币来向第Ⅱ部类的资本家购买生活资料,于是第Ⅱ部类的资本家预付的货币也回流了。

最后,第Ⅰ部类的总体资本家也要预付一定量的货币向第Ⅱ部类的资本家购买剩余的未交换的生活资料,而后者再用收回的货币向第Ⅰ部类资本家购买他们剩余的生产资料,由是第Ⅰ部类资本家预付的货币又再回流。

由此可见,为了交易的顺利进行,资本家手中除了生产资本外,还要有一定的货币储备,以便经常用于实际的交换。"对整个资本家阶级来说,为了使他们的剩余价值实现(同时也为了使他们的资本即不变资本和可变资本流通)就必须自己把货币投入流通这样一种说法,不仅不是奇谈怪论,而且还是整个机构的必要条件,"[①] 至于要有多大的量,决定于许多因素。"假定周转期较短,或者,从简单商品流通的观点来看,投入流通的货币流通较快,为了使交换的商品价值流通,只要有较少的货币就够了。如果相继进行的交换的次数已定,这个货币额总是由流通商品的价格总额或价值总额决定。"[②]

至于Ⅱc(1) = Ⅱc(2)、Ⅱb = Ⅰm/b + (Ⅱa) m/b + (Ⅱb) m/b等关系,也全都离不开资本家的交换。由此,我们也就可以举一反三地理解各个部类的资本家在Ⅰc和Ⅱ(v + m)各自内部的交换中的作用了。

马克思发现,资本家已经享乐成性,一定要消费越来越多、越来越高级的奢侈品,而社会需要"本质上是由不同阶级的互相关系和它们各自的经济地位决定的"[③],资本家既是社会的统治阶级,奢侈品生产必然构成整个社会生产的重要比例关系。马克思说明,不仅第Ⅰ部类的资本家需要消费奢侈品,而且第Ⅱ部类的资本家,包括生产奢侈品的资本家在内,都要消费奢侈品。马克思还说明,尽管各有关产业部门的资本家之间的交易是很频繁的,并且通过这

---

① 《资本论》第2卷,人民出版社1975年版,第469页。
② 同上书,第465页。
③ 《资本论》第3卷,人民出版社1975年版,第203页。

种交易流回的可变资本是按比例分配的，但对第Ⅱ部类资本家的整个分部类 a 来说，这种回流是直接进行的。这是靠工人支出的货币直接提供流通手段的流通过程。而分部类Ⅱb的情况却不同。预付的可变资本以它的货币形式再回到资本主义生产者手中的那种回流，不能直接进行，而是像Ⅰv一样，必须间接进行。①

马克思还指出，Ⅱa和Ⅱb之间的分割"从根本上影响着生产的性质和数量关系，对生产的总形态来说，是一个本质的决定性的因素"。② 这既是现实过程每日每时都发生的，又与社会经济的发展有紧密联系。它不仅是"实现论"要解决的问题，而且是与生产周期相关的问题。马克思的论述表明，奢侈品的生产和消费与资本运动的周期有关。他发现，资本家会在繁荣时让工人暂时地享受一下："在繁荣时期，……不仅是必要生活资料的消费增加了；工人阶级……也暂时参加了他们通常买不起的各种奢侈品的消费，此外，他们还会参加……通常只对资本家阶级来说才是'必要'消费资料"③ 的消费。换句话说，在繁荣时期，奢侈品的生产并非仅仅与资本家的奢侈消费有关系。这表明，工人阶级劳动力的再生产、劳动力的发展与经济周期有直接的关系。"看起来，资本主义生产包含着各种和善意或恶意无关的条件，这些条件只不过让工人阶级暂时享受一下相对的繁荣，而这种繁荣往往只是危机风暴的预兆。"④ 因此，马克思还说明，每一次危机都会暂时减少奢侈品的消费。"危机使（Ⅱb）v到货币资本的再转化延缓和停滞，使这种再转化只能部分地进行，从而有一部分生产奢侈品的工人被解雇；另一方面，必要消费资料的出售也会因此

---

① 《资本论》第2卷，人民出版社1975年版，第448—449页。
② 同上书，第457页。
③ 同上书，第456页。另：马克思在论述资本在原有技术基础上积累的时候说过："在以上所假定的对工人最有利的积累条件下，工人对资本的从属关系是采取可以忍受的，或者是伊登所说的'安适和宽松'的形成。……在工人自己所生产的日益增加的并且越来越多地转化为追加资本的剩余产品中，会有较大的份额以支付手段的形式流回到工人手中，使他们能够扩大自己的享受范围，有较多的衣服、家具等消费基金，并且积蓄一小笔货币准备金。……吃穿好一些，待遇高一些，持有财产多一些，"但是，这"实际上不过表明，雇佣工人为自己铸造的金锁链已经够长够重，容许把它略微放松一点。"（《资本论》第1卷，人民出版社1975年版，第677—678页）
④ 《资本论》第2卷，人民出版社1975年版，第457页。

停滞和减少。"①

　　一般而言，简单再生产是以消费为目的的，所以，马克思是紧密联系消费来研究资本主义简单再生产的。但是，我们不能忘记，这种研究只是一种抽象。可见，这里的研究和资本主义积累的研究一样，它一方面联系工人的生产生活，另一方面也将总体资本家的生命的双重目的——发财与享受——揭露得入木三分："既然简单再生产是每个规模扩大的年再生产的一部分，并且还是它最重要的一部分，所以，这种个人消费的动机总是和发财致富的动机本身相伴而生。"② 可见，马克思的研究过程体现了消费结构、生产结构的静态统一和动态统一。

　　马克思研究奢侈品的生产有很深刻的理论意义和现实意义。

　　它表明，整个社会的消费结构是不断变化的。在资本主义社会，生产力的发展并不仅仅表现在产品总量的增加上，而是伴有经济结构的变化，并且必然进一步表现为消费结构的优化，是在结构优化基础上的数量增加。道理很简单，经济的发展包含着经济主体的发展。不仅资本家需要一定数量各种各样的与一定时期相适应的奢侈品，而且工人的消费也不是永远一样。马克思已经证明，劳动力的价值具有社会文化的界限，而这种界限是会随着社会文化的发展改变的。随着经济的发展，整个社会的消费水平包括工人的消费都会随之上升，从而消费结构随之变化。而且在一定发展水平上，早先的奢侈品已经变成日常必需品了。③ 从这种意义看，关于奢侈品的生产和消费的研究具有相当深远、深刻的理论意义。它提示了资本主义生产数量增长与结构变化的关系，以及社会生产结构变化与整个社会消费结构变化的关系。换句话说，从各种结构平衡发展的意义看，它包含了这样的意思，产业结构的优化必须与消费结构优化相适应，如果产业结构优化、产品结构优化的大量产品与整个社会特别是广大劳动群众的消费结构长期不相适应，有差额，那么，这个差额积聚到一定程度，就只有通过危机强制地削足适履来恢复破坏了的平衡。所以，联系主体的需要和消费来阐释和解读马克思的实现理论具有重大的理论意义。从这种意义看，马克思的研究也在预示未来社会的生产和消费结构的变化及其相互关系。

----

① 《资本论》第2卷，人民出版社1975年版，第456页。
② 同上书，第457页。
③ 就像早先的电视机、电冰箱、小汽车等等奢侈品，到后来都成了劳动者大众的日常必需品一样。奢侈品本身是个历史概念。

关于固定资本的补偿，马克思不仅指出一个很重要的条件：实物更新部分Ⅱc（1）和货币储存部分Ⅱc（2）在一定的时间内必须相等。其实施的条件是，"对一些资本家来说，固定资本已经到了必须全部用实物更新的期限。对另一些资本家来说，它和这个阶段多少还有些距离"。① 两者不仅所需的时间、而且所需的和所能提供的实物量还必须一致。显然，这只是表明，这种客观要求是资本运动的基本趋势，但是，"必须把资本的一般的、必然的趋势同这种趋势的表现形式区别开来。"② 实际上，无论哪个资本家，都不可能知道他的固定资本实物更新的时间和需要量是否与别的资本家所能提供的时间和供给量一致。所以，总体资本家的各个成员只能在长期的、交互实施实物更新和货币储存的过程中通过不断地"试错"，即资本家的资本不断地转移而不知不觉地实现这种要求。也就是说，Ⅱc（1）＜Ⅱc（2）或Ⅱc（1）＞Ⅱc（2）总是会发生的，"在理想的正常生产的前提下，在已经执行职能的社会资本的简单再生产的情况下，这种不平衡也能够发生，并且必然会发生，"这就要求社会有一定的生产过剩或物质储备，"这种生产过剩等于社会对它本身的再生产所必需的各种物质资料的控制"。③ 但是，无论哪个资本家，除了出于投机，都不会愿意有过剩的。

第三节 扩大再生产

在简单再生产的基础上研究扩大再生产，考察的内容应该包含存量部分和增量部分，但这里主要是从实现的角度看的，而且存量部分已经在简单再生产中论及，而增量也仅仅是指剩余价值的资本化，所以这里实际上是研究积累部分。

但是，要真正实现扩大再生产，需要两个一般条件：一是储存的资本达到一定的量，"在一定技术条件下，足以增加正在执行职能的不变资本，或者足以开办一个新的工业企业"④；二是还要有已经存在并在市场上能够买到的生

---

① 《资本论》第2卷，人民出版社1975年版，第514页。
② 《资本论》第1卷，人民出版社1975年版，第352页。
③ 《资本论》第2卷，人民出版社1975年版，第527页。
④ 同上书，第551页。

产资料。之所以说这是一般条件，因为这是通过市场实现的，而且其他社会形态的扩大再生产也要有一定的储备，例如在非资本主义社会，要扩大再生产都要有货币的和实物的储备。

此外，社会总资本的扩大再生产还要有两个特殊条件，一是要有扩大再生产所需要的劳动力，这是资本主义积累机制早就准备好了的。二是在贮藏货币（只卖不买）与实物积累（只买不卖）在时间和数量上必须协调。因为这涉及的总量很大，在资本主义社会很难顺利地自动实现，所以是特殊条件。马克思说明，在社会总资本的运动过程中，必然会有一部分资本家逐年提取积累基金而储存，专为扩大再生产而贮藏货币；同时也有一部分资本家已经攒够了货币，要进行实际的实物积累，以实现扩大再生产。前者是只卖不买，后者是专买不卖。这样的情况并不会造成社会商品流通的障碍，因为单纯的货币贮藏很早就已发生，并且还凭借信用制度聚集了大量的可供支配的货币资本。

马克思还说明，商品经济在社会总资本的扩大再生产这一过程中发挥着特殊的双重作用：它在产生这种生产方式所特有的、使交换从而也使再生产得以正常进行的某些条件的同时，这些条件也同样转变为同样多的造成过程失常的条件，转变为危机的可能性。①

马克思首先分析第Ⅰ部类的积累。第Ⅰ部类资本家货币贮藏必须有两个特点：

其一，从价值上看，这些资本只是第Ⅰ部类工人创造的剩余价值一部分的资本化。

其二，从使用价值上看，"这个剩余产品从一开始就是由生产资料的生产资料构成的"，②是用来生产重化工业（即Ⅰc部分）的生产资料。可见，第Ⅰ部类的工人不仅要生产剩余产品，而且，"为了从简单再生产过渡到扩大再生产，第Ⅰ部类的生产要能够少为第Ⅱ部类制造不变资本的要素，而相应地多为第Ⅰ部类制造不变资本的要素"。③ 显然，这是指Ⅰc的扩大，它是扩大再生产的物质基础，没有它，第Ⅰ部类就没有追加的生产资料，不能实现扩大再生产，结果又会影响第Ⅱ部类的扩大再生产。与此相适应，第Ⅰ部类资本家手中

---

① 《资本论》第2卷，人民出版社1975年版，第558页。
② 同上书，第559页。
③ 同上书，第560页。

积累的货币只在本部类内部（作为资本）交换，不再同第Ⅱ部类（作为收入）相交换。

但是，两个部类的生产是紧密联系的。仅仅因为第Ⅰ部类的资本家追加不变资本，少向第Ⅱ部类购买生活资料，第Ⅱ部类的资本家不仅不能扩大再生产，而且连简单再生产也不能维持了，即会发生过剩。一旦这种情况发生，又会反过来严重地影响第Ⅰ部类的再生产。由是，"第Ⅰ部类的资本家将会发觉，仅仅因为他们有扩大再生产的企图，就连规模不变的再生产也会受到阻碍"。① 因此，第Ⅰ部类的扩大再生产必须有第Ⅱ部类的扩大再生产相配合。实际上，第Ⅱ部类的资本家也是努力扩大再生产的，并且同样有货币贮藏的发生，Ⅱm中也有一部分物品不全部消费完，以便于第Ⅰ部类扩大再生产时追加工人的消费。

由于两个部类扩大再生产所追加的生产资料都是由第Ⅰ部类生产的，因此，第Ⅰ部类的年产品除了满足两大部类再生产对生产资料的需求外，还必须有一个余额，用以满足两大部类扩大再生产对追加生产资料（追加的不变资本$\triangle$Ⅰc和$\triangle$Ⅱc）的需要。用公式表示：

$$\text{Ⅰ}(c+v+m) = (\text{Ⅰ}c + \text{Ⅱ}c) + \triangle \text{Ⅰ}c + \triangle \text{Ⅱ}c$$

同样的道理，第Ⅱ部类也要积累，并为两个部类追加的劳动力提供生活资料（追加的可变资本$\triangle$Ⅰv和$\triangle$Ⅱv）：

$$\text{Ⅱ}(c+v+m) = \text{Ⅰ}(v+m) + \text{Ⅱ}(v+m) + \triangle \text{Ⅰ}v + \triangle \text{Ⅱ}v$$

上面两个公式表示的不仅是两个部类的总供给量与总需要量必须平衡，而且表示，为了实现扩大再生产，社会总资本两个部类原有的产品构成必须发生变化。"所改变的，不是简单再生产的各种既定要素的数量，而是它们的质的规定，并且这种改变只是以后随着发生的规模扩大的再生产的物质前提。"②这意味着第Ⅰ部类要为两大部类的扩大再生产提供追加的生产资料，一部分是Ⅰ$\triangle$c（重化工业）所需要的，一部分是Ⅱ$\triangle$c（轻纺工业）所需要的。同样的，第Ⅱ部类也要为两个部类提供追加可变资本所必需的消费资料。"当第Ⅱ部类以必要消费资料的形式再生产它的总产品的大部分，特别是它的剩余产品

---

① 《资本论》第2卷，人民出版社1975年版，第569页。
② 同上书，第584页。

的大部分时,它就既为第Ⅰ部类又为它自己进行积累了。"①

马克思既从一般工业化发展过程和特殊的资本运动过程来论述社会总资本的扩大再生产,也从经济主体行为的角度来阐释。从马克思的分析可以看出,社会总资本扩大再生产的过程,包含的关系十分复杂,我们至少应该从几个不同的角度来看:

就第Ⅰ部类看,资本家A、A′、A′(只卖不买)的贮藏货币和资本家B、B′、B′(只买不卖)实际用于追加不变资本的物质资料之间的关系,存在着时间和数量上是否一致的问题,而这些问题归根到底是不同部分资本家的生产行为之间以及它们的产品结构之间的关系。两个部类的各个资本家都是彼此独立生产的,互不通气也无法通气,何况上述第Ⅰ部类内部的贮藏货币的资本家A、A′、A′和实际追加不变资本扩大再生产的资本家B、B′、B′之间未必能够在各个时点都互相协调。即使在简单商品流通中,买与卖之间还存在着的"休止点"② 已经包含着危机的可能性,那么,在资本关系下,资本家A、A′、A′和资本家B、B′、B′的买卖之间不仅有"休止点",而且其结构和数量之间的"平衡本身就是一种偶然现象"③。

马克思从第Ⅰ部类的积累开始研究,包含极为深刻的思想。列宁认为,它反映了资本主义生产的特点,"扩大由生产资料所组成的那部分社会财富"的生产,"生产资料增长最快这个规律的全部意义和作用就在于:机器劳动代替手工劳动……要求加紧发展煤、铁这种真正'制造生产资料的生产资料'的生产。……这正体现了人类技术的整个进步作用"。④ 显然,这个图式中包含着一般经济发展的内容。他还进一步阐释:"在发展着的资本主义社会里,这部分社会产品必然比其他各部分社会产品增长得快些。只有用这条规律才能够说明资本主义的一个最深刻的矛盾:国民财富增长得非常迅速,而人民消费却增长(如果这是增长的话)得极其缓慢。"⑤ 可见,列宁已经看到,在马克思的扩大再生产图式中包含着不同主体关系的重要思想。但是,也必须看到,这是在专门研究第Ⅰ部类积累的范围内说的,不能由此得出"生产资料优先增

---

① 《资本论》第2卷,人民出版社1975年版,第584页。
② 《资本论》第1卷,人民出版社1975年版,第132页。
③ 《资本论》第2卷,人民出版社1975年版,第558页。
④ 《列宁全集》第1卷,人民出版社1955年版,第88页。
⑤ 《列宁全集》第4卷,人民出版社1962年版,第63页。

长"的理解。① 而且这里说的积累,是在有机构成相对不变的情况下提出的。

就两个部类之间的关系看,第Ⅰ部类资本家的积累数量和结构是先导性的,决定性的。但是,"第Ⅰ部类的资本家将会发觉,仅仅因为他们有扩大再生产的企图,就连规模不变的再生产也会受到阻碍"。② 特别是第Ⅰ部类的积累必然导致其原有结构或组合的变化,"没有这种组合变化,就根本不可能发生规模扩大的再生产"。③ 其结果也必然会影响第Ⅱ部类。由此,资本家也应该发觉,他们的行为不仅存在着结构性、比例性,而且这种结构和比例不是一成不变的。再者,如果A(Ⅰ)m生产的不是第Ⅰ部类扩大再生产所需要追加的生产资料,而把生产资料卖给第Ⅱ部类的资本家B,就将货币贮藏起来,那么不仅B(Ⅱ)生产的消费资料卖不出去,而且A(Ⅰ)也没有可以用于追加的生产资料。如果发生了这种情况,就会发生第Ⅱ部类的生产不足和第Ⅰ部类不能扩大再生产,既不能维持社会总资本的简单再生产,又不能实现第Ⅰ部类的扩大再生产。如果从整个第Ⅰ部类的实际积累看,当它用剩余价值的一半积累,那么第Ⅱ部类将产生过剩,并且又反过来影响第Ⅰ部类的正常运转,所以,扩大再生产的实现也有许多必须遵循的比例关系,而且,这些关系与简单再生产的关系有很大不同。

从马克思展示的两例图式来看,两个部类的积累率必须保持协调。他所举的两个图式都假定有机构成不变,④ 这意味着追加c就要相应地追加v,即追加劳动力,就要第Ⅱ部类提供追加的生活资料,这是要从Ⅱm中提取的。马克思在第三卷中也说明:资本运动"首先不以个人消费为转移,但是它最终要受个人消费的限制,因为不变资本的生产,从来不是为了不变资本本身而进行的,而只是那些生产个人消费品的生产部门需要更多的不变资本"⑤。

马克思并非没有考虑社会总资本有机构成的变化与扩大再生产的关系。不过,他不是通过共时态的研究而是通过历时态的研究来说明的。实际上,马克思展示的两例图式,就是不同时期资本主义扩大再生产历史发展的反映。与第

---

① 《列宁全集》第4卷,人民出版社1955年版,第69页。
② 《资本论》第2卷,人民出版社1975年版,第569页。
③ 同上书,第570页。
④ 结合有机构成变化的研究,是由列宁进行的。见《列宁全集》第1卷,人民出版社1955年版,第69—73页。
⑤ 《资本论》第3卷,人民出版社1975年版,第341页。

一例图式相比，第二例的有机构成提高了。显然，他是通过两例分析来反映这种变化的。这种变化包含了丰富的内涵，这反映了社会生产已经有了显著的发展，工人阶级中的相对过剩人口增加了，从而反映了两大对立阶级即两大对立主体的矛盾关系深化和扩大化。

从资本家之间的关系看，马克思研究社会总资本的流通过程，和研究社会总资本的积累有明显的不同，这里的主要关系是不同资本家集团，即重化工业部门、轻工机械部门以及轻工业产品生产部门之间的关系。这种研究表明，资本家之间不仅有大资本家和中小资本家的区别，同时表明，在国民经济中发挥主导作用的部门即"有决定意义的产业部门"[①]的崛起和发展，一方面已经形成有时代特色的生产力结构、分工格局，必定对社会总资本的流通结构发挥巨大的影响，另一方面又突出这些部门的大资本家在整个资产阶级中的地位和影响。在这个发展阶段，加速周转增加效益已经有了新的规定，它不再由个别资本家决定，不再从短时期来考量，一个部门资本周转时间的长短，要看其是否符合生产力发展、社会需要发展的要求，看大资本家投在长周转时间部门的资本量的大小。不言而喻，像重化工业这样的部门，有机构成必定很高，周转的时间构成必定很长，从而与传统工业部门的投资形成较大的差距，因而在原有的经济体制、价值机制条件下，其个别的年剩余价值率（在资本家看来，是个别利润率）必定比较低。但是，这样的部门关系到整个经济的发展水平和后劲，因而它的发展本身就是一种社会需要。因此，这些部门的大资本家必然会提出改革体制的相应要求。以价值转型为标志的体制改革，就是为适应这种客观要求而实施的。显然，大资本家已经从早先追逐规模的扩大，发展到在新的条件下追求对整个社会经济的控制力，包括对资本周转周期的控制。可以说，这是总体资本家经济行为方式根本转变，他们已经从注重经济增长方式转变，上升到注重整个社会经济发展方式转变的阶段，上升到加强对重要产业部门控制的阶段，大资本家在这种上升过程中发挥重要的不可替代的作用。这表明，这些部门的大资本家、集团在总体资本家中具有举足轻重的地位和影响。从理论发展的角度看，马克思这样的研究具有枢纽性的意义，是向第三卷研究利润率平均化过渡的必要理论前提。

从总体资本家的行为看，各个资本家都在有意无意中联合成为一个部门或

---

① 《资本论》第3卷，人民出版社1975年版，第138页。

领域，按照整体经济发展的和社会需要形成相对共同的行为方式，并与其他集团形成一种由内在联系连接成一个自然的体系，其中隐含着非常复杂的比例关系。但是，无论是资本家个人，还是资本家集团，或者作为总体资本家代表的社会，对各种比例关系都是不了解的，都是盲目的。在第三篇，马克思在许多地方都反复强调了这一点。不过，如果据资本主义社会经济的运动无政府状态而否认它的按比例发展，也不符合事实。如果资本主义社会生产过程的发展始终完全没有比例，那么马克思这里研究所揭示的比例关系①就完全是主观臆测的、没有客观依据了，那么按比例发展的一般规律在资本主义社会就不存在了。马克思明明说它是不可改变的，可以改变的只是它的表现形式。所以，必须看到，在这个社会，规则是客观存在的，规则只是通过无规则的行为而实现的。

---

① "按一定比例分配社会劳动的必要性，决不可能被社会生产的一定形式所取消，而可能改变的只是它的表现形式，这是不言而喻的。自然规律是根本不能取消的。在不同的历史条件下能够发生变化的，只是这些规律借以实现的形式。"（《马克思恩格斯〈资本论〉书信集》，人民出版社1976年版，第282页）

第十四章　总体资本家的再生产行为

恩格斯说过:"第三卷所阐述的就是剩余价值的分配规律。而讲完了剩余价值的生产、流通和分配,也就结束了剩余价值的整个生涯,此外,对它也就没有更多的东西好谈了。"① 在《资本论》前两卷的末篇,马克思以产业资本家为总体资本家的代表,暂时抽去实际的市场流通,考察它的再生产,包括积累和流通。接着在第三卷,研究的就是剩余价值的分配,阐明产业资本家攫取的利润必须根据什么以及如何在商业资本家、生息资本家、土地所有者之间分割,所以,剩余价值分配的实质就是不折不扣的分赃行为。但是,马克思不是静态地、单纯地考察和论述这种分赃行为,而是将这种分割与资本积累联系起来,揭露各个资本家心目中不可示人的秘密:"从工人那里掠夺来的赃物应该怎样在工业资本家和游手好闲的土地所有者等人之间进行分配才最有利于积累"。②

在考察社会总资本积累和总流通的场合,马克思假定产业资本家集所有资本、土地的所有权和经营权于一身,集生产和销售剩余价值于一身,是全部社会总资本的人格化,"我们把资本主义的生产者当作全部剩余价值的所有者,或者,不妨把他当作所有参加分赃的人的代表"。③ 但在资本主义较为发展阶

---

① 《马克思恩格斯全集》第22卷,人民出版社1965年版,第511页。
② 《资本论》第1卷,人民出版社1975年版,第654页。
③ 同上书,第620页。

段的现实过程中,资本的所有权已经与实际经营相分离而独立化、外化、人格化、商品化,——它源于商品所有权与价值、使用价值的分离而独立化、外化、人格化,——为提高经营的效率和效益,总体资本家之间也产生一定的分工,而土地所有权也取得最为发达的形式并人格化。所以,必须考察是什么样的人参与分赃,如何分赃,按什么标准分赃。无论在哪个场合,都有主导和从属的关系发生,分赃也是这样。——它与两大对立阶级之间的主导与从属的性质完全不同。——马克思指出,在资本主义社会,产业资本家就是主持分赃的主导主体。

在现实过程中,资本家的经济行为并非笼统的过程。产业资本家不可能将全部经济行为、全部资源都据为己有。为了提高效率、效益,他不能同时经营生产和销售,必须将销售行为交给商业资本家。他所需要的流动资本,大部分是借入的,他的销售,大部分是经过中介的,他要扩大再生产,必然要追加资本,其中有相当大的一部分是从生息资本家那里借来的。他还要有土地作为立足之地,这些土地当然是租来的。他的行为并不固定,经常流动,不仅在不同的生产领域中流动,而且跨越生产领域,也进入流通领域,经营商业、货币业。他的暂时闲置资本也是交给生息资本家去打理。因此,很有必要超出生产领域进一步考察这些资本家集团之间的关系。所以,进一步的研究当然要考察这些资本家集团之间、资本家与土地所有者之间如何分割社会总资本攫取的总剩余价值。这样的研究表明,资本家、资本家集团之间的分赃行为不是一次性的,在产业资本家之间的初次分赃(利润率平均化)之后,还有次级的分赃,即产业资本家与商业资本家的分赃,这两级分赃发生在资本的"核心构造"内部,之后,这个核心构造还要与生息资本家、大土地所有者再次分割剩余价值。

我们已经看到,第一卷末篇,马克思说明总体资本家在积累过程中区分为大大小小的资本家,考察的是其实力结构。在第二卷末篇,则说明总体资本家分别处于不同的生产领域,考察的是其产业行为结构。在第三卷,说明剩余价值考察的是各种资本家集团对总剩余价值的分割,这种分赃行为决定各个资本家集团、土地所有者在总剩余价值中所占的份额,考察的是剩余价值的分割方式,它也表现为一定的行为结构,即不同的分割行为方式之间的关系,分配行为结构。对他们来说,它决定各自所能得到和支配的财富的数额,这是测定其先前的生产流通行为是否有效益以及效益高低的指示器,所以,参与分赃当

第十四章 总体资本家的再生产行为

然是一种经济行为。对各个资本家来说,这是最具体的行为,是其先前行为的最终完成。

从经济过程的连续进行、扩大进行看,有产者之间这种分赃行为,实质上并非资本家行为的终结,而是一个中介,再生产的中介,它不断地进行,又不断很快地消失在再生产过程中。所以,在马克思看来,剩余价值的分配(分赃)关系实质上就是再生产的关系,是资本家经济行为的连续进行。一方面,从广义上看,资本运动、资本家行为是连续进行的,分配、消费都是为了再生产过程的承担者、物质和各种相互关系;另一方面,从狭义上看,剩余价值分配的各个范畴都紧密联系着再生产。无论是利润率、利息率,还是地租率,都是再生产的因素。正因为这样,马克思是通过考察总体资本家内部各集团的分赃行为、关系来研究其再生产行为、关系的。

既然分赃行为与再生产行为紧密联系,那么它本身也就是一种剥削行为。正因为这样,它仍然属于资本运动的内在规定,是资本主义"生产关系的表现"①。但它作为内在规定,在社会表面上的表现却不是直接的,而是颠倒的。所以,这种分赃行为具有双重性:内在性和表象性。在资本主义较为发展的阶段,这种分赃、再生产、剥削"三位一体"的行为和以前有很大的不同:一方面,是在联合中完成或实现的,即是说,各个有产者集团结成"共济会团体",共同吮吸工人的无酬劳动,所以显得更加残酷和深刻。二是在竞争中实现的,而竞争又反过来将剥削真相掩盖了,或者说是颠倒表现了:一方面,在社会表面上,资本家和土地所有者关于剩余价值的分割被颠倒地表现为收入的分配,连工人出卖劳动力获得工资这种纯粹属于流通领域的事情也被混淆为参与分配,也就是说,将剩余价值的分配和价值产品(v+m)的分割混为一谈,变成"收入"的分配。在资本家看来,有货币的流入就是收入,工人和有产者一样都有收入。另一方面,竞争又造成许多假象,以至于将剩余价值的分配颠倒地表现为有产者根据其资本和土地而自然获得的收入。所以,这种表面的分配关系"是生产关系的反面"②。

在前面的研究中,马克思设定了许多条件,"为了简便起见,假定不变资本到处都是同样地全部加入所考察的资本的年产品。其次还假定,不同生产部

---

① 《资本论》第3卷,人民出版社1975年版,第997页。
② 同上书,第993页。

门的资本,会和它们的可变部分的量成比例地每年实现同样多的剩余价值,就是说,把周转时间的差别能在这方面引起的差别暂时撇开不说",还假定不同的生产部门,在劳动的剥削程度上都相等。① 同时,在主要考察产业资本家的时候,都假定地产等于0,② 都假定资本家使用的全是自有的资本,假定都自己经营剩余价值的生产和销售,从而剩余价值都是抽象形态的,都被产业资本家独吞,等等。随着研究对象范围的扩大,这些条件都放松了,或者说纷纷回归研究过程了。原先不怎么结合的竞争,这里也开始联系了,虽然还不很具体。显然,这样研究总体资本家的分配和再生产所涉及的范围主要是第三卷。虽然第三卷的第一篇主要以单个资本家的行为为对象,但是,正如我们已经看到的,单个资本家的观念正是全部资本家的观念,单个资本家不同时期的行为也正是全部资本家不同集团同一时期同时发生的行为,所以也是为考察总体资本家奠定基础。

第一节 产业资本家之间的竞争导致利润率的平均化

我们已经看到,马克思很重视反映资本家的观念,在第三卷一开头已经示意:"在本卷中将要阐明的资本的各种形式,同资本在社会表面上,在各种资本的互相作用中,在竞争中,以及在生产当事人自己的通常意识中所表现出来的形式,是一步一步地接近了"。③ 正是基于这种"通常意识",各个资本家在一个相当长的时期内、在不断地竞争和流动中不自觉地实现了利润率平均化、价值向生产价格转型的体制改革。这种转型,不仅表明经济内容和形式都随着发展阶段的变化而发生重大的变化,也表明各种关系都发生重大的变化。④

---

① 《资本论》第3卷,人民出版社1975年版,第173页。
② 《马克思恩格斯〈资本论〉书信集》,人民出版社1976年版,第130页。
③ 《资本论》第3卷,人民出版社1975年版,第30页。
④ "当供求是在资本主义基础上发生的时候,当商品是资本的产品的时候,供求以资本主义生产过程为前提,因而是和单纯的商品买卖完全不同的复杂化了的关系。……在简单的买和卖上,只要有商品生产者自身互相对立就行了。"(《资本论》第3卷,人民出版社1975年版,第217页)

第十四章 总体资本家的再生产行为

一、单个资本家"同股同权"的观念在总体资本家中扩大

马克思在分析单个资本家观念中的成本和利润时已经说明,在资本家看来,他的全部预付资本,不管是所费部分,还是所用部分,都能带来利润;而且,资本家的资本的各个组成部分都在周转过程中不断地变换职能形式,经过供、产、销三个阶段,这些资本的任何一部分在循环、周转的任何阶段内,都会按比例地产生相同的利润。所以,在他们的观念中,每一个资本分子都是"天生的平等派",在相同的时间内都根据其在全部预付资本中的比例按相同的利润率获得利润,都是"同股同时同权"。而且,就单个资本来说,在其运动的长过程中,随着时间的变化,随着生产力的发展和社会需要的变化,其资本的有机构成、周转时间是会发生变化的。在较早的时候有机构成比较低,但后来有机构成提高了;在有的投资场合周转时间比较短,在有的场合周转时间比较长。这些发生在同一个资本家在不同时间内的变化,都不会影响资本家"同股同时同权"的意识。所以,在单个资本家的意识中,有机构成、周转时间构成对其资本的各个组成部分获取利润的职能是没有影响的。这意味着在其企业范围内,已经实现了利润率的平均化。作为总体资本家的一个分子,单个资本家是总体资本家的细胞,他的这种观念也是其他所有资本家的观念。因此,在现实过程中,单个资本家身上发生的变化,发生在总体资本家的不同组成部分上,他们也自然要按照"同股同时同权"的观念,——因为利润率都是按年计算的,所以是"同时"。——要求实现各个部分资本的利润率平均化。

如果说,在资本主义初级阶段,食品、轻纺工业占主导地位,各个资本家的生产设备不是很多,有机构成相差不大,周转时间也相差不大,这种观念还大都发生在资本家的企业内部,还没有对各个资本家的利益关系构成重大影响,那么,在资本主义较为发展的阶段,有些部门的生产力水平迅速提高,资本的有机构成相应迅速提高,随着其中可变资本的相应减少,资本所雇用的工人人数相应减少。[①] 不同部门有机构成的差距已经拉大,同时周转时间构成的差距也已经扩大。在剩余价值率一定的情况下,工作日也不变,如果不考虑劳

[①] "可变资本不仅是它本身所包含的劳动的指数,……同时还是超出这个限度所推动的超额劳动或剩余劳动的指数。"(《资本论》第3卷,人民出版社1975年版,第165页)

动生产率的提高对劳动复杂程度的影响（这种影响很快就因为竞争而消失），那么，有机构成越高、周转周期越长的资本，在商品按价值交换的体制下，其利润率就必然越低，不同部门个别利润率的差别就会反向扩大。"由于等量资本按可变部分在一定量总资本中占有不同的百分比而推动极不等量的劳动，等量资本也就占有极不等量的剩余劳动，或者说，生产极不等量的剩余价值。根据这一点，不同生产部门中占统治地位的利润率，本来是极不相同的。"[1] 但是，这种情况是与资本家平等剥削的观念格格不入的，所有的资本家在主观上都追求比别人更高的利润率，同时又要求至少享有与别人一样的剥削条件，有相同的利润率，或者说，都不会甘愿看着别的资本家享受高利润率而自己满足于低利润率。同样的，原先利润率较高的资本家则决不会轻易让他的个别利润率被别的资本家平均化。但是，社会发展不会以他们的意志为转移，一方面，从客观上看，这些部门的有机构成比较低，周转周期比较短，属于劳动密集型的行业，在资本主义的较低发展阶段，它的存在和发展有充分的理由。但是，在生产力迅速发展、社会需要迅速变化将整个社会推向、拖进较高发展阶段的过程中，必然要求发展重化工业，使整个社会的经济结构发生转型，让社会经济建立在较高的技术基础上。因此，劳动密集型领域的高利润率已经不再与社会发展相适应。换句话说，在进入新阶段后，重化工业等有机构成较高、周转周期较长的部门的发展已经成为整个社会总资本发展的条件，成了"有决定意义的产业部门"，从而进入这些部门的资本家也因为其实力强、规模大、行为符合社会需要而高人一头。就像单个资本家企业中劳动资料的升级换代是资本家提高劳动生产率的条件一样，它既然导致资本家之间的社会联系日益紧密，体现了社会需要的发展，就必然要赋予那些具有较高构成、较长周转时间的资本家以特殊的地位，有权利要求剩余价值的占有不以特殊生产部门为转移。另一方面，从主观上看，既然"资本是天生的平等派"是资本家的共识，那么，那些有机构成高、周转周期长的部门的资本家，不仅要求在同一企业内部实现各个分子的"同股同时同权"，更"要求在一切生产领域内剥削劳动的条件都是平等的，把这当作自己的天赋人权"[2]。——马克思是在论述机器大工业发展的场合才提出这一论断的，在此之前，并未有这样的说明。——换句

---

[1] 《资本论》第3卷，人民出版社1975年版，第177页。
[2] 同上书，第436页。

第十四章　总体资本家的再生产行为

话说，各个资本家，无论他的资本投入什么样的部门，具有什么样的有机构成和周转时间构成，都要求能与其他资本一样，有相同的利润率。就像他的资本是社会总资本的一个组成股份一样，要求在社会总资本范围内实现"同股同时同权"。这意味着在资本主义较为发展的阶段，在资本家的心目中，他的产品已经不只是被当作自己的商品来出售，而是当作全部社会总资本的产品来交换。① 也就是说，全部资本家都要求能享有相同的利润率，实现利润率的平均化。

在产业资本家之间实现利润率的平均化，是剩余价值的"二次分配"。——与此不同，"初次分配"指的是生产领域内部的分配，因此主要指生产领域的资本家获得剩余价值。这种分配工人没有参加。所以，马克思是在《资本论》第一卷论述工资，并将此举看成是一个"崭新的因素"。在马克思看来，工资是劳动力的价值或价格的转化形式，是工人出卖劳动力给资本家使用之所得，它发生于流通领域，所以工资不属于分配范畴。——在这里，主导分配的是有机构成高、周转构成长的部门的资本家，主要是大资本家。之所以这样，一方面因为他们的行为符合社会生产力发展的需要，另一方面他们的实力一般较强。

二、全体资本家在长期竞争中实现利润率的平均化

利润率的平均化过程不是在短时期内自动实现的，更不是在全体资本家观念中形成的，它离不开全体资本家之间的竞争。

资本家之间的竞争是在两方面同时展开的：一方面是在同一生产领域中，另一方面又同时发生在不同部门之间。在前一场合，竞争的结果往往是生产条件的同质化，因而不是利润率的平均化。在后一场合，因为不同生产领域的生产条件和周转周期差别很大，因此竞争的结果才是利润率的平均化。

有机构成高的部门不仅要求有更多的资本投入，而且周转周期较长，因而资本无形损耗的几率大，所使用的劳动力相应较少，所以个别利润率较低。但是，在那里，"生产资料的量比并入生产资料的劳动力相对增长，这就表示劳

---

① "全部困难是由这样一个事实产生的：商品不是当作商品来交换，而是当作资本的产品来交换。这些资本要求从剩余价值的总量中，分到和它们各自的量成比例的一份，或者在它们的量相等时，要求分到相等的一份。"（《资本论》第3卷，人民出版社1975年版，第196页）

动生产率的增长"。① 如果没有出现生产者劳动境况的恶化，这就是社会进步的表现。实际上，有机构成较高部门的出现，正是生产力发展、产业结构优化的结果，是较多资本集中于大资本家的结果，它表现了社会需要的变化。马克思认为：社会需要是调节需求原则的东西，本质上是由不同阶级的互相关系和它们各自的经济地位决定的。② 对资产阶级来说，只有不断地优化产业结构，才能符合社会需要，才能提高发财致富的效率。但是，如果经济内容发生变化而经济形式不变，商品还是以价值为基础而交换，资本家在这些高构成部门的投资就会因为使用的活劳动较少，周转周期较长，年利润率必然较低，从而效益较低。反之，那些有机构成较低、周转时间较短的资本家则可以获得较高的利润率，并且不会心甘情愿地降低自己的利润率，与前者相比，必然形成巨大的反差。由于各个资本家都在观念上要求有相同的剥削条件，因此有机构成较高的资本家必然反过来将资本投向有机构成较低的部门，与早先进入的资本家展开激烈的竞争。这种竞争往往是过度的，不管是原有的资本家，还是新进入的资本家，都不可能知道社会对这种商品的总需要量是多少，社会购买这种商品总量的总价值量又是多少，因此，谁也不知道应该进入多少新资本才不至于造成原有利润率的下降。一般说，有机构成较低部门的进入门槛较低，有机构成较高的资本家往往实力比较雄厚，一旦进入原先有机构成比较低的部门，一方面，他有后发优势，可利用比较新的、先进的技术，提高这个领域的有机构成；另一方面，会造成生产量大增，甚至超出社会需要。于是，反作用产生了，以致该领域原先较高的利润率趋于下降。结果，有些资本家又会退出。"通过这种不断的流出和流入，总之，通过资本在不同部门之间根据利润率的升降进行的分配，供求之间就会形成这样一种比例，以致不同的生产部门都有相同的平均利润，因而价值也就转化为生产价格。资本主义在一个国家的社会内越是发展，也就是说，这个国家的条件越是适应资本主义生产方式，资本就越能实现这种平均化。"③ 显然，竞争不仅导致利润率的平均化，对主体来说，也导致资本家行为方式的变化。就是说，一方面使各个资本家不再坚守传统的投资领域，在流动中实现发展方式的转变；另一方面形成竞争意识和总体

---

① 《资本论》第1卷，人民出版社1975年版，第683页。
② 《资本论》第3卷，人民出版社1975年版，第203页。
③ 同上书，第218—219页。

第十四章 总体资本家的再生产行为

意识。

平均利润率的形成离不开竞争,更离不开大资本家的作用。马克思说:"在一般利润率的形成上,不仅要考虑到不同生产部门利润率的差别,求出它们的简单平均数,而且还要考虑到不同利润率在平均数形成上所占的比重。而这取决于投在每个特殊部门的资本的相对量,也就是取决于投在每个特殊生产部门的资本在社会总资本中占多大的部分。总资本中究竟是较大的部分或较小的部分提供较高的利润率或较低的利润率,当然会有很大的差别。而这又取决于有多少资本投在可变资本在总资本中所占比例较大的部门,有多少资本投在可变资本所占比例较小的部门。"[1] 就简单平均数看,所有的资本家都一样,都是社会总资本这个超大型的股份公司的持股股东,其区别只在于持股量的多少,但是,由于考虑到"不同利润率在平均数形成上所占的比重",情况就不一样了。投在高构成行业的资本家的资本量往往较大,而他们的个别利润率则往往较低,因此,大资本家的投资方向成了决定整个社会总资本利润率高低的关键性因素。和前一种"简单平均数"不同,后一种情况形成的显然是"加权平均数",两者当然是有差别的,既然有"不仅要"和"还要",就意味着既不是"简单平均数",又不是"加权平均数"。显然,就一个时期来说,不能同时存在着两种平均利润率,因此,它们实际上只是形成平均利润率浮动的上下限。那么究竟是靠近哪一种平均数呢?"这又取决于有多少资本投在可变资本在总资本中所占比例较大的部门,有多少资本投在可变资本所占比例较小的部门。"[2] 可见,大资本家在利润率平均化过程中发挥着重大的作用。

不仅资本家的观念是这样,而且实际情况也是这样的。"就利润来说,不同的资本家在这里彼此只是作为一个股份公司的股东发生关系,在这个公司中,按每100资本均衡地分配一份利润。因此,对不同的资本家来说,他们的利润之所以有差别,只是因为他们投在总企业中的资本量不等,因为他们在总企业中的入股比例不等,因为他们持有的股票数不等。"[3] 正因为这样,个别资本家要获得与自己的资本量相适应的利润量,不仅要靠自己,还取决于别的资本家的行为。"资本的每一个特殊部门和每一个资本家,都同样关心总资本

---

[1] 《资本论》第3卷,人民出版社1975年版,第182页。
[2] 同上。
[3] 同上书,第177页。

所使用的社会劳动的生产率。"①

马克思还说明，同一生产领域内部、不同生产领域之间的资本家的竞争所造成的波动会互相影响。"一个生产部门的运动，会抵销另一个生产部门的运动，各种影响交错在一起，并失去作用。"② 就个别部门看，它的"波动的突然性、多面性和时间的长短，使波动部分地由于自己时间的先后而得到平衡，以致涨价后又跌价，或者跌价后又涨价，因而波动依然是局部的，也就是限于特殊生产部门"③。就各个部门看，"不同的局部的波动还会互相中和。在每个特殊生产部门中都发生变动，都发生同一般利润率的偏离，但一方面，它们在一定时间内互相抵销，因此不会影响一般利润率；另一方面，它们不会影响一般利润率，还因为它们为另一些同时发生的局部波动所抵销。因为一般利润率不仅由每个部门的平均利润率决定，而且还由总资本在不同特殊部门之间的分配决定；并且因为这种分配经常在变动，所以又是一般利润率变动的一个经常的原因，——但是变动的这个原因，又由于这个运动的不间断性和全面性，在很大程度上使自己失去作用"。④

和其他规律一样，利润率平均化作为一种内在规律也不会在社会表面上直接表现出来的，正像资本运动的内在趋势总是通过资本家的个别行为表现一样，这种内在规律在资本家的个别行为中，总是表现为资本家意识中的"补偿"或"加价"。马克思发现，大股份公司的资本不仅资本量很大，而且有机构成一般都比较高，因而利润率偏低，一般的资本家不愿意与之竞争，所以并不参加利润率的平均化。⑤ 但这并不意味着他的资本置身于社会总资本以外不能享受平均利润率，反之，他们总会通过"加价"而实现利润率平均化。大资本家的"加价"还发生在周转周期长的领域，这也是一般竞争者不愿意进入的领域。众所周知，竞争行为与其观念有很大关系，在资本家的观念中，并没有不变资本和可变资本的概念，只有固定资本和流动资本、周转周期的意识。他们从经验已经知道，固定资本的比例越大，周转周期越长，利润率越低。因此，精明的资本家绝不会简单地要求同量资本获得同量的利润，还要加

---

① 《资本论》第3卷，人民出版社1975年版，第220—221页。
② 同上书，第189页。
③ 同上。
④ 同上书，第189—190页。
⑤ 同上书，第268页。

上"相同时间"的规定,也就是说,他们的基本观念是"等量资本必须在相同时间内享受等量利润"①。为此,那些资本周转周期比较长的资本家,或者那些要冒很大风险的投资,例如航运业等,都是通过"加价"的办法来提高利润率。这样,在他们——当然也包括那些高资本构成的资本家——看来,他们收进的利润和榨取的剩余价值不相等,高出部分是来自"加价",好像不是全部剩余价值的分配平均化。②

三、资本家行为受价值转型的影响

随着利润率的平均化,价值就转型为生产价格。如果从各个商品来看,似乎价值与生产价格在质上和量上都有区别。"价值,是涉及商品中包含的有酬劳动和无酬劳动的总量;生产价格,是涉及有酬劳动加上不以特殊生产部门本身为转移的一定量无酬劳动之和。"③ 其中"不以特殊生产部门本身为转移的一定量无酬劳动"的总量,实际上也就是所有部门的无酬劳动的总量。加上各个部门的有酬劳动总量,即是所有商品生产价格的总量,无非就是整个工人阶级提供全部劳动的总和,相当于从以前观点看的价值总量。所以,马克思认为,就整个社会来看,全部商品的总价值等于总生产价格量,其中包含的剩余价值总量等于平均利润总量。这两个"总量相等"的规定涉及两个非常重要的理论规定,对各个资本家的行为当然会有影响:

其一,这种转化或转型既是资本家长期竞争的结果,又反过来影响各个资本家的行为,使之逐步转型。马克思说:"商品按照它们的价值或接近于它们的价值进行的交换,比那种按照它们的生产价格进行的交换,所要求的发展阶段要低得多。而按照它们的生产价格进行的交换,则需要资本主义的发展达到一定的高度。"④ 显然,在这里,价值与生产价格并非同一经济时代的范畴。这就意味着生产价格形成以后,价值已经成为历史范畴。从价值转型初见端倪到典型化,是个相当长的发展过程,因此,资本家的转型行为也不是一步到位的。马克思讲得很清楚:"一般利润率的实际变化,在不是例外地由特殊的经济事件引起的时候,总是由一系列延续很长时期的波动所造成的、很晚才出现

---

① 《资本论》第3卷,人民出版社1975年版,第233页。
② 同上书,第234页。
③ 同上书,第185页。
④ 同上书,第197—198页。

的结果，这些波动需要有许多时间才能固定成为和平均化为一般利润率的一个变化。"① 马克思已经发现，斯密在《国富论》中所说的"自然价格"实际上就是生产价格的雏形。② 虽然斯密还处于工厂手工业的时代，但他已经敏锐地发现了这种转化，这意味着当时不同部门生产资料已经开始出现技术水平的差距。不过，他只是发现，却还没有意识到这种转化可能导致整个理论特别是劳动价值论的发展。到李嘉图的时代，工业化进一步发展，这种转化自然也进一步发展和明朗，使他不得不考虑如何用一般的价值理论来解释这种具体的经济现象。但是，他采取"强制抽象"的方法，不通过任何中介，直接地套用一般的价值理论，却导致理论的破产。不过，即使在李嘉图的时代，重化工业还不是充分地发展，只是到了马克思的时代，转型才比较充分而典型化。在这样长的时间内，转型应该是逐步进行或者是分级转型的，这就决定了资本家行为的转型也是逐步演化的。对此，马克思虽然没有提及，但按照他的理论发展逻辑至少可以设想：在斯密的时代，各个手工业工场生产力发展水平的差距还不是太大，所以，转型的幅度相应地比较小，对那个时代的资本家来说，普遍能够接受，因为变化不大，行为转型的幅度也不太大。到了李嘉图的时代，资本有机构成的提高显然加速，资本家行为的转型幅度较大，因此就产生了理论的难题。只是到了马克思时代，重化工业已经奠定了在国民经济中的主导地位，而且上升的速度较快，"现代工业这种独特的生活过程，我们在人类过去的任何时代都是看不到的，即使在资本主义生产的幼年时期也不可能出现。那时资本构成的变化还极其缓慢。"③ 转型的提速，决定了资本家行为方式的转型也要提速。

其二，价值转型在导致不同部门资本家关系转型的同时也导致其行为内容的转型。一般说，按照价值和生产价格进行交换分别发生在资本主义的不同阶段。在资本主义比较发展的阶段，经济已经一元化，似乎不可能同时存在既属于较早阶段的价值又存在属于较为发展阶段的生产价格，更不会同时按照这样

---

① 《资本论》第3卷，人民出版社1975年版，第186页。

② "生产价格包含着平均利润。我们把它叫作生产价格，——实际上这就是亚·斯密所说的'自然价格'，李嘉图所说的'生产价格'、'生产费用'，重农学派所说的'必要价格'，不过他们谁也没有说明生产价格同价值的区别。"(《资本论》第3卷，人民出版社1975年版，第221页)

③ 《资本论》第1卷，人民出版社1975年版，第694页。

的"双轨制"进行交换。① 马克思这样说,并不意味着价值范畴在资本主义较为发展阶段已经完全消失。必须看到,价值不仅是个历史范畴,而且还是抽象的、简单的、一般的范畴。这种性质就像绝对剩余价值的生产一样,它既是资本家早期普遍采用的主要方式,又与劳动生产率的提高紧密联系,所以是相对的,至今仍然构成资本主义体系的一般基础。在论述资本主义绝对地租时马克思还论证,农业部门的有机构成比较低,由于土地所有权的垄断,所以土地产品能够按照价值出售,其超出平均利润的部分,正好形成绝对地租被土地所有者拿走。可见,即使在资本主义较为发展阶段,价值仍然是一种客观存在。就是说,这种价值"涉及商品中包含的有酬劳动和无酬劳动的总量",是以本部门的生产劳动为转移的,不参与利润率的平均化。显然,这种价值比资本主义较早阶段的那种价值包涵的关系复杂得多。正是在这种意义上,马克思说:"如果把社会当作一切生产部门的总体来看,社会本身所生产的商品的生产价格的总和等于它们的价值的总和。"② 显然,这里所说的价值,并不是资本主义起点的那种单个的、简单商品的价值,而应该是该种产品的总价值,它和生产价格都是指耗费的社会总劳动的凝结。这样看来,在一般的工业领域中,高构成部门的产品的生产价格高于价值,低构成部门的产品的生产价格则低于价值,形成一种"剪刀差",尽管前者使用的劳动较少,后者使用的劳动较多,似乎创造的价值比前者多。但是,价值作为社会的、市场的价值,有总量的规定:"商品的个别价值应同它的社会价值相一致这一点,现在在下面这一点上得到了实现或进一步的规定:这个商品总量包含着为生产它所必需的社会劳动,并且这个总量的价值=它的市场价值",③ 而且这个总量的价值还必须与社会对这种商品的需要总量(不仅包括使用价值总量,而且同时就是购买它的价值总量)保持一致。既然价值已经转型,对低构成部门商品的社会需要

---

① 自从马克思提出价值转型理论以来,中外学术界就围绕着"总计两等式"是否同时有效展开广泛深入的讨论。但是,由于讨论双方都不了解马克思历史与逻辑统一的方法,都将马克思关于不同时代的规律当成同一时代的规律混为一谈了。换句话说,价值和生产价格不可同时比对。如果说证伪方与证实方的意见有相当大的、根本的差异,那么,在混淆不同时代的范畴这一点上,却是惊人的一致。
② 《资本论》第3卷,人民出版社1975年版,第179页。
③ 同上书,第203页。

总量随之变化,从而社会购买它的劳动时间也相应减少,① 从而表现为较少的生产价格,这样,它实际耗费的社会劳动量比它所能代表的社会劳动量已经少得多。反之,有机构成比较高的部门的资本家尽管使用较少的劳动,却代表比较多的社会劳动。但是,前者的价值低于生产价格,而后者的价值高于生产价格,并不意味着前者的劳动所创造的价值转移到后者上来。否则,效率低的劳动越多,所创造的价值越多,岂不是有违社会需要的发展吗?

显然,高构成部门资本家所得到的生产价格与价值的差额并不是来自别的部门,而是来自他们所使用的劳动所实际代表的社会劳动比较多,而这主要是因为有机构成高符合社会需要的变化,社会必须用更多的、它所能利用的劳动时间来购买他们的产品。这样,我们又看到,马克思关于劳动与价值的关系理论中,除了提出劳动的凝结直接形成价值、一定的劳动可以吸引或转移其他部门的劳动以外,还提出第三种机制,即社会对符合社会需要发展的单位劳动可以分配更多的价值,或者让它们代表更多的价值。在这一点上,有些像同一部门中生产力水平高的劳动。当然,这里指的是社会对符合生产力优化发展需要的生产部门分配更多的劳动时间。

四、竞争与市场价值的确定

为了进一步说明价值转化为生产价格的机制,马克思特地详细地阐述各种主体之间的竞争与市场价值决定的关系。本来,市场价值的决定是资本主义初级阶段已经发生的,应该安排在第一、二卷研究和论述。但由于前面尚未接触实际的竞争,所论述的还只是社会价值,所以社会价值在市场上的具体表现即市场价值的确定只能在这里阐述。——所谓的确定,并不是价值实体如何决定,而是已经形成的同一商品的许多个别价值如何确定为统一的市场价值。竞争可以使具有数量或生产条件优势的个别资本家的个别价值来调节市场价值,但不能凭空创造出一个与劳动耗费无关的"价值"。——在他看来:"竞争无非是许多资本把资本的内在规定互相强加给对方并强加给自己。因此,任何一个资产阶级经济范畴,即使是最初步的范畴——例如价值规定——要成为实际的东西,都不能不通过自由竞争,也就是说,不能不通过资本的实际过程,这种过程表现为各资本以及其他一切由资本决定的生产关系和交往关系的相互

---

① 社会需要不仅是一定的使用价值总量,而且还是一定的价值总量。见后面的分析。

作用"。① 显然，竞争的主体是资本家，而这些资本家又具有不同的实力，这决定他们的产品的数量的多少和生产条件的优劣。

从经济主体行为的角度看，在确定市场价值的论述中，马克思很重视生产同种商品的不同的资本家之间的竞争。他认为："市场价值，一方面，应看作是一个部门所生产的商品的平均价值，另一方面，又应看作是在这个部门的平均条件下生产的、构成该部门的产品很大数量的那种商品的个别价值。只有在特殊的组合下，那些在最坏条件下或在最好条件下生产的商品才会调节市场价值，而这种市场价值又成为市场价格波动的中心，不过市场价格对同类商品来说是相同的。"② 关于市场价值的论述，既是新逻辑阶段劳动价值论、资本理论的重要内容，——因它内含着不同群体之间的竞争，——所以也是新逻辑阶段经济行为理论的重要内容。

在这个规定中涉及两种情况：一是该种商品总量不变且符合社会对它的需要总量，二是该种商品总量变化超出社会需要总量，或者过大，或者过小。无论哪种情况，又都涉及两个方面：一个是整个部门资本家所生产的产品的平均价值，这是一种算数平均值；一个是在这个部门的平均条件下生产的、构成该部门的产品很大数量（即统计学中的"众数"）的那种商品的个别价值。马克思将后者区分为三种情况：高位、中位、低位的个别价值，与劣等、中等、优等的生产条件相对应。与此相联系，生产同种商品的资本家也分为三个"集群"。在这个场合，单个资本家都不是独立行为的，而是按其生产条件的优劣程度归入大体相同的"集群"中。显然，它表明，社会对一种商品的需要都是大量的，是由许多资本家共同提供的，他们有优劣不等的生产条件（可归结为三种），各种条件下的产品量也不同，占有不同的市场地盘，有三种不同的个别价值。这样看，提供到市场上的同种商品包含有第一方面的平均值，还有第二方面的高位值、中位值、低位值，因此涉及三部分资本家及其与该产业部门总体资本家的关系。那么，在市场上，这四种价位如何形成一个统一的市场价值呢？它最终倾向哪种个别价值，当然只能由生产这种商品的不同资本家群体之间的竞争所确定。

马克思分两步论述：先假定一定时期的商品总量刚好符合这个时期的社会

---

① 《马克思恩格斯全集》第46卷下册，人民出版社1980年版，第160页。
② 《资本论》第3卷，人民出版社1975年版，第199页。

需要量，再考察这种商品的总量过高于或过低于这个时期社会需要量的情况。

第一步就是要在总量不变的条件下联系商品的各种结构来研究。在这里，他提出了市场"地盘"的概念："一种商品只能在市场上占有一定的地盘"[①]。在这里，"地盘"指的是该种商品的总量与其他种商品分割整个市场的情况，与一定的社会需要总量是紧密联系的，实际上表现了该种商品生产与其他商品的比例关系。除了这种由比例关系决定的"绝对"的地盘外，还有一种相对的地盘："有利的一端所占的相对地盘"，[②] 即一定技术等级的生产条件所生产的商品占该种商品总量的比例，它实际上是生产该种商品的生产条件相同等级的资本家集群与整个领域的全部资本家的关系。如果说前者涉及的是一种商品与外部其他商品的关系或比例，后者涉及的则是同种商品内部不同部分之间的关系，即生产条件相同的资本家集群对这种商品的市场占有率："只要一个人用较便宜的费用进行生产，用低于现有市场价格或市场价值出售商品的办法，能售出更多的商品，在市场上夺取一个更大的地盘，他就会这样去做，并且开始起这样的作用，即逐渐迫使别人也采用更便宜的生产方法，把社会必要劳动减少到新的更低的标准"。[③] 可见，马克思既充分注意到了生产一种商品的全体资本家与其他部门的资本家的关系，又注意到了生产同种商品的一个资本家集群与其他集群的关系，还观察了一个资本家集群与该部门的全体资本家的关系。

这里的"地盘"概念，特别是一种商品的绝对地盘，实际上就是社会对它的需要总量。这不仅是个使用价值总量的概念，还是该种商品的社会总价值概念。在任何社会状态下，社会生产都是要满足社会需要的，而社会需要又是形形色色的，在一定的历史时期，一定的文化状态下，社会对每一种需要量总是相对固定的，这样，各种社会需要就形成一个自然的体系，形成一定的比例关系。一个社会所能掌握的社会劳动总量是一定的，为了满足各种社会需要，社会就必须按一定的社会需要比例分配社会劳动，否则，就有相当部分的社会需要无法满足，社会就会陷入混乱，社会生产也必然随之陷入混乱。这种必要性是不因社会形态的变化而改变的，能够改变的只是它的实现方式。马克思

[①] 《资本论》第3卷，人民出版社1975年版，第200页。

[②] 同上书，第206页。

[③] 同上书，第217页。

第十四章　总体资本家的再生产行为

说："社会购买这些物品的方法，就是把它所能利用的社会劳动时间的一部分来生产这些物品，也就是说，用该社会所能支配的劳动时间一定量来购买这些物品。"① 换句话说，每一种商品，无论其使用价值还是价值，都有总量的规定，它对资本家的行为方向与力度具有决定性的作用。

仔细琢磨市场价值的规定之后不难理解，第一方面规定是在竞争中形成一个简单平均数，涉及生产该种产品的全部资本家及所有产品、不同的个别价值。"不同的个别价值，必须平均化为一个社会价值，即上述市场价值，为此就需要在同种商品的生产者之间有一种竞争，……要求各个卖者互相施加足够大的压力，以便把社会需要所要求的商品量，也就是社会能够按市场价值支付的商品量提供到市场上来。"② 马克思还进一步将供给总量与社会对这种产品的需要量联系起来："如果产品量超过这种需要，商品就必然会低于它们的市场价值出售；反之，如果产品量不够大，就是说，如果卖者之间的竞争压力没有大到足以迫使他们把这个商品量带到市场上来，商品就必然会高于它们的市场价值出售。"③

第二方面的情况比较复杂。提供同一商品的各"集群"资本家的生产条件、产量、个别价值各有不同，有的产品量在该部门中占绝大多数，有的只占较少数。既然生产条件结构、价位结构、数量结构都有不同，那么，只能由那种产品量在该部门产品中占绝大多数的产品的个别价值决定市场价值。显然，这里主要涉及市场占有率较高的那部分资本家。仅仅就这方面规定看，马克思还分析了三种情况：中位值、高位值、低位值。在这里，马克思特别揭示了生产条件优劣程度和产量的占比程度，实际上是突出了各个资本家集群的实力差别，突出表明了各个资本家集群在做强、做大方面的竞争。

接着，马克思还将两方面的规定结合起来，即将生产这种产品的全部资本家和市场占有率较高的那部分资本家的行为统一起来考察。这样，同种商品的价值就有简单平均值、高位值、低位值、中位值多种。显然，高位值和低位值就是构成该种商品市场价值上下波动的区间。从经济行为的角度看，提供高位值和低位值的资本家的行为就构成低端、高端两个行为的边界。

---

① 《资本论》第 3 卷，人民出版社 1975 年版，第 209 页。
② 同上书，第 201—202 页。
③ 同上书，第 202 页。

《资本论》经济行为理论的具体化

　　但是,在一个市场上,同种商品的市场价值只能有一个,不能同时有四种不同"值",必须通过特殊机制进行选择和整合。所谓的选择,就是要从中选取数量大的那一种;说到整合,因为第一方面的规定要发挥作用,其结果必然是向某个"值"靠近。那么,市场价值到底是向高位值靠还是向低位值靠呢?或是取中位值?这就与一定条件下生产的产品量有关。如果是劣等生产条件的产品量越大,平均值、中位值就越靠近高位值。反之,则向低位值靠。这意味着提供这部分产品(即占大部分市场份额)的资本家在整体行为中发挥主导作用。因此,这部分资本家必然"努力加餐饭",要将这种优势保持下去。这种情况必然对其他的资本家产生影响,那些生产条件较差的资本家必然要低于其个别价值出售他们的商品,产生亏损。反之,那些生产条件更好的资本家则能够高于其个别价值出售商品,获得超额利润。因为过程是连续进行的,所以这种情况还会影响后续进程。如果那些生产条件较差的资本家不能迅速提高劳动生产率,进入生产量有占比优势的"集群",就会被淘汰。而有占比优势的"集群"看到存在更高的劳动生产率,存在超额利润,他们也会进一步努力改善其生产条件,提高劳动生产率;同时,生产条件最好的那部分资本家的实力又因为其获得超额利润而实力大增,扩大生产,所以这种主导地位又会发生变动,从而这些价位也会随之变动。于是,就形成以高位值和低位值为上下轨的"宽带",而中位值和简单平均值会构成两条若即若离的两条交错线,以"宽带"为界,围绕着中位线波动。可见,市场价值并非以前的教科书所描述的一条直线,而是一条波动的时宽时窄的"宽带",而市场价格再围绕这条"宽带"波动。① 可以说,市场价值的确定(不是价值实体的创造)并非由供求双方竞争决定,而是由同一生产部门的许许多多资本家对他们已经创造出来并提

---

　　① 由此我们发现,市场价值并不是人们通常理解的一条价格围绕它上下波动的直线,而是一个有高位值和低位值构成的上下限的区间,用现代的语言说,是一条"宽带"。由于三种情况下的生产条件总是逐步优化的,这条"宽带"又有向下的倾向,并且高位值也有下降的趋势,所以它的上下线不是平行的,而应该是时宽时窄。形象地看,就像股票运行的技术指标"布林线"一样,"布林线"有上轨和下轨,有中线,恰好与市场价值决定中的高位值、低位值、中位值相对应。这样理解,市场价值就生动了,不再是一条抽象的水平线了。但是,"布林线"有高有低,而一般商品价值的走势则是逐步下降,因为生产条件不断优化、市场需求逐渐满足(受自然条件影响较大的产品例外)。(详见陈俊明:《资本转型论——〈资本论〉资本理论的具体化》,社会科学文献出版社2004年版,第345—350页)

第十四章 总体资本家的再生产行为

供到市场上来的各种个别价值进行比较、选择，确定一个共同的标准。离开了资本家主体的竞争，就很难阐明市场价值的确定。

马克思还说明，市场需求对市场价值价位的确定也有一定的影响，即使在社会需要总量不变的一定时期内，各个时点的市场需求也必定发生变动。因为社会对一种商品的需求并不要求同时全部满足，生产该种商品的资本家也不是一下子将全部商品都提供到市场上来。因此，在满足总体社会需要的一个较长时期内，各个时点的供给与需求并不完全一致。"只要需求稍占优势，那末市场价格就会由在不利条件下生产的商品的个别价值来调节。"[①] 当然，市场需求只是影响平均值向高位值靠拢的程度，它本身并不是决定平均值或高位值大小的因素。值得注意的是，马克思既假定社会需要量与产品总量均不变，又考察"需求稍占优势"的情况，这表明，他是将比较确定的社会需要与比较不确定的市场需求区分开的。

马克思第二步研究的是"特殊的组合"，即一种产品总量过高于或过低于社会对它的需要量的情况。"如果这个量过小，市场价值就总是由最坏条件下生产的商品来调节，如果这个量过大，市场价值就总是由最好条件下生产的商品来调节，因而市场价值是由两端中的一端来规定的"，而与这时最坏或最好条件下生产的商品量是否占该种商品总量的大多数无关。可见，社会需要即社会为购买它所能支付的总劳动时间的一定量，是极其重要的，它一方面决定这种商品的价值总量，另一方面又决定了这种商品市场价值运行或变化的两极空间。马克思的研究表明：如果资本家不受限制地、长期地涌入利润率高的部门，就会使他们的生产超过社会需要量，以至其产品的价值总量超过社会所能支配的劳动总量，那么，这个商品量在市场上代表的社会劳动量就比它实际包含的劳动量小得多。在这种情况下，该种商品的市场价值只能由该部门中最好生产条件下生产的个别价值来定价，甚至低于它的市场价值出售。结果又会很快导致该部门资本利润率的降低。在资本主义社会，各种社会需要总量之间的比例关系是隐藏在表面运动后面的秘密，社会的理智总是事后才起作用，而且，各个部门资本家之间、各部门内部资本家之间的竞争往往是过度的，所以这种情况是经常发生的。这就决定着资本家也是充分流动的，在一定的意义上，他们也在流动中实现自己的全面发展。无论在其职能方面，还是在其观念

---

① 《资本论》第 3 卷，人民出版社 1975 年版，第 206 页。

方面，都逐渐意识到社会需要的存在和基础性作用。

马克思并非单纯地论述关于市场价值确定的理论，他还阐明这个确定过程对资本家后续行为的影响。从第一步研究析出的规定看，它会影响同一个部门中各个资本家的投资条件和力度。这些规定表明，各个资本家不仅应该知道自己的基本情况，还应该知道其生产条件在本部门中是属于优等的还是属于劣等的，其生产数量的大小是否进入该部门的众数范围，其个别价值与别人相比是偏高还是偏低，也就是说，应该知道其他同行及整个部门的基本情况，以便及时地调整投资的力度和生产力水平。但是，由于市场信息复杂多变，市场价格经常波动，各个资本家对自己的情况讳莫如深，因此，这些规定他们并不知晓，只能根据市场情况来对自己的行为作滞后的调节，或者增加产量，或者提高生产率，因而往往比较被动，时间成本较高。

从第二步研究析出的规定看，它涉及一种商品的使用价值、价值总量规定，当然，这是指一个时期内"社会实际需要的商品量"，既不同于各个时点"商品的货币价格发生变化时所需要的商品量"①，又通过后者表现出来。正因为这样，对资本家只重视表象的简单思维来说，这是根本无法参透的。因此，他们根本无法理解不同的商品总量规定本质上是整个社会的比例关系，因而他们之间为争夺控制权的竞争必然是过度的，结果必定导致大量资本在一个部门中的流进、流出，增加他们的经营成本，同时影响其他部门资本家的进入或退出。虽然从一个更长的时期看，无数资本家的这种竞争、流动最终会导致正常比例关系的维持和高级化，但从较短的时期、时点看，对资本家主体来说，这是洗盘、优胜劣汰的过程。

马克思特别说明，关于市场价值所论述的一切，加上必要的限定，全都适用于生产价格。②显然，所谓"必要的限定"，应当是指较高的发展阶段，生产力发展、社会需要发生转型、资本在不同生产领域之间的自由流动等。所以，这部分研究也是在阐述利润率的平均化机制。

马克思还发现，利润率的平均化还会因为流动的障碍而有另外的机制，必须考虑"一定产业部门在一定时期内同歉年和丰年的更替结合在一起的利润

---

① 《资本论》第3卷，人民出版社1975年版，第211页。
② 同上书，第222页。

波动"①。

在利润率还没有全部平均化以前,许多资本家并非随意出入利润率较高的生产领域。即使有信用的支持,资本的流动也不是轻而易举的事情,流动也是要考虑成本的。一方面,原有的固定资本废弃不用,要遭受贬值的损失,另一方面,即使不考虑这一点,还要耗费大量的时间重起炉灶。因此,"在每一个真正从事生产的部门,——工业、农业、矿业等等,——资本从一个部门转移到另一个部门却有很大的困难,特别是因为存在着固定资本"。② 因为产业资本不能像商业资本那样,在突然爆发的对某些热门货的投机时,"能够非常迅速地把大量资本从一个营业部门抽走,并且同样迅速地把它投入另一个营业部门"。③ 实际上,只要资本家所处的领域不是夕阳产业,有比较稳定的社会需要,社会购买这种产品的总价值量便不会在短期内有太大的变化。如果有的资本家将资本转移到别的利润率更高的部门,原有部门的供给必然随之减少,于是,上面所说的那种供给量过少于社会需要量的情况就会发生,这种商品的市场价值、市场生产价格必然上扬,于是,反作用发生了,利润率提高了。所以,马克思说:"经验还表明,一个产业部门,例如棉纺织业,如果在一个时期利润特别高,那末,在另一个时期利润就会特别低,甚至会亏损,因此,在一个若干年的周期中,它的平均利润会和其他部门大致相同。而资本很快就懂得了要考虑到这个经验。"④

五、既是价值转型,又是经济关系的转型

价值转型本身是一种客观规律,但在这种价值内容与价值量变化的背后,还有更深的关系存在,或者说是不同部门资本家关系的转型使各个资本家更自觉地接受总体资本家利益的调节,按照各自在社会总资本中的份额分割总剩余价值,实现产业部门内部的第一次分赃。在这个过程中,各种主体的行为和关系都发生变化:

首先,它直接影响着各个资本家的后续生产行为,导致主体行为规则的转型。它决定各个资本家在出售商品的时候不能再按照它们的价值或接近于它们

---

① 《资本论》第3卷,人民出版社1975年版,第231页。
② 同上书,第232页。
③ 同上。
④ 同上。

的价值进行交换，而必须按照它们的生产价格进行交换。① 一旦利润率平均化，它又"会在资本家本人的观念和计算中实际成为一个起调节作用的要素，不仅因为它会决定资本由一个投资部门到另一个投资部门的转移，而且因为它对一切销售和包括长期再生产过程的契约来说，都起着调节的作用"②。既然这种转型是因为经济结构变化、社会需要结构变化而发生的，那么，随着社会经济的进一步转型发展，它还会在新的基础上实现再次转型。

其次，它导致经济关系的转型。一方面，它深化和扩大了两大对立阶级的关系："资本家在他们的竞争中表现出彼此都是虚伪的兄弟，但面对着整个工人阶级却结成真正的共济会团体"。③ 从此，工人面对的不仅有其雇主，还有整个资产阶级，特别是那些实力强大的资本家集团。另外，利润率平均化必然导致社会总资本有机构成的普遍提高，使总体资本家对工人的更大的吸引力和更大的排斥力相结合的范围更加扩大，其结果必定是相对过剩人口的更大量产生，工人阶级的实际工资进一步降低。另一方面，也使各个资本家的联系更加紧密，并且从突出大资本家的个性转变为突出在一个相同生产领域中不同资本家群体或集群即具有相同生产条件的那群资本家的整体个性，从关心个体行为发展为关心集群行为、总体行为的效率。与此同时，也增加了资本家之间的竞争内容，不再像以前那样在价格上拼，还要在生产条件和生产数量上竞争，从而使大资本家的发展更强、更快、更大。利润率平均化及其机制的论述表明，在各个部门之间及各部门内部的竞争中，各个资本家都要求占有更大的地盘，但也意识到光靠自己不行，要联合起来，形成同类的族群，形成多数，形成优势，才能与其他族群竞争。马克思说明，在竞争中，必然会产生优势方和劣势方，同时会出现买方市场和卖方市场。在不同的场合，各个资本家只有在有利情况下才协同行动，反之则是各顾各。"在竞争中一时处于劣势的一方，同时就是这样一方，在这一方中，个人不顾自己那群竞争者，而且常常直接反对这群竞争者而行动，并且正因为如此，使人可以感觉出一个竞争者对其他竞争者的依赖，而处于优势的一方，则或多或少地始终作为一个团结的统一体来同对方相抗衡。"④ 如果对一种商品的需求超过了供给，那么，卖者就会共同努力，

---

① 《资本论》第3卷，人民出版社1975年版，第197—198页。
② 同上书，第984页。
③ 同上书，第221页。
④ 同上书，第216页。

第十四章 总体资本家的再生产行为

力图按照高昂的市场价格来出售。但是,如果供给超过了需求,那么,一个人开始廉价抛售,其他的人不得不跟着干。只有各方通过共同行动比没有共同行动可以得到更多好处,他们才会关心共同行动。只要自己这一方变成劣势的一方,而每个人都力图找到最好的出路,共同行动就会停止。如果一方处于劣势,每个人就企图通过自己的努力来取得优势(例如用更少的生产费用来进行生产),或者至少也要尽量摆脱这种劣势。这时,他就根本不顾他周围的人了,尽管他的做法不仅影响他自己,而且也影响到他所有的同伙。①

前面,马克思先是结合资本家的实力大小说明各个资本家在相互关系中有实力地位的区别,后又结合各个资本家在产业结构中处于主导或从属地位来说明其产业地位的区别,——有的资本家"占据有决定意义的部门"②,其在竞争中的地位特别牢固,——这里又结合竞争考察了各个资本家在竞争中处于优势或劣势地位的区别。

再次,它更新了资本家的观念,即在全社会范围内追求剥削条件的平等,从而打破了原有的资本家经济利益格局,使符合社会需要变化的高构成、长周转周期的资本家能够以较高技术使较少的实际劳动代表较多的社会价值、剩余价值,并使那些故步自封或因实力和能力不足的资本家不能按照原有的体制获得较多的利润,这必然在相当大的程度上改变资本家的行为方式,使他们敢于进入高新技术领域而无利益减损之忧。此外,平均利润率还会成为一个预先存在的指标,用来计算他的资本所能获得的平均利润。这个指标和工资率、地租率一起都存在于资本家的观念中,以至于形成收入决定价值的日常意识。

续次,它促进了资本家行为方式的转型。从客观上看,经济结构的转型还表示资本家已经实现了从注重经济增长方式转变,发展到注重经济发展方式的转变。生产力和经济结构优化不是一次性的,这就决定价值转型不是一次性的,有这种价值转型的体制保证,资本家们就可以放心发展高新技术产业。所以,它推动着资本家不断地创造出较高的生产率,又不断地实现利润率的平均化,使经济效率(因提高生产率)与经济效益(因没有价值转型而效益下降)两者原先存在的矛盾转化为统一,在总体资本家身上实现在同一个资本家身上不同时间内发生的变化。

---

① 《资本论》第 3 卷,人民出版社 1975 年版,第 216—217 页。
② 同上书,第 138 页。

最后，它导致整个经济结构的不断优化升级，并且在新质不断形成的同时促进有创新意识的新经济主体的发展，同时还引发新的更大的内部关系发展不平衡，使应用传统技术和应用高新技术的资本家在结构转型中的地位更加不平衡，其结果必然进一步突出大资本家的地位以及主导产业在整个经济中的地位，是资本家内部关系的转型。

第二节 利润率下降趋向中的主体行为

社会总资本利润率的平均化过程既是资本主义发展阶段的上升，又是资产阶级进行的体制改革，即交换的基础从价值转化为生产价格的转型发展过程。这一过程从社会经济的内容和形式两方面同时促进了资本主义的发展。从内容看，由于这种体制改革，经营有机构成较高的重化工业的大资本家投资有了平均利润率的保障，更愿意发展重化工业，这就为资本主义再生产的迅速发展提供了强大的物质技术基础，而有机构成比较低的部门也不断地提高劳动生产率、有机构成；从经济形式看，它以新的生产价格规律来实现整个社会的按比例发展，通过这种形式转换解决了资本家各个集团之间的矛盾。但是，这个利润率平均化的过程也给资本主义的发展带来巨大的威胁，即在生产力、生产率提高的同时，即使剩余价值率不变甚至提高，由于减少了劳动力的使用，整个社会总资本的平均利润率也随之降低。马克思认为，这是劳动生产率不断发展的规律在资本主义社会的特殊表现，这种情况与资本主义发展阶段的上升有紧密联系。这不仅是一种理论推导，而且有实践依据。资产阶级"经济学看到了这种现象，并且在各种自相矛盾的尝试中绞尽脑汁地去解释它。由于这个规律对资本主义生产极其重要，因此可以说，它是一个秘密，亚当·斯密以来的全部政治经济学一直围绕着这个秘密的解决兜圈子"[1]。

从理论上看，利润率平均化与利润率倾向下降是先后阐述的，但在实际过程中，这两个过程是难分伯仲的。利润率平均化因劳动生产率的提高而发生，劳动生产率的提高又是各个部门的资本家都感兴趣的，结果必然产生有机构成的不断提高，从而不断产生相对过剩人口，同时也必然引起利润率的下降。

---

[1] 《资本论》第3卷，人民出版社1975年版，第238页。

(在考察有机构成提高导致相对过剩人口大量产生的场合,还没有考察剩余价值向利润的转化,所以没有涉及利润率趋于下降的倾向)。

这样看,利润率倾向下降内在地包含着生产力与生产关系的矛盾,也可以说,是资本主义基本矛盾的一种表现。所以,马克思在论述利润率平均化的规律之后,又结合主体行为,考察资本家如何自我解救,考察规律内部矛盾的展开对资本家行为的影响。

一、资本家的自我解救行为

资本家们是实践家,面对利润率下降的倾向,他们在把难题丢给御用学者去绞尽脑汁的同时,也无师自通地用实际行为来弥补利润率下降带来的损失。他们的方法主要有两种,一种是依靠自己,或者叫做自我解救行为,一种是依靠整个资本家阶级。

就自我解救而言,主要又有两种做法:

一是依靠资本的实际积累,使总体资本家支配着日益增加的劳动量,从而支配着日益增加的剩余劳动量,因为"他们支配的劳动军越来越大(尽管对他们来说,可变资本同不变资本相比已经减少);他们占有的剩余价值量,从而利润量会随着利润率的下降并且不顾这种下降而同时增长起来"[1]。这有点像"堤外损失堤内补"。资本主义生产过程的实质就是积累过程,它在增强了总体资本家的实力的同时,也强化、扩大了对工人阶级的剥削。因此,利润率下降只是表明利润的相对量减少,但决不表明利润绝对量不能同时增加。由于资本的积累总是伴随着有机构成的提高,所以,要使利润绝对量增加,总资本增加的比例必须大于利润率下降的比例。[2]

二是在降低商品价值的同时,因商品总量增加而获得更多的利润。虽然有机构成、劳动生产率的提高会使资本家所生产的商品的价格下降,但是它也必然导致绝对剩余价值率和相对剩余价值率的提高,"商品所包含的并通过商品出售所实现的利润量却会相对增加"[3]。换句话说,虽然劳动生产率的提高使得商品只包含较少的追加劳动,"但是这种劳动的无酬部分同有酬部分相比却

---

[1] 《资本论》第3卷,人民出版社1975年版,第244页。
[2] 同上书,第248页。
[3] 同上书,第251页。

增加了"。①

总之，资本家们并不因为利润率倾向下降而一筹莫展，而是会通过利润绝对量的提高来对抗相对量的降低。

还要看到，总体资本家决不是铁板一块的，更不是每个分子都有同样的质量和结构。如果从资本的规模和效能来看，只有大资本家或有相当实力的资本家能够在个别利润率下降时实现总利润增加。马克思说：要实现这种绝对量增加来对付相对量的减少，"资本增加的比例就必须大于利润率下降的比例。换句话说，要使总资本的可变组成部分不仅绝对地保持不变，而且绝对地增加（尽管它作为总资本的一个部分所占的百分比已经下降），总资本增加的比例必须大于可变资本所占百分比下降的比例"。②就整个社会总资本来说，情况当然是这样的，但对各个单个资本家来说，却未必都有这种实力。马克思明确指出："利润率的下降由利润量的增加得到补偿，这只适用于社会总资本和地位已经巩固的大资本家。"③对大资本家来说，利润率下降并不全是坏事，在竞争中，他们甚至会由此来加速对中小资本家的排挤和吞并："在某种情况下，例如在危机时期，当大资本家要在市场上夺取地盘，排挤小资本家时，他在实际上就是利用这个办法，即有意识地压低自己的利润率，以便把小资本家排挤出去"，④以便能够形成垄断的局面。马克思已经看到："在自由竞争的统治下还是在垄断的统治下所得到的利润率"⑤之间存在着一定的区别。当然，这种垄断并不是帝国主义阶段的那种特殊的垄断，而是一般的垄断。

另外，大资本家还因为他们有用较高的劳动生产率和产量可以时不时地获得超额利润：各个部门都有一些生产条件较为优等的资本家，大资本家大都属于这一族类，他们在市场价值存在中等生产条件和劣等生产条件占优势的情况下，都可获得那些超额利润。"超额利润落入在比平均条件有利的条件下从事经营的资本家的腰包，因为平均条件满足需求的基本量，决定生产的主要量，从而调节每个特殊生产领域的市场价值。"⑥而且，大资本家有能力利用那些

---

① 《资本论》第3卷，人民出版社1975年版，第252页。
② 同上书，第248页。
③ 同上书，第285页。
④ 同上书，第250页。
⑤ 同上书，第251页。
⑥ 《马克思恩格斯全集》第26卷第3册，人民出版社1976年版，第523页。

还没有被普遍采用的先进方法,实施某种新的投资或开发。"如果利润率下降,那末一方面,资本就紧张起来,个别资本家就用更好的方法等等,把他的单个商品的个别价值压低到它的社会平均价值以下,因而在市场价格已定时赚得额外利润;另一方面,就出现了欺诈,而普遍促进这种欺诈的是狂热地追求新的生产方法、新的投资、新的冒险,以便取得某种不以一般平均水平为转移并且高于一般平均水平的额外利润。"① 在这方面,中小资本家往往是望尘莫及的。可见,只有联系大中小资本家的实力区别,对这种利润率倾向下降规律的阐释才会更加生动。

就依靠社会和整个资本家阶级而言,马克思还分析指出,资本家也会采取一定的办法来阻滞利润率的下降趋向。主要有这样六种:

一是通过提高对劳动的剥削程度,提高剩余价值率。无论对单个资本家来说,还是对总体资本家来说,它都可以提高利润率。

二是将工资压低到劳动力的价值以下,这可以降低资本家的成本。

三是因为提高生产率,不变资本各个要素变得更加便宜,这也可以降低资本家的成本。

四是充分利用相对过剩人口,用以延缓劳动密集型产业向资本密集型产业的转变,或者在新的生产部门例如奢侈品的生产部门大量使用廉价劳动力。在社会需要没有发生根本变化的时候,这些部门的资本家拥有较高利润率,不仅对他们有利,而且会因为它们参与社会总资本利润率的平均化而相对延缓利润率下降的趋向。

五是发展对外贸易,一方面,进口廉价的生产资料和生活资料都可以使不变资本和可变资本减少,降低总体资本家的成本;另一方面,投在对外贸易上的资本能提供较高的利润率,因为在这里是和生产条件较为不利的其他国家所生产的商品进行竞争。只要比较发达的国家的劳动在这里作为比重较高的劳动来实现,利润率就会提高,因为这种劳动没有被作为质量较高的劳动来支付报酬,却被作为质量较高的劳动来出售。而且,投在殖民地等处的资本还能提供较高的利润率,因为在那里,由于发展程度较低,利润率一般较高,由于使用奴隶和苦力等等,劳动的剥削程度也较高。②

---

① 《资本论》第3卷,人民出版社1975年版,第288页。
② 同上书,第264—265页。

六是增加股份资本。如前所述,它的资本量大,有机构成比较高,利润率较低,别的资本家不愿意也不可能与之竞争,因此,这些资本不会参加一般利润率的平均化过程,这也有利于阻滞利润率下降的倾向。而且它只给投资的资本家提供股息,这与一般利润率无关。总的看来,"造成利润率下降趋势的同一些原因,在这里又会产生一种和这种趋势相反的对抗力量,或多或少地抵销这种趋势的作用"。①

显然,上面几种办法只局限于那些发挥职能的资本家,是还有实力继续经营的资本家。这些办法的应用,并不能根本改变社会总资本利润率下降的趋向,充其量只是使这种下降趋向变得不那么快速和陡峭,而是显出下降通道的起伏和漫长。这个过程实际上是一个大洗盘的过程,许许多多中小资本家往往在分配损失的过程中被分配到更大的与其资本量不成比例的份额。②

二、基本矛盾展开中的资本家行为

在马克思看来,利润率趋向下降的规律,只不过是资本主义生产关系下生产力发展的一种表现方式。这个规律不仅表现了资本主义的基本矛盾,而且它的作用还导致这种基本矛盾进一步展开,即剩余价值的生产与实现的矛盾、生产扩大与价值增殖之间的矛盾(手段与目的的矛盾)、人口过剩时的资本过剩产生的资本运动与发展条件(生产的平衡发展)之间的矛盾。因为"总资本的增殖率,即利润率,是资本主义生产的刺激……就这一点来说,利润率的下降会延缓新的独立资本的形成,从而表现为对资本主义生产过程发展的威胁;利润率的下降在促进人口过剩的同时,还促进生产过剩、投机、危机和资本过剩"③。从经济行为理论的角度看,这些矛盾的展开,归根到底是总体资本家行为包含矛盾的展开:

首先,马克思分析了产业资本家的两个最重要经济行为的关系:"第一个行为"是剩余价值的生产,"第二个行为"是剩余价值的实现。为了应对利润率即利润相对量下降的趋向,资本家必然要增加实际积累,以增加利润的绝对量。因此,"随着表现为利润率下降的过程的发展,这样生产出来的剩余价值

---

① 《资本论》第三卷,人民出版社1975年版,第264页。
② 同上书,第282页。
③ 同上书,第270页。

的总量会惊人地膨胀起来"。① 但是，第一个行为和第二个行为在价值能否增殖上是相互矛盾的。在考察资本积累的场合，马克思暂时撇开流通，这里，当然要联系流通来考察再生产："直接剥削的条件和实现这种剥削的条件，不是一回事。二者不仅在时间和空间上是分开的，而且在概念上也是分开的。前者只受社会生产力的限制，后者受不同生产部门的比例和社会消费力的限制。但是社会消费力既不是取决于绝对的生产力，也不是取决于绝对的消费力，而是取决于以对抗性的分配关系为基础的消费力"。显然，这是生产力和生产关系矛盾的展开，为了应对这个内部矛盾的展开，资本家总是"力图用扩大生产的外部范围的办法求得解决。但是生产力越发展，它就越和消费关系的狭隘基础发生冲突。"② 这无异于饮鸩止渴。为追逐利润的绝对量，生产和实现两种行为的矛盾必然日益增长。如果将外贸撇开，③ 资本家的生产只是供给国内市场，那么由于基本矛盾派生的生产绝对扩大与广大群众消费能力相对狭小的矛盾，势必将这种生产与实现的矛盾推向尖锐化。虽然资本运动"不以个人消费为转移，但是它最终要受个人消费的限制，因为不变资本的生产，从来不是为了不变资本本身而进行的，而只是那些生产个人消费品的生产部门需要更多的不变资本"④。

其次，马克思又说明，追求价值增殖、利润率的提高是资本家要实现的目的，扩大生产则是其实现目的的手段。但是，目的与手段之间却存在着矛盾。扩大生产是与劳动生产率的提高相联系的，从而与现有资本价值的贬值相联系，与利润率的下降相联系。就扩大生产这一手段而言，属于生产力范畴，就提高利润率这一目的而言，则属生产关系范畴，所以这也是资本主义基本矛盾的展开。马克思说："资本主义生产方式包含着绝对发展生产力的趋势，……另一方面，它的目的是保存现有资本价值和最大限度地增殖资本价值（也就是使这个价值越来越迅速地增加）。它的独特性质是把现有的资本价值用作最大可能地增殖这个价值的手段。它用来达到这个目的的方法包含着：降低利润

---

① 《资本论》第 3 卷，人民出版社 1975 年版，第 272 页。
② 同上书，第 273 页。
③ "在分析年再生产的产品价值时，把对外贸易引进来，只能把问题搅乱，而对问题本身和问题的解决不会提供任何新的因素。因此，我们把它完全撇开。"（《资本论》第 2 卷，人民出版社 1975 年版，第 528—529 页）
④ 《资本论》第 3 卷，人民出版社 1975 年版，第 341 页。

率,使现有资本贬值,靠牺牲已经生产出来的生产力来发展劳动生产力"。①在这里,马克思提及资本家的目的与达到目的的手段和方法。显然,目的与手段之间存在矛盾使资本家陷入两难的境地。"手段——社会生产力的无条件的发展——不断地和现有资本的增殖这个有限的目的发生冲突。"②

再次,马克思还联系资本积累、人口相对过剩、商品过剩来说明资本家的资本过剩实际上是资本运动与运动的条件的矛盾。资本运动是宏观的,当然要有良性循环的宏观条件。"这种资本主义生产方式的矛盾正好在于它的这种趋势:使生产力绝对发展,而这种发展和资本在其中运动、并且只能在其中运动的特有的生产条件不断发生冲突。"③ 无论是总体运动本身,还是运动的宏观条件,它们都包含着基本矛盾,所以它们的矛盾,归根到底是基本矛盾的展开。对此,马克思依次分析了这么几种情况:

其一,随着积累和利润率倾向下降,各个部门进入的门槛就会提高,或者说资本的最低限额增加,以致那些利润率下降不会利润量增加得到补偿的资本家的资本过剩,或者那种自己不能独立行动只好以信用形式交给大产业部门的指挥人去支配的资本的过剩。④ 这表明,在资本主义较为发展的阶段,生产力的发展达到更高的程度,由于资本增殖的条件变化,即利润率趋向下降,却不能使全部资本家都以更高的效率剥削雇佣劳动,反而使一部分资本沦为"过剩一族"。对过剩的资本来说,已经不具备按原有程度实现增殖目的的条件了。这意味着并非所有的资本家都能独立地剥削劳动,只要增加以后的资本同增加以前的资本相比,只生产一样多甚至更少的剩余价值量,就会发生资本的绝对生产过剩。这就是说,一个资本家增加以后的资本 $C+\triangle C$ 同增加 $\triangle C$ 以前的资本 C 相比,生产的利润不是更多,甚至更少了。在这两个场合,一般利润率也都会急剧、突然地下降。可见,不管是准备新开张的资本家,还是资本家的积累部分,都会产生一些达不到原有增殖水平的资本家,从而发生资本过剩。这种情况表明,在这个发展阶段,资本家实力和生存能力的分化加剧了。资本家的胃口已经撑大,增殖的欲望更加强烈,他的新资本或追加资本即使不能达到以前的利润率水平,至少也不能低于以前能够得到的利润量。这样,资

---

① 《资本论》第3卷,人民出版社1975年版,第278页。
② 同上书,第279页。
③ 同上书,第287页。
④ 同上书,第279页。

第十四章 总体资本家的再生产行为

本家的部分资本也发生"失业"或"半失业",就像失业工人加压力于在业工人一样,这种失业、半失业资本也会反过来加压力于在业资本,使之以较低的利润率增殖。①

资本家资本的失业、半失业是资本实际上的贬值,必然导致资本的闲置以及更激烈的竞争。原来执行职能的资本家会把他们手中准备投入的△C部分或多或少地闲置下来,以便使他们的原有资本不致贬值,使它在生产领域中占有的地位不致缩小,或者,他们会使用△C,以便即使自己遭受暂时的损失,也能把追加资本的闲置转嫁给新的侵入者,转嫁给他们的竞争者。在任何情况下,一部分旧资本必然会闲置下来,必然会把它必须执行资本职能并自行增殖的那种资本属性闲置下来。但是,究竟是哪部分会这样闲置下来,这取决于竞争斗争。马克思说:竞争不仅决定各个资本家按照各自的投资比例,共同分配共同的赃物,而且决定他们如何分配损失。在这个时候,"每一个人就力图尽量缩小自己的损失量,而把它推给别人。对整个阶级来说,损失是不可避免的。但是每个资本家要分担多少,要分担到什么程度,这就取决于力量的大小和狡猾的程度了,在这种情况下,竞争也就变为敌对的兄弟之间的斗争了。这时,每个资本家的利益和资本家阶级的利益之间的对立就显示出来了"。"结果,一个资本闲置下来,另一个资本被毁灭,第三个资本只受到相对的损失,或者只是暂时地贬值,等等"。② 可见,原先资本家中形成的"资本是天生的平等派"的观念和行为在利润率倾向下降的趋势面前已经发生变化,变为"资本是天生的实力派"了。这与其说是分配损失,不如说是重新分配剥削的条件,或者说是减少了中小资本家的剥削机会。

其二,相对人口过剩既是资本运动的基本条件,又是资本运动的制约条件。在分析总资本积累的场合,马克思暂时撇开资本的过剩,只涉及那些发挥正常职能的资本,因此,在研究资本主义基本矛盾展开的场合,必定要将两者结合起来一起考察。由于存在着资本过剩,同时存在着人口相对过剩,即"一方面是失业的资本,另一方面是失业的工人人口"③,总体资本家的行为条件就复杂化了。即使是正常发挥职能的资本,也有排斥工人的趋势,何况那些

---

① 《资本论》第3卷,人民出版社1975年版,第281页。
② 同上书,第282页。
③ 同上书,第280页。

过剩的资本，更会使工人阶级的一部分闲置下来，并反过来影响在业的工人。而竞争又"会刺激每个资本家采用新的机器、新的改良的劳动方法、新的结合，……提高一定量劳动的生产力，降低可变资本和不变资本的比率，从而把工人游离出来，总之，就是造成人为的过剩人口"①。进一步看，这些过剩人口"不能为过剩的资本所使用，因为他们只能按照很低的劳动剥削程度来使用，或者至少是因为他们按照一定的剥削程度所提供的利润率已经很低"②。不言而喻，这个进程对那些"地位已经巩固的大资本家"③和中小资本家来说，影响是大相径庭的。

其三，对资本家行为目的最大的限制或威胁还是周期性爆发的经济危机。这表明，资本家"已经不能按照资本主义生产过程的'健康的、正常的'发展所需要的剥削程度来剥削劳动"④了。在竞争中，有相当多的资本被贬值，甚至有相当大部分的资本被毁灭。在这里，马克思把资本家之间的竞争与经济危机联系起来。显然，经济危机的发生，再生产过程的条件被破坏了，陷入停滞和混乱，引起再生产过程的突然缩小，使资本家增殖的条件极度恶化。由于出现危机，已经不再只是一部分资本闲置了，还有更多的资本家的资本的物质实体和价值都遭受极大的损失。对总体资本家来说，这种竞争的实质是实现剥削的条件的恶化。这与资本主义初级阶段利润率还没有平均化、还没有趋向下降时的竞争显然不同。危机袭击的不仅是中小资本家，连大资本家也会受到极大的冲击，至少是资本贬值的损失。这个阶段的经济危机不仅产生过剩的资本，还有相对过剩人口相伴，更有周期性的商品生产过剩相伴。⑤诚然，危机也会过去，但是，在生产条件扩大、市场扩大以及生产力提高的情况下，同样的恶性循环将再次发生，使资本家跌入一个永无出路的越陷越深的陷阱。这表明，总体资本家面对的不仅是一个对他们的行为相当不利的行为条件，而且是一个他们无法共同控制的不平衡发展过程，"在资本主义生产内部，各个生产部门之间的平衡表现为由不平衡形成的一个不断的过程，因为在这里，全部生

---

① 《资本论》第3卷，人民出版社1975年版，第284页。
② 同上书，第285页。
③ 同上。
④ 同上书，第284页。
⑤ "资本的生产过剩总是包含着商品的生产过剩。"（《资本论》第3卷，人民出版社1975年版，第280页）

产的联系是作为盲目的规律强加于生产当事人,而不是作为由他们的集体的理性所把握、从而受他们支配的规律来使生产过程服从于他们的共同的控制"。①

在这里,马克思比较集中地论述经济危机与总体资本家行为的关系,是很有意义的。虽然在此之前他的论述也经常涉及危机,但他不在积累和总流通的场合专门研究经济危机,包含有特别的意义。在经济学说史上,已经有人(例如西斯蒙第)将经济危机与工人群众的收入低下相联系,与资本主义各个部门发展不平衡相联系。显然,这是在生产和流通领域中来考察经济危机。这样分析当然有一定的道理,但是还没有触及资本主义基本矛盾,充其量只涉及基本矛盾的表现形式。劳动者的贫困和购买能力低下在历史上长期存在,即使在资本主义以前也存在,但并没有引起危机。而发展比例不平衡只是表面的,从长期看,资本主义的生产还是遵循着按一定比例分配社会劳动的规律。② 所以,马克思不在考察无产阶级贫困化(资本积累)和社会总资本再生产的场合专门论述经济危机,是有意与这些表面的研究划清界限。而在研究利润率倾向下降并把它当作资本主义基本矛盾的表现的场合来考察经济危机,则是将经济危机与资本主义基本矛盾紧密联系起来。显然,这是他的匠心独运,也是他的理论高超和科学的体现。从方法论的角度看,这也是他的有意安排。在前面他主要研究正常的过程、条件,此后,就要研究社会总资本的非常运动。虽然对资本运动来说,危机是周期性的、必定发生的,从这种意义看,它是一种常态。但周期性的经济危机在资本主义的初级阶段还不是典型形态的。在资本家的观念中,大概不会有谁愿意将危机当成常态。经济危机的发生和延伸、发挥破坏作用,使资本运动的典型状态发生了重大的扭曲,它改变了资本运动的社会条件,从而展开了第三对内部矛盾:过程与社会条件的矛盾。当社会条件突然发生重大变化的时候,资本家的常规行为必然要受到冲击。

经济危机对资本运动的影响往往具有突发性,并使各个周期带有阶段性。在危机爆发之前的繁荣时期,一方面,"出现许多新的部门,特别是生产奢侈品的部门"。③ 这意味着社会的消费结构发生变化、转型,随着生产力的发展,"生产部门以及产品的多样化,同一个价值量所代表的使用价值量和奢侈品的

---

① 《资本论》第3卷,人民出版社1975年版,第286页。
② 《马克思恩格斯〈资本论〉书信集》,人民出版社1976年版,第282页。
③ 《资本论》第3卷,人民出版社1975年版,第263页。

量会不断增加"。① 结果是资本家扩大其奢侈消费的数量,相应地,进入奢侈品生产、销售领域的资本家也会增多,以至于社会经济的结构有所变化,即不再一味追求重型化,反而会引导高新技术应用于奢侈品生产。而且工人的生活也有所改善,有"更多的工人结婚,并会减少他们子女的死亡"②。马克思甚至认为,"资本主义生产包含着各种和善意或恶意无关的条件,这些条件只不过让工人阶级暂时地享受一下相对的繁荣"。③——所谓"和善意恶意无关",实际上就是一般过程发展的要求。——这种变化对工人阶级来说虽然比较短暂,但从社会生产发展的角度看,是很有意义的。生产力的迅速发展并不单纯是总量的增加,还伴有质量和结构的优化、升级,同时是优化了结构的增长,这也意味着资本家的行为逐渐适应了这种变化。从一定的意义看,生产力的迅速发展是在产业结构和产品结构、消费结构变化了的基础上迅速发展。只有这样,工人才能在繁荣时期"暂时地享受一下相对的繁荣"。另一方面,繁荣时期也是原有技术基础上迅速扩大的时期,也是其产业结构、产品结构以及各种需要量相对稳定即处于即将变化的时期。这时,那些新的生产部门例如奢侈品的生产,这些部门的利润率往往比较高,④——它只是在发展达到一定程度后才被平均化。——所以吸引了很多资本家进入,以至于产能过大。随着结构的变化,各种比例关系也会发生变化。在一个社会的消费总量中,一般生活必需品主要是工人消费的,但是,产品结构是不断变化、高级化的。如果工人的消费能够及时地赶上消费结构的变化,那么生产还可继续进行;如果生产结构的变化很快,数量增加很快,工人的消费结构跟不上产品结构及其相关产品数量的变化,那么已经高级化的那些产品将大量积压。可见,危机的爆发与产品结构变化、工人消费结构的变化有一定的关系。在这个问题上,马克思在第二卷中已经有了相关的论述:"整个再生产过程可以处在非常繁荣的状态中,但商品的一大部分只是表面上进入消费,实际上是堆积在转卖者的手中没有卖掉,事实上仍然留在市场上。这时,商品的潮流一浪一浪涌来,最后终于发现,以

---

① 《资本论》第3卷,人民出版社1975年版,第244页。
② 同上书,第284页。
③ 同上书,第457页。
④ "这些生产部门把其他生产部门中常常由于不变资本占优势而失业的上述相对过剩人口作为基础,而这些生产部门本身则建立在活劳动要素占优势的基础之上,以后才逐渐地走其他生产部门所走过的路。"(《资本论》第3卷,人民出版社1975年版,第263页)

第十四章 总体资本家的再生产行为

前涌入的潮流只是表面上被消费吞没。商品资本在市场上互相争夺位置。后涌入的商品，为了卖掉只好降低价格出售。以前涌入的商品还没有变成现金，支付期限却已经到来。商品持有者不得不宣告无力支付，或者为了支付不得不给价就卖。这种出售同需求的实际状况绝对无关。同它有关的，只是支付的需求，只是把商品转化为货币的绝对必要。于是危机爆发了。"[①]

马克思还说明，在危机过后的停滞阶段，生产资料的价格下降，"也会刺激每个资本家采用新的机器、新的改良的劳动方法、新的结合"。[②] 也就是说，每次危机过后的大规模投资绝不是在原有技术水平基础上的扩大，必定是固定资本在新的技术基础上的大规模更新。所以，资本家只要没有因危机而被消灭，他们就可以在渡过危机和萧条之后，使自己在更高的技术基础上发展生产。只要资本主义没有因经济危机而崩溃，由于危机毁灭了一部分生产资料和商品，强制地恢复了平衡，而且不是在原有基础上的简单重复，而是在优化了产业结构、产品结构、就业结构、消费结构的基础上形成新的平衡，它的发展就会更快，水平就会更高。这也表明，这个阶段资本家的投资理念和行为已经比较成熟，勇于打破坛坛罐罐，敢于舍本追逐更新的行为方式，因此，其实力就会更快膨胀，资本主义的发展就会更快。

到《资本论》第三卷第三篇为止，马克思研究的都是产业资本，都是以产业资本为社会总资本的代表，所以能够在第十五章"规律内部矛盾的展开"中论述资本主义基本矛盾的发展。他在最后指出的资本主义生产的三个主要事实，实际上是对以产业资本家为代表的社会总资本研究的一个总结。在这里，他强调指出："生产资料集中在少数人手中，……这些资本家是资产阶级社会的受托人，……会把从这种委托中得到的全部果实装进私囊。"[③] 既然他强调了资本家这一主体，那么我们就应该看到，这里的论述是从总结的角度来说明资本家作为经济主体总体在利润率倾向下降、各种内部矛盾充分展开的过程中其总体行为的特点的：

[①] 《资本论》第2卷，人民出版社1975年版，第89页。
[②] 同上书，第284页。
[③] 同上书，第296页。

其一，利润率倾向下降的规律是与劳动生产力的发展紧密联系的。但是，不同产业部门的生产力发展水平不仅程度上不相同，方向上也不尽相同，这决定了各个部门的发展不仅水平极不相同，而且结构比较复杂。那些发展水平高、方向符合社会需要发展的资本家的行为虽然在客观上正好符合资本家的历史使命："毫无顾忌地按照几何级数推动人类劳动的生产率的发展"①，但是，这种进步仍然局限在可以为他们增加利润并且不会导致原有设备贬值的范围内。恩格斯在编辑这段文稿时还按照马克思的精神②进一步说明，提高劳动生产率会导致商品中包含的过去劳动的份额增加，但包含的活劳动份额减少，并且所减少的活劳动要大于所增加的过去劳动。"对资本来说，不是在活劳动一般地得到节约的时候，而是只有在活劳动中节约下来的有酬部分大于过去劳动的追加部分的时候，这种生产力才提高了"。③ 可见，资本家行为在客观上的"进步性"是受资产阶级狭隘利益的严格限制的。所以，既要承认他们的行为有进步性，也不能离开他们行为的目的来奢谈其历史使命。

其二，随着生产力的发展，资本家的权力也在发展，"资本越来越表现为社会权力，这种权力的执行者是资本家"，④ 不过，这不意味着社会的权力与个人的权力在资本家个人身上完全统一了。这种权力主要是施加在工人阶级身上的，这是一方面；另一方面，这种权力又表现为资本家、尤其是大资本家个人的权力，或者说人格化为资本家的权力，而"与社会相对立"⑤。实际上，资本家是包含着许许多多资本家的总体，其中大资本家独占着或占据大部分独立化的社会的权力，而与其他中小资本家拥有的个人权力相对立。可见，即使就资本家垄断社会权力的行为本身来看，也包含着致命的矛盾和对立：一方面是资产阶级与工人阶级之间的根本性矛盾，另一方面是资产阶级内部的大资本家与中小资本家之间、主导产业与非主导产业之间、占竞争优势的资本家与其他资本家之间的矛盾。这种"一般的社会权力和资本家个人的……私人权力之间的矛盾，发展得越来越尖锐，并且包含着这种关系的解体，因为它同时包

---

① 《资本论》第3卷，人民出版社1975年版，第292页。
② 同上书，第7页。
③ 同上书，第292页。
④ 同上书，第294页。
⑤ 同上。

含着生产条件向一般的、共同的、社会的生产条件的转化"①。

其三，生产力的发展虽然导致利润率的下降，但这并不降低其积累的欲望和能力。积累和生产力的发展会使相关的资本家在一定的时间内获得超额利润，这当然会影响其他的资本家。为此，全体资本家都必然保持着强烈的积累欲望。

如果从客观的意义看，自从经济危机正式进入资本运动运行的轨道以后，它就周期化了："正如天体一经投入一定的运动就会不断地重复这种运动一样，社会生产一经进入交替发生膨胀和收缩的运动，也会不断地重复这种运动。而结果又会成为原因，于是不断地再生产出自身条件的整个过程的阶段变换就采取周期性的形式。"② 但是，只有极少的资产阶级学者像西斯蒙第才发现资本运动与经济危机的必然关系，但却有肤浅之嫌，而其他的资产阶级学者，或者是不承认资本主义会发生经济危机，或者是像凯恩斯那样，曲解经济危机的根本原因，将危机非常态化（因为危机只占一个周期的小部分时间），因而都不能真正理解包含着周期性危机的资本运动。反之，马克思则联系"周期性"来证明经济危机不可克服，联系固定资本的周期性在更高的技术基础上更新来说明它对后续经济周期发展的意义，联系资本家的行为来展开资本主义的基本矛盾，从而使他的理论更有现实性、科学性。

第三节　商业资本家参与利润率的平均化

产业资本家在其执行职能的过程中，既懂得对工人实行分工，自然也懂得自己实行分工。经验和资本职能的独立化过程教会他们，分工可提高效率。但是，分工必须以职能的独立为前提，而以产业资本家为代表的资本在实际运动中总是以三种不同形式的资本存在，并发挥不同的职能，即货币资本、商品资本和生产资本三种资本职能，并且经过三个不同的职能阶段。这三种职能资本既互相联系，又各自发挥特殊的职能，因此可以彼此独立。他们更懂得，流通的加速会提高资本的效能。随着资本运动的发展，这些资本形式因职能形式的独立化和固定化，发展为人格化的独立化，随即，生产资本家（即产业资本家）、货币资本家、商品资本家也彼此独立，从而使产业资本家的内部分工发

---

① 《资本论》第3卷，人民出版社1975年版，第294页。
② 《资本论》第1卷，人民出版社1975年版，第694—695页。

展为社会总资本中不同的具体形式之间的分工，或者说，发展为产业资本家与商业资本家之间的分工。"只要处在流通过程中的资本的这种职能独立起来，成为一种特殊资本的特殊职能，并且固定下来"，专门经营大批量商品的买卖就"成为一种由分工给予特殊种类资本家的职能"①。马克思认为，从产业资本中分蘖出包括商品资本和货币资本的商业资本，从产业资本家中分蘖出商业资本家，——也包括商品经营资本家和货币经营资本家，随着货币经营资本与信用结合转化为生息资本、货币经营资本家转化为生息资本家，商品经营资本家同时也就成了商业资本家，我们这里正是在这种意义上研究商业资本家的，——这是在"资本的核心构造"内部产生的分工。商人的活动只是为了把产业资本家的商品资本转化为货币所必须完成的活动，只是对商品资本在流通过程和再生产过程中的职能起中介作用的活动。

和产业资本家一样，商业资本家要实施其职能行为，也要有一定的资本。他不断地重复为卖而买这一行为，当然需要一定的资本。"商品经营者，作为一般资本家，首先是作为某个货币额的代表出现在市场上；他作为资本家预付这个货币额，也就是说，他要把这个货币额从 x（这个货币额的原有价值）转化为 $x+\triangle x$（这个货币额加上它的利润）。……因为他不生产商品，而只是经营商品，对商品的运动起中介作用，而要经营商品，他就必须首先购买商品，因此必须是货币资本的所有者。"② 当然，这个货币额也不能太多或太少，不能"超过它的必要的比例"③。

这样看来，商业资本家替代了产业资本家经营商品资本的职能，对前者来说，他的业务实质上是一种替代性的或代理、代表性④的行为。可见，资本家之间不仅有竞争、联合的关系，还有代理关系。当然，代理关系也包含竞争，特别是因代理而产生利润率的平均化。

一、商业资本家行为的特点

虽然商品资本和生产资本的职能殊不相同，但商业资本的运行同样包含一

---

① 《资本论》第3卷，人民出版社1975年版，第298页。
② 同上书，第299页。
③ 同上书，第307页。
④ "同一商品资本原来在市场上是由麻布生产者代表的，现在则由麻布商人来代表了。"（《资本论》第3卷，人民出版社1975年版，第305—306页）

第十四章　总体资本家的再生产行为

般过程和特殊过程,具有一般性和特殊性,商业资本家的行为同样具有这种双重性。

商业资本家有买有卖,致力于商品的形态变换,包含有一般过程的行为,但又不同于一般的商品交换:

第一,和一般的商品交换不同,他们的买卖不是为了追求对自己有用的使用价值,而是为了使价值增殖,这是根本性的区别。

第二,他们不是像一般商品交换那样先卖出再买进:W—G—W,而是先买进后卖出:G—W—G′;而且是大量地集中买进,又大量地卖出,只不过有部分是分散地卖出,最后流回商业资本家手中的是货币。

第三,他们买进和卖出的都是同一种商品,而且进出的商品总量都一样。"这个商品卖了两次",这在一般商品交换那里是不可思议的。

第四,简单商品交换从总体和长期看是等价交换,而商业资本家出售商品在社会表面上却都是"贱买贵卖"。

第五,简单商品交换只凭经验和习惯进行,只执行自己的意志。反之,发展成熟的商业资本家能够及时地掌握市场的供求信息,包括各种结构和数量信息,也有能力组织货源以满足市场需求。他们一头代表全体消费者,包括生产消费者和生活消费者,另一头代表全体资本家,从一定的意义看,社会化大生产就是通过这些商业资本家的中介而组织和大规模地实现的。当然,他们也只是通过对市场上供求信息的了解而组织商品的供销,所以,对社会化大生产的组织只是从其客观作用看的。

第六,他们还能够通过银行信用调动自己和别人的、现在和将来的货币来调节供求,所以其行为包含有虚拟的成分。如果他在进货时的货币只是执行支付手段的作用,而他在到期以前已经把商品卖掉,那么他用不着预付货币资本就能够对产业资本家支付了。

第七,他们的周转很快,所以自有资本部分和他们所经营的交易量所需要的资本量相比较,是相对地、绝对地少。

商业资本家为卖而买,致力于"把这个货币额从 x(这个货币额的原有价值)转化为 $x+\triangle x$(这个货币额加上它的利润)",当然是特殊过程的行为。但它作为商品资本的独立化的职能行为,作为特殊过程的买卖行为,与产业资本家自己经营商品资本的买卖(自产自销)行为又有不同:

第一,他们不像自产自销的产业资本家那样,只经营自己的产品,而是全体产业资本家的买卖总代理，不仅仅经营某一领域产业资本家的商品，而是经营全体资本家的所有产品的买卖，包括生活资料和生产资料，品种数量都极其庞大，不是自产自销的单个资本家所能比拟的。

第二，商业资本家始终是进什么货卖什么货，而自产自销的产业资本家买进的商品是生产资料和劳动力，卖出的则是另外的商品即制成品。

第三，他们经营的既有现货又有期货，但主要是现货。经营的现货中，有正常的非自愿储备，这是非投机性的。但是，自愿和非自愿的区别并没有很明显的界限，在各个商业资本单个资本之间的竞争中，必然超出这种客观的需要量，形成非正常的、投机性的储备。就前者而言，当然是实体性的，而后者则有虚拟性，因为很有可能将正常非自愿储备变成非正常的自愿储备，使正常储备的"蓄水池"泛滥变成"积水坑"，"这时，商品储备已经不是不断出售的条件，而是商品卖不出去的结果。"① 而自产自销的产业资本家虽然也有现货和期货，但其储备量和时间也相对较短，因为他们对市场行情的了解不如商业资本家，从而其投机性不如商业资本家强。

第四，商业资本家把他的全部时间用于出售商品，而自产自销的产业资本家则把时间主要用于生产过程。

第五，商业资本家把他们的资本分为两个部分，只经过买与卖两个阶段，发挥两种职能，可以同时买进商品又卖出商品，所以资本周转很快。而自产自销的产业资本家却要经过供、产、销三个阶段，周转较慢。

第六，因为经营品种多、数量大，为经营方便，他们还不完全只执行商品的形态变化的职能，还兼任产业资本家的某些职能，如商品的运输和储备，——也许是为了研究的方便和范畴内容的确定性，马克思没有在这里涉及这些业务。——既是为了采购，也是为了销售；而产业资本家进行运输和储备，主要是为了集中卖出。

作为特殊过程的行为，商业资本家的职能行为与产业资本家的主营业务差别就更大了：

第一，他们并不生产商品，只是专门从事出卖商品的中介行为，所以他们与商品价值的生产无关。它的中介行为是先按照批发价购买职能资本家（即生产商或产业资本家）的商品，然后再按零售价卖掉。可见，他们使这些商

---

① 《资本论》第 2 卷，人民出版社 1975 年版，第 166 页。

品价值分两次实现,一次是在生产商那里,一次是在自己这里。如果还有一系列商人插在中间,它还可以卖许多次。这种情况有点像信用交易场合的价值与使用价值的实现在时间和地点上分离一样,但性质不同,实际上是经销商作为中介,取代了供应商的地位。"商人的活动只是为了把生产者的商品资本转化为货币所必须完成的活动,只是对商品资本在流通过程和再生产过程中的职能起中介作用的活动"①,是将生产者的附带活动,变成商品经营者的专门活动,并且作为一种特殊投资的业务而独立起来。但正因为他们的行为仅限在流通领域,所以其观念很容易受流通假象的影响。

第二,他们的周转很快,"商业资本家的一次周转,与一个同样大小的产业资本的周转或一次再生产,是不同的"。② 它同若干个产业资本的周转的总和相等。

第三,最重要的是其获得利润的方式不同。商业资本家投入资本,当然要获得利润,而且要按照和产业资本家一样的利润率获得利润。否则,他们宁愿将资本投入生产过程中,与产业资本家一起分享工人阶级创造的利润。对他们来说,没有太多的机器设备,所以资本的转移是最容易不过的,"没有哪一种资本比商人资本更容易改变自己的用途,更容易改变自己的职能了"。③ 正因为这样,在实际过程中,利润率的平均化最先在商业资本家中间形成。但是,他们获得的利润,并非自己的雇佣工人创造,而是从产业资本家那里瓜分来的,只不过在社会表面上表现为对批发价的"加价"。当然,这是一种名义上的加价。正是通过这种奇特的方式,商业资本家参与了社会总资本利润率的平均化,因此一举,利润率充分平均化了。也因为如此,马克思认为商业资本与产业资本构成资本的"核心构造"④。

但是,商业资本家预付的资本中,除了向产业资本家购买商品的部分外,还要有纯粹流通费用(运输、保管等费用除外)的支出和商业工人的工资。商业资本家预付这些资本,当然也要和购买商品资本一样获取相应的利润。对所有处于"核心构造"范围内的资本家来说,在其心目中,其资本的任何一部分都具有同等的增殖能力。进一步说,商业资本家只是产业资本家经营商品

---

① 《资本论》第3卷,人民出版社1975年版,第301页。
② 同上书,第308页。
③ 同上书,第314页。
④ 同上书,第297页。

资本的代理人,如果产业资本家自己经营商品的买卖,他们也要支付这些资本,并且也要比照平均利润率获取这些资本的利润,何况商业资本家专业的代理行为比产业资本家的自产自销更有效率,所以产业资本家也要像按照平均利润率让渡一部分利润给商业资本家购买商品的资本一样,将本来自己经营商品买卖要预付这些资本(即纯粹流通费用和营销工人的工资)所要获取的利润让渡给商业资本家。对产业资本家来说,这样做似乎减少了利润,但"减少程度较小了,方法也不同了"[①]。

作为资本家,商人也要剥削商业工人的劳动。不言而喻,商业工人的劳动也分为有酬劳动和无酬劳动。对商业资本家来说,商业工人的无酬劳动减少了他实现剩余价值的相应费用,这些减少的部分自然也形成了他的利润。

二、商业资本家的周转行为

作为商品资本的独立化形态,商业资本家的资本也是不断运动、不断周转的。

在考察社会总资本的流通时,马克思已经阐明,不同部类之间的交换需要有一定量的货币推动和润滑,但在相对抽象的研究条件下,资本家还没有分化。在考察商业资本的运动场合,这种规定比较具体了。这里的研究表明,正是商业资本家垫支了这些资本。由于它的周转较快,所以能"以一当十",以较少的资本量推动了整个社会的总商品资本的周转。

商业资本家资本的周转也有其特点,它包含着 G—W 和 W—G 两个环节,而一般的商品资本周转则是 W—G。它的周转也与产业资本的周转不同,后者包含生产时间和流通时间,而商业资本则只包含流通时间,不创造剩余价值,只起中介作用。它的资本支出,只是垫支,而不是花费掉,并且还要带来一个增殖额。在商人那里,"同一货币资本(不管它是由什么样的货币单位构成),同一货币价值,按其价值额反复买卖商品资本,因而作为 $G + \triangle G$ 反复流回同一个人手里,也就是作为价值加上剩余价值流回它的起点。这就是它的周转作为资本的周转所具有的特征"[②]。

商品经营资本的反复周转,始终只是表示买和卖的反复;而产业资本的反

---

① 《资本论》第3卷,人民出版社1975年版,第325页。
② 同上书,第339页。

第十四章 总体资本家的再生产行为

复周转,则表示总再生产过程(其中包括消费过程)的周期性和更新。所以,他要加速周转,既取决于产业资本生产时间的长短,又受到消费速度的影响。他们的运动除了有这种内部依赖性,——因为它对产业资本家的依赖表面上看不出来。——还有外部的独立性。在没有发生危机的时候,他们会突破生产和消费速度这两个界限。首先,他会缩短生产资本卖出的时间,其次,他会利用信用制度,在已买物品最终卖掉以前可以再进行购买。这样看,商业资本家并非总是被动的。他的外部独立性还会因为资本运动进入高潮时期而加剧,这时,投资转化为投机,它的周转运动在一定界限内就不受再生产过程的限制,不仅一个商人总是把同一商品卖给另一个商人,造成流通的繁荣,而且一个产业资本家也会推动一系列其他资本家。在这个时候,商业资本家的大量采购必然驱使再生产过程越出它的各种限制。他们不仅促使庞大的不变资本和不变资本之间发生不断的流通(甚至把加速的积累撇开不说也是这样),而这种流通不以个人消费为转移,——商业资本家不仅是生产资本家与个人消费者之间的中介,而且是产业资本家特别是生产资料的生产和消费之间的中介,——而且促使生活资料的生产超出个人消费的限制。但是,在一定的时候,由于商人的大量采购会造成虚假的需求,并刺激产业资本家在一段时间内能够将生产安稳地进行下去。在这些部门,商人和产业家的营业非常活跃,商人的周转随之加速。可见,商业资本家的周转行为既有实际性,又具有表面性。一旦那些把货物运销远处(或存货在国内堆积起来)的商人的资本回流缓慢,数量少,以致银行催收贷款,或者为购买商品而开出的汇票在商品再卖出去以前已经到期,危机就会发生。这时,强制拍卖,为支付而进行的出售开始了,于是危机爆发了,它一下子就结束了虚假的繁荣。对产业资本家来说,只要产品能够卖得出去,就意味着有需求。但是,商业资本家的介入使这种需求表面化、虚拟化了。虽然不能说是因为商业资本家的投机行为导致危机,但是,正因为他制造了虚假的需求,导致产业资本家的疯狂生产,以致使经济周期波动的振幅过大。

这样看来,似乎商业资本家的经营风险大于产业资本家,利润率也未必达到平均的水平。其实不然,由于商业资本家的资本周转快,危机结束的时候产业资本家需要更新固定资本也是要先经过商业资本家的手。所以,就一个周期看,他们还是能够获得平均利润的。

三、周转中的全方位竞争

在周转中,商业资本家也免不了与其他有实力的主体展开剧烈的竞争。马克思对商业资本的考察,一方面是从外部来看商业资本家与产业资本家的相互关系,另一方面是从内部来看,涉及不同行业商业资本家之间的关系和同一行业商业资本家之间的关系。其中当然要涉及周转与商品价格的关系,这又是从总量和个量两个方面来考察。

关于第一方面的关系,在商业资本家与产业资本家的相互关系中包含着代表和竞争两类关系。商人不仅是产业资本家与最终消费者之间的中介,还是不同产业资本家之间的中介。在后一场合,他的 W—G 总是代表着一个产业资本家的 G—W,而他的 G—W 又总是代表着另一个产业资本家的 W—G。

关于商人与产业资本家的竞争,马克思首先结合不同的发展阶段来考察。他发现,"商人怎么干,完全取决于资本主义生产方式的发展程度,而不是取决于商人的愿望"。① 在资本主义发展的不同阶段,商业资本家即商人从剩余价值中占有的份额是不同的。在较高的发展阶段比在较低阶段要小得多。"过去,商品的商业价格高,是由于:1. 生产价格高,也就是说,劳动生产率低;2. 缺少一般利润率,商人资本从剩余价值中占有的份额,比它在资本可以普遍移动时应该得到的份额大得多。因此,从两方面来看,这种状况的消除都是资本主义生产方式发展的结果。"② 这意味着在资本主义比较发达的阶段,商业利润总量在社会总资本所占有的利润总量中的份额减少了。

其次,马克思又考察了同一发展阶段在平均利润率确定的条件下,产业利润和商业利润在利润总量上的分割即分赃。在利润率平均化以后,各个部门资本量的大小决定其利润量的多少。在这个阶段,商业资本的总量在社会总资本中所占的份额并非固定的。如果商业资本总量在社会总资本中的份额减少了,它所能分割到的商业利润总量也就减少。随着资本主义的发展,商业资本的周转加快了。"发达的资本主义生产方式会对商人资本产生双重影响:同量商品可以借助一个数量较小的实际执行职能的商人资本来周转;由于商人资本周转的加速和再生产过程速度的加快(前者以后者为基础),商人资本和产业资本

---

① 《资本论》第3卷,人民出版社1975年版,第343页。
② 同上书,第345页。

第十四章　总体资本家的再生产行为

的比率将会缩小。另一方面，随着资本主义生产方式的发展，一切生产都会变成商品生产，因而一切产品都会落到流通当事人手中"①。其结果则会增大商业资本家的资本总量，从而增大他们的总利润量。

不仅商业利润的绝对量在两种趋势中变化，而且利润的相对量即利润率也是这样。一方面，商人加速其资本周转的客观结果是它在社会总资本中的相对量减少，"各种会缩短商人资本平均周转的情况，例如，运输工具的发展，都会相应地减少商人资本的绝对量，从而会提高一般利润率"。②而且，在这个发展阶段，商业资本也会发生过剩，不执行职能或半执行职能的商人资本会增加。同时，周转加速又会降低商业资本家一个周期的利润率。另一方面，因为商品总量增加了，增加了的商业利润量与因周转加速而减少了的商业资本相比，利润率当然也有所提高。

可见，无论从利润的绝对量还是从利润的相对量看，商业资本的周转加速对商业资本家来说，都具有正负两方面的作用。

关于第二方面的关系即商业资本家的内部竞争，马克思假定，在商人资本同总资本相比的相对量已定的情况下，不同商业部门中周转的差别，就不会影响归商人资本所有的总利润量，也不会影响一般利润率。在这种情况下，商人的利润不是由他所周转的商品资本的量决定的，而是由他为了对这种周转起中介作用而预付的货币资本的量决定的。正如在产业资本领域中有大、中、小资本的区别一样，在商业资本家的集团中，也有这样的区分。马克思说明，在商业经营中，同一职能，不管是大规模完成还是小规模完成，都要花费同样多的劳动时间。显然，大商人的实力雄厚，其经营当然比中小商业资本家经济，而且他经营的商品也比较多，所以他所得到的利润量自然较多，他雇用的商业工人也多，得到因工人无酬劳动而节约的支出也多。随着周转次数的增加，大商人必然能够更快地积累，并且像大产业资本家那样，在与中小资本家的竞争中实现资本的集中。这不仅是一种逻辑，更是一种历史事实："从历史上看，集中的现象在商人的业务中比在产业工场中出现得早"。③

此外，马克思还考察了商人之间的一般竞争。他虽已指出有一般的价格竞

---

① 《资本论》第3卷，人民出版社1975年版，第346—347页。
② 同上书，第346页。
③ 同上书，第329页。

争,例如,一个商人为了击败他的对手而廉价出售商品,它关系到商业利润在各个商人之间的分配;但他更多地注意通过周转而进行的竞争,例如,有些竞争也可以压低出售价格(这不外乎就是他加到价格中去的普通利润),以便在他的营业中有较大的资本迅速地周转。① 对此,马克思分析了两种情况:

其一,他指出,在商业利润总量确定的条件下,商业资本家之间的竞争主要是围绕周转速度进行的。商人资本的周转当然与商品生产价格有一定的关系,一方面,因为生产价格是由产业部门的成本价格和平均利润率决定的,在利润率充分平均化后,商业资本的利润率对一般利润率的影响并不大。另一方面,商人资本的周转却能够影响单个商品的市场价格。"不同商业部门的商人资本的周转次数,会直接影响商品的商业价格。商业加价的多少,一定资本的商业利润中加到单个商品的生产价格上的部分的大小,和不同营业部门的商业资本的周转次数或周转速度成反比。如果一个商人资本一年周转五次,而另一个商人资本一年只能周转一次,那末,前者对同一价值的商品资本的加价,就只有后者对同一价值的商品资本的加价的 1/5。"② 这样,周转快的商人既赚得时间,又赚得"地盘"即市场份额。

其二,商业资本家加速周转行为,主要是为了获得超过平均利润的利润。一方面,在不同商业部门之间,不同周转时间"表现在这样一点上:一定量商品资本周转一次获得的利润,同实现这个商品资本的周转所需的货币资本的周转次数成反比。利润小周转快,特别对零售商人来说是他原则上遵循的一个原则"③。另一方面,在同一商业部门内部,撇开资本量的大小不说,有的商业大资本家设备好,卖场大而多,交通运输条件比较好,信息比较灵敏,信用也比较好,他的周转必定较快。结果,无论在哪个场合,高于平均周转次数的商人,"他会象在比平均条件更有利的条件下进行生产的产业资本家那样,赚到超额利润。如果为竞争所迫,他可以卖得比他的伙伴便宜一些,但不会使他的利润降到平均水平以下。如果那些使他能加速资本周转的条件本身是可以买卖的,例如店铺的位置,那末,他就要为此付出额外的租金,也就是说,把他的一部分超额利润转化为地租"。④

---

① 《资本论》第3卷,人民出版社1975年版,第343页。
② 同上书,第348页。
③ 同上书,第351页。
④ 同上。

马克思还指出，商业资本家之间的竞争行为必然产生一系列假象，而商人们也必然全都依据这些假象形成自己的观念。"商人资本的周转对商业价格的影响却会呈现出各种现象，如果不详细地分析许多中间环节，这些现象似乎表示价格完全是任意决定的，也就是说，似乎表示价格只是由于资本突然决定要在一年内获得一定量的利润而决定的。特别是由于周转的这种影响，似乎流通过程本身会在一定范围内不以生产过程为转移而独立地决定商品的价格。一切关于再生产总过程的表面的和颠倒的见解，都来自对商人资本的考察，来自商人资本特有的运动在流通当事人头脑中引起的观念"。"不言而喻，在资本主义生产当事人和流通当事人的头脑中，关于生产规律形成的观念，必然会完全偏离这些规律，必然只是表面运动在意识中的表现。商人、证券投机家、银行家的观念，必然是完全颠倒的。"①

第四节　职能资本家与货币资本家之间的分赃

在前面的考察中，马克思都是假定所有的资本家，包括产业资本家和商业资本家都用自有的资本来经营。这些资本最初都表现为货币资本，都是实际进入生产过程或流通过程的资本，可以说是一种"实业资本"，并且都是实体资本，——与虚拟资本相对的。——因为是自有的资本，所以都是与资本所有权紧密结合。但在现实过程中，不但他们经营的资本中包含有借入部分，要还本付息，而且即使是对自有的资本部分，也是要比照借入部分给自己还本付息的。所以，在这里，马克思不再保留原来资本家拥有资本所有权的条件或假定，让借贷关系回归研究过程，分析借入与贷出两种主体的行为。

随着资本主义经济的发展，货币经营资本作为包含有各种纯粹技术性的活动都独立起来，作为货币资本的独立化，从产业资本家那里分离出来，成为一种特殊资本的职能。不过，这种职能只是在使用权的范围内发挥，没有涉及这些货币资本的所有权，并且"与信用制度相分离"②，还没有凸显资本所有权。一旦与信用制度相联系，货币资本的所有权就突出了。在资本主义较为发达的

---

① 《资本论》第3卷，人民出版社1975年版，第349、350页。
② 同上书，第359页。

阶段，一切都商品化了，货币资本的所有权也必然独立化、商品化，以致在实际发挥职能的产业资本家和商业资本家的观念中、在簿记上，资本的实际职能和所有权职能也都是分开的。所以，在考察完"资本的核心构造"之后，就应该进一步结合信用关系考察另一种只经营资本所有权职能的生息资本，这是一种与产业资本、商业资本相对立的资本形态。表面看，生息资本家是在经营货币资本，但实际上只涉及其货币资本的所有权，因为货币资本在贷出之后，其使用权就归借入者即职能资本家了，而生息资本家却根据其始终保留的贷出货币资本的所有权，从贷入资本的职能资本家那里获得利息。换句话说，利息只与资本所有权有关，而与资本使用权无关。否则，职能资本家也可以获得利息了。生息资本家取得的利息，是产业资本、商业资本的剩余价值派生出来的。既然涉及的是所有权，那么所有权一定是有归属的，即与一定主体相联系的，这就是货币资本家。而且，既然是一种所有权关系，而且与使用权在一定程度上分离，又必然是一种信用关系，那么，必然不是独立发挥职能的。离开借入方，信用关系就不能成立，贷出者的所有权就失去经济价值。

鉴于借贷关系有很长的历史，在资本主义以前已经存在、发挥作用，所以马克思在这里特别说明，这里研究的是体现资本关系的典型形态的生息资本，并且还要以阶段发展的观点来看生息资本的运动："这里出现的一切关系，从简单商品的观点来看，或者从那种在再生产过程中作为商品资本执行职能的资本的观点来看，都是不合理的。"① 显然，第一种观点是与资本主义起点的简单商品生产相适应的，第二种观点是与资本主义初级阶段相适应的，——那时商品资本还没有独立化。——而正确理解"这里出现的"借贷关系的新观点，则应该与更高的发展阶段相适应。② 由此可见，马克思区分了三种发展阶段，并认为应该有三种与之相适应的、依次发展的观点。显然，这是马克思改造并使之科学化的历史与逻辑统一的方法的巧妙运用。我们在考察单个资本运动的时候，是从第二种观点看的，在这里考察资本主义较为发展阶段的社会总资本

---

① 《资本论》第3卷，人民出版社1975年版，第396页。
② 马克思严格地区分资本主义不同的发展阶段，在另一个地方，马克思也说："当供求是在资本主义基础上发生的时候，当商品是资本的产品的时候，供求以资本主义生产过程为前提，因而是和单纯的商品买卖完全不同的复杂化了的关系。……在简单的买和卖上，只要有商品生产者自身互相对立就行了。"（《资本论》第3卷，人民出版社1975年版，第396页）

第十四章 总体资本家的再生产行为

的运动当然要有新的观点,研究才是合理的、科学的。

为了简便,马克思把资本家分为两个集团——职能资本家(包括产业资本家和商业资本家)和货币资本家。虽然从较长的时间看,每个资本家时而是借方,时而是贷方,角色不确定。但至少在特定的时间内和特定的合同中,他们都是确定的借方和贷方,实施借入和贷出两种不同的职能行为。由于这两种行为都是大量实施的,各有共同的特征和规定,所以马克思将它们合并起来一起考察。可见,这里考察的是资本的借贷关系,不过是两个资本家集团之间共同瓜分剩余价值的关系。

生息资本的贷出是要获得利息的。这里,马克思先研究还本时要一次付清利息的生息资本,再考察付息与还本分开的生息资本①,这实际上涉及两种货币资本家的行为。关于利息,他先研究利息的质——剩余价值的直接扣除额,再研究其量。

这里的研究还包含着比较发展的一般过程的关系:商品所有权的独立化、商品化、资本化,所有权与经营权(使用权)的分离,由此又涉及商品经济中普遍存在的信用关系,但已不是简单商品生产阶段的那种信用关系。

马克思在这里是从一个新的角度来考察社会总资本的特殊的独立化的职能形态,考察的是 G—G′ 或 G—G—W—G′—G′ 这种过程形式。他先从 G 的特殊使用价值开始,涉及资本的所有权规定;再从其所有权与使用权在运动中的分离,专门考察留在借贷资本家手中的资本所有权,阐明社会总资本在使资本的使用权商品化的同时,也使资本所有权商品化。

借贷资本的运动以一定的信用关系和法律关系为基础和前提,但已不是简单商品生产阶段的那种信用关系和法律关系。在最初的信用关系中,商品的使用价值、价值与其所有权一起转移到另外的主体手中,但对赊销方来说,价值没有随之实现。而在后来发展起来的借贷资本所赖以运动的信用关系中,法律上的所有权却始终没有从货币资本家手中转移出去。

一、职能的独立化和资本家之间职能的分化导致资本"两权分离"

在资本主义较为发展的阶段,任何一笔一定数量的资本额,除非它是储藏

---

① "我们以后还要特别考察一种形式,按照这种形式,在贷出期内,利息按期流回,但资本不流回,它要等到一个较长的时期结束时才偿还。"(《资本论》第 3 卷,人民出版社 1975 年版,第 392 页)投资股份公司就是其中的一种。

《资本论》经济行为理论的具体化

在资本家自己的钱柜里,一旦运用起来,不管是在流通中、生产中,还是退出生产、流通而处于"窖藏"①的时候,都可以带来或"生出"利润,都有这种特殊的"使用价值"。正因为这样,不管是暂时闲置的资本,还是因一般利润率趋于下降在资本市场上游荡的"过剩资本",都不会轻易放弃这种特殊的"使用价值"。同时,由于社会总资本的各个部分处于运动过程中的不同阶段,处于经济周期的不同阶段,或者由于生产力的跳跃式发展,时不时有追加资本的需要。正是在此基础上,流通过程中早已存在的货币资本才能够通过信用关系、信用制度转化为借贷资本或生息资本,成为一种独立化的形态,发挥特殊的职能,从而从资本家阶级中独立出一个货币资本家或生息资本家集团。与此相适应,也生成一个职能资本家集团。不过,这两个集团并非完全分离和对立的,反之,在实际过程中,各个资本家都既是贷出者,又是贷入者。为了考察的方便,马克思将两种职能彼此分开。

在考察资本积累的时候,马克思已经阐明了一部分中小资本家迫于无奈将自己资本的使用权交给大资本家使用,形成资本使用权的"联合经营(例如股份公司)"②。那是一种基于信用而产生的一种经济行为。而这里,我们又看到,不仅中小资本家,而且还有大资本家,也会不时将自己的资本暂时借给别的资本家使用,同时也经常向别人借款使用。以贷出而言,它是在一定的信用基础上产生的,并且能够获得收益即利息,当然是一种经济行为。

生息资本家的行为是一种新型的信用行为。生息资本家之所以愿意、敢于将资本的使用权交给别人,除了一定的法制基础外,完全出于相信对方能够按照约定,在一定的时间内还本付息,换句话说,这是一种有一定契约关系的信用行为。这种行为,在简单的、一般的商品生产条件下已经发生,在资本主义初级阶段已经发展(但还没有完全独立化),在资本主义较为发展的阶段才成熟而典型化,所以马克思在考察完资本的"核心构造"之后再来研究它。只有在这个时候,资本的所有权才完全独立化。这个阶段发生的信用行为,已经不再是简单商品的赊购赊销,而是货币资本所有权与使用权的分离并被货币资本家将使用权贷出。它不仅能够给货币资本家带来收益,而且也能够给职能资本家带来收益,甚至后者比前者还多,所以它是一种新型的信用行为。

---

① 如转化为葡萄酒窖藏在地窖里。
② 《资本论》第2卷,人民出版社1975年版,第396页。

第十四章　总体资本家的再生产行为

还要看到，这种新型的信用行为与用资本使用权参与联合经营这种信用行为有明显的区别；后者是长期的联合，是参与投资，是投资者，在理论上或按投资章程规定有一定的资格过问投资的情况，他获得的是股息，不可随意抽出，但可在证券市场上卖出股票而收回；前者即货币资本家是定期的借出，不是参与投资，一般不问其投向，除了要借入方必须定期还本外，还要他给付一定的利息。

正如买卖一样，资本家之间的借贷行为也是"双方共同一致的意志行为"①。贷出方不能离开借入方而实施其行为，反之亦然。贷出方就不必说了，借入方的借入也表现了一种意志，即要还本付息，而且要能够借以赚钱，这本身也是经济行为。

对生息资本家来说，其贷出资本的特殊"使用价值"是能够"自动地生出"利息，是一个可自行增殖、自行增加的价值。不过，在贷出之前，在货币资本家钱袋里，它还只是"可能的资本"，只因为它具有能够作为生产利润的手段这种属性，它才变成了商品，并且收益在刚贷出的时候就已经确定。因为在资本市场上，任何时点都有一定的利息率可以参照或者形成。货币资本家贷出货币资本，仅仅是将这种资本的"特殊使用价值"借出，而它的所有权仍然留在货币资本家手中，它"不借助起中介作用的中间运动"，就具有资本的性质和规定性，②是一种"无所作为的所有权"③。正是这种资本形式，很容易让资本家产生"钱能生钱"的观念。可见，正是货币资本家的放贷行为，导致了资本的所有权与使用权的"两权分离"。顺便说一下，在研究生息资本以前，马克思已经考察过商品生产所有权、劳动力的所有权等范畴，在这里，他更是明确地提出资本的所有权。资本作为商品有所有权的规定，它的细胞即单个商品必然也有所有权因素。如果单个商品没有包含所有权，那么资本的所有权从何而来呢？反之，资本有所有权因素，作为资本细胞的单个商品也必定有所有权因素。

马克思说：在借贷关系中，借入资本的职能资本家看中的是对方资本的使用权，反之，生息资本家所倚重的则是贷出资本的所有权，对后者来说，其资

---

① 《资本论》第 1 卷，人民出版社 1975 年版，第 102 页。
② 同上书，第 386 页。
③ 同上书，第 426 页。

本的"所有权,使其所有者有权把利息,把他的资本生产的利润的一部分,据为己有"①。可见,借贷资本家始终掌握的资本所有权,是获得利息的根据。要理解借贷资本,既要注意它的特殊使用价值,更要注意它的所有权。

在资本主义社会中,生息资本作为特殊的商品,和一般的商品一样,也有价值、使用价值和所有权三因素。在货币资本家那里,它没有使用价值;——只有在职能资本家那里,它才有增殖的"使用价值"。——至于它的价值,已经转到职能资本家手中;在货币资本家手里,更有意义的始终只是所有权。在货币资本家手里保留的,只是一种纸的凭证,即表示它有一定的价值量,但已经虚拟化了,要以法定的形式表示所贷出资本的所有权。这意味着货币资本家"一直是它的法律上的所有者"②。这种凭证和实业资本的实体形态不同,是虚拟的资本。它表示资本所有权已经独立化,进而商品化。所以,生息资本的运动归根到底是货币资本家运用资本所有权的运动。根据这种资本所有权,资本所有者可以从借入资本的职能资本家那里以利息的名义获得一部分剩余价值。

二、货币资本家和职能资本家之间借贷行为的特点

生息资本家的行为包含与职能资本家(即借入资本使用权的资本家)之间的关系,是一种信用关系。它同样包含一般过程和特殊过程,具有两种过程的特点。

从一般过程看,这种行为和一般赊购赊销一样,都是一种债权债务关系,也是一种法律关系,并且也是一种双方共同的意志行为,没有交易方,交易就不能完成。但是,这和简单商品生产中的赊购赊销不同,涉及的不是货物,而是货币。在简单商品交换中,货币总是先在买者方面;但在借贷关系发生时,货币却是先在生息资本家方面。货币资本的贷出已经成了一个专门的、独立的业务,归货币资本家经营,不再是生产者之间的预约供货合同。

从特殊过程看,这种行为的目的是资本价值的增殖,而且是借贷双方都要实现增殖。货币资本家贷出的资本,还要经过职能资本家发挥职能才能赚钱,从而才能分到钱。前者出钱,后者经营,从这种意义看,两者之间既是互补的关系,又有替代发挥职能、代理的意思。但这种代理与商业资本家对产业资本

---

① 《资本论》第1卷,人民出版社1975年版,第379页。
② 《资本论》第3卷,人民出版社1975年版,第381页。

家的代理有所不同,在后一场合,没有剩余价值的生产,商业资本家获得的利润只是产业资本家的让渡,而职能资本家代理生息资本家,则是可以生产出剩余价值。所以,考察生息资本家的行为不能离开职能资本家。换句话说,在这种关系中,生息资本家贷款只是参与分赃,发挥主导作用的是职能资本家。正是居于这种基本理论,马克思在论述生息资本运动性质特点的时候,还特地批判了蒲鲁东的错误,蒲氏把生息资本的特有运动当成一般的资本运动,不了解他们之间的真实关系。①

借贷关系有直接的,即职能资本家直接向生息资本家借款,也可以有间接的即通过银行等金融机构进行,马克思先考察前一种。

1. 货币资本家与职能资本家之间直接的借贷关系

直接的贷款是"原始"的借贷行为,即在理论过程中暂时将银行家撇开,指的是职能资本家与货币资本家之间直接发生的借贷关系。它虽然也是发生在流通过程中,但这种直接的借贷行为与资本的一般流通不同。在这种关系中,双方的行为各有特点。

先看生息资本家的行为特点:

其一,不是一般的流通行为。在流通过程中的资本,让渡的都是商品:"在形态变化的无论哪一个要素上,就其本身来看,资本家都不是把商品作为资本出售给买者(虽然这种商品对他来说代表资本),他也不是把货币作为资本让渡给卖者。在这两个场合,他把商品单纯作为商品来让渡,把货币单纯作为货币,作为购买商品的手段来让渡。"② 但是,在生息资本家或货币资本家贷出的场合,情况发生了变化,他们贷出的既是资本,又是商品。他们"把它投入流通,使它成为一种作为资本的商品;不仅对他自己来说是作为资本,而且对别人来说也是作为资本"③。可见,由于借贷资本涉及借和贷双方,所以和经营货币资本的资本家不同,生息资本家不是要将他的货币资本当成货币,而是当成资本贷出,在他看来,这种货币是一种特殊的货币。——如果说资本家往往都把作为货币的货币与作为资本的货币混为一谈,那么在生息资本

---

① 《资本论》第 3 卷,人民出版社 1975 年版,第 388 页。
② 同上书,第 383 页。
③ 同上书,第 384 页。

家这里，他确是毫不含糊地认为自己贷出的货币是资本。——除了作为货币具有的使用价值外，还取得一种追加的使用价值，即作为资本来执行能动职能的使用价值。就它的这种属性，作为能转变为生产利润的资本，它变成了一种特殊的商品，换句话说，资本作为资本，变成了商品。

其二，对货币资本家来说，其经济行为包括两个环节：贷出和增量回收。表面看，贷出好像是交易成功了。货币资本家A只要将货币交给职能资本家B，货币就成了资本。但是，对他的目的来说，放贷和回收是紧密联系的，如果没有最后的带息回流，其贷出就是失败的，不能算是完整的、有效的经济行为。从贷出来看，生息资本G的第一次换位，无非表示它已经由生息资本家A转移到或转交到职能资本家B手中，这种转移通常在一定的法律形式和约定条件下进行。但它还没有实现贷放的目的，所以要有回流配合，才能算是完整的经济行为，才有经济性。换言之，贷出是第一个法律上的交易，回收是第二个法律上的交易，是第一个交易的补充。显然，第二个法律上的交易必须包含经济上的内容，即有增殖。一手拿出，过一段时间同一手拿回更多，而且都发生在流通过程，——只"在流通中"，没有"不在流通中"，——这样看来，这种贷放行为好像是非正义的。但正义是有评判标准的，交易只是形式，其正义性质不能由交易本身决定："作为他们的共同意志的表示，作为可以由国家强加给立约双方的契约，表现在法律形式上，这些法律形式作为单纯的形式，是不能决定这个内容本身的。这些形式只是表示这个内容。这个内容，只要与生产方式相适应，相一致，就是正义的；只要与生产方式相矛盾，就是非正义的。"① 对生息资本家来说，资本要生息是天经地义的，因此是正义的。通过这种贷出和增殖回收，使许多已经不能发挥能动职能的资本家也能照样参与对工人的剥削，甚至能够使他们因为没有直接参与剥削而产生某种道义上、心理上的自我安慰。

其三，货币资本家贷出资本的行为，与资本的所有权紧密联系：一方面，它使资本所有权脱离生产过程而独立。这个过程有两大特点，一是与贷出和流回之间发生的实际职能没有关系；二是在此时间段内，生息资本家无所事事，单等着职能资本家的还本付息。所以，货币资本家的所有权是"无所作为的

---

① 《资本论》第3卷，人民出版社1975年版，第379页。

所有权"①。但是，恰恰是这种行为突出了资本的所有权，并使之与生产过程相分离了。"物质财富的对立的社会性质，——物质财富和作为雇佣劳动的劳动之间的对立，——离开生产过程，已经表现为资本所有权本身。"② 这意味着资本所有权已经离开生产过程而独立化了。不仅如此，货币资本家在暂时放弃资本价值的时候，始终没有被放弃所有权。而在一般的买卖中，所售物品的所有权总是要被放弃，但人们不会放弃它的价值。③ 既然货币资本家没有放弃其资本的所有权，那么，他贷出的资本就似乎没有所有权了。这个问题没那么简单。对职能资本家来说，他虽然没有借入资本的终极所有权，但在借贷期间，他能够排他性地随意使用这些货币资本。他借入资本，不是为了把玩，而是要把它转化为生产资料，而这些生产资料的所有权恐怕不能说是生息资本家的。所以，马克思说这是一种"经济上的所有权"④。可见，这种贷放行为产生了两种资本的所有权。⑤

另一方面，它又是一种谋求所有权在经济上实现或经济利益的行为。本来，在商品经济、资本主义经济中，所有权要求在经济上实现，必须经过交换，但是，生息资本家只是将资本的使用权暂时交给职能资本家，暂时由后者占有和使用。它既不是被付出，也不是被卖出，而只是被贷出。生息资本家把他的资本贷放出去，并没有发生交换，没有得到任何等价物。在资本所有权与使用权没有分离的场合，这种情况还没有发生。但是，一旦资本的所有权独立于使用过程之外而外化，它就必然独立化、硬化，——不是硬化为别的商品或金属货币，而是硬化在一张纸的索取凭证上。——由是，所有权能够单独获得经济利益就变成约定俗成的事情了。"只要它被贷放出去，……那就无论它是睡着，还是醒着，是在家里，还是在旅途中，利息都会日夜长到它身上来。"⑥由是，必然导致拜物教性质的升级："资本的拜物教形态和资本拜物教的观念

---

① 《资本论》第3卷，人民出版社1975年版，第426页。
② 同上书，第398页。
③ 同上书，第386页。
④ 《马克思恩格斯全集》第26卷第3册，人民出版社1974年版，第511页。
⑤ "资本的使用者，即使是用自有的资本从事经营，也具有双重身分，即资本的单纯所有者和资本的使用者；他的资本本身，就其提供的利润范畴来说，也分成资本所有权，即处在生产过程以外的、本身提供利息的资本，和处在生产过程以内的、由于在过程中活动而提供企业主收入的资本。"（《资本论》第3卷，人民出版社1975年版，第421页）
⑥ 《资本论》第3卷，人民出版社1975年版，第443页。

已经完成。在 G—G′ 上，我们看到了资本的没有概念的形式，看到了生产关系的最高度的颠倒和物化"。①

其四，从本质上看，生息资本家的行为是有媒介的行为，但在社会表面上却是没有媒介的。马克思说："作为生息资本的特征的，是它的表面的、已经和作为媒介的循环相分离的流回形式。"② 第一次 G—G 和第二次 G′—G′ 之间有一个中介，就是借入者即职能资本家的行为 G—W…P…W′—G′，没有这个中介，或者说，没有职能资本家的职能行为，中间的 W 不能变为 W′，生息资本家的贷出和回流就变成小额消费贷款，就像孔乙己向酒店老板赊酒喝一样，从而整个过程就不是典型的生息资本运动。所以，货币资本家的独立化、货币资本的独立化是相对的。他的行为及其资本的运动离不开职能资本家的行为，——诚然，产业资本家也离不开商人、消费者，但这只不过表明，剩余价值的生产离不开实现，但无论是产业资本还是商业资本，它们都是独立完成其资本职能的。——从这种意义看，生息资本家的行为还不能算是完整的行为，因为他所贷出的资本还没有真正发挥资本的职能。但对他来说，或者说在他的观念和心目中，他的贷出资本以及后来的资本带息回流，却是完整的经济行为。在生息资本家的主观意识中，这个行为却是没有中介的。也就是说，生息资本家只是想象地发挥他的资本职能，并没有实际发挥职能。所以，在他看来，生息是一种主观的职能。

其五，借贷资本的回流总是采取偿还的形式，并且都好像是两个当事人之间的协议。它的贷放，或者作为固定资本，大都是一部分一部分地带着利息流回；或者作为流动资本贷放，则是按流动资本流回的方式，一次性还本付息。表面看来，好像具有很大的主观随意性。

其六，货币资本家贷出货币的行为，既是实体行为，又是虚拟行为。他贷出资本，能够在贷出期满时获得资本的增殖，而且还可以随时随地将它贴现。如果从整个借贷关系的链条看，贷出与借入是紧密联系的，那部分资本已经在生产过程中发挥职能，由此观之，这种行为当然是实体的经济行为。但是，如果仅仅从贷出这种行为看，他在将货币资本交到职能资本家手中以后，他手中仅仅握有标明这些资本数量及什么时候还本付息的债券或凭证，本身已经不包

---

① 《资本论》第 3 卷，人民出版社 1975 年版，第 442 页。
② 同上书，第 388 页。

含价值,而且这种贷放行为并没有使他进行实际的生产销售过程,——"在现实的运动中,资本并不是在流通过程中,而只是在生产过程中,在剥削劳动力的过程中,才作为资本存在"。① ——所以这不过是一种虚拟性的经济行为。如果从资本带息回收看,同样没有使他进入实际的生产销售过程。可见无论从贷出还是从带息回收看,都不是实体意义的经济行为,具有虚拟性。实际上,对货币资本家来说,资本的增殖只是在他的观念中发生,所以应该说是一种虚拟的行为。显然,这里的虚拟行为,包括他所拥有的虚拟资本,才是资本主义社会中资本虚拟性的最典型表现,是最初发生的那种虚拟化的转型。② 我们已经看到,在一般商品生产中,已经包含着虚拟性,但这里的虚拟性指的并不是由商品的个别性与社会性的差异引起的,而是由资本的实体性与象征性——实体的资本价值已经交到借入者手中,留在生息资本家手中的债权证书只是象征地表示了一定量的资本——的区别引起的,是由资本家的观念与实际行为的差别引起的。

其七,在社会表面上,在全部资本家的意识中,货币资本家贷出货币资本,是将一种具有特殊使用价值的商品在一定的时间内交给职能资本家使用,因为他们都认为这是一种让渡商品的行为,而职能资本家也认为,他们借入资本是一种购买行为。因此,在他们看来,既然让渡的是商品,那么利息就是资本的价格。这本来是非常不合理的,但是,马克思说,所谓的合理,其根据是由处于一定发展阶段的主体决定的。因此,不能从简单商品的观点来评判是否合理,也不能从那种在再生产过程中作为商品资本执行职能的资本的观点来看。③ 不过,马克思还说明,从事情的实质来看,这是价格的不合理形式,一个价值额怎么能够在它本身的价格之外,在那个要用它本身的货币形式来表示的价格之外,还有一个价格呢?如果借用 1 万元资本一年的利息是 5%,那么,说这一万元资本的价格就是 500 元,这不是很荒唐吗?但是,在资本主

---

① 《资本论》第 3 卷,人民出版社 1975 年版,第 384 页。

② 根据马克思"事后思索"(见《资本论》第 1 卷,第 90 页)的方法,马克思考察的是已经充分发达的典型对象,也就是说,他已经发现了资本包含着所有权,资本运动既是实体性的,又有虚拟性。为了说明这些规定和性质,马克思从资本运动的简单元素——商品开始,一步一步地说明其中包含的简单规定、性质如何经过转型,才达到这种复杂性规定。

③ 《资本论》第 3 卷,人民出版社 1975 年版,第 396 页。

较为发展的阶段,对职能资本家来说,这却是自然而然的。之所以这样,马克思分析说,这是由于货币资本被提供到市场上,并且货币的使用价值实际上作为资本来让渡,而且其所有权已经独立化了,还有,利息是由供求、竞争来调节的,这完全和商品的市场价格由它们来调节一样。① 可见,这是一种被竞争颠倒的表象。换句话说,利息本来不是资本的价格,但在竞争中、在资本家意识中却会颠倒地表现为资本的价格。

其八,贷出货币资本这种信用行为包含着进一步的转变,即在信用关系及相关机构具备的时候,货币资本家贷出货币资本的证书(借据)会转变为另一种证书:或者是债券,或者是股票等有价证券。这不是所有权的证书名称的改变,而是行为的转变,从单纯地放贷——带息回收转变为购买有价证券。后者仍然可得到利息(股息),但却不能收回本金,不过,这种行为仍然是一种信用行为,所持有的有价证券仍然是一种货币资本的证书。可见,直接的信用借贷关系包含着转化为间接的信用借贷关系的内在逻辑。

总之,由于生息资本家的行为是围绕着货币资本所有权实施的,所以其贷出行为包含了一系列的名实差异:贷出的实际上是资本,表面上看却是商品;实际上是要增量回收,表面上看却是公平买卖,一个愿打,一个愿挨;实际上是有媒介的,表面上看却没有媒介;实际上资本所有权是占有工人的无酬劳动的所有权,表面上看却与生产过程相分离了;实际上是按一定的规则分割剩余价值,表面上看却好像是两个当事人之间的协议;实际上是虚拟行为,因为生息资本家没有实际实施能动的职能,表面上看却是实体行为;实际上获得的是利息,表面上看却是资本的价格。

再来看职能资本家在借贷关系中的行为。

既然生息资本家的行为离不开职能资本家,那么,也有必要在借贷关系或债权债务关系的视阈中来考察职能资本家的借款行为。这与他们的实际生产、流通行为有很大的区别。对货币资本家来说,职能资本家还本付息只是他贷出资本的一种补充;对职能资本家来说,生产剩余价值是最重要的,付息才是补充性的。在借贷关系中,职能资本家并不是完全被动的角色,他虽然承担着债务,但在债权人面前并不低人一头。他之所以借入资本,是为了要用它来发挥资本的职能,在生产出剩余价值之后,再根据借贷合同将其中的一部分作为利

---

① 《资本论》第3卷,人民出版社1975年版,第398、399页。

息与借入的资本一起还给货币资本家。对他来说,这是他对自己所拥有的剩余价值的分割。在货币资本家已经相当地丧失了作为职能资本家发挥能动职能机会的情况下,他用前者的资本,实际上是替代前者发挥能动的职能,所以,他认为自己有权按照自己能够接受的比例来分割剩余价值,他才是分赃关系中的主导者。马克思说得很明白:这种分赃"是由职能资本家作为剩余劳动的直接吸取者和一般劳动的使用者来进行分配的"①。无论在现实过程中还是在资本家的意识中,利息都只能是利润的一部分。

在长期的资本运动过程中,正如利润率有下降的趋势一样,利息率也是倾向下降的。一方面,因为食利者即货币资本家越来越多,他们的货币资本供给不断增加,所以"利息率也可以不以利润率的变动为转移而具有下降的趋势"②;另一方面,利润的分割比例还要随着经济周期各个阶段的变动而变化,这取决于职能资本家行为的周期性。"如果我们考察一下现代工业在其中运动的周转周期,……我们就会发现,低利息率多数与繁荣时期或有额外利润的时期相适应,利息的提高与繁荣到周期的下一阶段的过渡相适应,而达到高利贷极限程度的最高利息则与危机相适应。"③ 货币资本只有在职能资本家手里才能发挥职能,因此,"利息是由利润调节的,确切些说,是由一般利润率调节的"。④ 在资本主义生产本身的基础上,职能资本家是资本运动的主导和核心力量,"生息资本表现为派生的、第二级的形式"。⑤

表面看,职能资本家从货币资本家那里借到货币,好像是完成了一次交易,但对他们而言,这决不是行为的结果,而是刚刚开始。这个交易,只是一个先导。他们将借来的资本用于购买生产资料和劳动力,并将两者结合起来,生产出剩余价值。可见,正是他们,才把可能的资本变成现实的资本。

在一般人看来,借钱、沦为债务人总是不体面的,但是,在资本主义较为发展的阶段,这种观念已经发生了变化。一方面,债务人同时也是债权人;另一方面,能够运作的资本家总比被排挤的中小资本家实力强,所以,在很多情况下,并非实力不强才要借钱。对很多实力强大的职能资本家来说,他借入资

---

① 《资本论》第 3 卷,人民出版社 1975 年版,第 928 页。
② 同上书,第 405 页。
③ 同上书,第 404 页。
④ 同上书,第 405 页。
⑤ 同上书,第 30 页。

本，是为了扩大经营规模，是要利用别人的钱来赚更多的钱。因此，除危机阶段外，职能资本家是强势债务人，是利用了弱势债权人的资本来谋取更大的利益。用别人的钱投机，用别人（货币资本家）现在的钱来支配别人（雇佣劳动者）的劳动，赚了钱后再还钱。这样，信用已经不再是债权人对债务人的信任而发生的关系，反之，倒是债务人借助信用工具来利用债权人的资本，是绑架了债权人。

资本所有权与使用权的分离在导致职能资本家与货币资本家分离后，还导致两大分离：

一是利息与职能资本家收入的分离。在社会表面上，职能资本家运用所掌握的自有资本和向他人贷入的资本，在生产过程或流通过程中实际运作而获得的剩余价值，在将其中一部分当作利息付给货币资本家后，剩下的部分就表现为企业家收入。因此一举，企业家收入即职能资本家的收入很自然地与利息分道扬镳，转化为资本家进行经营或监督劳动所获得的收入。在他们看来，"对生产劳动的剥削也要花费气力，不管是他自己花费气力，还是让别人替他花费气力。因此，在他看来，与利息相反，他的企业主收入是某种同资本的所有权无关的东西，不如说是他作为非所有者，作为劳动者执行职能的结果"。他们甚至认为，"他的企业主收入远不是同雇佣劳动形成某种对立，不仅不是别人的无酬劳动，相反，它本身就是一种工资，是监督工资，……是高于普通雇佣工人工资的工资，1. 因为这是较复杂的劳动，2. 因为资本家支付给自己工资"。① 这样一来，资本家就很巧妙地将剥削的职能行为转述为被剥削的行为，而且将剩余价值也转述为一般性的企业家收入（剩余价值的主要部分），并最终与一般的企业家收入混为一体，因此具有极大的欺骗性。

二是职能资本家与其职能相分离。在从货币资本家那里获得一定量的资本之后，职能资本家对这笔资本就拥有"经济上的所有权"②，这是一种典型的"两权分离"。之后，他仍然可以使之进一步"两权分离"。凡是直接生产过程具有社会结合过程的形态，都必然会产生监督劳动和指挥劳动，就像一个乐队要有一个指挥一样。"资本主义生产本身已经使那种完全同资本所有权分离的指挥劳动比比皆是。因此，这种指挥劳动就无须资本家亲自担任了。一个乐队

---

① 《资本论》第 3 卷，人民出版社 1975 年版，第 427 页。
② 《马克思恩格斯全集》第 26 卷第 3 册，人民出版社 1974 年版，第 511 页。

指挥完全不必就是乐队的乐器的所有者"。① 马克思借用亚里士多德的话说，主人一旦有了足够的财富，就会把监督劳动这种操心事的"荣誉"交给一个管家。② 实际上，这无非是职能资本家给自己找了个替身，产生了"单纯的经理，执行着一切应由执行职能的资本家自己担任的现实职能"③。这种二次代理或二次"两权分离"具有双重意义：对社会来说，"资本家则作为多余的人从生产过程中消失了"。这当然是积极的意义。对资本家来说，既能集中精力从事、发挥其资本家的特殊监督职能，还可给他以执行一般"监督劳动"的身份。

从上面的分析可以看出，生息资本家贷出资本，是贷出资本使用权、保留资本所有权、获得利息这样一种"三位一体"的行为。相应地，职能资本家的行为，则是运用借入资本使之发挥职能、获得平均利润、还本付息，也是"三位一体"的行为。

2. 职能资本家与金融机构之间的间接的借贷关系

上面的研究是最基本的信用借贷关系，只涉及货币资本家与职能资本家的关系。显然，这种研究还比较抽象。随着资本主义的发展，信用制度的自然基础也在扩大，资本家们不仅充分地利用了借贷关系，而且创造了专门经营资本商品"买卖"的机构，将全社会的借贷关系集中起来，同时也创造了形形色色的信用工具，从而发展了间接的借贷关系。它主要有两种情况，一是通过银行实施，一是通过股份公司实施。两者虽然有很大的不同，但都是信用关系的发展。④

先看第一种间接的借贷关系，它主要是通过银行和其他金融机构作为中介实施的信用关系。

在第二卷，马克思已经说明，如果站在商品生产者背后的是一个货币资本家，这个货币资本家又把货币资本（这个字最精确的含意就是货币形式的资本价值）预付给产业资本家，那么，这种货币的真正复归点就是这个货币资

---

① 《资本论》第3卷，人民出版社1975年版，第435页。
② 参见《资本论》第3卷，人民出版社1975年版，第433页。
③ 《资本论》第3卷，人民出版社1975年版，第436页。
④ 马克思在论述信用制度的场合，特别详细地分析了股份公司的成立、信用对大资本家绝对支配别人的资本等情况（《资本论》第3卷第27章）。

本家的钱袋。这样，虽然货币在流通中或多或少地要经过各种人之手，但大量的流通货币却属于以银行等形式组织和积聚的货币资本部门。① 在第三卷，马克思又集中地研究了银行资本。银行资本和银行家的出现，既是信用关系发展的结果，又在很大程度上促进了信用关系的发展。它使"这种货币资本本身取得了一种社会的性质，集中于银行，并且由银行贷出而不再是由它的直接所有者贷出"②。

银行家要实施经济行为当然也要有多于一定限度的投资，否则，他就很难进入这个领域。不言而喻，这部分投资当然也要获得平均利润。这是他们作为社会总资本的一个部分，从总剩余价值中分割的部分。

但银行资本并非全部由银行家独立预付，而是来自全社会，既有货币资本家的资本，也有职能资本家暂时闲置的资本，还有各种社会成员的小额存款。银行家通过银行、利用利息，用一根根无形的线织成庞大的网络，广泛地吸收全社会的货币。可见，设立银行是银行家经济行为的一大创举，它使银行资本家的职能较之一般的生息资本家的职能发生重大的变化。它除了有放贷的职能外，还有吸储和揽储的功能。

银行家的资本实力雄厚，联系面很广，业务种类很多，长期稳定，因此它不像单个生息资本那样只有贷款收息，而是存贷通吃，一身二任。通过银行这样的机构，"银行家把借贷货币资本大量集中在自己手中，以致与产业资本家和商业资本家相对立的，……是作为所有贷出者的代表的银行家。银行家成了货币资本的总管理人。另一方面，由于他们为整个商业界而借款，他们也把借入者集中起来，与所有贷出者相对立。银行一方面代表货币资本的集中，贷出者的集中，另一方面代表借入者的集中"。③ 由于银行家收集的货币资本量非常庞大，所以他与零星贷出或借入资本的资本家不同，有更强的议价能力和控制能力。

银行出于业务扩展的需要，创造出各种各样的信用工具，而且创造了商业信用和银行信用等信用模式。这是原先单纯的货币资本家无法比拟的。

随着资本主义生产方式的发展，信用制度的这个自然基础也在扩大、普遍

---

① 《资本论》第2卷，人民出版社1975年版，第459页。
② 同上书，第437页。
③ 同上书，第453页。

第十四章　总体资本家的再生产行为

化和发展，银行家创造了汇票这样的信用工具，它在发挥支付手段职能的同时，也发展了商业信用。也就是说，对部分资本家来说，为了多方的交易和结算，商品不是为取得货币而卖，而是为取得定期支付的凭据（汇票）而卖的。通过银行而实施的汇票的汇兑，在很大的程度上改变了各种经济主体的行为方式，同时也改变了他们的相互关系。由于这种汇票直到它们期满，支付日到来之前，本身又会作为支付手段来流通，所以它们形成真正的商业货币。这样，通过银行及其信用工具，信用关系就不再局限于货币资本家与职能资本家之间了，而是扩大到职能资本家之间了。而且，更奇妙的是，银行家能够对同一笔存入的货币资本，连续地开出标志同量货币的汇票。马克思引用《曼彻斯特卫报》1847年11月24日的报道，说明这种情况：伦敦的外销商 A 托中间商 B 向曼彻斯特工厂主 C 购买货物，准备运往东印度的经销商 D 那里去。B 凭 C 向 B 开出的以六个月为期的汇票向 C 支付。B 也用向 A 开出的以六个月为期的汇票使自己得到补偿。货物一经起运，A 又凭提单向 D 开出以六个月为期的汇票。这种情况之所以在相当长的时间内都存在，因为在有信用的基础上，它能够为银行提供多次赚钱的机会。可见，银行汇票的使用，为一些资本家制造了利用信用和时间差获利的条件，从而产生了新的经济行为，也使银行本身增加获利的机会。即使这种制造虚拟资本的方法在电报流行和运输便利以后不再发生，但资本家要充分利用时间差投机的欲望从来不会熄灭，银行家仍然可以通过贴现业务大赚其钱。[①]

银行家提供的信用，可以采取不同的形式，如开出汇票、支票，那些拥有银行券发行权的银行家，又可以用银行券来为商业票据贴现。这样，货币支付转化为商业票据的兑现，银行信用就在商业信用的基础上代替了商业信用。银行家经营的是信用本身，除了银行券这种形式外，也经营一切其他形式的信用，甚至贷放存在他那里的货币现金。

银行家以自己相对少量的资本为磁铁，吸引、集中了整个社会的货币资金，聚集了大量的实体资本，用别人的钱放贷赚钱。银行家所放贷款决不因为它们是自有的资本，还是别人的存款而有什么区别。他基本上不是用自己的货

---

① 恩格斯说，这种情况是以商品运输时间漫长为基础的。后来，由于电报的发明、使用，以及苏伊士运河开通，它就行不通了。（《资本论》第3卷，人民出版社1975年版，第461—462页）

币资本发放贷款，而是用他从无数中小资本家手里汇集来的货币资本向职能资本家发放贷款。他一手给出的存款利息，比另一手收回的贷款利息少得多。因此一举，职能资本家给付的利息就分为两个部分，不像早先的借贷关系那样全部归货币资本家，而是有一部分留在银行家这里。由此，他又以另一种方式参与社会总剩余价值的分割。

银行家还制造了大量的虚拟资本，特别是借助利息率这一神妙的杠杆，造成收入资本化，影响其他资本家的观念和行为。所谓的收入资本化，是指每一个确定的和有规则的货币收入都表现为资本的利息，而不论这种收入是不是由资本本身的运用生出。这样，银行家实际上改造了利息这种信用工具，给它注入新的内涵，不仅使之变成一种杠杆，而且还使之成为收入资本化的衡量尺度。从资本理论的观点看，利息是剩余价值的一种特殊形式，是平均利润的一部分。从经济行为理论的角度看，利息不仅具有收益的性质，而且有收入的形式，并且也是促使资本家改变观念和行为习惯、实施新经济行为的一种杠杆、参照物。

由于收入的资本化，资本的虚拟化，银行也产生了数量巨大、形式繁多的虚拟资本。其中主要有几种：一是国债券，尽管国家已经将投在国债券上的货币资本花掉了，而且它在国家手中也不是作为资本来运用的，但是国债券对它的所有者仍然是资本。二是股票，它一方面代表现实的资本，但已经在股份公司中执行职能，另一方面它作为一定资本的所有权证书，又可以转卖，并且还会因为股息率高于利息率而高于它的面值。

通过利息率的参照作用和发行各种有价证券，银行家就可以轻而易举地经营超过他的资本好多倍的借贷资本，而且会造成许许多多的假象，既使自己能规避风险，又能将虚拟化的资本极度扩大。

银行家广泛地吸收资本家的货币资本，目的不是自己发挥职能，而是将它再借贷出去，以获取存、贷款之间的利息差价。这样，原先的借贷关系复杂了：从 G—G—W—G′—G′ 这种过程形式，演变为：G1—G2—G3—W—G3′—G2′—G1′ 这种过程模式。

其中 G1 是货币资本家存款，G2 是银行家吸收存款，G3 是职能资本家借入货币资本。而 G3′是职能资本家卖出其商品资本得到的货币资本，包含着剩余价值，G2′是银行家从职能资本家那里索回的本息，G1′才是货币资本家回收本金和利息，但 G3′>G2′>G1′。这个过程不仅将生产过程这一必不可少的中

第十四章 总体资本家的再生产行为

介彻底掩盖了,而且进一步将债权债务关系弄模糊了。"在商业信用的基础上,一个人把再生产过程中需用的货币借给另一个人。但现在这一点是采取这样的形式:一部分进行再生产的资本家把货币借给银行家,这个银行家又把货币借给另一部分进行再生产的资本家",① 经过这样的转换,银行家就从债务人变为债权人了,"表现为恩赐者了;同时,对这种资本的支配权,就完全落到作为中介人的银行家手里了"。② 这样,银行家就顺理成章地在社会的存贷款业务上发挥积极的作用,以致"造成了社会范围的公共簿记和生产资料的公共的分配的形式,但只是形式而已"③。这样看来,生息资本家在转变为银行家后,能够通过银行将货币资本家和职能资本家两个本来相互分离(在理论上)的资本家集团通过信用关系联系起来,使原先各自作为债权人或债务人的个体独立性消灭,使他们的整体属性得到张扬,形成利益均沾、信息共享的有一定理性的集体。

不过,银行家发挥其职能是为了自己的利益,所以,他贷出资本还会乘人之危,落井下石。"在工业周期的各个不利阶段,利息率能够提高到这样的程度,以致暂时把一些情况特别不好的营业部门的利润全部吞掉。"④ 正因为这样,实力强大的银行资本必然倾向于实行垄断,不过,在自由资本主义阶段,这还只是一种可能性。要使这种可能性发展为现实,还需要一系列条件。

同时,银行还造成更表面的现象:一方面,银行家集中社会的资本,让一部分资本家大量长期使用别人的资本、透支将来的资本。似乎是银行家才是剩余价值生产的主导力量;另一方面,又强化了生息资本与剩余价值的生产没有关系的假象。如果说,在直接的信用关系中,货币资本家多少还可以将自己的贷出与职能资本家的行为联系起来,意识到利息与职能资本家的利润之间的关系,那么,在间接的借贷关系中,这种联系就模糊甚至完全看不到了。货币资本家将钱存入银行,只与银行家发生关系,于是,他的利息就从职能资本家支付转变为银行家支付,似乎与剩余价值的生产没有关系。

银行家当然也有积累,他有两个途径:一是靠自身的积累,二是通过吸引社会的特别是资本家的存款,但已经不是原来意义的积累。这与产业周期有关

---

① 《资本论》第 3 卷,人民出版社 1975 年版,第 573 页。
② 同上。
③ 同上书,第 686 页。
④ 同上书,第 569 页。

系。在萧条和复苏阶段,现实的积累都会扩大。此外,银行家还可以通过各种技术性的手段,在没有任何现实积累的时候,还可以通过各种纯技术的手段,如银行业务的扩大和集中,流通准备金或私人支付手段准备金的节约而实现。① 从这种意义看,在银行家的货币积累中,"加入了一个本质上和产业资本的现实积累不同的要素,……从这方面看,货币资本的积累所反映的资本积累,必然总是比现实存在的资本积累更大"。② 可见,银行资本家的积累已经变味或转型了,不再仅仅是产业资本家自己所有的剩余价值的资本化,而转化为资本家集团货币资本的积聚。它不以实体经济、不以单个资本家的剥削无酬劳动为转移,而以信用制度、机构的发展为转移。

通过银行实施的间接借贷关系的发展对社会总资本的运动有深刻的影响。

对货币资本家来说,他的贷出有了常设的机构和精通业务的代理人,效率更高,贷出的对象更广,在社会的存贷款业务上必然发挥积极的作用。他的货币资本与别的生息资本家的货币资本混为一体,这样,他们是向整个社会发放贷款,他甚至不认识是谁向他借入多少货币资本,借入多久。因为有银行的全面服务,职能资本家甚至还会将他们经常暂时闲置的货币资本,特别是用于发放工人工资的可变资本也存入银行,以产生利息。

对职能资本家来说,这种影响更深刻。由于利息率一般都是低于其他有价证券的收益率,由此资本家发现,这种收益率的差异实际上意味着,获得这种收益的同量资本在不同的投入场合可以有不同的价值,这是可以也应该充分利用的。换句话说,在他们的观念中,他们的每一笔收入特别是银行存款以外的收入,都应该与一定的银行利率相联系,从而应该以银行利率来反向计算其获得这部分收益的资本量。这必然导致虚拟资本的产生。马克思举例说:在年收入=100镑,利息率=5%时,100镑其他投资所获得的收入就可以看成是2000镑资本投在银行的年利息收入。这2000镑现在就看成是每年有权取得100镑利息的法律证书的资本价值。对这个所有权证书的买者来说,这100镑年收入实际代表他所投资本的5%的利息。因此,在信用的基础上,利息和资本现实增殖过程的一切联系就彻底消灭干净了。资本是一个自行增殖的自动机

---

① 《资本论》第3卷,人民出版社1975年版,第561页。
② 同上书,第572页。

的观念就牢固地树立起来了。① 如果这 2000 镑资本投在其他领域的实际收益率是 10%，年收入 = 200 镑。那么就相当于是 4000 镑的资本按 5% 的利率存在银行。这样一来，2000 镑就变成 4000 镑了。可见，由利息率而产生的收入资本化，同时还产生了一种纯粹幻想的观念，产生了虚拟资本。这种虚拟资本既是一种幻想的、可能的资本，又可以成为实际过程的实际资本。

对持有商业汇票的资本家来说，由于银行有汇票流通和贴现业务，他就可以在期满之前将汇票作为支付手段来流通，也可以在未到期满之前到银行贴现。这样，他就可以及时、充分有效地使用那些暂时赋闲的票据。

对职能资本家来说，银行的最大好处是提供大量的贷款。马克思举例说：职能资本家"A 向银行家 C 借贷开办企业或者在一年内经营企业所需要的一部分生产资本。他一开始就没有充足的资本来经营企业。银行家 C 借给他一笔款子，这笔款子不过是产业家 D、E、F 等等储蓄在他的银行里的剩余价值。从 A 的观点看，这还不是积累的资本。但对 D、E、F 等等来说，A 无非是一个把他们占有的剩余价值资本化的代理人罢了"②。

不过，对职能资本家来说，大量的借款未必全是好事。它可对职能资本家的投机行为火上加油，在经济周期的特定阶段，其直接的"结果是市场商品的大量过剩和崩溃"③。

再来看第二种间接的借贷关系，它是通过股份公司实施的。

随着资本主义的发展，职能资本家除了通过银行融资外，实力强大的资本家还通过建立股份公司，直接向社会融资。大资本家发起组建股份公司并使之向公众公司转型是资本主义发展新阶段资本家经济行为的一个重大转型。他利用社会公众特别是中小资本家的投机、获得暴利的观念和心理来吸引他们的无息贷款及无需归还的"贷款"。之所以说是"贷款"，因为这些吸引来的资本不是大资本家自有的，是要给付股息的。

这样看来，这些股份公司的大资本家本身既是职能资本家，又是直接投资的资本家，掌握着相对多数的股份，是持股的货币资本家，同时还是融资家、控股家。股权越分散，能够实施控股的股份就越少。这样，他们的身份又再一

---

① 《资本论》第 3 卷，人民出版社 1975 年版，第 528—529 页。
② 《资本论》第 2 卷，人民出版社 1975 年版，第 356 页。
③ 同上书，第 459 页。

次发生重大的转型：全职能的资本家。如果说早先的单个资本家集供、产、销职能于一身，是全职能的，后来这些职能又分别独立化而彼此分离，那么，到这个时代，大资本家（不是全部的资本家）又重新获得全职能的荣誉，但这已经不是原先的经营某种业务的职能，而是在后来这些职能分离的基础上，实现投资、融资、控股的"三项全能"①。从最初的"三项全能"看，它不仅是单个资本家自己投资，也是他自己动用和控制自己的全部资本，是自我融资、控股。从这种意义看，大资本家的"三项全能"虽然与前者内容不同，但在投资、融资、控股上却是相同的，并且更上一层楼，因此整个过程也是一种否定之否定的过程。

现在，大资本家作为主导主体不仅主导广大的从属主体，还要主导那些中小资本家。这些大资本家的这种三重身份使他们更容易上下其手。一方面，充分利用发行股票向社会集资，利用这些无须付息且不需归还的资本，扩张自己的实力和势力。另一方面，又利用其手中的股票操纵公司，使公司的发展始终朝向对自己最有利的方向，"拿社会的财产，而不是拿自己的财产来进行冒险"。② 不过，从其主要职能来看，他们更多的是执行生产资本的职能。从这种身份和职能看，他们和原先单纯的职能资本家有很大的不同：

首先，大股东在很短的时间内集中、控制了大量的资本。生产规模惊人地迅速扩大，原先个别资本家不可能建立的企业出现了。大股东通过信用关系掌握了控股权，利用别人的钱来搞投机、冒险，实际上是绑架了中小股东，同时也是用后者的钱来分散自己的风险。"信用使这少数人越来越具有纯粹冒险家的性质。因为财产在这里是以股票的形式存在的，所以它的运动和转移就纯粹变成了交易所赌博的结果；在这种赌博中，小鱼为鲨鱼所吞掉，羊为交易所的狼所吞掉。"③ 大股东可以完全不顾中小股东的利益，仅仅根据自己的利益来决策，而中小股东虽然在原则上可以参与股东大会的决策，实际上根本没有否决权，只有服从的份。其次，大股东实际控制和使之发挥职能的资本量就可以大大超出自己投资量的几倍、几十倍，因而实力更强，影响更大，可以占据有决定意义的产业部门，可以吸引更多的中小资本家。再次，从剩余价值的分割

---

① 这里的"三项全能"是借用体育赛事的名称。
② 《资本论》第三卷，人民出版社1975年版，第496页。
③ 同上书，第497页。

第十四章　总体资本家的再生产行为

即分赃看,在一般的借贷关系中,货币资本家贷出资本给职能资本家,有确定的利息率。但是,在股份公司中,各个股东却不能限定公司要提供多少股息。大股东可以随意处置所赚得的利润,对中小股东或者派息,或者派股,或者不作分配。股票"这种复本所以会成为生息资本的形式,不仅因为它们保证取得一定的收益,而且因为可以通过它们的出售而得到它们的资本价值的偿付。……但是,作为纸制复本,这些证券只是幻想的,它们的价值额的涨落,和它们有权代表的现实资本的价值变动完全无关",所以是"想象的财富"。[①] 最后,从资本运动看,资本的确是"两权分离"的,即职能已经同资本所有权相分离,正像这种职能在经理身上同资本所有权完全分离一样。但同时也实现了"两权集合":在实现经营权集中的同时,所有权也集中了。表面看,公司的股份广泛分散,股份的所有权并不集中,但这只是指资本的"法律上的所有权"[②],实际上,股份所标示的资本已经交到职能资本家手中,对后者来说,这些筹集来的资本对他们来说具有排他性的所有权,而且永远不必还款。所以马克思说,这是"经济上的所有权"[③]。——对中小投资者来说,他们的货币"所有权"只不过是"潜在地成为资本所有权"[④]。——这种"经济上的所有权"与它的使用权在大股东手中实现了集合。[⑤]

与大资本家的"全面发展"相比,中小资本家作为股份公司的投资者就没那么幸运了。股份公司是由许许多多的股东组成的,从其结构看,大股东只占少数,中小股东却占绝大多数。从表面上看,这些中小股东只要不卖出股票,始终都拥有其所出资本的所有权,这种情况与一般的借贷关系表面上看并没有什么差别。但是,两者却有本质的差别。如果他们能够集中地表达自己的意见,集中地行使自己的股权,那么大股东是无可奈何的。但是,他们彼此极度分散,根本没有什么联系,特别是因为股权太少而根本没有兴趣或无权过问公司的重大决策。因此,其股权对大股东没有限制意义。反之,他们的资本经营权却向股份公司集中,向大股东集中。由于投机进一步发展,许多中小股东

---

① 《资本论》第3卷,人民出版社1975年版,第540—541页。
② 《马克思恩格斯全集》第26卷第3册,人民出版社1976年版,第507页。
③ 同上书,第511页。
④ 《马克思恩格斯全集》第26卷第3册,人民出版社1976年版,第509页。
⑤ 如果再联系收入资本化、股息率与利率的差别,股份公司的大股东在发行股票的时候,还可以获得大量的"创业利润"。

《资本论》经济行为理论的具体化

持股并不主要是为了获得低于利息率的股息,而是为了赚取股票买卖的差价。对他们来说,手中持有的股票表面上是代表着实际运营的资本所有权,但实际上更主要的是代表从市场上赚取股票买卖差价的虚拟资本的所有权。可见,在这里,借贷关系、债权债务关系已经发生了变化。

股份制这种信用形式必然与股票的买卖紧密联系,它又进一步使那种"幻想的证券"具有更大的幻想性、虚拟性。在证券交易中,必然产生虚拟股价、虚拟资本。之所以说股价是虚拟的,因为它也只是少部分进行交易的股票在一定时点达到均衡时的价格,对其他还没有提供到市场上的同种股票或持股人的持股成本高于(低于)这一价格的同种股票而言,它们也具有同样的股价。但是,一旦它们全都同时在这个时点提供到证券市场上,而需求量又没有同时跟上,则其股价必然下降,卖出量越大,价格下降越多。这意味着按照一定时点的价格计算的总市值包含了很大的虚拟成分,意味着一定主体的这种股票的价值也带有虚拟的成分。对达成的交易而言,行为是实在的,成交价也是实在的,对那些待价而沽的部分股票而言,其股价是虚拟的。因为它不是由现实的收入决定的,而是由预期得到的、预先计算的收入决定的。它的价值始终只是资本化的收益,一个幻想资本按现有利息率计算可得的收益。①

在有价证券的形式上,总体资本家既能够在实际上支配实体资本的现实运动,还能够在观念上利用虚拟资本的虚拟运动来筹措资本,分散、回避风险,并且使资本市场分化为实体和虚拟两个市场,同时又使两个市场彼此渗透。所以,虚拟经济对他们来说并不可怕,反之,却有利可图。"随着生息资本和信用制度的发展,一切资本好象都会增加一倍,有时甚至增加两倍"。② 可见,这是资本家的一种重大的创建。之所以会产生这种虚拟与实在同时并存的情况,是因为交易的等同性的扩大,即明明是一宗交易,在市场上却常被类推为其他同种商品的交易。显然,这是虚拟交易,即在资本家的心目中将还没有发生的交易与已经发生的交易等量齐观。可见,由于观念上的错觉,虚拟资本、虚拟股价还会进一步导致主体的虚拟交易。正因为这样,这种虚拟资本的存在和发展有一定的意义。

股份公司的发展,资本所有权商品化,收入的资本化,资本的虚拟化,信

---

① 《资本论》第3卷,人民出版社1975年版,第530页。
② 同上书,第533页。

用工具的多样化，对所有资本家都产生巨大的影响，使其行为发生巨大的变化。资本家的经济行为已经不再仅仅围绕价值和使用价值而实施，还及时地创造、充分地利用各种金融工具而使自己的行为极度虚拟化。如果说，在简单商品生产条件下，虚拟化对实力和规模都很小的经济主体来说是无可奈何的事情，是被动的，那么，在资本主义的较高发展阶段，资本家则可有意识地、主动地通过资本的虚拟化而大获其利和兴风作浪。

对大资本家主导的股份公司的发展，马克思还有更深刻的研究和揭示。

首先，他认为，股份公司是建立在生产力有一定发展基础上的："在社会生产方式的基础上并以生产资料和劳动力的社会集中为前提的"；其次，它已经不再是私人公司，而是"直接取得了社会资本（即那些直接联合起来的个人的资本）的形式，而与私人资本相对立，并且它的企业也表现为社会企业，而与私人企业相对立。这是作为私人财产的资本在资本主义生产方式本身范围内的扬弃"①。再次，在这种企业内，不仅经营职能同资本所有权分离，经营职能已经同职能资本家分离，是双重的彻底的分离。虽然大资本家集投资、融资、控股"三项全能"于一身，但是，社会化大生产既要求大规模生产，更要求懂得大生产内在要求的工程师、经理、经济师来发挥这种经营职能。简单说，这些大资本家已经不再符合这种规模超大的社会企业的要求，已经没有这种实施现代经营管理的行为能力了。有鉴于此，马克思说："资本主义生产极度发展的这个结果，是资本再转化为生产者的财产所必需的过渡点，不过这种财产不再是各个互相分离的生产者的私有财产，而是联合起来的生产者的财产，即直接的社会财产。另一方面，这是所有那些直到今天还和资本所有权结合在一起的再生产过程中的职能转化为联合起来的生产者的单纯职能，转化为社会职能的过渡点。"② 看来，他们不仅使中小资本家成为"绝对过剩人口"③，还把自己也搭进了这个绝对过剩人口的队伍中。

---

① 《资本论》第3卷，人民出版社1975年版，第493页。
② 同上书，第494页。
③ 恩格斯在《反杜林论》中说："大的生产机构和交通机构向股份公司和国家财产的转变就表明资产阶级在这方面是多余的。资本家的全部社会职能现在由领工薪的职员来执行了。资本家除了拿红利、持有剪息票、在各种资本家相互争夺彼此的资本的交易所中进行投机以外，再也没有任何其他的社会活动了。资本主义生产方式起初排挤工人，现在却在排挤资本家了，完全像对待工人那样把他们赶到过剩人口中去。"（《马克思恩格斯选集》第3卷，人民出版社1995年版，第629页）

第五节　总体资本家与大土地所有者之间的分赃

在前面的研究中，马克思都假定地租=○，将资本主义土地所有权暂时撇开，或者说是将它当作一个条件。因为"资本是资产阶级社会的支配一切的经济权力。……必须放在土地私有制之前来说明"①，不懂得资本便不能懂地租。而且土地关系相当复杂，涉及三个阶级的关系，更有土地经营权和所有权的垄断。在不影响基本理论研究的时候，先将它存而不论是可行的、必要的。在考察完生息资本的运动以后，就有必要结合这种条件来考察资本运动、总体资本家的行为了。

资本家的所有投资都要使用土地，为方便研究，"经济学上所说的土地是指未经人的协助而自然存在的一切劳动对象"，②但城市的土地已经有很长的开发历史，所以，马克思主要通过农业资本家的投资，来考察他们与土地所有者之间分割剩余价值的关系。马克思说："这里的任务总的来说是考察资本投入农业而产生的一定的生产关系和交换关系。不考察这一点，对资本的分析就是不完全的。"③ 只要这种关系阐明清楚了，其他资本家与其所使用土地的所有者的关系也就清楚了。

土地所有权的垄断虽然是资本主义生产方式的历史前提，并且始终是它的基础，但与资本主义生产关系相适应的土地所有权形式是在"农业从属于资本之后才创造出来的"④。这时，农业已经变成仅仅是一个工业部门，完全受资本支配，完全按资本主义方式经营，因而有合理化的经营方式。与此相联系的资本主义地租也和封建地租不同，只占剩余价值的一部分，是超额利润的转化形式。在资本主义社会较为发展阶段，土地所有权已经独立化、外化、商品化，这是一种最复杂的所有权，是商品所有权的变种和发展形式，是资本所有权的附属。所以，没有阐明商品所有权、资本所有权，就无法研究土地所有权。在关于生息资本的研究中，马克思突出了资本所有权规定，形成了进一步

---

① 《马克思恩格斯全集》第46卷上册，人民出版社1979年版，第45页。
② 《资本论》第1卷，人民出版社1975年版，第668页。
③ 同上书，第694页。
④ 同上书，第696页。

第十四章 总体资本家的再生产行为

研究的基础或出发点,这样才能开始研究土地经营权、所有权的垄断。

马克思并不专门研究资本主义土地所有权,而是考察它的人格化即土地所有者如何凭借这种所有权获得地租。——这实际上也是一种经济行为,即行使所有权而获取经济利益的行为。① ——地租的实质是剩余价值的一部分,但它是超额利润转化而成的。显然,考察地租的目的是要阐明土地所有者与农业资本家之间达成的分赃关系。在第三卷第六篇,马克思还专门研究了建筑地段的地租、矿山地租、土地价格,实际上已经涉及工商业的用地。所以,研究地租问题并非仅仅是研究农业资本家与土地所有者的关系,还涉及总体资本家与土地所有者的关系。道理很简单,一切经济行为都要使用土地。

这里研究的农业资本家的行为,仅限于真正的农业上的投资,②但主要不是说明他们如何经营,而是侧重阐明他们由于使用不同级差肥力的土地而产生的不同劳动生产率所提高的产量如何被土地所有者征去,以及使用没有肥力的土地为何、如何才能交纳绝对地租的问题。表面看,马克思研究的是单个资本家,好像与第三阶段研究的社会总资本不一致,实际上,这个资本是投资土地的资本家的一个缩影,代表同一时期的所有农业总资本的不同组成部分在不同质的不同地块上同时并列使用。"在这里一个资本的不同部分相继投在同一土地上所产生的结果,就是在级差地租I的场合下社会资本各个相等部分投在各级土地上所产生的结果。"③

在前面,马克思已经说明,有一种超额利润不参加平均化。之所以能够这样,是因为有土地经营权和所有权分别为农业资本家和土地所有者垄断。经营权的垄断决定了这种超额利润不会被平均化,而土地所有者对土地所有权的垄断决定了经营农业的级差收益要转化为级差地租。在地租理论中,马克思还说明,还有一种地租是因土地所有权的垄断而产生的,它决定了农产品是一种特殊垄断产品,要按其价值出售;同时决定其价值高于生产价格的部分要转化为绝对地租。正因为这样,通过研究地租——实质是剩余价值的一部分及另一种具体表现形式,——马克思顺理成章地揭示了两大剥削阶级联合剥削雇佣工人

---

① 有人将这种行为称为产权行为。(王国平:《现代企业行为》,上海财经大学出版社,2004年版,第45页)有趣的是,科斯则将产权归结为视实施一定行为的权力。(《企业市场与法律》,上海三联书店1990年版,第123页)
② 《资本论》第3卷,人民出版社1975年版,第694页。
③ 同上书,第761页。

的关系，揭示了两大剥削阶级之间的分赃行为。

农业资本家和土地所有者的分赃行为建立在资本主义农业经营的基础上，后者实施的各种条件，也是这两种主体行为的条件或前提。马克思在论述过程中提出的这些条件是不能不注意的：

1. 土地从附属关系下解放出来，摆脱传统的附属物，没有超经济剥削。

2. 可以使用的土地有限，并且其所有权被土地所有者垄断，经营权都被农业资本家垄断。

3. 土地都是没有加进人类劳动的处女地，没有价值。假定都用于生产小麦。

4. 撇开一切包括在土地中的混杂物，如一部分平均利润的扣除、非资本主义地租部分、克扣农业工人的部分工资等，还有租地农场主投入的土地资本如改良土壤、修造水渠等投资及其利息（在租约期间内不是地租）、偶然的垄断价格等，真正的地租是为使用土地本身而支付的。

5. 农业以资本主义生产方式经营，但农业资本的平均有机构成较产业资本低，而且由于资本主义生产方式的本性，农业人口比非农业人口不断减少，结果是产量有限。

6. 社会对粮食的需求无限，粮食价格由最坏地块上的个别价值决定，并且都能按此价值实现。

7. 撇开竞争、供求关系，纯粹按市场经济的要求确定地租。

8. 农业资本家既要交纳各种地租，又要能获得平均利润，但也只能获得平均利润，否则资本就会流出或流入农业领域；

9. 假定农业劳动的熟练、复杂程度不受自然条件变化和投资变化的影响。

这些条件中，有自然条件，也有社会条件。和以前的研究条件不同，这里的条件既是前提，又是始终实际发挥作用的因素。正因为这样，农业投资才能形成超过平均利润的超额利润，才不至于因为竞争和资本的自由流动导致这种超额利润参加一般利润率的平均化，而能够转化为地租。

考察自由资本主义较为发达阶段的两大剥削阶级之间对剩余价值的分割或分赃行为，应当注意区分几个一般和特殊的关系：

首先，是一般的和特殊的地租关系。从社会性质看，不要将一般的和特殊的社会性质的地租混为一谈，虽然不同社会性质的地租形式有共同点，但资本主义地租形式包含的关系比较特殊。从生产条件看，不能将资本主义地租的

第十四章 总体资本家的再生产行为

生产条件和一般剩余价值、利润的生产条件混为一谈，前者只涉及剩余价值的一部分，包含有特殊的社会需要。

其次，是一般过程和特殊过程的关系。从经济过程看，土地的经营在不同性质的社会发展过程中都存在，不能因为资本主义地租随商品经济经济发展而增长就将它与一般的经济发展过程混为一谈，它是以后者为载体，但不归结为后者。地租作为总体剩余价值一部分即超额利润的具体形式，之所以能够不参加利润的平均化，除了有土地所有权、经营权的垄断外，还有特别的原因，即与一般的商品经济发展有关系：

由于有利于耕作的土地有限，农业人口与非农业人口相比不断减少，因此，农业生产比较难以保证满足整个社会对其提供的食物和原料的需要，——特别在19世纪中叶以前更是这样，——因此，在社会总劳动时间中，必须按必要的特殊的比例来生产农产品。从农产品市场价值的个量规定看，即使按照其最劣等生产条件下生产的个别价值（最高价位）来确定，充其量也只是像非垄断性的工业产品那样，尚不足以形成不参与平均化的垄断利润。从总量看，社会对一种商品的总需要量应该拌有相应的社会购买量。这就是马克思说的"社会在一定生产条件下，只能把它的总劳动时间中这样多的劳动时间用在这样一种产品上"①，社会要用它"所能支配的劳动时间一定量来购买这些物品"②。换言之，农产品的总价值，不像在充满竞争的整个工业领域那样，与工人的劳动总量成正比，而要高于农业工人的劳动总量。所以，它可以长期高于它的市场生产价格出售，并且可以产生一些其他商品所没有的规定。这是社会发展的需要，是商品经济转型发展的结果。在这里，马克思再一次强调并用更明确的语言来表述价值规律的具体规定，实际上是阐明了价值规律的进一步转型。这是很有意义的。一方面，这是将对一般过程研究的发展与特殊过程研究的发展紧密结合起来，没有前者的发展、规定的丰富，就很难支撑特殊过程研究的发展；另一方面，这又隐含着这样的意思：农业为什么有超额利润，能够提供地租？因为社会需要，因为社会用来购买它的总产品的劳动时间中，包含着这样的超额利润部分。在这样的场合来强调价值规律的总量规定，含义很深，与后面"虚假的社会价值"和绝对地租的论述有直接的关系。

---

① 《资本论》第3卷，人民出版社1975年版，第717页。
② 同上书，第209页。

还要看到，一般的商品经济的发展还突出了资本主义地租的特征。商品经济发展的直接结果是对农产品的需要扩大，这就决定了农产品"能够作为商品来生产的数量"的扩大及其"交换能力"①的增强，并导致资本主义土地所有权的权力随着土地产品价值、地价的增加而发展起来，使剩余价值的一个日益增大的部分转化为地租。

这样区分一般和特殊之所以必要，不仅是因为事物的一般和特殊容易被人混淆，还因为其中还包含着更为深刻的规定，社会总资本运动的扩展是以一般经济过程的发展为基础或"根本"的。马克思说："地租分析上的全部困难在于，说明农业利润为什么会超过平均利润，……说明这个生产部门所特有的超额的剩余价值。"②

地租既是资本主义土地所有制在经济上的表现，即与一定的经济利益相联系，在比较发展的市场经济中，必然要表现为特殊的价值范畴，但它作为价值范畴，又具有一般性，在商品经济的发展中发挥作用。所以，我们既要看到它是剩余价值的具体表现形式，又要论证它对资本运动、对一般经济发展过程的作用。任何经济活动都要使用土地，在土地存在着所有权和经营权垄断（不管是公有的或私人的）的时候，在实行商品经济体制的场合，都必然存在着地租。不仅农业，一切经济活动都要交纳地租。

马克思的地租理论十分复杂，涉及许多基本理论的相互关系。但是，从经济行为理论的角度来看，我们更感兴趣的是其中关于不同主体行为如何利用土地的特殊条件提高劳动生产率以获得更多的超额利润以及如何与土地所有者按什么样的规则瓜分农业工人创造的剩余价值。这必然涉及土地私有者与租地农场主之间的分赃关系，还涉及农业资本家内部的关系。

一、土地所有者的"征租"行为

作为一种特殊的生产要素，土地也和资本一样具有所有权，并且是一种私人独占的所有权。"土地所有权的前提是，一些人垄断一定量的土地，把它作为排斥其他一切人的、只服从自己个人意志的领域。……土地所有者可以象每

---

① 《资本论》第 3 卷，人民出版社 1975 年版，第 719 页。
② 同上书，第 882 页。

第十四章 总体资本家的再生产行为

个商品所有者处理自己的商品一样去处理土地。"① 土地所有者依据其对一定地块所有权的垄断，对使用该地块的人征收一定量的地租。"土地对土地所有者来说只代表一定的货币税，这是他凭他的垄断权，从产业资本家即租地农场主那里征收来的。"② 从农业资本家或用地资本家那里征收地租，是土地所有者参与分赃的积极行为。

任何一种经济行为，都要使用土地。在资本主义社会，一切土地都是所有权都被私人垄断。土地所有权只是一种法律上的权利，但它却可以转化为经济上权利，获得经济利益。作为租地农场主的资本家，为了得到在这个特殊生产场所使用自己资本的许可，要在一定期限内（例如每年）按契约规定支付给所使用土地的所有者一个货币额。这个货币额，是为耕地、建筑地段、矿山、渔场、森林等等支付，统称为地租。由是，土地所有者的土地所有权就取得纯粹经济的形式，或者说，是土地所有权在经济上借以实现即增殖价值的形式。不过，"单纯法律上的土地所有权，不会为土地所有者创造任何地租。但这种所有权使他有权不让别人去经营他的土地，直到经济关系能使土地的利用给他提供一个余额，而不论土地是用于真正的农业还是用于其他生产目的（例如建筑等等）"。③ 所以，土地所有权的私人垄断，就构成了对土地任意投资、任意增殖的限制。④

土地所有权的私人垄断必然产生土地经营权的垄断。一旦有人愿意交纳使用某地块一定时间的地租，即可获得该地块土地所有者同意，获得经营垄断权。从这种意义看，土地的出租和货币资本的出贷，同样都是"两权分离"，都产生两种意义的垄断权。关于使用上的垄断权，我们暂时按下不表，——在《资本论》中，马克思是先着重研究与土地经营垄断权相关的级差地租，再研究与土地所有权垄断所产生的绝对地租。在这里，我们只是从中搜寻其中关于土地所有者和农业资本家这两种主体行为的关系。——先从土地所有者对土地所有权的垄断看其由此产生经济行为，即要求土地所有权在经济上的实现。换句话说，即是他们要根据土地所有权，一方面将使用土地的农业资本家的超额

---

① 《资本论》第3卷，人民出版社1975年版，第695—696页。
② 同上书，第697页。
③ 同上书，第853页。
④ "土地所有权的存在，正好是对投资的一个限制，正好是对资本在土地上任意增殖的一个限制。"（《资本论》第3卷，人民出版社1975年版，第846页）

《资本论》经济行为理论的具体化

利润转化为级差地租征收为己有,另一方面决定农产品的出售以价值为基础,并使其超过市场生产价格的部分转化为绝对地租,征收为己有。

1. 先看土地所有者征收级差地租

所谓的级差地租,是土地所有者向使用者征收的一种有级差的地租,它包含三方面规定:首先是一种高于平均利润的级差收入,即由于利用数量有限的、肥力或地理位置优劣不等的一定面积的地块而具有不同的劳动生产率水平,或者由于增加投资提高劳动生产率,能形成一个低于一般生产价格的个别生产价格,而产生高于平均利润的级差收入;其次,这种级差收入不会由于竞争而平均化,因为有比较长时间的经营权垄断;再次,会被土地所有者利用对土地所有权的垄断而征收走,形成级差地租。因为在资本主义比较发展的阶段,一切资本家的投资,包括在农业上的投资,都只能享有平均利润,因此,这部分超过平均利润的级差收入就不能归农业资本家,必然被土地所有者占有。之所以这样,因为土地所有者有权允许或拒绝别人去利用这种自然条件有级差的土地。所以,虽然土地所有权并不创造那个转化为超额利润的价值部分,但土地所有者却有权力把这个超额利润从经营者的口袋里拿过来装进自己的口袋。

级差地租有两种形式,第一形式与所用土地的自然条件产生的劳动生产率差异有关,第二形式与连续投资产生的生产率差异有关。土地所有者十分清楚这两种地租的存在和区别,他们也会毫不含糊地征收这两种同时存在的级差地租。

第一种级差地租(即级差地租Ⅰ)是与所使用土地的自然条件优劣的级差紧密联系的,因为各个单位面积土地的自然条件优劣程度必定存在着差异,即使一个承租者所使用的土地的自然条件都是优等的,土地所有者也会将它与属于别人的自然条件较差的地块相比较,所以,"凡是有地租存在的地方,都有级差地租,而且这种级差地租都遵循着和农业级差地租相同的规律。凡是自然力能被垄断并保证使用它的产业家得到超额利润的地方(不论是瀑布,是富饶的矿山,是盛产鱼类的水域,还是位置有利的建筑地段),那些因对一部分土地享有权利而成为这种自然物所有者的人,就会以地租形式,从执行职能的资本那里把这种超额利润夺走"。①

级差地租Ⅰ还与土地的面积有关。一般而言,在那个时代,社会对农产品的需求总是大于产出,所以用于耕作的土地面积不断地扩大,从而土地所有者征收的级差地租也不断地增加。

马克思还说明,级差地租作为一种价值形态的东西,并非来自土地所有权本身,后者对剩余价值(利润)部分的创造,没有任何关系。它也不是来自自然条件有差异的土地的价格,土地价格无非是地租的资本化。它也不是来自自然条件的级差,虽然级差地租与自然条件的优劣程度级差有关,使一定的投入某一地块的个别资本,同那些没有可能利用这种例外的、有利于提高生产力的自然条件的投资相比,相对来说具有较高的生产率,但自然条件的优越只是较高劳动生产率的自然基础,并非这种地租的源泉。它也不是来自所用资本或这个资本所占劳动的生产力增加,因为已经假定所使用的劳动具有相同的生产力。可见,作为价值形态的东西,其唯一源泉只能是劳动。它作为剩余价值的一部分,必然是工人阶级创造的。不过,既然不是来自所用资本或这个资本所占劳动的生产力增加,那么只能来自社会的劳动。马克思说明,这是来自"被看作消费者的社会对土地产品支付过多的东西,对社会劳动时间在农业生产上的实现来说原来是负数的东西,现在竟然对社会上的一部分人即土地所有者来说成为正数了"②。形成社会劳动时间的当然是劳动者(总体劳动者)的劳动耗费,所以,归根到底,它还是包括工农业领域中所有工人创造的。这种情况,与马克思在第二卷论述的保管劳动一样,是从社会生产基金或社会消费基金中提取的。③ 可见,土地所有者剥削的,不仅仅是农业工人,还有全社会的工人阶级。换句话说,资本主义土地所有制会通过农业工人创造的农产品的出售,将包括农业工人在内的全社会工人阶级创造的剩余价值的一部分作为级差地租收入自己囊中。

土地所有者征收的级差地租绝不是永远固定的,而是变动的。随着生产力、商品经济的发展,市场会增加和扩大,由是,也会在客观上改变农业资本家租用土地的地理位置,使它更靠近市场,这也会增加农业资本家的级差收

---

① 《资本论》第3卷,人民出版社1975年版,第871页。
② 同上书,第745页。
③ 同上书,第166页。

入。一旦租约到期，在续订租约或更换承租人的时候，土地所有者必然将这种土地自然条件的相对优化当成土地自身的自然属性，从而会索取更高的级差地租Ⅰ。当然，这也必然要与租地农场主产生矛盾，但是，土地所有者最终总会利用他们的垄断优势，征收更多的级差地租Ⅰ。

除了土地的自然条件有级差会引起劳动生产率的变化，从而产生超额利润，追加投资也会产生同样的效果。在农业资本家承租土地面积不变的情况下，他们对这些土地也会增加投资，主要是用于改变所租土地的原有地力。由此产生高于平均利润的级差收入也是土地所有者要征收的地租，它构成第二种级差地租（即级差地租Ⅱ）。显然，这种地租也是广泛存在的。诚然，在原订租约期间内，土地所有者只能眼巴巴地看着租地农场主将这种超额收益占为己有。因此，土地所有者总会力求将这种超额收益转化为级差地租Ⅱ，契约规定的租期一满，在土地上实行的各种改良，就要作为和土地不可分离的偶性，变为土地所有者的财产，因此，他的地租就要上涨。"如果土地改良的效果比较持久，那末，在租约满期时，人工增进的土地的不同肥力，就会和土地的自然的不同肥力合在一起，因此，地租的评定也就会和不同肥力的各级土地的地租的评定合在一起。另一方面，就超额利润的形成决定于经营资本的量这点来说，一定量经营资本产生的地租额，会加到一国的平均地租中去。"① 所以，随着资本主义生产的发展，土地所有者力图尽可能地缩短租期。不仅如此，由于土地所有者的力量占优势，他们还会逼着与租地农场主每年更换租约，而且这种现象也是与日俱增的。② 进一步看，由于租地农场主在租约期间内增加投资，从而在一定的程度上改变了土地的自然条件，包括地力和基础设施，这样，租地农场主的投资就好像转变为土地所有者的投资一样。在租期结束以后，投入土地的资本就转归土地所有者，使他能够获取级差地租，"这个级差地租已不是由土地质量的差别决定，而是由一定土地上的最后投资所产生的超额利润和租赁最坏土地时支付的地租这二者之间的差额决定。"③ 所谓的最后投资，就是一种边际投资。

马克思还说明，土地所有者还对A级地即地力最劣等的地块也征收级差

---

① 《资本论》第3卷，人民出版社1975年版，第761—762页。
② 同上书，第760页。
③ 同上书，第862页。

地租。当然，这是有前提的。如果对谷物的需求不断增加，并且供给只能通过提供地租的土地上生产率不足的连续投资，或者通过 A 级土地上生产率也不断降低的追加投资，或者通过比 A 更坏的新地上的投资来满足，土地所有者就会向 A 级地征收级差地租。"只要级差地租 II 通过连续的投资而产生出来，上涨的生产价格的界限，就能够由较好土地来调节；这时，最坏土地（级差地租 I 的基础）也能够提供地租。因此，单纯就级差地租来说，所有的已耕地都会提供地租。"① 马克思还发现，为了增加对市场供给量，在 A 级地一小部分面积上也会开始采用新技术。那么，这个耕作得比较好的部分，就会提供超额利润，土地所有者就会迅速地把它的全部或一部分转化为地租，把它作为地租固定下来。因此，如果需求和增长的供给齐头并进，地租就会随着这种新的耕作方法在 A 级土地的全部面积上的推广。②

2. 再看土地所有者征收绝对地租

土地所有者的贪婪还表现在利用土地本身征收绝对地租上。他之所以能这样做，是根据对土地所有权的垄断。这样，不仅对土地自然条件差异的所有权成了获得级差收入的依据，要求租地农场主将超过平均利润的级差收益转化为级差地租，而且对土地本身的所有权也要在经济上有所体现，即使是对那些自然条件最差的、不能由以获得级差地租的地块，也要收取与级差地租不同的地租，这就是绝对地租。从而那些自然条件比较好的地块，不仅要征收级差地租外，还要进一步征收绝对地租。

如果说，级差地租以个别劳动生产率高于一般劳动生产率为基础，那么，绝对地租却与使用土地的劳动生产率无关，更与土地的肥力、地理位置无关，它纯粹是土地所有权垄断的结果。所以，马克思说："土地所有权本身已经产生地租。"③ 在资本主义社会，"土地所有权本来就包含土地所有者剥削土地，剥削地下资源，剥削空气，从而剥削生命的维持和发展的权利。"④ 不过，这单纯的法律上的所有权本身绝不会创造出任何地租。在资本主义国家，有许多土地始终没有人耕种，其所有者自然也无从征收什么绝对地租。所以，征收绝

---

① 《资本论》第 3 卷，人民出版社 1975 年版，第 833 页。
② 同上书，第 837—838 页。
③ 同上书，第 851 页。
④ 同上书，第 872 页。

对地租体现着不同主体行为之间一定的经济关系。

绝对地租和级差地租虽然都是地租,但有很大的差别。征收级差地租只是表明,土地所有权将有级差的超过市场生产价格的超额利润占为己有,它表明:"土地所有权只是商品价格中一个没有它的作用就已经产生(确切些说,是由于调节市场价格的生产价格决定于竞争这一点产生的)并转化为超额利润的部分所以会转移的原因,即价格的这一部分……由资本家手里转移到土地所有者手里的原因"。① 而土地所有者征收绝对地租得到的,却是土地产品市场价值超过市场生产价格的部分,是只有土地所有权的私人垄断才导致农产品按照市场价值出售以至于能有高出市场生产价格的部分。因此,这种绝对地租的征收,使得农产品的市场价值一直昂贵。绝对地租代表的价值实体,是农业工人创造的剩余价值的一部分。

正因为构成地租的价值被土地所有者无偿占有,挤占了农业资本家和全部使用土地的资本家的剩余价值,减少了他们的积累能量,所以,资产阶级古典学派对此深恶痛绝。他们最早提出关于劳动价值论的重要规定,主要目的就是论证土地所有者不劳而获是不合理的。随着经济发展进程推移,可供经济地使用的土地越来越少,而社会对农产品的需求则越来越多,所以地租不断上涨,从而土地所有者日益富裕。这样,他们就把社会发展的成果装进他们的私人腰包。

在社会表面上,由于自然形态的土地与地租相联系,所以就很容易使土地所有者、资本家以及资产阶级学者产生错觉,以至于产生拜物教的最后形式。

总之,通过征收地租,土地所有者不仅厚颜无耻地参与用地资本家剩余价值的分割,而且向整个社会征收贡赋。不过,土地所有者征收各种形式的地租,实际上也体现了商品生产的客观要求。在资本主义商品经济条件下,既然资本的使用权可以有偿贷出,那么对资本家来说,土地有偿使用也就没那么不合理了。当然,对社会和劳动者来说,这是极不合理的。

二、租地农场主的连续投资行为

农业资本家在与土地所有者签订合同之后,不仅要充分地利用土地的肥力或地理位置的差异,而且要充分地、连续地挖掘地力(包括肥力和地理位

---

① 《资本论》第3卷,人民出版社1975年版,第851页。

置），以形成劳动生产率级差，从而使自己的产品以更低于市场生产价格出售，为此就要不断地增加投资。对此，马克思都分别加以研究。

1. 先考察利用级差自然条件的情况，这与形成级差地租Ⅰ的超额利润有关

一般说，他们的生产经营是连续、不断扩大的，投入是不断增加的。对此，马克思从两方面进行研究：一方面假定在一定面积地块上的投资量不变，耕地面积不断增加，"我们首先要考察等量资本在等面积的各级土地上使用时所产生的不同结果"，① 这是指同一年内在肥力有级差的不同地块上增加投资。另一方面是在同一地块上的投资不断增加，假定每次投资量不变。前者不改变投资的技术，涉及的是级差地租Ⅰ，后者则有改变，涉及的是级差地租Ⅱ。显然，这些研究都是动态性的。

先看第一方面研究。在阐明级差地租产生的时候，可以假定农业资本家在一定面积土地的投资量不变，使用的劳动数量不变，将资本同时平均投入几块等面积但自然条件有级差的地块，来考察不同地块的劳动生产率的变化及结果。显然，在技术不变的条件下连续投资的结果，是同面积、肥力有级差的不同地块的生产率水平不同，产量表现为一定的级差，因而单位产量的成本表现为一定的级差，从而有个别生产价格与市场生产价格级差的产生。

必须注意的是，在不改变原有技术条件的情况下，向肥力有级差的不同地块上投资，这种投资量的增加，也会因为规模扩大而导致劳动生产率的提高。这是由于实力强的租地农场主"资本的应用量大于平均量，以致生产上的杂费减少了，而提高劳动生产力的一般性原因（如协作、分工等），也由于劳动场所比较宽阔，而能够在更高的程度上，以更大的强度来发生作用；……是因为异常大量的资本积聚在一个人手中（这种情况在平均使用同样大的资本量的时候就会消失）"②。不过，这并非粗放式的经营，而是在一定技术条件下的扩大再生产，何况它还因分工协作、规模经营而导致生产率的提高。

上面，我们已经看到，随着经济的发展，市场的扩大，原来距离市场比较远的已耕土地会变得比较近，从而也会产生级差收益。但是，在地租确定的租约期内，土地所有者对此是不能染指的，所以，这部分级差收益就不费农业资

---

① 《资本论》第3卷，人民出版社1975年版，第732页。
② 同上书，第725—726页。

本家分文而自然而然地收入其囊中。

再看第二方面研究，考察租地农场主行为方式变化对级差地租Ⅱ的影响。在租约时间确定、使用土地面积确定的情况下，租地农场主一定会逐年增加对这些土地的投资。这就是所谓耕作集约化，是资本家经营方式的转变。

主体行为方式的转变，从在不同地块上连续投资转为在同一地块上连续投资，实际上是阐明不同发展阶段经济主体从外延扩大经营转变为集约式经营。马克思说："把执行职能的资本的规模撇开不说，采用更好的工作方法、新的发明、改良的机器、化学的制造秘方等等，一句话，采用新的、改良的、超过平均水平的生产资料和生产方法"经营，也可以说是"一定量资本以一种生产率特别高的方式执行职能（这种情况在例外的生产方法已经普遍应用，或者为一种效率更高的生产方法所超过的时候也会消失）"①。

这种情况是必然发生的。在实际上，同工业资本家一样，农业资本家也会积累，也会扩大再生产。不仅会在原有的技术基础上扩大耕地面积，而且会在耕地面积不变的情况下增加投入，实现内涵扩大再生产。表面看，土地的连续投资会遇到一定的限制，似乎达到一定程度的时候会产生边际生产力的下降。但是，农业资本家的连续投资都伴有技术条件的变化。马克思发现，农业资本家也会借助科学技术的发展对土地肥力加以利用和改造。"在自然肥力相同的各块土地上，同样的自然肥力能被利用到什么程度，一方面取决于农业化学的发展，一方面取决于农业机械的发展。这就是说，肥力虽然是土地的客观属性，但从经济学方面说，总是同农业化学和农业机械的现有发展水平有关系，因而也随着这种发展水平的变化而变化。可以用化学的方法……或用机械的方法……来排除那些使同样肥沃的土地实际收成较少的障碍（排水也属于这一类）。"② 显然，这是用社会生产力的增长来配合使用自然力，使两者产生复合作用。同时，也是在补偿自然力的减少。③ 这当然与主体增加投入有关。

这种连续投资所产生的高于平均利润的超额利润，在签订租约的时候是不

---

① 《资本论》第3卷，人民出版社1975年版，第726页。

② 同上书，第733页。这一段话虽然是在考察级差地租Ⅰ的地方写的，但只是说明土地肥力被利用到某种程度的方法，与级差地租Ⅱ联系较紧。这也表明，租地农场主在一块土地上追加投资往往是与科学技术的发展相联系的。

③ "在农业中，社会生产力的增长仅仅补偿或甚至还补偿不了自然力的减少"。（《资本论》第3卷，人民出版社1975年版，第864页）

可预见的，因此，一旦缔约，租地农场主在租用土地上的连续投资的级差收益很自然地就归自己所有。所以，他们一定会增加投入，改变土地的肥力，努力提高生产率。从客观的意义看，这样做是有利于经济发展的。当然，租地农场主在租约到期之前，也会想方设法吸收土地肥力，特别是租期快到之前，他们就不会再追加投入，这对保持土地肥力又是很不利的。

但是，一旦租约期满，土地所有者必然会将土地肥力的改变当作土地已有的肥力，向新的承租人索取更高的级差地租Ⅱ。因此，新的租地农场主就必须"掌握足够的资本，以便按同样集约化的方法，来继续进行耕种"①。

3. 再考察租地农场主怎样向土地所有者交纳绝对地租

租地农场主不管租用什么样的土地，甚至在正常情况下不能产生级差收益的A级地，都要向土地所有者交纳绝对地租。既然绝对地租是土地所有权本身在经济上的刚性体现，那么，对土地所有者来说，它甚至比级差地租更重要，对租地农场主来说，这是租用土地的前提。但是，租地农场主即使租用A级地，也必须能够获得平均利润。显然，对租地农场主而言，绝对地租与他的个别劳动生产率无关。也就是说，他们只能以高于农产品的市场生产价格出售，才有可能交纳这种绝对地租。土地所有者的这种刚性要求迫使他们不得不这样做。否则，他们就会因为或者不能得到平均利润而退出耕作，或者不能交纳绝对地租而被土地所有者收回土地。但是，这样一来，社会将面临缺粮的窘境。在资本主义社会，土地所有者和租地农场主的利益当然都不能受到损害。所以，社会只能同意农产品高于市场生产价格出卖。至于可以高到什么程度，这只能由竞争来决定，"而取决于一般的市场状况"。② 但是，即使需求非常旺盛，租地农场主也不能以高于农产品本身的价值出售。尽管全部资本家，包括农业资本家、他们的理论家都不懂得这种内在规定，但竞争必然使他们不会超出农产品市场价值这一极限。③

马克思论证，这种情况之所以能够发生，是因为农业部门的资本有机构成

---

① 《资本论》第3卷，人民出版社1975年版，第761页。

② 同上书，第861页。

③ "竞争，同供求关系的变动相适应的市场价格的波动，总是力图把耗费在每一种商品上的劳动的总量化为这个标准。"（《资本论》第3卷，人民出版社1975年版，第215页）

普遍比社会的平均构成低,而农产品又总是按垄断价格出售。"无论这个绝对地租等于价值超过生产价格的全部余额,还是只等于其中的一部分,农产品总是按垄断价格出售,这并不是因为它们的价格高于它们的价值,而是因为它们的价格等于它们的价值,或者,因为它们的价格低于它们的价值,但又高于它们的生产价格。农产品的垄断在于:它们不象价值高于一般生产价格的工业品那样,会平均化为生产价格。"① 他还论证,农业资本家虽然也会努力提高农业劳动的社会生产力,提高其资本的有机构成,但因为自然生产率经常下降,所以这种努力在许多情况下也还仅仅只能补偿或甚至还补偿不了自然力的减少。因此,尽管技术发展,但产品还是不会便宜,只是产品的价格不致上涨得更高而已。

显然,土地所有权的存在是对资本运动的一个障碍,它妨碍了资本的自由运动,妨碍资本的竞争把超额利润平均化,妨碍资本的竞争把价值化为生产价格,更妨碍用地资本家的积累。因此,必然引起资本家集团的抗争,毕竟这是经济利益的分割。马克思说:"超额利润到地租的转化,即超额利润由资本主义租地农场主手里到土地所有者手里的这种形式转化,会遇到一些困难。英国租地农场主所以顽强抗拒政府的农业统计,其原因就在于此。他们在确定他们投资的实际成果时所以和土地所有者进行斗争,其原因也在于此。"② 实际上,在用地和交纳地租的过程中,租地农场主并非完全被动的。他们一方面总是力争签订长期的租约;另一方面充分地利用自然条件提高劳动生产率,降低产品的个别生产价格,使之与市场生产价格有一个差额。而且,正是由于农业工人的劳动,才创造了农产品的价值,从而才有可能养活不劳而获的土地所有者。而且,他们努力提高劳动生产率,提高投资的有机构成,在客观上是在压缩市场生产价格与市场价值之间的差距,从而压缩土地所有者提取绝对地租的空间,尽管租地农场主完全不懂得这一原理,但他们实际上是这样做了。当然,土地所有者也不会因为农业投资有机构成与工业投资有机构成拉平就不征收绝对地租。马克思指出,即使出现这种情况,土地私有制的存在仍然会顽强地发挥作用。这时,绝对地租只能来自产品的垄断价格。③

---

① 《资本论》第3卷,人民出版社1975年版,第859—860页。
② 同上书,第760页。
③ 同上书,第863页。

不过，土地所有权的存在对所有资本家的用地行为也是一个必要的限制，甚至是一个重要的杠杆。马克思说："土地所有权的存在，正好是对投资的一个限制，正好是对资本在土地上任意增殖的一个限制。"① 它还使地租成为一种经济杠杆，对社会资源的配置发挥刚性的调节作用，而且这还是不可替代的、任何主体都无法回避的、实现确定的杠杆。

第六节　分赃行为与再生产

在分析完剩余价值的分赃以及剩余价值的各种具体形式之后，马克思自然要顺理成章地将它们统一起来，一方面考察它们在社会表面上的表现，以及这些表现对这些分配当事人观念或意识、对其持续行为的影响；另一方面进一步将资本家与土地所有者的这种分赃行为归结为一定的分配关系，将它与生产关系的再生产统一起来。这主要在终篇进行。与前两卷的末篇相适应，第三卷末篇即全书终篇也是研究再生产的。不言而喻，剩余价值的分配并非一次性的，剩余价值也并非全部用于这些分配当事人以及生产关系的再生产。

一、总体资本家的流通和竞争将分赃的内在规定颠倒表现

恩格斯说，"剩余价值的分配就象一根红线一样贯串着整个第三卷"，②《资本论》"第三卷所阐述的就是剩余价值的分配规律。而讲完了剩余价值的生产、流通和分配，也就结束了剩余价值的整个生涯，此外，对它也就没有更多的东西好谈了"③。的确，第三卷分析的都是剩余价值的分割，参与这种分赃的只是资本家的各个集团以及土地所有者。为了简便，我们不妨把他们称为"分配当事人"④。

不过，剩余价值作为总体的分配并不是生产和流通以外的事情，就社会总

---

① 《资本论》第3卷，人民出版社1975年版，第846页。
② 《马克思恩格斯全集》第22卷，人民出版社1965年版，第512页。
③ 同上书，第511页。
④ 实际上，马克思所说的"资本主义生产当事人"并不仅仅限于生产领域中的资本家，还包括其他领域的资本家，是剩余价值分享者的代表。而这里讲的"分配当事人"，指的是资本家和土地所有者。比前者更为具体。

资本而言，它是生产和流通的继续。根据马克思的科学的上升方法，理论过程的终点是整个理论过程的包含和超越，所以，这里的分配，应理解为包含剩余价值的生产、流通诸规定在内的总过程。

在阐明剩余价值的生产和实现之后，当然要说明它的具体表现形式。但是，它又与真正的市场（不是一般的流通）紧密联系，必然因为流通中的竞争、采取货币形式表现、分配当事人的观念等而使原有的内在规定发生变形。这样看来，分配又与生产和流通有所不同。具体地说，在商品经济体制下，在市场竞争中，剩余价值的具体形式在各种资本家、土地所有者那里不仅表现为企业利润、商业利润、利息、地租，同时还进一步表现为收入。

所谓的收入[1]，在社会表面上就是经过流通获得一定量的货币。在流通中，货币这种东西非常奇妙，既可以是作为货币的货币，也可以是作为资本的货币，同样的，还能作为剩余价值具体表现形式的货币、工资表现形式的货币。

马克思在考察社会总资本简单再生产时已经说过：是工人不断再生产出与自己劳动力价值相等的产品，实现后再不断地以工资形式流回到工人手里，是工人自己用上星期的劳动或上半年的劳动来支付自己的劳动力价值，但"产品的商品形式和商品的货币形式掩饰了这种交易"[2]。这样，工人领回的工资虽然与资本家、土地所有者攫取的"收入"性质根本不同，但却有同样的货币形式，并且还是不断地"回流"，因而也表现为收入。一种是无偿地占有，一种是有偿地回流，但在社会表面上，两种却表现为同一回事。由是，工人似乎也和剩余价值的分配当事人一起都参与"收入分配"了。可见，流通将两种不同性质的"收入"混为一体了，也将工人与分配当事人混为一体了。换句话说，流通掩盖了工人出卖劳动力与分配当事人攫取剩余价值的本质区别，在将两种本质规定都颠倒表现的同时，也将两种性质根本不同的行为混为一体了，而这种颠倒或混淆又恰恰是这两种主体在流通中的行为在不知不觉中造成并被分配当事人有意夸大的。这样一来，工人和资本家、土地所有者一样，在

---

[1] 马克思指出：在资产阶级学者那里，收入"按原来的用词，就是形成《Revenue》（《revenu》是动词《revenir》的分词，意思是'回来'）"。马克思还说："亚·斯密在这里遭遇的全部不幸，都是'收入'这个范畴造成的。"（《资本论》第2卷，人民出版社1975年版，第403、424页）

[2] 《资本论》第1卷，人民出版社1975年版，第623页。

第十四章 总体资本家的再生产行为

市场上都表现为收入获得者而平起平坐了。这样,过程的本质规定就被完全颠倒了。正是在此基础上,萨伊提出了臭名昭彰的"三位一体公式":资本—利息,土地—地租,劳动—工资。

这个"公式"并非简单地表述了社会表象,还包含有阴险的用意。

本来,剩余价值是雇佣工人创造的,"是由职能资本家作为剩余劳动的直接吸取者和一般劳动的使用者来进行分配的"。① 但是,在社会表面,特别是资本家和土地所有者的意识中,不仅制造着上述混淆,而且还更进一步,产生一系列表象,似乎资本、土地和获得工资的"劳动"一样,都能自动带来收入。这种观念最集中的表现就是"三位一体公式"。这个"公式"表示:资本可以创造利息,土地可以创造地租,劳动创造工资。的确,这些生产要素可以给他们的所有者带来相应的收入,或者说,是他们各自源源不断地获得相应收入的依据。但是,分配当事人及其理论家却偷换概念,将获得收入的根据变成创造收入实体的源泉。这就将本质关系掩盖和颠倒了。马克思说:"在这个表示价值和一般财富的各个组成部分同财富的各种源泉的联系的经济三位一体中,资本主义生产方式的神秘化,社会关系的物化,物质生产关系和它的历史社会规定性直接融合在一起的现象已经完成:这是一个着了魔的、颠倒的、倒立着的世界。在这个世界里,资本先生和土地太太,作为社会的人物,同时又直接作为单纯的物,在兴妖作怪。"② 本来,资本家还一直强调,他们也参加劳动,也创造价值,但流通和竞争产生的表象却让他们自己也糊涂了,也承认他们的收入是资本本身自动带来的。

对此,马克思展开了系统的、全方位的批判。这种批判并非简单地推翻,而且对创建科学的分配理论还具有更重大的意义。它在强调只有劳动才是价值的唯一源泉的同时,又说明这种内在规定会因为流通和竞争而被颠倒表现为三种源泉。由此,我们发现,马克思的各种基本理论都包含着深化研究和外化表现两个紧密关联的部分,这是马克思科学研究的一种独特的研究范式。③

一般说,收入是指用于个人消费的部分,它的使用不与剩余价值的生产联系。但是,由于剩余价值的分配采取货币收入形式,而产业资本家还要将一部

---

① 《资本论》第3卷,人民出版社1975年版,第926页。
② 同上书,第939页。
③ 参看陈俊明:《马克思对斯密双重研究的批判和研究范式的创新》,《当代经济研究》2009年第9期。

分收入用于扩大再生产,用于生产消费,这又导致分配当事人将收入与资本混为一谈。对他们来说,作为资本的货币和作为收入的货币是没有区别的,从而对一个人来说是资本,对另一个人来说就是收入。在第二卷,马克思已经说明,对"收入"范畴理解的混乱,对斯密有灾难性的影响,他"遭遇的全部不幸,都是'收入'这个范畴造成的"①。在终篇,马克思再次指出,社会表面上资本与收入的经常性换位,就是"斯密教条"产生的重要原因。马克思的分析表明,从相互关系来看,这种转换对资本家来说是很有意义的;或者是将资本家特殊经济行为转化为一般经济行为,或者反之,将一般的经济行为转化为特殊的经济行为,以此来来欺世盗名。

在流通中,分配当事人之间的竞争将过程的内在规定颠倒表现还涉及其量的规定,包括总量和个量规定。对此,马克思不仅在前面的研究中作了科学的揭示,在《资本论》终篇,还总结前面的研究,阐明分配当事人分配剩余价值的总量界限,以及它们在流通中、竞争中的颠倒表现。他在这里强调这个问题,不仅是批判"斯密教条"和萨伊"公式"的需要,而且是创建科学分配理论的需要,它关系到分配的剩余价值总量规定。他指出,可供分配当事人分赃的收入总量界限是十分清楚的:"剩余价值的大小,是剩余价值可以分割成的各个部分的总和的界限"②。一般说,它既不能挤占工人的工资部分,也不能挤占不变资本部分。但是,在流通中,在竞争中,这种规定也和质的规定一样被颠倒表现了。

终篇的篇名是"各种收入及其源泉",在第四十八章马克思一开始就甩出萨伊公式进行批判,后来还涉及其理论渊源"斯密教条"。因为它们对收入的看法包含着许多错误,其中最主要的是将收入实体的源泉归结为生产要素,目的是将全部价值都归结为三种收入决定。为此,自然要以"斯密教条"为依据,将社会总资本的不变资本部分"以此类推"地全部分解为"利息、地租和工资"。按照萨伊的观点,"全部收益,全部总产品,对一个国家来说都可以分解为纯收益,或者同纯收益没有区别"③。可见,批判了萨伊的"公式",实际上就是规定了这些分配当事人能够由以分割的剩余价值的总量界限。

---

① 《资本论》第2卷,人民出版社1975年版,第424页。
② 同上书,第941页。
③ 同上书,第981页。

第十四章　总体资本家的再生产行为

在批判的基础上，马克思还进一步说明，即使是剩余价值部分，也不能全部作为赃物分割光。因为分配是以职能资本家为主进行的，为了扩大再生产，他们必然要对剩余价值做些必要的扣除，"剩余价值的一部分，……必须充当保险基金"。① 这样，可供分配当事人分割的充其量也只是剩余价值的较大部分。另外，对产业资本家来说，还要提取一定的数额用作积累基金。

在第三卷的前六篇研究中，马克思已经阐明剩余价值在资本家（包括产业资本家、商业资本家、借贷资本家）与土地所有者之间按什么样的次序和规律分割。如果不把工人用劳动力换取工资计算在内，——学术界通常把它当作"一次分配"，如果专指社会主义企业，这是可以的，但在资本主义企业中，情况就不同了。马克思已经证明，工人没有参加分配。所以严格地说，一次分配指的是资本家获得剩余价值。——那么在这种分割过程中，有多个层级：一是先有产业资本家从新创造的价值中分割出剩余价值；二是产业资本家之间之间发生的分割，主要通过利润率平均化而进行；三是与商业资本家的分割，形成产业利润和商业利润；四是他们再与借贷资本家分割，最后再与土地所有者分割。可见在这些主体之间依次有五级分割，并且每一级分割都有其特殊的规律。但是，规律与规律的实现并非同一的，后者会因为各种情况或条件的而发生变形。在终篇，马克思进一步说明，这些分赃的规律在流通中、在分配当事人意识中也被颠倒表现了。既然在这些当事人看来，收入是由生产要素决定的，那么，分赃就要紧密联系这些生产要素。在剩余价值的分割方面，他们只是按照社会表面上表现出来的一些肤浅的原则，不仅将工人买卖劳动力获得工资曲解为参与分配，并且以社会表面所呈现的表象，认为是按在流通中事先确定的工资率、利润率、利息率、地租率来"分配"的。就工资而言，它本质上是工人劳动力的价值或价格的转化形式，但在社会表面上，却表现为工人与资本家之间事先协议的标准，表现为一定的工资率。"工资在与它相当的价值等价物被生产出来以前，已经由契约规定。因此，工资作为一个在商品和商品价值生产出来以前数量已定的价格要素，作为成本价格的一个组成部分，不是表现为一个在独立形式上从商品总价值中分离出来的部分，而是相反，表现为已定的量。"② 同样，利润率一旦形成，就在相当长的时间内相对稳定，

---

① 《资本论》第 3 卷，人民出版社 1975 年版，第 958 页。
② 同上书，第 984 页。

并作为一定的量发挥作用。"这个平均利润……会在资本家本人的观念和计算中实际上成为一个起调节作用的要素，……会决定资本由一个投资部门到另一个投资部门的转移，而且……对一切销售和包括长期再生产过程的契约来说，都起着调节的作用。就平均利润起这种作用来说，它是一个预先存在的量。"①至于利息率和地租率也是这样，在剩余价值还没有生产出来以前，就根据市场交易的情况实现确定了。这些所谓的"率"，实质上就是标准。表面看，它们的确是在工人和资本家之间、在资本家和土地所有者之间的竞争中"事先"确定了的，但是，从长期来看，各种议价主体并非完全主观臆测，而是根据长期经济行为的实际经验而签订合同的。但是，长期的行为过程本身既是阶段性的，又是连续性的，因此，这个阶段的结果与下个阶段的开始就有这样的联系："它的结果会不断表现为它的前提，象它的前提会不断地表现为它的结果一样"。② 这些外在的表象一方面强化了收入决定价值的假象，另一方面也形成了分配当事人进行"分配"的边界。对资本家来说，这是自然而然的。他们受立场和狭隘眼界的约束，根本不可能理解分配的总量界限和分配规则这些内在规定，又迷恋于竞争表象，自然倾向于流通的表象。"实际的生产当事人对资本—利息，土地—地租，劳动—工资这些异化的不合理的形式，感到很自在，这也同样是自然的事情，因为他们就是在这些假象的形式中活动的，他们每天都要和这些形式打交道。"③ 对资本家而言，这样的分赃是最理想的方案，不仅对自己是最有利的，而且给工人描述了漫画式的似乎最公平的分配方案，让工人陷入一个永远爬不出的陷阱。

　　前面我们已经看到，资本家有意识地以成本价格和利润作为自己经济行为的自我调节机制，现在看来，他们还能自发地以工资率、利润率、利息率、地租率等杠杆来调节自己的行为。对总体资本家来说，生产和流通两个领域有太多的不确定性，它的各个组成部分即各个资本家集团、集群虽然为追逐剩余价值规律而各尽所能，但都没有真正掌握或猜透这些不确定性后面隐藏的秘密，他们的自主意识或理性相对于过程发展的需要是迟缓和盲目的。相对而言，在分配领域他们却能表现出一定的理智，毕竟蛋糕已经做成，在分配领域是在分

---

① 《资本论》第3卷，人民出版社1975年版，第984页。
② 同上书，第985页。
③ 同上书，第939页。

割蛋糕，这是相对可控的，是产业资本家之间、产业资本家主持的与其他资本家集团之间的分赃，所以比较有意识和直接。而这一系列"率"，正是他们彼此都认可的标准。

二、分配关系与生产关系

剩余价值分配不仅包含剩余价值的生产、流通诸规定在内的总过程，而且本身就是再生产的必要环节。在终篇，马克思还说明，剩余价值的分割或分赃是连续的，所以也成了制约其再生产行为的重要机制。

在这里，他首先结合三个阶级的工资、利润、地租等形式，论述社会总资本的再生产图式，实际上是结合工人和资本家、土地所有者三大主体的"收入"形式和消费，来研究社会总资本简单再生产。

其次，他又具体地阐明利润、利息、地租等范畴与扩大再生产的关系：利润，虽然是构成资本家生活消费的唯一来源，但不会被资本家全部消费光。"剩余价值的这种一定的形式，是在资本主义生产形式中新形成生产资料的前提；因而是一种支配再生产的关系，……利润不是表现为产品分配的主要因素，而是表现为产品生产本身的主要因素，即资本和劳动本身在不同生产部门之间分配的因素。"① 既然与"新形成生产资料"有关，也就是与扩大再生产有关。而利息，是从产业资本的利润中分割出来的，是资本运动中发展出来的信用和信用制度的产物，"利息等等这些所谓分配形式，是作为决定的生产要素加入价格的。"② 至于地租，——马克思研究是资本主义地租，——它只限于超过平均利润的余额③。它的提取，一方面限制了资本家的再生产规模，但在客观上也构成对资本家行为的约束，使之不能"滥用一定量土地"，这"正好是对投资的一个限制，正好是对资本在土地上任意增殖的一个限制"④。从客观的意义看，这对提高资本的生产率是有益的。显然，分赃行为本身与扩大再生产的行为是融为一体的。

从上面的分析可以看出，分配关系可以有两种含义：狭义的分配，在资本主义社会是指剩余价值在分配当事人之间的分割，它直接地反映了资本主义生

---

① 《资本论》第3卷，人民出版社1975年版，第997—998页。
② 同上书，第998页。
③ 同上。
④ 同上书，第846页。

产关系的本质。正是在这种意义上,马克思说:"一定的分配关系只是历史规定的生产关系的表现。"而广义的分配就是一切社会形态中都存在的产品的分配。从这种意义看,在资本主义社会中还包括工人出卖劳动力获得一定的货币工资。实际上,即使这种分配在资本主义社会也具有特殊性,它把工人获得一定的货币收入与参与分配混为一谈了,所以这种为人们普遍言传的分配,却是一种社会表象、假象。马克思说:"在考察分配关系时,人们首先是从年产品分为工资、利润和地租这种所谓的事实出发。但是,把事实说成这样是错误的。"道理很简单,它掩盖了本质关系。所以,马克思又说:它"是生产关系的反面"①。不过,说它是假象、是错误的,是与其本质相比较而言。对不明就里的人来说,就社会表面呈现的情况看,它还是一种客观存在的现象。只要资本主义还存在,商品货币经济还存在,这种情况就还要继续存在。

在终篇,马克思在批判"三位一体公式"混淆收入的根据与收入实体的源泉的时候还特地指出,只有对"劳动力的、资本的和土地的所有权",才"是商品这些不同的价值组成部分所以会分别属于各自的所有者,并把这些价值组成部分转化为他们的收入的原因"②。这就将资本家、土地所有者的经济行为归结为行使所拥有的生产要素的所有权而获得经济利益的行为。这个论断的含义深刻:一方面意味着在劳动者只有劳动力所有权而没有劳动所有权的时候,劳动者充其量只能得到足额的劳动力价值,即相当于必要劳动时间创造的价值部分;另一方面则意味着资本家和土地所有者可以占有劳动者的全部劳动所有权包括必要劳动和剩余劳动的所有权,而劳动者则只能在形式上占有自己的必要劳动的所有权,并且实际上要为资本家生产出购买他的劳动力的可变资本。之所以这样,因为分配关系涉及生产资料所有权的归属。

正是在此基础上,第51章③特别强调资本关系对收入分配的决定作用:

---

① 《资本论》第3卷,人民出版社1975年版,第993页。
② 同上书,第980页。
③ 这是《资本论》的结尾处。虽然马克思在第51章之后还以"阶级"为题写了第52章的一个开头,似乎没有写完,并不意味着整部《资本论》没有完成,而是意味着它开始新的起点,并以这个起点开始新的逻辑圆圈。在经济分析的基础上顺理成章地引出阶级问题,虽然还只是一个开头,但人们却可以根据全书所揭示的原理去探讨"同地租、利润、工资这三个主要收入形式相适应的发达资本主义社会的三大阶级,……以及由他们的存在所必然产生的阶级斗争……"显然,这个问题,虽然与资产阶级财富的运动有关,却不属于这一主题,它从社会表面上呈现的三大阶级的"分配关系"出发,开始研究资本运动形

第十四章 总体资本家的再生产行为

"如果产品的一部分不转化为资本,它的另一部分就不会采取工资、利润和地租的形式。"这意味着"劳动者被剥夺了劳动条件,这些条件集中在少数个人手中,另外一些个人独占土地所有权,……这种分配关系赋予生产条件本身及其代表以特殊的社会性质。它们决定着生产的全部性质和全部运动"。[①]这就将狭义的分赃行为或广义的分配行为与生产关系紧密联系起来,突出了生产资料资本主义所有制对资本家的作用,使之能够作为资本的人格化在直接生产过程中取得权威,具有作为生产的指挥者和统治者的社会职能。[②]反之,对劳动者,充其量只承认他们在形式上有劳动力所有权,而不能获得全部劳动的所有权。

在《资本论》终点处将不同主体之间的收入分配关系与生产关系联系起来,具有十分重大的意义。

首先,对不同主体分配关系的研究既深化又具体化了生产关系的研究。由于结合不同主体的关系,所揭示的分配关系不再是一般的"产品在生产者之间的分配"那样抽象了。它科学地揭示,资本主义分配的本质是剩余价值的分割,但在社会表面上,这种分配关系却将工人出卖劳动力获得货币收入也颠倒地表现为参加分配,从而论证了资本主义分配关系的本质必然要表现为假象。这样阐述,既从分配的角度丰富了生产关系范畴的内容,又突出了分配关系在生产关系再生产过程中的作用。正是在这样的基础上,马克思在这里就不是一般地讲生产关系与生产力矛盾的发展,而是说:"当一方面分配关系,因而与之相适应的生产关系的一定的历史形式,和另一方面生产力,生产能力及其要素的发展,这二者之间的矛盾和对立扩大和加深时,就表明这样的危机时刻已经到来。这时,在生产的物质发展和它的社会形式之间就发生冲突。"[③]这就将比较抽象的基本矛盾具体化了,并且也更贴近现实关系。在现实过程中,

---

(接前注) 成的三大阶级的对立,其逻辑上升的轨道自然不属于全三卷所构成的"科学圆圈"(列宁:《哲学笔记》,人民出版社1974年版,第251页),而是顺着这一圆圈或螺旋的轨道继续上升的另一个(层)圆圈的起点。所以,马克思写作"阶级"这一章,从其方法来看,正好向人们显示了:全三卷的起点和终点构成的并不是平面的半径曲率处处相等的圆圈,而是一串螺旋中的一个螺旋,它从起点出发,最终又回到起点;这个终点既高于起点,同时又是另一层圆圈的起点,并且蕴含着新的逻辑过程以及进一步发展的逻辑。

① 《资本论》第3卷,人民出版社1975年版,第994页。
② 同上书,第996页。
③ 同上书,第999页。

间接性的生产关系既通过直接过程中的生产关系表现出来，还通过一定的分配关系（包括狭义的和广义的）表现出来。后者能够较直接地表现生产关系与生产力发展的关系的紧张程度。

其次，它与第一卷末篇关于"剥夺者被剥夺"和"重新建立个人所有制"遥相呼应，表明这种冲突的解决结果不是劳动者只能有劳动力的所有权，而是要有个人劳动所有权，要重建"个人劳动所有制"。

关于第一卷末篇提出的"重建个人所有制"中的"个人所有"指的是什么，学术界历来有不同的看法。撇开别有用心的篡改不说，主要是因为各人对马克思在那里所说的"第一个否定"所否定的小私有制理解不同。原文是这样表述的："资本主义的私有制，是对个人的、以自己劳动为基础的私有制的第一个否定。但资本主义生产由于自然过程的必然性，造成了对自身的否定。这是否定的否定。这种否定不是重新建立私有制，而是在资本主义时代的成就的基础上，也就是说，在协作和对土地及靠劳动本身生产的生产资料的共同占有的基础上，重新建立个人所有制。"① 显然，其中第一个被否定的私有制是"以自己劳动为基础"的，所以资本主义大私有制否定它，包含了两种意义的否定：第一种是"大私有制"否定了"小私有制"，突出的是生产资料私有制的变革，第二种是资本主义私有制导致并扩大的"私人劳动者与劳动所有权离异"否定了小私有制下"私人劳动者与劳动所有权的统一"，突出的是劳动者与私人劳动所有权是否结合。既然马克思已经确定"这种否定不是重新建立私有制"，那么这里指的第二次否定当然不是第一种否定的逻辑发展，只能是第二种否定的历史发展。这样，从第二种意义的否定看，第二次否定的必定是"劳动者与劳动所有权的分离异化"，按照过程发展的辩证法，同时就是"重建劳动所有权的个人所有制"。因为劳动所有权的个人所有制早先已经存在过，所以才可以说是"重新建立"。在公有制基础上建立个人劳动所有权（制）之所以重要，因为这种劳动包括必要劳动和剩余劳动。它和资本主义大私有制下劳动者只能在形式上拥有劳动力所有权无论在质上还是在量上，都有根本的差别。在马克思看来，只有消灭资本主义，才能使劳动者拥有自己的全

---

① 《资本论》第1卷，人民出版社1975年版，第832页。

部劳动。①

关于个人劳动所有权,列宁也有相同的看法,他根据对资本主义发展历史的研究也发现:"资本主义发展过程,按其纯粹状态来说,确实是从分散的小商品生产者的制度和他们的个人劳动所有制开始的(例如在英国)。"② 显然,列宁所说的"个人劳动所有制"指的就是劳动者与劳动所有权的统一,它体现了生产者与生产资料所有权、劳动产品所有权的紧密结合。

再次,预示未来社会分配关系的一般特点:

在《资本论》中,马克思总是在相关的场合,特别在终篇,在阐明一般经济发展过程的基本规定以及资本运动的弊病或趋势的时候,或多或少地预示在生产资料公有制的基础上消灭不平等分配,预示未来社会的某些规定。马克思说:在将来,"社会上的一部分人靠牺牲另一部分人来强制和垄断社会发展(包括这种发展的物质方面和精神方面的利益)的现象将会消灭"。这显然是一个新的社会形态,在那里,原先的从属主体地位上升,社会发展的性质根本转变,是"社会化的人,联合起来的生产者"。所谓"社会化的人",是与先进生产力相联系的人,所谓的"联合起来",并不是被生产过程联合起来即被动联合的,而是指在"生产资料共同占有的基础上"③ 联合起来的,即自主联合的。

在未来社会中,随着经济的发展,主体行为的经济性已经不再是财富的增殖,而是行为性质的升华,即实现从必然向自由的飞跃,并且是从必然王国的自由跃升到自由王国的自由。所谓的必然王国,指的是物质生产行为,马克思写得很明白:"按照事物的本性来说",自由王国"存在于真正物质生产领域的彼岸"。可见物质生产领域,就是以自由王国为彼岸的必然王国。"这个自

---

① 在《哥达纲领批判》中,马克思这样预示:在未来生产资料公有制的社会中,劳动者"除了自己的劳动,谁都不能提供任何其他东西"。"自己的劳动"意味着劳动者拥有自己劳动的所有权。马克思还指出:"他从社会领得一张凭证,证明他提供了多少劳动(扣除他为公共基金而进行的劳动),他根据这张凭证从社会储存中领得一份耗费同等劳动量的消费资料。"(《马克思恩格斯选集》第3卷,人民出版社1995年版,第304页)正是在这种意义上,恩格斯将这种个人所有制的内容解释为生活资料个人所有。所以,这样理解并不与恩格斯的解释相左。

② 《列宁选集》第1卷,人民出版社1995年版,第45页脚注。

③ 《资本论》第3卷,人民出版社1975年版,第926页。

然必然性的王国会随着人的发展而扩大",① 而新的主体则会在行为发展中获得自由：是一种挣脱资本的强制和垄断的自由，是自由地联合；能在物质生产中取得自由；能更自由地满足不断扩大的需要；自由地实现人类本性。在必然王国的彼岸，是真正的自由王国，即共产主义社会，是在必然王国的基础上繁荣起来的，人类本身能力的发展成了目的。② 在那个时候，又有创造新的自由的条件，工作日缩短。"这个自由王国只有建立在必然王国的基础上，才能繁荣起来。工作日的缩短是根本条件。"③ 因为人的"需求会扩大"，不仅要维持生命，还要求得到全面发展，唯有劳动生产率的提高，工作日的缩短，才能满足人的发展需要，才能更充分地享受社会发展的"物质方面和精神方面的利益"④。

经济行为的主要内容是生产劳动，包括必要劳动与剩余劳动。根据社会化大生产的客观要求，马克思预示，在未来社会的最初阶段，全体劳动者的必要劳动一方面因劳动生产率提高而缩短，另一方面又因经济发展水平的提高而扩大劳动力再生产的补偿范围，扩大到为社会现实的生产力所许可、为个性的充分发展所必要的消费范围内；剩余劳动仍然存在着，但它的所有权已经归属全体劳动者，因而不再是养活不劳动的人了，它一方面形成社会的保险基金和准备金，另一方面用于按社会需求决定的程度来不断扩大再生产，并必须为还不能劳动和已经不能劳动的成员提供必要的消费。从社会的视位看，这些都既是剩余劳动所提供的，本身又都是社会必要的。在未来社会，劳动者与劳动所有权紧密结合，因此，剩余劳动属于劳动者，剩余劳动与必要劳动的结构变化都由联合起来的劳动者自己决定。因此，更重要的是工作日的长度。根据社会发展和劳动者全面发展的客观要求，马克思预示，在更高级的阶段，工作日的缩短是自由王国繁荣的根本条件。剩余劳动能同一般物质劳动所占用的时间较显著地缩短结合起来。在这里，马克思还提出新的财富观："社会的现实财富和社会再生产过程不断扩大的可能性，并不是取决于剩余劳动时间的长短，而是取决于剩余劳动的生产率和这种剩余劳动借以完成的优劣程度不等的生产条

---

① 《资本论》第 3 卷，人民出版社 1975 年版，第 926 页。
② 同上书，第 927、926 页。
③ 同上书，第 927 页。
④ 同上书，第 926 页。

件。"① 他突出剩余劳动的生产率及其条件,因为只有它们才能最有效地增加积累,使社会财富的源泉充分涌流。

在《资本论》中,马克思已经充分论证,生产劳动表现为商品价值,实质上是一种一般的异化,它后来被资本关系发展为"极端的异化"②,表现为资本,因而生产劳动本身及其结果都变成了一种统治劳动者的异己力量。但在未来社会中,这种异化必然要向劳动复归。随着联合劳动代替雇佣劳动,联合起来的生产者共同控制和合理调节生产,"而不让它们作为盲目的力量来统治自己,"劳动和劳动产品的异化就消除了。

当然,这种预示不是像空想社会主义那样凭空想象的。③ 恩格斯说:"我们对未来社会区别于现代社会特征的看法,是以事实和发展过程中得出的确切的结论为根据的,脱离这些事实和过程,就没有任何理论价值和实际价值。"④ 而且,这也是诉诸无产阶级,唤起无产阶级和广大人民大众的觉悟,深入认识资本运动、资本家经济行为的发展趋势,并奋起反抗,对旧社会实行武器的批判。⑤

对资本家来说,其经济行为的最终结果导致这种否定之否定,是始料不及的。对工人来说,空想社会主义者曾经提出的那些议论并不涉及实现的途径和条件,是可望而不可即的,并且其作用与历史发展成反比。而马克思在劳动价值论、资本理论基础上对资本家经济行为的研究,才具有真正思想武装的作用。一旦工人阶级从马克思主义的科学理论中发现过程的秘密,他们就不会再满足于"做一天工作,拿一天合理的工资",而会觉悟起来,团结起来,行动起来,推翻人类历史上的最后一个大私有制。可见,马克思关于资本家之间分赃的研究具有深刻的革命意义。

---

① 《资本论》第3卷,人民出版社1975年版,第926页。

② "在资本对雇佣劳动的关系中,劳动即生产活动对它本身的条件和对它本身的产品的关系所表现出来的极端的异化形式,是一个必然的过渡点,因此,它已经自在地、但还只是以歪曲的头脚倒置的形式,包含着一切狭隘的生产前提的解体,而且它还创造和建立无条件的生产前提,从而为个人生产力的全面的、普遍的发展创造和建立充分的物质条件。"(《马克思恩格斯全集》第46卷上册,人民出版社1979年版,第520页)

③ "不成熟的理论是和不成熟的资本主义生产状况、不成熟的阶级状况相适应的。解决社会问题的办法还隐藏在不发达的经济关系中,所以只有从头脑中产生出来。"《马克思恩格斯选集》第3卷第299页,人民出版社1972年版。)

④ 《马克思恩格斯全集》第36卷,人民出版社1965年版,第419—420页。

⑤ 《马克思恩格斯选集》第1卷,人民出版社1995年版,第9页。

结　语

《资本论》经济行为理论展示了总体资本家经济行为作为过程发展的各种规定，同时也从侧面反映了资本家经济行为的局限性、历史性。这一理论是唯物史观在经济理论研究领域的具体发展，它强调了资本家这个主体在其行为关系发展过程中的发展及转型。在较全面地了解这一理论之后，还应深入研究这一理论本身的所包含和相关的一些问题：不仅要全面理解其中的主体性，还要全面理解它在《资本论》中的地位，它之所以被长期为马克思主义理论界忽视的原因，以及它对当代各种主体经济行为的指导意义。

一、《资本论》经济行为理论的主体性是双重的

马克思的经济行为理论不仅体现客观过程中的主体性及其历史发展，也体现他作为主观主体的主体性。

经济行为理论不仅研究了对象中的主体行为之间的关系，包括资本家与资本家之间的关系，资本家（包括各个集团）与雇佣工人之间的关系，而且体现了作为研究者的"主观主体"与作为客观对象中的主体即"客观主体"的关系，后者虽然也是过程发展的主体，是实施经济行为的人，但却是被主观主体即考察研究者研究的客观对象。关于客观主体之间的关系，前面已经看到，这里我们还要特别注意主观主体与两种客观主体之间的关系。借用哲学术语，前者是场内的关系，后者是场内与场外的关系。

先看马克思与客观的从属主体即雇佣工人的关系。一方面，马克思与雇佣

工人完全站在同一立场上，他怀着强烈的无产阶级情感，关心他们的处境、发展，代表无产阶级批判资产阶级和资本主义；另一方面，马克思有强烈的研究者主体意识，作为无产阶级的理论家、革命家，又与实际过程中的雇佣工人有所不同。他创立了彻底科学的唯物史观、辩证方法、剩余价值理论，代表的是发展到自为阶段的无产阶级，是他们的未来利益；他作为无产阶级的代表，并非仅仅代表当时的处于过程中的雇佣工人，更重要的是代表它的将来。应该看到，当时一般的工人缺乏文化，迫于生存，不得不卖命，根本没有条件和时间学习，他们处于资本关系的统治下，处于资本主义舆论的包围中，更不可能进行独立的关于资本运动总体趋势的研究。一旦他们作为从属主体进入资本的生产过程后，他们的劳动就表现为资本的存在。如果仅仅站在生产、流通中的雇佣工人的角度来看问题，眼界就会受到特定空间、时间和利益的限制，甚至会像工联主义那样仅仅关注工人当前的经济利益。所以，马克思不仅要描述雇佣工人被资本奴役的悲惨状况，告诉工人所受的境遇是非人的、非常的性质，更要揭示造成这种状况的根本原因，说明它是可以也必须靠自己的力量改变的。为此，他不仅通过大量深入的调查研究，而且更多的是钻进伦敦图书馆，搜寻各种各样的思想材料、历史数据，并且要跳出经济学研究的范围，将自己的研究扩大到与研究相关的重要领域，例如哲学、各国经济史和经济思想史、部分自然科学。所以，与其说无产阶级通过其运动来表达自己的利益、价值，不如说是通过马克思主义来提出、论证、提升自己的阶级利益和价值。他强调无产阶级的根本利益，却完全忽视了自己的利益。他在给恩格斯的信中说："未必有人会在这样缺乏货币的情况下来写关于'货币'的文章！"① 正因为这样无产阶级情怀和眼界，他才能公正、客观地研究。

再看他作为主观主体对实际过程中的主导主体资本家的态度。许多人认为，马克思作为资本主义制度的批判者，只看到资本家的丑恶和贪婪。其实不然，在《资本论》第一版序言中，他还特地声明："我决不用玫瑰色描绘资本家和地主的面貌。不过这里涉及的人，只是经济范畴的人格化，是一定的阶级关系和利益的承担者。我的观点是：社会经济形态的发展是一种自然历史过程。不管个人在主观上怎样超脱各种关系，他在社会意义上总是这些关系的产

---

① 《马克思恩格斯〈资本论〉书信集》，人民出版社1976年版，第141页。

物。同其他任何观点比起来,我的观点是更不能要个人对这些关系负责的。"[①]
正是基于这种唯物主义历史观,马克思发现客观过程中发挥主导作用资本家这个主体具有双重身份(既是资本家,又是工业的司令官)和双重行为(一方面周期地毁坏生产力,并长期地毁坏最重要的生产力即雇佣工人,另一方面也发展生产力),从而对他们的行为既有批判,又有一定的肯定,并在扬弃过程中有所建树。他发现资本家作为主导主体的经济行为中既有野蛮性,也有文明性。关于野蛮性那是众所周知的,无需赘言;关于文明性,他分别分析了他们作为工业司令官的一般性的产业经济行为和作为市场主体的一般性的市场经济行为:他们为攫取尽可能多的剩余价值不断地改变经济增长方式,其行为不乏符合经济发展规律的成分,在一定的时期内代表先进生产力的发展方向,否则资本主义社会的进步是不可思议的;而他们的许多自利、盲目市场经济行为从长期看却经常是歪打正着,体现了当时商品经济发展的要求。对他们的经济行为,马克思不是简单地批判和否定,而是辩证地扬弃。他全面观察资本家的经济行为,从其合理与不合理的行为中析出合理成分,加以提炼,又批评其不合理的成分,加以改造,并且对其野蛮成分加以鞭笞批判,形成科学的经济行为理论,显示了对资本家的超越。马克思正是在对资产阶级、资本主义社会科学批判的基础上,创立了他的产业经济升级和商品经济发展理论。通过考察资本家个别的和总体的行为,他发掘了其中包含的一般经济发展和市场经济行为,说明工业化、商品生产的发展与经济主体的关系。——马克思从来不是一概地否定商品生产,他充分肯定商品生产在历史发展中的作用。——说明在商品生产存在的条件下,经济主体应该怎样正确行为,从而在对客观过程的科学研究中形成和表现了自己的科学发展观、经济行为理论。他既说明资本家的许多有意识的合理行为,例如协作、分工、利用科学和自然力等等,又透过分析他们的长期无意识行为揭示其中包含着一定的根据。对利润率平均化的研究就是一个生动的例子。他说明,资本家能够在不知不觉中适应经济发展阶段上升的要求,通过体制的改革、机制的转型,调剂内部不同部门之间利润率的高低。[②]马克思由此发现了经济转型的方法和规律。

---

① 《资本论》第1卷,人民出版社1975年版,第12页。
② 虽然有机构成低、周转周期短的资本家并不情愿,但毕竟最终也在社会需要的压力下调整自己的利润率。

可见，马克思的主体性并不带有主观性，而是与客体性统一的。因此，他的主体性本身还是历史的。他不仅要反映或再现客观对象的观念和行为，还要反映他们观念和行为的变化。在他看来，工人的劳动是辩证发展的，阶段上升的，从简单到复杂；工人对资本主义、资本家的态度也是发展的，从逆来顺受到发出怒吼。而资本家的行为也一样具有历史性。

正因为马克思的这种主观主体性与客观主体是紧密联系的，所以他的经济引为理论必然具有社会性。由于考察了主体的活动，而主体又是一定社会的主体，有一定文化发展水平的主体，其行为自然要以一定的社会文化为舞台或背景。这种舞台或背景是看不见又实实在在发挥作用的，就像地球的磁场一样，所以有人将这种研究称为"经济学社会场论"①。因此，经济行为理论必然要联系一定的社会场和生产力场。这比起单纯的经济研究当然要复杂得多、生动得多。

所以，不能简单地理解马克思研究中的主体性。只有把握马克思这种双重主体性区别与统一的方法，才能深入、准确地理解《资本论》，领悟到字里行间所透露出来的科学的发展观、思想方法和浓烈的无产阶级阶级情感。

二、经济行为理论在《资本论》中的地位

众所周知，马克思很明确地宣称：《资本论》的"最终目的就是揭示现代社会的经济运动规律"②，因此，人们在阅读它的时候，很自然地都将注意力集中在关于阶级剥削和压迫的论述上。而且，它在无产阶级长期的阶级斗争实践过程中，的确发挥着唤醒劳动大众的巨大作用，因此，人们大都忽视了它的其他方面的研究和论述，忽视了它对主要经济运动中主体因素的研究。

在《资本论》中，马克思曾经提出过许多种理论，例如货币理论、劳动力发展理论、产业升级理论、工资理论、分工理论、有机构成理论、积累理论、再生产理论、利息理论、地租理论等等，但是，贯穿整部《资本论》全程并且随之发展的理论却不多，可以称得上基本理论的更不多。经济行为理论就是这样的理论，无论在哪个逻辑阶段，都必然要涉及一定的主体及其活动，随着逻辑阶段的上升——这是历史发展阶段上升的理论反映，——它也随之上

---

① 参见孟氧：《经济学社会场论》，中国人民大学出版社1999年版，第227页。
② 《资本论》第1卷，人民出版社1975年版，第11页。

升、转型。这种理论虽然比劳动价值论、资本理论更为具体，带有个别性，但它也是倾向于总体行为的研究，贯穿全三卷，有行为规律的探讨和不同规律之间关系的揭示，并且也与劳动价值论、资本理论一样，是逐步具体化的，所以，也可以说是一种基本理论。

这种理论与劳动价值论、资本理论的观察方位有所不同，但不是独立存在和发展的，而是与劳动价值论、资本理论紧密联系、相互依存发展的。没有这两种基本理论作为基础或根本，关于主体行为的考察便无由发生和深化、转型。实际上，它所研究的，与劳动价值论、资本理论所研究的，都是同一整体对象，只不过侧重的方位有所不同。因此，作为基本理论，都有相同的发展阶段，使用共同的理论范畴。但是，它们之间并不像西方学者所说的那种"外围"与"硬核"[①]的关系，而是一种具体化。劳动价值论研究的是一般的价值，资本理论研究的是特殊的价值，两者侧重的是价值，而经济行为理论侧重的则是主体的行为，是主体获得一般价值、特殊价值的行为，所以它丰富了马克思主义经济学基本理论的内涵。经济行为理论本身在《资本论》中也是不断具体化的：从最初反映资本主义起点资本家幼虫（同时也是小商品生产者），到资本主义初级阶段资本家、资本主义较为发展阶段的总体资本家的经济行为，并且从揭示行为的内在规定到阐明这些内在规定如何在社会表面被颠倒表现。

从上面的研究可以看出，经济行为理论的确比商品经济、资本运动的研究更为具体和生动，更能体现整个客观过程的个别性和主体特色，也更接近运动的现实。马克思在第三卷开头处说："我们在本卷中将要阐明的资本的各种形式，同资本在社会表面上，在各种资本的互相作用中，在竞争中，以及在生产当事人自己的通常意识中所表现出来的形式，是一步一步地接近了。"[②] 这不仅是在阐明第三卷的理论发展方向，也是在说明，研究资本运动最终应该接近"资本主义生产当事人"即资本家的具体行为和通常意识。显然，这是通过经济行为理论而实现的。

众所周知，资本家是通过生产商品而生产剩余价值的，其经济行为本身既

[①] 拉卡托斯提出科学研究纲领把基本理论当成"硬核"，说明他们的基本理论是一成不变的，可见其机械；说它需要保护，可见其虚弱。

[②] 《资本论》第3卷，人民出版社1975年版，第30页。

是商品的生产，又是剩余价值的生产和获得。而研究商品生产一般的是劳动价值论，研究剩余价值生产的是资本理论，所以，经济行为理论与劳动价值论、资本理论紧密联系，互相渗透，在一定的意义上，它们是你中有我，我中有你。只是从研究的侧重方位看，它们才有较明显的区别。在资本主义社会，所谓的经济行为是一般的市场行为（即向市场提供和购买商品）和特殊的剥削行为的统一，所以客观过程（包括商品经济和资本运动）的发展约束着资本家的行为力度、方向和变化幅度。但资本家并非被动地受约束，他作为"这个社会机构中的一个主动轮"①，还给客观过程注入"一个新的社会灵魂"②和灵性、个性，使客观过程的发展呈现出围绕主要趋势波动的跌宕起伏的态势。除此以外，资本家还能够将客观过程表面泛出的泡沫夸张地描绘成迷惑人的景象，特别是将两大阶级的对立关系折射成不同资本家集团之间的关系。这样看来，研究资本家观念和行为的经济行为理论还是劳动价值论和资本理论不能替代或包含的。因此，这一理论在《资本论》中有着特别的地位。当然，它也不能取代劳动价值论和资本理论，它作为一种相对独立的基本理论，与前两种理论有不同的分工，前者侧重客观过程，后者侧重主体的观念和行为、关系，两者相映成趣、相得益彰。

从经济主体行为的维度来观察资本运动中的经济关系，可以有更多的考察方位。资本运动并非单纯的以一定量货币为代表的资本的流动，而是由资本家操作、支配的。所以，这种理论还告诉人们，所谓的资本关系，是通过资本家的经济行为而再生产的；它的扩大，包含着内部关系和外部关系的演变和转型；其内部关系是大资本家和中小资本家的关系，是大狗、小狗、饱狗、饿狗之间③狗咬狗、狗制狗的关系；其演变是大狗逐渐取得控制地位、联合小狗剥削工人的过程。揭示其中包含的复杂关系，可以避免将阶级关系理解得过于简单，将资产阶级理解得过于片面。更重要的是，可以避免对《资本论》包含的宝贵理论视而不见。

进一步看，从经济行为的视阈来观察，比起从运动过程的视野来观察，还有特殊的批判意义。虽然资产阶级学者大都见物不见人，但在资产阶级古典经

---

① 《资本论》第1卷，人民出版社1975年版，第649页。
② 同上书，第614页。
③ 毛泽东主席曾经把军阀之间的狗咬狗比喻为"大狗小狗饱狗饿狗之间的一点特别有趣的争斗"。（《毛泽东选集》第1卷，人民出版社1965年版，第143页）

济学家的学说中，也多少包含着经济行为研究的合理成分，对此，马克思必定要批判地继承、发展的。他们提出"经济人"、"道德人"假设，表明他们已经注意到"人"。马克思正是从他们的一大堆关于物的研究中发掘出关于人的思想的。同时，他又指出，他们把道德分析与理性分析引入经济研究，都是不分阶级的，缺乏历史性、阶段性的，很简单，而且还都具有绝对理性，这是不现实的"虚构"。在现实过程中，这种"经济人"根本不存在，即使是老奸巨猾、精于算计的市场老手，也不可能时时处处事事都理性决策。所以，"经济人"充其量只是为了理论研究而提出的一种假设，只能在资产阶级经济理论体系中的一定场合存在，但资产阶级学者们却将这种假设当作无需证明永远适用的公理。反之，马克思研究的经济主体特别是主导主体却是历史发展的"阶级人"。

马克思还指出，资产阶级学者虽然也将资本家的"日常观念进行训导式的、或多或少教条式的翻译，把这些观念安排在某种合理的秩序中"①，但仅此而已，根本没有说明这些观念如何对其行为发挥作用，又是如何转型的。正是通过对这些错误理论的批判，马克思还在论述劳动价值论、资本理论发展的基础上，通过具体分析主导主体的观念如何形成及演变，以及它们如何影响制导其行为，粉饰其行为，阐明资本家经济行为的转型发展，从而拓展了研究的新方位。正是因为联系、考察了经济主体，《资本论》才得以达到这种理论效果。

三、《资本论》经济行为理论长期被忽视的原因探析

既然《资本论》存在着经济行为理论，为什么人们至今还缺乏全面深入的研究，个中原因值得深究。

马克思曾说：《资本论》"这样一部巨大而且某些章节十分难懂的著作是需要时间才能读完和领会的"②。不仅这样，也只有那些有心有志、不畏劳苦愿意沿着陡峭山路攀登的人，才有希望真正全面地领会。由于人们缺乏马克思主义整体性的意识，不了解马克思的唯物史观与其经济理论的内在联系，缺乏耐心，或者带着面临的问题学习，或者为了某种特定的目的而从中搜寻相关的

---

① 《资本论》第3卷，人民出版社1975年版，第939页。
② 《马克思恩格斯〈资本论〉书信集》，人民出版社1976年版，第235页。

论述，所以都忽视与这些问题联系不紧的方面。在政治经济学发展史的一定阶段上，将注意力集中在资本作为客体的运动上是必要的，因为这是最突出最重要的过程，构成最主要的研究对象。在资本主义社会，资本是"普照之光"，它理所当然要成为政治经济学研究的重点对象。至于经济行为，它涉及一定的主体，但它的地位决定于资本，在马克思看来，"资本家只是作为资本的人格化"，换句话说，就是"资本家被物化为资本"。由是，人们自然将资本家归入资本的范畴。其实，这样说并不意味着马克思不重视资本家的活动、行为，反之，这种说法还包含着"资本以资本家而人格化"的意思。众所周知，马克思在开篇第一章分析商品之后，分析了"人格的物化"，而在第二章则分析"物的人格化"，说明物必须有自己的代表、人格化的表现，第三章又再分析"物的人格化和人格的物化的对立"①，这就将两者的对立统一关系阐明清楚了。可见，他并没有贬低主体的意思，而且逐步阐明人与物的关系。人们没有发现这种理论研究的范式，所以，没有意识到"资本家被物化为资本"的必然逻辑是资本这种物要"人格化"，即以资本家为代表，最终实现资本家物化为资本和资本要人格化的统一。因此，不能将"资本家是资本的人格化"片面地理解为偏重资本的研究，而忽视还有资本要人格化的规定。诚然，后者也可以归结为资本理论的题中应有之义，但是，狭义的资本理论主要是研究资本客体的，因此，它要以资本家主体的研究为补充，以一定主体的经济行为理论而具体化。可见，这种误解或忽视与人们对《资本论》的对象、方法了解不全面有关。

当人们认真地解读《资本论》这样一种有深刻思想的学术著作时，往往带有一定的主观意识：一方面因为著作中体现的思想倾向而更重视马克思的立场和情感。人们认为，马克思研究资本运动，要解决的是阐明资本运动的规律和发展趋势，根本不研究资本家应如何发财致富，所以根本不会去过多地关心资本家的经济行为。这样看待马克思，必然会以为整部《资本论》全都在论述资本剥削剩余劳动，忽视马克思的其他研究。实际上，只要认真地阅读《资本论》，必然会发现其中包含着许多一般过程的研究。马克思不仅仅是无产阶级理论家和革命家，但他还是严谨的科学家，他是在客观的全方位的科学研究基础上才形成他的理论的。他曾经在《政治经济学批判》序言中简短地

---

① 《资本论》第 1 卷，人民出版社 1975 年版，第 133 页。

叙述了自己在政治经济学领域进行研究的经过,目的是表明"我的见解,不管人们对它怎样评论,不管它多么不合乎统治阶级的自私的偏见,却是多年诚实研究的结果"①。可以说,他的这种科学客观的研究,是始终不渝的。正因为这样,他的著作才能成为传世的经典,在老牌资本主义的英国,上流社会还几次将他选为"千年思想家"。他的客观研究使他能够超越资产阶级的狭隘眼界,公正地将资产阶级社会的文明面和野蛮面全都披露出来。

另一方面,人们忽视《资本论》中的经济行为理论,还与原先所要解决的任务有直接关系。无产阶级和劳动大众之所以学习研究《资本论》,把它当成自己阶级的"圣经",是因为它准确地阐明和分析了资产阶级对广大工人阶级的剥削和压迫,揭示了资本运动规律和发展趋势,指出了工人阶级的唯一出路就是展开对资产阶级的阶级斗争,因此,很自然地将《资本论》理解为革命的理论。在工人阶级和劳动大众夺取政权之后,巩固政权的需要又决定了继续突出《资本论》资本剥削压迫理论的重要性。马克思说过,这部著作中包含着"两个部分":正面的叙述(另一个形容词是"切实的")和倾向性的结论。② 人们很自然地将资本理论、阶级斗争理论等同于"倾向性"的部分,而忽视其中"正面叙述部分"。在那样的情况下,这是必然的、必要的,也符合马克思的研究目的。从方法论上看,这也有一定合理性,毕竟人们对事物或过程的认识总是从抽象上升到具体的。但是,从《资本论》的真实内容来看,这样理解本身并非完全符合马克思的本意。其结果是忽视"正面叙述部分"的存在及其对"倾向性部分"的意义,而且还会因此忽视"正面叙述部分"的"倾向性"。就经济行为理论来看,它不可避免地也体现了很强的"倾向性",只是不及资本理论那样鲜明。所以,这种主观目的性在一定的程度上影响了人们对过程的全面观察。马克思说过:"由于某种判断的盲目,甚至最杰出的人物也会看不到眼前的事物。后来,到了一定的时候,人们就惊奇地发现,从前没有看到的东西现在到处都露出自己的痕迹。"③ 可以说,以前对经济行为理论的忽视,与过分看重阶级斗争、忽视一般过程的发展有很大的关系。所以,随着社会主义市场经济的深化发展,原先没有被充分注意的方位、

---

① 《马克思恩格斯选集》第 2 卷,人民出版社 1995 年版,第 35 页。
② 《马克思恩格斯〈资本论〉书信集》,人民出版社 1976 年版,第 244 页。
③ 同上书,第 258 页。

要素或条件,现在到处都显示出它们的影响来,实践和时间已经越来越明显地向人们显示经济发展过程中的主体作用。因此,现在不能再忽视主体行为的论述了,而应该结合主体行为的考察,反过来重新审视以前对《资本论》的传统理解是否存在着某些缺漏或不到位。

此外,《资本论》是一部有相当学术性的著作,不是教科书,其主体经济行为的研究贯穿全书,并与其他基本理论融为一体,再加上没有专人专门研究,所以鲜为人知,没有引起人们的注意。

对《资本论》的对象与研究方法的误解更会导致偏见的产生。有人在分析《资本论》作为政治经济学与西方经济学(经济学)的差别时,认为它作为政治经济学的著作,以总体资本为对象,采用平均方法,以制度分析为主,研究社会经济系统中的制度性资源配置及对应的相对关系,它不太适应于微观分析,也不选择经济行为分析。① 因为马克思研究的是整个社会总资本的运动,似乎只涉及整个资本主义制度,所以这种看法有一定的代表性。但是,这完全是误解。马克思固然以社会总资本为研究对象,但并非一开始就将它"全盘托出",而是逐渐上升的,先考察资本主义财富的细胞,再考察单个资本——社会总资本的基本单位——的运动,最后才达到社会总资本本身。这些考察一脉相承,起点的细胞是潜在的总体,终点的总体是充分展开的起点,不能彼此分离。与考察社会总资本不同,无论以单个商品的生产为对象还是考察单个资本,都离不开微观的个别主体分析,而且注重行为分析。在《资本论》中,关于单个资本家怎样榨取工人剩余劳动的分析极其详尽,这难道不是个别分析?对级差地租的考察难道不是边际分析,对他们之间竞争的研究难道不是经济行为分析?对此有误解的人完全没有看到马克思的这种个别研究具有普遍的意义,没有认识到马克思研究的单个资本家实际上是全部资本家的缩影、典型代表,没有看到马克思关于个体行为的研究是与总体行为的研究既区别又统一的。

这种误解还导致对《资本论》产生片面的理解,没有发现其中有关于主导主体即资本家对客体即整体社会经济运动的主观能动性研究。在涉及主体关系的时候将视阈限制在两大主体之间的阶级对立关系上,而忽视同一阶级的不同主体之间的关系,必然不能区分主、客观两种主体,不能意识到马克思以主

---

① 杨文进:《政治经济学与经济学的六大区别》,《新华文摘》2008年5期。

观主体的身份来考察客观过程、客观主体,以致完全没有发现《资本论》有主观主体的视角以及微观分析、经济行为分析方法的存在和作用。这种看法实际上是以西方经济学为样板,为标准范式。由于这种误解将个别分析与平均分析、宏观分析与微观分析、制度分析与行为分析对立起来,就完全忽视甚至否定了马克思的个别的分析、边际的分析以及行为的分析。这样一来,误解就彻底地转变为偏见了,而偏见比无知离真理更远。

还要看到,马克思的经济行为理论虽然研究经济行为,但并不是"行为经济学",两者有根本的区别。

传统的西方经济学虽然一向标榜是研究经济行为的,但从来都更注意行为的结果及对资本家阶级的利益。在涉及个别主体的时候,一方面把他当成是理性的经济人,都在追求尽可能多的短期利益,——人们经常用"利益最大化"来表述经济人的行为目的,但是"最大化"是很不确定的,很难检验和比较的,并且没有涉及时间的长短。——都只是重视使用价值的交换者,① 另一方面又将他当成孤立的个人。② 这样研究经济行为,其视窗必然相当狭小、眼界相当狭隘,一叶障目,当然不见泰山。诚然,近年来,西方资产阶级学者也逐步感觉他们前辈研究的缺陷,并开始有意识地克服它,意识到联系主体研究的重要性了。国内有的研究者发现,西方资产阶级学者中的一些有识之士,也准备在21世纪中,在其社会制度允许的条件下,将"注重人在经济发展中的地位及人对经济活动的影响。将从对经济体系的客观状态的关心过渡到对作为经济活动的主体和目的的关心,从而对人的行为、心理和需要进行全面探讨。这将使经济学研究体现出更加浓厚的人文色彩,并影响经济学家对经济问题的看法和对经济政策的选择。它将承认经济学家的世界观对其职业研究的重要影响"③。且不说西方学者心目中的"人"是个极其抽象的概念,是用以掩盖资本家与工人根本区别的、与物相对的、哲学意义上的"人",单从其开始注意

---

① 马克思认为:庸俗经济学家"把资本家变成了善良的市民,好象他关心的只是使用价值,好象他真正象狼一般贪求的,只是皮靴、帽子、鸡蛋、印花布以及其他各种极为平常的使用价值。"(《资本论》第1卷,人民出版社1975年版,第175页脚注9)

② "被斯密和李嘉图当作出发点的单个的孤立的猎人和渔夫,应归入18世纪鲁滨逊故事的毫无想象力的虚构。"(《马克思恩格斯全集》第46卷上册,人民出版社1979年版,第18页)

③ 王键:《21世纪西方经济学展望》,《经济学动态》2000年第6期。

"人"这样的变化,也多少表明他们已经意识到以前的研究存在着重大的缺陷,见物不见人。更重要的是,他们也意识到在当代经济发展过程中,与资本相比,主体的作用越来越重要和显赫。在现实过程中,主体不仅与所有权相联系,而且与经营、代理等等权能相联系,与创新相联系,无数的商品和劳务要由他们组织提供和消费,他们的需要、能量是无限的。在当代,无数的信息只有通过一定的主体才能处理和应用,不同主体地位、能力和需要的差别和变化对经济发展过程的影响更是越来越大。特别是在实力雄厚的大资本家的推动下,不仅实体经济波动的振幅扩大,而且他们还创造了层出不穷的资本衍生产品,导致经济的极度虚拟化。面对这些现实,他们不得不承认原有的理论的苍白和肤浅,不得不改弦易辙,见物也见人。近年来西方经济学中异军突起的"行为经济学"已经注意考察主体的行为,就是向这个方向走出的重要一步。但是,这并非表明它也开始从唯心史观转向唯物史观。唯物史观的出发点是大多数人,是社会属性各不相同的各种主体,而它只考察一种主体的行为,似乎所有的主体都具有相同的行为能力和方式,并且其兴奋点与注意力都集中在心理对主体行为的影响方面。从行为转向行为的心理而不管行为主体的区别、行为的条件,这只表明它只是滑向主观唯心主义。而不这些现代西方学者和他们的老祖宗一样,在他们眼里主体之间并没有什么区别,全都是收入获得者,又全都是购买者,不存在着劳动者和资本家的差别,不存在实力大小强弱不同的差别,而且是"人同此心,心同此理",以为只要了解一小部分人在个别场合的心理,就可以用以说明所有人的经济行为。这是把不同阶级、阶层的人的心理和经济行为都等量齐观、混为一谈了。这样一来,他们与其前辈就没有什么本质差别了。因此,他们仍然坚持其前辈的"经济人"利己、有限理性的教条,只在原有理论的基础上加进心理分析。的确,这种理论对个别主体在不同时间地点的个别心理及其对经济行为影响的研究可谓细致入微,但因为其正确性是与极为严格的条件相联系的,所以面临着许多变数,一旦与比较具体的条件如经济实力、各种因素相联系,马上产生不同的心理和行为,何况不同实力的主体在不同的条件下心理千差万别。亿万富翁一年的消费动辄以百万计,他们的消费心理与普通工人的消费心理根本没有相同之处。同样是买房子,不同的人就有不同的心理。而且,作为经济主体,他们在顺利时与在遭遇危机时的心理无论如何是不同的,其行为的经济学判断标准也随之变动。这种理论根本不在乎各个主体的心理、行为是否、能否彼此结合,能否形成巨大的潮流和影响，或者他们的不同心理是否、会否彼此抵消，其心理是否会转型变化等，这种理论根本没有考虑，也不可能有所说明，因此并没有真正广泛的实用价值。如果说有的话，充其量只是从一个侧面证明研究经济运动不能离开对主体的考察，证明马克思经济行为理论的前瞻性和彻底性。实际上，这种理论在西方学者中也不乏诟病，即使是身为行为经济学家的马修·拉宾也承认："当将经济学建构在心理学现实基础上时，我们无法回避心理学现实基础自身的混乱。"① 因此，我们在面对这种理论的时候，应该具有批判的意识，应该从马克思那里学习批判的精神和方法。

从科学发展的意义看，马克思的理论发展都是与对资产阶级学者及其理论的批判紧密联系的。但在马克思的时代，这种"行为经济学"还没有形成，因此我们只看到他对当时的资产阶级学者提出的"经济人"的批判。无论从立场、方法、还是内容看，马克思经济行为理论的创立和内容发展，实际上也是对现代才有的西方"行为经济学"的深刻批判。只要了解马克思的经济行为理论，特别是其中的方法，我们就不难发现，他对当时资产阶级学者的批判，仍然适用于对当代西方"行为经济学"。道理很简单，后者仍然没有跳出传统庸俗经济学的窠臼，仍然以虚伪的问题研究来掩盖其肮脏的意识形态，仍然沉溺在表象的世界中。即从后者重视的心理研究来看，实质上不过是19世纪以心理学为分析基础的奥地利心理学派的孑遗，只不过披上了现代的外衣。它一方面忽视或有意掩盖不同主体的社会性质差别，完全不考虑不同主体的经济实力差别，换句话说，是将这些根本的差别全都抽象掉。另一方面重视的充其量只是个别人特定时点的心理状态，并没有广泛的覆盖性。这正是马克思严厉批判的。从客观上看，人的心理永远都在变化，而且在更多的场合各种个体心理并不具有重复性、常规性、周期性、整体性，还始终受各个主体的经济实力、社会文化、经济发展的环境影响。现代西方行为经济学提出和研究的，大都是一些不具普遍、典型意义的个案，很少有普遍的实践价值。反之，马克思考察的主体，既区分不同的性质，考察的又都是带有普遍意义的、典型的行为和观念。建立在经济利益和经济行为基础上的观念一旦形成，就很难改变，它又反过来影响、指导持有这种观念的同类主体行为。在经济行为中，与确定的

---

① 李子奈、冯燮刚：《正统经济学知识的性质与开放的经济学方法论》，《经济学动态》2005年第4期。

观念相比，某种个别的心理实在是微不足道的。马克思特地阐明，观念会随着经济行为而转型，并且会反过来对行为产生重大的影响，可现代的行为经济学却不懂得研究心理转型。两相对照，高低是非立判。所以，如果现代人在感到有必要借鉴当代西方"行为经济学"的时候，首要的是必须根据马克思的方法，从那些有一些意思的实验结果中，找出它的合理性边界和条件，以及应用范围。但是，这样一来，就已经超出借鉴的范围了，已经是批判、改造和超越了。

现在国内有些学者在介绍西方学者的"行为经济学"理论的时候，缺乏应有的批判意识，并给予过高、不实的评价。这从反面警示我们，现在很有必要重新钻研《资本论》，从中探寻、发掘、研究其中还未被人发现的宝贵的经济行为理论。只有它，才是对经济主体行为的经济性的最科学的研究。

四、研究《资本论》经济行为理论的现实意义

研究《资本论》的经济行为理论有深刻的理论意义，可以了解马克思从对资本运动、资本家的经济行为、资产阶级学者理论的研究、批判中，形成自己完整、不断上升、具体化的经济行为理论。从中我们发现，他揭示并肯定资本家行为中包含着合理的、具有普遍性的成分，而在对其不合理的、野蛮的行为的批判过程中，也从总结教训的角度揭示一些必须重视的属于一般过程的规定，显示了对资本家及其理论家的超越。由此观之，这种理论还有重大的现实意义。主要是指这种理论所涉及的一些一般过程的规定，对我国现在正在进行的社会主义市场经济有指导意义。但这绝不是说可以直接地套用其中的相关论点，而是根据马克思对资本家经济行为的研究所展示的一些带有普遍性的重要规定，来考察我国当代各种主体的经济行为。大体看来，学习研究《资本论》的经济行为理论，对我们至少有五个方面的指导意义。

1. 必须重视主体及其观念在客观过程发展中的作用

在马克思看来，所有的社会资源中主体是最重要的，他们构成客观的资本运动的重要组成部分。他们的利益和观念，本身就是资本运动的目的和价值，并且使客观的经济规律最终也归结为各种主体之间利益关系的规律，尽管他们的存在状况及行为还决定于更为根本的东西，即社会经济制度、相应的体制以及具体的制度等。但是，一方面，这些制度、体制作为客观的、历史地发生发

展的东西,并非从天而降的,而是在各种社会主体各种行为的相互关系中产生的。没有不同主体之间的关系,就没有特定制度、体制的产生和发展,制度、体制就是约束、规范、限制主体行为的东西。另一方面,它们的产生、发展,又有赖于各种主体的各种相关的或对立的行为,来维护、扩展或破坏、重建。在一种经济制度、经济体制已经确定、相对稳定的历史时期内,经济发展既是由与这种制度、体制同命运的主体发动、组织、调节的,其根本目的只能是这些主体本身能力和需要的发展,① 而且过程的发展也主要是靠这种主体来统治、利用和调动(在资本主义社会,主导主体甚至还要靠从精神上欺骗、控制)从属主体的行为而实现的。表面看,主体及其行为是主观的,但实际上,他们融入客观的制度、体制发展过程之中,自觉不自觉地按照一定的制度、体制行事,本身就是客观的,他们是客观的东西中最重要的因素。

进一步看,经济发展虽然有自身的固有规律,但这规律本身并非与主体无关,实际上已经包含着主体发展的内容。经济是否发展,一方面要和以前的客观状态相比;另一方面还要符合一定主体的需要(只有联系主体才能判断是否发展),否则就有可能是"有增长无发展"。从一定的意义看,经济发展的实质是经济主体处理好与各种主体的关系、整合社会资源并使之发生符合自己意愿的变化以满足自己需要和能力发展的过程。② 所以,经济主体是社会资源中处于核心地位的资源。"主体意识"是《资本论》研究的最重要的意识之一,我们一定要深入地领会、充分地运用。

但是,传统的或现代的西方经济学却认为,最重要的资源是资本。表面看,似乎没有资本就没有发展。有些西方学者甚至说,穷人之所以穷,因为他穷,即没有资本。要富起来,一定要靠一种外力的推动,这就是资本,或者如斯密所说:资力。但是,且不说资本、资力来自哪里的问题,现实的资本作为

---

① 马克思说:"如果抛掉狭窄的资产阶级形式,那么,财富岂不正是在普遍交换中造成的个人的需要、才能、享用、生产力等等的普遍性吗?财富岂不正是人对自然力——既是通常所谓的'自然'力,又是人本身的自然力——统治的充分发展吗?财富岂不正是人的自由发展创造天赋的绝对发挥吗?这种发挥,……人类全部力量的全面发展成为目的本身。……人不是在某一种规定性上再生产自己,而是生产出他的全面性,不是力求停留在某种已经变成的东西上,而是处在变易的绝对运动之中。"(《马克思恩格斯全集》46卷上册,人民出版社1979年版,第486页)

② 马克思说:劳动过程"是人以自身的活动来引起、调整和控制人与自然之间的物质变换的过程"。(《资本论》第1卷,人民出版社1975年版,第201—202页)

一种社会的力量，要靠一定主体使用和推动。当资本未被使用的时候，它只是一堆货币或物品，甚至可能转化为收入被非生产地消费掉。就某种自然资源来说，在主体没有调动、使用它之前，它只是处于原始状态，不能发挥作用，充其量只能算是潜在的社会资源。

突出主体，必然要区分主导主体和从属主体。他们在经济发展过程中的地位和作用是很不同的。从属主体是过程主体，没有他们，任何生产都无从谈起。其余的社会资源是通过他们而运用的，社会财富也主要是他们创造的。但是，并非所有的主体都能够主导、主宰经济过程，使之发生符合自己意愿的变化。在社会区分了主导主体和从属主体之后，广大的从属主体就不是自主、自愿地按照自己的需要、"按照美的规律来构造"① 财富。所以，突出主体，必然是突出主导主体的观念，它是影响过程发展的重要因素，是决定发展过程性质的重要因素，是社会的主流意识。从抽象的意义看，只有主导主体，才是经济发展过程的领导者和"主动轮"。马克思认为，在资本主义社会，"资本家……是这个社会机构中的一个主动轮"②，他们借助于对各种社会资源的垄断权，决定过程的性质、发展方向，从过程的发展中获得最大的利益。他们的观念，包括目的和价值，构成社会观念的主流。马克思的这种经济主体观，并不仅仅适用于资本主义社会，它展示了一切社会经济发展过程的普遍的规定，具有普适性。但它又不是非常抽象、非得有高超思维能力的人才可理解的，而是属于基本规定，所以可以较直接地指导对我国现阶段经济发展过程的理解。在社会主义社会，在社会主义市场经济发展过程中，也应该要有这样的主动轮，但它应该是与这个新社会共始终的、真正拥有和代表公有制经济的工人阶级、劳动大众以及他们的代表，并且也体现绝大多数劳动大众利益的主流意识。

当代中国的经济发展当然也是主体参与、赋予灵魂和灵性的，所以研究现实的中国经济，必须始终紧密联系不同的主体。从理论上说，劳动大众当家作主，应该是主导主体。但是，劳动大众是个庞大的群体，成分非常复杂，因此，社会不能由他们各自任意地支配属于全体人民的资源，更不能任由他们按照自己的观念意愿随意行为，只能由他们选出的代表来行使主导作用，何况绝

---

① 《马克思恩格斯全集》第42卷，人民出版社1979年版，第97页。
② 《资本论》第1卷，人民出版社1975年版，第649页。

大部分人都不具备主导过程发展的能力，而他们各自的观念、需要又千差万别，甚至彼此相左。这样看来，我国的经济中也有主导主体和从属主体的区分。不言而喻，我国社会的发展是共产党和人民政府领导、主导的。由于中国太大，行业太多，所以这种领导权、主导权又只能分解给各部门、各地方的领导人去执行，从而这些部门、地方的领导人也具有对经济发展的主导权力，是次级的主导主体。但是，各级各地的领导人并非真正的经济主体，他们首先是政府官员，即使是国有企业的领导人，也具有政府官员的身份。不过，政治是经济的集中表现，因此，各地各级领导特别是主要领导都十分重视领导经济活动。如果从总体上或理论上看，他们虽没有直接实施经济行为，但都在代表社会、老百姓的利益和需要，制订规划和制定政策，影响着整个社会的经济发展。他们虽然不能像资本家那样垄断经济发展的利益，但在经济发展过程中，他们的地位和能力、利益还是与普通的劳动者不同的。进一步看，各级领导的观念、决策能力也是不同的。中央把握的是全国整体的、根本的、长远的利益，而地方官员则更多地考虑本地的利益。正因为这样，中央的一些正确的代表广大群众利益的决策在不同地方的实行中就出现了不同的情况。在研究中国实际经济问题的时候，一定要意识到这种区别和矛盾的存在。如果撇开社会性质，仅仅从方法上看，这种全局、总体趋势与局部、具体表现的差距、矛盾与资本主义社会中总体资本运动的趋势与个别表现的差距、矛盾，也有一些相同之处。不能否认，有些地方的政府官员为了个人的私利或地方的狭隘利益，也会像个别资本家偏离资本运动的总体趋势一样，实施一些"上有政策，下有对策"的行为。这样看来，马克思关于作为表现形式的私人行为与内在的总体趋势之间的矛盾、关于私人个别行为偏离总体行为的论述，本身就具有方法论的意义，因此，在一般的意义上它对当代中国仍然有指导意义，可进一步具体化。联系不同的主体，我们对整体的和局部的经济活动的理解将不会抽象化、简单化。不过，这样理解并不等于肯定地方保护主义的经济决策，而应该意识到，各个地方的经济决策之间的差异、它们与中央决策的差异，决不能发展为永远的矛盾，只能是以特殊方式或措施更好地实施中央从总体利益出发制定的战略方针的个别表现。

从理论上看，各地政府经济职能的发挥与当地广大人民群众的经济行为在根本上是统一的，但是两者之间也存在着差异和矛盾，不过这与资本主义社会中的资本家与工人的关系性质完全不同。这个问题属科学社会主义、党建理论的ABC，但有些地方官员并没有将它牢记在心，在实际行为中谋取的并不是或不全是群众的经济利益。在这些地方，所谓"上有决策，下有对策"，那种"对策"大抵都与从属主体的利益有差距的。可见，在实际过程中也存在着主导主体与从属主体及其利益的区别。只有这样，研究才不至于流于抽象。

另外，在当代中国，仍然存在着、发展着一定的资本关系，这是不容否认的。在数量巨大的私有企业中，马克思所揭示的那种劳资关系仍然存在，从而主导主体与从属主体的关系仍然不变。在这些私有企业中，发挥主导作用的是企业家或资本家。如果从局部范围看，他们的观念当然是左右企业发展的主导性的观念，但是，这些企业与解放前的私有企业在性质上有所不同，其中的企业家或私人企业主（现在被称为"新社会阶层"）都必须在宪法规定的范围内实施经济行为。所以，他们首先要守法经营，还要尊重工人，决不能像解放前的资本家那样任意对待工人，他们的观念也不能是纯粹的资本家观念，简单说，他们的观念要受整个社会的"普照之光"的笼罩、左右。他们的意识、观念，不仅没有成为社会的主流意识，反而要自觉地接受社会主流意识的领导、约束。实际上，现在的大多数私人企业家，特别是第一代创业者，都是劳动者出身，并且大都意识到他们是改革开放的最大受益者，都支持现有的经济制度，接受共产党的领导，所以整个社会的"普照之光"仍然是公有制。尽管也有少数人试图逃脱这种"普照之光"的照射，甚至试图改变这种"普照之光"，但都不可能如愿。

但是，也要看到，在这样的企业中，工人的雇佣工人地位仍然没有改变，仍然是从属主体。他们和雇用他们的私人企业家无论在对生产资料以及产品、劳动所有权的关系上，还是在观念、在经济活动中的地位都根本不同，在生活消费等方面的差距更有天壤之别。不注意这种差别的存在和急剧扩大，就根本不能正确地研究现阶段中国的现实经济问题。

总之，我国30余年的改革实践已经表明，在不改变基本经济制度的条件下，体制改革也会产生新的经济行为主体，改变原有的主体及其地位、利益关系格局，凸现各方主体的行为新关系。因此，现在研究《资本论》的经济行为理论，对我们理解、处理当代乃至将来很长的时期内的各种主体之间的关系是很有意义的。

2. 必须重视马克思揭示的一般经济行为规律

在前面的研究中我们已经看到，马克思在对资本家一般性经济行为的分析

《资本论》经济行为理论的具体化

批判中发现,"资本家幼虫"的行为中包含着许多一般过程的规定,从最一般的意义上看,它们在今天仍然存在着、发挥着作用。因为这是人们所熟识的,这里不用重述,我们更兴趣的是马克思关于资本家"蝴蝶"(成虫)的研究。在资本家作为经济主体的行为中,已经包含着进行工业生产、商品流通、收入分配等一般职能。这些职能既是从一般生产者、交换者行为转型而来,又是工业化、商品经济发展所需要的。从这种意义看,资本家又具有一般企业家的职能。虽然他们发挥这种一般职能的时候带有深刻的阶级烙印和倾向,因而并非自觉,但往往能歪打正着,并包含着一般主体经济行为的特征。

以下几个方面很值得我们注意和借鉴:

其一,资本家虽然在主观没有意识到,但在行为发展过程中却注意发挥体制的作用。马克思发现:资产阶级"经济学家们在论断中采用的方式是非常奇怪的。他们认为只有两种制度:一种是人为的,一种是天然的。封建制度是人为的,资产阶级制度是天然的。……于是,以前是有历史的,现在再也没有历史了"[①]。尽管这样,资本家却在长期的行为过程中,在不触动"天然"的制度的前提下,改变一些东西,并且在追求各自利益的均衡过程中,不知不觉地实现了经济体制的改革。即如前面分析的,其交换体制从资本主义初级阶段可行的以价值为基础,转变为以生产价格为基础。尽管他们并不知晓这是经济体制的改革,但他们这样做了。在商品生产条件下,价值体制是经济体制的核心内容,资本家实行的这种改革,进行的时间非常长,所以没有引起资产阶级学者的重视和研究。这不奇怪,他们缺乏历史感,当然是知其然,不知其所以然。倒是马克思根据他的唯物主义历史观,并对资本家行为的长期历史进行科学的考察,才发现经济体制是经济制度的表现形式和运行方式,并充分肯定资本家在盲目的竞争行为中不经意实现的这种改革。显然,马克思已经由此发现,经济制度与经济体制是有区别的,在不改变经济制度的条件下,可以改变经济体制。由于这种发现是存在于《资本论》的字里行间,所以没有引起人们的注意。现在,人们对经济制度与经济体制的关系,已经有了深入而切身的体会。但是,在中国,至少到改革开放后的一段不短的时间内,人们还普遍不理解这种区别与联系,更没有想到《资本论》中有这种研究。众所周知,马克思的《资本论》是在科学地考察当时生产力发展、阶级斗争发展的过程中

[①] 《资本论》第1卷,人民出版社1975年版,第98页脚注33。

完成的，所以，学习研究《资本论》不结合特定时期的实践是很难有深刻领会的。以前我们党搞阶级斗争，所以对《资本论》中的阶级斗争理论相当重视、熟悉。由于长期没有实行市场经济体制，所以没有发现经济制度与经济体制的区别和联系，从而不能从《资本论》中发现其中关于经济体制改革的研究。只是在进行体制改革一段时间后，才发现体制与经济制度有所不同，也才发现《资本论》中包含的马克思"实际提供的东西"，不仅包括有经济行为理论的研究，其中包含有一般过程体制改革的研究。

其二，资本家实行的分工制度，不仅有内部（垂直）的分工，还有外部（水平）的分工，与以前也存在过的一般的分工不同。资本家行为的目的是剩余价值，其经济内容和经济形式都有特殊性，因为其行为一开始就有较大的规模，所以他们只有借助于一定的企业组织才能形成企业内部的分工和适应企业外部的分工。其内部的分工既表现在生产者与生产资料的关系上，还表现在管理与被管理的分工上，以及脑力支出为主的劳动者与体力支出为主的劳动者之间的分工上。这是资本家有意识地实施的。所以，马克思说在工场内部，"保持比例数或比例的铁的规律使一定数量的工人从事一定的职能"，实行的是"预先地、有计划地起作用的规则"。至于外部的分工，资本家也以特殊的方式遵循其应有的原则。一方面，这种分工表现为一定的客观的比例关系，每一个部门生产一种使用价值，"满足一种特殊的社会需要，而这种需要的范围在量上是不同的，一种内在联系把各种不同的需要量连结成一个自然的体系"，① 这种由分工产生的比例关系资本家当然是不了解的，只是歪打正着地实现的，但这正是资本主义分工的特征。显然，这种分工是一种依存关系。另一方面，这种分工制度还表现为不同产业部门之间的竞争和互补关系。"一个产业部门利润率的提高，要归功于另一个产业部门劳动生产力的发展。在这里，资本家得到的好处，仍然是社会劳动的产物，虽然并不是他自己直接剥削的工人的产物。生产力的这种发展，归根到底总是来源于发挥着作用的劳动的社会性质，来源于社会内部的分工，来源于智力劳动特别是自然科学的发展。在这里，资本家利用的，是整个社会分工制度的优点。在这里，劳动生产力在其他部门即为资本家提供生产资料的部门的发展，相对地降低资本家所使用的不变资本的

---

① 《资本论》第1卷，人民出版社1975年版，第394页。

价值，从而提高利润率。"① 还有，在资本主义较为发展阶段，水平分工的格局不是长期不变的，而是以大资本家为主导的"有决定意义的产业部门"为基础的，后者又是随着生产力发展而经常变化的。这种分工制度，从本质上看是一般过程的必然要求，这正是我们现在必须重视的。特别是以不断更新的有决定意义的产业部门为主导这一项，是生产力的发展不平衡的表现形式，更值得注意借鉴。可以说，我党现在提出的"七大新兴产业"，就是当代"有决定意义的产业"，我们现在实施产业结构优化升级的发展战略，就是对马克思上述这种理论、思想的继承和发展。

其三，资本家很重视在改变生产技术基础上的内部管理、提高外部营销的效率。就内部的生产管理而言，资本家们除了特殊行为外，也有一系列的一般性的行为。诸如：很重视劳动生产率的提高，特别是利用科学技术发展生产力，以致在积累率一定的时候还可以实现扩大再生产；形成生产过程的连续性、划一性、规则性、秩序性；充分利用暂时闲置的资本，如用部分折旧金扩大再生产；提取一定量的准备金、保险费用；充分利用固定资产、充分有效地利用生产的废料，在节约的同时也实现一定的循环；② 很注重积累和经营规模的扩大，注意通过积累提高生产的技术基础，并使在一定技术基础上单纯扩张的间歇时间缩短等等。就外部的经营而言，通过产销分工、发展运输条件等途径努力缩短流通时间，通过商人的代理等。这些有关经济发展内容的研究对当代中国的经济发展也有重大的指导意义。

其四，资本家除了在经济发展的内容方面下工夫外，也很注意利用和完善经济的形式，主要是商品生产及其各种经济手段，像竞争、供求、价值价格等机制，利润率、利息率等杠杆，特别是伴随着发展阶段的上升而实行价值体制的转型。资本家、土地所有者重视利用竞争和供求、价格来影响经济行为就不用多说了，他们利用经济杠杆来调节经济活动也积累了很丰富的经验。特别是利用信用工具，充分调动全社会的可用资本，支配别人的资本，分散风险，还可在较短的时间内实现资本的大规模集中，导致有决定意义的部门的产生，既创造了新的生产力，又创造了新的社会需要。利用利息率与其他投资收益率的

---

① 《资本论》第3卷，人民出版社1975年版，第97页。
② 资本家充分、有效地利用废料、回收废液加以处理利用，从特殊性上看，是为了节约成本，增加利润；从一般性看，或者从客观上看，是工业的一大进步，是近代的循环经济，是资本家作为工业家的一大贡献。这也是传统农业利用废物废料的一种继承和发展。

差别形成收入的资本化,发展虚拟经济,并使之与实体经济相统一。还有,土地所有者利用土地所有权的垄断,来限制对土地的利用和滥用。对当代的主导主体来说,马克思揭示的这些行为特性,也是必须学习借鉴的。

其五,资本家创造了"兵营式的纪律,这种纪律发展成为完整的工厂制度",将工人划分为劳动和监工,划分为普通工业士兵和工业军士,确立了对工人的专制。对此,马克思进行了严厉的批判,说他们表面上喜欢分权制,但面对工人却喜欢实行专制。但他也认为,这在客观上是"大规模协作和使用共同的劳动资料,特别是使用机器所必需的"①。他还指出,资本家在工场内部实行有组织的生产,按照"保持比例数的铁的规律使一定量的工人从事一定的职能"②。这表明,资本家很善于利用大工业发展所形成的机制。

其六,通过对资本家之间过度竞争的分析可发现,任何一种商品都只能占有一定的市场地盘(绝对的地盘),如果一种商品生产太多了或太少了,说明经济主体必须充分了解各种需要的比例关系。如果一个部门占用的资源超过了一定的比例,那么,不仅会损害整个社会各种实际需要的满足,还会导致其他部门的资源不足。

这类一般规定还可以举出许多,这些都是马克思所说的资本的"文明面"。这些做法并非经济实际过程自然发展的产物,在资本主义社会,它们只是资本家在长期的共同行为中无意创造的,但它们又只能是在工业经济(社会经济内容)和商品经济(社会经济形式)中才能创造的,因此对我们现在的社会主义经济和市场经济的建设也有借鉴意义。

3. 关于特殊主体行为的研究和批判的意义

我们已经看到,马克思对资本家行为的分析研究是与批判相结合的。他的批判是辩证的,是扬弃,所以在他笔下,资本家作为经济主体,具有双重人格、一身二任:首先是资本家,同时又是企业家(工业的司令官),从而其行为也有二重性,同时执行特殊过程和一般过程的职能。在这些研究中,也包含着一系列非常深刻、对现实经济主体发展有意义的理论、方法。

关于资本家在特殊过程中的特殊职能的考察,马克思研究和批判的是资本

---

① 《资本论》第1卷,人民出版社1975年版,第464页。
② 同上书,第394页。

家如何对工人敲骨吸髓。其中有许多论述，的确可以直接套在当代中国的一些黑心资本家如山西黑心矿主的行为上，让人深感《资本论》对理解这种私有企业的本质的现实意义。不过，仅仅这样理解还比较简单，还要看到马克思在批判中还分析出资本家的特殊行为中包含的一些必有的、带有普遍性的规定，而且不是属于一般过程行为的。

在这方面，值得我们应该注意的有很多，举其要者：

其一，马克思刻意揭示，资本家的总体行为有非常明确的目的，即要无限地生产和剥削剩余价值。——必须看到，这与一般经济行为的目的，如劳动的目的有很大的不同。后者是直接的，即要生产使用价值和价值。而前者是根本性的，即要通过生产商品（包含使用价值和价值）来生产、实现剩余价值。——这种目的决定着他们行为的方向、力度、关系、各种关系格局。资本家作为一种特殊的经济主体，其行为包含着明确的目的这种规定，这是其经济行为的最根本的动力源泉。这是无论用什么样的花招（包括谎言和理论）、表象都不能掩盖的。马克思还说明，单个资本家的行为目的与总体资本家的行为目的并非完全一致，在各个具体场合，好像互不相干，甚至有差距，但最终都能够统一。他还说明，资本家的各个集团行为目的之间的差距可以通过体制的改革趋于统一。

马克思对这种行为根本目的、不同主体目的结构的差异和关系的揭露，虽然具有特殊性，但是这种研究具有方法论的意义。这种研究表明：无论在什么样的经济制度和经济体制下，在什么样的经济时代，无论哪个阶级的经济主体，其行为都有非常确定的根本性的目的。对无产阶级来说，这种理论至少包括两个方面：一方面是倾向性的，即批判剥削，是代表无产阶级进行的批判，即批判资本家的剥削，这是不言而喻的。另一方面则是"正面性"的，即指出任何一个阶级、包括无产阶级的经济主体都必然地有明确行为目的。目的是主体行为的第一推动力和持续动力，是处置不同主体之间关系的根本准则。由此可见，无产阶级在掌权以后，不仅要明确自己的经济行为的目的，而且应该学习资本家阶级处理个别的、眼前的利益，处理各个主体不同目的之间的关系、各个主体目的与总体目的关系的办法。我们今天强调这一规定不是没有意义的。① 应该充分地意识到，我们现在建设社会主义市场经济，有着各种各样的主体，他们的经济行为都必然有特定的目的，并受这种目的的驱动。决不能只看到各个主体行为的结果，如何增加GDP，而忽视其行为的根本目的。反之，必须时时处处强调整个社会总体发展目的，必须以总体目的来引导、调节各种主体的个别目的与这种总体目的的关系。现在，特别要强调、突出的是改革的根本目的。这一点在改革之初已经十分明确了，改革决不是改制，不是要将公有制改为私有制，允许各种私有制的发展，不是要削弱公有制"普照之光"、挤占公有制的控制力。反之，是要进一步发展公有制，发挥公有制的优越性。现在看来，改革并非单向的，即不只是只对公有制进行改革，还要对在改革过程中产生和发展的私有制进行改革。随着改革而产生的生产资料私有制，经过30年的发展，已经壮大，其规模早已超过公有制经济。现在，社会上拥有资产过亿的大富豪已经为数不少，千万级别的更多，虽然他们大部分都遵纪守法，但违法乱纪的私人企业主大有人在，在某些领域还非常放肆地侵吞公有财产，更可恶的是对广大的工人还时不时实行残酷的剥削甚至压迫。对此，社会决不能放任，更不允许用私有制来改革公有制，不允许让私人资本家或代表私人资本家的官僚对国有企业进行"改革"。无论任何时候都必须明确改革是社会主义对市场经济的改革和利用。市场经济虽然是一般过程，但它总是寓于特殊过程之中的，并且一定要受特殊过程的影响和制约。市场经济并没有绝对不变的范式，在历史上，它的原始形态曾经长期存在，但只是在资本主义关系的哺育下才达到典型形态。但是，作为一般过程，它的发展并没有完结，在社会主义制度下它的本性、作用一定要发生变化。从另外的意义说，社会主义决不能将资本主义制度深度塑性的市场经济原封不动地照搬下来，让它在我国任意地发挥作用，而必须经过改造才能让它发挥作用。斯大林说："决不能把商品经济看成是某种不依赖周围经济条件而独立存在的东西。"② 无论

---

① 在国际共产主义运动史上，列宁曾经痛斥过伯恩斯坦提出的口号："最终目的算不了什么，运动就是一切。"《列宁选集》第2卷，人民出版社1995年版，第7页）在上世纪80年代初，我国学术界曾有过关于社会主义生产目的的讨论，但后来就不了了之。从学理上看，科学发展观应该内在地包含着社会主义初级阶段市场经济发展目的的内容，或者反过来说，发展目的是科学发展观的题中应有之义，但是，人们在学习、领会、贯彻科学发展观的时候，大都将这一重要内容疏漏了。

② 斯大林：《苏联社会主义经济问题》，人民出版社1961年版，第11页。

从哲学的意义还是从经济学的意义看，都是正确的。因此，现阶段的社会主义不仅要通过发展市场经济而发展，还要将市场经济的发展置于社会主义允许的范围内。对市场经济发展过程中出现的一切有悖于"四项基本原则"、"三个有利于"的东西，特别是已经出现的不同阶层收入差距扩大化的倾向，都应及时地改革。实际上，社会对私营企业主的行为也已经开始约束了，例如要求他们的企业认真地实施"劳动合同法"，要求企业的工会发挥更大的作用，代表工人与企业主谈判工资等用工制度。

其二，资本家的经济行为都基于一定的观念，像特殊目的实际上是主体的一种观念，也是值得注意的。在前面的研究中我们已经看到，马克思十分重视分析、披露资本家的各种观念，并详细地说明有些观念对行为的指引作用。作为资本家，其特殊的平等观念如"资本是天生的平等派"、"天生的实力派"——只有具备同等程度的实力才有平等可言，——也不同于一般行为主体的一般观念。资本家的观念有多种多样，有发展观、价值观，但都来自他们的实践行为，并且也反过来指导、影响主体的行为。对此，马克思在进行批判的同时，还分析其形成和流行的原因，——既因客观的表象所造成，又因资产阶级特有的狭隘眼界以及主观的经验而产生。换言之，马克思已经发现了产生这些"奇特观念"的根据、条件。观念既有主观性，还有一定的客观性，毕竟"观念的东西不外是移入人的头脑并在人的头脑中改造过的物质的东西而已"①。——当然，资本家及其学者所依据的只是肤浅的表象，表象也是客观的。——这意味着在一定的社会经济条件下，各种主体都必然根据其在社会经济中的地位、关系产生特定的观念。一个社会的思想就是统治阶级的思想，资产阶级作为统治阶级，必然将其观念提升为社会的主流意识。所以，马克思在研究资本家的行为时，也很注意揭示、批判资产阶级各种主要观念。

现在，我们在考察社会主义市场经济的发展时，也应该注意其中各种主体的观念。一方面，要看到社会主义市场经济的行为主体并非单一性质，公有制的主体，也有大量私有制的主体，他们的观念不仅彼此有差异，更有不可否认的矛盾。另一方面，还要看到各种不同的观念并非可以等量齐观、平起平坐，它们虽然彼此相左、冲突，但都必须接受一个总的观念的影响和约束。在资本主义社会中，资本家的观念、思想占统治地位，反过来，在中国，共产党的观

---

① 《资本论》第1卷，人民出版社1975年版，第25页。

念和思想要占统治地位,并且必须对一切主体进行灌输、产生影响。马克思和恩格斯在《共产党宣言》中说过:"任何一个时代的统治思想始终都不过是统治阶级的思想。"① 现在,中国特色社会主义理论就是当代中国社会的占统治地位的思想、观念,它在经济领域的具体化就是科学的经济观。这种经济观不仅是在国民经济中占主体、主导地位的国有经济的经济观,也要影响私人企业主的经济观。

其三,马克思指出,资本家很善于充分利用并发展资本主义经济制度,坚持并发展资本主义所有制,创造有利其剥削的条件,使生产资料的所有权与劳动者相分离并永久化。资本主义生产关系的发展,与资本主义经济制度有直接的关系。正是这种制度,保护了资本家的私有财产,创造了生产要素所有权的实现形式,即"劳动力的、资本的和土地的所有权,就是商品这些不同的价值组成部分所以会分别属于各自的所有者,并把这些价值组成部分转化为他们的收入的原因"②。这就确定了工人只有出卖劳动力才有生存的权利,同时,也维护了各个资本家集团之间的和谐关系。马克思在批判的同时,也从反面警示未来社会的主体要懂得创造、发展有利于自己发展的社会经济制度。这种思想在《法兰西内战》中更有进一步的丰富和明朗化。在那里,马克思提出,不能简单地利用旧的国家机器,而要重新建立无产阶级的国家机器。③ 现在我们已经建立、确立了以公有制为主体的社会主义经济制度,无产阶级和广大的劳动大众必须依靠它,发展它。就像毛主席说的,"对于胜利了的人民,这是如同布帛菽粟一样的不可须臾离开的东西。……是一个护身的法宝,是一个传家的法宝"。④ 并且,在市场经济条件下,还要保证公有制在经济上的实现。现在,一些拥有巨额财产的大私人企业主以及代表他们利益的经济学家千方百计地鼓吹私有化,甚至有人还提出要修改宪法中关于公有制为主体的内容,对此,我们必须坚决地予以批判。因此,现在我们学习《资本论》的经济行为理论,强调劳动大众作为社会主导主体的地位,维护、发展社会主义的经济制度,就显得特别重要。

其四,马克思还特别说明,资本家的行为不仅依赖于一定的载体,而且在

---

① 《马克思恩格斯选集》第 1 卷,人民出版社 1995 年版,第 292 页。
② 《资本论》第 3 卷,人民出版社 1975 年版,第 981 页。
③ 《马克思恩格斯全集》第 3 卷,人民出版社 1995 年版,第 52 页。
④ 《毛泽东选集》第 4 卷,人民出版社 1965 年版,第 1506—1507 页。

客观上——无论是哪一个资本家、资产阶级分子，在其主观上都不了解他们盲目行为的客观意义——还发展这些载体，即工业化和商品生产。资本家和历史上其他的剥削阶级不同，为了更多地剥削，通过发展工业化来提高剩余价值的生产率，通过发展商品经济来加速剩余价值的实现、提高其效益，来处理各个资本家集团之间的关系。换言之，就是同时利用经济的内容和形式来攫取剩余价值。显然，这种手段和路径不是先验存在的，应该说是资本家主导创造的。由此，马克思说明，行为的载体与行为并不是彼此外在的，在特定的社会制度下，一方面，主体因一定的载体而存在和发展，另一方面，一定的载体也因一定主体的行为而发生、发展。主体不依赖这种载体，就要依赖另一种载体，所以不能忽视两者之间的关系。这本来就是资本家的行为特征，但西方资产阶级学者却从未意识到。不仅以前是这样，当代西方的"行为经济学"也是这样，只是在个别行为主体的心理上做文章，因此都显得浅薄和滑稽。可见，马克思的研究是非常客观和公正的，他揭示了资产阶级行为中包含的但自己却不知道的某些合理的因素。正因为这样，马克思的这种研究，不仅可以批判资产阶级经济学，而且对研究我国当代的社会主义市场经济条件下主体的行为有指导意义。也就是说，现在要发展社会主义市场经济，既包含市场经济的形式，又包含经济发展的内容，要是两者相互促进，还要靠各种各样的主体发挥主动性。

其五，马克思考察的资本家行为是分阶段的，在资本运动的初级阶段，分析的还是一般的资本家，但随着研究阶段的上升，结合重化工业的发展，他就更重视对特殊的大资本家的研究。这不仅与资本积累理论的重要内容即"资本剥夺资本、剥夺者被剥夺"紧密联系，而且符合整个资本运动的实际。大资本家是整个资本运动的主力，是主导主体中的决定性力量，是经济结构转型过程的决定性力量。他们不仅是"大产业部门的指挥人"①，而且影响、控制中小资本家的经济行为，甚至支配他们的已经沦落为"过剩资本"的被边缘化的资本。资本主义社会"普照之光"的核心光源是大资本家控制的。无论是政治上还是经济上，都是大资本家说了算。

马克思关于大资本家的形成、行为的研究和论述不仅是经济行为理论的重要部分，而且已经上升为一种方法。它指出了研究应有侧重点，不仅应重视主体、主导主体的行为，更要突出主要主导主体的作用。这是考察社会性对象的

---

① 《资本论》第3卷，人民出版社1975年版，第279页。

关键。根据这种方法,我们也要特别重视实力强大的主体行为。在当代中国,一方面,国家必须充分重视实力强大的、占据有决定意义部门的国有企业的发展,只有它们充分发展了,社会经济的发展才有能量强大的主动轮,我们社会的"普照之光"才有持久而强大的光源,才能覆盖、辐射、普照、改变一切。另一方面,也要重视大型私人企业的存在,在现阶段,这是法律允许和政策鼓励的。但是,在社会主义制度下,大资本家的企业不应该成为社会经济发展的主导。

《资本论》的经济行为理论所批判地揭示的资本家经济行为的一系列特点,虽然具有十分明显的剥削阶级的特征,但也表现了各种特殊主体经济行为所普遍具有的个性。所以,马克思的批判还具有另外的意义,即昭示无产阶级及劳动大众,在创造性地进行未来社会建设的过程中,必须向资产阶级的行为那样,富有效率和创造性。

资本家作为经济主体的行为特点有很多,野蛮性、剥削性是首要的。马克思对这种特征的揭露和批判,现在仍然是指导我们考察和了解当代中国私人企业主行为的最重要、最基本的理论。在有些地方许多私人企业主的行为中,至今仍然可以看到一个世纪前欧美资本家的那种极端的贪婪和野蛮行径。增加劳动强度、延长劳动时间、克扣工资、随意解雇工人,等等,无所不用其极。看到一些黑煤窑主剥削压迫工人的作为,矿难频发,你都会产生强烈的感觉,马克思在《资本论》中说"这正是说的阁下的事情"还真的是说着了。

但是,马克思劳动价值论、资本理论、经济行为理论对于当代中国的实际意义主要并不在于此。特别在经济行为理论中,马克思还提示了资本家行为中包含一些未来社会无产阶级和劳动大众可以借鉴和重视的地方,撮其要者,至少应有这么几点:

其一,是总体资本家处理与单个资本家的关系。从客观上看,资本家在长期发展过程中,不断地解决个别行为与总体行为之间的矛盾而趋于统一,即经常背离又经常回归。这主要是因为单个资本家与总体资本家的根本利益是一致的,都是为了更多地攫取剩余价值。当然,这是通过竞争而实现的。这一特点现在特别值得我们注意,我们公有制经济也有总体趋势与个别表现的问题。在我国的宪法中、在我党的历次代表大会上,都强调要发展公有制经济,要以国有经济为主体,并使之发挥主导作用。这是我国经济发展的根本的、总体的要求,它至少要求各地政府、各个国有企业都要切实承担其相应的责任,发挥应有的作用。显然，国有制经济的运行要通过国有企业的领导人的领导而进行，但是，一个是客体，一个是主体，两者并不完全等同。人们不难发现，公有制特别是国有企业的发展在很长的时间内存在的一些问题，除了体制的原因外，很大部分都与它的人格化即相关单位的领导人有关系。许多地方、许多国有企业的主导主体即领导人由于对党的基本路线理解不准确，甚至附加进许多不合理的甚至错误的东西，并没有遵循国有经济的内在规定，没有遵循中央的正确政策，甚至反其道而行之，搞什么"国退民进"，——中央虽然提出国有经济有所为有所不为的战略，但"有所不为"是为了"有所为"，"退出"是为了"进入"，决不是"只退不进"，更不是败家子式的"退而光"，把家底搞光，从未提出过什么"国退民进"的主张，——甚至是血本无归地退，以至于国有经济在这些地方的国民经济中急剧萎缩，既不再占主体地位，又很难发挥主导作用。这种情况很不正常。在当代，我国要想在高科技领域、在增强综合国力上有所作为，追赶发达国家，与之竞争，没有国有企业占据"有决定意义的产业部门"、总量和结构优化迅速发展根本不行。所以，一定要解决好中央代表全党全国根本利益的这种战略决策在地方是否真正落实的问题，一定要解决国有制经济内在规定、发展趋势与具体领导人的低能、贪腐之间不协调的问题。如果说，资本运动的总体趋势与个别表现有差别，但它都有共同的目的、方向和利益，那么，现在我国国有经济的发展趋势与个别表现的不一致，其原因并不在于所有的国有企业领导人都因低能而不了解发展趋势，而在于某些作为主导主体的领导人的贪腐。换句话说，他们追求的个人或小团体的利益与整体运动的总体目的、根本利益很不一致。要解决这个难题，除了体制和具体制度的进一步改革外，关键还在于克服两者利益、价值、目的的不一致，这是不可能通过两者行为的不断背离又不断回归而实现的。

其二，总体资本家在不知不觉中按照发展阶段的上升来调整各个部分的利益关系，并以此来安排各种社会需要的比例，突出了各种社会需要及其比例关系的重要性。马克思说："'社会需要'，也就是说，调节需求原则的东西，本质上是由不同阶级的互相关系和它们各自的经济地位决定的。"[①] 它既表现为社会劳动的比例，也表现为购买这些部门产品的社会劳动量与购买其他的社会劳动量的比例。既是各种使用价值之间的比例，又是各种使用价值所代表的价

---

① 《资本论》第3卷，人民出版社1975年版，第203页。

值总量的比例。资本家虽然并不真正理解到这种原理，但他们却能歪打正着地顺应阶段上升的要求，通过调整各种社会需要之间的比例关系，调整各方面的利益关系。例如，他们在发展中逐步意识到，为了促使整个经济结构重型化、高级化，满足经济升级转型发展的需要，必须使有机构成较高部门的资本家能够获得平均利润。为此，他们就在竞争中不自觉地将社会为购买这类高构成产品的社会劳动量增加了，相应地调低了购买低构成部门产品的社会劳动量。还有，为了能使经营农业的资本家能够得到平均利润并能交纳级差地租，他们不惜让社会以消费者的身份过多地支付。[①] 同时，为了给大土地所有者支付绝对地租，他们还将社会为购买农产品的劳动时间在全部社会劳动时间中的比例提高了。

总体资本家行为的这种特点对我们也很有启发作用。本来，马克思主义作为我党的理论基础，其"社会需要"理论也自然成为我们调节经济发展的指导思想。但是，由于长期以来学术界普遍不能将关系长期比例关系的社会需要与它在较短时间内的表现形式区分开来，以为社会需要本身包含着流通的规定，将它等同于市场需求，因此不重视这一理论规定对现实经济运动的指导意义。了解了马克思的经济行为理论以后，我们不仅要从一般的意义上来把握各种社会需要的比例关系，还要学习资本家的做法，由此调整各种主体之间的利益关系。

现在，我国经济发展进入新的阶段，从总体上进入工业化的第二阶段，已经形成社会需要的比例关系的新格局，即不能再像第一阶段那样，让农业、农民为工业化的发展提供积累。而是应该反过来加速我国农业的转型发展、农民收入的增加。但是，仅仅靠"工业反哺农业"是不够的，——顺便说一下，现在提"反哺"不很合理，既然工业、城市已经从农业、农民那里长期获得大量的积累，那么，现在应该是反过来对这种长期的索取作出"补偿"了。毕竟"哺"带有哺育意思。——既然在市场经济条件下土地还有所有权和使用权被集体和个人垄断，不能无偿使用，那么就应该有特殊的体制和机制让土地的所有权和占有使用权能够在经济上真正自主实现，并归农村集体和农民自

[①] 马克思认为，构成级差地租的是一种"虚假的社会价值"，它是"被看作消费者的社会对土地产品支付过多的东西，对社会劳动时间在农业生产上的实现来说原来是负数的东西，现在竟然对社会上的一部分人即土地所有者来说成为正数了"。(《资本论》第3卷，人民出版社1975年版，第745页)

己所有。这不仅涉及社会需要的比例，而且涉及农民这一重要主体自身的发展及其与城市居民的关系。要使土地的所有权、使用权能在经济上有所体现，必然要求绝对地租、级差地租在农产品价值中占有一定的份额。这样一来，不仅农村集体经济能够获得相当可观的一部分收益，承包土地的农民也可以获得相当可观的收益。但是，长期以来，我国农产品的价值并没有反映土地所有权、使用权在经济上的实现，没有包含绝对地租和级差地租，这部分价值莫名其妙地流失了。这种情况表明，我国市场经济的发展在给许许多多的市场主体带来很多经济利益的同时，却完完全全地忽视了农村集体经济、农民的正当经济利益。换言之，农村集体经济、农民理应拥有的巨额经济利益被莫明其妙地转移到许许多多非农民手里了、转移到社会中了，或者化为乌有了。社会一方面长期强调"以农业为基础"，另一方面却在有意无意中长久侵犯农民、农村集体经济的利益，这不是十分矛盾吗？政策一方面规定"按要素的贡献分配"，另一方面却使土地这种要素的贡献没有给农民以相应的利益，致使农村集体经济、农民有土地却没有相应的收入，这不是很不公平吗？如果整个社会意识到这一点，意识到土地所有权、使用权提取地租的必要性，并且确立地租这种经济杠杆的调节作用，那么，农产品的价值、价格就应该提升到社会需要允许的水平。这对农村集体经济、农业发展、农民积累，甚至对其他行业的发展，都是最重要最有力的调节杠杆。一旦能获得应得的地租，农民的收入就可以在较短的时间内大幅度地提高，农业的积累能力就有望大幅度提高，能够尽快缩小城乡收入差距。

其三，资本家处理结构转型的做法也值得我们重视。从马克思的论述可以看出，随着发展阶段的上升，资本家的内部管理和外部经营——经营有广义的，指一切经济活动；有狭义的，特指对外部的经济活动。——的职能有了比较明显的分化。单从产业资本家看，他们在没有改变经营方向的时候，经常引进先进的科学技术；为了获得更高的利润，他们还有进有退，敢于在不同的生产领域中流动。无论是哪一种情况，他们都要承担资本贬值的风险。有的资本家由于不能获得正常的、健康的利润，他们甚至甘愿将自己的资本交给别的资本家去打理。其结果是一时的损失，换来较长时期的更大收益，并且整个经济都因此而结构优化、发展较快。这些都是值得现在的经营者好好吸取的经验。我们看到，现在我国绝大多数私人企业主还很不情愿进行这种流动，有些地方的企业家自诩"爱拼敢赢"，实际上在赚取了几桶金之后就倾向保守，画地为牢，不愿意更新设备、产品、市场，结果发展不快。相比之下，倒是大型的国有企业经过改革整合，有所为有所不为，不仅规模扩大，而且果敢实施结构升级，因而形成新的优势。

其四，马克思还批判地指出，资本家虽然周期性地遭遇危机的打击，但却能够通过经济危机来实现经济结构的调整。他并没有一般地阐明经济危机的根本原因，而是结合主导主体行为、主导主体与从属主体的关系，来说明生产力的发展、产业结构升级不能带动广大劳动大众的消费结构同步升级，因而必然导致产品结构和消费结构两者之间的不匹配而发生危机，并只能通过危机强制地销毁已经形成的生产力。这样的研究比起单纯用基本矛盾来解释危机更加具体和精彩，其中包含的理论、方法更有启示意义，意义深远，不仅对理解2008年爆发的世界性金融危机有直接的指导意义，而且对我国当代进行的社会主义市场经济也有指导意义。自从我国选择市场经济的体制模式以后，经济危机也就开始进入我国的经济发展过程了。① 虽然我国发生的经济危机不像发达资本主义国家那样，但是群众的消费结构与生产力的转型发展之间的确存在着矛盾。危机的发生并不会太大地影响老百姓的基本生活要求，但生产和消费两种结构之间的不协调，尤其是高端产品数量的增加与相应的消费之间不匹配这种情况的确存在，如果广大消费者为适应高端产品的消费过多地透支将来的收入，必定会造成普通消费的长期缩减，形成阻碍发展的隐患。

他还指出，如果不是从全体资本家的利益来看，而是从大资本家的利益来看，通过危机来解决结构转型并非完全是负面的。从历次危机对资本主义经济的影响看，资本家这个主体，特别是大资本家往往能从"危"中看到"机"，已经学会通过危机调整已经过时的产业结构，所以只要没有因为危机而趴下，他们往往会果断地弃旧图新，因而后来的发展更快。这也给我们一个很好的启示。从这次世界性的金融海啸对我国的影响来看，的确是危中有机，但这种机的确是为实力大的企业准备的。许多企业虽然遭受重创，但只要有实力，就能趁机实施生产、产品、市场等结构的转型，危机过后，发展将会更快。

其五，马克思揭示的单个资本家行为的发展逻辑，对我们现在的经济行为也是很有意义的。他指出，在资本主义初级阶段，单个资本家为了尽快发财致

---

① 在1997年亚洲金融危机发生之后不久，朱镕基总理在一次回答外国记者的提问时说过，我们1993年已经发生过危机，与金融危机不同步。

富，先是倾向于做大，即扩大经营规模（协作），主要是劳动密集型的，且大都是靠使用自有的资本来扩大规模。规模的扩大又给他们带来更大的赚钱机会、条件，因而越来越富。到资本主义较为发展的阶段，情况则发生了根本的变化，实力逐步强大的大资本家也很重视扩大规模，但主要是通过资本的集中，并且实现了增长方式的转变，有机构成不断提高，从劳动密集型发展为资本密集型，并迅速占据"有决定意义的产业部门"[1]，通过占据一个部门的产品量的绝对多数来控制市场价值的确定，控制市场。——用现在的话说，是提高市场占有率。——换句话说，这时，大资本家们更看重"做强"。强大之后，必然左右逢源，即使利润率倾向下降，他们也可能通过做大来弥补，来增富，来控制其他的资本家，以提高和强化自己的地位。透过马克思对主体行为的研究，我们可以发现，整个过程表现了这样一种发展逻辑：从小到大，从大到强，再从强到贵（大资本家的地位显贵）。但是，从马克思的批判来看，这种发展逻辑虽然具有特殊性，也具有必然性，它与发展主体的发展、客观条件的具备紧密联系。因此，对我们现在的发展来说，也有借鉴意义（借鉴不同于照搬）。撇开私人企业家的情况不说，——因为他们也很想强而贵，但在社会主义国家，却不能让他们"贵"，他们只能被"普照之光"笼罩、覆盖、变形；作为一个阶级，用现在流行的话说，虽然是"新阶层"，无论如何也不能成为社会的和经济的占统治地位的阶级或阶层。——现在公有制经济虽然已经占据"有决定意义的产业部门"，在政治、经济领域已经尊贵了，但还应该继续做强，不仅自身应实现从劳动密集型到资本密集型、技术密集型的转变，而且必须尽快成为世界范围内的"新贵"。作为一个社会的统治阶级，它在内部显"贵"是不足为奇的，必然的；但要在世界民族之林中占有与自己的大国身份相匹配的一席之地，一定要有更高的"强"的标准。只有这样，大才硬，才不会被人欺负，也才能承担其一个强国对世界的责任。

其六，马克思还肯定资本家的行为创新，而且创新是多种多样的，包含有一定速度。资本家不仅仅对以前的剥削阶级的行为来说有诸多的创新，而且对自己的过去、现在都有全面的、全方位的创新，包括观念的和行为的创新。剩余价值的生产和实现、分配等方式的创新不用说了，还有经济内容与经济形式

---

[1] 《资本论》第3卷，人民出版社1975年版，第138页。

包括经济体制的创新。① 就经济内容看，资本家力促有机构成迅速提高、产业结构优化，这从他们对劳动力的时而吸收时而排斥的规模和速度就可看出。就经济形式来看，除了价值转型以外，特别要注意的是，他们借助各种市场机制将行为的虚拟性极度发展，转化为虚拟经济，并使之与实体经济相分离而独立化。特别是通过各种有价证券，总体资本家既能够迅速有效地筹措资本，分散、回避风险，还使那些失去执行职能机会的资本家能够以一种更刺激的方式进行投资，甚至能够调动全社会的闲散资金，为职能资本家无偿提供大量资本并减少其经营风险。资本家的这种创新行为虽然包含着无穷的后患，但却也使资本市场充满魅力。使资本家能够更大规模地集中，以更快的速度实现结构转型。马克思不仅批判地论述了一种基本的行为过程，而且也提示了资本家行为中实现经济内容与经济实体双向创新的"复合作用"实现体制和机制同时创新的方法。当然，马克思也指出，总体资本家在经济内容的创新加速与经济形式创新的缓慢之间的巨大反差，因此产生资本家行为方式变与不变的矛盾。马克思这方面的研究包含有一般性，对我国现在进行的社会主义市场经济很有现实意义。我们现在的社会主义市场经济也是经济内容和经济形式的统一，同样也可以、有必要实施、实现双向创新及其"并作"②，即"复合作用"，但不能像资本运动中的价值转型那样经历非常长的时间，而应调动各种可行的、可能的市场的和社会的力量使两种创新和改革能够并作，以使内容创新的速度与形式创新的速度相协调。

4. 通过批判资本家经济行为的缺陷而发现应有的规定

除了以上突出主体在经济发展过程中的作用、揭示资本家的一般经济行为和特殊经济行为包含的规定具有现实意义外，马克思对资本家行为缺陷的批判也很有现实意义。

如果说，与资本家经济行为中包含的积极因素相比，人们更重视马克思对其行为缺陷的批判，但是却不注意这种批判中发掘的具有正面意义的东西，以及由此建树的东西。正是分析批判资本家行为中的各种缺陷，马克思发现了过

---

① 熊彼特无论如何也没有想到被他盛赞的那几种"创新"行为仅仅涉及经济的内容方面，他根本不了解资本家在经济形式方面进行的创新。

② 在老子的《道德经》第16章有"万物并作"的提法。所谓的"并作"，一是指万物相互联系，二是指万物运动变化，三是指万物在联系中运动。

程发展的必由之路和各种条件。可见，分析批判是创建的基础和载体。马克思的建树既从破中立，又因破而立。

马克思的建树是全方位的，但主要是关于总体性的规律和条件。因为在自由资本主义较为发展的阶段，虽然实际上已经有总体资本家的实际行为，但所有的资本家都没有也不可能形成总体意识，所以其个别行为不仅在无意中形成总体趋势，而且存在着局部的和总体的缺陷，更在相互关系中发生矛盾，从而产生总体趋势和克服这些矛盾的总体要求。如果说，对资本家的正常行为，他们的学者还能够多少"找出一些具有决定意义的抽象的一般的关系"[①]，但对这种隐藏在缺陷中的总体趋势，不仅资本家不知道，连他们的学者也不清楚。而马克思则将他们的行为缺陷、弊病与社会化大生产、与社会发展的历史趋势联系起来，发现许多社会化大生产过程中主体行为的应有的规定。

其一，马克思说明，如果单从个别性与社会性的关系看，资本家行为的主要缺陷是盲目性。虽然在其企业内部，实行的是有组织的生产，但是，这种理智是有限的，纯粹是局部的，实际上他并不真正了解社会需要以及满足的生产条件、总量以及各个时段上的市场需求量，因此包含有盲目性。至于各个部门之间的比例关系，他们根本没有这种观念，也是资产阶级学者所无能说明的。由于资本家各自独立行为，因而必然存在着各种各样的不平衡，例如社会生产和社会需要之间的不平衡、短期需要与长期需要之间的不平衡、需要结构和产业结构之间的不平衡等等。但是，马克思也说明，资本家在长期的不断的不平衡中也会不自觉地通过破坏或局部的不满足而表现这些比例关系。正是在批判资本短期运动的非理性的基础上，或者说，透过他们行为的这种缺陷，马克思提出了社会有计划地安排社会生产与适应社会需要的必要性规定，论证了必须要有事先的"社会的理智"。马克思指出，资本运动是其结构的发展变化，是其各个部分的比例关系的不断调整。马克思从总体资本的运动中揭示了一系列重大的比例关系：第Ⅰ部类和第二部类之间的、两个部类内部各自的比例，Ⅰc的扩大是扩大再生产的物质基础，等等，实现这些比例关系的平衡发展是社会经济存在和发展的客观需要。马克思这种理论对社会主义经济的巨大指导意义虽然在上世纪80年代初学术界已经有了充分的研究，这里无需赘言，但是人们却没有看到，马克思在提出上述那些批判性创建的同时，还指出这些比

[①] 《马克思恩格斯全集》第46卷上册，人民出版社1979年版，第38页。

例关系作为一种客观存在，是通过一定的主体才表现为"社会的理智"① 的。当然，马克思提出或预示未来社会表现出事先的"社会的理智"是有条件的。在他看来，未来社会是自由人的联合体，"社会化的人，联合起来的生产者将合理地调节他们与自然之间的物质变换，把它置于他们的共同控制之下，而不让它作为盲目的力量来统治自己；靠消耗最小的力量，在最无愧于和最适合于他们的人类本性的条件下来进行这种物质变换"。② 所谓"合理地调节他们与自然之间的物质变换，把它置于他们的共同控制之下"这种理智并非自然产生的，而是与主体的发展程度、社会经济的发展程度、社会需要信息的展示和掌握程度有直接的关系。显然，即使在未来社会，"社会的理智"也并非等同于、归结为个别主体的理智。实际上，马克思预示的这种理想，只有在他设想的未来社会已经成熟而典型的时候才能完全实现。不过，这并不意味着在当代社会主义市场经济发展过程中，它不是很重要的规定。不言而喻，在我国这样原先经济十分落后的国家中建设社会主义，没有相当长时期的有计划的发展，是很难集中力量迅速发展"有决定意义的产业部门"的。即使在现在的社会主义市场经济体制下，国家的发展也不能完全任由市场去慢慢地通过各种破坏和浪费而自发地调节，还是要有国家的适时、必要的宏观调控。只要看看有那么一批人根据西方自由主义的观念起劲地反对宏观调控，就可以知道宏观调控的必要性了。只要看看最近的金融海啸，也就可以深切地感知宏观调控的重要意义了。通过市场机制实现宏观调控，就是当今的"社会的理智"。

其二，马克思说明，在资本家理念和行为中，财富和实力和增长是最重要的。因此，资产阶级学者非常重视经济增长，并将它归结为全要素生产率的提高。但是，增长涉及的仅仅是资本和财富的量，至于这种量的增加是以工人的受奴役、贫困、无知为代价，他们是不管的。在他们的意识中，增长就是自己

---

① "社会必须预先计算好，能把多少劳动、生产资料和生活资料用在这样一些产业部门而不致受任何损害，这些部门，如铁路建设，在一年或一年以上的较长时间内不提供任何生产资料和生活资料，不提供任何有用效果，但会从全年总生产中取走劳动、生产资料和生活资料。相反，在资本主义社会，社会的理智总是事后才起作用，因此可能并且必然会不断发生巨大的紊乱。"（《资本论》第2卷，人民出版社1975年版，第350页）

② 《资本论》第3卷，人民出版社1975年版，第926—927页。

《资本论》经济行为理论的具体化

资本量的发展。在他们的行为中,只要能够赚钱,是无所不用其极的,[①] 至于这种增长是否能带来经济的发展,能否带来从属主体的发展,他们是不管的。在他们的观念中,只有经济增长的概念,没有经济发展的观念。当然,为了竞争和尽快赚钱,在一定的条件下,资本家也会利用和发展科学技术,优化经济结构,甚至在一定时期、一定程度上让工人"暂时享受一下相对的繁荣"[②] 等等,也就是说,他们追求财富量增长的行为也会在无意中、在客观上包含有有利于经济发展的成分。对此,马克思在深刻批判的基础上进一步区分了经济增长与经济发展两个范畴,而且以其论述逻辑表明它们分属资本运动不同阶段的情况。——这并不意味着资本主义较为发展阶段资本家已经以经济发展为主,只是表明在这样的阶段开始包含有发展的内容。——马克思在批判资本家行为缺陷和弊病的同时,不仅重视要素生产率的提高,而且更重视经济的品质、结构的优化,更重视最广大主体的能力和需要的发展。这种论述在当今特别有指导意义。如果说,我党在上世纪90年代提出实现经济增长方式的根本转变与当时的经济状况、条件相适应的话,那么,在进入新世纪不久我党提出科学发展观,在十七大又将经济增长方式的转变提升为经济发展方式的转变,是对新时期新阶段经济发展的新认识,是与新阶段经济主客体的发展状况相适应的,是基于实力的壮大及对科学发展趋势、条件的正确认识,是将经济过程发展与经济主体发展的紧密联系,而这正是对马克思经济行为发展理论的继承和发展。从经济增长到经济发展,虽然只有两个字的改变,却体现了我党对阶段发展的认识、对马克思理论精髓的把握的升级。所以,结合马克思的经济行为发展理论来深入学习科学发展观、实施经济发展方式的转变,具有十分重大的意义。

5. 预示经济行为历史发展的各种要求

除了以上所涉及的,马克思还在研究资本家行为的同时,发现、揭示社会

---

① 马克思引用一个学者的话说:"资本害怕没有利润或利润太少,就象自然界害怕真空一样。一旦有……50%的利润,它就铤而走险;为了100%的利润,它就敢践踏一切人间法律;有300%的利润,它就敢犯任何罪行,甚至冒绞首的危险。如果动乱和纷争能带来利润,它就会鼓励动乱和纷争。走私和贩卖奴隶就是证明。"(《资本论》第1卷,人民出版社1975年版,第829页脚注250)

② 《资本论》第2卷,人民出版社1975年版,第457页。

生产力、经济行为历史发展的一系列要求：

其一，在他的资本理论中，已经论证了资本运动为未来社会的发展创造一定的物质基础，[①] 这不仅是历史唯物主义的理论在经济学研究领域中的具体化，而且是其逻辑与历史的统一科学方法的具体运用。根据这种方法，理论过程必然包含着预示之点。任何过程都是有过去、现在和将来的（逻辑与历史统一的方法就是反映这种变化的），同样的，在经济行为理论中也包含有这样的预示之点。在马克思设想的新的社会形态中，资产阶级作为阶级不再有"历史存在权"，取代它的是"自由人的联合体"，也就是说，原先的工人阶级和劳动大众在社会经济中的地位已经发生了根本的改变：是"社会化的人，联合起来的生产者"，他们不是被生产过程联合起来的、被动联合的，而是在"生产资料共同占有的基础上"[②] 联合起来的自由人，实质上，这是建立一种全新的生产关系。可见，随着新旧社会的更替，从属主体的社会经济地位必将转化为主导主体，至于原先的主导主体特别是大资本家，必将被消灭。

其二，论证要以特殊的生产关系哺育一般过程的发展。资本家、资产阶级学者全都认为，资本关系是天然的，与商品生产等一般的经济发展过程是共始终的。对这种错误，马克思不仅有批判，而且指出，他们是将一般过程与特殊过程混为一谈了。虽然一般过程寓于特殊过程之中，但不归结为一般过程。不过，马克思也指出，一般过程是在资本关系的哺育下才充分发展起来的。尽管资本家自身并不知晓他们的生产关系如何推进工业化、商品经济关系的发展，但他们的确是这样做了。的确，在资本主义以前，商品生产已经存在，但却在相当长的历史时期中不能典型化、成熟化。可见，资本关系在这方面是发挥巨大推进作用的。马克思发现，资本家"榨取剩余劳动的方式和条件，同以前的奴隶制、农奴制等形式相比都更有利于生产力的发展，有利于社会关系的发展，有利于更高级的新形态的各种要素的创造"[③]。对资本主义以前的那些生产关系来说，资本关系，特别是在其上升阶段，无疑是一种先进的生产关系。

---

① "资本家……狂热地追求价值的增殖，肆无忌惮地迫使人类去为生产而生产，从而去发展社会生产力，去创造生产的物质条件；而只有这样的条件，才能为一个更高级的、以每个人的全面而自由的发展为基本原则的社会形式创造现实基础。"（《资本论》第1卷，人民出版社1975年版，第649页）
② 《资本论》第3卷，人民出版社1975年版，第926页。
③ 同上书，第925—926页。

而取代资本关系的社会主义关系,作为一种更先进的生产关系,理所当然地要哺育一般过程的发展,并在其中打上自己的烙印。这本来也是唯物主义历史观的 ABC。但是在我党确定建立社会主义市场经济体制的时候,社会上却有数量不少的人,其中不乏原先是通过表示相信马克思主义唯物史观而升上去的官员、学者,却拜倒在西方经济学脚下,鼓吹"市场经济是中性的,不姓社也姓资"。他们有意把"中性"与"共性"混为一谈。所谓的"中性",意味着它能够不依赖于特殊的社会形态而独立存在。表面看,"中性"与"共性"好像是一回事,其实不然。"共性寓于个性之中","普遍性寓于特殊性之中",而"中性"的东西却是与它以外的各极相对立而独立存在的东西。在世界历史上从来就没有这样一种既非资本主义也非社会主义的市场经济。许多人这样说只想强调市场经济不单资本主义可以搞,社会主义也可以搞,但却没有强调它同特定的社会制度紧密结合的必要性。而另有些人起劲地混淆"中性"与"共性",则是"项庄舞剑,意在沛公",有意否认它的特殊社会属性,在将它推向典型化的同时,最终向典型市场经济的资本主义国家靠拢、过渡,以资本主义市场经济取代社会主义市场经济。所以,确定社会主义生产关系对一般过程的普照和哺育作用是非常重要的。它决定后者存在和发展的意义,决定它的价值。如果说,上升时期的资本主义生产关系是在不知不觉中促进商品生产发展的,那么共产党领导的工人阶级和劳动大众却应该明确地担负起这种推动经济内容和经济形式一起发展的重任。我党实行的改革开放,选择并确立社会主义市场经济体制,就是对马克思这种理论的继承和发展。

其三,创造性地提出"剩余劳动生产率"。关于行为的效率,马克思提出两个彼此紧密联系的概念:一个是相对劳动生产率,一个是剩余劳动生产率。因为劳动生产率是相对的,所以才会有剩余劳动的产生,从而有剩余劳动生产率的产生。资本家已经知道,财富的多少与劳动生产率紧密相关,但是他们并没有"相对劳动生产率"和"剩余劳动生产率"这样的概念。马克思在研究中发现,"社会的现实财富和社会再生产过程不断扩大的可能性,并不是取决于剩余劳动时间的长短,而是取决于剩余劳动的生产率和这种剩余劳动借以完成的优劣程度不等的生产条件"。[①] 之所以强调剩余劳动生产率及其决定条件,因为只有它才决定剩余劳动总量的大小,决定积累规模的大小与结构的优劣。

---

① 《资本论》第 3 卷,人民出版社 1975 年版,第 926 页。

而且，剩余劳动生产率的提高，也会作用于整体劳动，提高必要劳动的生产率，从而增加必要劳动产品，增加生产者维持、延续、提高其劳动力的资料。这样既会缩短社会的必要劳动时间，相应地增加剩余劳动时间，还会以更高效率增加剩余产品——这才是真正意义的社会财富。由于资本家及其御用学者根本没有剩余劳动的概念，所以他们当然不能产生这样的观念和理论。可见，这是马克思研究对资产阶级学者的超越，它抓住了经济发展、社会进步的根本条件。显然，这种理论规定无论对现在的社会主义市场经济发展，还是对整个社会主义经济发展都具有极其重大的现实意义。

相对劳动生产率的存在，意味着生产者的劳动一定有剩余，在当代中国社会主义社会也是这样。马克思说："一般剩余劳动，作为超过一定的需要量的劳动，必须始终存在。只不过它在资本主义制度下，象在奴隶制度等等下一样，具有对抗的形式，并且是以社会上的一部分人完全游手好闲作为补充。为了对偶然事故提供保险，为了保证必要的、同需要的发展以及人口的增长相适应的累进的扩大再生产（从资本主义观点来说叫作积累），就需要一定量的剩余劳动。"① 不言而喻，在当代的社会主义市场经济发展过程中，所有的生产单位都存在着相对劳动生产率，而且是越来越高，因而存在着越来越多的剩余劳动。从理论上看，在公有制企业中，这部分剩余劳动归属社会或集体，最终归属全体人民。在私人资本家的企业中，它必然归私人资本家所有。尽管我们现在的法律、政策允许和鼓励私人资本家的存在和发展，但并不等于否认他们对剩余价值的私人占有。

其四，马克思通过研究资本家的行为发现，经济规律归根到底是经济关系，可以利用经济规律来调整主体关系。资产阶级学者虽然早已探索到价值规律，但他们根本不了解它就是关于各种主体之间经济利益关系的规律。后来的庸俗经济学家则只知道价格、供求变动的规律，并且将其归结为物的关系。与此相反，马克思则深入指出，包括价值规律在内的经济规律归根到底是主体之间利益关系的规律。特别是利润率平均化的规律，表面看是投入不同部分的资本都可以获得一样的利润率，实际上是社会为了发展的需要迫使低构成部门的资本家调低自己的利润率，并相应地调高高构成部门的资本家的利润率。马克思看到，在工业革命已经进入较高的发展阶段，商品经济进入较高的发展阶段

---

① 《资本论》第3卷，人民出版社1975年版，第925页。

之后，总体资本家的确在相当长的时期内通过各个资本家在不同部门之间流动不知不觉地实现了利润率的平均化，并肯定了这种平均化机制在调节不同资本家利益上的特殊作用。马克思的这种转型理论本身就具有方法论的意义，它说明社会经济并非线性增长的，而是转型发展的，所以具有一般的意义。它启示当代的经济主体，在社会经济已经进入工业化的第二阶段之后，因为存在着市场经济，有不同经济利益的单位或个体，所以都必须根据社会经济发展的需要来改革经济体制，来调整他们之间的利益关系格局。

我们看到，经过近20年的改革，我国的国有企业主要进入并控制一些涉及国家安全、自然垄断、提供重要公共产品和服务的行业，以及支柱产业和高新技术产业，显然，支柱产业和高新技术产业大都是有机构成比较高、周转时间比较长的"有决定意义的部门"，在其他条件不变的情况下，这样的领域大都是赢利不多、不盈利甚至亏损的。反之，其余的生产领域则是有机构成比较低、利润率比较高的。改革开放以来，几乎所有的私人资本家都因此而享受极高的利润率。反之，由于没有及时的价值转型，进入有机构成较高领域的国有企业则普遍利润率较低，甚至亏损。必须看到，这不是国有企业的低效率，而是价值没有相应转型所致，是国有企业让出盈利高的领域所致。但是，国有企业进入和发展这样一些高新技术部门是社会经济进步的必然和必要，可见，让国有企业全面、长期、单独地承担这种损失是不合理的，这种情况长期不变是不符合社会主义市场经济发展内在要求的。如果说，在资本主义比较发达阶段，资产阶级都懂得要让有机构成较高的部门通过价值转型取得平均利润，那么，在社会主义市场经济条件下，在生产力发展水平总体已经达到比较高的阶段而各个部门的发展水平参差不齐的情况下，也有必要实现新的价值转型。国有企业一方面要成为真正的市场主体，另一方面又要承担起创造最先进生产力、掌握对国民经济的控制力的历史使命。前者决定它不能总是亏损，后者决定它必须主要从事高科技、高有机构成的产业。为此，逐步实现全社会的、全面的价值转型是很有必要的。换句话说，随着社会经济的进步，生产力水平的提高，特别是高新技术等高有机构成部门的发展，需要有一种特别的机制来调整各种部门的经济效益，使高有机构成的部门的投资者也能和低有机构成的投资者一样取得与其投资成比例的利润。换句话说，就是应在国有企业和低构成的民营企业家之间实现利益的平均化。

其五，马克思很重视消费，在他看来，无论是资本家，还是雇佣工人，消费都是一种经济行为。如果资本家没有与奢侈消费相联系,他就不成其为资本家了。但是,资本家以及资产阶级学者却有意将工人的工资和资本家的利润、利息以及土地所有者的地租以收入的名义混为一谈,将阶级的差异和收入性质的差异全都掩盖,因而必然不会去分析整个社会的畸形的消费结构,以及各个阶级在这个结构中所处的地位,只是简单地描述社会表面呈现出来的"肤浅的表象:……在消费中,产品脱离这种社会运动,直接变成个人需要的对象和仆役,被享受而满足个人需要"①,更不敢联系消费来研究经济的周期性危机。马克思对这种观念、理论的分析批判表明,这种观念、理论实际上反映的是内在本质规定在社会表面上的颠倒表象。与此相反,马克思联系不同阶级的收入来分析他们的消费结构与产业结构的关系。马克思不仅重视研究剩余价值的生产、流通、分配而且很重视研究消费,将它们归结为生产关系全过程的四个环节。他还指出,消费和生产、流通、分配不同,一方面是相对表层的,另一方面涉及所有的主体,包括从属主体。研究广大工人的个人消费。实际上还涉及生产、流通、分配的界限,毕竟生产最终是为了满足个人消费的。他说,资本运动虽然"不以个人消费为转移,但是它最终要受个人消费的限制,因为不变资本的生产,从来不是为了不变资本本身而进行的,而只是那些生产个人消费品的生产部门需要更多的不变资本"②。除了奢侈消费外,必要生活资料主要是广大人民群众消费的。一联系群众的消费,马上就有两个问题,一是相对量萎缩,"生产力越发展,它就越和消费关系的狭隘基础发生冲突"。③ 二是结构变化迟缓。前面我们已经看到,生产力的发展不仅表现为生产总量的增加,而且表现为产品结构的升级、优化。随着结构的变化,各种比例关系也会发生变化,这必然要求群众的消费结构也要随之升级优化。但是,资本主义基本矛盾决定了群众消费结构与能力的变化只能局限在一个很小的范围内、很长的时间内。如果群众的消费能够追赶得上消费结构的变化,那么生产还可继续进行,如果生产、产品结构的变化规模、速度长期超出群众消费结构的变化规模、速度,那么已经高级化的产品将大量积压。积累到一定程度,危机就会爆发。马克思研究产品结构变化、工人消费结构变化的关系虽然是与经济危机紧

---

① 《马克思恩格斯全集》第46卷上册,人民出版社1979年版,第26页。
② 《资本论》第3卷,人民出版社1975年版,第341页。
③ 同上书,第273页。

密联系的，但它作为关于生产与消费关系的理论，却有一般性。因此，这种理论对我们现在的社会主义市场经济也有指导意义。在2008年爆发的世界性金融危机中，我国也受外界的影响，出现这种关系恶化的情况。可见，党的17大一改以前的战略，提出将扩大内需放在投资、外贸之前，这是很有远见的，也是体现了马克思经济行为理论的精神。如果不注意主体的消费，那么对经济周期、经济危机的分析都是比较抽象的。

其六，马克思关于市场价值确定的理论，是与主体的竞争有紧密联系的。资产阶级古典学派虽然早就提出了价值规律的一些规定，但他们"有时从量的方面，有时从质的方面来考察劳动。但是，它从来没有意识到，劳动的纯粹量的差别是以它们的质的统一或等同为前提的，因而是以它们化为抽象人类劳动为前提的"①，而后者又与不同主体之间的竞争有直接的关系。马克思批判了他们的价值理论的抽象性，联系具有不同主体在生产条件的优劣程度、生产量在总量中的占比等情况，详细地阐述了价值规律、市场价值量的确定。这种理论不仅具备完全的科学性，还有实际的指导意义。它告诉所有参与竞争的经济主体，不仅其产品包含的劳动量必须符合市场价值，即"个量不能超标"，而且同类产品实际包含的劳动总量也不能超过社会为购买它们所能支付的劳动总量，即"总量不能超标"，而且一旦整个部门的生产条件发生了变化，这种"个量"与"总量"规定必然要发生变化。因此，各个经济主体决不能靠经验经营，必须在生产条件优劣和占比量（即其产品量占该种产品总量的份额）大小上与其他经营者展开长期的竞争。不言而喻，只要熟悉这种理论规定，必然会发现它对当代的社会主义市场经济仍然具有现实的指导意义。

关于这种超越性的建树，在《资本论》中比比皆是，其中直接联系主体行为的又是不胜枚举。仅仅这些，就足以表明，马克思的经济行为理论具有非常巨大的现实意义。

《资本论》的经济行为理论既以劳动价值论、资本理论为基础、根本，又与它们一起丰富发展、具体化，使这三种基本理论相得益彰，相辅相成，一起构成马克思主义政治经济学的基本理论。这一理论又是唯物主义历史观在理论

---

① 《资本论》第1卷，人民出版社1975年版，第97页脚注31。

经济学领域中的具体运用,是辩证逻辑的具体运用。正因为这样,它既构成了科学社会主义理论基础,又拓展了科学社会主义的研究领域,突出了研究主体行为的重要性。因此,它的发掘和整理是很有意义的。

参考文献

1. 《资本论》第1—3卷，人民出版社1975年版。
2. 《资本论》法文版第1卷，中国社会科学出版社1983年版。
3. 《资本论》德文版第1卷，经济科学出版社1987年版。
4. 《马克思恩格斯选集》第3卷，人民出版社1995年版。
5. 《马克思恩格斯全集》第4卷，人民出版社1958年版。
6. 《马克思恩格斯全集》第13卷，人民出版社1962年版。
7. 《马克思恩格斯全集》第16卷，人民出版社1964年版。
8. 《马克思恩格斯全集》第19卷，人民出版社1963年版。
9. 《马克思恩格斯全集》第22卷，人民出版社1965年版。
10. 《马克思恩格斯全集》第26卷第1—3册，人民出版社1972、1973、1975年版。
11. 《马克思恩格斯全集》第42卷，人民出版社1979年版。
12. 《马克思恩格斯全集》第46卷，人民出版社1979、1980年版。
13. 《马克思恩格斯全集》第47卷，人民出版社1979年版。
14. 《马克思恩格斯全集》第48卷，人民出版社1985年版。
15. 《马克思恩格斯全集》第49卷，人民出版社1982年版。
16. 《马克思恩格斯〈资本论〉书信集》，人民出版社1976年版。
17. 列宁：《什么是"人民之友"以及他们如何攻击社会民主主义者?》，《列宁选集》第1卷，人民出版社1995年版。

18. 列宁：《论所谓市场问题》，《列宁全集》第 1 卷，人民出版社 1955 年版。

19. 列宁：《哲学笔记》，人民出版社 1974 年版。

20. 列宁：《俄国资本主义的发展》，《列宁选集》第 1 卷，人民出版社 1972 年版。

21. 列宁：《再论实现论问题》，《列宁全集》第 4 卷，人民出版社 1962 年版。

22. 列宁：《帝国主义是资本主义的最高阶段》，人民出版社 1960 年版。

23. 斯大林：《苏联社会主义经济问题》，人民出版社 1961 年版。

24. ［德］黑格尔著，贺麟译：《小逻辑》，商务印书馆 1982 年版。

25. ［德］黑格尔著，杨一之译：《逻辑学》上、下卷，商务印书馆 1977、1981 年版。

26. ［英］亚当·斯密著，郭大力等译：《国民财富的性质和原因的研究》上卷，商务印书馆 1972 年版。

27. ［英］李嘉图著，寿勉成译：《李嘉图著作和通讯集》第 1 卷，商务印书馆 1981 年版。

28. ［苏］卢森贝著，赵本斋等译：《〈资本论〉注释》第 1—3 卷，三联出版社 1963 年版。

29. ［苏］米·费·奥甫相尼科夫著，侯鸿勋等译：《黑格尔哲学》，三联书店 1979 年版。

30. ［苏］伊·谢·纳尔斯基著，冯申译：《异化与劳动》，湖南人民出版社 1987 年版。

31. ［英］米克著，陈彪如译：《劳动价值学说的研究》，商务印书馆 1979 年版。

32. ［日］佐藤金三郎等编，刘焱译：《〈资本论〉百题论证》（一、二、三），山东人民出版社 1993 年版。

33. ［冰岛］思拉恩·埃格特森著，吴经邦等译：《经济行为与制度》，商务印书馆 2004 年版。

34. ［法］莫里斯·梅洛—庞蒂著，杨大春等译：《行为的结构》，商务印书馆 2005 年版。

35. ［德］马克斯·韦伯著，林荣远译：《经济与社会》上卷，商务印书馆 1997 年版。

36. 李竞能等编：《马克思恩格斯列宁论英国古典政治经济学》，商务印书馆 1981 年版。

37. 纪明山主编：《马克思恩格斯列宁论庸俗英国古典政治经济学》，南开大学出版社 1990 年版。

38. 王亚南：《〈资本论〉研究》，上海人民出版社 1978 年版。

39. 吴易风：《英国古典经济理论》，商务印书馆 1988 年版。

40. 吴易风主编：《马克思主义经济学与西方经济学比较研究》第 1—3 卷，中国人民大学出版社 2009 年版。

41. 张薰华等：《〈资本论〉提要》第 1-3 册，上海人民出版社 1977、1978、1982 年版。

42. 陈征：《〈资本论〉解说》第 1-5 册，福建人民出版社 1977、1978、1980、1981、1982 年版。

43. 陈征等：《〈资本论〉在社会主义市场经济中的运用与发展》，福建教育出版社 1998 年版。

44. 蒋绍进等主编：《〈资本论〉研究综述》，福建人民出版社 1984 年版。

45. 蒋绍进等：《〈资本论〉的结构》，山东人民出版社 1991 年版。

46. 张薰华：《〈资本论〉脉络》，复旦大学出版社 1987 年版。

47. 北京大学经济系《资本论》研究组：《〈剩余价值理论〉释义》，山东人民出版社 1992 年版。

48. 罗郁聪：《恩格斯经济思想研究》，上海人民出版社 1985 年版。

49. 罗郁聪等：《〈反杜林论〉研究》，山东人民出版社 1990 年版。

50. 汤在新主编：《〈资本论〉续编探索》，中国金融出版社 1995 年版。

51. 李建平：《〈资本论〉第一卷辩证法探索》，社会科学文献出版社 2006 年版。

52. 季陶达：《英国古典政治经济学》，生活·读书·新知三联书店 1960 年版。

53. 张世英：《论黑格尔的逻辑学》，上海人民出版社 1981 年版。

54. 冯文光等：《法文版〈资本论〉的独立科学价值》，黑龙江人民出版社 1985 年版。

55. 宛憔等：《亚当·斯密与〈国富论〉》，吉林大学出版社 1986 年版。

56. 刘炯忠：《〈资本论〉方法论研究》，中国人民大学出版社1991年版。

57. 何干强：《〈资本论〉的基本思想与理论逻辑》，中国经济出版社2000年版。

58. 何干强：《唯物史观的经济分析范式及其应用》，中国经济出版社2008年版。

59. 鲁友章等主编：《经济学说史》，人民出版社1979年版。

60. 刘永佶：《马克思政治经济学方法论史》，北京大学出版社1987年版。

61. 刘永佶：《马克思经济学手稿的方法论》，河南人民出版社1990年版。

62. 刘永佶：《主体辩证法》，中国经济出版社2004年版。

63. 王书瑶：《无形价值论》，东方出版社1992年11月版。

64. 于丁春主编：《哲学方法论》，北京出版社1990年版。

65. 中共编译局《马列著作编译资料》编辑部：《马列著作编译资料》第7集，人民出版社1981年版。

66. 王振武：《开放的选择》，三联书店1990年版。

67. 程恩富主编：《政治经济学》，高等教育出版社2000年版。

68. 商英伟等主编：《主体论——从马克思到毛泽东》，厦门大学出版社1995年版。

69. 钱津：《追寻彼岸：政治经济学论纲》，社会科学文献出版社2001年版。

70. 钱津：《劳动论》，社会科学文献出版社2005年版。

71. 钱津：《劳动效用论》，社会科学文献出版社2005年版。

72. 钱津：《劳动价值论》，社会科学文献出版社2005年版。

73. 王振中总主编、杨春学主编：《中国经济学百年经典》下卷，广东经济出版社2005年版。

74. 胡贤鑫：《〈资本论〉伦理思想研究》，湖北人民出版社2006年版。

75. 陈永志等：《劳动价值论的创新与发展研究》，福建人民出版社2010年版。

76. 孟氧：《经济学的社会场论》，中国人民大学出版社1999年版。

77. 刘曙光：《人的活动与社会历史发展规律的关系》，民族出版社2002年版。

78. 王国平：《现代企业行为论》，上海财经大学出版社2004年版。

79. 陈华文:《文化学概论》,上海文艺出版社2001年版。
80. 郭毅:《企业理论研究》,经济科学出版社2008年版。
81. 张宇等主编:《高级政治经济学》,中国人民大学出版社2006年版。
82. 董志勇:《行为经济学原理》,北京大学出版社2006年版。
83. 薛求和等:《行为经济学——理论与应用》,复旦大学出版社2003年版。
84. 李爱梅:《心理账户与非理性经济决策行为研究》,经济科学出版社2007年版。
85. 陈东琪:《新政府干预论》,首都经济贸易大学出版社2000年版。
86. 樊纲:《现代三大经济理论体系的比较与综合》,上海三联书店2006年版。

后　记

马克思在给友人的信中说，要把作者"自认为提供的东西"和"实际上提供的东西"区分开来，这也意味着提醒读者要注意作者"实际上提供的东西"。由于时代及发展阶段要求的制约，长期以来，人们注意的大都是马克思在《资本论》中"自认为提供的东西"而忽略他"实际上提供的东西"。所以，在长期的《资本论》研究过程中，我一直注意马克思在《资本论》中实际提供的东西，并且也发现，"实际上提供的东西"在《资本论》中占有相当大的篇幅。这是我们不应忽视的。其实，它的许多方面人们已经有所涉及，只是还未将它们系统化，也没有形成新的研究视阈，而且和先前的研究一样，大都是关于对象客体的研究。笔者在学习马克思《关于费尔巴哈的提纲》时发现，他很注意主体的实践，因此开始注意《资本论》的相关论述，意识到这可能就是他"实际提供的东西"，并思考如何将这些论述系统地整理出来。对此，我有过长期思索，但一直没有找到适当的视阈。一个偶然的事情，让我找到了很好的切入点。在1999年，有一次应邀在一个公司作讲座。为了不无的放矢，我请公司领导先组织召开一个干部座谈会，了解他们感兴趣和关心的事情。会上许多干部提出许多想知道的问题，总结归纳的结果让我发现，他们十分关心在经营管理中如何实际操作的问题。经过抽象，我将它归结为如何实施经济行为的问题，并由此联想到经济行为的实施主体。这让我产生了灵感，意识到《资本论》中有许多关于主体及其行为的论述，再经过梳理，意识到这正是马克思将唯物主义历史观的主体性原则具体化的重要路径，可以形成

《资本论》经济行为理论的具体化

《资本论》研究的新的视阈，而且这正是学术界普遍没有注意更没有深入研究的课题。我认为，在经济理论研究中突出主体及其行为的作用，可以发现主体行为既内生于客观过程的发展，又给客观过程的发展注入灵魂、价值，影响过程的运行轨迹，可以赋予客观对象的发展以更新、更多、更深的意义。对此，我感到十分兴奋，并重新研读《资本论》，开始整理关于主体行为的论述。此后不久，即在2000年，《经济学动态》第6期刊登了王键的《21世纪西方经济学展望》一文。该文认为：与20世纪主流经济学高度抽象的封闭式的研究方法不同，21世纪的政治经济学将运用社会的、历史的、整体的和以制度为基础的分析方法来研究经济问题。更多的经济学家会把时间因素纳入分析之中，在特定的历史背景下，探索经济学与社会生活的广泛联系。……它将更加注重人在经济发展中的地位及人对经济活动的影响，它将从对经济体系的客观状态的关心过渡到对作为经济活动的主体和目的的关心，从而对人的行为、心理和需要进行全面探讨。王键认为，即使是西方主流经济学者，也已经发现自己的21世纪前的研究存在着重大的缺陷。通过展望，他实际上也从反面展示了西方主流经济学此前研究的学术劣根。王键的"展望"让我感到经济行为研究的重大意义。同时我也发现，相比之下，即使不涉及马克思的无产阶级立场、唯物主义历史观、科学方法论，《资本论》的研究不仅紧密结合整个资本主义社会的上层建筑、生产力，而且马克思所研究的生产关系，实质上就是过程发展中不同主体的行为及其关系。这样便使整个研究不仅有骨骼，而且有血有肉（列宁语），只是人们对其中的有些方面如主体行为还没有进行较为深入的探讨。因此，现在很有必要以马克思提示的唯物主义历史观、科学方法论为指引，进入《资本论》这个巨大的宝库中那些被人忽略的地方，以新世纪发展需要的眼光，将那里应有的宝贵理论、思想整理出来，并引起学术界的重视和更广泛的研究，让它们焕发应有的光芒，发挥应有的作用。这样看来，我自己选择的研究方向是很有意义的，值得庆幸的。

在研究过程中，我还将自己对《资本论》的领悟以及对一般经济行为的理解整理成教案，给本科生开设了一门新的选修课：经济行为学。在几轮授课中，我根据《资本论》关于主体及其行为的论述，区分了两种实力、观念和阶级地位都有很大不同的主体的行为，确定《资本论》主要研究资本家这一主导主体的经济行为，并且以较多的课时来说明资本家的各种对其行为发生重大作用的观念及其历史演变，说明资产阶级中不同集团的行为关系。几年的教

后　记

学研究有让我意识到,《资本论》中的经济行为研究贯穿全书,而且与劳动价值论、资本理论一样,都随着逻辑阶段的上升而具体化。在这些前期研究工作大体完成之际,2005 年,我以"《资本论》经济行为理论研究"为题申请了一个国家社会科学基金课题,有幸获得立项（批准号:05BJL001）。这给我以巨大的鼓励和鞭策。课题立项后,我再次浏览《资本论》全三卷,并且在原有研究的基础上着重结合主体行为来领会《资本论》的各种基本理论,并有许多新的发现。

在此基础上,我用一年多的时间主笔撰写并出版一部专著《政治经济学批判——从〈资本论〉到〈帝国主义论〉》,在其中将经济主体的行为与整个理论紧密联系。因结构新颖,有学术深度,该书于 2007 年获得福建省社会科学优秀成果二等奖。同时,我还进一步探讨唯物主义历史观在经济研究中的具体化,研究《资本论》运用的主体与客体统一、直接性与间接性统一、逻辑与历史统一等方法,再思考马克思关于主体经济行为研究与劳动价值论、资本理论的联系和区别。在研究中,我充分注意《资本论》的几个重大的关节点,如马克思关于研究三阶段的提示、关于经济内容与经济形式区别和联系的提示等,并以此贯通全部研究。同时,我也广泛地涉猎相关的研究文献,思路日益清晰。特别是结合我国现阶段的经济体制改革实践,联系体制改革与各种主体经济利益格局的重构,益发感到现在研究《资本论》的经济行为理论具有重大的现实指导意义。在研究的最初阶段,国内几部介绍、研究国外"行为经济学"的著作相继出版。我发现,这些研究突出行为人的心理在行为中的作用,有一定的学术价值,但却很零碎,条件设置不清晰,缺乏重复性、连续性,所以没有普适性。总体看来,它与马克思关于主体观念及行为的研究不可同日而语。反之,马克思的经济行为理论则具有主体性、历史性、辩证性,还与一系列的制度、文化场紧密联系,具有无可比拟的普适意义。经过一段时间的各方面研究,我相继发表了一组相关的论文。大概从 2008 年夏开始,我开始了实质的研究工作,几番修改,到 2009 年底最终完成对《资本论》经济行为理论的研究。此后,我按照福建省社科规划办的规定,将书稿寄送两位《资本论》研究专家进行预鉴定,获得充分的肯定。接受两位专家的建议,我又将结语联系实际的部分大大扩充。之后,又再将全部书稿修改两遍,终于在今年 3 月底全部完成。经过全国哲学社会科学规划办组织专家鉴定,最终被鉴定等级为优秀（证书号:20100826）。后来,全国哲学社会科学规划办通过福建省社科规划办将鉴定专家的意见转发给我，我又根据专家的意见，作了修改。

自从1996年我的第一部《资本论》研究著作《〈资本论〉终篇研究》出版以来，这十几年间又出版了《〈资本论〉劳动价值论的具体化》、《资本转型论——〈资本论〉资本理论的具体化》、《政治经济学批判——从〈资本论〉到〈帝国主义论〉》几部著作。这几部著作，连同这部著作，实际上都是研究《资本论》基本理论具体化的。有的是关于个别基本理论的，有的是关于整体理论的，都是从具体化的角度进行研究。可以说，它们已经构成《资本论》理论具体化研究的序列著作。

自从我1999年获得博士学位后，我的博士生导师罗郁聪教授都为我的著作欣然作序。现在，罗老师已经90岁高龄，他仍然为我的这部著作作序。在序中，他对我的《资本论》研究寄予厚望，这对我是一种无形的鞭策。我将牢记恩师的教诲，继续努力。本书作为国家社会科学基金一般项目的最终成果，在研究过程中始终得到泉州师范学院领导的关心、有关职能部门的支持，并获得学院"桐江学术丛书出版基金"的支持。在本书出版之际，我谨对学院领导、关心支持我研究的同事表示衷心的感谢！本书由中央编译出版社出版，对出版社领导的支持和编辑的辛苦劳动，我也要表示衷心的感谢！

本书成书之际，我仍感到还有许多相关的因素必须综合研究，也感到有些问题仍可深入探讨。我将进一步探讨这些问题，也期望那些坚信《资本论》基本理论的学界同仁能一起研究，并对拙著提出宝贵意见。

陈俊明

2010年11月

图书在版编目(CIP)数据

《资本论》经济行为理论的具体化/陈俊明著.
—北京:中央编译出版社,2010.12
ISBN 978-7-5117-0728-4

Ⅰ.①资⋯
Ⅱ.①陈⋯
Ⅲ.①资本论－马克思著作研究　②经济行为－马克思主义政治经济学
Ⅳ.①A811.23

中国版本图书馆 CIP 数据核字(2011)第 259918 号

《资本论》经济行为理论的具体化

出 版 人	和 龑
责任编辑	文 莲
责任印制	尹 珺
出版发行	中央编译出版社
地　　址	北京西单西斜街 36 号(100032)
电　　话	(010)66509360(总编室)　(010)66509405(编辑室)
	(010)66161011(团购部)　(010)66130345(网络销售)
	(010)66509364(发行部)　(010)66509618(读者服务部)
网　　址	www.cctpbook.com
经　　销	全国新华书店
印　　刷	北京金瀑印刷有限责任公司
开　　本	787 毫米×960 毫米　1/16
字　　数	510 千字
印　　张	31
版　　次	2010 年 12 月第 1 版第 1 次印刷
定　　价	89.00 元

本社常年法律顾问:北京大成律师事务所首席顾问律师　鲁哈达
凡有印装质量问题,本社负责调换,电话:(010)66509618